제6판

사회복지 법제론

Social Welfare and Law

강희갑
전대성
이상주
오현숙
박선태
박승탁
공저

Social Welfare and Law

양성원

제6판 머리말

오늘날의 국가를 복지국가라 한다. 복지국가는 모든 국민에게 인간다운 생활을 보장하는 것을 목표로 한다. 이는 모든 국민에게 문화적인 생활을 유지하고 최저보장 수준을 실현하여야 한다.

이러한 복지국가를 실현하기 위하여 우리나라는 2016년부터 생애주기별 맞춤형 사회복지를 확대하고 보편화하는 정책을 펴고 있다. 그리하여 각종 복지 수혜의 폭을 크게 확대하고 있다. 특히 2017년 후반기부터 새로 들어선 문재인 정부는 보편적 복지 실현을 위하여 복지 수혜의 폭을 넓히고 국민연금법, 국민건강보험법, 기초연금법, 기초생활보장법 등을 개정하였다.

이에 따라 2016년 이후 사회복지기본법, 국민연금법, 기초연금법, 국민건강보험법, 노인장기요양보험법, 산업재해보상보험법, 고용보험법, 기초생활보장법, 의료급여법, 사회복지사업법, 아동복지법, 노인복지법, 가정폭력방지 및 피해자 보호 등에 관한 법률, 장애인복지법, 영유아보육법, 한부모가족지원법 등이 조금 또는 상당 부분 개정되었고 2017년 말에도 위의 각종 복지 관련법이 개정되었다. 특히 정신보건법은 2016년 5월 29일(2017.5.30시행) 정신건강증진 및 정신질환자 복지서비스 지원에 관한 법률의 이름으로 전부 개정되었다. 이 법률은 종래의 정신건강법이 정신질환의 예방과 정신질환자의 치료 및 사회복귀를 목표로 한 데 대하여 정신질환의 예방 치료뿐만 아니라 정신질환자의 재활과 복지, 권리보장과 정신건강 친화적인 환경에 필요한 사항을 규정하여 국민의 정신건강 증진 및 정신질환자의 인간다운 삶을 영위하는 데 이바지 하고 있다는 점에서 정신질환자를 사회복지 차원에서 다루고 있다.

이와 같이 개정부분이 상당하고 제5판에서 미처 손질 못한 부분이 있어서 제5판의 내용을 수정 손질하여 제6판으로 펴내게 되었다. 앞으로도 계속 보정할 작정이다. 이 책은 2018년 1월 18일 현재까지의 개정 법령을 소개하였다. 그리고 앞으로도 복지 관련법 등이 개정될 수 있으므로 국가법령정보센터에 수시로 들어가서 그 개정을 확인하여 주기 바란다.

여러 가지 어려운 가운데서도 이 책을 펴내주신 양성원 강철원 사장님을 비롯한 임직원 여러분께 감사의 말씀을 드린다.

2018년 3월

강 희 갑

제5판 머리말

이 책의 제4판이 발간된 이후 우리나라는 종래의 생활형 복지정책에서 생애주기별 맞춤형 복지라는 새로운 정책을 펴나가고 있다. 영유아 복지 및 일부 복지에 무상 복지를 결합하여 복지 수혜의 폭을 크게 확대하고 있다.

이에 따라 2014년 2월 이후 이 책에서 다루고 있는 사회복지 관련법이 많이 개정되었고 국민건강보험법과 국민기초생활보장법이 부분적으로 개선되었다. 그리고 기초연금법이 시행되고 각종 연금법이 개정됨에 따라 관련 복지정책이 개선되고 관련법도 부분적으로 개정되었다.

이와 같이 개정 부분이 상당하고 또 제4판에서 미처 손질하지 못한 부분이 군데군데 있었다. 이에 따라 제4판의 내용을 손질·수정하여 제5판으로 펴내게 되었다. 앞으로도 계속 보정해 나갈 작정이다.

여러 가지 어려운 가운데서도 이 책의 출판을 허락하여 준 양성원 강철원 대표님과 그 임직원에게 저자들을 대표하여 감사의 말씀을 드린다.

2016년 2월 1일

강 희 갑

제4판 머리말

우리나라는 2011년부터 모든 국민이 평생동안 생애주기적으로 겪게 되는 다양한 사회적 위험에서 벗어날 수 있도록 소득과 사회서비스를 함께 보장하는 생활형 복지를 복지정책의 기본 방향으로 정하였다.

이에 따라 2011년부터 이 책 제3판을 펴낸 2012년 2월 말까지 많은 사회복지 법령이 개정되었다. 그 이후에도 사회보장기본법, 국민연금법, 국민건강보험법 및 그 시행령과 시행규칙, 기초노령법 시행령, 노인장기요양보험법 및 그 시행령과 시행규칙, 산업재해보상보험법 시행령 및 그 시행규칙, 고용보험법 및 그 시행령과 시행규칙, 근로자퇴직급여보장법 시행령 및 시행규칙, 국민기초생활보장법 시행령 및 시행규칙, 의료급여법 시행령 및 시행규칙, 사회복지사업법 시행령 및 시행규칙, 아동복지법 시행령 및 시행규칙, 노인복지법, 노인복지법 시행령 및 시행규칙, 장애인복지법 시행령 및 시행규칙, 영유아복지법 시행령 및 시행규칙, 사회복지모금회법, 한부모가족지원법 시행령 및 시행규칙이 일부 개정되었다.

이들 개정 부분이 적지 않고 또 제3판에서 미처 손질하지 못한 부분이 군데군데 있었다. 이에 제3판의 내용을 수정하지 않을 수 없게 되어 판을 바꾸어 제4판으로 펴내게 되었다. 앞으로도 계속 보정해 나갈 작정이다.

그런데 2013년에 박근혜 정부가 들어서면서 종래의 생활형 복지에 더하여 보편적 복지를 지향하되 생계, 주거, 의료, 교육 등에 필요한 서비스를 수요에 맞게 지원하는 맞춤형 복지로 복지의 틀을 바꾸는 정책을 세우고 있다. 이에 따라 국민기초생활보장제도와 기초연금제도가 2014년부터 확대 개선되어 기초연금법이 2014년 2월경에 제정되어 7월부터 시행되고, 또 관련 복지법이 개정될 것으로 예상된다. 그러나 사회복지법이 빈번히 개정될 때마다 책을 수정하기란 시기적으로 매우 곤란하다. 그러므로 수시로 국가법령센터에 들어가서 복지법령의 개정 여부를 확인하는 것이 바람직할 것이다.

2014년 1월

강 희 갑

제3판 머리말

2011년 12월 말에 와서 우리나라는 복지 형태의 틀을 크게 바꾸는 시도를 하고 있다. 종전의 저소득 중심의 소득 향상 위주의 전통적인 소득보장형 복지로부터 모든 국민이 평생동안 생애주기적으로 겪게 되는 다양한 사회적 위험에서 벗어나도록 소득과 사회서비스를 함께 보장하는 생활보장형 복지로 전환하는 복지정책을 복지정책의 기본 방향으로 정하였다.

이러한 복지정책의 방향과 그 실천을 위한 법적 근거를 마련하기 위하여 사회복지법의 기본법이자 모법이라고 할 수 있는 사회보장기본법을 전면적으로 개정하였다. 따라서 이 사회보장기본법에 맞추어 각종의 사회복지법을 크게 또는 부분적으로 개정하게 되었다.

2011년 12월 말에서 2012년 2월 초까지 개정된 법률 가운데 중요한 것을 보면 사회보장기본법 외에 사회복지사업법, 국민연금법, 국민기초생활 보장법, 영유아보육법, 노인복지법, 장애인복지법, 가정폭력방지 및 피해자보호 등에 관한 법률, 국민건강보험법, 산업재해보상보험법, 고용보험 및 산업재해보상보험의 보험료징수 등에 관한 법률(보험료징수법), 한부모가족지원법 등이다.

특히 모든 국민을 위한 평생동안의 보편적 복지를 강조하는 한편, 영유아 · 청소년복지 · 장애아동복지를 크게 강화하고 있다. 5세 이하의 영유아 무상보육을 2013년부터 전면 실시하고, 장애아동복지시설에서의 아동 성범죄 실태를 고발한 영화 "도가니"를 계기로 각종 복지시설에서의 아동 · 청소년 상대 성범죄를 근절하기 위하여 관련복지법을 크게 개정하였다.

따라서 2012년 이후에는 우리나라의 사회복지는 모든 국민을 대상으로 하고, 청소년 · 아동복지가 크게 개선되며 영유아에 대한 무상보육도 전면 실시되는 등 복지 수혜대상이 보편적으로 확대될 전망이다. 말하자면 보편적 복지와 청소년 · 아동복지 시대가 열리는 것이다.

이러한 복지 방향의 전환과 그에 따른 각종 사회복지법의 개정으로 이 책을 대폭 수정하지 않을 수 없어 이번에 수정판을 내게 되었다. 앞으로도 미진한 부분을 계속 보완해 나갈 작정이다. 그러나 사회복지법은 그 성질상 너무나 빈번히 개정될 수밖에 없는데 그 때마다 수정하기란 시기상 매우 곤란하다. 그러므로 국가법령센터 사이트에 들어가서 수시로 개정 여부를 확인하는 것이 바람직할 것이다.

2012년 3월

강 희 갑

개정판 머리말

2008년 7월에 신판을 펴낸 지 2년 정도의 짧은 기간이지만 사회 각 영역에서 복지정책이 강화되었다.

우리나라는 2008년 벌써 고령화 사회로 들어가 고령화가 그 나라보다도 빠르게 진행되고 있다. 이 결과 노인의 노후생활안정을 꾀하는 요양, 의료, 간병 등의 복지정책을 강화할 필요가 있다. 또한 국민연금이나 기초생활보장의 혜택을 받지 못하고 그 제도의 사각지대에 놓여 있는 극빈자의 실질적 생활안정을 위해서 이들 계층의 생활안정을 보장하는 정책을 현실화할 필요도 생겼다. 나아가 영유아를 안심하고 돌볼 수 있는 제도를 보완하고 장애인의 복지를 확대하는 등의 복지정책을 현실에 맞게 실행할 필요가 있다.

이에 맞추어 사회관련제도가 정비되고 각종 복지시설이 개선, 발전되었다. 정부수준에서 사회복지관련기구가 대폭 개선되고 지방정부의 말단 기구도 주민의 복지행정서비스 기구(주민센터)로 재편되고 있다.

이에 따라서 신판을 펴낸 지 2년 남짓한 짧은 기간이지만 2010년 7월 24일까지 적지 않은 사회복지관련법이 개정되었다. 국민연금법, 기초노령연금법, 국민건강보험법, 노인장기요양보험법, 산업재해보상보험법, 고용보험법, 국민기초생활 보장법, 의료급여법, 아동복지법, 노인복지법, 가정폭력방지 및 피해자보호 등에 관한 법률, 장애인복지법, 영유아보육법 등에 있어서 중요한 개정이 있었다. 특히 노인복지법상의 요양보호사 자격취득이 국가시험에 합격해야만 가능하도록 된 것이 대표적이다.

이들 개정 부분이 적지 않고 또 구판에서 미처 손질을 못한 것도 있고 해서 구판의 내용을 수정하지 않을 수 없게 되었다. 이에 이번에 개정판을 내게 되었다. 앞으로도 계속 보완해 나갈 생각이다. 독자들의 계속적인 후원과 충고를 부탁드린다. 그런데 사회복지관련법은 다른 어느 법보다도 수시로 개정된다. 따라서 법제처 사이트 국가법령정보센터에 접속해서 개정법령을 수시로 확인하는 것이 좋을 것이다.

2010년 8월

강 희 갑

머리말

오늘날의 국가를 복지국가라고 한다. 복지국가는 모든 국민에게 인간다운 생활을 보장하는 것을 목표로 한다. 이러한 국민의 생존권을 확보하고 그 생활을 보장하기 위한 사회보장을 실현할 것을 내용으로 하는 법이 사회복지법이다. 우리나라에서도 1980년대 이후에 산업화의 과정에서 불가피하게 발생한 부익부 빈익빈의 양극화를 해소하고 경제성장의 이면에서 고통받는 계층에게 생존권적 기본권을 보장하기 위한 사회복지보장권의 실현을 목표로 하여 사회복지법을 새로이 정비하였다. 사회복지법은 국가의 사회복지에 관한 정책을 반영하는 것이고 국가 및 사회의 복지방향을 제시한다. 또 사회복지현상을 법적으로 규범화한 것이다. 따라서 사회복지학을 연구하고 사회복지를 실천함에 있어서 반드시 알아두어야 할 분야가 사회복지법이다. 이런 점에서 사회복지법제는 전문대학, 4년제 대학, 대학원 과정에서 반드시 이수해야 할 필수과목이고 또한 사회복지사 1급 시험의 필수과목이다.

21세기 국민의 정부, 참여정부로 넘어 오면서 사회 각 영역에서 사회복지관련제도와 시설이 대폭 증대되고 있다. 또한 중앙정부 수준에서 사회복지관련기구가 대폭 개선되었고 지방정부의 말단 기관은 복지 중심의 행정서비스가 이루어지게 되었다. 그만큼 사회복지법제는 사회복지를 이해하는 데 있어서 매우 중요하다. 따라서 이와 관련하여 2004년 이후 2008년 7월 현재까지 사회복지관련법이 꾸준히 개정되어 오고 있다. 특히 2007년도에는 기초노령연금법과 노인장기요양보험법이 새로이 제정되었고 국민연금법, 노인복지법, 국민건강보험법, 산업재해보상보험법, 고용보험법, 국민기초생활 보장법, 사회복지사업법, 아동복지법, 장애인복지법, 영유아보육법, 모 · 부자복지법(한부모가족지원법으로 명칭 변경), 사회복지공동모금회법, 정신보건법 등이 전부 또는 전문개정되었거나 대폭 개정되었다. 실로 2007년은 사회복지법령의 개정시대라고 할 수 있다. 이것이 2008년 7월 현재까지 시행령과 시행규칙의 개정으로 이어지고 있다. 이에 맞추어 2006년 초판부터 2007년 개정3판까지의 내용을 대폭 수정하지 않을 수 없어 이번에 아예 신간으로 꾸미게 되었다.

구간의 초판부터 신간까지 다음과 같은 점에 유의하여 본 서를 엮었다.

첫째, 사회복지법의 개념, 이념, 발달의 역사적 전개 등을 살피는 일은 사회복지법제를 이해하는 데 도움이 된다. 그리고 사회복지법은 모든 국민에게 인간다운 생활을 보장하는 생존권적 기본권을 바탕으로 하는 헌법상의 권리를 근거로 하므로 헌법상의 생존권적 기본권을 이해할 필요가 있다. 다음으로 이 헌법상의 기본권에서 흘러나온 사회복지법상의 권리가 무엇인지를 이해하는 것이 사회복지법상의 법률관계를 파악하는 데 필요하다. 이러한 것들을 본 서의 총론에서 상세하게 다루었다. 특히 사회복지법상의 법률관계를 법적 관점에서 상세하게 분석한 것이 본 서의 특징이다.

둘째, 사회복지법의 분류체계를 사회복지관련법의 기본법이라고 할 수 있는 사회보장기본법의 분류에 따라 사회보장기본법, 사회보험법, 공공부조법, 사회복지서비스법, 기타 사회복지관련법으로 분류하고 이에 따라 본 서의 각론에서 구체적으로 해설하였다.

셋째, 사회복지관련법을 서술함에 있어 법률뿐만 아니라 시행령, 시행규칙까지도 반드시 알아두어야 할 중요한 것은 남김없이 설명하였다. 사회복지 실무에서는 시행령이나 시행규칙이 보다 중요하다. 특히 2008년 7월 현재까지 개정된 사회복지관련법률, 시행령, 시행규칙을 반영하였다. 이 점이 기존의 교과서와는 다른 본 서의 특징이라고 할 수 있다. 이와 관련하여 사회복지법령은 수시로 개정되고 있는데 그때마다 본 서를 손질한다는 것은 매우 어려운 일이다. 따라서 법제처 법령 사이트에 들어가서 개정법령을 확인하는 것이 좋을 것이다.

넷째, 사회복지실무에 도움을 주고자 사회복지관련 헌법재판소 판결 및 대법원 판결을 소개하였다.

그러나 막상 탈고하고 보니 여러 가지로 부족한 점이 많다. 앞으로 계속 노력하여 보완해 나갈 생각이다. 끝으로 본 서의 작성을 위하여 원고를 정리하여 준 명지대학교 법과대학의 조미지 조교에게 고마움을 표하고 어려운 가운데서도 본 서의 출판을 허락하여 준 양서원에 감사의 말씀을 드린다.

2008년 7월
명지대학교 법과대학 연구실에서
강 희 갑

차 례

Part II 각론

제 1 부 총 론

제1장 서 설

제1절 사회복지법의 개념

Ⅰ. 서 언

법(법규범)이란 국가에 의하여 승인되고 그 실현이 강제되는 정치적으로 조직된 국가사회의 규범이라고 할 수 있다. 국가와는 관계없이 인간의 본성이나 사물의 본성 또는 이성에 따라 파악되는 이른바 '정의의 법'을 자연법이라고 하는데, 이는 사회복지법의 연구대상인 법이 아니다. 사회복지법의 연구대상이 되는 법은 국가에 의하여 법으로 승인된 실증적 법규범, 즉 국가 실정법(實定法)이다.

사회복지법의 개념은 헌법, 민법, 형법, 상법, 민사소송법, 상법, 형사소송법과 마찬가지로 형식적 의미의 사회복지법과 실질적 의미의 사회복지법으로 나누어 정의할 수 있다.

Ⅱ. 형식적 의미의 사회복지법

이는 사회복지법이라는 이름으로 제정된 실정 성문법률인 「사회복지법전」을 말한다. 우리나라에는 「사회복지법」이라는 헌법전, 민법전, 상법전, 형법전, 민사소송법전, 형사소송법전과 같은 통일된 법전이 없고, 사회보장기본법, 국민연금법, 국민건강보험법, 사회복지사업법, 노인복지법 등 수많은 단행법으로 되어 있다. 따라서 우리나라에는 형식적 의미의 사회복지법이란 것이 존재하지 않는다. 그러나 일본은 「복지8법」이라는 통일된 사회복지법전을 가지고 있다.

Ⅲ. 실질적 의미의 사회복지법

이는 사회복지법전의 유무나 내용에 관계없이 통일적, 체계적으로 파악할 수 있는 법 영역을 말한다. 실질적 의미의 사회복지법을 정의함에 있어서는 '넓은 의미의 사회복지법'과 '좁은 의미의 사회복지법'으로 나누어 볼 수 있다.

넓은 의미의 사회복지법이란 널리 사회보장의 틀 속에서 전개되는 사회복지정책 또는 사회정책의 실현과 관련되는 모든 법규범을 뜻한다. 이에 대하여 좁은 의미의 사회복지법이란 사회적 · 경제적 약자나 국가 · 지방자치단체 및 민간 부문의 보호가 필요한 자를 위한 사회복지정책 및 사회정책과 관련되는 법규범을 말한다.

우리나라의 사회복지법의 경우는 넓은 의미의 사회복지 개념, 즉 모든 국민의 생존권을 확보하고 그 생활을 보장하기 위한 사회보장(모든 국민의 인간다운 생활을 보장하고 삶의 질을 높이기 위한 것)을 실현하는 것을 내용으로 하고 있다(후술 사회보장기본법 제3조 제1호 참조). 따라서 본서에서는 넓은 의미의 사회복지법을 대상으로 한다.

Ⅳ. 사회복지법의 법적 성격

사회복지법은 사회복지에 관한 법이고 국가법체계상 사회법에 속하며 국내법이다.

첫째, 사회복지법은 사회복지에 관한 법이다. 따라서 이 법은 사회복지의 조직과 작용 및 권리구제에 관한 법이다. 사회복지는 삶의 질을 향상시켜 인간다운 생활을 보장하려는 생존권적(복지권적) 기본권의 실현을 목표로 한다.

둘째, 사회복지법은 국가법체계에서 사회법에 속한다. 오늘날 국가법체계는 공법(公法)과 사법(私法) 이외에 공법원리와 사법원리가 혼합되어 있고 공법과 사법의 어느 영역에도 속하지 않는 중간적 법 영역인 사회법이라는 것이 있다. 사회법은 사법(私法)의 원칙적 존재와 그 고유의 영역을 인정하면서 경제적 약자를 보호하기 위하여 그에 공법적 통제를 가하여 인간의 실질적 평등(복지)을 실현하고자 하는 법이다. 여기에는 노동법, 경제법, 넓은 의미의 사회복지법이 있다. 넓은 의미의 사회복지법은 국민의 사회보장수급권을 보장하기 위한 사회정책을 실현하는 데 필요한 것을 규정하는 사회보장법(사회보장기본법 제1조, 제2조 참조)이고 이는 소극적으로 도움이 필요한 경제적 약자나 장애인, 노약자 등의 사회적 약자(뿐만 아니라 도움이 필요한 모든 국민 : 오늘날 우리나라에서는 모든 국민은 평생동안 도움과 지원이 필요한 존재로 보게 되었음)를 보호하는 데 필요한 것을 규정하는 좁은 의미의 사회복지법을 포함한다고 할 수 있다. 이와 같이 사회복지법은 사회법에 속한다.

셋째, 사회복지법은 사회복지에 관한 국내법이다. 국내법이란 어느 한 나라의 국내에만 적용되는 법규범을 말한다.

제2절 사회복지법의 분류체계

사회복지법의 종류를 체계적으로 분류하는 일은 사회복지법을 체계적으로 이해하는 데 필요하다. 나라마다, 학자마다, 그 분류체계를 달리하고 있으나, 우리나라의 법전에 수록된 것을 성질에 따라 분류하면 사회보장기본법, 사회보험법, 공공부조법, 사회서비스법 등으로 분류할 수 있다. 이들이 사회복지법을 구성하고 있는 내용이다.

Ⅰ. 사회보장기본법

사회복지 및 사회보장의 일반에 관한 기본적 법률이다. 즉, 이 법은 사회보장에 관한 국민의 권리와 국가 및 지방자치단체의 책임을 정하고 사회보장제도에 관한 기본사항을 규정함으로써 국민의 복지증진에 기여함을 목적으로 하는 법이다(사회보장기본법 제1조). 이 법은 "사회보장"이라 함은 "출산 · 양육 · 실업 · 노령 · 장애 · 질병 · 빈곤 및 사망 등 평생동안 겪게 되는 사회적 위험으로부터 모든 국민을 보호하고 국민 삶의 질을 향상시키기 위하여 제공되는 사회보험 · 공공부조 · 사회서비스를 말한다"고 규정하고 있다(동법 제3조 제1호). 따라서 사회보장기본법은 넓은 의미의 사회복지에 관한 기본법이다. 사회보장기본법은 전문(全文) 41조로 되어 있다.

Ⅱ. 사회보험법

이 법은 사회보험제도의 운영과 실시에 관한 법이다. "사회보험"이라 함은 "국민에게 발생하는 사회적 위험을 보험방식에 의하여 대처함으로써 국민건강과 소득을 보장하는 제도"를 말한다(사회보장기본법 제3조 제2호). 따라서 우리나라에서 사회보험은 사회보장제도의 하나로서 우리의 삶에 직면하는 사회적 위험을 민간보험(사보험) 원리를 적용하여 국가가 시행하는 모든 강제보험을 말한다. 우리나라에서는 국민연금법, 국민건강보험법, 기초연금법, 노인장기요양보험법, 산업재해보상보험법, 고용보험법이 사회보험법에 속한다. 법전에는 사회복지법으로 분류되어 있지 않으나, 공무원연금법, 사립학교교직원연금법, 군인연금법도 학문적으로는 사회보험에 속한다고 볼 수 있다.

Ⅲ. 공공부조법

이 법은 공공부조제도의 실시와 관련되는 사항을 규정하고 있는 법을 말한다. "공공부조"라 함은 "국가 및 지방자치단체의 책임하에 생활유지능력이 없거나 생활이 어려운 국민의 최저생활을 보장하고 자립을 지원하는 제도"를 말한다(사회보장기본법 제3조 제3호).

우리나라에서는 국민기초생활 보장법, 의료급여법, 재해구호법, 국가유공자 등 예우 및 지원에 관한 법률, 북한 이탈주민의 보호 및 정착지원에 관한 법률 등이 여기에 속한다.

Ⅳ. 사회서비스법

이 법은 사회서비스의 제공과 관련되는 법을 말한다. "사회서비스"라 함은 "국가 · 지방자치단체 및 민간부문의 도움을 필요로 하는 모든 국민에게 복지 · 보건의료, 교육, 고용, 주거, 문화, 환경 등의 모든 분야에서 인간다운 생활을 보장하고 상담 · 재활 · 돌봄 · 정보제공 관련 시설의 이용, 역량 개발, 사회참여 지원 등을 통하여 국민의 삶의 질이 향상되도록 지원하는 제도"를 말한다(사회보장기본법 제3조 제4호). 이 사회서비스는 좁은 의미의 사회복지이다.

우리나라에서는 사회복지사업법, 고용상 연령차별금지 및 고령자 고용촉진에 관한 법률, 아동복지법, 노인복지법, 장애인복지법, 한부모가족지원법, 영유아복지법, 장애인고용촉진 및 직업재활법, 여성발전기본법, 사회복지공동모금회법, 농어촌 주민의 보건복지증진을 위한 특별법, 정신건강증진 및 정신질환자 복지서비스 지원에 관한 법률, 가정폭력방지 및 피해자보호 등에 관한 법률, 성매매방지 및 피해자보호 등에 관한 법률, 건강가정기본법, 청소년기본법, 청소년보호법, 보호관찰 등에 관한 법률을 통한 서비스뿐만 아니라 보건, 주거, 교육, 고용 등의 분야에서 삶의 질을 향상시키기 위하여 모든 국민을 지원하는 제도 종래의 복지관련 제도에 관한 법도 여기에 속한다. 사회서비스법의 대상을 체계적으로 분류하면 아동복지, 가족복지, 청소년복지, 여성복지, 장애인복지, 노인복지, 정신보건복지, 지역복지, 교정복지, 보건복지, 주거복지, 교육복지, 고용복지 등으로 나눌 수 있다. 후술하는 각론에서는 사회서비스법을 이 분류에 따라 해설한다.

제3절 사회복지법의 이념

Ⅰ. 서 언

사회복지법의 이념이란 사회복지법이 실현하고자 하는 궁극적 목표를 말한다. 오늘날의 국가를 복지국가라고 한다. 복지국가에서 요구되는 사회복지법의 이념은 생존권적 기본권(생활권적 기본권, 사회권적 기본권이라고도 함)의 보장이다. 이하에서 생존권적 기본권의 의의, 형성과정, 내용, 생존권의 국제적 보장을 차례로 살펴본다.

Ⅱ. 생존권적 기본권의 의의

생존권적 기본권은 오늘날 대부분의 국가에서 국민의 기본권으로 규정하고 있다. 생존권적 기본권은 국민이 국가에 대하여 생활을 위하여 필요한 조건들을 국가권력이 적극적으로 관여하여 확보해 줄 것을 청구할 수 있는 권리이다(김철수, 2004 : 95 참조). 생활에 필요한 조건이란 생존하는 데 필요한 기본적 조건이며 의식주와 그 밖의 필요한 용품을 말한다.

헌법 제34조 제1항의 "인간다운 생활을 할 권리"를 의미하는 주 생존권적 기본권과 교육을 받을 권리, 근로의 권리, 근로자의 단결권 등의 권리, 환경권, 혼인과 가족의 생활보장 및 보건에 관한 권리도 생존권적 기본권에 속한다.

Ⅲ. 생존권적 기본권의 형성과정과 내용

생존권적 기본권은 자본주의 발전과정에서 생겨난 부익부, 빈익빈의 모순을 극복하기 위하여 생긴 기본권이다. 근대국가는 이른바 자유권적 기본권을 중심으로 하는 시민법질서에 의하여 운용되었다. 근대 시민법은 개인의 사적 소유권을 절대적으로 보장하는 소유권 절대의 원칙, 개인의 자유로운 의사에 의한 계약의 체결을 보장하는 계약자유의 원칙(사적 자치의 원칙), 고의나 과실 있는 행위에 대해서만 손해배상책임을 지는 과실책임의 원칙(이상의 세 원칙을 근대사법(민법)의 3대 원칙이라고 함)을 바탕으로 하고 사적 시민의 생활에 대하여는 국가는 거의 간섭을 하지 않았다.

이러한 시민법 원리는 자본주의 경제를 발전시키는 원동력이 되었다. 그러나 자본주의가 고도로 발전함에 따라 소수에 의한 자본의 독점, 소수 자본가에 의한 시장과 생산의 독점, 이로 인한 빈부의 심한 격차, 노동자와 사용자(기업주, 자본가) 사이의 갈등 등 자본주의의 여러 가지 폐해와 모순이 생기게 되었다. 여기에서 국가는 이러한 자본주의의 폐해와 모순을 시정하기 위하여 개인의 자유로운 사적 생활에 개입하여 모든 국민이 평등하게 인간다운 생활을 할 수 있도록 보장하여야 한다(실질적 평등)는 인식을 가지게 되었다. 이와 같이 인간다운 생활을 할 수 있도록 요구할 수 있는 권리가 바로 생존권적 기본권이다.

따라서 이 생존권적 기본권은 사적 자치의 영역에 대한 국가의 권력적 개입을 배척하고 최대한의 경제적 자유를 인정하려는 자본주의 분배체계의 모순으로 인하여 발생한 부의 격심한 편재와 그에 따른 경제적 약자의 생존을 위협하는 문제에 국가가 개입하여 국민 각자에게 그 최저한도의 문화생활을 보장하기 위한 것이다.

우리 헌법도 생존권적 기본권에 관하여 상세한 규정을 두고 있다. 즉, 헌법 전문(前文)에서 국민생활의 균등한 향상을 기하여 실질적 평등사회 건설을 이념으로 하고, 헌법 제10조에서 인간의 존엄과 가치 · 행복추구권을 보장하며, 헌법 제34조는 사회보장이라는 표제 아래 제1항에서 "모든 국민은 인간다운 생활을 할 권리를 가진다"고 함으로써 생존권적 기본권을 규정하고 있다. 이 생존권적 기본권을 실현하기 위하여 헌법 제119조는 "국가는 균형 있는 국민경제의 성장 및 안정과 적정한 소득의 분배를 유지하고 시장의 지배와 경제력의 남용을 방지하며 경제주체 간의 조화를 통한 경제의 민주화를 위하여 경제에 관한 규제와 조정을 할 수 있다"고 규정하고 있다. 이 헌법 제119조의 이념을 구체적으로 실현하는 길의 하나가 복지국가의 실현이다. 이 복지국가주의에 입각하여 헌법은 국가의 사회보장 · 복지의 증진에 노력할 의무(제34조 제2항), 노인과 청소년복지 향상을 위한 국가의 의무(헌법 제34조 제4항), 장애자 및 질병 · 노령자의 생활 보호를 위한 국가의 의무(헌법 제34조 제5항), 국가의 재해예방의무(헌법 제34조 제6항), 여자의 복지와 권익향상(모성보호)을 위한 국가의 의무(헌법 제34조 제3항) 등을 규정하고 있다. 이들은 곧 "모든 국민은 인간다운 생활을 할 권리를 가진다"는 헌법 제34조 제1항의 주된 생존권적 기본권을 바탕으로 하는 사회보장을 실현하기 위한 사회복지법(넓은 의미)의 내용이 되는 것이다. 즉, 인간다운 생활을 보장하기 위한 생존권적 기본권을 실현하기 위한 사회보장은 사회복지법의 실천적 이념이며 우리나라의 사회복지법은 위의 헌법 제34조를 바탕으로 하여 제정한 사회보장기본법이라는 모법(母法, 기본법) 아래 사회보험법, 공공부조법, 사회서비스법, 사회복지관련법 등으로 체계화할 수 있는 법들로 구성되어 있다. 그런데 헌법은 나아가 교육을 받을 권리(제31조), 근로의 권리(제32조), 근로자의 단결권 등의 권리(제33조), 환경권 및 주택개발권(제35조), 혼인과 가족생활의 보장과 보건에 관한 권리(제36조) 등을 생존권적 기본권으로 규정하고 있다. 이들은 가장 넓은 의미의 복지권이라고 할 수 있다. 위와 같이 본다면 생존권적 기본권의 법적 근거는 헌법과 사회복지법이다. 헌법은 이념적 · 기본적 근거이고 사회복지법은 구체적 · 실천적 근거이다.

Ⅳ. 생존권적 기본권의 국제적 보장

제2차 세계대전 이후에는 여러 국제기구에서 인간의 생존권 보장을 위한 노력을 전개하여 왔다.

1. 국제연합

국제연합은 세계인권선언과 국제인권규약 등에서 인간의 생존권적 기본권을 규정하고 있다. 국제연합(UN)은 세계인권선언 제22조에서 "인간은 누구나 사회의 일원으로서 사회보장을 받을 권리를 가지며, 또한 국가적 노력 및 국제적 협력을 통하여 나아가서 각국의 조직 및 자원에 따라 자기의 존엄성과 인격의 자유로운 발전을 위해 없어서는 안 될 경제적 · 사회적 및 문화적 권리를 실현할 권리가 있다"고 규정하고 있다. 또한 제23조 제3항에는 "노동하는 사람은 누구나 인간의 존엄에 상응한 생활을 본인과 그 가족에 대해서 보장하고 필요한 경우에는 다른 사회적 보장수단에 의해서 공정하고 유리한 보수를 받을 권리를 갖는다"고 규정하여 근로자와 그 가족의 사회보장을 명시하였고, 제25조에서는 "① 모든 사람은 자기 및 가족의 건강과 복지를 위하여 의식주, 의료 및 필요한 사회복지시설을 포함한 충분한 생활수준을 유지할 권리가 있으며, 또한 실업, 질병, 장해, 배우자의 상실, 노령 또는 불가항력에 의한 생활불능의 경우에 보장을 받을 권리가 있다. ② 모와 자는 특별한 보호와 원조를 받을 권리가 있다. 모든 아동은 적출의 여부를 불문하고 동일한 사회적 보호를 받는다"고 규정하여 모든 사람은 사회보장을 받을 권리가 있음을 명백히 하여 인간의 생존권적 기본권을 확인하고 있다.

국제연합은 1966년 제21차 총회에서 세계인권선언을 구체화시킨 국제인권규약을 제정하였다. 이 인권규약 A는 경제적 · 사회적 · 문화적 권리에 규정하고, 인권규약 B는 시민적 · 정치적 권리, 즉 자유권 보장, 사회복지 · 사회보장에 관련된 구체적 규정을 많이 포함하고 있다. B규약 제6조에서 제8조까지는 노동에 관한 권리를 규정하고, B규약 제9조는 사회보장수익권을 규정하고 있는데, 주로 소득보장과 의료보장에 관한 사회보장을 규정하고 있다. 특히 B규약 제10조는 가정복지, 아동, 부인 및 근로여성 등의 사회복지서비스 보장에 관하여 규정하고 있다. 국제연합은 인권선언과 인권규약 외에도 각종 선언을 채택하고 있다. 아동권리선언(1959), 여성차별철폐선언(1967), 정신지체자의 권리선언(1971), 장애자의 권리선언(1975) 등을 채택하여 생존권 보장에 기여하고 있다.

2. 국제노동기구

국제노동기구(International Labour Organization : ILO)는 1919년에 실업보험, 1925년에 산재보험, 1927년에 질병보험, 1933년에 노령 · 폐질 · 유족연금 실시를 각국에 권고하는 등 각국의 사회보장법 제정에 커다란 영향을 미쳤다. 특히 1925년의 「사회보장에 관한 최저기준조약」은 획기적인 국제기준을 제시하여 생존권 보장을 보다 구체적으로 명시하였다. 또한 1952년에 모성보호조약, 1964년에 산업재해 직업병 급여에 관한 조약, 1967년에 노령 · 장애 · 유족연금에 관한 조약, 1969년에 의료급여에 관한 조약 등을 채택하여 각국에 사회보장제도 실시를 권고하였다.

3. 세계노동조합

세계노동조합회의가 1945년 2월 런던에서 개최되었는데, 이 회의에서는 생존권과 관련하여서 노동자와 그 가족을 위한 사회보장의 권리성과 사회보장의 발전을 위해서 노력할 것을 합의하였다. 이것이 세계노동조합연맹 결성의 기초가 되었으며, 세계노동조합연맹은 1961년 비엔나에서 각국의 노동조합의 대표뿐만 아니라 의사, 국회의원, 법률가, 사회보장 실무자 등이 참가하여 「사회보장강령」을 만장일치로 채택하였다. 이 강령은 1961년 12월 모스크바에서 개최된 제5차 '세계노동조합대회'에서 채택한 「국제사회보장헌장」의 기초가 되었다. 이 헌장에서는 다섯 가지의 사회보장의 기본원칙을 다음과 같이 밝히고 있다. 그 원칙은 근로자 무갹출의 원칙, 의료의 사회화 원칙, 적용사고의 포괄성의 원칙, 피보장자의 포괄성의 원칙, 무차별의 원칙이다.

4. 유럽회의

유럽회의는 유럽지역의 사회보장 도입과 발전 및 생존권 보장을 위하여 1953년에 노령·폐질·유족의 사회보장에 관한 임시협정, 노령·폐질·유족 이외의 사회보장에 관한 협정, 사회원조, 의료원조에 관한 조약을 체결하였고 1961년에는 유럽사회헌장을 채택하였다. 1964년에는 사회보장의 급여에 관한 조약을 체결하고 1972년에는 사회보장에 관한 조약을 체결하여 생존권의 보장에 공헌하였다.

제4절 사회복지법의 법원(法源)

Ⅰ. 서 언

사회복지법의 법원이란 사회복지법의 존재형식을 말한다. 사회복지법은 헌법, 법률, 명령, 자치법 등의 성문법(문장으로 표현되어 편, 장, 절, 조문 등의 일정한 형식과 절차에 따라서 일정한 기관에서 제정·공포된 법임. 성문법은 국가 또는 지방자치단체에 의하여 제정되기 때문에 제정법이라고 함) 형식으로 존재할 수 있고 관습법 등의 불문법(성문법이 아닌 법으로서 일정한 제정기관에 의한 소정의 절차를 거치지 않고 생기는 법) 형식으로 존재할 수도 있다. 따라서 사회복지법의 법원에는 헌법, 법률, 명령, 조례, 규칙 등의 자치법규와 같은 성문법과 관습법, 판례법, 조리 등과 같은 불문법이 있다.

Ⅱ. 성문법

1. 헌 법

헌법은 국가의 구성·조직·작용에 관한 최고 기본법이다. 앞에서 본 바와 같이 우리나라 헌법은 복지국가의 실현을 위하여 사회복지법의 근거가 되는 규정을 두고 있다. 즉, 국민생활의 균등한 향상을 기한다는 헌법 전문의 이념에 따라 헌법 제10조에서 "모든 국민은 인간으로서의 존엄과 가치를 가지며, 행복을 추구할 권리를 가지고 국가는 개인이 가지는 불가침의 기본적 인권을 확인하고 이를 보장할 의무를 진다"고 함으로써 생존권 또는 복지권의 기본인권성을 규정하고 이를 바탕으로 하여 헌법 제34조는 사회보장(권)이라는 표제하에 “모든 국민은 인간다운 생활을 할 권리를 가진다”고 규정하고 있다. 이 사회보장권을 주된 생존권적 기본권(생존권)이라고 한다. 이 사회보장권(인간다운 생활을 할 권리)은 앞에서 본 바와 같이 사회적 · 경제적 보호가 필요한 자를 위한 사회정책을 의미하는 좁은 의미의 사회복지를 포함한다는 점에서 넓은 의미의 사회복지로 정의한다. 이 밖에 헌법이 규정하고 있는 생존권적 기본권으로는 제31조의 교육을 받을 권리, 제32조의 근로의 권리, 제33조의 근로자의 근로 3 권(단결권, 단체교섭권, 단체행동권), 제35조의 환경권 및 주택개발권, 제36조의 혼인과 가정생활, 모성의 보호 및 보건 등에 관한 권리가 있는데 이들도 사회복지와 관련되는 규정이다. 따라서 이들을 가장 넓은 의미의 사회복지라고 할 수 있다.

2. 법 률

법률은 국회의 의결을 거쳐 제정되는 성문법을 말한다. 법률은 헌법 바로 아래의 효력을 가지고 있는 법이다. 사회복지를 내용으로 규정하고 있는 사회복지에 관한 법률에는 앞에서 살펴본 사회복지법의 분류체계에서 설명한 바와 같이 사회보장기본법, 국민건강보험법, 국민연금법 등의 사회보험법, 국민기초생활 보장법 등의 공공부조법, 사회복지사업법 등의 사회서비스법, 공중위생관리법 등의 사회복지관련법에 속하는 법률들이 있다(상세한 내용은 제1부 제1장 제2절 사회복지법의 분류체계 참조).

3. 명 령

명령이라 함은 국회의 의결을 거치지 않고 행정관청이 제정하는 성문법이다. 명령에는 제정권자를 표준으로 대통령령, 총리령, 부령(각부 장관이 제정한 명령)으로 나눌 수 있다. 예컨대 사회복지사업법시행령, 장애인복지법시행령, 국민연금법시행령, 국민연금법시행규칙(이것은 형식은 규칙이라고 되어 있으나 이는 국민연금법과 국민연금법시행령(대통령령)에서 위임된 사항과 그 시행에 관하여 필요한 사항을 규정하고 있는 보건복지부장관이 제정한 명령(부령)임) 등이 그것이다. 이와 같이 명령은 개별 법률에서 위임된 사항과 그 시행을 위한 시행령 또는 개별 법률과 대통령령에서 위임된 사항과 그 시행을 위한 시행규칙의 형식을 취한다. 이 명령은 법률 다음의 효력을 가지는 국가법이다.

4. 자치법규

자치법규(自治法規)는 지방자치단체가 법령의 범위 안에서 제정한 법이다. 여기에는 조례와 규칙이 있다. 조례(條例)는 지방자치단체가 법령의 범위 내에서 그 사무에 관하여 지방의회의 의결을 거쳐 제정하는 것이고 규칙은 지방자치단체의 장이 법령 또는 조례의 위임된 범위 안에서 그 권한에 속하는 사무에 관하여 제정한 자치법규이다. 조례나 규칙에서 그 지방자치단체 내의 사회복지시설의 설치 · 인가 등에 관한 기준을 구체적으로 정하는 수가 있다.

Ⅲ. 불문법

1. 관습법

관습법(慣習法)이 무엇이냐에 대하여는 여러 학설이 대립되고 있으나, 사회의 오랜 관행으로 인하여 국민 일반의 법적 확신이 되어 국가(법원)가 이를 준수할 것을 승인함으로써 성립되는 법이라고 할 수 있다. 우리나라의 사회복지는 시행된 지 오래되지 않아 법원에서 인정된 관습 사회복지법이 아직 없다. 그러나 현행 사회복지에 관한 성문법의 규정이 미비한 점이 많아 법해석과 적용상 관습법을 보충적으로 활용할 가능성이 많다. 따라서 앞으로는 관습법도 사회복지법의 중요한 법원이 될 것이다.

2. 판례법

판례법(判例法)은 법원(法院)의 판결례를 통해서 형성되는 법규범이다. 법원(法院)이 구체적 사건에 대하여 내린 판결은 그 법률적 판단에 관하여 다소간의 추상적 이론 또는 법칙이 표시되는데 이것을 판례라고 한다. 이 판례가 유사한 사건에 반복 · 답습됨으로써 그 판례는 일반적 법규범으로 성립하게 된다. 이것이 판례법이다. 판례를 법원(法源)으로 인정할 것이냐에 대해서는 학설이 대립되고 있다. 법원(法源)의 대부분이 판례의 집적으로 이루어져 있어서 판례법 국가라 불리는 영국이나 미국에서는, 상급법원이 어떤 법률문제에 관하여 판결을 내리면, 그 이후에 유사한 내용의 사건에 대하여는 그 판결이 선례가 되어 그 법원(法院)을 구속함은 물론 하급법원을 구속하게 되는 선례구속의 원칙이 인정되어 있기 때문에 판례는 주요한 법원(法源)이 된다. 반면, 유럽대륙의 여러 나라와 그 대륙법을 계수한 우리나라, 일본과 같은 성문법 국가에 있어서는 영미와 같은 선례구속의 원칙이 인정되어 있지 않기 때문에 판례의 법원성(法源性)에 관하여 의문이 없을 수 없다. 우리나라에서는 법원조직법 제8조가 "상급법원의 판례에 있어서의 판단은 해당 사건에 관하여 하급심을 기속한다"고 규정하고 있지만, 그것은 대법원의 법령에 관한 판단은 오직 "해당 사건"에 관해서만 하급심을 구속한다는 것이며, 일반적으로 하급심을 구속하는 효력은 없다는 것을 뜻한다. 따라서 장래의 재판에 있어서 판례가 반드시 법으로서 수용되어야 하는 것은 아니며, 그러한 수용을 하지 않더라도 그 재판은 위법이 아니다. 이와 같이 우리나라에서는 다른 대륙법계 국가와 같이 판례의 법적 구속력은 인정되지 않는다. 이렇게 본다면 판례의 법원성은 일단 부정될 것처럼 보인다. 그러나 상급법원은 법적 안정을 위하여 중대한 이유가 없는 한 종래의 판례를 변경하려 하지 않고(법원조직법 제7조 제1항 제3호, 종래의 대법원 판례의 변경은 대법관 전원의 2/3 이상의 합의체에서 심판), 하급법원도 상급법원의 판례와 다른 판결을 내리면 그것은 결국 상급심에서 파기될 우려가 있으므로 특별한 사유가 없는 한 상급법원의 판결을 존중하게 된다. 그리고 일반 국민들도 대체로 비슷한 사건에는 같은 취지의 판결이 내려지게 될 것이라는 법적 확신이 생겨 패소할 것을 두려워하는 나머지 자연 판례의 취지에 따라서 그 행위를 규제하게 된다. 이상과 같이 제도상으로는 판례의 법적 구속력이 인정되지 않는다고 하지만, 상급법원 특히 최고법원의 판례는 '사실상의 구속력'을 가진다는 점을 부인할 수 없다. 이 사실상의 힘을 통해서 대륙법계 국가에서도 사실상 많은 판례법이 생기는 것이다. 우리나라에서도 판례의 구속력은 사실상의 것에 불과하지만, 이러한 사실상의 구속력을 토대로 하여 많은 판례법이 생겨나고 있으며, 판례가 살아 있는 법으로서 중요시되는 것이다. 이러한 사실상의 귀결을 중시하여 어떤 학자들은 판례를 곧 법원으로 인정하나, 이에 반대하는 학자는 판결이 되풀이됨으로써 관습법의 발생을 촉진하여 관습법으로의 판례법이 되는 데 그치고, 판례가 곧 법이라고 볼 수 없다고 한다. 우리나라에서는 사회복지법인의 이사회 결의 없는 기본재산 처분, 이사 승인 취소, 이사 등 임원 선임에 관한 이사회 결의 부존재, 장애인복지재단의 장애인 특수학교의 설립(이것은 하급심판결) 등과 같이 사회복지법인의 운영에 관련된 대법원 판례와 국민건강보험과 국민건강보험법과 관련한 헌법소원에 대한 헌법재판소 판결, 국민연금제도의 가입 대상제한과 국민연금기금 운용문제와 관련되는 국민연금법의 위헌성에 대한 헌법재판소 판결, 국민연금제도의 노령수당지급 대상자 선정 제외처분과 관련되는 헌법재판소 판결 등이 있고, 또 사회복지권의 근거가 되는 생존권을 어떻게 이해할 것이며 그 구체적 내용이 무엇인가에 대한 헌법재판소 판결은 비교적 많으나, 연금에 있어서 연금수급자의 요건, 사회보험에 있어서의 보험사고가 무엇인가, 노인복지 · 아동복지 등의 구체적 기준과 사회복지시설의 최저기준 등과 같은 사회복지의 요건이 되는 실질적 내용에 관한 판례가 거의 없다(후술 참조). 일본에서는 이와 관련되는 판례가 모아지고 있다.

3. 조 리

조리(條理)라 함은 사물의 본질적 법칙 또는 도리를 말하며 사람의 이성에 기하여 생각되는 규범이다. 조리를 경우에 따라서는 사회통념, 사회적 타당성, 신의 · 성실, 사회질서, 형평, 정의, 법의 일반원칙 등으로 표현하기도 한다. 말하자면, 그것은 일종의 자연법적 존재로서 사회생활을 규율하는 국가 실정법이 궁극적으로 포섭해야 할 이념이다. 그러므로 성문법은 조리를 구체화한 것으로서 무엇이 조리이냐에 관한 하나의 형식적 기준이라 할 수 있다. 조리가 법과 관련을 가지는 것은 첫째, 조리는 실정법 및 법률행위의 해석에 있어서 표준이 된다는 점이고, 둘째, 법의 흠결 시 재판의 기준이 되어 적용된다는 점이다. 후자는 특히 조리의 법원성이라는 법철학상의 문제와 연결된다. 조리의 법원성에 대하여는 그것이 사회생활 관계를 규율하는 법규범의 흠결을 보충하는 해석상 또는 재판상 적용의 기준이 되는 데 그치고, 법 그 자체로는 볼 수 없다는 설이 있다. 그러나 다수의 학설은 조리의 법원성(法源性)을 인정하고 있다. 이에 의하면 법관은 법이 없다는 이유로 재판을 거부할 수 없으므로 성문법이나 관습법 또는 판례법이 모두 없을 때는 조리에 따라서 재판을 하지 않을 수 없으므로 결국 조리를 하나의 법규범으로 인정하게 된다는 것이다. 민법 제1조는 "… 관습법이 없으면 조리에 의한다"고 하여 조리의 법원성을 인정하고 있다.

사회복지법에서도 위와 같은 논리로 조리가 법원이 될 수 있다고 본다. 왜냐하면 사회복지에 관한 성문법, 관습법, 판례법만으로는 복잡한 사회복지에 관한 법적 문제를 완벽하게 해결할 수 없고 조리로써 그 흠결을 보충하지 않을 수 없기 때문이다.

제 2 장 사회복지법의 발달과 우리나라 사회복지법의 역사적 전개

제 1 절 사회복지법의 발달

Ⅰ. 서 언

사회복지법은 산업화와 자본주의의 발달과정을 거치면서 정치 · 경제 · 사회체제의 변동에 따른 사회 및 정치적 문제를 해결하기 위하여 탄생한 법이다. 따라서 사회복지법이 어떠한 사회 · 경제 및 정치적 배경에서 형성되고 발달하여 왔는지를 살펴보는 일은 매우 뜻 깊은 일이다.

전통적인 농경사회에서는 개인의 기본적 욕구의 충족은 가족과 지역사회라는 공동체 내에서 이루어졌다. 이 사회에서는 가장이나 그 지역사회의 족장이 생산수단인 토지를 소유하고 가족과 지역사회의 구성원의 노동을 무상으로 지배하면서 생산활동을 하였고, 또 소비활동을 지휘하였다. 따라서 이 당시 가족과 지역사회구성원은 가장의 지배와 관리하에서 생산과 소비활동의 공동체로서 존재하였다.

그러나 근대시민사회에 와서 자본주의 사회가 출현함에 따라 가족이 담당하고 있던 생산과 소비가 분리되었다. 즉, 가족은 단순히 소비생활의 공동체로 전락하였고 가장은 임금노동자로 변화한 것이다. 여기서 가족의 생존과 부양은 임금노동자인 가장의 노동수입에 의존하게 되었다.

만약 임금노동자인 가장의 노동수입으로 가족의 생존과 부양을 책임진다면, 법적 부양책임자인 가장이 받는 임금은 단순한 노동력의 대가로서만이 아니라 가족구성원의 생존에 필요한 비용까지 포함할 수 있어야 한다. 그러나 자본주의 시장경제에서의 임금이란 노동력의 가격일 뿐 노동력을 소유한 사람과 가족의 생존을 책임지기에 충분한 것이 아니다. 여기에서 시민사회의 가족법에서 요구하는 가족부양책임과 자본주의의 분배 사이에 모순이 발생한다. 이는 자본주의 시민사회에서는 필연적으로 인간의 생존과 부양에 대한 새로운 법리가 필요하다는 것을 뜻한다. 이 법리가 바로 사회복지법리이다. 다시 말해서 이 사회복지법리는 자본주의의 모순을 해결하기 위하여 자본주의 사회가 본래부터 가지고 있어야 할 법리이며 자본주의 사회를 보완하여 인간의 생존을 보장하기 위한 법리이다.

그러나 사회복지법은 개인주의 · 자본주의를 근간으로 하는 근대법에서는 일반화되어 확립되지 않았고 근대법의 개인주의 법리를 수정할 필요에서 발생한 현대법에서 비로소 현대적 의미의 사회복지법이 확립되었다. 말하자면 사회복지법은 정치 · 경제적 사회의 역사적 변천 및 발전과 자본주의의 발달과정에서 생겨난 법이다.

이와 관련하여 서구의 사회변천역사를 시대적으로 구분하면, 중세봉건사회에서 근대시민사회로, 근대시민사회에서 현대사회(현대복지사회)로 구분할 수 있다. 중세봉건사회는 5세기에서 16세기까지, 근대사회는 17세기에서 20세기 초까지를 말한다. 그리고 20세기 중엽 이후를 현대(복지)사회라고 한다. 또 근대사회 가운데 17세기에서 18세기까지를 절대군주시대라고 하고, 자유와 평등을 바탕으로 하는 개인주의를 본위로 하는 근대법을 출현시킨 사회를 근대시민사회라고 하고, 이 근대시민사회는 자유와 평등을 실현시킨 1789년의 프랑스 대혁명 이후인 18세기 말에서 20세기 초까지를 이른다. 이 시기를 법치국가시대라고 한다.

그런데 서구에서는 19세기 말에서 20세기 초에 걸쳐 자본주의 경제가 고도로 발전됨에 따라, 법형식적으로는 모든 사람의 인격은 자유이고 평등하지만 실질적으로 보면 그 자유는 일부 소수의 경제적 강자가 독점하는 결과가 되었다. 따라서 대부분의 사람들은 경제적으로 부자유 · 불평등에 빠져 그 결과 빈부의 차가 현저하게 되었다. 이러한 상태에 이르자 국가는 종래와 같은 자유방임주의(이는 자유 · 평등을 최고의 가치로 하는 근대시민사회의 법 원리임)를 지양하고 경제적 강자의 지나친 행위를 통제하는 한편, 경제적 약자의 생존권을 확보하기 위하여 국민의 복지증진을 위해 노력하지 않으면 안 되었다.

이리하여 20세기 중엽에 와서는 국가는 단순히 외적 방어나 치안유지라는 소극적 목적에 한하지 않고(이러한 소극적 목적에 한하는 근대시민사회의 국가를 야경국가라고 함) 국민의 경제생활의 향상과 생존권 보장을 위해 국민생활에 적극적으로 간섭하고 국민을 보호하는 것을 목적으로 하게 되었다. 이에 현대국가를 문화국가 또는 복지국가 또는 사회적 법치국가라고 한다. 이러한 국가로 넘어오는 법의 발전단계를 살펴보면, 사회복지법의 기원과 형성과정을 이해하게 된다. 이하 사회복지법의 기원, 사회복지법의 형성과정을 구체적으로 살펴보겠다.

Ⅱ. 사회복지법의 기원

1. 서 언

사회복지법의 기원은 영국, 독일, 미국 등의 주요 복지선진국의 사회복지발달사를 법적 관점에서 관찰함으로써 밝혀낼 수 있다.

2. 영국의 빈민법, 공장법, 국가부조법(공공부조법)

사회복지학자들은 1601년 영국의 빈민법(Poor Law)을 사회복지법의 기원으로 보고 있다(윤찬영, 2004 : 36 ; 박차상 외, 2005 : 65 ; 조원탁 외, 2004 : 30). 그러나 이 빈민법을 사회복지법으로 보기는 어렵다. 이 법은 엘리자베스 1세 여왕의 기존의 법들을 집대성한 법인데 그 이전의 법보다는 완화되었으나, 여전히 빈민을 억압하고 통제 또는 관리하는 법으로서의 성격이 강하게 나타나서 오히려 형사법적 성격을 띠고 있다(윤찬영, 2004 : 36 ; 박차상 외, 2005 : 68 ; 조원탁 외, 2004 : 30).

이 빈민법은 첫째, 빈민을 억압적으로 관리하고 근로강제를 함으로써 우선 빈민사회의 질서유지를 목적으로 하였다. 구체적으로 보면, 노동력이 있는 빈민에게는 노동을 강제하고 거부하는 자는 투옥한다. 노동력이 없는 빈민에게는 그 생활을 부양한다. 이와 같이 노동력 유무와 관계없이 모든 빈민을 대상으로 하고 있다. 둘째, 빈민에 대한 징벌조치 이외에 사회가 빈민에 대하여 책임을 져야 하고, 이 실행기구로서 치안판사의 총괄하에 각 지역의 교구에 빈민감독관 배치가 의무화되었다. 이 또한 빈민의 생존권을 국가가 적극적으로 보장한다는 것이 아니고 치안유지상 관리하는 정도였다. 셋째, 빈민사업에 소요되는 재원은 국가가 교구별로 구빈세를 강제하여 조달하였다. 이는 국가차원에서의 구빈행정을 펴는 것이었다. 이 빈민법이 사회복지 역사상 큰 뜻을 가지는 것은 교구별로 구빈세를 강제 징수하여 중앙정부의 책임하에 구빈행정을 한 점이다. 빈곤구제의 주체와 책임이 국가가 되어야 함을 분명히 한 것이다.

다른 한편 빈민법에서 빈민아동을 강제로 도제(徒第, apprentice)로 내보내도록 하고 있었는데 산업화의 진전에 따라 이 빈민아동의 문제가 더욱 심화되어 소년노동의 문제로 발전되었다. 이 소년노동의 문제를 다룬 것이 공장법이고, 이 공장법은 1802년에 최초로 제정되었고 그 후 19세기 중엽, 즉 1833년에 근대적인 사회정책적 공장법이 제정되었다. 따라서 빈민법의 빈민노동에 대한 규제가 공장법에 의하여 부분적으로 대체되었다(김치선, 1992 : 18-19). 아울러 이 시기에는 자유주의·개인주의가 등장하게 되어 1834년에 구빈법을 개정하였다. 이 법은 자유와 형식적 평등을 지향하는 자유주의적·개인 본위의 시민법 원리가 반영된 법이다. 산업자본주의의 성립에 따라 자유경쟁의 시장사회가 출현되었고, 당시의 자본가 중심의 지배계급이 노동력을 상품화하기 위하여 만든 생존권 박탈의 입법이라고 할 수 있다(Polanyi, 1957 : 82-83, 102 ; 윤찬영, 2004 : 37 ; 조원탁 외, 2004 : 33 ; 박차상 외, 2005 : 66). 프랑스, 영국 등의 시민혁명을 거쳐 자본주의 경제가 확립되기 시작한 18~19세기의 사상가들은 경제는 원칙적으로 시장의 가격기구에 맡겨야 하고 국가에 의한 간섭과 규제는 개별 경제주체의 자유로운 의사결정을 왜곡하고 자원의 효율적 배분을 방해한다고 보았다. 이것이 아담 스미스로 대표되는 자유방임주의 사상이다. 즉, 이 자유방임주의 사상에 의하면 국가는 치안유지와 외적으로부터 시민을 보호하는 기능만을 담당하고 정치적, 경제적으로 시민의 재산과 활동 및 시민의 복리증진에 전혀 간섭하지 않는다는 것이다. 이 개정 빈민법은 빈곤문제는 시민 개인이 책임져야 할 문제이고(Rimlinger, 1971 : 51-60 ; 윤찬영, 2004 : 37), 노동력이 없는 빈민을 가치 없는 빈민으로 규정하여 열등처우의 원칙[피구제자(노동력 없는 빈민)의 생활수준은 최하급 근로자의 상태보다 그 이하가 되어야 한다는 원칙]에 따라 최소한의 보호에 그치도록 하였다. 노동력 있는 빈민은 구제를 금지하고 열악한 조건의 노역장(공장) 수용으로 한정하였다. 따라서 이는 빈곤문제에 대한 개인적 책임을 강조하여 현대적 사회복지법이 될 수 없었다.

그 후 빈민법은 20세기 초 자유당 정부의 대대적인 사회정책적 입법에 의하여 주요 원칙이 변화되었고, 제2차 세계대전 이후 「베버리지(Beberidge) 보고서」의 출현으로 다음과 같이 20세기 중엽에 사회복지법으로 발전되었다. 이 보고서는 1942년의 '사회보험 및 관련 제 서비스에 관한 위원회 보고'로서 영국 사회복지법의 골격이 되었다.

이 보고서는 '요람에서 무덤까지' 국민의 최저생활을 보장한다는 것이다. 국가에 의한 강제가입의 사회보험제도를 도입하고(공공부조의 도입), 사회보장을 실현하기 위한 행정조직을 두며, 광범위한 무료의 사회보장제도를 실시할 것으로 되어 있다. 이 전제조건으로서 아동수당제도, 재활을 포함한 종합적 국영의료서비스, 완전고용이라는 제도를 들고 있다.

이러한 '베버리지'의 구상은 1943년의 신체장애자고용법, 1945년의 가족수당법, 국민보험법, 1946년의 국민보건서비스법 등으로 구체화되었다. 그리고 공공부조에 관한 입법은 국가부조법(National Assistance Act)으로 제정되었다. 이 법의 제정을 계기로 빈민법은 약 340여 년간의 역사를 마무리하고 국민의 기초생활보장이라는 이념에 바탕을 둔 공공부조법으로 전환되었다.

3. 독일의 사회보호법

독일은 후발 산업국가이지만, 산업화가 매우 빠른 속도로 이루어지면서 도시화, 노동계급의 형성, 사회주의 사상의 영향 등으로 전통적 지배계급인 지주계급, 신흥 자본계급, 노동계급 사이에 치열한 계급갈등이 전개되었다(윤찬영, 2004 : 37).

이 당시 독일은 영국보다 앞서서 세계 최초로 사회보험제도 실시를 내용으로 하는 사회보험법을 제정하였다. 즉, 당시 독일의 집권자인 비스마르크는 지주계급 출신인데, 한편으로는 사회주의 운동을 전개하는 노동계급을 사회주의자 진압법(Sozialistengesetz, 1878)이라는 한시법을 통하여 억압하면서 다른 한편으로는 경쟁계급인 자본계급을 통제하고 노동계급을 끌어들이기 위하여 질병보험법(1883), 재해보험법(1884), 노령 및 폐질보험법(1889) 등의 사회보험 입법을 하였다.

이러한 사회보험법들은 근대적 의미의 사회보장법으로서의 형식을 갖추었기 때문에 급여청구권이 반사적 이익이 아니라 법적 청구권으로 되었다. 그러나 이 노동자의 급여청구권은 가부장적 국가가 이 권리를 노동자에게 준다는 것을 강조하고 있다는 점에서 전통적 국가의 시혜사상과 완전히 단절된 것은 아니었다.

본래 비스마르크는 가부장적 국가관의 소유자로서 군주국가를 옹호하여 사회주의 운동에 적극 가담하는 노동자는 사회체제를 위협하는 적이고 자신의 정치적 경쟁자인 부르주아의 적이라고 보았다. 그래서 비스마르크는 군주와 대립관계 있던 자유주의자인 부르주아를 꺾기 위해서 초기에는 노동계급을 보호하려는 입장을 취했으나, 노동조합 중심의 사회주의가 강화되자 사회주의 운동에 가입하지 않은 노동자에 대하여 복지향상을 도모하는 보호정책을 펴서 이러한 노동자를 자신의 편으로 끌어들였다. 이리하여 비스마르크의 사회(노동자)보험 세 가지가 완성되어 독일은 이때부터 사회복지법의 시대로 진입하였다.

4. 미국의 사회보장법

20세기 초까지만 하더라도 미국인에게는 자유주의 · 개인주의는 삶 그 자체였고 국가가 시민 개개인의 사회 · 경제생활에 개입한다는 것은 전혀 생각을 하지 못하였다. 이러한 자유방임적 자본주의는 그것이 발전함에 따라 시민 간에 부익부 빈익빈의 경제적 격차가 크게 생겼고 마침내 소수의 자본가에 의한 시장 및 경제 독점, 다량의 실업자 발생, 빈곤의 일반화 등으로 대공황이 발생하였다. 이에 미국연방정부는 뉴딜(New Deal)정책을 폈고 그 일환으로서

1935년에 사회보장법(Social Security Act)을 제정하였다.

이 법은 세계 최초로 '사회보장'이라는 용어를 사용하여 사회보장법이라는 새로운 법 영역을 만들었다. 이 사회보장법상의 사회보장은 미국 사회복지제도의 근간이 되었고 미국 복지국가의 권리장전으로 불린다(Jansson, 1988 : 137).

이 사회보장법은 자유주의자들로부터는 사회주의 입법이라는 비판을 받았으나, 본격적 복지국가의 이념을 담은 사회복지입법으로 평가하기 어렵다는 비판도 있다(윤찬영, 2004 : 39). 즉, 이 법의 수혜자는 권리의 주체로 인정받지 못했고 지방정부를 통해 재정을 조달하고 가치 있는 빈민만 연방정부에서 부조하도록 하는 점에서 영국의 빈민법적 전통을 유지하고, 더욱이 뉴딜정책의 기본입장이 국가가 국민의 생존권을 직접 책임지겠다는 취지보다는 노동자들로 하여금 민간기업에 취업하도록 하여 스스로 생존을 유지할 수 있도록 하는 것이므로 본격적 복지국가의 이념을 담은 사회복지입법으로 평가하기는 어렵다는 것이다.

그러나 이러한 비판에도 불구하고 1935년에 제정된 사회보장법에 의하여 미국의 현대적 사회복지법이 확립되었다고 할 수 있다. 즉, 이 사회보장법에 의하여 노령과 실업을 적용대상으로 하여 연방이 책임을 지는 국가적 차원의 노령보험제도와 연방정부 및 각 주(州)정부가 공동으로 관리하는 실업보험이 실시되었고, 노인이나 맹인, 부모의 사망으로 양육받을 수 없는 아동 등에 제공되는 부조가 각 주정부에 의하여 실시되어 연방정부도 이에 대한 보조금을 지출하는 등 공공부조제도가 실시되었다.

이와 같이 사회보장법에 의하여 노령보험 등의 사회보호법과 공공부조법을 중심으로 하는 사회복지법에 관한 법들이 성립되어 현대적 사회복지법의 모태가 되었다.

5. 근대시민사회와 근대법(시민법)

법은 역사적 발전의 소산이다. 오랜 기간을 지배했던 원시법의 단계를 거쳐 고대로 들어오면서 고대 동방 제 민족의 법문화를 바탕으로 해서 그리이스에서는 폴리스(polis)의 법문화를 낳았다. 로마는 처음에는 로마시민의 법인 시민법(jus civile)을, 나중에는 법의 보편적 체계인 만민법(jus gentium)을 만들어 내었다. 이러한 고대법의 단계를 거쳐 인간이 사회적, 신분적으로 고정된 중세봉건사회로 도달했다. 장원경제를 기초로 한 봉건법과 신의 보편적 세계지배를 기초로 한 교회법으로 이루어진 중세법은 형식적 엄격법을 원리로 한 것이다.

이러한 중세봉건제도는 그 후 자아의 자각에 따른 일련의 정신혁명을 통하여 무너지고 근대법의 단계가 막을 열게 된다. 여기에 법 앞에서 만민평등이라는 자유주의적 · 개인주의적

법의 시대가 전개되고, 그 목적을 달성하기 위하여 국가는 개인의 권리와 자유를 보장하는 법치국가로 나타난다. 그러나 법 앞에 있어서의 형식적 평등은 마침내 사회적 · 경제적 불평등을 초래하여 개인의 자유와 권리가 국가적 제한을 받지 않을 수 없는 현대법의 단계로 이른 것이다.

중세봉건사회는 봉건영주와 농노 간에 상하의 신분적 주종관계에 있었고, 농노는 영주와 독립된 인격을 가진 존재가 아니었다. 따라서 인격의 자유와 평등이라는 것이 전혀 있을 수 없었다. 그러나 시민사회는 그러한 봉건적 공동체를 분해시키고 개인이 사회활동의 단위가 되는 경쟁사회이므로 그에 따라 인격의 독립성이 요구되며, 그 시민사회의 단위는 재산의 소유자이고 그들이 서로 대등한 입장에서 자유의사에 따라 계약을 체결하여 거래하는 것이므로 인격의 자유와 평등이 요구된다. 이러한 근대시민사회는 자본주의를 성립시켰으므로 곧 근대자본주의 사회이다. 이런 의미에서 영국의 법사학자 메인(H. T. S. Maine, 1822~1888)은 그의 저서 『고대법』에서 봉건사회로부터 근대시민사회에로의 발전을 "신분에서 계약으로(from status to contract)"라는 말로 표현하였다.

근대법은 근대시민사회를 기반으로 성립하였으며, 다음과 같은 특징을 갖는다. 먼저 공법과 사법을 구별하는 데 그 특징을 볼 수 있다. 영미법에 있어서와 같이 행정법(공법)의 발달이 뒤늦게 이루어진 경우도 있으나, 근대국가는 국가와 시민사회를 이원화하고 국가에 대하여 특수한 법원리를 인정하여 이를 공법의 규율대상으로 하고 개인을 중심으로 하는 시민사회를 국가권력으로부터 분리하여 사적 자치를 기본으로 하는 사법의 규율대상으로 하였다.

공법분야에 있어서는 성문의 헌법전을 제정하여 권력분립을 통한 시민의 기본적 인권, 즉 재산권(소유권)의 자유, 신분의 자유, 신앙과 양심의 자유, 법 앞에 평등 및 참정권 등을 보장하며, 다른 한편 사회질서와 개인의 권익을 보호하기 위한 형벌제도에서도 봉건적 관습법의 지배를 배제하고 죄형법정주의와 인도적 형사절차 및 당사자주의(사람이 범죄의 혐의를 받고 소추될 때에는 피고인으로서 정당한 처우를 받고 자기를 위해 충분히 변명할 기회를 부여하여 정당한 재판을 받도록 하는 주의)를 확립하였다.

사법분야에 있어서는 자유인격을 최고원리로 하여 개인은 자기의 법률관계를 자기의 자유로운 의사에 기하여 형성할 수 있다는 사적 자치를 기본으로 했다. 이것은 국가는 개인의 활동, 특히 경제생활에 대하여 아무런 간섭을 하지 않고 각자의 자유에 맡겨 두면 사회는 조화 있게 운영된다는 자유방임주의 사상을 토대로 한 것이다. 개인의 의사는 개인과 개인의 자유로운 의사의 합치인 계약에서 가장 많이 나타나므로 사적 자치의 원칙을 계약자유원칙이라고도 한다.

사적 자치는 사적 생활의 주체는 모두 자유 · 평등한 인격자라는 것을 전제로 한다. 그러므로 고의나 과실로써 자기의 의사에 기하여 타인에게 손해를 끼친 경우에만 책임을 지고, 자기의 의사에 기하지 아니한 행위(자기에게 과실이 없는 행위)에 대하여는 책임을 지지 않았다(자기책임 또는 과실책임원칙). 이렇게 개인은 봉건사회와 같이 타인의 도움을 받아 생활하는 것이 아니라 자기의 의사와 자기의 책임으로 생활해야 하므로 그가 최후로 의지할 수 있는 것은 자기가 가지고 있는 재화(재산)이다. 따라서 자기의 모든 재산에 대한 완전한 지배를 인정하고 타인의 지배를 받지 않을 것이 요구된다.

이런 의미에서 각 개인의 사유재산에 대하여는 국가나 다른 타인이 간섭하거나 제한을 가하지 못한다는 사유재산권 존중의 원칙 또는 소유권 절대의 원칙이 나오게 되었다. 프랑스 인권선언 제17조는 소유권은 '신성불가침의 권리'라 했다. 이 소유권 절대 원칙은 사적 자치 원칙(계약자유원칙), 과실책임원칙과 더불어 근대 사법(민법)의 3대 원칙이라고 부른다.

6. 현대법의 출현과 사회복지법의 확립

근대법은 자유 · 평등한 시민사회를 바탕으로 성립하는 법으로서 개인의 사회적 · 경제적 활동의 자유를 보장하였으며, 이로서 자본주의 경제는 급속한 발전을 보게 되었다. 그러나 19세기 말 이래 고도의 자본주의의 발달은 한편으로는 기업의 독점화 경향에 따라 종래의 자유조절적 시장기능을 마비시켰고, 다른 한편으로는 빈부의 격차가 심해져 근로자와 자본가의 계급적 대립을 격화시켰다. 이러한 자본주의의 내적 모순을 방치하면 자본주의 자체의 존립이 위협당하게 될 것이므로 여기에서 자본주의를 유지하기 위해서는 그 내적 모순에 대한 국가의 관여가 불가피하게 되었다.

다시 말해서 계약의 자유라는 이름 밑에 경제적 강자에 의한 계약의 강제가 있게 되어 계약자유 그것은 '가지는 자'의 무기가 되고 '가지지 않는 자'는 계약자유의 원칙하에 점점 계약의 자유를 잃어 갔다. 또한 소유권 절대의 원칙은 가지는 자가 가지지 않는 자에 대한 지배권으로서의 성격을 가지게 되었다. 이리하여 봉건사회에 있어서의 신분의 고하에 대신하여 부에 의한 상하의 계급이 생기고, 평등은 자유의 이름으로 유린되었다.

따라서 종래에 법률상으로 규정된 자유 · 평등은 형식적인 것이 되고 현실로 나타난 것은 경제적 · 실질적 부자유 · 불평등이었다. 여기서 국가는 현실적 불평등을 직시하고 개인을 추상적 인격자로서가 아니라, 구체적 인간으로서의 실질적 자유와 평등을 실현하기 위하여 적극적으로 시민의 사회생활, 특히 경제생활에 관여하게 되었다. 이에 따라 현대법은 종래의 시민법(사법) 분야와 공법분야에 중대한 수정을 가하게 된 것이다.

먼저 근대 시민법(사법)에 있어서는 인간을 자유 · 평등한 인격자라는 추상적인 면으로 파악한 데 대하여, 현대법은 그 밖에도 구체적 인간으로 파악하여 근로자의 노동조합, 중소기업자, 농어민, 소시민, 소비자 등 각계 · 각층을 주체로 하는 법으로 변모하였다. 이것은 국가의 시민생활에 대한 적극적 간섭이나 통제의 결과로 나타난 각종의 근로기준법, 노동조합법 등의 노동법이나 각종의 소비자보호법, 공정거래법 등의 경제법의 제정으로 나타난다. 또한 국민의 인간다운 생활을 보장하는 생존권을 보장하기 위하여 국가는 사회보장법(광의의 사회복지법)을 제정하고, 국가가 적극적으로 국민이 빈곤상태에 빠지지 않도록 하는 협의의 사회복지를 실현하기 위하여 여러 가지 사회복지법(협의의)을 제정하고 있다. 이러한 노동법, 경제법, 사회보장법 등의 사회복지법을 사회법이라고 한다.

이 사회법은 인간의 실질적 · 경제적 평등을 실현하기 위하여 개인의 사익을 공공복리의 입장에서 수정하는 것이며 전통적 의미에서의 사법이나 공법 가운데 그 어느 것에도 속하지 않는 독자적인 법 영역을 형성하였다. 이에 응하여 자유인격을 최고원리로 하는 근대의 사법원리는 공공복리의 원칙에 의하여 수정되었다. 즉, 소유권절대원칙은 소유권도 공공복리를 위하여는 법률에 의하여 제한될 수 있다는 소유권상대의 원칙으로, 계약자유원칙도 공공복리를 위해서 국가의 간섭에 의하여 수정되고 있으며(계약공정의 원칙), 나아가 과실책임의 원칙도 대기업의 수많은 재해위험과 더불어 무과실책임의 방향으로 수정되고 있는 것이다. 요컨대 현대법은 개인의 이익보호에만 치우치지 않고 널리 일반의 공공복리 증진에 봉사하는 법으로 되었다. 이것은 개인주의적인 법으로부터 사회본위의 법으로의 진화, 즉 법의 사회화를 의미하는 것이다. 다음으로 공법분야에 있어서도 근대법은 인간의 기본권 가운데 자유권 보장을 그 중심으로 하였으나, 현대법은 구체적 인간에게 실체적 · 경제적 평등을 보장하기 위하여 '인간다운 생존(menschenwürdiges Dasein)'을 실현하는 것을 목적으로 하는 생존권 보장이 중심과제로 되어 있다. 이리하여 현대법은 자유방임주의 정책을 지양하고 공공복리의 증진을 위해 적극적으로 개인이나 기업의 재산의 자유권, 영업의 자유권을 제한 · 통제하게 되었다. 여기서 필연적으로 국민의 생존권, 즉 복지권을 보장하는 것이 헌법상의 권리로 된 것이다. 이런 의미에서 현대국가를 복지국가라고 하는 것이다. 그런데 복지권을 확대강화하면, 국가권력이 개인의 사적 경제생활과 기업의 경제활동을 지나치게 제한하는 부작용을 낳기 쉽다. 따라서 현대복지국가에서는 국민의 자유권(자유로운 경제활동을 할 권리)과 복지권의 기능을 어떻게 조화하느냐가 중대한 과제이다.

제 2 절 우리나라 사회복지법의 역사적 전개

Ⅰ. 서 언

본 서에서는 일제강점기, 미국 군정시대, 1950년대, 1960~1970년대, 1980년대, 1990년대 이후로 나누어 우리나라 사회복지법의 변천과정을 살펴보겠다.

Ⅱ. 일제강점기의 사회복지입법

우리나라에서 이루어진 일제강점기의 사회복지입법은 1944년 「조선구호령」 이외에는 별반 특별한 법제를 발견할 수 없다. 일본은 내선일체를 부르짖으며 한편으로는 한국을 일본의 영토로 편입하고 천황의 신민으로서 통치하려고 하였으나, 사회복지정책이나 법제에는 관심을 갖지 않았다. 이 「조선구호령」은 1929년에 제정된 일본의 구호법을 시혜적 차원에서 한국에도 확대시행키로 한 법령이다.

일본의 1929년 구호법은 구호기관, 구호내용, 구호방법 내지 구호비 분담 등을 자세하게 규정하였다. 그리고 구호대상을 ① 65세 이상의 노약자, ② 13세 이하의 유아, ③ 임산부, ④ 질병, 상병, 심신장애 때문에 노무에 지장이 있는 자를 위한 제한적 부조의 입장을 취하였다.

일제강점기의 「조선구호령」은 광복 후 미군정기를 거쳐 1961년에 생활보호법이 제정되기까지 한국의 공공부조의 기본법으로 위치를 가지고 있었으며, 1961년 이후에도 생활보호법의 기본골격으로 남아 있었다는 점에서 사회복지입법사의 중요한 역사적 의미를 부여할 수 있다. 이는 1999년에 와서 국민기초생활 보장법이 제정됨에 따라 새로운 공공부조의 기본 틀을 갖추게 되면서, 구법시대는 막을 내렸다.

Ⅲ. 미국 군정시대의 사회복지입법

미국 군정하의 사회복지입법은 빈곤과 사회적 혼란에 대처하기 위한 구호적 · 응급적 대책으로서의 성격을 가진다. 구호정책과 연관된 미군정의 사회복지입법은 「후생국보 제3호」(1946. 1. 12.)와 「후생국보 제3A호」(1946. 1. 14.) 및 「후생국보 제3C호」를 들 수 있다. 후생국보 제3호의 C항은 공공구호를 규정하고 있는데, 조선구호령과 유사하게 구호의 대상으로 ① 65세 이상인 자, ② 6세 이하의 소아를 부양하고 있는 모, ③ 13세 이하의 소아, ④ 불치의 병자, ⑤ 분만 시 도움을 요하는 자, ⑥ 정신적 · 육체적 결함이 있는 자로서 구호시설에 수용되지 않고 가족이나 친척의 보호가 없고 노동할 수 없는 자로 규정하고, 구호내용으로는 식량, 주택, 연료, 의류, 매장으로 분류하였다. 후생국보 3A호는 이재민과 피난민에 대한 구호를 규정하고, 구호내용으로는 식량, 의류, 숙사, 연료, 주택부조, 긴급의료, 매장, 차표제공 등을 들고 있다. 후생국보 3C호는 궁민과 실업자에 대한 구호규칙으로서 거택구호 시 세대인원에 대한 지급한도액을 규정하고 있다.

미군정은 1946년 9월 18일에 「아동노동법규」를 발표하여 아동의 노동을 보호하였다. 그 후 이 정신을 발전시켜 1947년 5월 16일에는 전문 12조로 된 과도정부 법령 제4호로 미성년자노동보호법을 공포하여 미성년자를 유해, 위험한 직업 또는 과중한 노동으로부터 보호하고 아동의 건전한 발육과 정당한 이익을 보장하도록 하였다.

미군정기의 사회복지입법은 구호법규, 아동노동법규 혹은 미성년자노동보호법 등과 같이 당시의 시대적 환경에 대응하는 임시변통적 구호정책이 주류를 차지하고 있었고, 이 역시 일제강점기의 조선구호령이 가진 기본적 성격의 연장선상에서 전개된 것으로 이해할 수 있으므로, 계획적이고 창의적인 정책이나 입법은 발견할 수 없다. 다만, 미성년자노동보호입법은 1953년 8월 9일에 근로기준법이 실시되어 폐기되기 전까지의 아동복지에 영향을 미친 것으로 이해될 수 있다.

Ⅳ. 1950년대의 사회복지입법

1948년에 대한민국 정부가 수립되었으나, 정치적, 사회적으로 안정되지 못하였고 1950년에 한국전쟁이 발발한 이후에는 전쟁고아의 수용과 보호, 전쟁이재민을 구호하기 위한 각종 구호시설이 등장하였고 이들 시설을 지도 · 감독하기 위하여 사회부장관의 훈령으로 「후생시설운영요령」을 제정하여 시행하였다.

그리고 1953년 5월 1일에는 근로기준법을 제정하여 근로자보호제도의 기틀을 마련하였고, 1956년에는 「어린이헌장」을 제정 · 공포하여 미래의 국가사회의 주역으로 성장할 어린이를 밝고 건전하게 육성하려는 정책의지를 밝혔다.

1950년대 중반 이후의 시기는 국가사회적 혼란을 종결하고 외부원조기관으로부터 유입된

물자를 통해 빈곤과 고통을 해결해 가는 시기로 볼 수 있다. 그리하여 점진적으로 정부는 독자적 사회복지입법을 준비할 수 있는 사회적 기반을 마련해 가는 시기로 이해할 수 있다.

Ⅴ. 1960~1970년대의 사회복지입법(태동기)

1960년대부터 1970년대에 이르기까지 20년간은 박정희 정권의 강력한 근대화 정책으로 말미암아 국가 전반에 획기적 변화를 가져온 시기이고 오늘날의 근대화 내지 경제적 번영을 가져오게 된 기틀을 마련한 시기이다. 그러나 다른 한편으로는 급격한 도시화와 산업화로 인하여 지역 간의 빈부격차, 상대적 빈곤감, 분배의 불평등, 빈부의 격차로 인한 노동자의 희생 내지 심한 갈등 및 투쟁이 일어났던 시기이기도 하였다. 이와 같은 시대적 배경에서 새로운 사회복지법을 제정 · 시행하게 되었다.

이 시기의 사회복지입법을 살펴보면, 1961년 1월 1일에 제정된 공무원연금법이 있다. 이 법은 한국 사회보험법의 효시로서 의미를 찾을 수 있다. 다음으로는 1961년 9월 30일에 제정된 갱생보호법으로서, 동법은 징역 또는 가석방자, 선고유예, 가퇴원자 등을 대상으로 재범의 위험을 방지하고 자립활동의 경제적 기반을 조성시켜 사회를 보호하고 공공의 복리증진을 목적으로 하고 있다. 1961년 11월 1일 군사원호보상법이 제정되었는데, 이는 한국전쟁 후의 상이군경, 전몰군경, 그리고 그 유족을 보호하기 위한 법적 장치이다.

한편으로는 1961년 11월 9일에 윤락행위 등 방지법을 제정하여 전쟁의 후유증과 서구적 가치관의 유입으로 인한 윤락 등의 문제가 발생하자 여기에 대처하기 위하여 법적 · 제도적 장치를 서둘렀다. 그리고 역시 과거의 조선구호령을 폐지하고 새로운 시대상황에 요청되는 생활보호법을 1961년 12월 30일에 제정하였다. 이 법은 2000년 10월 1일에 시행된 국민기초생활 보장법이 있기까지 약 40여 년간 공공부조의 기본적 법제로서 중요한 역할을 수행하였다고 볼 수 있다.

아동복리법이 생활보호법과 함께 1961년 12월 30일에 제정되었는데, 이는 앞에서 보았던 미군정기의 어린이헌장과 미성년자노동보호입법 등이 아동복지에 대한 관심이 고조되자 독립적 입법으로 형성되었다. 이와 비슷한 시기인 1961년 9월 30일에는 고아입양특례법이 제정되어 외국 입양을 합법화시켰다.

1962년도에 들어와서는 선원보험법이 1월 10일에 제정되었는데, 아직까지 실시되지 못하고 사장되어 있다. 같은 해 3월 30일에 재해구호법이 제정되었다.

1963년에는 군인연금법, 산업재해보상보험법, 사회보장에 관한 법률 및 의료보험법이 각각 제정되었다. 특히 산재보험법은 국가의 경제성장정책을 추진하기 위한 중요한 기반으로서 노동자의 업무상 재해에 대하여 신속하고 공정한 보상을 행하는 것이 목적이다. 또한 사회보장에 관한 법은 당초 이 법 초기에는 사회보장 관계 전문가들이 장래의 국가발전에 따른 사회보장계획을 구상하여 원대한 꿈을 가지고 입법을 추진하였으나, 이 법 과정에서 실제적 내용은 빠지고 형식적인 법으로 모습을 갖추고 말았다. 하지만 동법은 1995년 사회보장기본법으로 확대개편됨으로써 폐지되는 운명에 처하게 된다.

의료보험법 역시 1963년에 제정되었으나, 실시할 수 있는 경제적 · 기술적 여건의 미비로 인하여 1977년 7월 1일에 가서야 500명 이상 사업장을 중심으로 강제적용을 하는 사회보험제도로 실시되었다.

1968년에는 자활지도에 관한 임시조치법이 제정되어 생활보호법의 보충적 성격을 띤 법으로서 기능하였다.

1970년대 초기에도 사회복지입법이 활발하였는데, 1970년에는 사회서비스법의 모법이라고 할 수 있는 사회복지사업법이 제정 · 시행되었다. 동법은 사회복지사업을 공정하고 효과적으로 운영할 수 있는 법적 근거를 제공하는 역할을 수행하고 있다.

1973년 12월 20일엔 사립학교교원연금법이, 그리고 동년 12월 24일에는 국민복지연금법이 제정되었다. 그러나 국민복지연금법 역시 의료보험법과 유사하게 경제적 · 기술적 여건의 성숙이 이루어질 때까지 기다려야 했는데, 1988년에 국민연금법으로 개정되어 비로소 실시되었다.

의료보호법이 1977년에 실시되었는데, 이는 생활보호법과 함께 공공부조의 양대 지주를 이루는 법제로서 공공부조의 기본골격이 이루어졌다고 할 수 있다. 또 1977년에는 공무원 및 사립학교교원의료보험법이 제정 · 실시되어, 사업장과 함께 의료보험제도의 적용범위가 확장되었다.

이상과 같이 1960년대와 1970년대에는 사회복지에 관한 입법을 만들었으되, 시행할 만한 여건이 갖추어져 있지 않았다. 정부책임자나 시민도 사회복지에 대한 인식을 갖지 못하던 시기였다. 국민 대다수가 절대빈곤에 처해 있던 1960년대는 공공부조법이 중심이 되었고 이런 점에서 1961년에 제정된 생활보호법은 중요한 뜻을 가진다. 그러나 이 법은 그 내용이 부분적이고 보잘것없는 것이었다. 그리고 국가의 경제개발 5개년 계획에 따라 사회복지도 이러한 수출주도의 국가정책에 따라 필요한 경우에만 도입했다. 즉, 1963년의 산업재해보상보험법이 그것이다. 이 법도 형식은 사회복지입법이지만 그 내용은 보잘것없었다.

그러나 1970년 이후 점차 경제가 고도로 성장하게 됨에 따라 도시화, 산업화가 급속히 진행되었고 다른 한편, 가족구조도 핵가족화가 되었다. 그 결과 도시빈민문제, 노동자의 생존권 문제, 계층 간의 소득불평등문제 등이 발생하여 사회복지입법에 대한 관심이 높아지게 되었다. 이리하여 1970년 중엽에 들어와서 내용적으로 부실하였던 1960년대의 사회복지입법을 개선하여 그 내실을 다지고 현대적 사회복지입법의 기틀을 마련하였다고 할 수 있다.

Ⅵ. 1980년대의 사회복지입법(발전기)

이른바 제5공화국 시대인 이 시기는 노동조합의 획기적 증대, 산업화 및 도시화의 가속화, 산업의 발전과 생활의 현대화로 인한 산업재해와 환경오염 등은 물론이고 핵가족의 가속으로 인한 가정문제, 장애인문제, 청소년비행문제, 노인문제 등 지금까지 경험하지 못했던 사회복지에 대한 수요와 필요성이 나타나게 되었다. 이에 1960년대와 1970년에는 알지도 못했던 사회복지입법을 하게 되었다.

1980년 12월 13일에는 사회복지사업기금법이 제정되어 사회복지사업의 기금조성에 법적 기틀을 마련하였다. 그리고 1981년에는 사회서비스법 중 노인복지법과 심신장애자복지법이 독립된 법으로 입법화되고 1961년에 처음으로 제정되었던 아동복리법이 아동복지법으로 전면개정되었다.

1983년에는 사회복지사업법과 생활보호법이 개정되었고, 1986년 12월 23일에는 갱생보호법도 개정되었다. 동시에 1986년에는 국민연금법이 국민복지연금법을 대신하여 개정되어 1988년에 비로소 실시되는 한편 최저임금법도 제정되어 1988년 1월 1일부터 시행되기에 이르렀다. 1988년부터는 농어촌지역 의료보험이 전면 실시되었다. 동년 11월에는 보호관찰법이 입법화됨으로써 갱생보호제도와 함께 범죄자의 건전한 사회복귀를 도울 수 있는 제도적 장치를 마련하였다.

또한 1989년에는 모자복지법이 입법되고, 동년 7월 1일부터는 도시지역 의료보험이 시행되어 의료보험법 시행 12년 만에 전 국민을 대상으로 한 의료보험제도가 정착되었다.

1980년대의 사회복지입법은 기존의 사회복지법의 확대개편이라는 경향과 또 다른 한편으로는 사회서비스법의 입법화로 요약할 수 있다. 예컨대 국민연금법의 전면 실시와 의료보험법의 확대가 주요한 사례로 기록되고 있다. 이는 결국 사회보험법을 실시할 수 있는 토대를 마련한 것이다. 다음으로는 각종 사회서비스법의 입법이다. 사회복지사업법의 제정은 사회서비스법의 모법으로서 각종의 서비스법을 위한 기틀을 마련했다는 점에서 그 의의가 크다. 1981년에 있었던 노인복지법과 심신장애자복지법의 입법과 아동복리법의 전면개정은 사회복지 대상자의 요구가 활발하게 제기되고 이와 관련된 문제가 사회문제로 나타나게 된 것을 입법배경으로 한 것이다. 이는 경제 · 사회적 변화에 따른 새로운 욕구와 문제의 발생에 대응한 입법이며 입법순서로 보면, 사회보험, 공공부조를 뒤이어 사회서비스법의 제정시대를 연 사례로 평가된다.

이러한 사회서비스법과 함께 1980년대의 입법은 1988년 최저임금법과 보호관찰법이 마련됨으로써 사회복지관련법이 한층 광범위하고 기본적인 내용까지 제정되어 가는 과정의 입법이라고 할 수 있다.

Ⅶ. 1990년대 이후의 사회복지입법(정착기)

이 시기는 정치적으로는 1988년 2월 노태우 정권, 1993년 김영삼 정권, 1998년 김대중 정권으로 이어지면서 평화적 정권교체와 민주화가 이루어졌던 시대이다. 경제적으로는 1997년에 IMF 구제금융을 받게 되는 위기를 겪었지만 2005년 현재 1명당 국민소득이 약 16,000달러로 전체 경제규모가 세계 11위가 되었다. 그러나 그간의 고도의 산업화 및 재벌경제의 폐단의 결과와 정치적 변혁의 결과로 기업의 연쇄부도와 파산이 이어지고 이를 개선하기 위하여 기업과 금융의 과감한 구조조정이 있게 되어 이에 따라 명예퇴직자와 실업자가 양산된 것이 새로운 사회문제로 되었다. 또 실직노숙자의 문제, 과도한 노동조합운동으로 인한 경제의 불안정과 생산력의 저하, 가정파탄, 자살, 생활범죄 등의 사회문제가 나타났다. 그리고 소득의 증대로 중산층이 튼튼하게 형성되고 빈민의 비율이 많이 줄어들고 빈부의 격차가 예전보다는 어느 정도 개선되기도 했으나, 아직도 빈부의 갈등이 여전하고 그 격차를 개선 · 해소해야 할 과제를 낳고 있다. 더욱이 이 시기는 과거 어느 때보다 부동산 투기가 극심하여 상대적 박탈감에 빠진 시민이 많다. 위와 같은 시대적 배경에서 1990년대 이후 2005년 현재까지 우리나라 사회복지입법은 법제의 내실화를 기하고 범위를 확대개편하였다. 1995년의 사회보장기본법은 현재까지 다양하게 입법화한 사회복지법의 상호연계를 위한 사회보장에 관한 법을 확대개편한 것으로 이해할 수 있다.

다음으로는 여권신장의 결과 여성의 복지에 대한 내용을 입법화한 것을 찾을 수 있다. 1991년의 영유아보육법은 영유아의 복지증진을 위한 것이기도 하거니와 한편으로는 여성의 사회진출과 여권신장을 위한 것으로 해석될 수 있다. 또 1994년 1월 5일에 성폭력범죄의 처벌 및 피해자보호 등에 관한 법률의 제정과 1997년 12월 13일에 제정된 가정폭력방지 및 피해자보호 등에 관한 법률은 같은 맥락에서 이해될 수 있다. 여성의 권익과 가정의 평화를 위한 입법은 사회복지법이 보다 기본적인 문제에 접근하고 있는 것으로 보인다. 그리고 1995년에 제정된 여성발전기본법은 여성복지에 관한 획기적 입법이다. 또한 역시 통합의료보험법인 국민건강보험법과 공공부조법인 국민기초생활 보장법의 제정이다. 이는 구법인 의료보험법과 생활보호법을 확대개편한 의미가 있지만, 국민기초생활 보장법에서 더욱 강조하고 있는 것은 생활보호급여를 하나의 권리로 파악한 점이다.

이 시기의 사회복지입법을 보면 다음과 같다.

1991년에는 영유아보육법이 제정되어, 영유아를 건전하게 보육 · 보호할 책임을 국가사회가 공동으로 지게 됨을 명시하였다. 또한 동년 12월 13일에는 청소년기본법을 제정하여 청소년에 대한 정책을 체계화하였다. 이 청소년기본법은 새 시대에 맞게 2004년 2월 9일에 전면개정되었다. 동시에 동년에는 고령자고용촉진법을 제정(1991. 12. 31.)하여 증가하는 고령자문제에 대응하는 법적 체계를 수립하였다.

1993년에는 그동안 실업과 고용촉진 등의 문제를 취급하던 기구를 종합화, 체계화하여 12월 27일에 고용보험법을 마련하였다. 1995년 7월 1일부터 시행한 동법은 근로자의 소득보장과 함께 실업의 예방, 고용의 촉진, 근로자의 직업능력개발과 향상에 이바지할 수 있도록 제도적 장치를 마련하였다.

1990년대에 들어오면서 경제성장으로 인한 풍요로운 사회가 도래함에 따라 가치관의 혼란과 한편으로는 여권신장으로 성폭력문제가 사회적 쟁점으로 되면서, 드디어 1994년 1월 5일에 성폭력범죄의 처벌 및 피해자보호 등에 관한 법률이 제정되었다(2001. 1. 29. 등 개정).

1995년은 농어민연금의 시행, 사회보장기본법의 제정 및 정신보건법 제정 등이 이루어졌다. 동년 12월 30일에 제정되었던 사회보장기본법은 1963년 제정되었던 사회보장에 관한 법률을 새로운 사회경제적 변화에 따라 대체한 입법이다. 또 정신보건법은 정신질환자의 증가에 따라 이들을 효과적으로 예방 · 치료함은 물론 건전한 사회적 복귀를 위한 체계적 법제화가 요청되었던 것에 대응한 법적 조치라고 생각된다. 나아가 남녀평등을 촉진하고 여성의 발전을 도모하기 위하여 여성발전기본법을 제정(1995. 12. 30.)하였다.

1997년에는 사회복지공동모금회법이 제정(2004. 1. 29. 등 개정)되었는데, 이 법은 사회복지사업을 지원하기 위한 국민의 자발적 성금 등으로 모금된 재원을 효과적으로 관리 · 운용하여 사회복지의 증진에 이바지하기 위한 목적에서 제정된 법이다. 또한 1997년에는 새로운 사회복지사업법과 청소년보호법이 제정되었고, 동년 12월 13일에는 가정폭력방지 및 피해자보호 등에 관한 법률이 제정되었다. 이 법은 점증하는 가정폭력을 예방하고 그 피해자를 보호하여 건전한 가정을 육성하는 것을 목적으로 하고 있다. 또한 동년 8월에는 노인복지법을 제정하여 노인의 복지증진에 기여하도록 했다.

1999년 2월 8일에는 남녀차별금지 및 구제에 관한 법률과 장애인복지법이 제정되었는데 장애인복지법은 장애인의 복지증진과 사회참여 증진에 기여함을 목적으로 한다. 그리고 국민건강보험법이 제정되었는데, 특히 국민건강보험법은 종래의 의료보험법을 확대개편하여 직장근로자, 공무원 및 교직원, 농어촌 및 도시 자영업자 전체를 포괄하는 통합의료보험체계를 구축하는 기반을 만들었다. 동법에 의거하여 2000년 7월 1일부터 국민건강보험공단이 설립되어 동법이 실시되기에 이르렀다.

또한 1999년 9월 7일에는 국민기초생활 보장법이 제정되었는데, 이는 1961년에 제정되었던 구법인 생활보호법을 시대적 변화에 맞추어 확대개편한 것으로 풀이되는데, 특히 IMF 경제위기를 맞이하여 생계유지가 어려운 계층을 포괄적이고 적극적으로 보호한다는 입장과 한편으로는 자활과 자립을 촉진하는 입법상의 목적을 가지고 추진되었다. 동법은 2000년 10월 1일에 전면적으로 실시되어 공공부조의 새로운 시대를 열었다.

이어서 2001년 1월 12일에는 장애인고용촉진 및 직업재활법을 제정하여 장애인의 고용과 직업재활을 촉진하고 있다. 또한 같은 날에 아동복지법을 개정하여 아동이 건강하게 출생하여 행복하고 안전하게 자라나도록 보장하고 있다. 이후 2001년에 재해구호법을 제정(2001. 12. 19)하여 재해피해자의 보호와 생활안정에 기여하고 있다. 또 2001년 5월에 종래의 의료보험법을 폐지하고 생활이 어려운 자에 대한 의료급여를 실시함으로써 새 국민보건과 사회복지의 증진에 이바지하고자 의료급여법을 제정하였다.

그리고 2003년 12월 30일에는 청소년활동진흥법을 제정하여 청소년활동의 진흥을 꾀하고 있다. 또 2004년 2월 9일에는 건강가정기본법을 제정하여 가족구성원의 복지증진에 이바지할 수 있는 지원정책을 강화함으로써 건강가정 구현에 기여하고 있다. 또 2004년 3월 22일에는 성매매방지 및 피해자보호 등에 관한 법률을 제정하여 성매매를 방지하고 성매매 피해자의 자립을 지원하고 있다. 그리고 여성발전기본법(1995. 12. 30. 제정)이 2005년 12월 29일에 개정되면서 남녀차별금지 및 구제에 관한 법률이 폐지되었다.

이상과 같이 1990년 이후에는 종래의 사회복지입법을 개정하거나 확대하였고 특히 2000년대 이후에는 새로운 사회복지관련법을 제정하거나 현대적 복지국가의 실현을 꾀하기 위하여 종래의 사회복지관련법을 크게 개정하고 있다. 특히 2007년에는 기초노령연금법, 노인장기요양보험법, 근로자퇴직급여 보장법 등을 새로 제정하여 사회복지를 크게 확대하였다. 2000년대는 사회복지법의 정착기라고 할 수 있다.

Ⅷ. 2012년 이후의 복지 전망

2011년 말에 와서 우리나라의 복지형태를 주로 저소득층 중심의 소득향상을 위한 전통적인 소득보장형으로부터 모든 국민을 평생동안 겪게 되는 다양한 사회 위험에서 벗어나도록 소득과 아울러 사회서비스를 함께 보장하는 생활보장형으로 전환하기 위하여 각종 사회복지법의 기본법(모법)이라고 할 수 있는 사회보장기본법을 전부개정하고 이를 토대로 각종 사회복지법도 크게 또는 부분적으로 개정하였고 5세 이하의 영유아 무상보육도 전면 실시하게 되었다. 또한 장애아동복지시설에서의 아동 성범죄 실태를 고발한 영화 “도가니”를 계기로 삼아 각종 복지시설에서의 청소년·아동 관련 성범죄를 근절하기 위하여 관련법을 크게 개정하였다. 따라서 2012년 이후에는 우리나라의 사회복지는 모든 국민을 대상으로 하고 청소년·아동복지가 크게 개선되고 영유아에 대한 무상보육도 전면 실시되는 등 복지 수혜대상이 보편적으로 확대될 전망이다. 보편적 복지 및 영유아 무상복지와 청소년·아동복지 시대가 열리는 것이다. 특히 2013년에 들어선 박근혜 정부는 65세 이상 노인들에 대한 기초연금제도를 도입하는 등 무상복지를 확대하여 국민행복시대를 여는 정책을 펴고 있다. 또한 생애주기별 맞춤형 복지라는 정책을 펴고 있다.

Ⅸ. 2018년 이후

문재인 정부의 출범으로 문재인 정부는 65세 이상 노인들에 대한 기초연금을 월 20만원에서 월 25만원으로 인상 지급하고, 아동수당을 월 5만원에서 월 10만원으로 확대하고 있다. 또는 기초생활수급대상자의 수급급여를 인상하고 국민건강보험의 본인 부담 및 그 보험 비급여 대상을 철폐하여 모든 요양 치료 급여를 국민건강보험 급여대상으로 하려고 하고 있다. 이와 같이 문재인 정부는 보편적 복지를 확대하는 정책을 펴고 있다.

제3장 사회복지법의 연구방법론

제1절 서 설

사회복지법은 법이기 때문에 법학 연구방법을 통해서 연구한다. 법학의 연구방법에는 법해석학적 방법, 법철학적 방법, 법사학적 방법, 법사회학적 방법, 법심리학적 방법, 법정책학적 방법, 판례연구를 통한 방법 등이 있다. 이 가운데 사회복지관련 국가 실정법(실정법이란 국가에 의하여 공동생활의 규범으로 승인된 법임. 여기에는 국가기관의 제정절차에 따라 문장으로 표현되어 제정된 법인 성문법과 관습법, 판례법, 조리 등의 불문법이 있음. 이에 대하여 국가와는 관계없이 인간의 본성이나 사물의 본성 또는 이성에 따라 파악되는 정의의 이념을 자연법이라고 함. 자연법은 국가 실정법인 사회복지법의 연구대상이 아님)을 적용하여 구체적 사회복지관계를 실현하는 것은 법해석을 통해서 이루어진다. 따라서 사회복지법의 실천적 연구에는 법해석학적 방법에 의하여 법을 어떻게 해석하는지가 가장 중요하다. 이 장에서 이와 같은 여러 가지의 연구방법을 살펴보겠다.

제2절 법해석학적 방법

Ⅰ. 서 언

법해석학이란, 국가 실정법의 해석과 적용에 관한 연구를 말한다. 법해석학은 당위규범인 법규범을 대상으로 그 의미 · 내용을 명확히 하고, 법규범 상호 간의 관계를 논리적으로 체계화하며, 나아가 불명확하거나 흠결이 있는 부분을 보완한다.

그러므로 사회복지법의 법해석학적 접근은 사회복지법규범을 해석하여 사회복지현장에 적용시키는 길잡이가 된다. 또한 사회복지법의 내용 및 의미와 사회복지에 관한 정책의지나 목표를 명확하게 하며 사회복지법을 체계화한다.

법해석학적 접근방법에서 제일 중요한 것은 법을 어떻게 해석하는가이다. 법의 해석이란 법규범이 가지는 의미 · 내용을 확정하는 것을 말한다.

법은 일반적 · 추상적 규범이기 때문에 그것을 구체적 사실에 적용하기 위해서는 그 법의 의미 · 내용을 구체화하고 명백히 하는 것이 필요하다. 이것이 법의 해석이다. 법의 해석은 법의 적용에 이르는 한 과정이지 법의 적용 자체가 아님을 주의해야 한다.

어떠한 법이든 그 내용이 의문의 여지가 없을 정도로 충분히 명확하지는 않으며, 이것은 비단 성문법뿐만 아니라 불문법인 관습법이나 판례법에서도 마찬가지다. 여기에서 법의 해석이 필요하게 된다. 그러나 가장 중요하고 어려운 것은 성문법의 해석이다. 성문법은 문자로 표현되어 있어 일견 명백한 것처럼 보이나, 사실은 그 문자는 추상적으로 표현되어 있는 것이 보통이고, 또한 아무리 완벽하게 규정한다 하더라도 유동적인 사회생활에 적응하는 데 고정적 · 일반적 · 추상적 성문법은 불완전함을 면하기 어렵다. 그러므로 법의 해석은 성문법의 해석이 중심으로 되어 있다.

Ⅱ. 법해석의 종류

1. 유권해석

유권해석은 국가의 기관에 의하여 법규범의 의미가 확정되고 설명되는 경우를 말한다. 구속력 있는 해석이며 공권해석이라고도 한다. 여기에는 입법해석(legislative interpretation), 사법해석(judicial interpretation) 및 행정해석(administrative interpretation)의 세 가지가 있다.

1) 입법해석

법령에서 법령의 용어를 해석하는 경우이다. 예컨대 "본법에서 물건이라 함은 유체물 및 전기 기타 관리할 수 있는 자연력을 말한다"(민법 제98조)고 한 것이 대표적인 예이다. 이 입법해석은 그 자체가 법규이므로 절대적 구속력을 갖는다.

2) 사법해석

법원이 판결의 형식으로 하는 법의 해석이다. 그런데 우리나라, 일본, 독일과 같은 대륙법계 국가에 있어서는 영미와 같이 선례구속의 원칙이 없기 때문에 사법해석은 절대적 구속력이 없으므로 유권해석에서 제외해야 한다고 하는 견해가 있다. 그러나 사법해석은 입법해석과 같은 절대적 구속력은 없지만 대륙법계 국가에 있어서도 전술한 바와 같이 사실상 판례법이 많이 형성되고 있으며, 법원조직법 제8조에서는 "상급법원의 재판에 있어서의 판단은 해당 사건에 하급심을 기속한다"고 하고 있으므로 사법해석은 최종적 구속력이 있다. 따라서 이런 의미에서 유권해석으로 보는 것이 옳을 것이다.

3) 행정해석

행정관청에 의하여 행해지는 해석을 말하며, 이것은 법집행의 형식으로 또는 상급관청의 하급관청에 대한 회답 · 훈령 · 지령의 형식으로 나타난다. 행정해석도 물론 절대적 구속력을 갖는 것은 아니며, 행정관청이 법의 집행을 잘못하는 경우에는 최종적으로 법원의 판단에 맡겨지므로 행정관청은 최종적 해석을 할 수 없다. 그러나 동일계통의 상급관청의 회답이나 훈령 · 지령 등은 하급관청에 대해 사실상의 구속력을 갖게 되며, 또한 행정해석이 행정처분(행정행위)의 형식으로 행하여질 때는 그 행정처분이 취소되지 않는 한 일반국민을 구속하므로 행정해석도 일종의 유권해석으로 볼 것이다.

2. 학리해석

학리해석이란 학리적 입장에서 입법취지, 법문 자체, 그 법을 적용할 사건의 성질 등을 기초로 하여 어학적 · 논리적 방법에 의하여 행하는 법해석을 말한다. 형식적 권위를 갖는 유권해석도 학리해석을 기초로 하게 된다. 학리해석은 다시 문리해석과 논리해석으로 나누어진다.

1) 문리해석

문리해석이란 성문법규를 해석함에 있어서 법규의 문자나 문장에 중점을 두는 해석방법을 말한다. 이것은 법해석의 전 단계적 방법이지만 경우에 따라서는 너무 여기에만 치중하면 법령의 진의를 파악하기 어려운 수가 많다. 문리해석은 논리해석의 절차적 방법으로서만 의의가 있다.

2) 논리해석

논리해석이란 법문의 자구나 문장의 문법적 의미에만 구애받지 않고, 입법목적, 사회적 요구, 법적용의 효과 등을 고려하여, 법질서 전체와 법조 간의 체계를 유기적, 논리적으로 관련시켜 행하는 법의 해석을 말한다. 이러한 논리해석 가운데는 당연히 문리해석도 포함되나 논리해석은 그것에 그치지 않고 문리해석을 기초로 하면서도 다시 그것을 넘어서 전개되는 것이다.

(1) 확장해석

문리해석의 결과로서는 법문의 자구가 협소하기 때문에 야기될 수 있는 불합리성을 해결하고 법의 타당성을 확보하기 위하여 법문의 자구를 그 의미보다 확장시켜 해석하는 것을 말한다. 확장해석은 그 범위에 있어서는 법문의 자구의 원래의 의미에서 이탈하지만, 그 정신으로 보아서는 입법의 목적에 합당한 것이다. 형법 366조의 재물손괴죄에서 보통 손괴란 물건의 물리적 형태를 파괴하는 것을 의미하나, 법원에서는 이것을 확장해석하여 영업상 내객의 음식용에 제공하는 식기에 방뇨한 것을 식기의 손괴에 해당한다고 판시한 것이 그 예이다.

(2) 축소해석

법문의 자구를 그 의미보다 축소시켜 해석함으로써 법의 타당성을 확보하려는 해석방법이다. 예컨대 '제차통행금지'라는 푯말이 붙은 경우에 문면(文面)으로 보아서는 자전거(自轉車)도 제차의 차에 포함되지만, 그 입법취지로 보아 자전거라면 통행해도 무방하다는 식으로 해석하는 방법이다.

(3) 반대해석

법문에 일정한 사항이 규정되어 있는 경우에 그 규정에서 빠져 있는 사항에 대하여는 법문과 반대의 취지로 해석하는 방법이다. 예컨대 민법 제303조 제1항에 "전세권자는…… 타인의 부동산을 점유하여 그 부동산의 용도에 좇아 사용, 수익하며……"고 하였으므로 전세권의 목적이 될 수 있는 것은 부동산에 한하고, 동산에 대하여는 전세권을 설정할 수 없다고 해석하는 것이다.

(4) 물론해석

법령에 일정한 사항을 규정하고 있는 경우에 그 성질로 보아 어떤 사항도 여기에 포함시키는 것이 당연하다고 해석하는 방법이다. 예컨대 '우마차통행금지'라는 푯말이 붙은 경우에 자동차의 통행도 할 수 없다고 해석하는 것이다.

(5) 유추해석

해당 사항에 대하여 명문의 규정이 없는 경우, 입법취지가 같은 유사사항을 규정한 다른 규정을 해당 사항에 적용하는 해석방법이다. 유추는 문제된 사항에 관하여 전혀 법규가 존재하지 않을 때에 다른 법규를 가져다가 이를 보충하여 적용하는 해석방법이라는 점에서, 법조문에 근거를 두고서 그 법조문을 확장해석하거나 축소해석하거나 반대해석하는 것과는 다르다. 유추를 법의 해석이 아니라고 하는 견해도 있으나 '해당'사항에 대한 법규는 아니지만 그와 유사한 사항을 규정한 다른 법규를 해석하여 적용하는 것이므로 법해석의 한 방법이라고 보아도 무방하다.

유추(analogie)와 준용(anwendung)은 비슷하지만 역시 구별하여야 한다. 가령 민법 제10조에서 제5조 내지 제8조의 규정은 한정치산자에 준용한다고 규정한 것과 같이, 한정치산자의 능력에 관하여는 미성년자의 능력과 같이 취급할 필요가 있으므로 다시 중복하여 앞의 4개 조문을 그대로 규정할 필요가 없기 때문에 입법경제상(기술상) 준용한다고 한 것이다. 준용이라는 것은 비슷한 사항에 관하여 법규를 제정할 때에 법률을 간결하게 할 목적으로 다른 유사한 법규를 유추 적용할 것을 명문으로 규정한 것이다. 따라서 전혀 명문의 법규가 없을 때에 다른 법규를 유추하는 것과는 근본적으로 다르다.

법은 사회생활에 대한 규범이지만, 모든 구체적 사실에 관한 문제를 남김없이 규정한다는 것은 불가능하다. 따라서 유추를 허용하지 않는다면 사회규범으로서의 법의 효용은 크게 감퇴될 것이다. 형법에서는 죄형법정주의 원칙상 유추해석이 금지되는 것이 원칙이다.

(6) 연혁해석

법의 해석에 있어서 법성립의 연혁, 특히 법안이유서와 입안자의 의견, 의사록 및 정부위원의 설명 등을 자료로 해서 법원의 의미를 보충하여 그 진의를 찾아내는 방법이다.

(7) 보정해석

법문의 용어에 명백한 착오 내지 잘못이 있고 그것을 문리해석할 때는 법의에 반하는 결과가 되는 경우, 그 법문의 자구를 보정 또는 변경하여 참다운 법의에 맞도록 해석하는 방법이다. 예컨대 상법 제679조는 피보험자가 보험의 목적을 양도한 때는 보험계약으로 인하여 생긴 권리를 동시에 양도한 것으로 추정한다고 규정하고 있으나, 양도된 것으로 추정되는 것은 권리뿐만 아니라 계약상의 의무도 포함되는 것이다. 따라서 이 법문의 부분은 명백히 잘못된 것이므로 보정해석에 의하여 위와 같이 그 의미를 이해해야 한다.

Ⅲ. 법해석 태도의 변천

법해석의 태도로서 가장 기본적인 것은 위에서 말한 바와 같이 법규를 문리적 내지 논리적으로 해석하는 방법이다. 성문법규를 절대적으로 숭배하고 그 논리적 해석을 엄격하게 행하는 법학을 개념법학(Begriffsiurisprudenz)이라고 하는바, 그 개념법학은 죄형법정주의를 통하여 절대군주의 자의적 재판을 막고, 국민의 기본권을 보장하여 개인의 자유를 보장하려는 시대적 임무를 가지고 있었다. 그 결과 이 개념법학은 19세기의 개인주의적 법문화를 완성시켰다. 그러나 19세기 말부터 20세기 초에 걸쳐서 격심해진 사회적 변동은 너무 법조문의 논리적 해석에만 치우쳐, 법규를 적용할 대상이 되는 현실의 사회생활을 도외시하는 개념법학으로서는 도저히 실생활의 요구에 적응하지 못하게 되었다. 법규의 형식에만 열중하게 되면 나중에 법관도 윗구멍에다 사건을 넣으면 아랫구멍에서 판결이 저절로 나오는 자동판매기처럼 되어 버린다. 이리하여 개념법학은 19세기 말부터 20세기에 걸쳐 일어난 자유법론에 의하여 비판되어 점차 밀려나고, 오늘날에 와서는 자유법론(Freirechtslehre)이 진보적 학설로 되고 있다.

이러한 자유법론이 전개되기 이전에 법규의 문리적 또는 논리적 해석을 기초로 하면서도 법의 목적에 좇아서 해석하여야 한다는 목적법학(Zweckjurisprudenz)이 예링(Rudollf von Ehering, 1818~1892)에 의하여 주장되었다. 예링은 법의 목적은 이익을 확보하는 데 있다고 하였으므로 목적법학을 이익법학이라고도 한다. 이 목적법학도 19세기 말부터 20세기 초에 독일, 프랑스의 일부학자들에 의하여 주장된 자유법론에 의하여 아직도 논리적 해석임을 면하지 못한다는 비판을 받았다.

자유법론은 법관이 법을 해석하는 데 있어서는 보다 많은 자유재량권을 가져야 하며, 법관은 성문의 법규 이외에 과학적 자유연구에 의하여 사물의 본성에 따르는 살아 있는 법(das lebendige Recht)을 발견하여야 한다고 주장한다. 이 자유법론은 법사회학의 성립, 발전에 커다란 도움을 주었다. 자유법론의 대표자는 제니(F. Geny, 1861~1956), 엘리히(Erlich, 1862~1922), 칸토로비츠(Kantorowicz, 1877~1940) 등이다. 이러한 자유법론은 지나치게 형식적인 개념법학의 반성을 촉구하고 실생활에 적응할 수 있는 법해석을 할 수 있다는 장점이 인정되는 반면, 자칫하면 법해석을 법관의 주관적 판단에 일임하는 결과가 되어 법적 안정성을 해칠 염려가 생긴다. 따라서 법의 해석은 우선 논리적 해석–그것은 형식논리적이 아니라 법의 목적을 고려한 목적논리적 해석이어야 한다－을 토대로 하되 자유법론의 주장인 사회적 합목적성을 존중하는 해석이어야 할 것이다.

제3절 기타의 연구방법

Ⅰ. 법철학적 방법

법철학(法哲學)은 법의 본질을 추구하고 법의 이상 또는 이념을 분명히 하여 법학의 근본을 찾는 것을 목적으로 한다. 그러므로 사회복지법의 법철학적 연구방법은, 사회복지법의 본질을 추구하고 사회복지법의 이상 또는 이념을 분명히 하며, 나아가서 사회복지법학의 근본을 확립하는 것을 목적으로 한다. 따라서 이를 통하여 사회복지의 이상과 이념이 되고 있는 '인간다운 생활'을 실현하기 위한 '법의 이념이 무엇인가?'라는 문제를 해결하려고 노력하는 것이다.

사회복지법의 이념과 목적은 인간다운 생활에 대한 생존권의 확보이다. 이러한 뜻에서 사회복지법의 법철학적 접근에서 주로 논의할 수 있는 주제들은 인간다운 생활을 실현하기 위한 법의 이념은 무엇인가? 생존권 또는 복지권이란 무엇이며, 법적으로 어떻게 실현되어 왔는가? 복지국가의 이념과 사상, 정치 · 경제적 배경에 관한 연구, 평등, 형평, 사회적 적절성, 사회정의 등에 관한 연구 등이다.

특히 생존권을 기본권으로 보장하고 있는 헌법상의 생존권적 기본권이 어떤 의미를 지니며(선언적 의미냐?) 어떤 성질의 권리(국가가 이에 위반했을 경우 개인은 국가에 대하여 이 헌법 규정에 근거하여 곧 바로 생존권을 보장하는 구체적 청구를 할 수 있는 권리, 즉 구체적 권리인가?)인가? 또 생존권적 기본권의 내용이 되는 소득, 의료, 주택, 교육 및 사회복지서비스의 수준을 국가가 어느 정도까지 보장해야 하는가 등과 같은 근본적 문제를 따지는 것은 법철학적 접근방법을 통해서 가능하다.

Ⅱ. 법사학적 방법

법사학(法史學)은 법의 역사적 변천과정의 연구를 통해서 일정 영역에서의 법칙성을 발견하고 또 법의 변화원인과 결과를 이해하여, 현행법의 성격과 기능 및 그 의미를 보다 명확히 파악함으로써 법환경의 미래를 예측하려는 방법이다. 사회복지법의 연구에서 법사학적 접근은 사회복지법의 역사적 변화를 연구하여 현행 사회복지법의 성격과 기능, 의미를 보다 명확히 파악하려는 것이다. 그러므로 이 연구는 사회복지법제사(社會福祉法制史)의 연구성격을 띤다.

Ⅲ. 법사회학적 방법

법사회학은 법현상을 역사적·사회적 현상으로 보고, 그 인과적 방법에 따라 법의 성립, 발전, 소멸을 고찰하여 새로운 법칙성을 발견하려는 것이다. 이것은 접근연구의 대상에서는 법이지만, 접근의 방법에서는 사회학의 일부라고 할 수 있다.

법사회학은 '공동체의 행동에 참여하는 사람들이 일정한 규범을 타당한 것으로 보고 왜 구속되어야 하는가'라는 의문에서 출발한다. 법사회학은 사회의 생활현실에서 법이 어떻게 발생하고, 어떻게 존재하고, 어떻게 작용하는지에 관심을 둔다. 그러므로 성문법 이외에 규범력이 있는 관습을 찾아낸다든가, 실정법의 실효성을 고찰하는 일이 여기에 해당한다. 이와 같은 법사회학적 연구의 결과는 법의 해석, 적용, 입법에서 매우 중요한 자료가 된다.

Ⅳ. 비교법적 방법

비교법학(比較法學)은 두 나라 이상의 법제도를 비교하는 법학연구의 한 방법이다. 이 접근에서 보통 비교의 대상이 되는 것은 입법과정, 법제도, 법이념, 법철학, 법의 역사적 발전과정, 법의 적용과 해석, 판례, 입법구조, 정치행정의 문화 등이다.

사회복지법의 비교법학적 연구 또한 두 나라 이상의 사회복지법 제도의 비교를 통해서 사회복지법의 입법과정, 법이념, 법철학, 법의 역사적 발전과정, 법의 적용과 해석, 판례, 입법구조, 정치행정의 문화 등을 탐구한다.

Ⅴ. 법정책학적 방법

법정책학(法政策學)은 입법정책을 연구의 주요대상으로 하면서, 법과 정책결정에 관한 제반 학문적 지식 및 그것과 관련된 제반 기법을 탐구하는 접근방법이다. 그러므로 사회복지법의 법정책학은 사회복지입법정책을 연구대상으로 하여 복지와 관련된 법과 정책결정에 관한 제반 학문적 지식 및 기법을 탐구한다. 또한, 사회복지에 관한 정책결정과 입법과정에서의 의사결정구조를 탐구하는 것도 중요하다.

오늘날은 복잡한 사회에 다양한 복지문제가 발생하고, 이 사회문제에 대한 대응으로서의 법정책과 입법기술이 필요한 시대다. 그러므로 사회복지법의 입법과정과 정책결정과정에 관한 탐구는 입법을 이해하는 데 매우 중요하다. 결과적으로, 사회복지법의 법정책학적 연구는 현재의 각종 사회문제를 규제하고, 그 해결을 위한 방책의 하나로서 법적 의사결정 또는 법적 정책결정을 하는 자에게 조언하는 것을 목적으로 한다.

Ⅵ. 판례연구

판례연구(判例硏究)란 판례를 통해서 국가 실정법이 어떻게 해석 또는 적용되는지를 이해하기 위한 연구이다. 그러므로 사회복지법 연구에서의 판례연구 접근은 사회복지법의 실제해석과 적용이 어떠하며, 어떤 사회적·경제적 배경에서 어떤 판결이 이루어지고 있는지를 탐구하는 것이다.

이상과 같은 다양한 연구방법은 사회복지법의 이해를 돕고, 사회복지학의 지식체계의 발전에 도움을 준다. 그런데 주의할 것은 특정 연구방법이 전적으로 적용되고, 다른 연구방법이 전적으로 배척되는 것이 아니라 이러한 여러 연구방법들을 상호 유기적으로 관련되어 활용되어야 한다는 점이다.

제 4 장 사회복지법상의 법률관계

제 1 절 서 설

우리의 사회생활관계는 복잡다단하여 단순히 도덕 · 종교 · 관습 등의 사회규범에 의하여 규율되는 것이 있는 한편 법규범에 의하여 규율되는 것도 있다. 그중에서 법에 의하여 평가되고 규율되는 생활관계를 법률관계라고 한다. 원시사회에서는 법의 규율을 받는 생활관계가 적었으나 사회가 진보하고 법률제도가 완비하여 감에 따라서 법이 규율하는 생활관계의 범위는 확대되어 가고 있으며, 현대의 법치국가에 있어서 우리의 생활관계는 대부분이 법의 규율을 받게 되는 법률관계이다. 법률관계는 이를 당사자의 입장에서 본다면, 법에 의하여 옹호되는 자와 법에 의하여 구속되는 자로 나타난다. 전자의 지위를 권리라 하고 후자의 지위를 의무라 한다면, 법률관계는 보통 권리의무관계로 나타난다(예컨대, 매매라는 법률관계를 보면 매도인은 매수인에 대하여 대금청구권이라는 권리를 갖고, 매수인은 그에 대응하는 대금지급의무를 지며, 매수인은 매도인에 대하여 목적물의 소유권과 점유의 이전청구권이라는 권리를 갖고, 매도인은 그에 대응하는 소유권과 점유의 이전의무를 짐. 그러나 모든 법률관계가 권리의무관계로 나타나는 것은 아니고, 법률관계에는 능력 · 거주 등과 같이 개개의 권리 · 의무로 환원할 수 없는 것도 있음을 주의).

권리란 법이 보호하고자 하는 일정한 이익(법익 : 法益)을 특정인에게 향수시키기 위하여 법이 부여한 힘이다. 법을 공법(公法)과 사법(私法) 및 사회법(社會法)으로 나눈다면, 그 법에 의하여 주어지는 권리도 공권(公權), 사권(私權), 사회권(社會權)으로 나눌 수 있다. 공권은 공법상의 권리이고 사권은 사법상의 권리이며 사회권은 사회법상의 권리이다. 이에 대하여 의무란 법의 지배를 받는 자들이 받는 법상의 구속을 말한다. 사회복지법상의 법률관계란 사회복지법에 의하여 규율되는 생활관계이다. 사회복지법상의 법률관계의 내용은 주로 사회복지법상의 권리와 의무로 되어 있다.

사회복지법은 앞에서 본 바와 같이 사회법의 영역에 속하는 법이다. 이 사회복지법상의 권리는 사회복지급여와 사회서비스를 국가로부터 받을 사회복지수급권을 말하고 이른바 사회권에 속한다. 사회복지법에 규정되어 있는 각종의 사회복지수급권은 헌법에 기본권으로 규정하고 있는 생존권적 기본권(복지권, 즉 사회보장수급권)을 바탕으로 하여 이를 실현하기 위한 구체적인 권리이며, 국가에 대한 법적 청구가 가능한 권리이다.

이하에서는 사회복지법상의 법률관계를 파악하기 위한 전제로서 사회복지법의 효력(적용범위)과 사회복지주체에 대하여 먼저 알아본 후 사회복지법상의 권리와 의무를 살펴본다. 그리고 사회복지법상의 권리를 살핌에 있어서는 사회복지법상의 권리인 사회복지수급권을 구체적으로 설명하고 이를 위하여 이 권리가 흘러나온 헌법상의 생존권적 기본권의 개념도 살펴본다. 또 이 사회복지수급권이 침해되었을 경우의 구제에 대하여도 구체적으로 살펴보겠다.

제 2 절 사회복지법의 효력

사회복지법도 법이므로 그 효력은 일반적인 법의 효력과 다를 바 없다. 여기의 법의 효력이란 법이 미치는 범위, 즉 법의 적용범위를 말한다. 이를 법의 형식적 효력이라고 한다. 이것은 때에 관한 효력, 사람에 관한 효력, 장소에 관한 효력으로 나누어 볼 수 있다.

Ⅰ. 때에 관한 효력

1. 법의 시행

법은 시행일로부터 폐지일까지 효력을 갖는다. 이 기간을 시행기간이라고 한다. 법은 시행에 앞서 법의 내용을 국민에게 주지시키기 위하여 공포하여야 하는바, 공포일부터 시행일까지의 일정한 기간을 두어 주지시키는 것이 보통이다. 이 기간을 주지기간이라고 한다. 법률은 특별한 규정이 없는 한 공포한 날로부터 20일이 경과함으로써 효력을 발생한다. 그러나 시급하게 시행하여야 할 경우에는 공포한 즉일로 시행되는 수가 있으며(이런 경우는 주지기간이 없음), 법의 시행기일에 관하여는 부칙에서 특별히 정하는 수가 많다. 예컨대 현행 민법 제정의 경우에는 부칙에서 약 2년간의 주지기간을 둔 일도 있다.

2. 법의 폐지

법의 폐지라 함은 법이 종래 가졌던 구속력을 소멸시키는 것을 말한다. 법의 폐지에는 명시적 폐지와 묵시적 폐지의 두 가지가 있으며, 전자는 명문으로 규정함으로써 폐지하는 경우이고, 후자는 그렇지 않은 경우이다.

명시적 폐지에는 다음의 두 가지가 있다. 첫째, 법이 미리 시행기간을 정하였을 때는 법의 시행기간 만료로 폐지된다. 이런 법을 한시법이라고 한다. 둘째, 신법에서 명시적 규정으로 구법의 일부 또는 전부를 폐지한다고 정한 때는 구법은 당연히 폐지된다.

묵시적 폐지에도 다음의 두 가지를 생각할 수 있다. 첫째는 동일한 사항에 관하여 동일순위의 신법과 구법이 저촉되는 경우에는 그 저촉되는 범위 안에서는 구법은 묵시적으로 당연히 폐지된 것으로 된다. 이를 신법우선의 원칙이라고 한다. 그러나 순위가 서로 다른 신·구 양법이 존재하는 경우에는 이 원칙이 적용되지 않는다. 예컨대 신법이라 하더라도 일반적 신법은 특별법인 구법을 개폐하지 못한다. 둘째는 어떤 특정한 사항을 목적으로 법이 제정된 때는 그 목적이 소멸되면 그 법이 자연히 폐지되는 경우이다.

3. 법률불소급원칙과 기득권 존중원칙

원칙적으로 법률이 소급효를 인정하지 아니하는 결과 구법에 의하여 생긴 기득권은 신법의 시행으로 말미암아 변경되거나 소멸되는 일이 없다. 이것을 기득권 존중의 원칙 또는 불가침의 원칙이라고 한다.

그러나 이 원칙도 절대적인 것은 아니고 법해석상의 원칙이며, 입법정책상 필요한 경우에는 입법에 의하여 기득권을 변경·소멸시킬 수 있다. 그렇다고 일단 부여된 권리를 함부로 제외하거나 소멸시켜서는 사회생활의 법적 안정성을 해치고 국민생활을 불안하게 할 우려가 있으므로, 법해석상은 물로 입법정책상으로도 될 수 있는 대로 기득권을 존중하고 이를 침해하지 않도록 배려해야 할 것이다. 현행 민법이 소급효를 인정하면서, 동법 부칙 제2조 단서에 "그러나 이미 구법에 의하여 생긴 효력에 영향을 미치지 아니한다"고 규정한 것은 이런 의미이다. 이 기득권 존중의 원칙도 법의 부칙에 규정하는 것이 보통이다.

4. 경과법

법률불소급의 원칙상 구법시대에 발생한 사항에 대하여는 구법을 적용하는 것이 원칙이지만, 구법시대에 발생한 사항이 신법시대에까지 계속하여 진행되고 있는 경우에는 그것에 구법을 적용하여야 할 것이냐, 또는 신법을 적용하여야 할 것이냐 하는 것이 문제가 된다. 이런 경우의 해결을 위하여 규정된 것을 경과법(경과규정)이라고 한다. 경과법은 보통 부칙에 규정하는 일이 많으나 시행법에서 규정하는 수도 있다. 민법 부칙 14조는 구법이 적용된 예이고, 민법 부칙 5조, 10조, 15조, 16조, 24조, 상법 시행법 4조 1항은 신법이 적용된 예이다.

Ⅱ. 사람에 관한 효력

1. 속지주의와 속인주의

법은 어떠한 범위의 사람에게 적용하여야 하는가 하는 문제가 사람에 관한 효력의 문제이다. 여기에 대해서는 속지주의와 속인주의가 인정되고 있다.

속지주의란 이른바 국가의 영토고권의 효력으로 자국 영토 내에 있는 사람이면 자국민이거나 외국인이거나를 불문하고 모든 사람에게 자국법을 적용하는 주의를 말하고, 속인주의란 국가의 대인고권의 효력으로 국내에 있건 국외에 있건 간에 소재 여하를 불문하고 모든 자국민에게 자국법을 적용하는 주의를 말한다. 그러나 외국에 거주하는 자국민의 경우에는 자국법을 적용하려는 속인주의와 그 체류국의 법을 적용하려는 속지주의가 충돌·저촉하는바, 이와 같은 때에는 국가의 대인고권은 국제법의 제한을 받아 영토고권이 대인고권에 우선한다는 것이 일반적으로 인정되어 속지주의를 원칙으로 하게 된다. 다만, 그 경우에도 참정권, 병역의무, 청원권 등은 본국법의 적용을 받고, 또 신분이나 능력에 관한 사항은 본국법의 적용을 받는 속인주의를 따르고 있다. 예컨대 국제사법 제11조에서 "사람의 권리능력은 그 본국법에 의한다"고 규정하는 것이 그것이다. 그러나 이러한 속지주의와 속인주의에 대해서는 여러 가지 예외가 인정되고 있다.

2. 예 외

1) 치외법권

속지주의의 원칙상 외국에 체류하는 사람에 대해서는 해당 체류국의 법을 적용하는 것이 원칙이나, 일정한 자는 체류국의 법이 아니라 본국법의 적용을 받는 국제법상의 특권을 갖는다. 이것을 치외법권이라 한다. 치외법권을 가지는 자란 일국의 국가원수, 외교사절 및 그 가족, 수행원, 군선의 승무원 등을 말하며, 군인에 관하여는 파견국과 주둔국 간의 협정에서 그 지위가 정해지는 것이 보통이며 당연히 치외법권이 인정되는 것은 아니다. 치외법권은 체류국의 과세권, 재판권, 경찰권으로부터의 면제를 내용으로 한다.

2) 대통령과 국회의원의 특권

국내법상 대통령과 국회의원은 제한된 법의 적용을 받는 특권을 가진다. 헌법 제84조에서 "대통령은 내란 또는 외환의 죄를 범한 경우를 제외하고는 재직 중 형사상의 소추를 받지 아니한다"고 규정한 대통령의 형사상 특권과 헌법 제44조에서 "국회의원은 현행범인 경우를 제외하고는 회기 중 국회의 동의 없이 체포·구속되지 아니한다. 국회의원이 회기 전에 체포 또는 구금된 때에는 현행범인이 아닌 한 국회의 요구가 있으면 회기 중 석방된다"고 규정한 국회의원의 불체포특권과 동 제45조에서 "국회의원은 국회에서 직무상 행한 발언과 표결에 관하여 국회 외에서 책임을 지지 아니한다"고 규정한 국회의원의 면책특권이 그것이다.

3) 특별법에 의한 제한

일정한 신분을 가진 사람에 관하여 규정한 특별법은 일정한 범위 내의 사람에게만 적용된다. 예를 들면, 국가공무원법은 국가공무원에게만 적용되는 법이고, 선원법은 선원에게만 적용되는 법이다.

Ⅲ. 장소에 관한 효력

1. 원 칙

장소에 관한 효력의 문제는 법이 어떠한 지역적 범위에서 적용되는가 하는 문제이다. 특정한 국가의 법은 영육·영해·영공을 포함하는 그 국가의 전 영토에 걸쳐서 적용된다. 이러한 영토 안에서는 내외국인을 불문하고 모든 사람에게 일률적으로 적용되는 것이 원칙이다.

2. 예 외

그러나 이 원칙에는 약간의 예외가 인정되어 있다. 즉, 치외법권을 갖는 자에게는 타국에 있는 경우에도 자국법이 적용되고, 또 반대로 타국에 있는 일반 자국민이라 하더라도 참정권, 청원권, 병역의무 등이나 능력, 친족·상속 등에 관하여는 자국법이 적용된다는 것은 이미 말한 바와 같다. 그리고 타국의 영토 내에 있는 자국의 군함·공함이나 타국의 영공 안에 있는 자국의 군용·공용항공기 안에서도 자국법이 적용된다.

제3절 사회복지주체

Ⅰ. 서 언

사회복지의 주체란 사회복지 법률관계의 당사자로서 국민과 사회구성원, 시민에 대하여 각종의 복지행정 또는 복지사업을 담당하고 주도적으로 수행하는 자이다. 이는 공적 사회복지주체와 사적 사회복지주체로 나눌 수 있다. 공적 사회복지주체에는 국가, 지방자치단체, 공법상의 사단법인(공공조합), 영조물법인, 공법상의 재단, 무자본 특수공법인이 있다. 사적 사회복지주체에는 개인, 사회복지법인, 각종의 비영리법인이 있다.

Ⅱ. 공적 사회복지주체

1. 국 가

국가는 국민을 위하여 복지행정권을 행사하고 국민의 사회복지수급권의 상대방이 된다. 국가의 복지행정권은 대통령을 정점으로 하는 행정관청에 의하여 수행된다. 행정관청이란 국가의 의사를 결정하는 기관이다. 대통령, 국무총리, 각부 장관이 그것이다. 그리고 이 행정관청의 의사결정을 자문하는 기관인 자문기관이 있고 행정관청을 보조하는 보조기관(예컨대 국장, 과장, 계장, 주임 등)이 있다. 또 행정관청의 의사결정을 구속하는 국가의결기관으로서 국회가 있다.

2. 지방자치단체

지방자치단체는 주민의 복리에 관한 사무를 처리하고 재산을 관리하며, 법령의 범위 안에서 자치에 관한 규정을 제정할 수 있다(헌법 제117조). 지방자치단체는 국민기초생활보장제도와 같은 공공부조나 사회서비스를 직접 국민의 삶의 현장에서 집행하는 데 중요한 역할을 한다. 지방자치단체는 자치행정의 주체이며 국가로부터 국가통치권(행정권)의 위임을 받은 사항과 고유의 자치권에 의하여 주민의 복리를 실현하는 공법인이다. 지방자치단체에는 특별시, 광역시, 도, 시 · 군 · 구(자치구)가 있다. 지방자치단체가 제정하는 자치에 관한 규정에는 지방의회에서 제정 · 공포하는 조례(條例)와 지방자치단체의 장이 제정 · 공포하는 규칙(規則)이 있다.

3. 기 타

이 밖에도 공적 사회복지주체에는 다음과 같은 것이 있다. 공공조합이 있다. 이는 일정한 자격을 가진 조합원에 의하여 조직된 공법상의 사단법인이다. 지방자치단체와 같이 일반적 공공사무를 처리하는 것을 목적으로 하는 것이 아니라, 한정된 특수한 사업을 수행함을 목적으로 한다.

다음으로 영조물법인이 있다. 영조물이란 국가 및 공공단체 또는 그로부터 특허를 받은 자가 특정한 공공목적을 위하여 계속 봉사하도록 정해진 인적 · 물적 시설을 말한다. 예컨대 국립학교, 국립병원, 철도, 교도소 같은 것이다. 사회복지관련 영조물법인으로는 서울대학교 부설 국가 병원인 서울대학교 병원, 대한적십자사가 운영하는 적십자병원, 법무부 산하 특수 교정교육기관인 소년원 등이 있다.

또 공법상 재단이 있다. 이는 설립자인 국가나 지방자치단체에 의하여 출연된 재산을 관리하기 위하여 설립된 공공재단이다. 한국학술진흥재단, 한국정신문화연구원이 여기에 속한다. 사회복지관련 공공재단으로는 고용보험, 산재보험 등 노동관계 문제를 체계적으로 연구 · 분석하여 합리적 노동정책개발과 노동문제에 관한 국민의 인식을 제고하기 위하여 설립한 한국노동연구원을 들 수 있다.

이 밖에 무자본 특수법인이 있다. 이는 국가가 공익을 목적으로 특별법을 제정하여 비영리로 운영되는 법인이다. 설립 시에는 무자본으로 설립하여 설립 이후에 관련법의 목적에 따라 기금을 조성하거나 자산을 취득하는 것이 일반적이다. 여기에는 국민건강보험공단, 국민연금공단, 근로복지공단, 한국산업인력공단, 한국보훈복지의료공단 등이 있다.

Ⅲ. 사적 사회복지주체

오늘날 개인이나 각종의 비영리법인들도 사회복지주체로서 역할을 하고 있으나 사적 사회복지주체의 중심은 사회복지법인이다. 이하에서는 사회복지법인의 의의, 관련법규, 설립, 기관, 업무에 대한 관리 및 감독 등에 관해서 살펴본다. 보다 구체적인 것은 제2부 제9장 제2절 사회복지사업법에서 살펴보겠다.

1. 사회복지법인의 의의

사회복지법인이란 사회복지사업을 행할 목적으로 설립된 법인을 말한다(사회복지사업법 제2조 제3호). 사회복지법인은 사회복지사업법에서 규정한 사회복지사업을 수행하기 위하여 설립된 비영리 · 공익 · 특수법인이다. 사회복지사업이란 사회복지사업법에서 규정한 아래의 27개 법률에 의한 보호 · 선도 또는 복지에 관한 사업과 사회복지상담, 부랑인보호, 직업보도, 무료숙박, 지역사회복지, 의료복지, 재가복지, 사회복지관 운영, 정신질환자 및 한센병력자 사회복지에 관한 사업 등 각종 복지사업과 이와 관련된 자원봉사활동 및 복지시설의 운영 또는 지원을 목적으로 하는 사업을 말한다(사회복지사업법 제2조 제1호). 따라서 사회보험분야와 관련된 사업을 제외한 공공부조, 사회서비스 사업을 위해 설립된 법인이다. 26개의 법률이란 국민기초생활 보장법, 아동복지법, 노인복지법, 장애인복지법, 한부모가족지원법, 영유아보육법, 성매매방지 및 피해자보호 등에 관한 법률, 정신건강증진 및 정신질환자 복지서비스 지원에 관한 법률, 성폭력방지 및 피해자보호 등에 관한 법률, 입양특례법, 일제하 일본군위안부피해자에 대한 생활안정지원 및 기념사업 등에 관한 법률, 사회복지공동모금회법, 장애인 · 노인 · 임산부 등의 편의증진보장에 관한 법률, 가정폭력방지 및 피해자보호 등에 관한 법률, 농어촌주민의 보건복지증진을 위한 특별법, 식품기부활성화에 관한 법률, 의료급여법, 기초연금법, 긴급복지지원법, 다문화가족지원법, 장애인연금법, 장애인활동 지원에 관한 법률, 노숙인 등의 복지 및 자립지원에 관한 법률, 보호관찰 등에 관한 법률, 장애아동 복지지원법, 발달장애인 권리보장 및 지원에 관한 법률, 청소년 복지지원법이다.

사회복지법인제도는 민간사회복지사업의 공공성과 안정성을 높이기 위한 것으로 사회복지시설운영법인과 지원법인으로 구분된다. 시설운영법인은 시설의 설치 및 운용을 목적으로 하는 법인을 말한다. 또한 사회복지시설은 생활시설과 이용시설로 구분한다. 지원법인이란 시설의 설치 및 운용을 목적으로 하지 아니하고 사회복지사업을 지원하는 것을 목적으로 하는 법인을 말한다(이상, 사회복지사업법시행규칙 제13조 제2항 참조).

2. 사회복지법인 관련법규

사회복지법인에 관한 사항은 사회복지사업법(제2조와 제2장)에서 규정하고 있다. 사회복지사업법 규정에 정하고 있지 아니한 사항은 민법(제32조에서 제97조까지)의 법인에 관한 규정과 공익법인의 설립 · 운영에 관한 법률(1975. 12. 31. 제정 2004. 10. 16, 2005. 3. 31. 등 개정)을 적용한다.

사회복지법인과 관련법령의 적용관계를 살펴보면 사회복지법인은 원칙적으로 사회복지사업법의 적용을 받음과 동시에 목적사업에 따라 관련법률의 적용도 받게 된다. 예를 들면, 아동복지사업을 하는 사회복지법인의 경우 사회복지사업법, 아동복지법, 영유아보육법, 입양촉진 및 절차 등에 관한 특별법, 국민기초생활 보장법 등의 적용을 받는다. 또한 노인복지사업을 하는 사회복지법인의 경우 사회복지사업법, 노인복지법, 국민기초생활 보장법 등의 적용을 받는다. 이러한 경우 특별법이 있으면 특별법 우선의 원칙에 따라 특별법이 일반법보다 우선 적용된다. 일반적으로 사회복지법인의 법적용의 순위는 사회복지사업 관련 특정 법률, 사회복지사업법, 공익법인의 설립·운영에 관한 법률, 민법 순이다.

3. 사회복지법인의 설립절차

사회복지법인의 설립은 기본재산의 출연과 정관의 작성, 보건복지부장관의 허가 및 설립등기의 절차를 거쳐 법인으로 성립된다.

1) 재산의 출연

사회복지법인은 사회복지사업의 운영에 필요한 재산을 소유하여야 한다(사회복지사업법 제23조 제1항). 따라서 사회복지법인을 설립하고자 하는 자는 법인설립의 필수적 요건일 뿐만 아니라 기본적 목적사업의 수행에 필요한 기본재산을 출연하여야 한다. 이런 점에서 사회복지법인은 재단법인의 성질을 가진다고 할 수 있다.

사회복지법인의 재산은 기본재산과 보통재산으로 구분하며 기본재산은 그 목록과 가액을 정관에 기재해야 한다(사회복지사업법 제23조 제2항). 기본재산은 목적사업용 기본재산과 수익용 기본재산으로 구분된다(사회복지사업법시행규칙 제12조 제2항 본문). 다만, 사회복지법인이 사회복시시설의 설치·운영을 목적으로 하지 아니하고, 일정한 출연재산에서 얻어지는 과실 등으로 다른 시설이나 보호대상자 등 사회복지사업법 제2조 제1항의 규정에서 정한 사회복지사업을 지원하는 것을 목적(이하에서 '지원법인')으로 하는 경우에는 목적사업용 기본재산과 수익용 기본재산으로 구분하지 아니할 수 있다(사회복지사업법시행규칙 제12조 제2항 단서). 기본재산을 매매, 증여, 교환, 임대, 담보제공 또는 용도 변경하고자 할 때, 장기차입하고자 하는 금액을 포함한 장기차입금의 총액이 기본재산 총액에서 차입 당시의 부채를 공제한 금액의 100분의 5에 상당한 금액 이상을 1년 이상 장기 차입하고자 할 때에는 기본재산에 관한 임대계약의 갱신을 제외하고는 시 · 도지사의 허가를 받아야 한다(사회복지사업법 제23조 제3항, 사회복지사업법시행규칙 제14조, 제15조).

2) 재산의 규모

법인의 기본재산규모는 사회복지시설의 설치 · 운영을 목적으로 하는 시설운영법인과 지원법인으로 구분하여 적용하고 있고 시설운영법인의 경우 목적사업용 기본재산을 갖추어야 한다(사회복지사업법시행규칙 제13조 제1항). 지원법인의 기본재산규모는 법인 운영경비의 전액을 충당할 수 있는 규모의 기본재산을 갖추도록 하고 있다(동 시행규칙 제13조 제2항).

3) 정관의 작성

법인을 설립하는 경우에는 법인의 근본규범이 되는 정관을 서면으로 작성하여야 한다. 정관의 기재사항에는 목적, 명칭, 주된 사업소의 소재지, 사업의 종류, 자산 및 회계에 관한 사항, 임원의 임면에 관한 사항, 회의에 관한 사항, 수익을 목적으로 하는 사업이 있는 경우 그에 관한 사항, 정관의 변경에 관한 사항, 존립시기와 해산사유를 정할 때에는 그 시기와 사유 및 잔여재산 처리방법, 공고 및 그 방법에 관한 사항 등 필요적 기재사항(사회복지사업법 제17조 제1항)과 기타 임의적 기재사항이 있다. 필요적 기재사항은 그 하나라도 빠지면 정관으로서의 효력을 발생할 수 없다.

그러나 필요적 기재사항과 임의적 기재사항은 일단 정관에 규정되면 그 효력의 차이가 없으며, 그 변경절차도 동일하다. 법인이 정관을 변경하고자 할 때에는 보건복지부령이 정하는 경미한 사항을 제외하고는 보건복지부장관의 인가를 받아야 한다(사회복지사업법 제17조 제2항).

4) 설립허가

사회복지법인을 설립하고자 하는 자는 대통령령(사회복지법시행령)이 정하는 바에 의하여 시 · 도지사의 허가를 받아야 하는데(사회복지사업법 제16조 제1항), 사회복지법인 설립허가신청은 해당 사회복지법인의 주된 사업의 소재지를 관할하는 시장 · 군수 · 구청장을 거쳐 시 · 도지사에게 제출(전자문서에 의한 제출 포함)하여야 한다(사회복지법시행령 제8조 제1항). 중앙협의회, 시 · 도협의회 및 시 · 군 · 구 협의회는 사회복지법인이며(사회복지사업법 제33조 제2항), 사회복지공동모금회도 사회복지법인이다(사회복지공동모금회법 제4조 제2항). 그런데 중앙협의회는 보건복지부장관의 허가를 얻어야 하고(사회복지사업법 제33조 제13항), 사회복지모금회는 보건복지부장관의 인가를 받아야 한다(사회복지모금회법 제4조 제3항). 따라서 중앙협의회와 사회복지모금회의 설립허가 또는 인가는 보건복지부장관이 하여야 하고 시·도지사에게 위임할 수 없다. 허가의 경우는 사회복지법인의 실질적 설립허가권자인 보건복지부장관 또는 특별시장, 광역시장, 도지사(이하 "주무관청")는 법인의 자산규모, 정관의 내용, 설립절차의 적법성 등을 심사하여 허가여부를 결정하게 된다. 이 주무관청의 허가는 재량행위이므로 허가를 받지 못하더라도 행정쟁송의 대상이 되지 못한다. 그러나 공동모금회와 같은 설립인가의 경우는 설립법률요건에 해당되는 주무관청은 반드시 인가를 해주어야 한다.

사회복지법인 설립허가신청 시에는 설립허가신청서를 작성하고 다음의 서류를 첨부하여야 한다. 즉, 설립취지서 1부, 정관 1부, 재산출연증서 1부, 재산의 소유를 증명할 수 있는 서류 1부, 재산의 평가조서(부동산 가격공시 및 감정평가에 관한 법률에 따른 감정평가사업자의 감정평가서를 첨부하되, 개별공시지가 확인서로 첨부서류에 대한 정보를 확인할 수 있는 경우에는 그 확인서로 첨부서류에 갈음) 1부, 재산의 수익조서(수익용 기본재산을 갖춘 경우에 한하며, 공인된 감정평가기관의 수익증명 또는 수익을 증명할 수 있는 기관의 증빙서류를 첨부하여야 함) 1부, 임원의 취임승낙서 및 이력서 각 1부, 법 제18조 제2항 각 호의 어느 하나에 해당하는 기관으로부터 받은 이사 추천서 1부, 임원 상호 간의 관계에 있어 사회복지사업법 제18조 제2항의 규정에 저촉되지 아니함을 입증하는 각서 1부, 설립 해당 연도 및 다음 연도의 사업계획서 및 예산서 각 1부의 서류를 첨부하여야 한다[사회복지사업법시행규칙 제7조 제1항, 제2항]. 그리고 주무관청은 법인설립허가신청에 대하여 허가를 하는 때에는 법인설립허가증을 신청인에게 교부하여야 한다(사회복지사업법시행규칙 제7조 제3항).

5) 설립등기

사회복지법인이 주무관청의 설립허가를 받은 경우에는 주된 사무소 소재지의 관할 등기소에 설립등기를 해야 한다(사회복지사업법 제16조 제2항). 사회복지법인의 설립등기기간에 대하여는 사회복지사업법 및 시행령, 시행규칙에 아무런 규정이 없다. 사회복지법인은 비영리법인이므로 민법의 규정에 따라 법인 설립허가가 있는 때에는 3주 내에 주된 사무소 소재지에서 설립등기를 하여야(민법 제49조 제1항) 사회복지법인이 성립한다(설립등기는 법인의 성립요건).

4. 사회복지법인의 기관

사회복지법인의 기관은 임원으로서 이사와 감사를 두고 의사결정기관으로 이사회를 두어야 한다(사회복지사업법 제18조, 제25조 참조).

1) 이사(대표이사 포함)

이사는 사회복지법인의 최고 의사결정기관인 이사회의 구성원이다. 이사의 직무권한에 대하여는 사회복지사업법에 아무런 규정이 없으므로 민법의 비영리법인의 이사 직무권한에 관한 규정을 적용한다. 이에 의하면 이사는 법인의 사무를 집행한다(민법 제58조 제1항). 그러나 민법의 비영리법인과 달리 이사 중에서 대표이사를 선임하고 이 대표이사가 법인을 대표한다(사회복지사업법 제18조 제1항 유추해석). 이사는 사회복지기관의 필수기관이고 그 선임방법 등은 정관으로 정한다(사회복지사업법 제17조 제1항 제6호). 임원의 수는 임원으로서 대표이사를 포함한 이사 7명 이상과 감사 2명 이상으로 하며(사회복지사업법 제18조 제1항), 이사 전수의 3분의 1 이상을 사회복지위원회, 지역사회복지협의체에서 그 배수로 추천한 사람 중에서 선임한다(동조 제2항). 이사의 임기는 3년이고 감사의 임기는 2년으로 하되, 각각 연임할 수 있다(동법 제18조 제4항). 또한 이사는 결격사유가 없어야 하고(동법 제19조), 친족 등의 특별한 관계에 있는 자가 이사 현원의 5분의 1을 초과할 수 없으며(동법 제18조 제3항), 외국인인 이사는 이사 현원의 2분의 1 미만이어야 한다(동법 제18조 제5항). 시 · 도지사에게 취임보고를 하여야 한다(동법 제18조 제6항).

사회복지 분야 6급 이상 공무원으로 재직하다 퇴직한 지 2년이 경과하지 않은 사람은 퇴직 전 3년 동안 소속하였던 기초자치단체가 관할하는 법인의 임원 · 시설장이 될 수 없다(동법 제19조 제1항 제3호, 제35조 제2항 제3호).

2) 감 사

감사는 법인의 재산이나 업무집행상태의 적정여부를 지도 · 감독하는 기관이다. 감사의 선임방법은 정관으로 정한다(사회복지사업법 제17조 제1항 제6호). 감사의 수는 2명 이상이며, 그 임기는 2년으로 하고 연임할 수 있다(동법 제18조 제1항, 제4항). 이사와 마찬가지로 사회복지사업법 제19조에 정하는 결격사유가 없어야 하며, 시 · 도지사에게 보고하고 취임한다(동법 제18조 제6항). 그리고 감사는 이사와 친족 등 특별한 관계에 있는 자가 아니어야 하며 그중

1명은 법률 또는 회계에 관한 지식과 경험이 있는 자 중에서 보건복지부장관이 추천할 수 있다(사회복지사업법 제18조 제7항). 다만, 대통령령(동법시행령 제10조 참조)으로 정하는 일정 규모 이상의 법인은 시·도지사의 추천을 받아 「주식회사의 외부감사에 관한 법률」 제3조 제1항에 따른 감사인에 속한 사항을 감사로 선임하여야 한다(같은 조 같은 호 단서).

3) 이사회

이사회는 사회복지법인의 최고의사결정기관이며 필수기관이다. 이사회는 이사로서 구성되며(대표이사를 포함한 이사 7명 이상), 그 소집방법, 권한 등은 정관에서 구체적으로 정한다. 사회복지사업법시행규칙에서 규정하고 있는 이사회의 권한으로는 기본재산으로의 편입, 기본재산의 처분, 장기차입허가신청을 위한 결의, 관계법인의 합병 결의 등이다(동 시행규칙 제12조 제1항 제3호, 제14조 제1항 제1호, 제15조 제2항 제1호, 제19조 제2항 제1호).

4) 임원의 보충 등

이사 또는 감사 중에 결원이 생긴 때에는 2월 이내에 이를 보충하여야 한다(사회복지사업법 제20조). 법인이 위 기간 내에 결원보충을 하지 아니하는 경우에는 시·도지사는 지체 없이 이해관계인의 청구 또는 직권으로 임시이사를 선임하여야 한다(동법 제22조의 3 제1항). 시·도지사는 임원이 회계부정, 현저한 불법행위, 부당행위 등이 발견되었을 때 등의 행위를 한 때에는 그 임원의 해임을 명할 수 있다(동법 제22조).

5. 사회복지법인의 업무에 대한 관리감독

사회복지법인은 사회복지사업을 수행하는 주체로서 공공성과 공익성이 강하며, 사회복지시설을 설치·운영하는 법인의 경우 그 운영비의 약 90% 이상을 국민의 납세에 의한 정부보조금으로 조달하고 있으므로 이의 적정한 운영을 도모하기 위해서는 정부의 지도·감독이 필요하다.

사회복지사업법 제51조의 규정에 의하면 보건복지부장관, 시·도지사 또는 시장·군수·구청장은 사회복지사업을 운영하는 자에 대한 소관업무에 관하여 지도·감독을 하며 필요한 경우 그 업무에 관하여 보고 또는 관계서류의 제출을 명하거나, 소속공무원으로 하여금 사회복지법인의 사무소 또는 시설에 출입하여 검사 또는 질문하게 할 수 있다(제1항). 사회복지 법인의 주된 사무소의 소재지와 시설의 소재지가 동일한 시·도 또는 시·군·구에 있지 아니한 경우 시설의 업무에 관하여는 시설소재지의 시 · 도지사 또는 시장 · 군수 · 구청장이 지도 · 감독 등을 한다. 이 경우 지도 · 감독상 필요한 때에는 법인의 업무에 대하여 법인의 주된 사무소 소재지의 시 · 도지사 또는 시장 · 군수 · 구청장에 대하여 협조를 요청할 수 있다(제2항). 이에 따른 지도 · 감독 등에 관하여 지방자치단체 간에 협약을 체결한 경우에는 위에 불구하고 협약에서 정한 시 · 도지사 또는 시장 · 군수 · 구청장이 지도 · 감독 등의 업무를 수행한다(동법 제51조 제3항). 위의 검사 또는 질문을 하는 관계공무원은 그 권한을 표시하는 증표를 지니고 이를 관계인에게 보여주어야 한다(제4항). 보건복지부장관 또는 시 · 도지사는 지도 · 감독을 실시한 후 행정처분을 한 경우 그 처분과 관련된 정보를 공표할 수 있고, 지도감독기관은 사회복지 사업운영자의 소관업무에 대한 지도 · 감독에 있어 필요한 경우 촉탁할 수 있다(제5항, 제6항).

또 이 밖에 법인의 설립허가, 종합계획의 수립과 조정, 법인의 임면, 임시 이사의 추천, 기본재산의 처분허가, 법인 설립허가 취소, 법인합병의 허가, 재산취득 보고 등의 업무별로 소관부서가 정해져 있다. 이하에서는 사회복지법인의 업무소관부서와 사회복지에 대한 지도 · 감독의 내용에 관하여 살펴보겠다.

1) 사회복지법인의 업무별 소관부서

(1) 보건복지부장관

보건복지부장관은 사회복지사 자격증을 교부할 수 있다(사회복지사업법 제11조 제1항). 그러나 현재 사회복지사 자격증의 교부업무는 한국사회복지사협회에 위탁한다(동법시행령 제25조 제3항). 국가와 지방자치단체는 사회복지서비스 등 수급권자별 사회보장급여 제공계획을 수립하여 시행하여야 하는 등을 내용으로 하는 사회보장급여의 이용 제공 및 수급권자 발굴에 관한 법률(2014. 12. 30 제정)에 따라 사회복지서비스 계획을 수립하여야 한다(사회보장급여의 이용 제공 및 수급권자 발굴에 관한 법률 제15조).

주된 사무소가 서로 다른 시 · 도에 소재한 사회복지법인 간의 합병을 허가한다(동법 제30조 제1항). 또 위에 본 바와 같이 보건복지부장관은 사회복지사업을 운영하는 자에 대하여 소정의 지도와 감독을 한다(동법 제51조). 보건복지부장관은 국가가 설치 · 운영(위탁운영 포함)하는 사회복지시설의 개선, 사업의 정지, 시설장의 교체를 명하거나 시설의 폐쇄를 명할 수 있다(동법 제40조 제1항).

(2) 시 · 도지사(특별시 · 광역시 · 시 · 도 · 특별자치도)

시 · 도지사는 사회복지위원회[사회복지사업에 관한 중요사항과 지역사회복지계획을 심의 또는 건의하기 위하여 시 · 도에 사회복지위원회를 둔다]의 위원을 임명 또는 위촉하고(동법 제7조 제2항), 시 · 도지사는 시 · 도가 설치 · 운영(위탁운영 포함)하는 사회복지시설의 개선, 사업의 정지, 시설의 장의 교체를 명하거나 시설의 폐쇄를 명할 수 있다(동법 제40조 제1항). 시 · 도지사는 사회복지법인의 설립을 허가하고(동법 제16조 제1항), 설립허가를 취소할 수 있다(동법 제26조 제1항). 또 시 · 도지사는 사회복지법인의 임원해임을 명할 수 있다(동법 제22조). 또 사회복지법인의 기본재산의 처분에 관하여는 시 · 도지사의 허가를 받아야 한다(동법 제23조 제3항).

(3) 시장 · 군수 · 구청장

시 · 군 · 구가 설치 · 운영(위탁운영 포함)하는 사회복지시설의 개선, 사업의 정지, 시설의 장의 교체를 명하거나 시설의 폐쇄를 명할 수 있다(동법 제40조 제1항).

참고로 사회복지시설의 평가는 보건복지부령이 정하는 바에 따라 보건복지부장관 및 시 · 도지사가 한다(동법 제43조의 2 제1항).

2) 사회복지법인에 대한 지도 · 감독의 내용

주무관청(보건복지부장관, 특별시장, 광역시장, 도지사, 시장 · 군수 · 구청장)은 자체 지도 · 감독을 다음과 같이 실시토록 되어 있다.

종류	대상	주기	실시기관
정기감사 -조직운영 및 사업전반 -회계감사	법인 · 시설	매 2년마다 1회 연 1회 이상	주무관청 주무관청 및 위임기관
수시 지도 · 점검 -입 · 퇴소실태 등 사업운영 점검	시설	연 2회 이상	시장 · 군수 · 구청장
특별감사	법인 · 시설	진정, 투서, 언론보도, 정보내용 등에 의해 감사실시 필요성이 있을 때	보건복지부장관, 시 · 도지사, 시장 · 군수 · 구청장

제 4 절 헌법상의 생존권적 기본권과 사회복지법상의 권리와 의무

Ⅰ. 서 언

앞에서 본 바와 같이 근대시민사회는 자본주의 경제를 바탕으로 하고 자유와 평등을 이념으로 하는 개인주의에 기초한 시민법사회이고 이 시민법은 모든 개인은 법 앞에서 평등하고 자유로운 인격을 가진다는 것을 바탕으로 하고 있다. 경제적 약자인 노동자, 빈민도 법적으로는 자유롭고 자본가와 대등하고 평등한 인격으로 취급된다. 그러나 경제적, 실질적으로는 노동자, 빈민은 결코 자본가와 대등 · 평등하지 못하였다.

자본주의 경제를 바탕으로 하는 시민사회는 자본주의 경제가 발달함에 따라 위와 같은 법과 경제질서 및 실질생활과의 모순 속에서 노동자, 빈민을 중심으로 하는 경제적 약자는 구조적으로 불평등하고 빈부의 격차가 심화되었다. 또한 자유시장경제의 원칙을 방임함에 따라 기업 및 시장의 독과점현상이 일어나 영세기업 및 소비자가 피해를 입는 현상이 나타났다. 이러한 상태에서 현대사회에서는 경제적 약자의 불평등을 제거하고 실질적 평등을 실현하기 위하여 국가가 개인 및 기업의 경제생활관계에 적극 개입하기에 이르렀다. 여기에서 앞에서 이미 설명한 바와 같이 자유 · 평등한 인격자를 보장하는 사법(私法)원리에 공공복리의 실현을 위하여 국가의 간섭을 원리로 하는 공법(公法)원리가 침투되어(이를 사법의 공법화 현상이라 함) 사법도 아니고 공법도 아닌 그 중간 영역의 법인 사회법을 탄생시켰다. 이 사회법은 개인주의 · 자본주의의 모순을 극복하여 모든 인간에게 실질적 평등을 보장하기 위한 법이다. 사회복지법은 이러한 사회법의 한 영역으로서 모든 국민에게 인간다운 생활을 보장하며 사회복지를 실현하기 위한 법이다. 이 사회복지법은 국민의 생존에 필요한 여러 가지의 조건을 국가에 대하여 요구할 수 있는 권리인 헌법상의 생존권적 기본권(복지권, 사회권) 이념을 바탕으로 하며 이 생존권적 기본권을 법률에 의하여 구체적으로 실현하는 데 필요한 여러 가지의 권리를 보장하고 있다. 이를 사회복지법상의 권리라 한다. 사회복지법상의 권리는 국민(개인)이 국가에 대하여 사회복지급여 및 사회복지서비스를 청구할 수 있는 권리이다. 이를 사회복지수급권(구체적 권리로서의 사회보장수급권)이라고 한다. 헌법 제34조 제2항에서 규정하는 국가의 사회보장과 사회복지의 증진에 노력할 의무를 구체적으로 시행하기 위한 법률이 사회보장기본법이다. 헌법 제34조 제2항의 국가의 사회보장과 사회복지의 증진 의무에 대응하는 헌법상의 권리가 사회보장수급권이고 이는 생존권적 기본권의 핵심이다. 그러나 국민이 국가에 대하여 사회보장급여를 개별적, 구체적으로 청구할 수 있기 위해서는 사회보장 관계법령의 규정이 있어야 한다. 이런 점에서 헌법상의 사회보장수급권은 구체적 사항이 사회보장 관계법령에 규정됨으로써 구체적 권리가 된다고 본다(헌재, 2003. 5. 15, 선고, 2002헌마90, 헌법 판례집 제15권 1집, 581면). 이하에서는 사회복지수급권의 바탕과 근거가 되는 헌법상의 생존권적 기본권을 먼저 살펴보고 사회복지법상의 권리(사회복지수급권), 사회복지법상의 의무, 사회복지법상의 벌칙, 사회복지법상의 권리구제 등을 차례로 살펴보겠다.

Ⅱ. 헌법상의 생존권적 기본권

헌법상의 생존권적 기본권의 의의와 그 형성과정에 대하여는 이미 설명한 바와 같다. 여기서는 생존권적 기본권의 헌법상의 상위 규정인 근본규범과 생존권적 기본권의 법적 성격, 생존권적 기본권의 체계, 내용, 구제에 관하여 상세하게 설명한다.

1. 헌법상의 근본규범

생존권적 기본권(사회권적 기본권, 생활권)은 생활에 필요한 제반 조건을 국가권력이 적극적으로 관여하여 확보하여 줄 것을 요청하는 권리이다. 이 생존권적 기본권은 헌법이 보장하는 기본권이고 이는 인간의 존엄 및 행복추구권과 평등권을 근본규범으로 하고 있다.

1) 인간의 존엄 및 행복추구권

헌법 제10조는 “모든 국민은 인간으로서 존엄과 가치를 가지며, 행복을 추구할 권리를 가진다. 국가는 개인이 가지는 불가침의 기본적 인권을 확인하고 이를 보장할 의무를 진다”고 규정하고 있다. 이 인간의 존엄과 가치조항은 주관적으로는 인간은 인간으로서의 존엄과 가치를 소유한다는 것을, 객관적으로는 모든 인간이 소유하는 인간으로서의 존엄과 가치를 국가 공권력은 물론이고 개인도 존중해야 한다는 것을 확인하고 강조한 것이라 할 수 있다.

이 인간의 존엄과 가치는 헌법전문의 기본권 존중 규정과 함께 헌법상의 여러 기본권이 근거하는 근본규범이다. 행복추구권이란 넓은 의미로는 생명 · 자유 · 생존 등을 포괄적으로 내포하는 포괄적 기본권이지만 협의로는 풍족하고 안락한 삶을 추구할 수 있는 권리라고 할 수 있다. 헌법재판소는 “헌법 제10조의 행복추구권은 행복을 추구하기 위하여 필요한 급부를 국가에게 적극적으로 추구할 수 있는 내용으로 하는 것이 아니라, 국민이 행복을 추구할 수 있는 활동을 국가권력의 간섭 없이 자유롭게 할 수 있다는 포괄적 의미가 자유권으로서의 성격을 가지는 것으로 본다"고 함으로써 행복추구권에 대하여만 포괄적 기본권을 인정한다(이는 행복추구권을 넓은 의미로 파악하고 있음. 헌재, 1996. 7. 21. 선고, 93헌가14, 헌재판례집, 제7권 2집, 1면 이하). 이에 대하여 협의의 행복추구권은 인격의 형성 · 유지 · 표현의 전제가 되는 알 권리, 읽을 권리, 들을 권리, 인간다운 생활을 할 권리, 자기 자신에 관한 정보를 통제할 수 있는 권리 등을 포함하는 것으로 보고 있다. 그러나 인간의 존엄과 가치 및 행복추구권은 이를 묶어 포괄적으로 이해하여야 할 것이다. 이와 같이 인간의 존엄과 가치 및 행복추구권은 주된 기본권으로서 국민의 기본적 인권전반을 말한다고 할 수 있다. 여기에서 개별적인 기본권, 즉 평등권 · 자유권 · 생존권적 기본권 · 청구권적 기본권 · 참정권 등이 분화된다.

2) 평등권

헌법 제11조 제1항에는 "모든 국민은 법 앞에 평등하다. 누구든지 성별 · 종교 또는 사회적 신분에 의하여 정치적 · 경제적 · 사회적 · 문화적 생활의 모든 영역에 있어서 차별을 받지 아니한다"고 하여, 근대헌법의 기본원칙인 평등의 원칙과 개인을 위한 주관적 공권으로서 평등권을 규정하고 있다. 이 평등의 원칙이란 법적용의 대상이 되는 모든 인간을 원칙적으로 공평하게 다루어야 한다는 법원칙을 말하며, 그 중심내용은 기회균등과 자의의 금지이다. 이 평등권은 모든 헌법상의 개별적인 구체적 기본권을 제약하는 근본규범성을 가진다. 다시 말해서 기본권 보장에 관한 헌법의 최고 원리이다. 헌법 제11조 제1항의 "법 앞의 평등"의 법적 성격에 대하여는 그 권리성을 부정하는 견해도 있으나, 주관적 공권(公權)으로서 기본권이라는 권리성을 가진다고 할 것이다. 평등의 의미에 대하여도 절대적 평등설(모든 인간은 모든 면에서 항상 균등하게 대우해야 한다는 견해)이 있으나, 모든 인간을 평등하게 대우하되 정당한 이유가 있고 합리적 근거에 기한 차별 내지 불평등은 허용된다는 상대적 평등설이 타당하다(통설). 이상과 같이 평등권은 모든 개별기본권의 근본규범이므로 생존권적 기본권도 평등권에 위배되어서는 안 된다. 따라서 생존권적 기본권에서 파생되어 사회복지관련법률에서 보장하는 사회복지수급권도 평등권에 위배되어서는 안 된다.

2. 생존권적 기본권의 법적 성격

1) 일본에서의 학설과 판례

(1) 학 설

생존권적 기본권의 법적 성격에 대하여는 재판규범성과 관련하여 학설이 대립되고 있는데, 크게 프로그램(입법방침)규정설, 법적 권리설로 나누어 볼 수 있을 것이다.

① **프로그램규정설 :** 생존권적 기본권의 헌법규정은 구체적 · 현실적 권리를 부여한 규정이 아니라, 그 생존권의 구체화 · 현실화를 위한 입법에 의해서만 효력을 발생한다고 보아 생존권적 기본권의 헌법규정은 강령(綱領)규정으로서 입법자에게 어떠한 생존권을 어떻게 규정하라고 하는 등 입법의 방침을 지시하는 프로그램규정이라고 보는 설이다. 이 학설은 기본권 규정을 권리규범과 객관적 법규범으로 분류하고, 후자를 다시 직접적으로 효력을 갖는 규범과 직접적으로 적용되지 않고 집행법률에 의한 현실화를 요하는 규범으로 나누어 가장 나중의 것을 입법부에 대한 프로그램(입법방침)규정이라고 하는데, 헌법상의 생존권 규정은 이에 속한다고 한다.

② **법적 권리설 :** 헌법의 생존권적 기본권의 규정은 국가에 대해 법적으로 요구할 수 있는 법적 권리를 개개 국민에게 부여하며, 따라서 그에 대응하는 법적 의무를 국가가 가지고 있다고 보는 설이다. 이 입장을 취하는 경우에도 헌법에 따라 직접 소구할 수 있는가, 입법이 없는 경우에 입법을 강제할 수 있는가에 따라 그 견해가 달라진다.

㉠ 추상적 권리설 : 생존권적 기본권의 법적 권리성을 인정하되 그 권리성은 추상적 정도에 그친다고 보는 견해이다. 그리하여 이 학설에 따르면 생존권적 기본권의 헌법규정에 따라 국민은 국가에 대하여 추상적 권리를 가지고, 국가는 '입법 기타 국정상 필요한 조치를 강구할' 추상적 의무를 진다고 보는 설이다. 소극적 · 자유권적 효과만을 인정하는 점에서는 프로그램적 규정설과 큰 차이가 없다.

㉡ 구체적 권리설 : 생존권을 구체적으로 실현시킬 수 있고 또 요구할 수 있는 권리로 본다. 이 학설에 속하는 견해들에도 여러 가지가 있다. 즉 국민의 생존권은 법상의(헌법상의) 권리이며, 이 권리에 대응하여 생존권을 실현시켜야 할 국가의 헌법상의 의무가 생기기 때문에 국민은 국가에 대해서 생존에 관한 조치 등을 해 줄 것을 적극적으로 요구할 수 있고 국가는 이에 대하여 적극적으로 응할 의무가 있으며, 국가는 적절한 입법을

해야 하며, 입법을 하지 않거나 불충분하게 하면 그것은 헌법에 위반되나 다만, 위헌청구의 대상은 되지 않는다고 보는 설, 국민은 입법을 요청할 권리가 있으며, 입법이 존재하지 않는 경우 이는 생존권의 침해가 되어 국민은 국가에 대하여 입법을 요구할 수 있고 입법이 없으면 입법부작위(立法不作爲) 위헌확인소송을 제기할 수 있다고 하여 생존권 규정에 구체적인 재판 규범적 효과를 부여하려는 설 등이 있다.

(2) 일본판례

최고재판소가 "모든 국민이 건강하고 문화적인 최저한도의 생활을 영위할 수 있도록 국정을 운영하여야 할 것을 국가의 책무로 선언한 것에 불과하며, 국가는 개개의 국민에 대하여 구체적, 현실적으로 이러한 권리를 가진 것이 아니다"고 판결한 뒤 계속 그 판례를 유지하고 있다.

2) 한국에서의 학설과 판례

(1) 한국에서의 학설

① **입법규정설** : 권리성을 부정하는 일부학자는 "우리 헌법에 규정되어 있는 사회적 기본권은 주관적 공권이 아니라, 일차적으로 기본전제를 형성하라는 입법자에 대한 구속적 헌법위임규정으로 이해할 수 있다"고 한다. 또 "여기서 사용하는 입법위임규정은 헌법위임규정과 동의어이다"라고 한다. 그러나 입법위임규정과 헌법위임규정은 달리 보는 것이 일반적이다. 일부 학자는 사회권적 기본권은 헌법위임규정이라고 한다. 헌법위임은 입법만이 아니라 행정과 사법도 구속한다는 점에서 입법위임과 구별된다고 한다. 이러한 이론은 원천적으로는 입법방침규정설과 큰 차이가 없다.

이러한 학설은 생존권 규정이 없는 독일의 Bonn기본법하에서의 사회적 연방국가, 사회적 법치국가규정의 해석에서 나오는 것으로 국가목표규정과 거의 같은 것이라고 하겠다. 독일 기본법에는 생존권 규정이 없기 때문에 사회국가규정은 국가목표규정으로서 입법권뿐만 아니라 행정권과 사법권도 구속한다고 본다. 이 국가목표규정은 목표설정규정이라고도 한다.

② **원칙규범설** : 상대적 권리설은 알렉시(Alexy)의 원칙모델에 따라 사회적 기본권은 일방 개인에게 주관적 권리를 부여하지만, 이 권리는 형량을 거친 후에야 비로소 확정적 권리가 될 수 있다는 것이다. "즉 사회적 기본권은 권리성을 갖지만 곧바로 확정적인 권리가 되

는 것이 아니라 여러 가지 요소들을 형량하여 각기 다양한 정도로 실현될 수 있다"고 한다. 그는 사회적 기본권을 직접적 효력을 가진 주관적 권리와 불완전한 권리, 단순한 입법방침규정 등의 8개로 구분하고 있는데 이는 입법이나 판례에 의하여 그 구속력이 다를 수 있음을 인정한 점에서 상대적 권리설이라고도 할 수 있다. 또 그는 최소한의 사회적 기본권으로서 생존 최저한의 권리, 간결한 주소권, 학교교육권, 직업교육권과 의료보장의 최저한도 등을 들고 있다. 이러한 권리는 재정적으로 보장가능하다고 보았다.

③ **추상적 권리설 :** 이 설은 생존권적 기본권을 권리로 규정하고 있기 때문에 생존권적 기본권은 법적 권리로서의 성격을 가지나 이 권리는 입법을 통해 구체화되어야만 현실적 소구가 가능한 구체적 권리가 된다고 한다. 이 이론은 일본판례에 따른 것이다.

④ **불완전한 구체적 권리설 :** 이 설은 사회권적 기본권은 자유권적 기본권처럼 직접적 효력을 가지는 완전한 의미의 구체적 권리일 수는 없다고 하더라도 적어도 일부 청구권적 기본권이나 정치적 기본권과 동일한 수준의 불완전하나마 구체적인 권리로서의 성격을 가지는 것이라고 한다. 그 특성으로서 재판규범성은 인정되며 사회적 국가원리를 지향하는 우리나라에서는 추상적 권리로 인정해서는 안 되며 헌법재판이라는 방법을 통하여 헌법불합치, 입법소구결정을 할 수 있다고 한다. 다시 말하면 입법부작위의 위헌성을 주장하는 소송제기가 가능하고 또 재판규범으로서 효력을 갖는다고 한다.

⑤ **구체적 권리설 :** 이 설은 "인간다운 생활을 할 권리를 가진다"는 헌법문언상 그 자체로서 구체적 기본권성을 가진다는 것이다. 생존권적 기본권도 자유권적 기본권과 같이 구체적으로 입법권, 행정권, 사법권을 구속한다고 한다. 생존권적 기본권은 급부청구권으로서 다른 청구권적 기본권과 같이 소구할 수 있다고 한다. 특히 헌법(憲法)소원제도를 규정하고 있는 현행 헌법상 생존권적 기본권의 침해에 대한 사법적 구제가 가능하다고 본다. 입법이 없는 경우 헌법을 근거로 직접 청구할 수 있다고까지는 보지 않는 것 같다.

(2) 판 례

가) 헌법재판소 판례

① 생존권의 이념성과 권리성 : 헌법은 제34조 제1항에서 국민에게 인간다운 생활을 할 권리를 보장하는 한편, 동조 제2항에서는 국가의 사회보장 및 사회복지증진의무를 천명하고 있다. '인간다운 생활을 할 권리'는 여타 사회적 기본권에 관한 헌법규범들의 이념적 목표를 제시하고 있는 동시에 국민이 인간적 생존의 최소한을 확보하는 데 있어서 필요

한 최소한의 재화를 국가에게 요구할 수 있는 권리를 내용으로 하고 있다. 국가의 사회복지 · 사회보장증진의 의무도 국가에게 물질적 궁핍이나 각종 재난으로부터 국민을 보호할 대책을 세울 의무를 부과함으로써, 결국 '인간다운 생활을 할 권리'의 실현을 위한 수단적 성격을 갖는다고 할 것이다(헌재, 2000. 6. 1. 선고, 98헌마216, 헌법판례집, 제12권 1집, 622면 이하).

② 생존권적 기본권의 구체적 권리로서의 한계 : 인간다운 생활을 할 권리로부터는 인간의 존엄에 상응하는 생활에 필요한 '최소한의 물질적 생활'의 유지에 필요한 급부를 요구할 수 있는 구체적 권리가 상황에 따라서는 직접 도출될 수 있다고 할 수는 있어도, 동 기본권이 직접 그 이상의 급부를 내용으로 하는 구체적 권리를 발생케 한다고는 볼 수 없다고 할 것이다. 이러한 구체적 권리는 국가가 재정형편 등 여러 가지 상황 등을 종합적으로 감안하여 법률을 통하여 구체화할 때에 비로소 인정되는 법률적 권리라고 할 것이다(헌재, 1995. 7. 21. 선고, 93헌가14, 헌법판례집, 제12권 2집, 1면 이하 ; 헌재, 2003. 7. 24. 선고, 2002헌바51, 헌재공보, 제83호, 63면 이하).

③ 사회보장수급권(사회보장권) : '인간다운 생활을 할 권리'는 여타 사회적 기본권에 관한 헌법규범들의 이념적 목표를 제시하고 있는 동시에 국민이 인간적 생존의 최소한을 확보하는 데 있어서 필요한 최소한의 재화를 국가에게 요구할 수 있는 권리를 내용으로 하고 있다. 국가의 사회복지 · 사회보장증진의 의무도 국가에게 물질적 궁핍이나 각종 재난으로부터 국민을 보호할 대책을 세울 의무를 부과함으로써, 결국 '인간다운 생활을 할 권리'의 실현을 위한 수단적 성격을 갖는다고 할 것이다. 이 헌법의 규정에 의거하여 국민에게 주어지게 되는 사회보장에 따른 국민의 수급권(사회보장수급권)은 국가에게 단순히 국민의 자유를 침해하지 말 것을 내용으로 하는 것이 아니라, 적극적으로 급부를 요구할 수 있는 권리를 주된 내용으로 하기 때문에, 그 권리의 구체적 부여 여부, 그 내용 등은 무엇보다도 국가의 경제적 수준, 재정능력 등에 따르는 재원확보의 가능성이라는 요인에 의하여 크게 좌우된다(헌재, 1995. 7. 21. 선고, 93헌가14, 헌재판례집, 제7권 2집, 1면 이하 ; 헌재, 2003. 7. 24. 선고, 2002헌바51, 헌재공보, 제83호, 63면 이하.).

④ 사회보장수급권의 입법방침규정성 : 이와 같이 사회권적 기본권의 성격을 가지는 사회보장수급권은 국가에 대하여 적극적으로 급부를 요구하는 것이므로 헌법규정만으로는 이를 실현할 수 없고, 법률에 의한 형성을 필요로 한다. 사회보장수급권의 구체적 내용, 즉 수급요건, 수급권자의 범위, 급여금액 등은 법률에 의하여 비로소 확정된다(헌

재, 1995. 7. 2.1 선고, 93헌가14, 헌재판례집 제7권 2집, 21면).

그런데 사회보장수급권과 같은 사회적 기본권을 법률로 형성함에 있어 입법자는 광범위한 형성의 자유를 누린다. 국가의 재정능력, 국민 전체의 소득 및 생활수준, 기타 여러 가지 사회적·경제적 여건 등을 종합하여 합리적 수준으로 결정할 수 있고, 그 결정이 현저히 자의적이거나, 사회적 기본권의 최소한도의 내용마저 보장하지 않은 경우에 한하여 헌법에 위반된다고 할 것이다(헌재, 1997. 5. 29. 선고, 94헌마33, 헌법판례집, 제9권 1집, 543면 이하 : 헌재, 2001. 9. 27. 선고, 2000헌마342, 헌재판례집, 제13권 2집, 433면 이하).

⑤ 인간다운 생활을 할 권리의 통제규범성 : 모든 국민은 인간다운 생활을 할 권리를 가지며 국가는 생활능력 없는 국민을 보호할 의무가 있다는 헌법의 규정은 입법부와 행정부에 대하여는 국민소득, 국가의 재정능력과 정책 등을 고려하여 가능한 범위 안에서 최대한으로 모든 국민이 물질적 최저생활을 넘어서 인간의 존엄성에 맞는 건강하고 문화적인 생활을 누릴 수 있도록 하여야 한다는 행위의 지침, 즉 행위규범으로서 작용하지만, 헌법재판에 있어서는 다른 국가기관, 즉 입법부나 행정부가 국민으로 하여금 인간다운 생활을 영위하도록 하기 위하여 객관적으로 필요한 최소한의 조치를 취할 의무를 다하였는지의 여부를 기준으로 국가기관의 행위의 합헌성을 심사하여야 한다는 통제규범으로 작용하는 것이다. 그러므로 국가가 인간다운 생활을 보장하기 위한 헌법적 의무를 다하였는지의 여부가 사법적 심사의 대상이 된 경우에는, 국가가 생계보호에 관한 입법을 전혀 하지 아니하였다든가 그 내용이 현저히 불합리하여 헌법상 용인될 수 있는 재량의 범위를 명백히 일탈한 경우에 한하여 헌법에 위반된다고 할 수 있다(헌재, 1997. 5. 29. 선고, 94헌마33, 헌재판례집, 제9권 1집, 543면 이하 : 헌재, 2003. 7. 24. 선고, 2002헌마522.604, 2003헌마70.80(병합), 헌재공보, 제83호, 91면 이하).

⑥ 인간다운 생활을 할 권리보장입법의 재량성 : 국가가 '인간다운 생활을 할 권리'를 국민에게 보장하기 위하여 국가의 보호를 필요로 하는 국민에게 한정된 가용자원을 분배하는 이른바 사회보장권에 관한 입법을 할 경우에는 국가의 재정부담능력, 전체적 사회보장수준과 국민감정 등 사회정책적 고려, 제도의 장기적 지속을 전제로 하는 데서 오는 제도의 비탄력성과 같은 사회보장제도의 특성 등 여러 가지 요소를 감안하여야 하기 때문에 입법자에게 광범위한 입법재량이 부여되지 않을 수 없고, 따라서 헌법상의 사회보장권은 그에 관한 수급요건, 수급자의 범위, 수급액 등 구체적 사항이 법률에 규정됨으

로써 비로소 구체적인 법적 권리로 형성된다고 보아야 할 것이다.

⑦ 생존권의 보장한계 : 소득에 대한 과세는 원칙적으로 최저생계비를 초과하는 소득에 대해서만 가능하다. 금융실명거래 및 비밀보장에 관한 법률 부칙 제12조가 비록 최저생계비는 과세되어서는 아니 된다는 헌법적 요청에 대한 예외를 설정하고 있다고 할지라도, 공제제도를 두는 경우 납세자에게 돌아가는 실익에 비하여 과도한 행정적 부담이 있고 금융소득에 대한 분리과세는 한시적으로 이루어지고 있으며, 여러 가지 세금우대저축제도가 있다는 점 등 이를 정당화할 수 있는 합리적 사유가 있는 만큼 그로 인하여 저소득층의 인간다운 생활을 할 권리가 침해되었다고 보기 어렵다(헌재, 1999. 11. 25. 선고, 98헌마55, 헌재판례집, 제11권 2집, 593면 이하〈612면〉).

⑧ 사회적 기본권 보장 의무와 다른 국가의무와의 관계 : 사회적 기본권이 국가에게 그의 이행을 어느 정도 강제할 수 있는 의무를 부과하기 위해서는, 국가의 다른 과제보다도 사회적 기본권이 규정하는 과제를 우선적으로 실현하여야 한다는 우위관계가 전제가 되어야 하는데, 사회적 기본권에 규정된 국가의 의무가 그렇지 못한 국가의 의무에 대하여 입법과정이나 정책결정과정에서, 무엇보다도 예산책정과정에서 반드시 우선적 이행을 요구할 수가 없다. 사회적 기본권과 경쟁적 상태에 있는 국가의 다른 중요한 헌법적 의무와의 관계에서나 아니면 개별적인 사회적 기본권 규정들 사이에서의 경쟁적 관계에서 보나, 입법자는 사회·경제정책을 시행하는 데 있어서 서로 경쟁하고 충돌하는 여러 국가목표를 균형 있게 고려하여 서로 조화시키려고 시도하고, 매 사안마다 그에 적합한 의무와 과제를 언제나 국가의 현실적 재정·경제능력의 범위 내에서 다른 국가과제와의 조화와 우선순위결정을 통하여 이행할 수밖에 없다.

그러므로 사회적 기본권은 입법과정이나 정책결정과정에서 사회적 기본권에 규정된 국가목표의 무조건적인 최우선적 배려가 아니라, 단지 적절한 고려를 요청하는 것이다. 이러한 의미에서 사회적 기본권은, 국가의 모든 의사결정과정에서 사회적 기본권이 담고 있는 국가목표를 고려하여야 할 국가의 의무를 의미한다(헌재, 2002. 12. 18. 선고, 2002헌마52, 헌법재판집, 제14권 2집, 909-910면).

⑨ 기타 판례 : 이 밖에도 헌법재판소는 국가유공자를 예우하는 경우 사회보장수급권을 제한하는 것을 인정하고 있고, 인간다운 생활을 할 권리는 "인간의 존엄에 상응하는 최소한의 물질적 생활의 보장을 내용으로 하는 것"이라고 결정하고 있다(헌재, 2000. 6. 1. 선고, 98헌마216, 헌법재판집, 제12권 1집, 622면 이하〈647면〉).

나) 대법원 판결

대법원은 "환경권에 관한 위 규정만으로는 그 보호대상인 환경의 내용과 범위, 권리의 주체가 되는 권리자의 범위 등이 명확하지 못하여 이 규정이 개개의 국민에게 직접 구체적 사법상의 권리를 부여한 것이라고 보기는 어렵고, 사법상의 권리로서의 환경권이 인정되려면 그에 관한 명문의 법률규정이 있거나 관계법령의 규정취지나 조리에 비추어 권리의 주체, 대상, 내용, 행사방법 등이 구체적으로 정립될 수 있어야 할 것이다"고 하고 있다(대판 1995. 5. 23. 선고, 94마2218, 공 1995, 995〈14〉).

3) 결 언

(1) 헌법위임규정설에 대한 비판

국가목표설 내지는 헌법위임규정설은 권리성을 부정하고 있는 점에서 타당하다고 할 수 없다. 이 이론은 헌법상 생존권에 관한 명문규정이 없는 독일의 '헌법원리규정'의 해석을 차용한 것으로 생존권의 권리성을 규정하고 있는 한국헌법의 해석으로는 적합하지 않다.

한국헌법상에서 주 생존권 규정인 헌법 제34조가 "모든 국민은 인간다운 생활을 할 권리를 가진다"고 하여 실정헌법상 명문으로 명백히 "권리를 가진다"고 규정한 점을 보더라도 부당하다고 하겠다.

헌법의 생존권에 관한 규정 중에는 국가목표규정이나 헌법위임규정이 없는 것은 아니다. 예를 들면 제34조 제6항의 "국가는 재해를 예방하고 그 위험으로부터 국민을 보호하기 위하여 노력하여야 한다", 제35조 제3항의 "국가는 주택개발정책 등을 통하여 모든 국민이 쾌적한 주거생활을 할 수 있도록 노력하여야 한다", 제31조 제5항의 "국가는 평생교육을 진흥하여야 한다"는 규정과 같은 것이다.

그러나 예컨대 "모든 국민은 능력에 따라 균등하게 교육을 받을 권리를 가진다"는 헌법 제31조처럼 명문으로 "권리를 가진다"고 규정한 경우와 "모든 국민은 노동의 권리를 가진다"는 헌법 제32조 제1항과 같이 명문으로 "권리를 가진다"고 규정한 경우에는 헌법적 권리성을 인정하여야 할 것이다. 환경권에 대한 대법원 판결은 "환경권의 내용과 행사에 관하여는 법률로 정한다"는 제35조 제2항을 중시한 것으로 보이며 이 규정은 입법위임규정이라고 할 것이다.

(2) 원칙규범설에 대한 비판

원칙규범설은 생존권적 기본권 중에 일응 주관적 권리를 인정한 점은 옳으나 여러 가지 요소를 형량하여 그 권리성을 인정하려는 것은 생존권적 기본권의 실현정도를 상대화한 것으로 해석자마다 달리 해석할 수 있는 여지를 주고 있다. 우리나라에서도 구체적 권리설을 잠정적 권리로 보는 견해도 있는가 하면 객관적 질서라고 보는 견해도 있어 그 상대성 · 무원리성을 나타내고 있다.

(3) 추상적 권리설에 대한 비판

생존권 규정은 국가에 대하여 가능한 한 생존권의 완전한 실현을 위하여 노력하여야 할 책무를 과하는 것이라고 보고 있다. 국민이 권리는 가지나 직접으로 구체적 청구권을 주장할 수 없고 법률의 제정에 의하여 비로소 구체적 권리가 된다는 것은 프로그램규정설과 같은 잘못이라고 하겠다. 물론 헌법규정상 형성적 법률유보조항이 있는 경우, 예를 들어 제34조 제5항의 "신체장애자 및 질병 · 노령 기타의 사유로 생활능력이 없는 국민은 법률이 정하는 바에 의하여 국가의 보호를 받는다"와 같은 규정은 추상적 권리규정이라고 할 수 있다. 그러나 추상적 권리설이 주장하는 바와 같이 "모든 국민은 인간다운 생활을 할 권리를 가진다"고 할 때 이 생존권은 그 권리내용이 어느 정도 불명확하기 때문에 행정권을 직접 구속할 수는 없으나, 입법권과 사법권을 구속할 만큼은 명확하다고 하여 재판규범의 성격을 인정하여야 한다는 것은 잘못이고, 공권력의 행사 또는 불행사에 의하여 기본권이 침해된 경우 헌법소원을 할 수 있게 한 점에서 법적 구제수단이 있기 때문에 이를 부정하는 추상적 권리설이 옳다고 하기 힘들다[헌법재판소는 생존권적 기본권의 통제규범성, 재판규범성을 인정하고 있다(헌재, 1997. 5. 29. 선고, 94헌마33, 헌재판례집, 제9권 1집, 543면)].

(4) 불완전한 구체적 권리설 비판

이 설은 "일부청구권적 기본권이나 정치권적 기본권과 동일한 수준의 구체적 권리"라고 하고 있는데 이것이 무엇을 뜻하는지 명확하지 않다. 형사보상청구권이나 청원권 등이 법률로 구체화되어야만 비로소 구체적 권리라고 보는 뜻이라면, 생존권적 기본권도 입법에 의해서만 구체화된다는 의미로 될 것이다. 헌법재판에 있어서 권리성과 재판규범성을 인정한다면 구체적 권리설과의 차이도 모호해진다.

(5) 구체적 권리설에 대한 비판

생각건대 생존권은 헌법의 명문에 의하여 규정된 국민의 권리라고 보아야 한다. 생존권도 권리인 이상 만약 개개의 국민에 대한 국가의 구체적 행위가 있고, 그것이 건강하고 문화적인 최저한도의 생활을 침해하고 있는 경우, 개개의 국민이 생존권에 기하여 법원이나 헌법재판소에 소송이나 헌법소원을 통하여 그러한 국가의 적극적 침해행위의 배제를 주장할 수 있는 것은 당연하다. 이 의미에서 생존권은 단순한 추상적 권리에 불과한 것이 아니고 침해배체청구권으로서 구체적 권리의 측면을 가지고 있고, 재판규범으로서의 측면도 가진다고 하겠다.

또 생존권 조항은 규범내용이 불명확하기 때문에 생존권적 기본권에 대한 입법조치가 없으면 행정권을 전혀 구속할 수 없다는 설도 부정되어야 할 것이다. 행정권은 법치행정의 원칙이 적용되므로 법률이 없으면 직접적으로 완전히 구속한다고 하기는 힘들 것이나 그렇더라도 가능한 한 예산을 확보하여 생존권을 실현시킬 의무를 진다고 보아야 할 것이다. 그것은 국가의 재정, 즉 예산은 헌법에 구속되는 성격을 가지기 때문에 예산이 없다고 하여 생존권적 기본권의 법적 권리성을 부인할 수는 없을 것이기 때문이다. 요컨대 법치행정의 원칙에서 보아 법률이 없는 경우에 행정을 직접 구속할 수는 없다고 하나 입헌주의의 원칙에 따라 헌법에는 구속되며 또 입법권과 사법권에 대한 구속을 통하여 입법을 행하게 함으로써 행정권에 대한 구속력을 강화하는 방향으로 나아가야 할 것이다.

현행 헌법은 헌법소원제도를 인정하고 있고, 헌법재판소법은 공권력의 행사 또는 불행사에 대한 국민의 기본권 침해에 대한 헌법소원을 인정하고 있다. 따라서 생존권에 관한 입법부작위에 의하여 국민의 생존권이 침해된 경우에는 헌법소원을 통하여 입법부작위 위헌확인과 권리구제를 받을 수 있다고 하겠다. 헌법재판소가 공권력의 불행사에 대한 헌법소원을 인용한 경우, 피청구인은 결정취지에 따라 새로운 처분을 하도록 규정하기 때문에(헌법재판소법, 제75조 제4항) 국가는 생존권 침해의 인용결정이 있는 때에는 입법을 해야 할 의무를 진다고 하겠다. 헌법재판소는 헌법소원제도를 활성화함으로써 행정권에 대한 구속력을 강하게 인정하는 방향으로 나아가야 할 것이다.

3. 생존권적 기본권의 특성

1) 현대 복지주의적 권리성

(1) 자유권적 기본권과의 시대적 차이

자유권적 기본권은 일반적으로 고전적 권리라고 말한다. 국제인권법에서는 이를 제1세대의 기본권이라고 한다. 이에 반하여 생존권적 기본권은 현대적 기본권이라고 하며 국제인권법에서는 사회적 · 경제적 권리로서 제2세대의 인권이라고 한다.

(2) 자유권적 기본권과의 이념적 차이

자유권적 기본권은 자유주의 이념의 산물이며 자연법사상과 국제계약설에 따른 개인주의, 시장경제주의에 입각하고 있다. 이에 대하여 생존권적 기본권은 사회정의, 사회적 평등이념의 산물이며 현대적 사회국가, 복지국가, 사회적 시장경제주의의 근거하에 발전해 왔다.

2) 국가 내적 급부청구권성

(1) 자유권적 기본권과의 성질상 차이

자유권적 기본권은 국가에서의 자유, 전국가적(前國家的) 자유를 근거로 하는 대국가적 권리이다. 생존권적 기본권은 국가 내에서의 권리이다. 자유권적 기본권은 국가에 대한 소극적 권리로서 국가권력의 침해를 방어하는 방어권이다. 이에 대하여 생존권적 기본권은 국가권력에 의하여 보장되는 권리로 국가에 대하여 급부를 청구할 수 있는 권리이다. 자유권적 기본권은 국가에 대하여 소극적 자유방임의 요구에서 나오는 방어권인 데 대하여 생존권적 기본권은 적극적 배려 · 보호를 요청할 수 있는 급부청구권(Leistungsrecht)이라고 하겠다.

(2) 자유권적 기본권과의 입법적 차이

자유권적 기본권은 법률유보조항이 있더라도 이는 제한보유(Beschrankungsvorbehalt)이며 자유권 제한을 위한 입법위임이라고 할 수 있다. 이에 대하여 생존권적 기본권은 법률유보조항이 있으면 그것은 형성유보(Gestaltungsvorbehalt) 또는 구체화 유보라고 하겠다. 자유권적 기본권은 입법재량의 여지가 없는 데 대하여 생존권적 기본권의 형성과 구체화는 입법재량하에 있다고 하겠다. 이 점에서 자유권적 기본권은 정태적 권리인 데 대하여 생존권적 기본권은 동태적 권리라고도 하겠다.

3) 상대적 권리성

(1) 자유권적 기본권과의 효력상 차이

자유권적 기본권은 모든 국가권력을 구속하며 입법권도 이의 형성에는 자유재량권이 거의 없다. 재판규범으로서 입법권, 행정권에 대한 통제력이 강하다. 생존권적 기본권에도 자유권적 측면도 있다고 한다. 생존권적 기본권이 국가권력에 의해서 직접 침해되는 경우에는 배제를 청구할 수 있다. 국가의 적극적 행위를 요구하는 생존권적 기본권은 입법권과 재판권을 구속하기는 하나 행정부에 직접 급부를 명령하는 청구권은 아니다. 입법이 없는 경우 헌법에 근거하여 직접 급부를 청구하는 소송은 할 수 없다. 그러나 생존권적 기본권의 입법부작위에 대해서는 헌법소원은 제기할 수 있다.

(2) 자유권적 기본권과의 한계상 차이

자유권적 기본권은 전국가적 자연권으로 인정되어 절대적인 것이며 제한이 법률로써도 곤란한 것이 원칙이다. 다만, 국가안전보장이나 질서유지, 공공복리를 위하여 필수불가결한 경우에 법률로써 제한가능하며 과잉제한금지원칙이 적용되며 그 본질적 내용은 법률로써도 제한할 수 없다고 하겠다. 이에 대하여 생존권적 기본권은 법률에 의한 제한이 보다 쉬우며 사회적 · 경제적 요소에 따라 그 실현이 제약되는 경향이 있다. 생존권적 기본권은 사회적 · 실질적 평등보장이라는 공공복지를 위하여 자유권을 제한하는 원리로도 작용한다. 생존권적 기본권의 보장은 상대적이라고 보아야 할 것이며 최대한의 보장을 요구하기보다는 적어도 최소한을 보장해야 한다는 요청이라고 하겠다.

4) 실질적 평등권성

(1) 형식적 평등권과의 차이

근대 헌법은 자유와 형식적 평등을 그 이념으로 하였다. 그 결과 자유경제주의와 정치적 평등은 보장되었으나 빈익빈 부익부 현상을 야기하였고 강자, 약자의 최저한도의 생활마저 위협하게 되었다. 이를 막기 위하여 실질적 · 경제적 평등을 요청하는 생존권적 기본권은 자본주의를 부정하는 것이 아니고 자본주의 체제를 유지하는 범위 내에서 실질적 평등을 보장하려는 것이다.

(2) 실질적 평등권 및 생존권적 기본권과 자유권적 기본권의 조화

자유권적 기본권에는 생존에의 공포와 위협에서의 자유가 포함된다. 생존권적 기본권은 이 생존에서의 공포와 위협에서의 자유를 실질적으로 확보하기 위한 것이다. 이 점에서 생존권적 기본권은 자유권적 기본권에 대한 보완관계에 있다. 실질적 자유와 실질적 평등보장은 사회주의적 요청이지만, 형식적 자유와 형식적 평등이 부정되는 사회주의 경제하에서는 생존권적 기본권도 잘 보장될 수 없다. 이 점에서 생존권적 기본권은 사회정책적 · 사회개량적 기본권이며 사회적 시장경제, 사회국가를 요청하고 있다. 생존권적 기본권의 보장을 위하여 자유권적 기본권을 지나치게 희생해서는 안 된다. 민주국가에서는 인간의 존엄과 가치 · 행복추구권을 존중해야 하며 국민의 경제적 자유와 창의를 존중해야 하므로 생존권적 기본권 보장을 위해서 자유권적 기본권의 제한은 가능한 한 최소에 그쳐야 하며 생존권적 기본권과 자유권적 기본권은 조화를 이루어야 한다.

4. 생존권적 기본권의 체계

1) 칼 수미트의 이론

칼 수미트(Carl Schmitt)는 생존권을 사회주의적(약하게는 사회적) 권리라고 하면서 이는 개인이 국가에 대하여 적극적 급부를 요청하는 권리로 보고 있다. 이 권리는 제한될 수 있다고 한다. 왜냐하면 타인에 대한 급부에 대한 권리가 제한되기 때문이다. 국가에 대한 모든 급부청구권은 제한된다고 한다. 이러한 급부청구권은 국가의 존재를 전제로 하고 있다고 한다. 칼 수미트는 생존권의 종류로서 노동에 관한 권리(Recht auf Arbeit), 구조와 원조에 관한 권리(Recht auf Fürsorge und Unterstüzung), 교육에 관한 권리(Recht auf Erziehung, Ausbildung und Unterricht)를 들고 있다.

2) 뢰벤슈타인의 견해

뢰벤슈타인(Loebenstein)은 사회권을 체계적으로 다음과 같이 파악하고 있다.

① 사회경제적 활동에 관한 권리
② 경제적 · 사회적 · 문화적 공동결정에 관한 권리
③ 사회보장에 관한 권리
④ 육체적 · 정신적 건강에 관한 권리 : 의료보호를 받을 청구권
⑤ 인간의 사회적 · 문화적 형성에 관한 권리

3) 주 생존권과 개별적 생존권

생존권적 기본권도 인간의 존엄과 가치, 행복추구권이라 하는 주 기본권에서 파생하는 권리이다. 생존권적 기본권도 주 생존권과 그에서 파생하는 개별적 생존권으로 나누어진다. 주 생존권이 무엇이냐에 대해서는 이를 노동권이라고 보는 설이 있으나 이는 '인간다운 생활을

할 권리'라고 보는 것이 옳을 것이다.

인간다운 생활을 할 권리는 광의의 인간의 존엄과 가치, 행복추구권의 내용을 이루는 것으로서, 인간다운 존엄한 생활을 할 권리이기에 단순한 물질적 최저한도의 생활을 할 권리가 아니고 문화적 · 사회적 생존권을 포함한다. 이 주 생존권은 개별적 생존권으로 분화한다. 주 생존권은 개별적 생존권으로 분화하기 때문에 이를 구분해 보면 다음과 같이 유형화할 수 있을 것이다.

① **주 생존권**

② **문화적 생존권 :** 교육을 받을 권리, 문화생활을 할 권리

③ **사회적 생존권 :** 가족생활과 혼인생활을 할 권리

④ **경제적 · 물질적 생존권 :** 최저한도의 물질적 생활을 할 권리, 사회보장청구권, 생활보호청구권

⑤ **노동생존권 :** 노동을 할 권리, 노동자의 노동3권

⑥ **환경권 :** 쾌적한 환경생활권, 주거의 권리

⑦ **건강권 :** 보건에 관한 권리, 의료보호청구권

5. 생존권적 기본권의 내용

1) 인간다운 생활을 할 권리(주 생존권적 기본권)의 연혁과 헌법규정

(1) 인간다운 생활을 할 권리의 연혁

현대 헌법상에서 인간다운 생활을 할 권리가 최초로 헌법에 나타난 것은 1919년의 바이마르헌법 제151조의 '인간다운 생활'에서부터인데, 그 후 각국의 헌법은 그 표현은 다르나 대체로 이에 관한 규정을 두고 있다. 이 규정은 구소련헌법에서도 규정되었고, 제2차 세계대전 후의 세계 각국의 헌법은 이를 보다 명확히 하고 있다.

이들 헌법은 인간다운 생활을 할 권리의 취지는 세계인권선언에 계승되어 세계인권선언 제22조에서는 "모든 사람은 각자 사회의 일원으로서 사회보장을 받을 권리를 가지며, 또 각국의 조직 및 자원을 고려한 국가적 노력과 국제적 협력을 통하여 자기의 존엄과 자기의 인격의 자유로운 발현에 불가결한 경제적 · 사회적 및 문화적 권리를 가진다"고 하고, 제25조에서는 "모든 사람은 자기 및 가족의 건강과 복지를 위하여 특히 의식주 · 의료 및 필요한 사회서비스를 확보하기에 충분한 정도의 생활수준을 보유할 권리를 가지며, 나아가 실업, 질병, 불

구, 배우자의 상실 또는 불가항력에 의한 생활불능의 경우에 생활보장을 받을 권리를 가진다"고 하고 있다.

1966년 12월 19일의 경제적 · 사회적 및 문화적 권리에 관한 국제규약에서도 사회보장에 관한 권리를 규정하였다. 1961년의 유럽사회헌장, 1977년 12월 16일의 유엔총회결의 등에서도 이 사회보장의 권리가 명확히 되고 있다.

(2) 인간다운 생활을 할 권리의 헌법규정

헌법 제34조는 "① 모든 국민은 인간다운 생활을 할 권리를 가진다, ② 국가는 사회보장 · 사회복지의 증진에 노력할 의무를 진다, ③ 국가는 여자의 복지와 권익의 향상을 위하여 노력하여야 한다, ④ 국가는 노인과 청소년의 복리향상을 위한 정책을 실시할 의무를 진다, ⑤ 신체장애자 및 질병 · 노령 기타의 사유로 생활능력이 없는 국민은 법률이 정하는 바에 의하여 국가의 보호를 받는다, ⑥ 국가는 재해를 예방하고 그 위험으로부터 국민을 보호하기 위하여 노력하여야 한다"고 규정하고 있다. 이를 구체적으로 보면 제1항은 국민이 인간다운 생활을 할 권리를 가진다는 원칙적 선언으로서 생존권적 기본권의 주 기본권 규정이며, 제2항은 제1항의 권리를 실현하기 위한 방법으로서 국가의 사회보장 · 사회복지증진의무를 규정한 것이고, 제3항은 여자의 복지와 권익향상을, 제4항은 노인과 청소년복지향상을 규정하고, 제5항은 생활무능력자의 보호를 규정하고 있다.

2) 인간다운 생활을 할 권리의 의의와 법적 성격

(1) 인간다운 생활을 할 권리의 의의

인간다운 생활을 할 권리란 생존권적 기본권 중에서 가장 핵심적인 권리로서, 바이마르헌법의 '인간다운 생활', 세계인권선언의 '인간의 존엄성에 상응하는 생활', 즉 건강하고 문화적인 최저한도의 생활을 할 권리를 말한다. 유엔의 경제적 · 사회적 및 문화적 권리에 관한 국제규약에서는 '상당한 생활조건을 가질 권리'로 표현되고 있다(동 규약 제11조 제1항).

외국에서는 사회보장입법이 정비됨으로써 생존권적 기본권을 적극적 · 구체적 권리로 보며, 법원에 대해서 소구할 수 있다고 본다. 그리하여 인간다운 생활을 할 비용에 대해서 급부를 요구할 수 있는 급부청구권으로 보려고 한다. 그러나 아직도 사회보장입법이 정비되지 않은 우리나라에서는 그 정도의 보장을 위해서는 적지 않은 문제가 있다. 문화적 최저한도의 생활을 하기 위하여서는 적어도 물질적 생활의 충족 이상의 문화적 생활을 누릴 수 있는 권리가 보장되어야 할 것이다. 외국에서는 주거공간에 관한 권리까지도 인간다운 생활을 할 권리에 포함시키고 있다. 우리 헌법은 인간다운 생활을 할 권리의 규정이 아니라 환경권을 선언한 헌법 제35조에서 "국가는 주택개발정책 등을 통하여 모든 국민이 쾌적한 주거생활을 할 수 있도록 노력하여야 한다"고 규정하고 있다.

(2) 인간다운 생활을 할 권리의 법적 성격

가) 이 론

"인간다운 생활을 할 권리를 가진다" 함은 각 국민의 최저한도의 생활을 보장할 의무를 국가가 지는 것을 말하며, 국가는 이러한 목적을 위하여 필요한 조치를 취할 책임을 진다는 의미이다. 따라서 이는 생존권적 기본권의 성격을 갖는 것이다. 그리고 주 생존권적 기본권으로서의 성격을 가지고 다른 개별적인 생존권적 기본권들이 여기서 파생된다고 본다. 그리고 인간다운 생활을 할 권리의 규정은 단순한 입법방침규정에 그치는 것이 아니며, 법적 권리로서의 성격을 가지는 것이다.

이러한 권리는 국가가 국민일반에 대하여 개괄적으로 쾌적하고 문화적인 최저한도의 생활을 보장하는 책무를 지는 것을 말하고, 개개의 국민이 국가에 대하여 구체적 청구권을 갖는 것을 뜻한다. 요컨대 인간다운 생활을 할 권리는 구체적으로 국가에 대해 청구할 수 있는 권리로서 어디까지나 법적 권리라고 보아야 한다. 이 권리는 입법에 의하여 소구할 수 있는 완전한 청구권이 생긴다고 보아야 한다.

나) 판 례

헌법재판소는 "인간의 존엄에 상응하는 최소한의 물질적인 생활의 유지에 필요한 급부를 요구할 수 있는 구체적 권리가 상황에 따라서는 직접 도출될 수 있다고 할 수는 있어도(이 범위 내에서 구체적 권리성을 인정하고 있음), 동 기본권이 직접 그 이상의 급부를 내용으로 하는 구체적인 권리는 국가가 재정형편 등 여러 가지 상황들을 종합적으로 감안하여 법률을 통하여 구체화할 때에 비로소 인정되는 법률적 차원의 권리라고 할 것이다"고 하여 입법부에 넓은 재량권을 인정하고 있다(헌재, 1995. 7. 21. 선고, 93헌가14, 헌법판례집, 제7권 2집, 31면). 또한 인간다운 생활을 할 권리의 헌법규정은 모든 국가기관을 기속하지만, 그 기속의 의미는 적극적 · 형성적 활동을 하는 입법부 또는 행정부의 경우와 헌법재판에 의한 사법적 통제기능을 하는 헌법재판소에 있어서 동일하지 아니하다고 한다(헌재, 2003. 7. 24. 선고, 2002헌마522.604, 2003헌마70.80(병합), 헌재공보, 제83호, 91면 이하).

헌법재판소는 "인간다운 생활이라고 하는 개념이 사회의 경제적 수준 등에 따라 달라질 수 있는 상대적 개념이라고 본다"(헌재, 2003. 7. 24. 선고, 2002헌마522.604, 2003헌마70.80(병합), 헌재공보, 제83호, 91면 이하).

3) 인간다운 생활을 할 권리의 주체와 효력

(1) 인간다운 생활을 할 권리의 주체

인간다운 생활을 할 권리는 원칙적으로 국민의 권리이며 외국인에게는 인정되지 않는다. 그러나 외국인에게도 가능한 한 생활보호와 사회보장을 해 주는 것은 바람직하나, 그 나라의 경제사정에 따를 수밖에 없을 것이다.

(2) 인간다운 생활을 할 권리의 효력

인간다운 생활을 할 권리를 법적 권리로 본다면 인간다운 생활을 할 권리는 대국가적 효력을 가지나, 구체적 입법이 없는 경우에 개개의 국민이 헌법을 근거로 직접 이 권리의 보장을 청구할 수 있을 것인가는 문제이다. 그러나 구체적 침해배제청구권은 인정된다. 이 생존권은 사인(私人) 간에 있어도 간접적으로 적용된다고 할 것이다.

4) 인간다운 생활을 할 권리의 실현방법

(1) 입법에 의한 구체화

생존권의 실현을 위해서는 국가가 입법에 의하여 이를 형성하여야 한다. 이를 위하여 국민기초생활 보장법, 사회보장기본법, 국민연금법, 사회복지사업법 등이 제정되어 있다.

(2) 재판에 의한 실현

생존권 규정이 재판규범성을 가지는 것은 명확하나 생존권의 틀을 일체적으로 더 한층 구체적으로 표시하는 작업, 즉 건강하고 문화적인 생활의 기준을 명확히 하는 것이 법원의 임무이다. 재판을 통한 생존권의 실현을 위하여서는 소송법상의 문제점이 극복되어야 한다. 우리나라에서는 법원의 생존권 소송이 별로 없으나 헌법재판소에는 생활보호의 기준에 관한 헌법소원이 제기되고 있다. 생존권의 침해에 대해서는 국가배상으로 청구해야 한다는 주장도 있다.

5) 인간다운 생활을 할 권리의 내용

(1) 사회보장을 받을 권리

가) 사회보장을 받을 권리(사회보장수급권)의 의의

(가) 입 법

모든 국민의 인간다운 생활을 보장하기 위하여서는 국가가 사회보장제도와 사회복지제도를 확립하여야 하는데, 국민은 국가의 적극적 관여에 따른 사회보장을 받을 권리를 가진다. 이것이 헌법상의 사회보장권(사회보장수급권)이다. 사회보장이라 함은 국가가 국민의 생존을 공공부조 또는 사회보험에 의하여 확보하는 것인데, 여기에는 건강보험 · 재해보험 · 양로보험 등의 사회보험제도와 양로원 · 보육원 · 어린이집 · 조산원 · 무료진료소 등의 사회구호시설의 혜택을 받을 수 있는 권리가 포함되며, 현행 법률에는 의료급여법, 국민기초생활 보장법, 재해구호법, 국가유공자 등 예우 및 지원에 관한 법률, 영유아보육법, 한부모가족지원법, 장애인복지법, 장애인 · 노인 · 임산부 등의 편의증진보장에 관한 법률 등이 있다. 특히 여자 · 노인 · 청소년의 복지의 향상을 위하여 국가는 사회보장정책을 실현하여야 한다. 이를 위하여 한부모가족지원법, 유아복지법, 노인복지법 등이 제정되어 있다.

국가는 국민의 인간다운 생활을 보장하기 위하여 사회보장 · 사회복지의 증진에 노력할 의무를 진다. 이에 관한 법률이 사회보장기본법이다. 사회보장기본법은 기본이념으로서 "사회보장은 모든 국민이 인간다운 생활을 할 수 있도록 최저생활을 보장하고 국민 개개인의 생활의 수준을 향상시킬 수 있도록 제도와 여건을 조성하여, 그 시행에 있어 형평과 효율의 조화를 기함으로써 복지사회를 실현하는 것"(동법 제2조)이라고 규정하고 있다. 모든 국민은 사회보장에 관한 관계법령이 정하는 바에 따라 사회보장급여를 받을 권리를 가진다. 이를 사회보장수급권이라고 한다(헌재, 2001. 9. 27. 선고, 2000헌마342, 헌재판례집, 제13권 2집, 433면). 국가는 모든 국민이 건강하고 문화적인 생활을 유지할 수 있도록 사회보장급여수준의 향상에 노력하여야 한다. 이 밖에도 연금법 등이 사회보장적 성격을 가지고 있으며(헌재, 2003. 9. 25. 선고, 2001헌마194, 헌재공보, 제85호, 86면 이하) 국민건강보험, 연금수급권 등도 사회보장수급권적 성격을 가지고 있다. 외국인의 경우에도 사회보장을 해 주는 것은 바람직하다. 연금급여를 위해서는 국민연금법이 시행되고 있다. 이 사회보장제도는 앞에서 본 바와 같이 넓은 의미의 사회복지제도이다(통상적 의미).

(나) 판 례

① 사회보장수급권 : 사회보장수급권은 헌법 제34조 제1항에 의한 인간다운 생활을 보장하기 위한 생존권적 기본권의 핵심적인 것이고, 사회보장관계법령에 규정됨으로써 구체적 권리로 된다(헌재, 2003. 12. 18. 선고, 2002헌바1, 헌재공보, 제88호, 63면 이하). 헌법재판소는 "사회보장을 받을 권리를 사회보장수급권이라고 하면서 이 권리는 구체적 사항이 법률에 규정됨으로써 비로소 구체적 법적 권리가 된다"고 하고, 나아가 "사회보장수급권은 헌법 제34조 제1항 및 제2항 등으로부터 개인에게 직접 주어지는 헌법적 차원의 권리라거나, 사회적 기본권의 하나라고 볼 수 없으나, 다만, 위와 같은 사회보장 · 사회복지증진의무를 포섭하는 이념적 지표로서의 인간다운 생활을 할 권리를 실현하기 위하여 입법자가 입법재량권을 행사하여 제정하는 사회보장입법에 그 수급요건, 수급자의 범위, 수급액 등 구체적인 사항이 규정될 때 비로소 구체적인 권리로 형성된다"고 한다(헌재, 2003. 5. 15. 선고, 2002헌마90, 헌법판례집, 제15권 1집, 581면 이하).

② 유공자의 보상금수급권 : 헌법재판소는 국가유공자 등에 관한 법률이 정하고 있는 전몰군경의 유족 및 전공사상자의 수급권은 국가보상적 내지 국가보훈적 성격을 띠면서, 장기간에 걸쳐 수급권자의 생활보호를 위하여 주어진다고 하는 특성도 가지고 있으므로 사회보장적 성격도 겸하고 있다고 한다(헌재, 2000. 6. 1. 선고, 98헌마216, 헌재판례집, 제12권 1집, 622면 이하). 참전유공자에게 지급하는 참전명예수당수급권도 국가보훈적 성격과 사회보장적 성격을 아울러 가진다고 한다.

③ 연금제도 : 헌법재판소는 공무원 · 군인연금제도는 사회보장제도의 하나로서 이 같은 보험의 사회조정원리를 도입한 사회보장제도의 하나라고 하고 있다(헌재, 1995. 7. 21. 선고, 94헌바27 등. 헌재판례집, 제7권 2집, 82면 ; 헌재, 2003.9.25 선고, 2001헌마22, 헌재공보, 제85호, 18면). 공무원연금법상의 퇴직연금의 법적 성격은 사회보험의 성격을 가지나 후불임금의 성격도 가지고 있으므로, 재산권으로서도 보장된다. 그러나 재산권의 성질보다도 사회보장적 급여이기에 폭넓은 형성권이 인정된다고 한다(헌재, 2003. 9. 25. 선고, 2001헌가22, 헌재공보, 제85호, 18면 이하). 그러나 퇴직연금 중 본인의 기여금에 해당하는 부분은 재산권이므로 퇴직연금의 2분의 1을 초과하지 않는 범위에서 지급을 정지할 수 있도록 해야 한다는 것이 결정이다(헌재, 2003. 9. 25. 선고, 20001헌마23, 헌재판례집, 제12권 1집, 622면 이하). 군인연금법인상의 퇴역연금의 법적 성질은 군인이 장기간 복무한 공로에 대한 보상으로서의 은혜적 측면을 갖는 반면, 봉급연불적 성격도 함께 갖는 것이라고 한다(헌재,

1994. 6. 30. 선고, 92헌가9, 헌재판례집, 제6권 1집, 369면).

④ 사회보험제도 : 헌법재판소는 사회보장은 사회국가원리를 실현하기 위한 중요한 수단이라는 점에서 사회연대의 원칙을 강조한다. 그리하여 사회연대의 원칙은 사회보험에의 강제가입의무를 정당화하면서 재정조정이 가능하다고 하고 있다(헌재, 2000. 6. 29. 선고, 99헌마289, 헌재판례집, 제12권 1집 913면). 의료보험수급권은 사회보장수급권이라고 하면서 국가에 대하여 적극적으로 급부를 요구하는 권리이기 때문에 법률에 의한 형성이 필요하다고 한다. 다만, 의료보험법상의 보험급여는 가입자가 기여금의 형태로 납부한 보험료에 대한 반대급부이기 때문에 재산권으로서의 성격도 가진다고 한다(헌재, 2003. 12. 18. 선고, 2002헌바1, 헌재공보, 제88호, 63면). 산업재해보험은 사회보장제도의 하나이다. 헌재는 산업재해보험제도는 헌법상의 권리가 아니고 법률적 권리로 보아 광범한 입법형성권을 인정하고 있다(헌재, 2003. 7. 24. 선고, 2002헌바51, 헌재공보, 제83호, 63면).

나) 노약자의 사회보장청구권

헌법 제34조 제4항은 "국가는 노인과 청소년의 복지향상을 위한 정책을 실시할 의무를 진다"고 규정함으로써 생활능력이 없는 국민(노약자)에 대한 국가의 보호의무와 노약자에 대한 복지증진의무를 명시하고 있다. 이에 따라 국민기초생활 보장법은 생활이 어려운 자에게 필요한 급여를 행하여 이들의 최저생활을 보장하고 자활을 조성할 목적으로 생계급여 외에도 수급자의 필요에 따라 주거, 의료, 교육, 해산, 장제 및 자활급여를 한다고 규정하는 한편 그 급여의 수준은 '건강하고 문화적인 최저생활'을 유지할 수 있는 것이어야 한다고 규정하여, 생활능력이 없는 국민에 대한 보호를 행하고 있으며, 노인복지법은 노인의 건강을 유지하고 노후의 생활안정을 위하여 필요한 조치를 강구함으로써 노인의 보건복지증진에 기여함을 목적으로 저소득 노인층에 대한 경로연금지급, 건강진단, 공공시설 등의 무료이용 및 노인복지시설(의료, 주거, 여가)을 설치하고 이를 이용하도록 하여 노인의 생활안정, 보건 및 복지를 시행하게 하고 있다(헌재, 2001. 4. 26. 선고, 2000헌마390, 헌재판례집, 제13권 1집, 977면).

사회보장을 위하여 퇴직금 전액을 질권 · 저당권자의 채권보다 우선하여 변제하도록 규정한 구 근로기준법 제37조 제2항 중 '퇴직금' 부분에 대해서는 질권 · 저당권의 본질적 내용을 침해할 소지가 있고, 과잉금지원칙에도 위배된다고 보아 헌법불합치결정을 하였다(헌재, 1987. 8. 21. 선고, 94헌바19, 헌재판례집, 제9권 2집, 24면). 이에 따라 2005년 1월 27일의 근로기준법 개정법률에서는 퇴직금은 질권 · 저당권에 의하여 담보된 채권에 우선하여 변제하지 못하도록 하고 있다(동법 제37조 제2항 참조). 그러나 최종 3년간의 퇴직금은 질권·저당권에 의하여 담보된 채권에 우선하여 변제되어야 하고(근로자퇴직급여 보장법 제11조 제2항) 경기의 변동 및 산업구조의 변화 등으로 사업의 계속이 불가능하거나 기업의 경영이 불안정하여 임금 등을 지급받지 못한 상태로 퇴직한 근로자에게 그 지급을 보장하는 조치를 강구함으로써 근로자의 생활안정에 이바지함을 목적으로 임금채권보장법(1998. 2. 20. 제정, 2006. 12. 30. 등 개정)을 제정하여 보호하고 있다.

(2) 생활보장을 받을 권리

가) 입 법

신체장애자 및 질병·노령 기타의 사유로 인한 생활무능력자는 인간다운 생활을 보장하기 위하여 국가의 보호를 받을 권리가 있다. 생활무능력자란 신체장애·노령·질병 기타 사유로 인한 생활능력상실자를 말하는데, 이들의 생활보호를 받을 권리를 보장하기 위한 법률로서는 국민기초생활 보장법, 국민건강보험법, 의료급여법 등이 있으며, 장애인을 위한 장애인복지법과 노인을 위한 노인복지법 등이 제정되어 있다. 국민기초생활보호법은 최저생활비를 보장하고 있으며(동법 제5조), 최저생계비의 결정은 중앙생활보장위원회의 심의·의결을 거쳐 보건복지부장관이 공포하도록 하고 있다(동법 제6조). 나아가 국가유공자 등 예우 및 지원에 관한 법률 등 국가유공자·군인·경찰관들의 유족들에 대해 보호하는 특별법이 있다. 이들 법에 의한 보호청구권은 반사적 이익이 아니며 구체적·개별적 권리이다. 위의 노약자의 사회보장청구권이나 신체장애자 및 생활무능력자의 생활보장청구권을 보장하는 사회복지제도는 협의의 사회복지제도에 속한다.

나) 판 례

(가) 헌법결정례

① 군인연금법 제21조 제5항 제2호의 퇴직연금 지급정지제도 자체는 헌법에 위반된다고 할 수 없으나, 퇴직연금지급정지의 요건 및 내용을 대통령령으로 정하도록 한 것은 헌법상 포괄위임금지원칙에 위배된다(헌재, 2003. 9. 25. 선고, 2001헌가22, 헌재공보, 제85호, 18면 이하).

② 공무원연금법 제47조 제3호가 퇴직연금 지급정지의 요건 및 내용을 대통령령으로 위임하고 지급정지 대상기관을 행정안전부령으로 정하도록 한 것은 포괄위임금지원칙에 위배된다(헌재, 2003. 9. 25. 선고, 2000헌바94, 2001헌가21(병합), 헌재공보, 제85호, 25면 이하).

(나) 한정위헌례 : 국민의료보험법이 급여정지를 규정하면서 제41조 제1항의 '범죄행위'에 고의와 중과실에 의한 범죄행위 이외에 경과실에 의한 범죄행위가 포함되는 것으로 해석하는 한 헌법에 위반된다(헌재, 2003. 12. 18. 선고, 2002헌바1, 헌재공보, 제88호, 63면 이하).

(다) 합헌결정례

① 국민건강보험법이 의무적 가입을 규정하고 임의해지를 금지하면서 보험료를 납부하게 하는 것은 경제적 약자에게도 기본적인 의료서비스를 제공하기 위한 국가의 사회보장·사회복지의 증진 의무라는 정당한 공공복리를 효과적으로 달성하기 위한 것이라 하여 합헌으로 보고 있다(헌재, 2001. 8. 30. 선고, 2000헌마668, 헌재판례집, 제13권 2집, 287면 이하).

② 헌법재판소는 국민건강보험법 제48조 제3항이 보험료를 완납할 때까지 보험급여를 실시하지 아니할 수 있다는 조항은 기본권 침해의 직접성이 없으므로 판단하지 아니하면서 보험료 문제는 인간다운 생활을 침해하는 것이 아니라고 하였다(헌재, 2001. 8. 30. 선고, 2000헌마668, 헌재판례집, 제13권 2집, 287면 이하).

③ 헌법재판소는 "장애인에 대한 생활보호를 위하여 일정한 혜택을 부여하는 법률조항이 헌법에 위배되는지 여부는 입법부가 장애인으로 하여금 인간다운 생활을 영위하도록 하기 위하여 객관적으로 필요한 최소한의 조치를 취할 의무를 다하였는가를 기준으로 판단하여야 할 것인바, 장애인고용촉진 등에 관한 법률 제34조 제2항은 장애인의 고용을 촉진하기 위하여 공개채용시험을 실시함에 있어서 일정한 비율의 장애인을 고용하도록 강제하고 있는 조항으로 그 규정내용이 장애인의 보호를 위하여 필요한 최소한의 조치를 취할 의무를 다하지 못하였다고 할 수는 없다. 고용촉진법 제34조 제2항은 헌법 제34조 제1항 인간다운 생활을 할 권리, 헌법 제11조의 평등권 및 제34조 제5항의 신체장애자의 권리를 침해하는 법률조항이라고 할 수 없다"고 판시했다(헌재, 1999. 12. 23. 선고, 98헌바33, 헌재판례집, 제11권 2집, 732면 이하).

④ 상이등급 7급인 전상군경 국가유공자에게 기본연금으로 월 금180,000원을 지급하도록 한 제22조는 그 밖에 여러 사회보장적 지원금을 받기에 합헌이다(헌재, 2003. 5. 15. 선고, 2002헌마90, 헌재판례집, 제15권 1집, 581면 이하).

⑤ 참전유공자 중 70세 이상자에게만 참전명예수당을 주고 70세가 되지 않는 사람에게는 지급하지 않는 것은 인간다운 생활을 할 권리, 행복추구권, 평등권을 침해하지 않는다(헌재, 2003. 7. 24. 선고, 2002헌마522.604, 2003헌마70.80(병합), 헌재공보, 제83호, 91면 이하).

⑥ 물가연동제에 의한 연금급여 조정 자체는 연금수급권자의 인간으로서의 존엄과 가치, 인

간다운 생활을 할 권리, 재산권을 침해하거나 직업공무원제도나 헌법이 보장하는 사립학교교원의 지위의 근간을 훼손한 것이라고 볼 수는 없다(헌재, 2003. 9. 25. 선고, 2001헌마93.138.143(병합), 공무원연금법 제27조 제2항 등 위헌확인, 헌재공보, 제85호, 52면 이하).

⑦ 물가연동제에 의한 연금액 조정규정 자체는 연금수급권자의 인간으로서의 존엄과 가치, 인간다운 생활을 할 권리, 재산권을 침해한 것이 아니다(헌재, 2003. 9. 25. 선고, 2001헌마194, 군인연금법 제17조의 2 제1항 등 위헌확인, 헌재공보, 제85호, 86면 이하).

⑧ 산업재해보험의 적용제외사업에 종사함으로써 산재보험법에 규정된 수급자격을 갖추지 못한 근로자로서는 헌법상의 인간다운 생활을 할 권리나 산업재해보상보험법에 기한 권리를 내세워 국가에 대한 적극적 행위를 요구할 지위에 있지 못하므로 산업재해보상보험법 제5조 단서는 합헌이다(헌재, 2003. 7. 24. 선고, 2002헌바51, 산업재해보상보험법 제5조 단서 등 위헌소원, 헌재공보, 제83호, 63면 이하)

⑨ 의료수가 지급제도를 규정한 국민건강보험법의 위임에 따라 보건복지부가 '건강보험요양급여행위 및 그 상대가치점수'를 고시한 것은 합헌이다(헌재, 2003. 7. 24. 선고, 2002헌바51, 산업재해보상보험법 제5조 단서 등 위헌소원, 헌재공보, 제83호, 63면 이하).

(3) 재해예방과 위험으로부터의 보호에 관한 권리

국가는 재해를 예방하고 그 위험으로부터 국민을 보호하기 위하여 노력하여야 한다. 이를 위하여 재난 및 안전관리기본법(2004. 3. 11. 제정), 재난관리법, 재해구호법, 수난구호법이 제정되어 있다. 서울특별시 또는 광역시·도는 구호의 만전을 기하기 위하여 이에 관한 필요한 계획의 수립과 구호조직을 확립하여 상시 화재예방조치를 하는 동시에 재해가 발생하였을 때에는 신속히 구호하여야 한다.

헌법재판소는 "국민의 일상생활에 필수적인 것이 된 복잡한 교통상황과 교통사고의 현황에 비추어 볼 때, 국민의 보호를 위하여 국가가 좌석안전띠 착용을 의무화하여 교통사고로 인한 국민의 생명 또는 신체에 대한 위험과 장애를 방지·제거하고 사회적 부담을 줄일 필요성이 있으며, 또한 이러한 국가의 개입은 운전자로서도 예측가능하다. 일반교통에 사용되고 있는 도로는 국가와 지방자치단체가 그 관리책임을 맡고 있는 영역으로 다른 운전자 및 보행자 등의 이익 및 공동체의 이익과 관련된 영역이므로, 도로에서 좌석안전띠를 매지 않고 운전할 자유는 다른 영역에서 이루어지는 위험한 스포츠를 즐기는 행위 등과 똑같게 평가될 수 없다"고 하여 안전띠를 매게 하는 것은 합헌이라고 본다(헌재, 2003. 10. 30. 선고, 2002헌마518,

도로교통법 제118조 위헌확인, 헌재공보, 제86호, 101면 이하).

6) 인간다운 생활을 할 권리의 침해와 구제

(1) 인간다운 생활의 기준 법정에 의한 권리침해와 구제

인간다운 생활의 기준은 법률로 정할 수 있는데, 이 경우 입법자는 형성의 자유를 가져 마음대로 정할 수 있을 것인지가 문제가 된다. 이와 관련하여 헌법재판소는 국가유공자의 예우와 관련한 결정에서 “국가유공자의 인간다운 생활에 필요한 최소한의 물질적 수요를 충족시켜 주고 있고 헌법상의 사회보장, 사회복지의 이념과 국가유공자에 대한 우선적 보호이념에 명백히 어긋나지 않는 한 광범위한 입법재량권을 갖는다”고 판시하고 있다(헌재, 2000. 6. 1. 선고, 98헌마216, 국가유공자 등 예우 및 지원에 관한 법률 제20조 제2항 등 위헌확인, 헌재판례집, 제12권 1집, 622면 이하).

이 결정은 인간다운 생활을 할 권리의 입법형성권의 한계를 인정한 점에서는 타당하지만 이 경우에도 입법자는 인간의 존엄과 가치에 구속되기 때문에 이 생활의 기준은 물질적 최저한도의 생활이 아닌 문화적 최저한도의 생활이 되어야 할 것이다.

따라서 인간다운 생활을 할 권리의 기준을 정하는 입법자는 인간의 존엄과 가치라는 헌법규범에 구속되며, 인간의 존엄성을 침해할 정도로 생활의 기준을 설정하는 법률은 위헌법률로 될 것이고, 이러한 법률에 대해서는 위헌제소를 청구할 수 있을 것이다. 그런데 법률이 제정되어 있으나, 그 구체적 권리내용에 관한 기준이 법규명령 등 행정입법에 위임된 경우에도 문제가 된다. 법원은 명령 · 규칙 등에 대한 위헌제소권을 가지므로 법원의 소송을 통하여 이러한 행정입법의 합헌성을 다룰 수 있을 것이다. 예를 들어, 국민기초생활보장권에 따른 보호기준을 보건복지부령이나 행정규칙이나 조례로 정한 경우에는 법원이 합법성과 함께 합헌성을 판단할 수 있다.

(2) 입법의 부작위에 의한 침해와 구제

오늘날 학설 중에는 생존권 규정을 입법권에 대하여 작위의무를 과하고 있는 구체적 규범으로 보고, 필요한 법률을 전혀 제정하지 않고 또 불충분한 법률에 의하여 ‘건강하고 문화적인 최저한도의 생활’을 영위할 수 없는 국민을 방치하는 경우, 그 국민의 생존권은 현실적, 구체적으로 침해되었기 때문에 헌법소원을 제기할 수 있다고 한다. 그러나 우리 헌법재판소는 법원부작위에 대한 헌법소원의 청구를 일정한 요건하에서 제한하고 있는 입장이다. 헌법소원이 인용되는 경우에는 입법을 하지 않음으로써 오는 불법행위에 대하여 국가배상까지 청구할 수 있다고 해야 할 것이며 입법을 촉구할 수도 있을 것이다. 헌법소원이 인용되지 않는 경우에는 국민은 청원권을 행사하여 입법을 요구하거나 선거권을 행사하여 간접적으로 구제를 청구할 수밖에 없을 것이다.

Ⅲ. 사회복지법상의 권리(사회복지수급권)

1. 서 언

앞에서 본 바와 같이 사회복지수급권은 사회복지관련법령의 규정에 따라 국민(개인)이 국가에 대하여 구체적으로 사회복지급여 및 사회서비스를 청구할 수 있는 권리이다. 이는 헌법 제34조 제2항의 국가의 사회보장·사회복지의 증진 의무에 대응하는 권리인 사회보장수급권과는 다르다. 사회보장수급권은 헌법상의 생존권적 기본권의 하나로서 그 핵심이 되는 권리이고 국민(개인)이 국가에 대하여 구체적으로 사회보장 및 사회서비스를 청구하기 위하여는 그 구체적 사항이 사회복지보장 관계법령에 규정되어야 한다. 이 법령에 의하여 생긴 구체적 권리가 사회복지수급권이다. 그러나 사회보장수급권과 사회복지수급권을 같은 개념으로 보는 견해도 있다. 이 견해에 따르면 사회복지수급권은 국민의 구체적 헌법상의 사회보장수급권이지만 사회보장급여를 청구하기 위해서는 개별법령에 규정이 있어야 한다는 것이고 이 경우 사회복지법에 규정된 권리가 사회복지법상의 사회보장수급권이 될 것이다. 어느 견해에 의하든 여기의 사회복지수급권은 사회복지 관계법령에 규정되어 있는 사회복지를 받을 권리를 말하고 이는 헌법상의 생존권적 기본권(복지권)에서 흘러나온 것이다.

2. 사회복지수급권의 구조와 내용

1) 서 언

사회복지수급권의 구조와 내용에 대하여는 학자에 따라 여러 가지로 설명하고 있으나 다음과 같이 설명할 수 있다. 먼저 헌법상의 생존권적 기본권의 핵심적 내용으로서 사회보장수급권[앞에서 본 바와 같이 헌법 제34조 제2항의 국가의 사회보장·사회복지증진의무에 대응하는 권리임. 이 사회보장은 좁은 의미의 사회복지를 포함하고 있다는 점에서 넓은 의미(통상의 의미)의 사회복지에 속함]과 사회복지법상의 사회복지수급권으로 나누어 볼 수 있다.

사회복지법상의 사회복지수급권은 실체적 권리로서 사회보험청구권, 공공부조청구권, 사회복지조치청구권과 같은 사회복지급여청구권이 있고, 절차적 권리로서 사회복지급여쟁송권, 사회복지행정참여권, 사회복지입법청구권이 있으며, 수속적 권리로서 사회복지 이용권리, PR 및 정보제공 요구권리, 상담 및 조언을 요구할 권리 등의 수속 전 단계의 권리와 신청, 조사, 결정, 실시단계 등의 수속단계에서 권리보장에 알맞게 진행될 것을 요구하는 권리가 있다. 이를 도식화하면 [그림 4-1]과 같다.

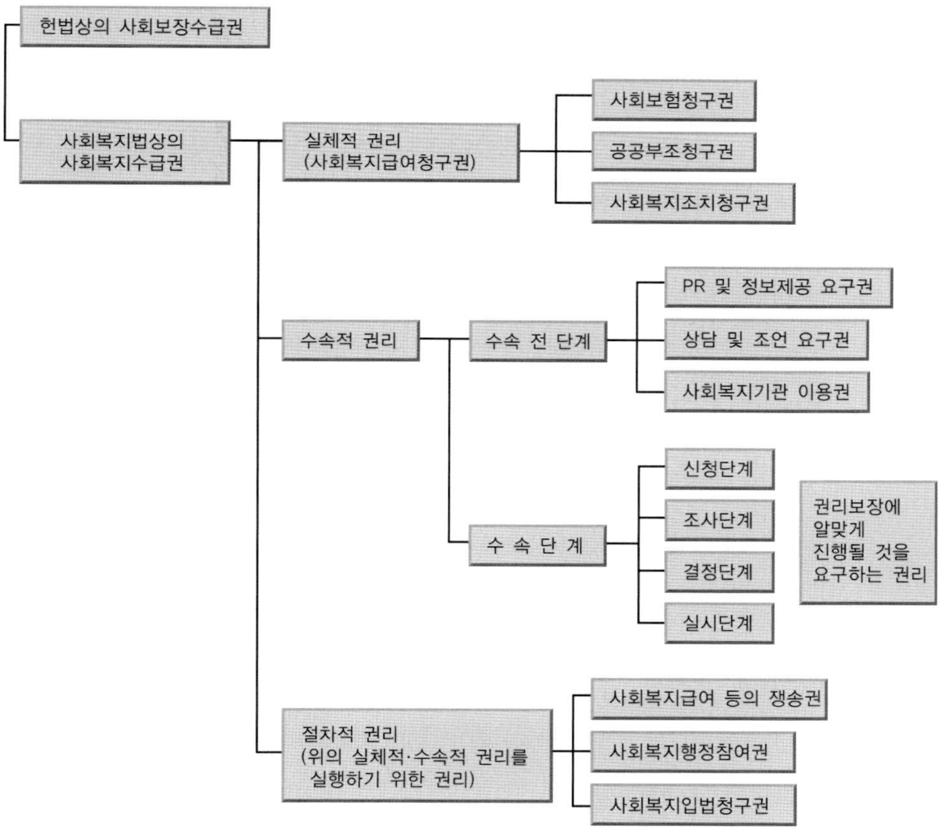

[그림 4-1] 사회복지수급권의 규범적 구조

2) 실체적 권리

헌법상의 주(主) 생존권적 기본권의 핵심이 되는 사회보장수급권 및 인간다운 생활을 할 권리(협의의 생존권적 기본권, 복지권)를 구체적으로 실현하기 위하여 사회복지법을 제정하게 된다. 이 사회복지법에 의하여 사회복지급여를 실제로 받을 수 있는 구체적 권리를 사회복지급여청구권이라고 하고 이는 실체법상의 권리, 즉 실체적 권리이다. 이러한 권리에 포함되는 내용은 수급요건(자격), 수급권자, 급여수준, 수급기준, 급여종류, 재정조달, 전달체계, 수급권의 보호 등이다. 사회복지급여청구권은 각종 사회보험 관련법률에 따른 사회보험청구권, 공공부조법률에 따른 공공부조청구권, 사회서비스법에 의한 사회복지조치청구권으로 구성된다.

3) 수속적 권리

수속적 권리란 사회복지급여를 받기 위해 급여청구권의 실현을 위한 일련의 수속과정이 본래의 수급권 보장의 목적에 알맞게 진행되어야 할 것을 요구하는 권리를 말한다. 이하 사회복지법상의 수급권의 규범적 구조와 그 내용을 구체적으로 설명한다.

사회복지급여는 복지대상자의 신청에서 시작되어 사회복지행정기관에서 조사·사정과정을 거쳐 수급범위와 수준 및 내용을 결정하여 급여를 제공하므로 이러한 모든 과정에 있어 사회복지 대상자가 적절하게 취급되어야 한다. 또한 사회복지급여는 금전적 급여뿐만 아니라 비금전적 급여가 포함되어 복지대상자의 다양한 욕구해결을 위해 전문적 개입이 요구되므로 행정기관의 재량권이 적절하게 행사될 때 사회복지 대상자의 생존권·복지권이 보장될 수 있다. 따라서 사회복지 대상자의 수속적 권리는 인간다운 생활의 확보에 필수 불가결한 요소이다. 수속적 권리의 내용은 수속 전(前) 단계와 수속단계로 나누어서 살펴볼 수 있다.

수속 전 단계에서의 권리에는 ① 사회복지법에 의한 권리와 의무에 대해 국민을 깨우치기 위해 그 수단으로서 텔레비전, 라디오, 광고지, 신문, 포스터, 영화 등에 의한 PR 정보제공 등을 요구할 수 있는 권리, ② 상담 및 조언을 요구할 수 있는 권리, ③ 그 수단으로서 각종 사회복지기관을 이용할 수 있는 권리 등이 포함되어 있다. 그러므로 국가나 지방자치단체는 이러한 내용의 의무를 성실하게 수행할 의무를 지닌다고 볼 수 있다. 수속단계에서의 권리는 이 단계를 신청단계, 조사단계, 결정단계, 실시단계로 세분하고 각 단계과정마다 인간의 존엄성, 생명, 자유, 행복추구의 권리, 사생활존중 등의 권리를 포함하여 복지대상자가 적절하게 취급되어야 하는 권리를 말한다.

4) 절차적 권리

절차적 권리란 위의 실체적 권리와 수속적 권리를 구체적으로 실행하기 위한 권리이다. 여기에 속하는 수급권의 내용에는 사회복지급여 등의 쟁송권, 사회행정참여권, 사회복지입법청구권 등이 있다.

사회복지급여 등의 쟁송권이란 실체적 권리인 사회복지급여청구권이 위법부당한 행정기관의 조치에 의해서 침해되었을 때 또는 수속적 권리가 침해되었을 때 이의 구제를 신청하는 권리를 말한다. 예컨대 사회복지급여쟁송은 행정심판의 행정적 구제와 행정소송을 통한 구제가 있다. 흔히 사회복지급여의 수준에 대한 것이라든지 사회복지급여 지급과 관련하여 사회복지행정기관의 조치에 대하여 불복하여 이의를 제기하여 행정심판을 청구하는 것은 전자의 행정구제에 해당한다. 그리고 행정기관의 사회복지급부 부작위에 대해서 제기할 수 있는 부작위 위법확인소송 등은 행정소송에 해당한다.

사회복지행정참여권이란 사회복지행정과정에 사회복지 대상자나 국민이 참여할 권리를 의미한다. 복지행정은 전문적, 기술적이며 그 급여내용이 금전적인 것뿐만 아니라 비금전적인 것(복지서비스)이 포함되므로 사회복지행정기관의 재량의 여지가 그만큼 많다. 따라서 사회복지행정기관의 과정에 국민이 참여함으로써 이러한 재량권의 남용을 막을 수 있고 적절한 사회복지급여를 실천할 수 있는 조건을 만들 수 있기 때문이다.

마지막으로 사회복지입법청구권이란 생존권 보장을 위한 사회복지급부를 제공하는 구체적인 법률이 제정되지 않았거나, 또는 제정되었더라도 그 법률이 생존권 실현에 불충분한 경우에 사회복지입법을 추진하거나 그 개정을 청구할 수 있는 권리를 말한다.

3. 사회복지수급권의 효과와 급여청구권의 발생

사회복지법상의 사회복지수급권의 효과는 개개의 법률에서 정하고 있다. 이 가운데 가장 중요한 것은 사회복지관련법이 규정하고 있는 복지급여의 지급요건을 갖추면 급여기관에 대하여 급여를 청구할 수 있는 권리를 가지고 급여기관은 급여를 지급할 의무를 부담한다는 것이다. 이 밖에 사회복지수급권의 절차적 보장과 쟁송을 제기할 수 있는 것도 중요한 효과의 하나이다.

사회복지수급권은 사회복지급여를 청구할 수 있는 권리인데 각종의 사회복지관련법에서 정하고 있는 급여의 지급요건(지급사유)이 발생하거나 사회복지시설에의 입소(入所)조치와 같이 행정청의 행위(예컨대, 사회복지시설에 입소함으로써 각종의 복지시설 이용 및 관련 서비스를 제공받을 수 있는 권리가 있음)에 의하여 급여를 청구할 수 있는 권리가 발생한다.

4. 사회복지수급권의 보호

1) 사회복지수급권의 특성과 보호의 필요성

사회복지법상의 사회복지수급권은 헌법상의 생존권적 기본권 내지 복지권의 하나인 사회보장수급권을 법률에 의하여 구체적으로 실현하기 위한 권리이지만, 그 내용은 현금 및 현물급여 이외에 비금전적 · 전문기술적 급여(직업지도, 재활지도, 교육훈련, 시설서비스) 등의 사회복지서비스의 급부도 포함되므로 그 내용 자체를 법률에서 구체적으로 규정하기가 쉬운 일이 아니다. 따라서 사회복지급여는 언제나 유동적이고 개별적이며, 계량화, 표준화가 쉽지 아니한 것을 그 급여의 대상으로 하기 때문에 사회복지수급권은 권리로서 취약성을 가지고 있다. 따라서 이러한 취약성을 가진 사회복지수급권을 법률의 규정에 의하여 만족스럽게 실행하려면 사회복지수급권에 대한 국가의 특별한 보호가 필요하다. 또 사회복지수급권은 사법(私法)상의 사적(私的) 권리인 채권(債權)과 달리 사회복지법이라는 사회법상의 권리, 즉 사회권으로서의 성질을 가지고 있다. 이 사회권은 사법(私法)상의 권리인 사권(私權)에 공법(公法)상의 권리인 공권(公權)적 요소가 침투되어 있는 권리이고 따라서 사권과 공권의 요소를 다 함께 가지고 있는 중간 영역의 권리이다. 그러므로 사회권으로서의 사회복지수급권은 수급자들에게 사회복지급여를 제공하고 수급자가 이를 받는 성격과 아울러 국가가 공적(公的)으로 이를 보호해야 할 공권(公權)으로서의 성격을 가지고 있는 것이다(사회복지수급권의 권리로서의 이중성). 이런 점에서 사회복지수급권에 대한 국가의 보호가 필요한 것이다. 국가는 이 보호를 통해서 수급자인 개인의 권리실현에 장애가 되는 요소를 제거하고 적극적으로 권리실현을 할 수 있도록 도와주는 것이다.

각종의 사회복지법에는 사회복지수급권의 양도 · 담보제공 · 압류 · 상계를 금지하고, 조세 기타의 공과금 부과를 금지하며, 불이익변경 금지규정을 두는 등으로 사회복지수급권을 보호하고 있다.

2) 사회복지수급권의 양도 · 담보제공 · 압류금지

민법상의 채권 등의 사법상의 재산권은 법률행위에 의하여 양도할 수 있으나, 공법상의 권리는 법률행위에 의하여 양도할 수 없다. 공법상의 권리·의무는 일신전속성(一身轉屬性)이 있기 때문에 양도할 수 없는 것이다. 따라서 사회복지수급권도 공권적 요소를 지닌 사회권이기 때문에 각종의 사회복지법에서 사회복지수급권의 처분(양도·담보제공)·압류를 금지하고 있다.

그 이유는 사회복지수급권은 수급권자의 개인적·사회적 보호를 통하여 그 개인의 인간다운 생활을 보장하고자 하는 데 목적을 두고 있기 때문이다. 사회복지법의 기본법이라고 할 수 있는 사회보장기본법 제12조(사회보장수급권의 보호)의 "사회보장수급권은 관계법령이 정하는 바에 따라 타인에게 양도하거나 담보로 제공할 수 없으며, 이를 압류할 수 없다"고 규정하여 수급권자의 수급권을 보호하고 있다.

3) 조세 기타 공과금의 감면 및 부과금지

각종 사회복지급여에 대하여 각국의 사회복지입법례에서는 거의 공통적으로 조세나 기타의 공과금의 부과를 금지하고 있다. 이것은 사회복지급여를 통하여 최소한의 삶을 영위하게 하는 데 목적이 있으므로 조세나 기타 공과금을 부과하는 것은 바람직하지 않기 때문이다.

우리나라의 사회복지법도 이와 같은 금지규정을 두고 있다. 즉, 국민연금법 제60조(조세 기타 공과금의 면제)에는 "이 법에 따른 급여로서 지급된 금액에 대하여는 조세특례제한법이나 그 밖의 법률 또는 지방자치단체의 조례로 정하는 바에 따라 조세, 그 밖에 국가 또는 지방자치단체의 공과금을 감면한다"고 규정하고 있고, 산업재해보상보험법 제91조(공과금의 면제)에는 "보험급여로서 지급된 금품에 대하여는 국가 또는 지방자치단체의 공과금을 부과하지 아니한다"고 규정되어 있다. 이는 생존권 보장을 위한 사회복지법이 사회복지수급권을 보호하려는 목적에서 취한 조항이다.

4) 불이익변경의 금지

사회복지급여가 결정된 경우 그것은 일종의 기득권적 성격을 지니므로 정당한 이유 없이 불이익하게 변경될 수 없다. 이러한 규정은 가능한 한 피보호자인 사회복지급여수급자를 보호하려는 취지에서 만들어진 내용으로 생각된다.

우리나라의 국민기초생활 보장법 제34조(급여변경의 금지)에는 "수급자에 대한 급여는 정당한 사유 없이 이를 불리하게 변경할 수 없다"고 하여 불이익변경의 금지를 규정하고 있다. 이는 사회복지급여수급권자를 보호하기 위한 목적에서 규정하고 있는 조항이다. 이 불이익변경 금지는 여타의 사회복지법에서 동일한 취지로 해석되고 있다.

5. 사회복지수급권의 제한

1) 서 언

사회복지수급권은 스스로 사회생활을 유지할 수 없는 상태에 처한 사회적 약자들에게 인간다운 생활을 할 수 있도록 사회복지의 제도적 장치를 통하여 구체적으로 실현된다.

그러나 이러한 사회복지급여가 필요한 상태가 수급권자에게 책임을 돌릴 수 있는 행위로 인하여 발생하거나 그로 인하여 그 상태가 악화되거나 호전되는 것을 방해할 때 또는 수급권자가 사회복지급여에 필요한 여러 가지 협조의무에 응하지 않은 때에도 그 사회적 요보호상태만을 고려하여 그에게 사회복지급여를 지급해야 한다면 정의의 관념에 반한다. 따라서 이와 같은 경우에는 그 수급권을 제한할 필요가 있다. 다만, 사회복지수급권은 생존권 보장의 의미가 있으므로 그 제한은 예외적 · 최소한으로 그쳐야 한다.

예컨대 사회보장기본법 제13조(사회복지수급권의 제한 등)에는 "사회보장수급권은 제한되거나 정지될 수 없다. 다만, 관계법령이 따로 정하고 있는 경우에는 그러하지 아니하다"라고 규정하고(제1항), "이 제1항 단서에 따라 사회보장수급권이 제한 또는 정지되는 경우에는 그 제한 또는 정지의 목적에 필요한 최소한에 그쳐야 한다"(제2항)고 규정하고 있다. 따라서 사회복지급여수급권은 원칙적으로 제한하거나 정지할 수 없으며 그러한 경우에도 제한의 목적달성에 필요한 최소한도에 그쳐야 한다는 뜻을 명백히 하고 있다.

사회복지법상의 사회복지수급권이 사회복지 관계법령에 의하여 제한되는 경우는 다음과 같다.

2) 수급권을 제한하는 경우

(1) 이중급여 제한

사회복지급여의 수급권자가 다른 급여를 받게 되는 때에는 급여를 지급하지 않거나 지급이 정지된다. 예를 들면 국민건강보험법 제53조 제2항은 "공단은 보험급여를 받을 수 있는 사람이 다른 법령에 따라 국가나 지방자치단체로부터 보험급여에 상당하는 급여를 받거나 비용을 지급받게 되는 경우에는 그 한도에서 보험급여를 하지 아니한다"고 규정하고 있다.

수급권자가 동일한 수급사유로 중복수급 또는 이중보상을 받는다는 것은 사회적 형평의 원칙에도 위배되는 것이다. 그러므로 중복된 급여는 사회복지이념과 목적에 위배되므로 금지함이 마땅하다.

(2) 수급권의 악용

사회복지급여를 지급받기 위한 목적으로 고의로 사회복지급여 지급의 원인이 되는 사유를 발생시킨 경우, 사회복지급여 사유가 발생하지 않았음에도 불구하고 발생한 것과 같이 하여 급여를 지급받거나, 낮은 정도의 급여사유가 발생하였음에도 높은 정도의 급여사유가 발생한 것처럼 하여 부당하게 급여를 받는 경우이다. 이러한 경우 그 수급권을 제한하고 있다.

예를 들면 국민건강보험법 제53조 제1항 제1호에는 "고의 또는 중대한 과실로 인한 범죄행위에 그 원인이 있거나 고의로 사고를 일으킨 경우에는 보험급여를 하지 아니한다"고 규정하고 있고, 국민연금법 제82조(급여의 제한) 제1항에는 "가입자 또는 가입자이었던 자가 고의로 질병·부상 또는 그 원인이 되는 사고를 발생시켜 그로 인하여 장애를 입은 경우에는 해당 장애를 지급사유로 하는 장애연금을 지급하지 아니할 수 있다"고 규정하고 있다. 이러한 내용들은 공무원연금법(제62조 제1항), 군인연금법(제34조 제1항) 등에도 규정되어 있다.

(3) 수급권의 남용

사회복지수급권자는 법령에 정하는 조건에 따른 의무를 이행하여야 하고, 권한 있는 기관의 정당한 지도·지시에 따를 의무가 있다. 그러므로 이러한 의무를 태만히 한 결과 사회복지수급 사유 및 조건을 연기시키거나 급여의 지급을 부당하게 장기화시키는 경우에는 수급권의 남용에 해당하므로 그 수급권을 제한하는 것이 마땅하다.

예를 들면 국민연금법 제82조(급여의 제한) 제2항에는 "가입자 또는 가입자이었던 자가 고의 또는 중대한 과실로 요양지시에 따르지 아니하거나 정당한 사유 없이 요양지시에 따르지 아니함으로써 장애·사망 또는 그 원인이 되는 사고를 일으키거나 그 장애를 악화시키거나 회복을 방해한 때에는 대통령령이 정하는 바에 의하여 이를 원인으로 하는 급여의 전부 또는 일부를 지급하지 아니할 수 있다"고 규정하고 있고, 국민건강보험법 제53조(급여의 제한) 제1항 제2호에는 "고의 또는 중대한 과실로 공단이나 요양기관의 요양에 관한 지시에 따르지 아니한 경우에는 보험급여를 하지 아니한다"고 규정하고 있다. 이러한 내용들은 공무원연금법, 군인연금법 등에도 규정하고 있다.

(4) 부당이득의 징수

위법하게 사회복지급여를 받은 자는 그 급여를 반환할 의무가 발생한다. 즉, 허위 기타 부정한 방법으로 급여를 받은 경우 그 부정수급자는 그 급여액, 즉 부당이득을 반환 또는 배상하여야 한다.

예를 들면 산업재해보상보험법에는 거짓이나 그 밖의 부정한 방법으로 보험급여를 받은 경우에는 그 급여액의 2배에 해당하는 금액을 징수하도록 규정하고 있으며(제84조 제1항 제1호), 국민건강보험법에는 속임수나 그 밖의 부정한 방법으로 보험급여를 받은 사람이나 보험급여 비용을 받는 요양기관에 대하여 그 보험급여 또는 급여비용에 상당하는 금액의 전부 또는 일부를 징수하도록 규정하고 있다(제57조 제1항).

(5) 과잉사회복지급여의 제한

사회복지급여는 급여대상자가 스스로 자신의 생활을 할 수 있도록 도와주는 것이며 그러한 목표가 달성되면 급여의 지급을 하지 않아야 한다. 그러므로 사회복지급여의 수준과 내용은 수급권자의 자립원조에 기여할 수 있도록 적정한 것이어야 하고 그 급여가 그 정도를 넘어서는 안 될 것이다.

6. 사회복지수급권의 소멸

사회복지수급권은 사망, 소멸시효, 포기 등으로 소멸한다.

1) 사 망

사회복지급여를 받을 권리는 일신전속적인 것이므로 수급권자의 사망으로 소멸한다. 즉 수급권자가 사망하면 사회복지급여수급권은 소멸되는 것이다(국민연금법 제61조 제1항, 공무원연금법 제59조 제1항 제1호, 군인연금법 제29조 제1항 제1호).

2) 소멸시효

사회복지급여를 받을 권리는 시효에 의해 소멸한다. 사회복지법에 시효에 관한 규정이 있는 경우에는 그 규정이 적용된다.

국민연금법상의 급여를 받을 권리에 대한 소멸시효는 3년(제115조 제1항), 국민건강보험법의 보험급여를 받을 권리에 대한 소멸시효는 3년(제91조 제1항), 공무원연금법상의 시효는 단기급여는 1년, 장기급여는 5년(제81조 제1항), 사립학교교직원연금법상의 시효는 단기급여는 1년, 장기급여는 5년(제54조 제1항), 군인연금법에서는 장기급여 5년, 단기급여는 1년(군인연금법 제8조), 산업재해보상보험법상의 보험급여를 받을 권리에 대한 시효는 3년(제112조), 고용보험법상의 지원금 · 장려금 · 실업급여 · 육아휴직급여 또는 출산전후휴가급여를 지급받을 권리에 대한 시효는 3년(제107조 제1항)으로 각각 규정되어 있다.

사회복지법에 시효에 관한 규정이 없는 경우에는 민법(제162조 이하) 규정에 의한 소멸시효가 발생한다.

3) 수급권의 포기

사회복지수급권에 대한 포기가 가능한지에 대하여는 사회복지수급권과 같은 개인적 공권은 사회공공을 위해 필요한 것이므로 이를 포기하면 위와 같은 목적이 방해를 받기 때문에 포기할 수 없다는 견해가 있으나, 사회복지수급권은 수급자에 대하여 이익을 부여한다는 면이 있으므로 이러한 수익처분을 강제할 수 없으므로 포기할 수 있다고 본다. 즉 사회복지시설에의 입소는 요입소자의 의사에 반하여 할 수 없으므로, 퇴소도 자유롭게 할 수 있다고 보는 것이다.

Ⅳ. 사회복지법상의 의무

사회복지법의 의무에는 사회복지급여를 받기 위하여 수급자 등이 부담하는 비용부담의무와 사회복지 운영을 원활하게 하기 위하여 사회복지급여수급권자 등에게 부과하는 신고 등의 의무이다.

1. 비용부담의무

1) 보험료 부담의무

사회보험의 가입자 및 사용자는 보험료 납부의무가 있다. 다만, 국민건강보험법의 직장가입자의 보험료 중 보수월액보험료는 사용자가 납부하여야 하고(제77조 제1항 제1호), 소득월액보험료는 직장가입자가 납부한다(제77조 제1항 제2호). 지역가입자의 보험료는 그 가입자가 속한 세대의 지역가입자 전원이 연대하여 납부한다(제77조 제2항). 산업재해보상보험법의 보험료는 사업주가 부담한다(고용보험 및 산업재해보상보험의 보험료징수 등에 관한 법률 제13조 제1항). 보험료를 체납한 지역가입자에 대하여 보험료를 완납할 때까지 보험급여를 실시하지 아니할 수 있다(국민건강보험법 제53조 제3항).

국민연금법상에는 보험가입자에게 보험료를 납부할 것을 기대할 수 없는 상황으로서 법률에 정한 경우에 그 기간 동안 보험료를 내지 않는 경우가 있다. 즉, 병역의무 중인 경우, 재학 중인 경우, 교도소에 수용 중인 경우, 재해 · 사고 등으로 소득이 감소되거나 기타 소득이 있는 업무에 종사하지 아니하는 경우 등이다. 연금보험료를 내지 아니한 기간은 보험가입기간에 포함되지 않으며, 따라서 급여수준에 영향을 미치지 않는다. 다만, 가입자에게 추후에 보험료를 납입하여 급여수준을 증가시킬 수 있는 기회를 부여한다(국민연금법 제91조, 제92조 참조).

거짓이나 그 밖의 부정한 방법으로 급여를 받은 경우나 받고자 한 경우, 신고의무 불이행, 허위신고인 경우 보험금을 지급하지 아니한다(고용보험법 제61조). 고의사고발생의 경우나 고의 또는 중대한 과실로 요양지시 불이행 시는 연금을 지급하지 아니할 수 있다(국민연금법 제82조).

산업재해보상보험의 경우 근로자의 요양지시 위반이나 고의사고발생 경우 보험급여의 지급을 일시 중지할 수 있다(산업재해보상보험법 제83조). 훈련거부 및 지도거부(고용보험법 제60조 제1항, 2항), 서류 기타 자료제출 요구불응, 진단요구 또는 확인불응, 요양지시 불이행, 수급권 발생 · 변경과 관련된 신고불이행(국민연금법 제86조) 등의 경우도 급여의 지급정지사유가 된다.

2) 이용자부담금의 부담의무

이용자부담은 의료나 복지서비스 등 현물급여를 이용하는 자에게 부과하는 금전부담이다. 의료보험의 피보험자 등이 의료기관에서 검진한 때에 그 창구에서 지급하는 환자부담과 복지서비스의 수급자 등에 대하여 행정청에 의한 비용징수 등이 있다. 예컨대, 건강보험의 요양급여는 피보험자 등은 원칙적으로 요양기관에서 요양급여라는 현물급여를 받지만, 그때에 환자는 요양기관에 그 비용의 일부를 지급하는데 이를 본인 일부 부담금이라고 한다(국민건강보험법 제44조). 본인 일부 부담금은 의료비에 대해 정률로 하고 있는 경우와 정액으로 하고 있는 경우가 있는데 모두 법정(法定)되어 있다.

국민기초생활 보장법에 의한 비용의 징수는 수급자에게 부양능력을 가진 부양의무자가 있을 때, 보장비용을 지급한 보장기관은 부양의무자로부터 부양의무의 범위 안에서 징수할 수 있다(제46조). 이의 불이행에 대하여는 국세 또는 지방세체납처분의 예에 의하여 징수한다.

복지조치에 필요한 비용, 즉 사회복지시설에 입소한 입소자나 그 부양의무자에게는 그에 따른 비용징수가 행해진다(사회복지사업법 제44조). 영유아의 보육에 필요한 비용은 어린이집을 이용하는 자가 원칙적으로 부담한다(영유아보육법 제38조).

2. 사무협력 등의 의무

사회복지법은 사회복지사무가 원활하고 적정하게 이루어지도록 피보험자, 수급권자, 세대주, 사업주 등에게 각종 의무를 과하거나, 행정청에 일정한 권한을 부여하며 이들 피보험자 등은 이에 따를 것을 규정하고 있다. 이들 의무는 신고 · 보고의무, 징수 · 문서제출명령 · 출석명령 등에 따를 의무, 조사 · 질문 · 지시 등의 수인의무(受忍義務), 진단명령 등의 수인의무 등이다(고용보험법 제108조~제111조, 산업재해보상보험법 제114조~제119조, 국민연금법 제121조~제124조).

V. 사회복지법상의 벌칙

사회복지법은 그 목적달성을 위하여 일정한 의무를 부과하고 그 의무위반에 대하여 일정한 벌칙을 과하도록 규정하고 있다. 이 벌칙은 행정법에서 말하는 행정벌과 동일한 개념으로 사회복지법의 의무위반에 대하여 과하는 제재로서의 처벌을 말하며 여기에는 행정벌과 질서벌이 있다. 이는 형사벌과 구별된다. 형사벌은 그 자체가 반도덕성, 반사회성, 범죄성을 가지고 있으므로 처벌되는 행위임에 반하여 사회복지법은 그 자체가 반사회성을 가진 것이 아니라 사회복지목적을 실현하기 위하여 국가가 명령하거나 금지한 처분에 위반하였기 때문에 처벌되는 것이다. 사회복지법에는 행위자 이외에 법인도 병행하여 처벌하는 양벌규정을 두어 법인과 그 법인의 대표자를 처벌하는 규정이 많다.

1. 사회복지법상의 행정벌

1) 부당이득자에 대한 제재

사회복지법은 거짓이나 그 밖의 부정한 방법으로 사회복지급여를 받은 자에게 벌을 과하는 경우가 있는데, 이것을 부당이득죄라고 한다(국민기초생활 보장법 제49조, 국민연금법 제128조 제1항, 고용보험법 제116조 제2항).

부당이득자에게 벌칙이 가해지는 것과는 별도로 부당이득도 환수(징수)된다. 부당이득의 징수는 민법상 부당이득의 반환청구권과 유사한 행정상의 조치로 행정상의 의무위반에 대한 벌과는 성격이 다르므로 벌금과는 별개로 징수된다. 이 부당이득죄가 성립하기 위하여는 부정한 방법에 의할 것을 필요로 하고, 착오나 무지에 의한 신청으로 받았을 경우에는 처벌하지 않는다.

2) 의무위반자에 대한 제재

사회보장 행정사무가 적정하고 원활하게 되기 위해서 서류제출의무나 보고 · 신고의무, 출석명령, 현장조사 질문, 지시, 진료명령에 따른 의무 등이 규정되어 있다. 이들 의무의 실효성을 확보하기 위하여 의무위반을 처벌하는 처벌규정이 사회복지법에 규정되어 있다. 즉 서류 등을 제출하지 않은 경우, 허위 제출한 경우, 질문에 답변을 하지 않는 경우, 허위답변, 검사거부, 방해 또는 기피, 출석, 진술 또는 보고를 하지 않는 경우에 행정벌을 과할 수 있다(국민건강보험법 제116조, 국민연금법 제131조).

사회보험법에 있어서는 보험료 등을 납부하지 않은 경우에는 이를 강제징수하거나 가산금이나 연체금을 부과한다(국민건강보험법 제80조, 제81조, 국민연금법 제95조, 제97조).

3) 행정수행자의 직무위반에 관한 제재

사회복지행정을 담당하는 공무원은 국가공무원법 및 지방공무원법에 의해 의무가 부과되고, 그 의무위반에 대하여는 각 법률에 의하여 징계 등 제재를 받는다.

사회복지법상의 특별법인인 근로복지공단, 국민건강관리공단, 국민연금공단의 임직원은 형법의 적용에 있어서는 공무원으로 본다(산업재해보상보험법 제24조, 국민건강보험법 제28조, 국민연금법 제40조). 따라서 이들에 대해서는 형법상의 범죄 이외에 행정벌이나 징계벌이 과해진다. 사회복지행정을 하는 자는 아니지만, 행정청의 위탁을 받아 서비스를 제공하는 자에게도 행정벌이 과해지는 경우가 있다. 예를 들면 신고 없이 시설을 설치 · 운영하거나, 시설이 설치기준에 미달하게 된 때, 시설거주자 권익보호조치의 기피 또는 거부, 시설개선명령 등의 불이행, 비밀누설금지규정 위반, 지도 · 감독기관에의 보고 불이행, 허위보고 등 행위에 대하여는 사업의 정지, 폐쇄명령을 발하며 이에 위반한 때는 처벌된다(사회복지사업법 제40조, 제54조, 제56조, 아동복지법 제56조, 제71조).

4) 사회복지급여수급권자를 보호하기 위한 수단으로서의 제재

사회복지법은 일반적으로 급여를 통하여 사회복지급여수급권자를 보호하지만, 사회복지급여수급권자에 대한 일정한 금지행위를 정하고 이 금지행위에 위반한 자를 처벌할 수 있도록 하여 대상자 보호를 도모하는 경우가 있다. 예를 들면 아동복지법에는, 구걸을 시키거나 아동을 이용하여 구걸하는 행위, 공중의 오락 또는 흥행을 목적으로 곡예를 시키는 행우, 음행을 시키거나 음행을 매개하는 행위, 장애를 가진 아동을 공중에 관람시키는 행위, 성희롱 · 성폭행 등의 학대행위, 아동매매행위 등을 금지하고 있으며 이에 위반한 자는 아동복지법에 의하여 처벌된다(아동복지법 제17조, 제71조).

아동복지법에는 위와 같은 금지행위위반자에 대하여 처벌만 하는 것이 아니라, 그 행위자가 법인의 종업원으로 법인 또는 개인의 업무에 관하여 위반한 경우에는 그 법인까지 처벌하는 양벌규정을 두고 있다.

2. 사회복지법상의 질서벌

사회복지법에 규정된 의무에 위반한 경우 행정상의 질서벌로서 과태료가 과해진다. 즉, 신고 불이행, 허위신고, 질문에 답변하지 않은 경우, 허위답변의 경우, 부정행위에 의해 보험료 기타 징수금의 징수를 면한 경우, 의사가 진단기록 등의 제시요구에 따르지 않은 경우에 피보험자, 사업주, 의사 등에게 과태료가 과해진다(사회복지사업법 제58조, 국민연금법 제131조, 산업재해보상보험법 제129조, 고용보험법 제118조).

Ⅵ. 사회복지법상의 권리구제

1. 서 언

사회복지급여란 인간으로서 생존 혹은 생활을 확보하기 위하여 사회복지법상 금전적 급여나 사회서비스를 받는 것을 말한다. 사회복지법에 근거한 사회복지급여수급권은 법적으로 보장된 권리이다. 사회복지급여수급권은 헌법을 통하여 국가에 부여되어 있는 사회복지 실시의무에 따라서 각종의 사회복지법에서 규정되고 있다. 따라서 개인의 사회복지에 대한 권리는 법적 권리인 것이다.

권리구제란 사회복지관련법률에 있어서 제반 사회복지급여수급권자가 수급자격, 보험제도의 경우에는 보험료, 급여 등과 관련하여 해당 처분에 대하여 이의가 있거나 불복하는 경우에 사회복지관련법상에 규정되어 있는 각종의 시정절차나 혹은 법원에 그 처분의 시정을 구할 수 있는 절차를 말한다.

전자에 대하여는 우리나라의 각종 사회복지법에 이의신청 또는 심사 · 재심사 등의 절차로 규정이 되어 있고, 후자는 주로 행정소송을 통하여 구제할 수 있는 절차이다.

2. 사회복지법상 권리구제의 내용

현행 사회복지법상에 규정된 권리구제에는 이의신청이나 심사청구, 재심사청구 등과 같은 것이 있다. 이 경우 최초의 이의신청이나 최초의 심사는 이의신청으로서의 성질을 가지고 있고 이에 불복하는 두 번째 이의신청이나 이의신청 다음의 심사 · 재심사에 의한 결정은 행정심판의 성질을 가지고 있다. 이러한 행정심판에 불복이 있을 경우에는 행정소송을 제기하여 구제받을 수 있다. 이하 각종 사회복지법에 규정되어 있는 권리구제의 절차를 살펴보고자 한다.

1) 국민기초생활 보장법

국민기초생활 보장법상의 전심절차는 2회에 걸쳐 이의신청에 의한 심사를 할 수 있도록 규정하고 있다. 첫째는, 국민기초생활 보장법상의 처분에 대하여 이의가 있는 경우에는 시 · 도지사에게 이의를 신청할 수 있다(동법 제38조~제39조). 둘째는, 여기에 대하여 이의가 있는 경우 보건복지부장관에게 이의신청을 할 수 있다(동법 제40조~제41조).

이 이의신청에 대하여 각하, 처분의 취소 또는 취소의 재결을 할 수 있으므로(동법 제41조 제1항) 이 이의신청에 의한 재결은 행정심판으로서의 성질을 가진다. 국민기초생활 보장법에는 심사기관의 구성에 관한 규정이 없으므로 일반 행정심판법이 적용된다.

2) 국민건강보험법

국민건강보험법상의 전심절차는 이의신청과 심사청구의 방법 등 두 가지이다. 심사청구에 의한 결정은 행정심판으로서의 성질을 가진다.

국민건강보험법에서의 이의신청은 그 이의대상에 따라 이원화되어 있다. 먼저 가입자 및 피부양자의 자격 · 보험료 · 보험급여 및 보험급여비용에 관한 공단의 처분에 이의가 있는 경우 공단에 이의신청을 할 수 있다(동법 제87조 제1항). 이에 비하여 요양급여의 적정성에 대한 평가 등에 관한 건강보험 심사평가원의 처분에 이의가 있는 경우에는 건강보험 심사평가원에 이의신청을 할 수 있다(동법 제87조 제2항). 공단 또는 건강보험 심사평가원이 한 이의신청에 대한 결정에 불복이 있는 자는 건강보험분쟁조정위원회에 심사청구를 할 수 있다(동법 제88조).

3) 국민연금법

국민연금법상의 전심절차는 심사청구와 재심사청구 등 두 가지이다.

가입자의 자격, 급여 등에 관한 공단의 처분에 이의가 있는 자는 공단 또는 국민건강보험공단에 심사청구를 할 수 있으며(동법 제108조), 이 심사는 공단 내의 국민연금심사위원회 또는 국민건강보험공단의 징수심사위원회에서 담당한다(제109조). 이 심사청구에 대한 불복이 있는 자는 보건복지부에 설치된 국민연금재심사위원회에 재심사청구를 할 수 있다(동법 제110조, 제111조).

국민연금심사위원회 및 재심사위원회 역시 대표성과 전문성, 그리고 공정성을 보장하기 위하여 국민연금제도와 관련된 단체의 구성원이 다양하게 참여하도록 구성된다. 위원은 공단의 실장급 이상의 임직원, 사용자단체와 근로자단체가 추천하는 자, 지역가입자를 대표하는 단체가 추천하는 자, 그리고 법률, 사회보험 및 의료에 관한 학식과 경험이 있는 자 중에서 공단 이사장이 임명 또는 위촉한다(국민연금법시행령 제89조). 이들 위원의 임기는 2년이다. 다만, 공단의 임직원인 위원은 재임기간이 임기가 된다(국민연금법시행령 제91조). 위원장은 공단의 상임이사 중 공단 이사장이 임명하는 자로 한다(국민연금법시행령 제90조).

국민연금재심사위원회는 위원장 1명을 포함하여 20명 이내의 위원으로 구성된다. 위원은 다음에 열거되는 자 중에서 보건복지부장관이 임명 또는 위촉한다. ① 보건복지부 소속 3급 또는 4급 공무원이나 고위 공무원단에 속하는 일반직 공무원, ② 판사·검사 또는 변호사의 자격이 있는 자, ③ 대학에서 부교수 이상의 직에 재직하고 있는 자, ④ 사회보험 또는 의료에 관한 학식과 경험이 있는 자로서 보건복지부장관이 자격이 있다고 인정하는 자 등이다(국민연금법시행령 제104조). 임기는 심사위원회의 위원의 경우와 같다(국민연금법시행령 제109조). 국민연금재심사위원회의 재심사 및 재결에 관한 절차에 관하여는 행정심판법을 준용하고, 재심사위원회의 재심사는 행정소송법 제18조의 적용에 있어서는 이를 행정심판법에 의한 행정심판으로 본다(동법 제112조). 따라서 재심위원회의 재심사는 행정심판으로서 성질을 가진다.

4) 산업재해보상보험법

산업재해보상보험법상의 전심절차는 심사청구와 재심사청구 등 두 가지이다.

보험급여에 관한 결정에 대하여 불복이 있는 자는 공단에 심사청구를 한다(동법 제103조). 심사는 근로복지공단이 관할하며, 보험급여에 관한 결정에 대하여는 행정심판법에 의한 행정심판을 제기할 수 없다(동법 제103조 제5항). 재심사는 고용노동부 내에 설치되어 있는 산업재해보상보험재심사위원회에서 관할한다(동법 제106조). 재심사청구에 대한 재결은 행정심판에 대한 재결로 본다(동법 제111조 제2항).

심사청구 및 재심사청구에 관하여 이 법에서 정하고 있지 아니한 사항에 대하여는 행정심판법의 규정에 의한다(제111조 제3항).

재심기관인 산업재해보상보험재심사위원회는 위원장을 포함하여 60명 이내의 위원으로 구성하되, 위원 중 2명은 상임위원으로, 1명은 당연직 위원으로 한다. 현재 산업재해보상보험의 법률관계는 고용관계를 기초로 성립되므로, 재심사위원회에 근로자 및 사용자를 대표하는 위원이 동수로 참여하도록 배려하고 있다. 재심사위원회의 위원장 및 위원은 고용노동부장관의 제청으로 대통령이 임명한다. 이때 고용노동부장관은 3급 이상의 공무원 또는 고위 공무원단에 속하는 일반직 공무원으로 재직하고 있거나 재직하였던 자, 판사 · 검사 · 변호사 또는 공인노무사로서 10년 이상의 경력이 있는 자, 대학 부교수 이상의 직에 있는 자 혹은 있던 자, 노동관계업무 또는 산업재해보상보험 관련 업무에 15년 이상 종사한 자, 사회보험 또는 산업의학에 관한 학식과 경험이 있는 자를 제청해야 하고, 당연직 위원은 고용노동부장관이 소속 3급의 일반직 공무원 또는 고위 공무원단에 속하는 일반직 공무원 중에서 지명하는 자로 한다. 이때 위의 위원 중 5분 2에 해당하는 위원은 공무원 위원을 제외한 자 중에서 근로자단체 혹은 사용자단체가 추천하는 자로 구성하여야 하며, 근로자단체와 사용자단체가 추천하는 자는 각각 동수로 한다(동법 제107조). 근로자단체나 사용자단체가 추천하는 사람이 위촉하려는 전체위원 수의 5분의 1보다 적은 경우에는 근로자와 사용자단체가 추천하는 위원 수를 전체위원 수의 5분의 2 미만으로 할 수 있다(동법 제107조 제4항).

5) 고용보험법

고용보험법의 전심절차는 심사청구와 재심사청구 등 두 가지이다.

피보험자격의 취득 · 상실에 대한 확인, 실업급여, 육아휴직급여 · 출산전후휴가급여에 관한 처분에 이의가 있는 자는 지방노동청에 배치된 고용보험심사관에게 심사청구를 할 수 있다(동법 제87조). 이 결정에 대하여 이의가 있는 자는 고용노동부에 설치되어 있는 고용보험심사위원회(제99조)에 재심사를 청구할 수 있다(제87조). 재심사청구에 대한 재결은 행정심판에 의한 재결로 본다(제104조 제1항). 재심 및 재심사의 청구에 관하여 이 법에서 정하고 있지 아니하는 사항에 대하여는 행정심판법의 규정에 의한다(동법 제104조 제2항).

고용보험심사관은 고용노동부 소속공무원으로서 일정한 경력을 가진 자 중에서 임명한다(고용보험법시행령 제121조). 고용보험심사위원회는 근로자를 대표하는 자 및 사용자를 대표하는 자 각 1명 이상을 포함하여 15명 이내의 위원으로 구성된다. 고용노동부장관은 고용보험업무를 담당하는 고용노동부의 3급 공무원이나 고위 공무원단에 속하는 일반직 공무원 1명을 당연직 위원으로 지명한다. 근로자를 대표하는 위원은 노동조합에서, 사용자를 대표하는 위원은 사용자단체에서 추천한 자 중에서 임명된다. 나머지 위원들은 다음의 자 중에서 고용노동부장관의 재청에 의하여 대통령이 위촉한다. 판사 · 검사 · 변호사자격이 있는 자, 대학의 부교수 이상의 직에 있던 자 혹은 있는 자, 3급 이상의 공무원이나 고위 공무원단에 속하는 일반직 공무원으로 재직하고 있거나 재직하였던 자, 노동관계업무에 15년 이상 종사한 자로서 고용노동부장관이 자격이 있다고 인정하는 자, 사회보험 또는 고용문제에 관한 학식과 경험이 있는 자 중에서 고용노동부장관이 자격이 있다고 인정하는 자들이 그들이다(동법시행령 제130조). 위원 중 2명은 상임위원으로 한다(고용보험법 제99조 제3항). 이들은 정당에 가입하거나 정치활동을 하는 것이 금지되어 있다(고용보험법 제99조 제6항). 위원의 임기는 3년이며, 연임할 수 있다(고용보험법시행령 제131조). 위원회는 위원장과 부위원장을 둔다. 위원장은 고용노동부장관의 제청에 의하여 대통령이 임명하고 부위원장은 위원 중에서 호선한다(고용보험법시행령 제133조).

6) 공무원연금법

급여에 관한 결정 등에 관하여 이의가 있는 자는 안전행정부 내에 있는 공무원연금재심사위원회에 심사의 청구를 할 수 있다(동법 제80조). 이 결정에 대하여는 행정심판법에 의한 행정심판을 청구할 수 없다(동법 제80조 제4항).

공무원연금법상의 급여재심위원회와 군인연금법상의 급여재심위원회는 모두 위원장 1명을 포함하여 7명 이상 9명 이하의 위원으로 구성된다. 공무원연금급여재심위원회에는 공무원, 군인연금급여재심위원회에는 국방부 소속공무원이 참여한다. 이 밖에 의료계, 법조계 및 사회보장에 관한 학식과 경험이 풍부한 자 중에서 안전행정부장관과 국방부장관이 각각 임명 또는 위촉한다. 위원의 임기는 모두 3년이다. 위원장은 위원 중에서 호선한다(공무원연금법시행령 제84조, 제85조, 제86조, 제87조, 군인연금법시행령 제8조, 제9조, 제10조).

7) 사립학교교직원연금법

급여에 관한 결정 등에 이의가 있는 자는 사립학교교직원연금관리공단 내의 사립학교교직원연금급여재심위원회에 심사를 청구할 수 있다(제53조 제1항).

사립학교교직원연금법상의 연금급여재심위원회는 9명의 위원으로 구성된다. 이들 위원은 교육부 5급 이상 공무원, 의료계, 법조계, 사회보장에 관한 학식과 경험이 풍부한 자 중에서 교육부장관이 임명 또는 위촉한다. 이 위원의 임기는 3년이며, 위원장은 호선된다(사립학교교직원연금법시행령 제76조, 제77조, 제78조).

8) 군인연금법

급여에 관한 이의가 있는 자는 국방부에 있는 군인연금급여재심사위원회에 심사를 청구할 수 있다(동법 제5조).

9) 노인복지법, 장애인복지법

노인복지법, 장애인복지법 등에 의한 처분에 대한 이의가 있는 때는 해당 복지시설기관에 심사를 청구할 수 있다. 이 심사결정에 대해서 불복이 있는 자는 행정심판을 제기할 수 있다(노인복지법 제50조, 장애인복지법 제84조).

3. 권리구제의 절차 (청구기간, 절차, 결정)

1) 국민기초생활 보장법

이의신청기간은 급여신청결정을 통지받은 날로부터 60일 이내이다. 이의신청을 받은 시장 · 군수 · 구청장은 다시 10일 이내에 의견서와 관계서류를 첨부하여 시 · 도지사에게 보내야 한다. 시 · 도지사는 30일 이내에 심사를 하고 이의신청을 각하하거나 처분을 변경 또는 취소하거나 기타 필요한 급여를 명하여야 한다. 그리고 이 내용을 신청인과 시장 · 군수 · 구청장에게 각각 서면으로 통지하여야 한다(동법 제38조~제39조). 여기에 시 · 도지사의 처분 등에 이의가 있으면 보건복지부장관에게 이의를 신청할 수가 있다.

즉 시 · 도지사의 처분 등에 이의가 있는 자는 그 처분의 통지받은 날로부터 60일 이내에 시 · 도지사를 거쳐 보건복지부장관에게 서면 또는 구두로 이의를 신청할 수 있다. 시 · 도지사는 위 이의 신청이 있는 때는 10일 이내에 의견서와 관계서류를 첨부하여 이를 보건복지부장관에게 보내야 한다. 보건복지부장관은 30일 이내에 심사를 하고 이의신청을 각하하거나 해당 처분의 변경 또는 취소의 재결을 하여야 한다. 그리고 그 내용을 시 · 도지사와 신청인에게 각각 서면으로 재결내용을 통지하여야 한다(동법 제40조~제41조).

2) 국민건강보험법

보험급여 등의 공단처분에 대한 이의신청은 처분이 있는 날로부터 90일 이내에 문서로 해야 한다(동법 제87조 제3항). 이의신청에 대한 처분업무를 효율적으로 수행하기 위해 공단 및 심사평가원에 각각 이의신청위원회를 설치한다(동법시행령 제53조). 공단 또는 심사평가원은 이의신청을 받은 날로부터 60일 이내에 결정하여야 한다. 다만, 부득이한 사정이 있는 경우에는 30일의 범위 안에서 그 기간을 연장할 수 있다(동법시행령 제58조).

이의신청에 대한 결정에 불복이 있는 경우 건강보험분쟁조정위원회에 심사청구를 하여야 한다. 이 청구는 90일 이내에 문서로 하여야 한다(동법 제88조 제1항). 분쟁조정위원회는 위원장 1명을 포함한 60명 이내의 위원으로 구성한다(동법 제89조 제2항, 동법시행령 제54조 제1항). 공단 또는 심사평가원의 처분에 이의가 있는 자와 이의신청 또는 심사청구에 대한 불복이 있는 자는 행정소송을 제기할 수 있다(동법 제90조).

3) 국민연금법

급여 등에 관한 공단의 처분에 이의가 있는 자는 공단에 심사청구를 할 수 있으며, 이 심사청구는 그 처분이 있음을 안 날로부터 90일 이내에 문서로 해야 한다(동법 제108조 제1항, 제2항). 다만, 정당한 사유로 인하여 기간 내에 청구를 할 수 없었음을 증명한 때에는 기간이 지난 후에라도 심사청구를 할 수 있다(동법 제108조 제2항).

공단은 심사청구를 받은 날로부터 60일 이내에 결정하여야 한다(동법시행령 제100조). 심사청구에 대한 결정에 불복이 있는 자는 그 결정통지를 받은 날로부터 90일 이내에 국민연금재심사위원회에 재심사청구를 할 수 있다(동법 제110조). 국민연금법에는 심사에 관련된 사항을 직접 규율하지 않고 재심사위원회에서의 재심사 및 재결에 관한 절차에 관하여 행정심판법을 준용하도록 하였다(동법 제112조).

4) 산업재해보상보험법

심사청구는 보험급여에 관한 결정이 있음을 안 날로부터 90일 이내에 하여야 한다(동법 제103조). 공단은 60일 이내에 심사청구에 대한 결정을 하여야 한다. 부득이한 사유가 있는 때에는 1차에 한하여 20일을 넘지 않는 범위 내에서 그 기간을 연장할 수 있다(동법 제105조 제1항).

이 법에는 중요한 내용에 대하여 규정하고 있다. 즉, 신청인의 신청 또는 직권으로 청구인 또는 관계인을 출석시켜 질문하거나 의견진술을 들을 수 있고, 증거가 될 수 있는 문서 기타 물건의 제출, 감정의 실시, 사업장 등에 출입하여 사업주 · 근로자 기타 관계인에게 질문하거나 문서 기타 물건의 검사, 의사 등에게 진단을 받게 하는 권한이 규정되어 있다(동법 제105조).

심사청구는 근로복지공단이 관할한다. 재심사청구는 심사청구에 대한 결정이 있음을 안 날로부터 90일 이내에 제기하여야 한다. 재심사기관으로는 산업재해보상보험재심사위원회가 고용노동부에 설치되어 있다(동법 제106조, 제107조). 재심사결정은 행정심판에 대한 재결로 본다(동법 제111조 제2항).

5) 고용보험법

심사의 청구는 처분이 있음을 안 날로부터 90일 이내에, 재심사의 청구는 심사청구에 대한 결정이 있음을 안 날로부터 90일 이내에 각각 제기하여야 한다(동법 제87조). 심사청구를 받은 고용보험심사관은 30일 이내에 청구에 대한 결정을 하여야 하며 부득이한 경우에는 1차에 한하여 10일의 범위 내에서 그 기간을 연장할 수 있다(동법 제89조). 심사의 청구는 원칙적으로 원처분 등의 집행을 정지시키지 않는다(동법 제93조).

심리에 있어서는 당사자는 문서 또는 구두로 의견을 진술할 수 있으며, 재심사청구에 대한 심리는 공개를 원칙으로 한다(동법 제101조).

6) 공무원연금법

심사의 청구는 급여에 관한 결정 등이 있은 날로부터 180일, 그 사실을 안 날부터 90일 이내에 하여야 한다. 다만, 기간을 준수하지 못한 데 정당한 이유가 있고 이를 증명한 때는 예외로 한다(동법 제80조).

7) 사립학교교직원연금법

심사의 청구는 처분이 있은 날로부터 180일, 그 사실을 안 날로부터 90일 이내에 하여야 한다. 다만, 기간을 준수하지 못한 데 정당한 이유가 있고 이를 증명한 때는 예외로 한다(동법 제53조 제2항). 급여재심위원회에서 관계인이 필요한 자료를 제출하거나 의견을 진술할 수 있다(동법시행령 제83조).

8) 군인연금법

심사청구기간은 급여에 관한 결정이 있은 날로부터 180일, 그 사실을 안 날로부터 90일이다(군인연금법시행령 제6조 제1항).

9) 노인복지법, 장애인복지법

심사청구를 받았을 때는 노인복지법에서는 30일 이내(동법 제50조 제2항), 장애인복지법에서는 1개월 이내에 결정을 해야 한다(동법 제84조 제2항).

4. 행정심판과의 관계

행정심판이란 행정청의 위법 또는 부당한 처분 그 밖에 공권력의 행사·불행사 등으로 인한 국민의 권리 또는 이익의 침해를 구제하고 아울러 행정의 적정한 운영을 기할 목적으로 행정심판절차를 통하여 심리·판정하는 절차를 말한다(행정심판법 제1조).

국민연금법, 고용보험법, 산업재해보상보험법에는 재심사에 대하여 행정심판법을 준용하거나 행정심판으로 본다고 규정하고 있다(국민연금법 제112조 제1항, 고용보험법 제104조 제1항, 산업재해보상보험법 제111조 제2항). 다른 사회복지관계법에 재심사에 관한 이러한 명문규정이 없다 하더라도 그 법률에서 행정심판을 제기할 수 있다는 규정이 없는 한 재심사에 대하여는 이와 같이 해석하는 것이 타당할 것이다.

5. 행정소송과의 관계

행정소송이란, 행정청의 위법한 처분 그 밖에 공권력의 행사·불행사 등으로 인한 국민의 권리 또는 이익의 침해를 구제하고 공법상의 권리관계 또는 법적용에 관한 다툼을 해결하기 위한 소송절차이다(행정소송법 제1조). 그런데 1994년 개정된 행정소송법은 행정소송 가운데 취소소송은 법령의 규정에 의하여 해당 처분에 대한 행정심판을 제기할 수 있는 경우에도 이를 거치지 않고 바로 행정소송을 제기할 수 있도록 하고 있다. 다만, 다른 법률에 해당 처분에 대한 행정심판의 재결을 거치지 아니하면 취소소송을 제기할 수 없다는 규정이 있는 때에는 그렇지 않다(행정소송법 제18조 제1항 참조). 국민건강보험법에는 공단 등의 처분에 이의가 있는 자와 이의신청과 심사청구에 대한 결정에 불복할 시는 행정소송을 제기할 수 있다고 규정하고 있다(제90조). 다른 개별 사회복지법에 이와 같은 규정이 없는 경우에도 행정소송법

제18조의 취지에 따라 이의신청과 심사나 재심청구의 결정에 불복하는 자는 행정소송을 제기할 수 있다고 해석된다.

제 2 부 각 론

제5장 서 설

앞에서 본 바와 같이 넓은 의미의 사회복지는 국민의 생존권을 보장하고 그 생활을 보장하기 위한 '사회보장'을 실현하는 것을 내용으로 한다. 그런데 사회보장기본법은 사회보장이라 함은 "출산 · 양육 · 실업 · 노령 · 장애 · 질병 · 빈곤 및 사망 등의 사회적 위험으로부터 모든 국민을 보호하고 국민생활의 삶을 향상시키는 데 필요한 사회보험, 공공부조, 사회서비스 및 관련복지제도를 말한다"고 규정하고 있다(동법 제3조 제1호). 따라서 사회보장기본법은 넓은 의미의 사회복지에 관한 기본법이다.

그리고 사회보장기본법은 앞에서 본 바와 같이 이러한 넓은 의미의 사회복지, 즉 사회보장제도의 유형으로 사회보험, 공공부조, 사회서비스를 규정하고(동법 제3조 제2호~제4호) 있다. 이 규정을 근거로 하여 각종의 사회보험에 관한 법(이하 "사회보험법"), 각종의 공공부조에 관한 법(이하 "공공부조법"), 각종의 사회서비스에 관한 법(이하 "사회서비스법")을 제정하여 시행하고 있다. 본 서에서는 넓은 의미의 사회복지, 즉 사회보장에 관한 사회보장기본법과 이를 구체적으로 실현하기 위한 각종의 사회복지에 관한 법을 사회보장기본법이 규정하는 체계에 따라 사회보험법, 공공부조법, 사회서비스법으로 분류하여 설명하고자 한다.

사회보험법에서는 국민연금법, 국민건강보험법, 산업재해보상보험법, 고용보험법, 근로자퇴직급여 보장법을 다루고, 공공부조법에서는 국민기초생활 보장법, 의료급여법을 다룬다. 그리고 사회서비스법에서는 사회복지사업법, 노인복지법, 고용상 연령차별금지 및 고령자 고용촉진에 관한 법률, 아동복지법, 장애인복지법, 한부모가족지원법, 영유아보육법, 사회복지공동모금회법, 정신건강증진 및 정신질환자 복지서비스 지원에 관한 법률, 가정폭력방지 및 피해자보호 등에 관한 법률을 다룬다.

제 6 장 사회보장기본법

제 1 절 사회보장기본법의 목적과 이념

사회보장기본법은 1995년 12월 30일에 제정되고, 여러 차례 개정되었고 최근에는 2012년 1월 26일에 전부 개정되었고, 2013. 3. 23, 2015. 7. 24, 2015. 12. 29, 2017. 7. 26.에 일부 개정되었다. 그리고 동법시행령은 1996년 7월 13일에 제정되고, 2015. 6. 9, 2015. 6. 30, 2015. 11. 30, 2016. 1. 22, 2017. 7. 26. 여러 차례 개정되었다.

Ⅰ. 목 적

종래 우리나라는 복지의 이념을 인간다운 생활을 보장하고 국민생활의 수준을 향상시킬 수 있도록 하는 전통적인 복지국가(소득보장형) 형태를 구축하는 데 두었다. 그러나 최근에 저출산 · 고령화로 인한 사회 · 문화 · 경제적 환경이 변화함에 따라 전통적인 복지국가 형태는 더 이상 존립하기 어렵게 되었다. 이에 따라 종래 소득보장형의 복지국가에서 저소득층뿐만 아니라 모든 국민이 평생동안 겪게 되는 다양한 사회적 위험에서 벗어나도록 소득은 물론이고 각종의 사회서비스를 함께 보장하여 생활형 복지국가로 발전할 수 있도록 사회보장제도를 확대 재정립함으로써 우리나라의 상황에 맞는 새로운 사회보장정책을 펴기 위하여 2012년 1월 26일에 사회보장기본법을 전부개정하였다. 이에 맞추어 사회보장의 근본이 되는 사회보장기본법의 목적(제1조), 이념(제2조), 사회보장의 정의(제3조)를 크게 바꾸었다.

이리하여 2013년 이후에는 단순한 생활보장형 사회복지에서 생애주기별 맞춤형 사회보장으로 전환하였다.

Ⅱ. 이 념

동법 제1조는 사회보장기본법의 목적을 첫째, 사회보장에 관한 국민의 권리와 국가 및 지방자치단체의 책임을 정하고 둘째, 사회보장정책의 수립·추진과 관련 제도에 관한 기본적인 사항을 규정함으로써 국민의 복지 증진에 이바지하는 데 두고 있다. 그리고 동법 제2조는 사회보장의 이념을 첫째, 모든 국민이 다양한 사회적 위험으로부터 벗어나 행복하고 인간다운 생활을 향유할 수 있도록 자립을 지원하고, 둘째, 사회참여·자아실현에 필요한 제도의 여건을 조성하고, 셋째, 사회통합과 행복한 복지사회를 실현하는 데 두고 있다. 이 이념에서 생활형 복지국가로 발전하겠다는 의지를 선언하고 있다.

사회보장법과 관련하여 사회보장급여의 이용·제공 및 수급권자 발굴에 관한 법률이 2014년 12월 30일에 제정되었다.

제2절 기본개념과 적용범위

Ⅰ. 기본개념

사회보장기본법에서는 사회보장의 개념을 정의하고 각종의 사회보장제도(넓은 의미의 사회복지제도)를 정의하고 있다.

1. 사회보장

'사회보장'이라 함은 출산·양육·실업·노령·장애·질병·빈곤 및 사망 등의 사회적 위험으로부터 모든 국민을 보호하고 국민 삶의 질을 향상시키는 데 필요한 사회보험·공공부조·사회서비스를 말한다(동법 제3조 제1호). 사회보장은 위와 같은 평생동안 겪는 다양한 사회적 위험으로부터 국민들을 보호하고, 인간다운 생활을 할 수 있도록 사회참여, 자아실현에 필요한 제도와 여건을 조성하여 사회통합과 행복한 복지사회를 실현하는 제도적 장치를 말하는 것이다.

이러한 사회보장 개념은 넓은 의미의 사회복지로 파악된다. 이에 대하여 사회서비스(도움이 필요한 모든 국민에 대하여 정상적 생활이 가능하도록 지원하는 제도, 예컨대 사회복지사업, 노인복지, 고령자고용의 촉진, 아동복지, 장애인복지, 한부모가족복지, 영유아복지 등) 개념은 좁은 의미의 사회복지 개념으로 파악된다. 사회보장기본법은 사회보장의 범위를 사회보험, 공공부조, 사회서비스 등 3개의 부문으로 나누고 "평생사회안전망"의 구축을 사회보장의 궁극적인 목표로 한다.

"평생사회안전망"이란 생애주기에 걸쳐 보편적으로 충족되어야 하는 기본욕구와 특정한 사회위험에 의하여 발생하는 특수욕구를 동시에 고려하여 소득 · 서비스를 함께 보장하는 맞춤형 사회보장제도를 말한다(동법 제3조 제5호). 이 맞춤형 사회보장제도는 곧 국민의 소득보장과 모든 국민에 대한 사회서비스를 포괄하는 넓은 의미의 사회복지에 속하는 것이다. 그리고 사회보장기본법은 사회보장에 관한 법을 제정하거나 개정하는 경우에는 반드시 이 법에 부합되도록 하여야 하므로(동법 제4조) 모든 사회복지관련법이 내용적, 이념적으로 따라야 하는 기본법이라고 할 수 있다.

2. 사회보험

'사회보험'이라 함은 국민에게 발생하는 사회적 위험을 보험방식에 의하여 대처함으로써 국민건강과 소득을 보장하는 제도를 말한다(동법 제3조 제2호). 사회보험은 사(私)보험의 원리를 채택하지만 사회적 위험을 보장한다는 점에서 사(私)보험과 여러 가지 점에서 다른 특성을 가지고 있다. 그중에서 가장 특징적인 점은 가입의 운영주체가 국가라는 점, 가입의 강제성이다.

3. 공공부조

'공공부조'라 함은 국가 및 지방자치단체의 책임하에 생활유지능력이 없거나 생활이 어려운 국민의 최저생활을 보장하고 자립을 지원하는 제도를 말한다(동법 제3조 제3호).

4. 사회서비스

'사회서비스'라 함은 국가 · 지방자치단체 및 민간부문의 도움이 필요한 모든 국민에게 복지 · 보건의료, 교육, 고용, 주거, 문화, 환경 등의 분야에서 인간다운 생활을 보장하고, 상담 · 재활 · 돌봄 · 정보의 제공, 관련 시설의 이용, 역량개발, 사회참여 지원 등을 통해 국민의 삶의 질이 향상되도록 지원하는 제도를 말한다(동법 제3조 제4호). 사회서비스는 사회보험, 공공부조와는 달리 주로 심리사회적 · 정신적 서비스 등과 같이 비경제적 · 비금전적 서비스를 제공하는 것을 특징으로 하고 있다.

2012년 1월 26일의 전부개정법을 사회서비스의 대상을 종래의 경제적 · 사회적 약자 · 저소득층에 대한 복지 중심에서 모든 국민이 평생동안 겪는 사회적 위험으로부터 벗어나게 하여 행복하고 인간다운 생활을 할 수 있도록 하는 것으로 사회복지의 중심을 옮겨 복지서비스 영역을 확대하였다. 이런 의미에서 전부개정법은 종래 사용하던 사회복지서비스라는 것을 사회서비스라고 하였다. 따라서 종래의 관련복지제도는 이 사회서비스에 포함된다고 할 수 있다.

Ⅱ. 적용범위

1. 제도적 범위

사회보장기본법이 보장하려는 제도적 적용범위는 사회보험, 공공부조, 사회서비스 등 세 가지 종류의 제도(동법 제3조)이다. 이는 결국 넓은 의미의 사회복지의 제도적 범위를 총괄하는 내용이다.

2. 인적 범위

모든 사회복지법이 그러하듯이 사회보장기본법의 적용을 받는 사람은 대한민국 국민이다. 그러나 노동력의 국제적 이동이 활발한 상황에서 사회복지법은 더 이상 자국민(自國民)만을 대상으로 하기에는 한계가 있다. 우리나라에서도 합법적인 산업연수생 또는 체류자의 신분으로 생산현장에 종사하는 외국인 노동자들이 있으며, 이들에 대해 국민건강보험법, 산업재해보상보험법 등의 적용 여부가 문제가 된다. 따라서 사회복지법과 제도는 이제 자민족(自民族) 중심주의를 벗어나 국제주의 입장을 취해야 할 것이다.

이러한 조류에 따라 우리 법도 기존의 입장을 탈피하여 외국인에 대해 상호주의를 취하고 있다. 즉, 국내에 거주하는 외국인에 대한 사회보장제도의 적용은 상호주의의 원칙에 의하되, 관계법령이 정하는 바에 따르도록 규정되어 있다(사회보장기본법 제8조). 따라서 외국과 사회보장 관련 조약을 체결한 경우에는 물론 외국에서 우리나라 국민에 대해서도 사회보장제도를 적용한다면 우리나라에 거주하는 그 나라 국민에 대해서도 사회보장제도를 적용해야 한다. 이러한 경우에 관련법령에 규정이 없을 때에는 사회보장기본법이 상위법이므로 이 규정에 따라 법을 개정해야 하며, 적용의 내용과 절차에 관해서는 법령에 구체적으로 규정되어야 할 것이다.

제3절 주요 내용

Ⅰ. 사회보장책임의 주체

1. 국가 및 지방자치단체의 책임

국가와 지방자치단체는 모든 국민의 인간다운 생활을 유지 · 증진하는 책임을 가진다(사회보장기본법 제5조 제1항). 국가와 지방자치단체는 사회보장에 관한 책임과 역할을 합리적으로 분담하여야 한다(동조 제2항). 따라서 국가가 전적 책임을 지는 것이 아니라 지방자치단체도 보장 책임을 분담하도록 하고 있다. 국가와 지방지치단체는 국가의 발전 수준에 부응하고 사회환경 변화에 선제적으로 대응하여 지속 가능한 사회보장제도를 확립하고 매년 이에 필요한 재원을 조달하여야 한다(동조 제3항). 사회보장제도의 안정적 운영을 위하여 중장기 사회보장 재정추계를 격년으로 실시하고 이를 공표하여야 할 책임을 국가에 지우고 있다(동조 제4항). 이와 같이 우리나라는 사회보장제도의 궁극적인 실행에 대한 책임을 국가와 지방자치단체에 지우고 있다.

또 동법 제6조 제1항은 국가와 지방자치단체는 사회보장제도의 실시에 있어서 가정을 건전하게 유지하고 가정기능이 향상되도록 노력하여야 한다고 하고 있는데 이는 가정기능의 건전한 유지와 강화가 사회보장제도의 실행에 중요하다는 점을 지적한 것이다. 나아가 동법 제6조 제2항은 국가와 지방자치단체는 가정과 지역공동체의 자발적 복지활동을 촉진하여야 한다고 하였는데, 이는 가정과 지역공동체의 자발적 복지활동이 국가나 지방자치단체의 사회보장제도의 실행에 매우 중요한 요소가 되고 가정과 지역공동체와 국가 및 지방자치단체가 사회보장제도의 실시에 있어서 상호보완적으로 기능해야 한다는 것을 의미한다. 이와 같이 본다면 동법 제6조 제1항과 제2항은 국가와 지방자치단체뿐만 아니라 가정과 지역공동체, 민간조직 등도 사회보장책임의 주체가 될 수 있음을 규정한 것이라고 할 수 있다.

2. 국민의 책임

사회보장기본법 제7조는 “모든 국민은 자신의 능력을 최대한 발휘하여 자립 · 자활할 수 있도록 노력하여야 하고, 경제적 · 사회적 · 문화적 · 정신적 · 신체적으로 보호가 필요하다고 인정되는 사람에게 지속적인 관심을 가지고 이들이 보다 나은 삶을 누릴 수 있는 사회환경 조성에 서로 협력하고 노력하여야 하며, 또 국가의 사회보장정책에 협력하여야 한다"고 되어 있다. 국가나 지방자치단체의 사회보장은 개인이 최대한 노력을 한 다음 개입하는 것이고, 또 국가나 지방자치단체의 사회보장 개입에 있어서도 언제나 개인이 자립·자활할 수 있도록 돕는 것이어야 한다는 의미이다. 이런 점에서 국민도 사회보장의 실행에 책임을 지는 사회보장 책임의 주체라고 할 수 있다.

Ⅱ. 사회보장 대상

사회보장의 대상은 개별 사회보장법과 제도의 자격기준·자격요건에 따라 선정·결정되는 것이지만, 포괄적으로는 모든 국민을 대상으로 하고, 더 나아가서는 외국인도 포함시키고 있다(동법 제8조, 제9조 참조). 역사적으로 사회보장의 대상은 소수의 국민에서부터 점차로 국민 전체를 포함하는 것으로 확대되어 왔다. 그리고 사회보장의 대응문제와 관련해서 말한다면 빈곤에서부터 질병, 사망, 실업, 노령, 장애, 출산, 양육 등 평생동안 겪는 다양한 사회적 위험으로 확대 발전되어 왔다고 볼 수 있다.

특히 외국인에 대하여는 국내에 거주하는 외국인에 대하여 우리나라 사회보장제도를 적용하고 그 적용은 상호주의의 원칙에 따라 관계법령이 정하는 바에 따른다(동법 제8조). 20세기에 와서는 국가 간에 왕래가 빈번해지면서 사회보장협정을 체결하여 관계국 상호 간의 국민에게 사회보장 혜택을 주는 사례가 일반화되고 있다. 우리나라도 상호주의에 입각하여 국가 간 협정을 맺거나 국제기구에 가입함으로써 상호 간 외국인에게 사회보장급여를 제공하는 사례가 확대되고 있다.

유엔의 국제노동기구(ILO)는 1962년 「사회보장에 관한 내·외국인 균등처우에 관한 협약」(ILO 제118호 협약)을 채택하여 이를 비준한 국가는 사회보장부문의 적용범위 및 수급권에 있어서 자국의 사회보장법규에 의하여 자국민에게 주어지는 것과 동등한 대우를 외국인에게 해줄 것을 규정하고 있다. 그리하여 현재 보건복지부는 '1998년 9월 9일~9월 11일까지 한국과 캐나다가' 1997년 1월 10일에 체결한 사회보장협정 이행을 위한 후속조치의 일환으로 양국 간 회담을 개최하여 행정약정체결을 합의하였다. 따라서 한·캐나다 사회보장협정을 통하여 현재 파견 중인 양국 근로자가 부담하였던 보험료가 파견국에서 면제됨으로써 사업주와 근로자가 혜택을 받게 되고, 이미 납부한 보험료에 대하여서는 연금산정 시 합산함으로써 수급권자를 두텁게 보호하게 되었다.

Ⅲ. 사회보장수급권 : 사회복지수급권

1. 개 념

사회보장기본법 제9조는 "모든 국민은 사회보장에 관한 관계법령이 정하는 바에 의하여 사회보장의 급여(사회보장수급권)를 받을 권리를 가진다"고 규정하여 모든 국민은 사회보장관계법에 의하여 사회보장수급권을 가진다고 하고 있다. 이 사회보장수급권은 앞에서 본 헌법 제34조 제1항과 제2항의 헌법상의 사회보장수급권(사회보장권)과 다르다. 국민은 헌법상의 사회보장수급권을 근거로 하여 곧바로 국가에 대하여 급여를 청구할 수 없고 국민이 구체적으로 국가에 대하여 급여를 청구하기 위해서는 사회보장관계법령에 규정해야 하므로 사회보장기본법에서 구체적 권리로서의 사회보장수급권을 규정한 것이라고 할 수 있다. 사회보장관계법상의 사회보장수급권은 헌법상의 사회보장수급권에서 흘러나온 구체적 권리라고 할 수 있다. 그러나 앞에서 본 바와 같이 우리나라는 사회보장이라는 넓은 의미의 사회복지에 관한 법체계를 가지고 있으므로 이 사회보장 관계법령상의 사회보장수급권을 사회복지수급권 개념으로 하고 있다. 따라서 사회복지수급권(구체적 권리로서의 사회보장수급권)은 사회복지관련법(사회보장관련법)에 따라 국민이 국가에 대하여 직접 구체적으로 사회복지급여를 청구할 수 있는 권리이다.

2. 수급권자

앞의 사회보장 대상자가 바로 수급권자이다. 위에서 소개한 사회보장기본법 제9조는 내국민, 제8조는 관계 외국인을 수급권자로 규정하고 있다. 물론 구체적 수급요건은 각각의 세부적 사회보장관계법에서 자격규정을 취급하고 있으므로, 해당 법규에 따라서 결정될 것으로 본다.

3. 급여수준

사회보장기본법 제10조는 다음과 같이 각각 규정하고 있다. "① 국가는 모든 국민이 건강하고 문화적인 생활을 유지할 수 있도록 사회보장급여수준의 향상을 위하여 노력하여야 한다(제1항), ② 국가는 관련법령에서 정하는 바에 따라 최저보장수준과 최저임금을 매년 공표하여야 한다(제2항), ③ 국가 또는 지방자치단체는 제2항에 따른 최저보장수준과 최저임금 등을 고려하여 사회보장급여의 수준을 결정하여야 한다(제3항)."

제10조 제1항은 사회보장급여수준이 건강하고 문화적인 생활을 유지할 수 있는 것이어야

하는데, 이는 일시적이 아니라 영속적으로 물가수준이나 경제사회적 수준에 적절한 것이어야 한다는 의미이다. 둘째로 제2항은 관계법령이 정하는 바에 의하여 최저보장수준과 최저임금을 매년 공표해야 한다고 했는데, 이는 구체적으로 국민기초생활 보장법(동법 제6조 제2항)과 최저임금법(동법 제10조 제1항)에서 규정하고 있는 것을 말한다. 그리고 이 법에 따르면 보건복지부장관과 고용노동부장관이 각각 최저생계비(매년 9월 1일까지)와 최저임금(매년 6월 5일까지)을 고시하게 되어 있다. 마지막으로 사회보장급여수준은 최저생계비와 최저임금을 참작하여 적절한 수준에서 결정되어야 한다는 것이다.

4. 급여의 신청

사회보장급여의 신청과 관련하여 사회보장기본법 제11조(사회보장급여의 신청) 제1항과 제2항에서 각각 다음과 같이 규정하고 있다. ① 사회보장의 급여를 받으려는 사람은 관계법령이 정하는 바에 의하여 국가 또는 지방자치단체에 신청하여야 한다. 다만 관계법령에 따로 정하는 경우에는 국가나 지방자치단체가 신청을 대신할 수 있다(동법 제11조 제1항). ② 사회보장의 급여를 신청하는 사람이 다른 기관에 신청한 경우에는 그 기관은 지체 없이 이를 정당한 권한이 있는 기관에 이송하여야 한다. 이 경우 정당한 권한이 있는 기관에 이송된 날을 사회보장급여의 신청일로 본다(동조 제2항).

5. 수급권의 보호 · 제한 및 포기

사회보장급여수급권은 보호되어야 한다. 그러나 일정한 경우에는 극히 예외적으로 제한할 수 있고 수급권자가 포기할 수 있도록 하고 있다.

1) 보 호

사회보장수급권은 관계법령이 정하는 바에 따라 타인에게 양도하거나 담보제공할 수 없으며, 이를 압류할 수 없다(동법 제12조). 사회보장수급권은 양도, 담보 및 압류할 수 없음을 밝히고 있는 것이다.

2) 제 한

사회보장기본법 제13조(사회보장수급권의 제한 등)에서는 사회보장수급권의 제한에 대하여 다음과 같이 규정하고 있다. ① 사회보장수급권은 제한되거나 정지될 수 없다. 다만, 관계법령이 따로 정하고 있는 경우에는 그러하지 아니하다(제1항), ② 제1항 단서의 규정에 의하여 사회보장수급권이 제한 또는 정지되는 경우에는 그 제한 또는 정지의 목적에 필요한 최소한의 범위에 그쳐야 한다(제2항). 수급권의 제한은 원칙적으로 제한과 정지가 불가능하지만, 따로 법령에 의하여 이를 가능하게 하는 경우를 상정한 것이다. 즉, 사회보장제도는 가능한 한 사회적 약자에게 생존권을 보장한다는 측면에서 법적 목적을 달성하고 있으나, 수급권자가 불법적으로나 탈법적으로 혹은 사회적 정의와 양식에 반하여(예컨대 불법행위), 수급요건을 발생케 하였을 경우에는 이를 제한할 수 있는 길을 열어 놓고 있다. 그러나 이 경우라 하더라도 제한과 정지는 최소한의 필요에 그치게 함으로써 법이 가진 본래의 목적을 달성할 수 있도록 하였다(필요최소한의 원칙).

3) 포 기

사회보장기본법 제14조(사회보장수급권의 포기)에서 포기와 관련하여 아래와 같이 규정하고 있다. ① 사회보장수급권은 정당한 권한이 있는 기관에 서면으로 통지하여 이를 포기할 수 있다(제1항), ② 사회보장수급권의 포기는 이를 취소할 수 있다(제2항), ③ 사회보장수급권의 포기가 타인에게 피해를 주거나 사회보장에 관한 관계법령에 위반되는 경우에는 이를 포기할 수 없다(제3항).

6. 구상권

사회보장기본법 제15조는 "제3자의 불법행위로 피해를 입은 국민이 그로 인하여 사회보장수급권을 가지게 된 경우 사회보장제도를 운영하는 자는 불법행위의 책임이 있는 자에 대하여 관계법령이 정하는 바에 의하여 구상권을 행사할 수 있다"고 규정하고 있다. 이는 타인의 불법행위로 인하여 피해를 당한 국민이 국가나 지방자치단체로부터 사회보장수급권에 의한 급부를 받는 경우 급부를 한 자가 불법행위자에 대하여 구상할 수 있도록 한 것이다.

Ⅳ. 사회보장위원회

1. 성 격

사회보장기본법 제20조 제1항은 "사회보장에 관한 주요 시책을 심의 · 조정하기 위하여 국무총리 소속으로 사회보장위원회를 둔다"고 규정하고 있다. 각종 사회보장 관계 주요 시책을 계획하거나, 개선하는 과정 등에 있어 사회보장심의위원회가 심의하여 보다 양질의 정책과 제도를 수립 · 실행하는 것을 목적으로 하고 있다.

2. 구 성

사회보장위원회(이하 "위원회")는 위원장 1명과 부위원장 3명과 행정안전부장관, 고용노동부장관, 여성가족부장관, 국토교통부장관을 포함한 위원 30명 이내로 한다고 되어 있다(동법 제21조 제1항). 그리고 위원장은 국무총리가 되고 부위원장은 기획재정부장관, 교육부장관 및 보건복지부장관이 된다(동법 제21조 제2항).

그리고 위원회의 위원은 ① 대통령령으로 정하는 관계 중앙행정기관의 장, ② 근로자를 대표하는 사람, 사용자를 대표하는 사람, 사회보장에 대한 학식과 경험이 풍부한 사람, 변호사의 자격이 있는 사람 중에서 대통령이 위촉하는 사람이다(동법 제21조 제3항). 위원의 임기는 2년으로 하되, 다만, 공무원인 위원의 임기는 그 재임기간으로 하고, 위의 ②의 위원이 기관 · 단체의 대표자 자격으로 위촉된 경우에는 대표의 지위를 유지하는 기간으로 한다(동법 제21조 제4항). 그리고 위원회를 효율적으로 운영하고 위원회의 심의사항을 보다 전문적으로 검토하기 위하여 위원회에 사회보장 분야별 실무위원회를 둘 수 있으며(동법 제21조 제6항), 이 법에 규정된 것 이외에 위원회와 실무위원회, 분야별 전문위원회, 사무국의 구성 · 조직 · 기타 운영에 관하여 필요한 사항은 대통령령으로 정한다(동법 제21조 제9항). 실무위원회에서 의결한 사항은 위원장에게 보고하고 위원회의 심의를 거쳐야 하되, 대통령령으로 정하는 경미한 사항에 대하여는 실무위원회의 의결로써 위원회의 의결을 갈음할 수 있다(동법 제21조 제7항).

3. 직 무

사회보장위원회는 다음과 같은 사항을 심의 · 조정하도록 되어 있다. 즉 사회보장의 증진을 위한 기본계획, 사회보장관련 주요계획, 사회보장제도의 평가 및 개선, 사회보장제도의 신설 또는 변경에 따른 우선순위, 둘 이상의 부처에 관련되는 주요 사회보장정책, 사회보장급여 및 비용부담, 국가 및 지방자치단체의 역할 및 비용부담, 사회보장의 재정추계 및 재원조달 방안, 사회보장 전달체계 운영 및 개선, 사회보장 통제, 사회보장 정보의 보호 및 관리, 그 밖에 위원장이 심의에 부치는 사항 등이 그것이다(동법 제20조 제2항). 위원장은 위의 심의 · 조정한 결과를 관계 중앙행정기관의 장과 지방자치단체의 장에게 통지하여야 하고(동조 제3항). 중앙행정기관의 장과 지방자치단체의 장은 위원회의 심의 · 조정 사항을 반영하여 사회보장제도를 운영 또는 개선하여야 한다(동조 제4항).

V. 사회보장 기본계획 수립과 연도별 시행계획의 수립 · 시행 등

보건복지부장관은 관계 중앙행정기관의 장과 협의하여 사회보장증진을 위한 기본계획을 5년마다 수립하도록 규정되어 있다(사회보장기본법 제16조 제1항). 사회보장 기본계획에는 다음과 같은 사항이 포함되어야 한다. ① 국내외 사회보장환경의 변화와 전망, ② 사회보장에 관한 기본목표 및 추진방향, ③ 주요 추진과제 및 추진방법, ④ 필요한 재정의 규모와 재원조달방안, ⑤ 사회보장관련 기금운용방안, ⑥ 사회보장의 전달체계, ⑦ 그 밖에 사회보장정책의 추진에 필요한 사항 등이다(동법 제16조 제2항).

그리고 이 기본계획은 국무회의의 심의를 거쳐 확정하도록 되어 있다(동법 제16조 제3항). 기본계획은 다른 법령에 따라 수립되는 사회보장에 관한 계획에 우선하여 그 계획의 기본이 된다(동법 제17조).

일단 사회보장 기본계획이 수립되면, 보건복지부장관 및 관계 중앙행정기관의 장은 이 기본계획에 따라 사회보장과 관련된 소관 주요시책의 시행계획을 매년 수립 · 시행하여야 한다(동법 제18조 제1항).

그리고 관계 중앙행정기관의 장은 위의 규정에 의하여 수립한 소관 주요시책의 추진방안 및 전년도의 시행계획에 따른 추진실적을 대통령령이 정하는 바에 따라 보건복지부장관에게 제출하여야 한다(동법 제18조 제2항).

다음으로 보건복지부장관은 위의 제2항 규정에 따라 제출받은 관계 중앙행정기관 및 보건복지부 소관의 추진실적을 종합하여 성과를 평가하고 그 결과를 사회보장위원회에 보고하여야 한다(동법 제18조 제3항). 또 보건복지부장관은 이에 따른 평가를 효율적으로 시행하기 위하여 이에 필요한 조사 · 분석 등을 전문가에 의뢰할 수 있다(동법 제18조 제4항). 그리고 특별시장, 광역시장 · 특별자치시장 · 도지사 · 특별자치도지사 · 시장 · 군수 · 구청장은 사회보장에 관한 지역계획을 수립 · 시행하여야 하고 이는 위의 기본계획과 연계되어야 한다(제19조).

Ⅵ. 사회보장정책의 기본방향

2012년 1월 26일의 사회보장기본법 전부개정법률은 사회보장정책의 기본 방향을 종래의 소득보장형 복지이나 생활형 복지에서 생애주기별 맞춤형 생활복지로 전환하였다. 이 생활형 복지는 저소득층뿐만 아니라 모든 국민이 평생동안 겪게 되는 다양한 사회 위험에서 벗어날 수 있도록 모든 국민의 소득보장과 각종의 사회서비스를 함께 보장하는 복지이다. 이를 통하여 모든 국민이 평생동안 삶의 질을 유지하고 증진하고 인간다운 생활을 할 수 있게 하는 것이다.

1. 평생사회안전망의 구축과 운영

평생사회안전망이란 생애주기에 걸쳐 보편적으로 충족되어야 하는 기본욕구와 특정한 사회위험에 의해 발생하는 특수욕구를 고려하여 소득과 서비스를 아울러 보장하는 맞춤형 사회보장제도를 말한다(동법 제3조 제5호). 이는 개정 사회보장기본법이 생활형 복지로 발전하기 위하여 실현하고자 하는 우리나라의 사회보장정책의 기본방향이자 사회보장의 기본이념이다. 따라서 맞춤형 생활 사회보장을 실현하기 위하여 평생사회안전망의 구축과 운영을 통하여 구체적으로 사회서비스의 보장과 소득보장의 제도를 마련해야 하는 것이다. 평생사회안전망의 개념은 맞춤형 생활형 사회보장(복지)의 상위개념(포괄 개념)이고 사회서비스의 보장과 소득의 보장은 그 하위개념(세부개념)이라고 할 수 있다.

동법 제22조는 "국가와 지방자치단체는 모든 국민이 생애동안 삶의 질을 유지·증진할 수 있도록 평생사회안전망을 구축하여야 하고, 평생사회안전망을 구축·운영함에 있어 사회적 취약계층을 위한 공공부조를 마련하여 최저생활을 보장하여야 한다"라고 규정하고 있다.

2. 사회서비스 보장

국가와 지방자치단체는 모든 국민의 인간다운 생활과 자립, 사회참여, 자아실현 등을 지원하여 삶의 질이 향상될 수 있도록 사회서비스에 관한 시책을 마련해야 하고, 사회서비스 보장과 소득보장이 효과적이고 균형적으로 연계되도록 해야 한다(동법 제23조).

3. 소득보장

국가와 지방자치단체는 다양한 사회적 위험하에서도 모든 국민들이 인간다운 생활을 할 수 있도록 소득을 보장하는 제도를 마련하여야 하고 공공부문과 민간부문의 소득보장제도가 효과적으로 연계되도록 하여야 한다(동법 제24조).

Ⅶ. 사회보장제도의 운영

1. 운영원칙

사회보장기본법은 사회보장제도를 운영하는 과정에 요청되는 기본운영원칙을 다음과 같이 정하고 있다.

첫째, 국가와 지방자치단체가 사회보장제도를 운영할 때에는 이 제도를 필요로 하는 모든 국민에게 적용하여야 한다(동법 제25조 제1항).

둘째, 국가와 지방자치단체는 사회보장제도의 급여수준 및 비용부담 등에서 형평성을 유지하여야 한다(동법 제25조 제2항).

셋째, 국가와 지방자치단체는 사회보장제도의 정책결정 및 시행과정에 공익의 대표자 및 이해관계인 등을 참여시켜 민주적으로 결정하고 시행하여야 한다(동법 제25조 제3항).

넷째, 국가와 지방자치단체는 사회보장제도를 운영할 때에는 국민의 다양한 복지욕구를 효율적으로 충족시키기 위하여 연계성 · 전문성을 높여야 한다(동법 제25조 제4항).

다섯째, 사회보험은 국가의 책임으로 시행하고, 공공부조와 사회서비스는 국가와 지방자치단체의 책임으로 시행하는 것을 원칙으로 한다. 다만, 국가와 지방자치단체의 재정형편 등을 고려하여 이를 협의 · 조정할 수 있다(제5항).

사회보장기본법에서 말하는 운영원칙은 보편성, 형평성, 민주성, 효율성, 연계성 및 전문성을 말하는 것으로서, 이는 사회보장제도의 기본원칙으로 말한 베버리지(Beveridge), 국제노동기구(ILO) 및 세계노동조합 등의 견해를 반영한 것으로 풀이할 수 있다.

2. 협의 및 조정

국가와 지방자치단체는 사회보장제도를 신설하거나 변경할 경우 기존 제도와의 관계, 사회보장 전달체계와 재정 등에 미치는 영향 등을 사전에 충분히 검토하고 상호협력하여 사회보장급여가 중복 또는 누락되지 아니하도록 하여야 하고, 중앙행정기관의 장과 지방자치단체의 장은 사회보장제도 신설과 변경의 타당성, 기존 제도와의 관계, 사회보장 전달체계에 미치는 영향 및 운영방안 등에 대하여 대통령으로 정하는 바에 따라 보건복지부장관과 협의하여야 한다. 이 협의가 이루어지지 아니할 경우 위원회가 이를 조정하고, 보건복지부장관은 사회보장급여관련 업무에 공통적으로 적용되는 기준을 마련할 수 있다(동법 제26조).

3. 민간의 참여

사회보장은 필요에 따라 민간이 참여해야 할 것이다. 사회보장기본법은 사회보장부문에 있어 민간참여의 길을 터놓고 있다.

① 국가와 지방자치단체는 사회보장에 대민간부문의 참여를 유도할 수 있도록 정책을 개발·시행하고 그 여건을 조성하여야 한다(동법 제27조 제1항).
② 국가와 지방자치단체는 개인, 법인 또는 단체의 사회보장에 대한 참여에 소요되는 경비의 전부 또는 일부를 지원하거나 그 업무수행에 필요한 지원을 할 수 있다(동법 제27조 제3항).

민간참여는 최근 신보수주의 이념이 중요한 정책기조로 대두되면서부터 더욱 강화되고 있는데, 우리나라에서는 특별히 사회복지 분야에서 민간참여가 두드러지고 있다. 민간참여를 유도하기 위하여 국가와 지방자치단체는 다음과 같은 사업이 포함된 시책을 수립·시행할 수 있다(동법 제27조 제2항).

① 자원봉사, 기부 등 나눔의 활성화를 위한 각종 지원사업, ② 사회보장정책의 시행에 있어 민간부문과의 상호협력체계 구축을 위한 지원사업, ③ 그 밖에 사회보장에 관련된 민간부문의 참여를 유도하는 데 필요한 사업 등이 그것이다.

국가와 지방자치단체는 개인·법인 또는 단체가 사회보장에 참여하는 데에 드는 경비의 전부 또는 일부를 지원하거나 그 업무를 수행하기 위하여 필요한 지원을 할 수 있다(동조 제3항).

4. 비용의 부담

사회보장비용은 국가, 사용자 및 피용자 등의 3자가 부담하는 것이 세계 각국의 일반적 경향이다. 그러나 각국의 사정에 따라 각 사회보장제도의 내용과 부담주체와 비율 등이 다르다. 우리나라 사회보장기본법 제28조(비용의 부담)에서는 사회보장비용의 부담은 각각의 사회보장제도의 목적에 따라 국가, 지방자치단체 및 민간부문 간에 합리적으로 조정되어야 한다고 하면서(동법 제28조 제1항), 사회보험에 소요되는 비용은 사용자, 피용자 및 자영업자가 부담하는 것을 원칙으로 하되 관계법령이 정하는 바에 따라 국가가 그 비용의 일부를 부담할 수 있도록 규정하고 있는(동법 제28조 제2항) 한편, 공공부조 및 관계법령이 정하는 일정 소득수준 이하의 국민에 대한 사회서비스에 소요되는 비용의 전부 또는 일부는 국가 및 지방자치단체가 이를 부담한다고 정하고 있다(동법 제28조 제3항). 그리고 부담능력이 있는 국민에 대한 사회서비스에 소요되는 비용은 그 수익자가 부담함을 원칙으로 하되, 관계법령이 정하는 바에 따라 국가와 지방자치단체가 그 비용의 일부를 부담할 수 있다(동법 제28조 제4항).

5. 사회보장제도의 운영에 관한 국가와 지방자치단체의 책무

1) 사회보장전달체계

사회보장제도의 실시에 있어 전달체계는 매우 중요하며 사회보장제도의 성패를 가름할 수 있는 요인이 되기도 한다. 사회보장기본법 제29조(사회보장전달체계)에서 "① 국가 또는 지방자치단체는 모든 국민이 쉽게 이용할 수 있고, 사회보장급여가 적시에 제공되도록 지역적 · 기능적으로 균형 잡힌 사회보장전달체계를 구축하여야 하며(동법 제29조 제1항), ② 국가 또는 지방자치단체는 사회보장 전달체계의 효율적 운영에 필요한 조직, 인력, 예산 등을 갖추어야 하고(동법 제29조 제2항), ③ 국가 또는 지방자치단체는 공공부문과 민간부문의 사회보장 전달체계가 효율적으로 연계되도록 노력하여야 한다(동법 제29조 제3항)고 규정하고 있다. 이러한 내용은 사회보장전달체계의 기능상 요구되는 균형 · 조정 및 이용의 용이성(편익성) 등을 원칙적으로 규정한 것으로 보인다.

2) 사회보장급여의 관리와 전문인력의 양성 등

국가와 지방자치단체는 국민의 사회보장수급권의 보장 및 재정의 효율적 운영을 위하여 사회보장수급권자의 권리구제, 사회보장급여의 사각지대 발굴, 사회보장급여의 부정 · 오류관리, 사회보장급여의 과오 지급의 환수 등에 사회보장급여의 관리체계를 구축 운영하여야 한다(동법 제30조).

그리고 국가 및 지방자치단체는 사회보장제도의 발전을 위하여 전문인력의 양성, 학술조사 및 연구, 국제교류의 증진 등에 노력하여야 한다(동법 제31조).

3) 사회보장통계

국가와 지방자치단체는 효과적인 사회보장정책의 수립 · 시행을 위하여 사회보장에 관한 통계를 작성 관리하여야 하며 관계 중앙행정기관의 장과 지방자치단체의 장은 소관 사회보장통계를 보건복지부장관에게 제출하고 보건복지부장관은 제출된 사회보장통계를 종합하여 위원회에 제출하여야 한다(동법 제32조).

4) 정보의 공개와 홍보

사회보장에 관한 정보의 공개 및 홍보는 사회보장수급권자의 권리를 보장하는 중요한 수단이다. 따라서 동법 제33조는 "국가 및 지방자치단체는 국민이 사회보장제도에 관하여 필요로 하는 관계법령이 정하는 바에 의하여 공개하고, 이를 홍보하여야 한다"라고 규정하고 있다.

5) 설명, 상담 및 통지

국가와 지방자치단체는 사회보장에 관한 관계법령에 규정된 권리 · 의무를 해당 국민에게 설명하도록 노력하여야 하고(동법 제34조) 관계법령에 따라 상담에 응하여야 하며(동법 제35조), 때로는 사회보장에 관한 사항을 해당 국민에게 통지하여야 한다(동법 제36조). 이는 국민이 가지고 있는 사회보장수급권의 권리를 구체화한 것으로 풀이된다.

6. 사회보장정보의 관리

오늘날 우리는 종이 기록 시대에서 전자정보 시스템을 이용한 기록, 저장, 통신, 전달, 통지 시대에 살고 있다. 따라서 사회보장의 복지정책과 제도도 이러한 전자정보시스템을 구축하여 이를 통한 제도 운영이 선행되어야 빠르고 신속하며 효과적이고 효율적인 사회보장을 실현할 수 있다. 이리하여 2012년 1월 26일의 전부개정법에서는 이러한 시대적인 요구를 반영하여 전자정보시스템에 의한 사회보장정보의 관리를 규정하게 되었다.

국가와 지방자치단체는 국민편익의 증진과 사회보장업무의 효율성 향상을 위하여 사회보장업무를 전자적으로 관리하도록 노력하여야 하고, 국가는 관계 중앙행정기관과 지방자치단체에서 시행하는 사회보장수급권자 선정 및 급여 관리 등에 관한 정보를 통합 · 연계하여 처리 · 기록 및 관리하는 시스템(사회보장정보시스템)을 구축 · 운영할 수 있다(동법 제37조 제1항, 제2항). 보건복지부장관은 사회보장정보시스템의 구축과 운영을 총괄하고, 그 구축 · 운영의 전 과정에서 개인정보 보호를 위하여 필요한 시책을 마련해야 하며, 관계 중앙행정기관, 지방자치단체 및 관련기관 · 단체에 사회보장정보시스템의 운영에 필요한 정보의 제공을 요청하고 제공받은 목적의 범위 내에서 보유 · 이용할 수 있다(동법 제37조 제3항, 제4항, 제5항). 관계 중앙행정기관 및 지방자치단체의 장은 국가 사회보장정보시스템의 활용이 필요한 경우 사전에 보건복지부장관과 협의하여야 한다(동법 제37조 제6항). 보건복지부장관은 사회보장정보시스템의 운영 · 지원을 위하여 전담기구를 설치할 수 있다(동법 제37조 제7항).

7. 개인정보 등의 보호

사회보장업무에 종사하거나 종사하였던 자는 사회보장업무 수행과 관련하여 알게 된 개인이나 법인 또는 단체의 정보를 관계법령에서 정하는 바에 따라 보호하여야 하고 국가와 지방자치단체, 공공기관, 법인이나 단체, 개인이 조사하거나 제공받은 개인 · 법인 또는 단체의 정보는 이 법과 관련 법률에 근거하지 아니하고 보유, 이용, 제공되어서는 아니 된다(동법 제38조).

Ⅷ. 권리구제

사회보장기본법은 위법 또는 부당한 처분을 받거나 필요한 처분을 받지 못함으로써 권리 또는 이익의 침해를 받은 국민은 행정심판법 또는 행정소송법의 규정에 의한 심판청구 또는 행정소송을 제기하여 그 처분의 취소 또는 변경 등을 청구할 수 있다(사회보장기본법 제39조)고 규정하고 있다. 이는 사회적 약자인 사회복지(사회보장)수급자나 사회복지 급여대상자들의 생존권과 사회복지수급에 대한 침해를 효과적으로 구제하기 위하여 행정심판법에 의한 행정심판을 통하여 구제를 받거나 행정심판을 거치지 않고 곧바로 행정소송을 통해 더 구제를 받을 수 있는 길을 열어 놓은 것이다.

Ⅸ. 사회보장급여의 이용 제공 및 수급권자 발굴에 관한 법률

(2014. 12. 30 제정. 2015. 7. 1 시행 개정 2015. 8. 28, 2016. 2. 3, 2016. 5. 29, 2017. 3. 21.)

이 법은 「사회보장기본법」에 따른 사회보장급여의 이용 및 제공에 관한 기준과 절차 등 기본적 사항을 규정하고 지원을 받지 못하는 지원대상자를 발굴하여 지원함으로써 사회보장급여를 필요로 하는 사람의 인간다운 생활을 할 권리를 최대한 보장하고, 사회보장급여가 공정하고 효과적으로 제공되도록 하며, 사회보장제도가 지역사회에서 통합적으로 시행될 수 있도록 그 기반을 구축하는 것을 목적으로 한다.

이 법은 사회보장급여의 기본원칙(제4조), 사회보장급여의 신청 및 조사 등 사회보장급여의 이용 절차, 사회보장 지원대상자의 발굴, 수급권자 지원 계획의 수립 및 시행, 사회보장급여의 관리, 사회보장 정보, 사회보장 정보의 보호, 사회보장에 관한 지역계획 및 운영체계, 지역 사회보장 지원 및 균형 발전 등을 상세히 규정하고 있다.

제 7 장 사회보험법

제 1 절 사회보험법의 의의

Ⅰ. 개념과 의의

사회보험법은 사회보험제도의 운영과 그 실시에 관한 법을 이른다. 이는 헌법에서 규정하고 있는 '생존권' 보장을 위한 법 중의 하나이다. 사회보험법의 규율대상이 되는 사회보험이란 앞에서 본 바와 같이 "국민에게 발생하는 사회적 위험을 보험방식에 의하여 대처함으로써 국민건강과 소득을 보장하는 제도"(사회보장기본법 제3조 제2호)를 말한다. 사회보험법에 속하는 법으로는 국민연금법, 기초연금법, 노인장기요양보험법, 국민건강보험법, 산업재해보상보험법, 고용보험법, 근로자퇴직급여 보장법 등이 있다. 본 서에서는 이들 법을 다룬다.

Ⅱ. 사회보험의 특성과 사회보험관계의 법적 성질

1. 사회보험의 특성

사회보험은 다른 사회보장(사회복지)제도에 비하여 다음과 같은 특성을 지닌다.

첫째, 사회보험은 법에 의하여 강제가입된다. 사회보험은 국민 전체가 가능한 한 일정 수준 이상의 생활을 유지하도록 적극적으로 국가가 개입하는 것이므로, 소득이나 직업, 지역 간의 차이에 관계없이 일정한 자격요건을 정하고 이에 해당되는 자는 강제로 가입된다.

둘째, 사회보험은 일종의 방빈적(防貧的) 소득보장의 의미를 가진다. 공공부조제도가 빈곤한 사람에게 빈곤해결책으로서 여러 가지 급여와 서비스를 제공하는 제도라면, 사회보험제도는 노령, 폐질 및 사망 등으로 소득능력이 상실된 경우에 빈곤에 빠지지 않도록 사전에 대처하는 제도(이런 점에서 "방빈적 소득보장"이라 함)이다.

셋째, 사회보험은 정기적으로 가입자가 내는 기여금으로 재원이 조달되는 경우가 많고 여기에 따라서 급여가 제공된다. 국민이 내는 일반조세를 통해 재원을 조달하는 공공부조와는 이러한 점에서 차이가 있다.

넷째, 사회보험은 보험급여 등 모든 시행이 법적으로 규정되어 있으므로 기계적 · 자동적으로 처리된다. 따라서 급여자격, 시기, 급여수준 등이 법적으로 규정되어 있고, 이를 변경하기 위해서는 법의 개정절차를 따라야 한다.

다섯째, 사회보험은 비영리적 국가사업이다. 사회보험은 사회정책상의 동기로 운영되기 때문에 국가의 운영비 부담, 갹출금의 일부 부담, 적자액의 보전 등이 이루어진다.

여섯째, 사회보험은 소득재분배와 국민통합이라는 정책적 목표를 향하여 추진된다. 사회보험을 통하여 가능한 한 소득의 불평등을 축소시키고 위험을 분산시켜 생활을 보장하여 사회 구성원을 사회에 통합하는 정책목표를 지향한다.

2. 사회보험관계의 법적 성질

사회보험관계의 당사자에는 보험자(보험의 운영주체) · 피보험자[보험가입자, 그러나 산업재해보상보험의 경우 가입자는 사업주이며, 산업재해보상보험(이하 "산재보험")에 가입한 기업에 종사하는 근로자는 보험수급권자임] · 사업주 · 보험의료기관이 있어서 서로 다각적 법률관계가 성립된다. 이 중 가장 핵심이 되는 것은 보험자와 피보험자와의 관계에서 발생하는 법률관계이다.

즉, 보험자와 피보험자와의 법률관계에서 피보험자는 보험자에게 기여금을 납부할 의무를 지고(산재보험의 경우는 사업주가 납부의무자임), 급여사유가 발생하면 보험급여를 받을 권리를 가지며, 보험자는 급여할 의무를 지는 계약관계가 성립된다.

사회보험의 계약관계는 공법상 계약관계로 보는 것이 일반적이다. 왜냐하면 사회보험은 국가적 · 공익적 목적에 의하여 설치된 제도로서 보험가입은 원칙적으로 법률에 의하여 강제되며, 기여금의 징수는 행정강제의 방법을 이용하며, 사회보험을 운영하기 위한 법인의 설립과 임원의 구성 및 정관의 제 · 개정에 국가가 적극적으로 개입하는 등 공법적 특질이 많이 포함되어 있기 때문이다. 그리고 수급권의 양도 · 압류 등에 제한을 가하며, 또 국민연금의 운영주체인 국민연금공단과 같은 법인 직원에 대하여는 공무원으로 보고 있기(국민연금법 제40조) 때문이다.

Ⅲ. 사회보험과 사보험의 유사점과 차이점

사회보험도 '보험'이라는 점에서 사보험(私保險)과 유사한 점이 있다. 첫째, 사회보험과 사보험은 모두 우연한 사고로부터 발생하는 위험을 분산하고 담보하며, 정해진 위험을 광범위하게 공동으로 분담한다. 둘째, 사회보험과 사보험은 적용범위, 급여, 재정과 관련된 모든 조건이 구체적으로 명시된다. 셋째, 사회보험과 사보험에서 급여를 받을 자격과 급여량을 정하기 위해서는 명확한 계산이 필요하다. 넷째, 사회보험과 사보험은 운용에 필요한 비용을 충당할 충분한 기여금과 보험료가 필요하다. 다섯째, 사회보험과 사보험은 사회구성원에게 경제적 안정을 제공함으로써 사회 전체에 유익하다.

그러나 사회보험과 사보험은 다음과 같은 점에서 차이가 있다. 첫째, 사회보험은 강제적 가입이 원칙이나 사보험은 자발적 가입이 원칙이다. 둘째, 사회보험은 최저소득만을 보호하나, 사보험은 개인 희망과 개인 지불능력에 따라 더 많은 보호를 받을 수 있다. 셋째, 사회보험은 사회적 적절성을 강조하여 복지요소에 초점을 두나 사보험은 개인적 적절성을 강조하여 손해전보나 보상(보험요소)에 초점을 둔다. 넷째, 사회보험급여를 제공하는 근거는 법에 명시되어 있으나, 사보험급여를 제공하는 근거는 계약에 있다. 즉, 사회보험이 계약이 아닌 법에 의한 권리에 근거하는 데 비해, 사보험은 계약상의 권리에 근거한다. 따라서 사보험의 경우 보험업자가 망하지 않고 재정적으로 튼튼해야만 경제적 보장이 가능하다. 즉, 사보험업자가 망하면 계약의 효력은 상실된다. 다섯째, 사회보험은 정부가 독점하고 있으나, 사보험은 경쟁에 맡겨져 있다. 여섯째, 사회보험은 비용예측이 어렵다. 예를 들면, 실업보험에서 실업자의 수를 예측할 수 없다. 그러나 사보험은 사회보험에 비해 비용을 비교적 예측하기가 쉽다. 일곱째, 사회보험은 재정을 준비하는 데 편하다. 왜냐하면 강제가입이므로 새로운 가입자로부터 기여금이나 보험료가 반드시 들어오리라고 예상되기 때문이다. 그러나 사보험은 임의가입이 원칙이므로 운영재정을 준비할 필요가 있다. 여덟째, 사회보험의 목적 · 결과에 대해서는 대체로 의견이 통일되어 있다. 아홉째, 사회보험기금은 대개 정부업무에 투자되나, 사보험기금은 민간부문에 주로 투자된다. 열째, 사회보험은 정부의 과세력(課稅力, taxing power)을 통해서 인플레이션 때문에 생긴 손실을 보상해 줄 수 있으나, 사보험은 그렇지 못하므로 인플레이션에 약할 수밖에 없다.

Ⅳ. 사회보험의 기본원리

1. 최저보장수준의 원리

사회보험법에서 보장하는 방빈적 소득보장의 수준은 최저보장수준을 원칙으로 하며, 그 이상의 수준은 개인의 노력에 맡기는 것이 자본주의 사회의 기본이념이다. 최저생활보장수준이란 최저생활보장과 의미를 달리하고 있다. 즉, 최저보상수준은 그 하한이 최저생활보장에 있고, 그 상한은 퇴직 전의 생활과 비슷한 생활수준의 보장을 이상으로 하고 있다.

2. 소득재분배의 원리

사회보험에 의한 방빈적 소득보장은 그 내용에 반드시 재분배효과가 일어나야 한다(소득재분배의 원리). 이와 같은 재분배원리는 기여와 급여의 과정에서 고소득층과 저소득층 간 및 선세대와 후세대 간에 수직적 또는 수평적 재분배를 의미한다. 이것이 재분배가 전혀 없는 사보험과 구별되는 가장 핵심적인 특징이다. 세계 각국의 실정법에서는 소득재분배를 위하여 보험료의 징수나 급여나 지급방법을 소득계층에 따라 차등하게 적용함으로써 재분배효과의 목적을 달성한다. 우리나라의 경우, 국민연금법은 급여의 산정방식에 균등부분과 소득비례부분을 모두 합산하여 기본연금액을 산정하고 있는데, 이 중 균등부분에 의하여 소득재분배효과를 나타내도록 규정하고 있다(국민연금법 제51조 제1항 제1호).

3. 보편주의 원리

사회보험법의 적용에 있어서 지켜져야 할 원리로서, 첫째, 그 인적 적용범위를 원칙적으로 모든 국민으로 하여야 한다는 것이다. 특정한 신분 · 지위 · 성별 · 종교 등에 관계없이 모든 국민에게 평등하게 국가는 복지증진 노력을 기울여야 한다는 헌법상의 기본원리와도 맥을 같이한다. 둘째, 사회보험법의 목적달성을 위해 모든 사회적 위험의 분산과 사회적 위험의 예방에 보편주의 원리가 적용되어야 한다.

4. 보험료 부담 원리

사회보험법의 운영에 필요한 재원은 사용자 · 피용자 · 국가가 분담하여 조달하는 것이 원칙이다. 이와 같은 의미에서 국가가 공비로 전액부담하는 공공부조법의 원리와 구별된다. 피용자의 보험료 부담은 피용자가 모두 스스로 생활능력이 있는 자로 구성되어 있기 때문에 자본주의 사회 특징의 하나인 자기책임의 원리에 입각하여 피용자는 보험료를 분담하게 되며, 사용자는 현대사회의 특징의 하나로 무과실책임원리에 근거하여, 국가는 생존권적 기본권 사상의 발달과 자본주의 사회 자체의 모순으로 발생하는 모든 사회적 사고에 대한 국가책임의 원리에 따라 보험료를 각각 분담하게 되는 것이다.

제 2 절 국민연금법

Ⅰ. 의의와 특성

1. 의의와 목적

국민연금법은 국민의 노령, 질병, 폐질 또는 사망에 대하여 연금급여를 실시함으로써 국민의 생활안정과 복지증진에 기여하는 것을 목적으로 하는 법이다(동법 제1조). 이러한 국민연금제도는 국가가 운영하는 장기적 소득보장제도로서 의료보험제도와 함께 우리나라 사회보장제도의 커다란 두 축이라고 할 수 있다. 국민연금법은 1986년 12월 31일에 제정되고, 그 사이 여러 번 개정되었고 2007년 7월 23일에 전부개정되었다. 이 전부개정법률도 여러 번 개정되어 최근에는 2010. 1. 18, 2010. 2. 4, 2010. 5. 20, 2010. 6. 4, 2011. 6. 7, 2011. 12. 31, 2012. 10. 22, 2012. 12. 18, 2013. 3. 22, 2013. 3. 23, 2013. 6. 4, 2013. 7. 30, 2014. 1. 14, 2015. 1. 28, 2015. 6. 22, 2015. 12. 29, 2016. 5. 29, 2016. 12. 20, 2017. 3. 21, 2017. 10. 24, 2017. 12. 19. 등에 개정되었다. 동법시행령은 1987년 8월 14일에 제정되고, 여러 차례 개정되었고 최근에는 2011. 12. 8, 2012. 6. 29, 2012. 8. 31, 2013. 6. 28, 2013. 8. 6, 2014. 10. 15, 2015. 6. 30, 2015. 10. 23, 2016. 1. 29, 2016. 11. 29, 2017. 3. 27, 2017. 12. 19. 등에 개정되었다. 또 동법시행규칙은 1995년 5월 23일에 제정되고, 여러 차례 개정되었고, 최근에는 2011. 12. 8, 2012. 6. 29, 2013. 5. 24, 2013. 9. 12, 2014. 1. 1, 2014. 10. 5, 2015. 1. 5, 2015. 7. 1, 2016. 11. 29, 2017. 9. 22, 2017. 12. 29. 등에 개정되었다.

국민연금법은 국가가 보험의 원리를 도입하여 만든 사회보험의 일종으로 가입자, 사용자로부터 일정한 보험료를 받고 이를 재원으로 소득능력이 상실 또는 감퇴된 경우 가입자 본인이나 그 유족에게 일정액 급부를 행하여 안정된 생활을 할 수 있도록 국가가 운영하는 장기적 소득보장을 위한 법이다. 또 단일한 연금체계 안에 소득재분배를 통한 빈곤완화기능과 소득비례적 요소를 통한 퇴직 전 생활수준 유지기능을 적절히 조화시켜 궁극적으로 사회적 위험으로부터 안정적 노후소득을 보장하는 것을 목적으로 하는 법이다.

노령인구의 증가, 노인부양의식의 약화, 각종 사회적 위험의 증대에 따른 생계안정대책으로 이 법의 제정이 필요했는데 이 법의 제정으로 가족을 통한 노인부양에서 연금제도를 통한 노인부양으로 부양방식이 이행(즉, 사적 부양방식이 공적 부양방식으로 이행)되었다. 우리나라의 연금보험은 현재 국민연금 이외에 공무원연금, 사립학교교직원연금, 군인연금 등이 각각 독립적으로 실시되고 있다.

2. 특 성

1) 사회보험의 일종

국민연금은 국가가 국민의 생활안정과 복지증진을 위하여 보험의 원리를 도입하여 만든 사회보험의 일종으로 가입자, 사용자 및 국가로부터 일정한 보험료를 받고 이를 재원으로 여러 가지 정형화된 보험금의 지급을 특징으로 하는 사회보장제도이다. 국민연금은 국가가 책임지고 보장하는 사회보장제도이다. 따라서 국가는 국민연금법에 따른 연금급여가 안정적 · 지속적으로 지급되도록 필요한 시책을 수립 · 시행하여야 한다(국민연금법 제3조의 2).

2) 공적 연금제도

국민연금은 공적 연금으로서 가입이 법적으로 의무화되어 있기 때문에 사보험에 비해 관리운영비가 훨씬 적게 소요되며, 관리운영비의 많은 부분이 국고에서 지원되므로 사보험처럼 영업이익을 추구하지 않는다.

3) 소득보장제도

(1) 방빈적 소득보장기능

노령, 폐질, 사망 등으로 소득능력이 상실, 감퇴된 경우에 빈곤에 빠지지 않도록 연금을 지급하여 본인 또는 유족의 기본생계를 보장한다.

(2) 소득재분배기능

본인이 납부한 보험료만을 기준으로 급여액이 산정되는 사보험과는 달리 소득수준이 높은 계층으로부터 낮은 계층으로의 소득을 재분배하는 기능을 한다.

(3) 장기적 소득보장기능

연금액을 최초 결정할 때는 가입기간 동안의 임금인상률을 반영하고, 연금을 받기 시작한 후에는 전국소비자물가변동률을 반영하여 지급받기 때문에 연금액의 실질가치가 항상 보장된다.

4) 장기보험

국민연금은 원칙적으로 일정한 가입기간을 수급요건으로 하고 사망할 때 또는 지급사유가 소멸될 때까지 연금급여가 지급된다. 의료보험이나 산재보험 등과 같은 사회보험제도는 단기보험이지만 우리나라의 국민연금보험은 가입기간을 20년간으로 하고 60세에 이르렀을 때, 특별히 노령연금을 수급할 수 있도록 설계되어 있는 점에서, 장기보험으로서의 특색이 있다.

Ⅱ. 주요 내용

1. 국민연금가입자

1) 가입대상

국민과 외국인이 가입대상이다. 국민연금은 국내에 거주하는 18세 이상 60세 미만의 국민을 가입대상으로 한다(국민연금법 제6조 본문). 다만, 다음에 해당하는 자는 국민연금 가입대상에서 제외된다(동법 제6조 단서). 가입대상기간이란 18세부터 초진일 혹은 사망일까지의 기간으로서, 동법 제6조 단서에서 제외되는 기간, 18세 이상 27세 미만인 기간 중 동법 제9조 제3호에 따라 지역가입자에서 제외되는 기간, 18세 이상 27세 미만인 기간 중 동법 제91조 제1항 각 호에 따라 연금보험료를 내지 아니한 기간(동법 제91조 제1항 제2호의 경우는 27세 이상인 기간도 포함)을 제외한 기간을 말한다(동법 제3조 제1항 제19호). 1999년 4월 1일 전에 18세에 도달한 사람에 대해서는 1999년 4월 1일을 동법 제3조 제1항 제19호에 따른 18세가 된 날로 본다. 이에 해당한 사람이 1999년 4월 1일 전에 보험료를 납부한 경우에는 그 납부한 기간을 가입대상기간에 포함한다(2016. 12. 29 개정법 부칙 제9조).

① 공무원연금법, 군인연금법 및 사립학교교직원연금법의 적용을 받고 있는 공무원·군인 및 사립학교교직원(동법 제6조 단서)

② 국민연금법 제61조 제1항 및 법률 제8541호 국민연금법 전부개정법률 부칙 제2조에 따라 노령연금의 수급권을 취득한 자 중 60세 미만의 특수직종근로자[동법시행령 제18조 제1호, 제22조 제1호(광부), 제2호(어업의 선원)]

③ 국민연금법 제61조 제2항에 따른 조기노령연금의 수급권을 취득한 자(다만, 조기노령연금의 지급이 정지 중인 자는 가입대상자로 됨, 동법시행령 제18조 제2호)

④ 별정우체국법의 적용을 받는 별정우체국 직원(동법 제6조 단서, 별정우체국법 제29조 제2항)

국민연금법의 적용을 받는 사업장에 사용되고 있는 외국인과 국내에 거주하는 외국인으로서 대통령령이 정하는 자를 제외한 외국인은 위의 동법 제6조의 규정에 불구하고 당연히 사업장가입자 또는 지역가입자가 된다. 다만, 해당 외국인의 본국법이 대한민국 국민에게 이 법에 의한 국민연금에 상응하는 연금을 적용하지 아니하는 경우에는 가입대상이 되지 않는다(동법 제126조 제1항). 위 규정에 따라 가입중이거나 가입한 적이 있는 외국인에게 동법 제67조 제1항 제1호(장애연금 수급권자 연령요건)를 적용하기 위해서는 질병 또는 부상의 초진일이 국내 거주기간 내에 있어야 한다(동조 제2항). 이 규정에 의하여 사업장가입자 또는 지역가입자가 된 외국인에 대하여는 외국인의 본국법이 대한민국 국민이 급여(노령연금, 장애연금)의 수급권을 취득하지 못하고 동법 제77조 제1항 각 호(반환일시금 지급받을 수 있는 경우)의 어느 하나에 해당하게 된 때에 그 대한민국 국민에게 일정 금액을 일시금으로 지급하도록 그 나라 법에서 규정하고 있는 경우의 외국인, 외국인 근로자의 고용 등에 관한 법률의 규정에 따른 외국인 근로자로서 이 법을 적용받는 사업장에 사용된 자와 출입국관리법 제10조의 규정에 따라 산업연수활동을 할 수 있는 체류자격을 가지고 필요한 연수기간 동안 지정된 연수장소를 이탈하지 아니한 자로서 이 법을 적용받는 사업장에 사용된 자를 제외하고는 동법 제77조부터 제79조까지의 규정(본인 또는 유족의 청구에 의한 반환일시급의 지급)을 적용하지 아니한다(동법 제126조 제4항).

대한민국이 외국과 사회보장협정을 체결한 경우에는 국민연금법의 규정에 불구하고 국민연금의 가입, 연금보험료의 납부, 급여의 수급요건, 급여액 산정 및 급여의 지급 등에 관하여 해당 사회보장협정이 정하는 바에 따른다(동법 제127조).

위 동법 제126조 제1항에 따라 대통령령에 의하여 당연적용에서 제외된 외국인은 다음과 같다(동법시행령 제111조).

① 출입국관리법 제25조에 따라 체류기간 연장허가를 받지 아니하고 체류하는 자
② 출입국관리법 제31조에 따른 외국인등록을 하지 아니하거나 동법 제59조 제2항에 따라 강제퇴거명령서가 발부된 자
③ 출입국관리법시행령 별표 1에 의한 외국인의 체류자격이 있는 자로서 보건복지부령이 정하는 자

2) 가입자의 종류

우리나라 국민연금법상의 가입자 종류는 사업장가입자, 지역가입자, 임의가입자 및 임의계속가입자 등 4종류로 구분된다(동법 제7조). 각각의 자격요건은 다음과 같다.

(1) 사업장가입자

사업장가입자란 사업장에 사용되는 근로자와 사용자로서 국민연금에 가입된 자를 말하며(동법 제3조 제1항 제6호) 사용자란 해당 근로자가 소속되어 있는 사업장의 사업주를 말한다(동조 제1항 제2호). 이는 가입이 강제되는 '당연적용사업장 가입자'와 가입이 임의에 맡겨진 '임의적용사업장 가입자'로 다시 구분된다.

1명 이상의 근로자를 사용하는 사업장 및 주한외국기관으로서 1명 이상의 대한민국 국민의 근로자를 사용하는 사업장(당연적용사업장)에 종사하는 18세 이상 60세 미만의 근로자와 사용자는 당연히 사업장가입자가 된다(동법 제8조 제1항 본문, 동법시행령 제19조 제1항). 여기서 '근로자'란 직업의 종류를 불문하고 사업장에서 노무를 제공하고 그 대가로 임금을 받아 생활하는 자(법인의 이사 기타 임원을 포함)로서 대통령령이 정하는 자를 제외한다(동법 제3조 제1항 제1호). 근로자에서 제외되는 자는 일용근로자나 1월 미만의 기한을 정하여 사용되는 근로자(다만, 1월 이상 계속 사용된 경우에는 제외), 소재지가 일정하지 아니한 사업장에 종사하는 근로자, 법인의 이사 중 동법시행령 제3조 제1항 제2호에 따른 소득이 없는 자, 1월간의 근로시간이 60시간 미만인 단기간 근로자(다만, 단시간 근로자 중 생업을 목적으로 3개월 이상 계속하여 근로를 제공하는 사람으로서 고등교육법 시행령 제7조 제3호에 따른 시간강사, 생업을 목적으로 3개월 이상 계속하여 근로를 제공하는 사람으로서 사용자 동의를 받아 근로자로 적용되기를 희망하는 사람, 둘 이상 사업장에 근로를 제공하면서 각 사업장의 1개월 소정 근로시간의 합이 60시간 이상인 사람으로서 1개월 소정 근로시간이 60시간 미만인 사업장에서 근로자로 적용되기를 희망하는 사람은 가입자가 됨)(동법시행령 제2조)이다. 또 사업장 상호 간에 본점과 지점, 대리점 또는 출장소 등의 관계에 있고 그 사업 경영이 일체로 되어 있는 경우에는 이를 하나의 사업장으로 보아 당연적용사업자의 여부를 판단한다(동법시행령 제19조 제2항). 당연적용사업장 가입자에서 제외되는 자는 다음과 같다(동법 제8조 제1항 단서).

공무원연금법 · 사립학교교직원연금법 또는 별정우체국법에 의한 퇴직연금 · 장해연금 또는 퇴직연금 일시금이나 군인연금법에 의한 퇴역연금 · 상이연금 또는 퇴역연금 일시금의 수급권을 취득한 자(퇴직연금 등 수급권자라고 함), 다만 퇴직연금 등 수급권자가 국민연금과 직역연금의 연계에 관한 법률(2009. 2. 26, 2009. 12. 30.) 제8조에 따라 연계신청을 한 경우에는 당연적용가입자가 된다.

그리고 동법 제8조 제1항(당연적용사업장), 제6조(가입대상)의 규정에 불구하고 국민연금에 가입된 사업장에 종사하는 18세 미만의 근로자는 사업장가입자가 되는 것으로 본다. 다만 본인이 원하지 아니하면 사업장가입자가 되지 아니할 수 있다(동법 제8조 제2항). 또 국민기초생활 보장법에 따른 생계급여 수급자 또는 의료급여 수급자는 본인의 희망에 따라 사업장가입자가 되지 아니할 수 있다(동법 제8조 제3항).

(2) 지역가입자

사업장가입자가 아닌 자로서 18세 이상 60세 미만인 자는 당연히 지역가입자가 된다. 다만, 다음의 경우에는 제외된다(동법 제9조).

① 국민연금가입대상제외자(동법 제6조 단서) · 사업장가입자 · 지역가입자 · 동법 제13조 제1항의 규정에 의한 임의계속가입자, 노령연금수급권자 및 퇴직연금 수급권자의 배우자로서 별도의 소득이 없는 자

② 퇴직연금 등 수급권자, 다만 퇴직연금 등 수급권자가 국민연금과 직역연금의 연계에 관한 법률 제8조에 따라 연계신청을 한 경우에는 당연지역가입자가 된다.

③ 18세 이상 27세 미만인 자로서 학생이거나 군복무 등으로 소득이 없는 자(연금보험료 납부사실이 있는 자는 당연가입자가 됨)

④ 국민기초생활 보장법에 의한 생계 수급자 또는 의료급여 수급자

⑤ 1년 이상 행방불명된 자. 이 경우 행방불명된 자에 대한 인정기준 및 방법을 대통령령으로 정한다.

(3) 임의가입자

사업장가입자와 지역가입자에 해당하는 자 외의 자로서 18세 이상 60세 미만인 자는 국민연금공단에 가입신청서를 제출하는 경우에는 임의가입자가 될 수 있다(동법 제10조 제1항). 공무원 · 군인 · 사립학교교직원 및 별정우체국 직원으로 다른 공적 연금에 가입 중인 자는 임의가입대상에서 제외된다. 다만, 다른 공적 연금의 수급권자는 임의가입이 가능하다(동법 제6조 단서 참조). 임의가입자는 국민연금공단에 신청하여 탈퇴할 수 있다(동법 제10조 제2항).

(4) 임의계속가입자

국민연금 가입자가 60세에 달한 때에는 가입자의 자격이 상실되지만 국민연금가입자 또는 가입자였던 자로서 60세가 된 자(연금보험료 납부사실이 없는 자, 노령연금수급자로서 급여를 받고 있는 자 또는 가입기간이 10년 미만인 자가 60세가 된 때 반환일시금을 지급받은 자는 제외)는 국민연금공단에 가입을 신청하면 65세에 달할 때까지 임의계속가입자가 될 수 있다. 또 전체 국민연금 가입기간의 5분의 3 이상을 대통령령이 정하는 직종에 종사하거나 종사하였던 근로자(동법시행령 제22조(광부, 어업의 선원)의 특수직종근로자)로서 동법 제61조 제2항에 따라 노령연금수급권을 취득한 사람 및 법률 제3902호 국민복지연금 개정법률 부칙 제5조에 따라 특례노령연금수급권을 취득한 사람 중 노령연금급여를 받지 않는 사람도 같다(동법 제13조 제1항 제1문). 이 경우 가입신청이 수리된 날에 그 자격을 취득한다(동법 제13조 제1항 제2문).

3) 가입자 자격의 취득 및 상실

(1) 자격의 취득시기

가) 사업장가입자

사업장가입자는 다음 각 호의 1에 해당하게 된 날에 그 자격을 취득한다(동법 제11조 제1항).

1. 당연적용사업장에 근로자로 고용된 때 또는 그 사업장의 사용자가 된 때
2. 당연적용사업장으로 된 때

나) 지역가입자

다음 각 호의 1에 해당하게 된 날에 그 자격을 취득한다(동법 제11조 제2항).

1. 사업장가입자의 자격을 상실한 때
2. 국민연금가입대상제외자(동법 제6조 단서)에 해당하지 아니하게 된 때
3. 국민연금가입대상제외자 · 사업장가입자 · 지역가입자 · 퇴직연금 등 수급권자 · 별정 우체국 직원 등의 배우자로서 소득이 없던 자가 별도의 소득이 있게 된 때
4. 18세 이상 27세 미만인 자로서 소득이 있게 된 때

위 3, 4의 경우 소득이 있게 된 때를 알 수 없는 경우에는 국민연금공단에 소득에 관한 사항을 신고(동법 제21조 제1항)한 날에 그 자격을 취득한다(동법 제11조 제2항 제2문).

다) 임의가입자

가입신청이 수리된 날에 그 자격을 취득한다(동법 제11조 제3항).

라) 임의계속가입자

가입신청이 수리된 날에 그 자격을 취득한다(동법 제13조 제1항 제2문).

(2) 자격의 상실시기

가) 사업장가입자

다음 각 호의 1에 해당하게 된 날의 다음날에 그 자격을 상실한다(동법 제12조 제1항 제1호~제5호).

1. 사망한 때
2. 국적을 상실하거나 국외에 이주한 때
3. 사용관계가 종료된 때
4. 60세가 된 때
5. 국민연금법 제6조 단서의 규정에 의한 국민연금가입대상제외자에 해당하게 된 때(이 경우는 해당하게 된 날에 자격상실)

나) 지역가입자

다음 각 호의 1에 해당하게 된 날의 다음날에 그 자격을 상실한다(동법 제12조 제2항 제1호~제6호).

1. 사망한 때
2. 국적을 상실하거나 국외에 이주한 때
3. 국민연금가입대상제외자(동법 제6조 단서)에 해당하게 된 때(이 경우는 해당하게 된 날에 자격상실)
4. 사업장가입자의 자격을 취득한 때
5. 국민연금가입대상제외자 · 사업장가입자 · 지역가입자 · 임의계속가입자 · 별정우체국 직원 · 노령연금수급권자 및 퇴직연금 등 수급권자의 배우자로서 별도의 소득이 없게 된 때
6. 60세가 된 때

다) 임의가입자

다음 각 호의 1에 해당하게 된 날의 다음날에 그 자격을 상실한다(동법 제12조 제3항 제1호~제7호, 동법시행령 제21조). 다만, 제6호 및 제7호의 경우에는 그 해당하게 된 날에 그 자격을

상실한다(동법 제12조 제3항 단서).

1. 사망한 때
2. 국적을 상실하거나 국외에 이주한 때
3. 탈퇴신청이 수리된 때
4. 60세가 된 때
5. 3월 이상 계속하여 연금보험료를 체납한 때
6. 사업장가입자 또는 지역가입자의 자격을 취득한 때
7. 동법 제6조 단서의 규정에 의한 국민연금가입대상제외자에 해당하게 된 때

라) 임의계속가입자

다음 각 호의 1에 해당하게 된 날의 다음날에 그 자격을 상실한다(동법 제13조 제3항 제1호~제4호, 동법시행령 제21조).

1. 사망한 때
2. 국적을 상실하거나 국외에 이주한 때
3. 탈퇴신청이 수리된 때
4. 대통령령으로 정하는 기간 이상 계속하여(3월 이상) 연금보험료를 체납한 때

4) 자격의 확인 및 효력발생

국민연금법상에 의하면, 국민연금공단은 가입자 자격의 취득·상실 및 기준소득월액에 관한 확인을 하여야 하며, 가입자 자격의 득실은 국민연금공단의 확인에 의하여 각 자격의 취득 및 상실시기에 그 효력을 발생한다(동법 제14조). 확인의 효과로서 법률상 주장할 수 있는 자격득실의 기준시기는 확인시기를 기준으로 하는 것이 아니라, 자격득실시기를 기준으로 하고 있다. 가입자에 대하여는 국민연금공단이 국민연금 가입자증서를 교부하게 되어 있다(동법 제16조).

5) 가입기간의 계산 및 합산

국민연금법에 있어서 수급요건의 중요한 내용인 국민연금 가입기간은 월 단위로 계산하되, 가입자의 자격을 취득한 날이 속하는 달의 다음 달부터 가입자가 그 자격을 상실한 날의 전날이 속하는 달까지로 한다. 다만, 가입자가 자격을 취득한 날이 속하는 그 달의 초일인 경우

(자격취득일이 속하는 달에 다시 그 자격을 상실하는 경우는 제외), 임의계속가입자의 자격을 취득한 경우, 가입자가 희망하는 경우 중 어느 하나에 해당하는 경우 자격을 취득한 날이 속하는 달은 가입기간에 산입하되, 가입자가 그 자격을 상실한 날의 전날이 속하는 달에 자격을 다시 취득하면 다시 취득한 달은 중복해서 가입기간으로 산입하지 아니한다(동법 제17조 제1항).

가입기간을 계산할 때에 연금보험료를 내지 아니한 기간은 가입기간에 산입하지 아니하지만, 사용자가 근로자의 임금에서 기여금을 공제하고 연금보험료를 내지 않은 경우에는 그 내지 않은 기간의 2분의 1(1월 미만의 기간은 1월로 간주)에 해당하는 기간을 근로자의 가입기간에 산입한다(동법 제17조 제2항). 그러나 국민건강보험공단이 보건복지부령으로 정하는 바에 따라 근로자에게 그 사업장의 체납사실을 가입자에게 통지한 때에는 그 통지된 채납월의 다음 달부터 발생되는 체납기간은 가입기간에 산입하지 아니한다. 이 경우에 근로자는 제90조 제1항에도 불구하고 대통령령으로 정하는 바에 따라 기여금을 직접 국민건강보험공단에 낼 수 있다(동법 제17조 제3항). 동법 제77조에 따라 반환받는 일시금이 동법 제57조 제1항에 따라 환수할 급여에 해당하는 경우 이를 반납하지 아니한 때에는 그에 상응하는 기간을 가입기간에 산입하지 아니한다(동법 제17조 제4항).

가입기간을 계산할 때 연금보험료의 일부가 납입된 경우에는 그 일부 납입된 보험료를 다른 일부 납입된 월의 미납 보험료와 연체료에 충당하고 충당 후 완납된 월은 가입기간에 산입한다(동법 제17조의 2 제1항).

병역법 제5조 제1항 제1호에 따른 현역병, 병역법 제2조 제6항 제7호에 따른 전환 복무를 한 사람, 병역법 제2조 제1항 제8호에 따른 상근예비역, 병역법 제2조에 따른 사회복무요원의 어느 하나에 해당하는 자가 노령연금수급권을 취득한 때(이 조에 따라 가입기간이 추가산입되면 노령연금수급권을 취득할 수 있는 경우를 포함)에는 6개월을 가입기간에 추가산입한다. 다만, 병역법에 따라 병역의무를 수행한 기간이 6개월 미만인 경우에는 추가산입하지 않는다(동법 제18조 제1항). 이는 병역의무를 이행한 자에게 군복무의 사회적 중요성 인식 및 개인의 기회비용을 보상하고자 한 것이다. 그러나 병역법에 따른 병역의무를 수행한 기간의 전부 또는 일부가 공무원연금법, 사립학교교직원연금법, 별정우체국법에 따른 재직기간에 산입되거나, 군인연금법에 따라 복무기간에 산입된 경우, 의 어느 하나에 해당하는 경우에는 추가산입하지 않는다(동법 제18조 제2항). 위에 따라 가입기간을 추가로 산입하는 데 필요한 재원은 국가가 전부를 부담한다(동법 제18조 제3항).

또 고령화 사회에 대비한 출산의 장려를 위하여 둘 이상의 자녀가 있는 가입자 또는 가입자이었던 자가 노령연금수급권을 취득한 때(이 조에 따라 가입기간이 추가되면 노령연금수급권을 취득할 수 있는 경우 포함)에는 둘째 자녀가 2명 이상인 경우 : 12개월, 자녀가 3명 이상인 경우 : 둘째 자녀에 대하여 인정되는 12개월에 2자녀를 초과하는 자녀 1명마다 18개월을 더한 개월 수를 가입기간에 추가한다(동법 제19조 제1항). 이 추가가입기간은 50개월을 추가할 수 없고(동조 제1항 단서), 부모가 모두 가입자 또는 가입자이었던 자인 경우에는 부와 모의 합의에 따라 2명 중 1명의 가입기간에만 추가산입하되, 합의하지 아니한 경우에는 균등배분하여 각각의 가입기간에 산입한다(동조 제2항).

이와 같이 출산에 따른 가입기간의 추가산입을 인정함으로써 연금액이 인상되거나 연금수급권을 취득하는 자가 늘어나도록 하여 고령화 사회에 대비한 출산장려를 꾀하고 있다. 가입기간 추가에 따른 재원은 국가가 일부 또는 전부를 부담한다(동조 제3항).

18세 이상 60세 미만인 사람 중 가입자 또는 가입자였을 것, 대통령령으로 정하는 재산 또는 소득이 보건복지부장관이 고시하는 기준 이하일 것의 요건을 모두 갖춘 사람이 구직급여를 받는 경우로서 구직급여를 받는 기간을 가입기간으로 산입하기 위하여 공단에 신청하는 때에는 그 기간을 가입기간에 추가로 산입한다(법 제19조의 2).

가입자의 자격을 상실한 후 다시 그 자격을 취득한 경우에는 전후의 가입기간을 합산한다. 가입자의 가입종별에 변동이 있는 경우에도 각 종별 가입기간을 합산한 기간을 가입기간으로 한다(동법 제20조).

6) 신고 및 통지

사업장가입자의 사용자는 당연적용사업장에 해당된 사실, 사업장의 내역변경 및 휴 · 폐업 등에 관한 사항과 가입자 자격의 취득 · 상실 · 가입자의 소득월액 등에 관한 사항 등을 국민연금공단에 신고하여야 하며, 지역가입자, 임의가입자 및 임의계속가입자는 보건복지부령이 정하는 바에 따라 자격의 취득, 상실, 이름 또는 주소의 변경 및 소득에 관한 사항 등을 국민연금공단에 신고해야 한다. 부득이한 사유로 그 신고를 할 수 없을 때에는 배우자나 그 밖의 그 가족이 신고를 대리할 수 있다(동법 제21조 제1항~제3항). 국민연금공단은 위와 같은 신고를 받을 때에는 그 내용을 확인하고, 그 내용 등을 신고인 또는 가입자에게 통지하여야 한다(동법 제22조, 제23조).

수급권자 및 수급자는 수급권의 발생 · 소멸 · 정리 및 급여의 산정 · 지급 등에 관련한 사항을 보건복지부령이 정하는 바에 따라 공단에 신고하여야 한다(동법 제121조 제1항). 수급권자 또는 수급자가가 사망하면 가족관계의 등록 등에 관한 법률 제85조에 따른 신고의무자는 사망사실을 안 날로부터 1월 이내에 그 사망사실을 공단에 신고해야 한다(동법 제121조 제2항).

2. 관장기구

1) 관장형태와 법인격

공적 연금의 관리운영방식은 국영방식, 민영방식, 그리고 위탁방식 등으로 구분할 수 있는데, 국민연금법상 관장주체를 보건복지부장관으로 규정하고(동법 제2조) 있어 국영방식을 채택하고 있다. 그러나 보건복지부장관은 실제로 국민연금을 효율적으로 수행하기 위하여 국민연금공단(이하 "공단")에 위탁운영하고 있어(동법 제24조), 국영과 위탁관리방식이 혼합되어 있다고 할 수 있다. 그리고 공단은 하나의 독립된 법인으로서 법인격을 가지고 있으면서 보건복지부장관의 감독을 받게 되어 있다.

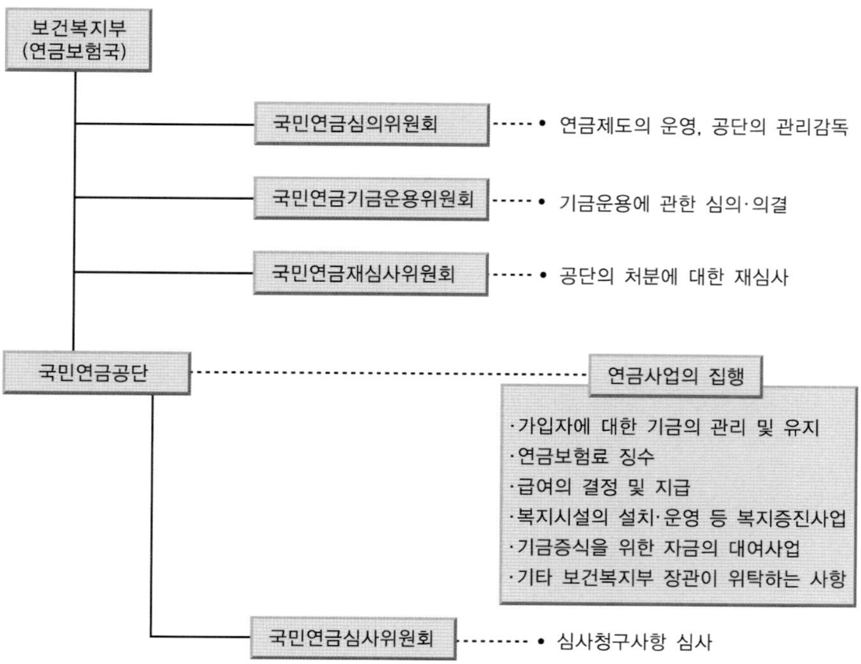

[그림 7-1] 국민연금의 운영조직

국민연금은 중앙행정기관인 보건복지부장관이 제도운영 전반에 관한 사항을 관장하고 사업의 집행은 국민연금공단에 위탁하여 운영되고 있는 것이다.

그리고 국민연금의 사업조직체는 [그림 7-2]와 같이 요약될 수 있다. 국민연금사업은 연금사업과 기금사업으로 대별되는데 연금사업은 기여금, 부담금 등 비용을 징수하여 제 급여를 지급하는 사업을 말하며 기금사업은 기금증식사업과 각종 요양시설의 설치·운영, 노인복지시설 지원 등 복지사업을 말한다.

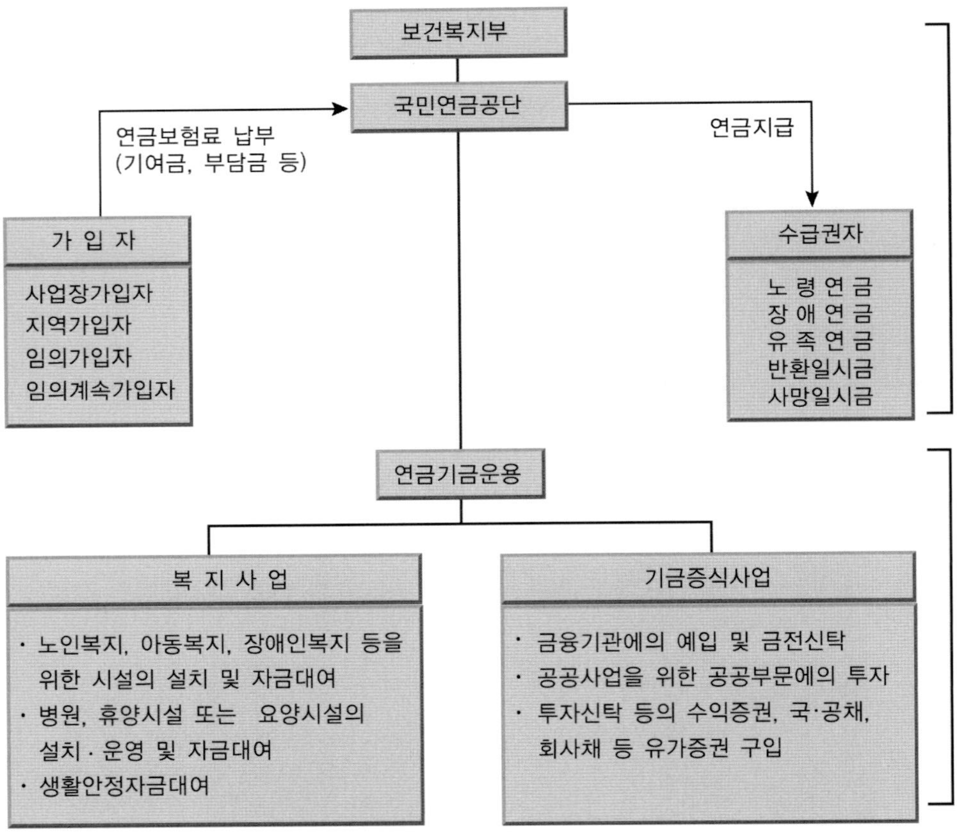

[그림 7-2] 국민연금 사업조직

2) 국민연금공단

(1) 설 립

공단은 정관을 작성하고 주된 사무소 소재지에서 설립등기를 함으로써 성립한다(동법 제28조,

제29조). 따라서 공단은 법인이다(동법 제26조). 공단이 정관에 반드시 기재해야 할 절대적 기재사항은 아래와 같다(동법 제28조 제1항 제1호~제11호). 공단의 주된 사무소 및 제31조에 따라 기금이사가 관장하는 부서의 소재지는 전라북도로 하고 필요하면 정관으로 정하는 바에 따라 분사무소를 둘 수 있다(동법 제27조).

① 목적
② 명칭
③ 주된 사무소와 분사무소에 관한 사항
④ 임원 및 직원에 관한 사항
⑤ 이사회에 관한 사항
⑥ 사업에 관한 사항
⑦ 예산 및 결산에 관한 사항
⑧ 자산 및 회계에 관한 사항
⑨ 정관의 변경에 관한 사항
⑩ 규약·규정의 제정 및 개폐에 관한 사항
⑪ 공고에 관한 사항

(2) 업 무

국민연금법에 따르면 공단은 다음과 같은 업무를 수행하도록 되어 있다(동법 제25조 제1호~제10호).

① 가입자에 대한 기록의 관리 및 유지(제1호)
② 연금보험료의 부과(제2호)
③ 급여의 결정 및 지급(제3호)
④ 가입자·가입자이었던 자, 수급권자 및 수급자를 위한 노후설계서비스 및 자금의 대여와 복지시설의 설치·운영 등 복지사업(제4호)
⑤ 가입자 및 가입자이었던 자에 대한 기금증식을 위한 자금의 대여사업(제5호)
⑥ 가입대상과 수급권자 등을 위한 노후준비서비스사업(제6호)
⑦ 국민연금제도 재정계산·기금운용에 관한 조사연구(제7호)
⑧ 국민연금에 관한 국제협력(제8호)

⑨ 이 법 또는 다른 법령에 따라 위탁받은 사항(제9호)

⑩ 그 밖에 국민연금사업에 관하여 보건복지부장관이 위탁하는 사항(제10호)

공단은 위 제7호의 업무를 수행하기 위하여 공단 산하에 국민연금 연구원을 둘 수 있다(동법 제27조의 2 제1항).

(3) 복지사업

공단은 대통령령이 정하는 바에 의하여 가입자 · 가입자이었던 자 및 수급권자의 복지를 증진하기 위하여 자금의 대여 및 복지시설의 설치 · 공급 · 임대와 운영, 노인복지시설의 부대시설로서 체육시설의 설치 및 운영, 그 밖에 대통령령으로 정하는 복지사업을 할 수 있다(동법 제46조 제1항). 이에 따라 국민연금법시행령 제31조 제1항은 국민연금제도의 목적에 부합되는 각종 복지사업을 수행할 수 있도록 규정하고 있는데, 그 내용은 아래와 같다(동법시행령 제31조 제1항 제1호~제7호).

① 노인복지시설의 설치 · 공급 · 임대 · 운영과 노인복지시설의 부대시설로서 체육시설의 설치 · 운영 및 자금의 대여

② 아동복지시설 · 장애인복지시설 등의 복지시설의 설치 · 운영 및 자금의 대여

③ 병원, 휴양시설 또는 요양시설의 설치 · 운영 및 자금의 대여

④ 생활안정을 위한 자금의 대여

⑤ 학자금의 대여

⑥ 당연적용사업장인 중소사업장의 사업장 내 복지시설의 설치를 위한 자금의 대여

⑦ 주택구입자금 및 전세자금의 대여

그리고 국민연금공단은 복지시설을 설치하기 위하여 국가, 지방자치단체, 한국토지주택공사, 그 밖에 공공기관이 조성한 토지를 취득하는 경우 공단을 국가 또는 지방자치단체로 보고(동법 제46조의 2), 또 국민연금공단은 노후준비서비스사업을 할 수 있다(동법 제46조의 3).

(4) 임 원

공단에 임원으로서 이사장 1명, 상임이사 4명 이내, 이사 7명 및 감사 1명을 둔다. 이사장은 보건복지부장관의 제청에 의하여 대통령이 임면하고, 상임이사 · 이사(당연직 이사 제외)와 감사는 보건복지부장관이 임면한다. 이사에는 사용자 대표, 근로자 대표, 지역가입자 대표 각 1

명 이상과 당연직 이사로서 보건복지부의 국민연금업무를 담당하는 3급 이상 국가공무원 또는 고위공무원단에 속하는 일반직 공무원 1명이 포함되어야 한다(동법 제30조 제1항, 제2항). 이사에 대하여는 보수를 지급하지 아니하되 실비의 지급은 할 수 있다(동법 제30조 제3항). 또한 기금운용의 전문성과 책임성을 위하여 공단의 국민연금기금의 관리 · 운용에 관한 업무를 담당하는 기금이사를 상임이사 중에 두게 하고 경영 경제 및 기금운영에 관한 지식과 경험이 풍부한 자 중에서 선임하며, 계약직으로 하고 공개모집하도록 한다(동법 제31조). 임원의 임기는 3년으로 한다(동법 제32조 본문). 다만, 당연직 이사의 임기는 그 재임기간으로 하고, 기금이사의 임기는 그 계약기간으로 한다(동법 제32조 단서).

(5) 업무위탁 등

공단은 정관이 정하는 바에 따라 대여금 상환금의 수납과 급여대여금의 지급에 관한 업무 그 밖에 그 업무의 일부를 다른 법령에 의한 사회보험업무를 수행하는 법인, 체신관서, 금융기관 그 밖의 자에게 위탁할 수 있다(동법 제47조 제1항). 공단이 위탁할 수 있는 업무 및 위탁받을 수 있는 자의 범위는 대통령령으로 정한다[동법 제47조 제2항, 동법시행령 제33조(공단 업무의 위탁) 참조]. 공단에 관하여 이 법에 정한 것을 제외하고는 민법 중 재단법인에 관한 규정을 준용한다(동법 제48조).

(6) 대위권

공단은 제3자의 행위에 의하여 장애연금 또는 유족연금의 지급사유가 발생하여 장해연금, 유족연금을 지급한 때에는 그 급여액의 범위 내에서 수급권자의 제3자에 대한 손해배상청구권에 관하여 수급권자를 대위한다(동법 제114조 제1항). 또한 수급권자가 제3자로부터 손해배상을 받은 때에는 공단은 그 배상액의 범위 내에서 장애연금 또는 유족연금을 지급하지 아니한다(동법 제114조 제2항). 이는 이중지급을 방지하기 위한 조치이다.

3) 국민연금심의위원회

국민연금제도의 합리적 · 효율적 운영을 위해 보건복지부 내에 국민연금심의위원회가 설치되어 있는데, 종전에는 자문기구적 성격을 지니고 있었으나, 보다 기능을 강화하여 심의기구로 변경하였다.

(1) 위원회의 구성

국민연금심의위원회는 위원장, 부위원장 및 위원으로 구성하되, 보건복지부차관이 위원장이 되고, 부위원장은 공익을 대표하는 위원 중에서 호선하며 위원은 사용자단체가 추천하는 사용자위원 4명, 근로자단체가 추천하는 근로자위원 4명, 농어업인단체 · 자영자 관련단체 · 소비자 및 시민단체가 추천하는 지역가입자를 대표하는 위원 각각 2명 및 국민연금에 관한 전문가인 공익위원 5명으로 하고 보건복지부장관이 지명 또는 위촉한다(동법 제5조 제2항).

(2) 심의사항

국민연금심의위원회에서 심의하는 사항은 아래와 같다(동법 제5조 제1항 제1호~제5호).

① 국민연금제도 및 재정계산에 관한 사항
② 급여에 관한 사항
③ 연금보험료에 관한 사항
④ 국민연금기금에 관한 사항
⑤ 그 밖에 국민연금제도의 운영과 관련하여 보건복지부장관이 부의하는 사항

3. 국민연금의 보험급여

1) 급여통칙

(1) 급여의 종류

국민연금법상 규정된 급여의 종류는 노령연금, 장애연금, 유족연금, 반환일시금 및 사망일시금 등 5종류이다(동법 제49조 동법 제80조). 연급급여 수준과 연금보험료는 국민연금재정이 장기적으로 균형을 유지할 수 있도록 조정되어야 하고, 연금보험료, 연금급여액, 급여의 수급요건 등은 장기 재정균형 유지, 인구구조의 변화, 국민의 생활수준, 임금, 물가, 그 밖에 경제사정에 뚜렷한 변동이 생기면 그 사정에 맞게 조정되어야 한다(동법 제4조).

(2) 수급권 및 급여의 지급

가) 수급권의 발생과 소멸

급여는 수급권자(지급 받을 권리를 가지는 자)의 청구에 의하여 공단이 지급하며, 연금액은 그 지급사유에 따라 기본연금액과 부양가족연금액을 기초로 하여 산정한다(동법 제50조).

각종 급여의 수급권은 법정요건을 충족한 경우에 발생하게 된다. 그러나 그 구체적 발생시기에 관하여는 명문의 규정이 없지만, 그 지급하여야 할 사유가 발생한 날(동법 제54조 제1항 참조)을 수급권의 구체적 발생시기라고 보는 것이 타당할 것이다. 또 수급권의 소멸시기는 급여의 종류에 따라 다르다. 노령연금의 수급권은 수급권자의 사망으로 소멸하고(동법 제61조), 장애연금의 수급권은 수급권자가 사망하거나 장애등급에 해당되지 않게 된 때 소멸하며(동법 제67조), 유족연금수급권의 소멸시기는 ① 수급권자가 사망한 때, ② 배우자인 수급권자가 재혼한 때, ③ 자녀 또는 손자녀인 수급권자가 파양된 때, ④ 장애등급 2급 이상에 해당하지 아니한 자녀인 수급권자가 25세가 된 때 또는 장애등급 2급 이상에 해당하지 아니한 손자녀인 수급권자가 19세가 된 때이다(동법 제75조 제1항). 부모 · 손자녀 또는 조부모인 유족의 유족연금수급권은 가입자 또는 가입자이었던 사람이 사망할 당시에 그 가입자 또는 가입자였던 사람의 태아가 출생하여 수급권을 갖게 되는 때에는 소멸한다(동법 제75조 제2항). 그리고 반환일시금의 수급권의 소멸은 ① 수급권자가 다시 가입자로 된 때, ② 수급권자가 노령연금의 수급권을 취득한 때, ③ 수급권자가 장애연금의 수급권을 취득한 때, ④ 수급권자의 유족이 유족연금의 수급권을 취득한 때이다(동법 제79조).

나) 미지급의 급여

국민연금법은 미지급의 급여에 대하여 다음과 같이 규정하고 있다. 급여의 수급권자가 사망한 경우에 그 수급권자에게 지급하여야 할 급여 중 아직 지급되지 아니한 것이 있으면 그 배우자 · 자녀 · 부모 · 손자녀 또는 조부모 또는 형제자매의 청구에 따라 그 미지급 급여를 지급한다. 다만, 가출 · 실종 등 대통령령으로 정하는 경우에 해당하는 사람에게는 지급하지 아니하며, 형제자매의 경우에 대통령령으로 정하는 바에 따라 수급권자의 사망 당시 수급권자에 의하여 생계를 유지하고 있던 사람에게만 지급한다(동법 제55조 제1항). 그리고 급여를 지급받을 자의 순위는 배우자 · 자녀 · 부모 · 손자녀 · 조부모 · 형제자매의 순으로 하고, 같은 순위자가 2명 이상이면 똑같이 나누어 지급하되, 그 지급방법은 대통령령으로 정한다(동법 제55조 제2항). 미지급 급여는 수급권자가 사망한 날부터 5년 이내에 청구하여야 한다(동조 제3항).

다) 급여의 환수

공단은 거짓이나 그 밖의 부정한 방법으로 급여를 지급받거나 수급권의 소멸 사유를 공단에 신고하지 아니하거나 늦게 신고하여 급여가 잘못 지급된 경우, 가입자 또는 가입자였던 자가 사망한 것(법 제15조)으로 추정되어 유족연금 등의 급여가 지급된 후 해당 가입자 또는 가입자였던 자의 생존이 확인된 경우, 그 밖의 사유로 잘못 지급된 경우에는 대통령령(동법시행령 제41조)이 정하는 바에 따라 그 지급금액을 환수하여야 하고(다만 공단은 환수금액이 대통령령으로 정하는 금액 미만인 경우에는 환수하지 않음), 이 경우 거짓이나 그 밖의 부정한 방법으로 급여를 지급받은 경우, 수급권 소멸사유를 공단에 신고하지 아니하거나 늦게 신고하여 급여가 잘못 지급된 경우에는 이자를 가산하여 환수하여야 한다. 다만 납부자의 귀책사유가 없는 경우에는 이자를 가산하지 아니한다(동법 제57조 제1항, 제2항). 공단은 환수금의 납부의무자가 납부기한까지 내지 아니하면 연체금을 징수한다. 이 경우 연금보험료는 환수금으로 본다. 다만 천재지변 등 부득이한 사유가 있는 경우에는 연체금을 징수하지 아니한다(동법 제57조 제3항). 위의 규정에 의하여 부당지급금액을 반환하여야 할 자가 동시에 다른 급여의 수급권이 있거나 과오납금 등 반환받을 금액이 있는 경우에는 공단은 이를 위의 환수할 금액에 충당할 수 있다(동법 제57조 제5항). 공단은 환수금 및 연체금을 징수하려면 기한을 정하여 환수할 금액, 납부기한 등을 적은 문서로써 납입고지를 해야 한다. 이 경우 납입고지는 전자문서로 할 수 있다(동법 제57조의 2).

라) 미납금의 공제지급

가입자 또는 가입자이었던 자가 수급권을 취득하거나 사망한 경우에 해당 가입자에게 대여한 자금의 상환금에 관한 채무가 있는 때에는 국민연금법에 의한 급여(지급이 정지된 급여를 제외)에서 공제할 수 있으며, 공제한 금액은 그 액수만큼 수급권자에게 지급된 것으로 본다(동법 제59조 제3항). 다만, 국민연금법에 의한 연금급여(동법 제68조 제2항의 규정에 일시보상금으로 지급되는 장애연금을 제외)의 수급권자에 대하여는 해당 연금 월액의 2분의 1을 초과하여 공제할 수 없다(동법 제59조 제1항, 제3항).

상환금에 대한 채무를 연금액에서 공제하려면 20일 이상의 기한을 정하여 채무의 변제를 최고하고, 그 기한까지 채무를 변제하지 아니하면 해당 급여에서 이를 공제할 것임을 미리 수급권자에게 통지하여야 한다(동법 제59조 제2항).

마) 중복급여의 조정

① 국민연금급여 간의 중복급여 조정 : 동일한 수급권자에게 국민연금법에 의한 2 이상의 급여의 수급권이 생기면 그 자의 선택에 따라 그중의 하나만을 지급하고 다른 급여의 지급은 정지된다(동법 제56조 제1항). 그러나 선택하지 아니한 급여가 유족연금일 때(선택한 급여가 반환일시금일 때 제외)는 유족연금액의 100분의 30에 해당하는 금액, 선택하지

아니한 급여가 반환일시금일 때(선택한 급여가 장애연금이고, 선택하지 아니한 급여가 본인의 연금보험료 납부로 인한 반환일시금일 때를 제외)는 동법 제80조 제2항(지급받는 사망일시금)에 상당하는 금액을 선택한 급여에 추가하여 지급한다(동조 제2항). 그런데 분할연금 수급권자에게 2 이상의 분할연금수급권이 생기면 위 규정에 불구하고 2 이상의 분할연금액을 합산하여 지급한다. 2 이상의 분할연금수급권과 다른 급여의 수급권이 발생한 경우에는 그 2 이상의 분할연금수급권을 하나의 분할연금수급권으로 보고 그 자의 선택에 의하여 그 분할연금 또는 다른 급여 중 하나만을 지급하고 선택하지 아니한 분할연금 또는 다른 급여의 지급은 정지된다(동법 제65조 제2항 참조).

② 연금의 중복급여 조정 : 장애연금 또는 유족연금의 수급권자가 국민연금법에 의한 장애연금 또는 유족연금의 지급사유와 같은 사유로 근로기준법에 의한 장해보상 · 유족보상 · 일시보상, 산재보험법에 의한 장해급여 · 유족급여, 진폐보상연금, 진폐유족연금, 선원법에 의한 장해보상 · 일시보상 · 유족보상, 어선원 및 어선재해보상보험법 제25조에 따른 장해급여, 같은 법 제26조에 따른 일시보상급여 또는 같은 법 제27조에 따른 유족급여 중 어느 하나에 해당하는 급여를 받을 수 있는 경우에는 국민연금법에 의한 장애연금액 또는 유족연금액은 그 2분의 1에 해당하는 금액을 지급한다(동법 제113조).

바) 손해배상청구의 대위

공단은 제3자의 행위에 의하여 장애연금 또는 유족연금의 지급사유가 발생하여 장애연금 또는 유족연금을 지급한 때에는 그 급여액의 범위 안에서 수급권자의 제3자에 대한 손해배상청구권에 관하여 수급권자를 대위한다. 제3자의 행위에 의하여 장애연금 또는 유족연금의 지급사유가 발생한 경우 그와 동일한 사유로 제3자로부터 손해배상을 받은 때에는 공단은 그 배상액의 범위 안에서 장애연금 또는 유족연금을 지급하지 아니한다(동법 제114조).

사) 수급권의 보호

수급권은 이를 양도 · 압류하거나 담보에 제공할 수 없고, 급여수급전용계좌에 입금된 급여와 이에 관한 채권은 압류할 수 없다(동법 제58조). 국민연금법에 의한 급여로서 지급된 금전에 대하여는 조세특별제한법 기타 법률 또는 지방자치단체의 조례가 정하는 바에 의하여 조세 기타 공과금을 감면한다(동법 제60조).

(3) 국민연금액의 산정

가) 의 미

국민연금액은 그 지급사유에 따라 기본연금액과 부양가족연금액을 기초로 하여 산정한다(동법 제50조 제2항). 국민연금법상 규정되어 있는 여러 가지 연금액은 기본연금액의 일정비율에 부양가족연금을 합산하는 형태로 구성되어 있다. 보통 연금제도의 산정방식은 균일급여방식과 소득비례급여방식 및 이들의 혼합방식으로 분류된다. 균일급여방식은 평등주의 이념을 강조하는 영국이나 북유럽에서 채택하고 있는 형태로서 연금의 급여는 모든 수혜자에게 차이가 없는 기본적 욕구, 즉 최저 생계비만을 보장하고 그 이상의 욕구충족은 본인이 책임져야 한다는 기본전제 아래 이루어졌다. 소득비례급여방식은 능력주의 이념을 강조하는 대륙형 보장방식으로 가입자의 갹출금액에 비례하여 급여하는 방식이다. 혼합형 급여방식은 최저생계비의 보장은 균일급여방식을 취하고 최저생계비 이상의 급여에 대해서는 소득비례급여방식을 취하는 형태이다. 이 방식은 균일급여방식에서 사회적 연대에 의한 위험분산과 소득재분배의 효과를 기할 수 있고 개인의 능력과 인센티브에 따라 보상을 한다는 자본주의 기본원칙과 일치한다는 점에서 오늘날 많은 선진국에서 채택하고 있다. 우리나라 역시 이러한 혼합형 급여방식을 채택하고 있다고 볼 수 있다. 그것은 후술하는 바와 같이 기본연금액의 산정방식에서 혼합급여방식을 반영하고 있기 때문이다.

나) 기본연금

수급권자의 기본연금액은 연금수급 전 3년간의 전 가입자 평균소득월액(A : 균등부분)[1]과 가입자 개인의 모든 가입기간 평균소득월액(B : 소득비례부분)[2]을 합산한 금액에 1000분의 1200을 곱한 금액으로 한다. 다만, 가입기간이 20년을 초과하는 경우에는 그 초과하는 1년(1년 미만의 매 1월은 12분의 1년으로 계산)마다(n : 20년 초과연수) 위 금액에 1000분의 50을 곱

---

1) 균등부분의 평균소득월액(A)이란 다음에 의해 산정한 금액을 합산하여 3으로 나눈 금액을 말한다(동법 제51조 제1항 제1호).
   가. 연금수급 3년 전년도의 평균소득월액을 연금수급 3년 전년도와 대비한 연금수급 전년도 전국소비자물가변동률에 의하여 환산한 금액
   나. 연금수급 2년 전년도의 평균소득월액을 연금수급 2년 전년도와 대비한 연금수급 전년도 전국소비자 물가변동률에 의하여 환산한 금액
   다. 연금수급 전년도의 평균소득월액
2) 소득비례부분의 평균소득월액(B)이란 가입자 개인의 가입기간 중 매년의 기준소득월액을 대통령령이 정하는 바에 의하여 보건복지부장관이 고시하는 연도별 재평가율에 의하여 연금수급 전년도의 현재가치로 환산한 후 이를 합산한 금액을 총가입기간으로 나눈 금액을 말한다(동법 제51조 제1항 제2호).

한 금액을 가산한다(동법 제51조 제1항).

그리고 국민연금의 장기재정안정을 도모하고 자녀세대의 부담을 완화하기 위한 2007년의 연금개혁의 결과이다. 평균적 소득이 있는 자가 40년 동안 가입할 경우 지급하는 급여수준을 현행 평균소득액의 60%에서 2008년에는 50%로, 2009년부터 매년 0.5%씩 낮춰 2028년에는 40%로 인하하게 되었다. 그러나 기존 수급자 및 기존 가입기간에 대하여는 종전대로 지급하여 기득권을 보장하고 있다(동법 부칙 제20조, 부칙 제34조).

이를 계산식으로 표현하면 다음과 같다.

$$\text{기본연금액} = 1.2 \times (A + B) \times (1 + 0.05n)$$

이 경우 '평균소득월액'이란 매년 12월 31일 현재 사업장가입자 및 지역가입자 전원의 기준소득월액의 총액을 가입자 전원의 인원수로 나누어 산출한 금액을 말하고(동법 제3조 제1항 제4호, 동법시행령 제4조), '기준소득월액'이란 연금보험료 및 급여의 산정을 위하여 가입자의 소득월액을 기준으로 하여 대통령령이 정하는 금액을 말한다(동법 제3조 제1항 제5호). 이에 따라 기준소득월액은 하한액과 상한액의 범위에서 사업장가입자는 사용자가, 지역가입자는 가입자가 신고한 소득월액에서 천 원 미만을 버린 금액으로 한다(동법시행령 제5조). 종래에는 가입자의 소득월액을 등급별로 정하여 산정한 평균소득월액에 따라 기본연금액 산정의 기초가 되는 평균소득월액을 산정하고 보험료를 부과했으나, 이 평균소득월액의 등급체계는 신축적 조정이 어렵고 전산발달에 따라 실익이 없으므로 등급제를 폐지하여 실질소득을 기준으로 평균소득월액을 정하고 연금보험료를 부과하도록 개정한 것이다. 또한 위 A, B의 금액을 수급권자에게 적용함에 있어서는 연금수급 2년 전년도와 대비한 전년도 전국소비자물가변동률을 기준으로 하여 매년 3월 말까지 그 변동률에 해당하는 금액을 증액 또는 감액하되, 사전에 국민연금심의위원회의 심의를 거쳐야 한다(동법 제51조 제2항). 이렇게 조정된 금액을 수급권자에게 적용함에 있어서 그 적용기간은 해당 조정연도 4월부터 다음 연도 3월까지로 한다(동법 제51조 제3항).

다) 부양가족연금액

부양가족연금은 일종의 가족수당 성격의 부가급여이다. 부양가족연금은 연금수급권자가 권리를 취득할 당시 그자에 의하여 생계가 유지되고 있던 피부양자를 보호하기 위하여 지급된다. 부양가족연금액은 수급권자(유족연금의 경우에는 사망한 가입자 또는 가입자였던 자)를 기준으로 하는 다음의 자로서 수급권자에 의하여 생계를 유지하고 있는 자에 대하여 다음의 자에 규정된 각각의 금액으로 한다. 이 경우 생계유지에 관한 대상자별 인정기준은 대통령령으로 정한다(동법 제52조 제1항 제1호~제3호). 연금액은 물가변동률에 따라 조정된다(동법 제52조 제2항).

① 배우자 : 연 15만 원
② 19세 미만 또는 장애등급 2급 이상에 해당하는 자녀 : 연 10만 원
③ 60세 이상 또는 장애등급 2급 이상에 해당하는 부모(배우자의 부모 포함) : 연 10만 원

위 대상자가 연금수급권자(국민연금과 직역연금의 연계에 관한 법률에 따른 연계급여수급권자 포함)나 퇴직연금 수급권자인 경우에 해당하면 부양가족연금액의 대상에서 제외되며(동법 제52조 제3항) 또 부양가족연금액을 계산할 때 2명 이상의 연금수급권자의 부양가족연금계산대상이 될 수 없다(동법 제52조 제4항).

그리고 위 대상자가 다음과 같은 경우에는 부양가족연금액의 계산에서 제외한다(동법 제52조 제5항 제1호~제8호).

① 사망한 때
② 수급권자에 의한 생계유지의 상태가 끝난 때
③ 배우자가 이혼한 때
④ 자녀가 다른 사람의 양자로 되거나 파양된 때
⑤ 자녀가 19세가 된 때(장애등급 2급 이상의 장애상태에 있는 자 제외)
⑥ 장애등급 2급 이상의 장애상태에 있던 자녀 또는 부모가 그 장애상태에 해당하지 아니하게 된 때
⑦ 배우자가 혼인 전에 얻은 자녀와의 관계가 이혼으로 인하여 종료한 때
⑧ 재혼한 부 또는 모의 배우자와 수급자의 관계가 부모와 그 배우자의 이혼으로 인하여 종료된 경우

라) 연금액의 최고한도

국민연금의 월지급액은, 연금수급 전년도를 기준으로 하여 동법 제51조 제1항 제2호의 규정에(가입자 개인의 전 가입기간 평균보수월액 평균액, 즉 위에서 말한 소득비례부분의 평균소득월액) 준하여 조정한 가입자였던 최종 5년간의 기준소득월액의 평균액과 가입기간 중의 기준소득월액의 평균액을 위에서 말한 동법 제51조 제2항의 규정에 준하여, 즉 전국소비자물가변동률을 기준으로 조정한 각각의 금액 중에서 많은 금액을 초과하지 못한다(동법 제53조).

(4) 연금의 지급기간 및 지급시기

연금은 그 지급사유가 생긴 날이 속하는 달의 다음 달부터 수급권이 소멸한 날이 속하는 달까지 지급한다(동법 제54조 제1항). 연금은 매월 25일에 그 달의 금액을 지급하되, 지급일이 토요일이거나 공휴일이면 그 전날에 지급한다. 다만, 수급권이 소멸하거나 그 연금지급이 정지된 경우에는 그 지급일 전에 이를 지급할 수 있다(동법 제54조 제2항). 연금지급의 정지 사유가 생기면 그 사유가 발생한 날이 속하는 달의 다음 달부터 그 사유가 소멸한 날이 속하는 달까지는 이를 지급하지 아니한다(동법 제54조 제3항).

수급자는 본인 명의의 지정된 계좌에 입금하도록 공단에 신청할 수 있다(제54조의 2).

2) 수급요건과 급여수준

연금제도의 수급요건은 각각 연금급여별로 규정되어 있다. 연금급여수준은 가입자의 소득보장을 목적으로 하고 있으므로 이에 적절한 수준이어야 할 것이다. 또한 가입자는 일정한 소득을 기반으로 하고 있으므로 연금수급 전에 가졌던 소득을 적절하게 반영하는 선에서 결정되어야 한다. 이러한 점에서 연금급여의 최저수준은 소위 최저생계비 이상에서 급여수준이 결정될 것인데, 이 경우 참고해야 할 또 다른 사항은 최저임금수준이다.

반면에 급여수준의 최고수준 혹은 상한선은 이론적으로 통상 다른 사적 소득보장수단을 합한 경우에 퇴직 이전에 받았던 소득액을 넘지 않은 선을 그 한계로 하여야 할 것이다(동법 제53조 참조).

그리고 연금제도는 장기적 소득보장을 목적으로 하고 있으므로 장기간의 연금수급 시 물가상승으로 인하여 연금수급액의 실질가치가 하락하게 되는 것을 막기 위하여, 연금수준을 실질가치에 연계시키는 제도적 장치(연금슬라이드제)가 필요하다.

우리나라 국민연금에서도 연금슬라이드제를 채택하고 있다. 즉, 연금액은 국민의 생활수준, 임금, 물가, 기타 경제사정에 현저한 변동이 생긴 때에는 그 사정에 맞도록 조정되어야 하고, 특히 전국소비자물가변동률에 맞추어야 한다고 규정되어 있다(동법 제4조 제3항, 제51조 제2항). 또 이를 위하여 급여수준과 연금보험료가 국민연금재정의 장기적 균형이 유지될 수 있도록 재정계산제도를 신설하였다(동법 제4조 제1항, 제2항).

3) 연금급여별 수급요건 및 급여수준(요약)

각 연금급여의 수급요건과 급여수준에 대한 내용은 국민연금법 제4장 급여의 제2절 노령연금 이하에 자세하게 규정되어 있다. 여기서는 법상의 이러한 내용을 간략하게 도표로 표시한다.

연금급여별 수급요건 및 급여수준(요약)*

연금의 종류		수급권자	수급요건	급여수준
노령연금	완전 노령 연금	본인	가입기간이 10년 이상인 가입자, 가입자였던 자가 60세가 된 때(선원 및 광부는 55세가 된 때, 국민연금법 제61조 제1항) 그가 생존하는 동안	가입기간이 20년 이상인 경우 : 기본연금액의 100% + 부양가족연금액(동법 제63조 제1항) 가입기간이 10년 이상 20년 미만인 경우 : 기본연금액의 50% + 가입기간 1년 초과 1년마다 기본연금액의 0.5% 가산 + 부양가족 연금액
	소득 활동에 따른 노령 연금	본인	위 노령연금 수급권자가 소득이 있는 업무에 종사하면 60세 이상 65세 미만 기간	노령연금액에서 부양가족연금액을 제외한 금액에서 초과 소득월액(노령연금 수급권자의 소득월액에서 기본 연금액을 뺀 금액)별로 일정 비율의 금액을 뺀 금액(동법 제63조의 2) 이 경우 빼는 금액은 노령연금의 2분의 1을 초과할 수 없다.
	조기 노령 연금	본인	10년 이상 가입하고 55세 이상인 자가 소득이 있는 업무에 종사하지 아니하는 경우 본인이 희망한 때 60세 되기 전이라도 그가 생존하는 동안 일정금액의 연금을 받을 수 있음(동법 제61조 제2항)	완전노령연금액에 따른 노령연금액 중 부양가족연금액을 제외한 금액에서 수급연령별로 70~94%의 비율을 곱한 금액에 부양가족연금을 더한 금액(동법 제63조 제2항)
	배우자 연금분할제	배우자	배우자의 가입기간 중의 혼인기간 5년 이상인 자가 배우자와 이혼했고 배우자였던 사람이 노령연금수급권자이고 본인이 60세가 되었을 것에 모두 해당하면 그가 생존하는 동안(동법 제64조 제1항) 이 요건은 2015 헌바 182, 2016. 129 헌법 불합치도 결정. 2018. 6.30을 시한으로 개정할 때까지만 적용	배우자의 노령연금액(부양가족연금액 제외) 중 혼인기간에 해당하는 연금액의 균등분할(50%)(동법 제64조 제2항) 요건 모두 갖추었을 때부터 5년 이내에 청구 이에 불구하고 민법 제839조의 2 또는 843조에 따라 연금의 분할에 관하여 별도로 결정된 경우에는 그에 따른다.
장애연금			가입자 또는 가입자였던 자가 질병, 부상으로 인하여 신체상 또는 정신상의 장애가 있고 동법 제67조 제1항 각 호의 요건을 모두 충족하는 경우에는 장애정도를 결정하는 기준이 되는 날부터 그 장애가 계속되는 기간 동안 장애정도에 따라 지급(동법 제67조)	장애등급 1~3급 : 기본연금액의 60~100%+부양가족연금액(동법 제68조 제1항) 장애등급 4급 : 기본연금액의 2.5배의 일시보상금 지급(동법 제68조 제2항)
유족연금		유족***	· 가입기간이 10년 이상인 가입자이었던 자가 사망한 때 · 노령연금수급권자가 사망한 때 · 연금보험료를 낸 기간이 가입대상 기간의 3분의 1 이상인 가입자 또는 가입자였던 자가 사망한 때 · 사망일 5년 전부터 사망까지의 기간 중 연금보험료를 낸 기간이 3년 이상인 가입자 또는 가입자였던 자(다만, 가입대상기간 중 체납기간이 3년 이상인 사람은 제외)가 사망한 때 · 장애등급 2급 이상의 장애연금수급권자가 사망한 때(동법 제72조 제1항)	가입자의 가입기간에 따라 기본연금액의 40~60%+부양가족연금액(동법 제74조)
반환일시금		본인	· 가입자 또는 가입자였던 자가 가입기간이	가입자 또는 가입자였던 자가 납부한 연금

연금의 종류	수급권자	수급요건	급여수준
	또는 유족	10년 미만인 자가 60세가 된 때 · 가입자 또는 가입자이었던 자가 사망한 때. 다만, 위 제72조에 따라 유족연금이 지급되지 아니하는 경우에 한함 · 가입자 또는 가입자이었던 자가 국적을 상실하거나 국외에 이주한 때(동법 제77조 제1항)	보험료(사업장가입자 또는 사업장가입자였던 자의 경우에는 사용자의 부담금 포함)에 대통령령으로 정하는 이자를 더한 금액 지급(동법 제77조 제2항)
사망일시금	그 배우자, 자녀, 부모, 손자녀, 조부모, 형제자매, 4촌 이내 방계 혈족	가입자 또는 가입자였던 자가 사망한 때에 동법 제73조에 따른 유족이 없는 때(동법 제80조 제1항)	사망한 가입자 또는 가입자였던 자의 반환일시금 상당금액(이자들의 최종 기준소득월액을 연도별 재평가율에 따라 사망일시금 수급 전년도의 현재 가치로 환산한 금액과 같은 규정에 준하여 산정한 가입기간 중 기준소득월액의 평균액 중에서 많은 금액의 4배를 초과 못함) (동법 제80조 제2항)

* 노령연금, 장애연금, 분할연금, 반환일시금의 급여에 관한 지급연령(현행 60세 이상)은 그 현행 규정에 불구하고 그 지급연령에 1953~1956년 출생자는 1세, 1957~1960년 출생자는 2세, 1961~1964년 출생자는 3세, 1965~1968년 출생자는 4세, 1969년 출생자 이후는 5세를 각각 더한 연령으로 한다(동법 부칙 제8조, 제18조).

** 소득이 있는 업무란 소득세법 제19조 제2항에 따른 사업소득, 소득세법 제20조 제2항에 따른 근로소득을 합산한 금액을 종사 월수(해당 연도에 종사한 월수를 말하며 1월 미만인 경우는 이를 1월로 봄)로 나눈 금액이 법 제51조 제1항 제1호에 따라 산정한 금액(균등부분의 평균월소득액)을 초과하는 소득이 있는 업무(동법시행령 제45조).

*** 유족의 범위는 동법 제73조에 규정되어 있다. 즉 가입자 또는 가입자였던 자가 사망할 당시 그에 의하여 생계를 유지하고 있던 배우자, 자녀(다만 25세 미만이거나 장애등급 2급 이상인 자만 해당), 부모(배우자 부모 포함)(60세 이상이거나 장애등급 2급 이상인 자만 해당), 손자녀(19세 미만이거나, 장애등급 2급 이상인 자만), 조부모(배우자 조부모 포함, 60세 이상이거나, 장애등급 2등급 이상만)

4) 분할연금

(1) 의 의

이혼한 배우자의 노후생활을 보장하기 위하여, 이혼할 경우 배우자의 노령연금을 분할하여 지급받을 수 있는 제도이다. 이 제도는 사회적 여건의 변화와 함께 이혼과 별거 등이 늘어남에 따라 여성의 권리보호, 특히 전업주부의 노후보장을 위해 1998년 12월 법개정 시에 도입되었다. 또 분할연금의 근거는 가입자의 연금소득 형성에 주부인 배우자의 공동기여를 인정한 점이다. 그리고 개정법은 이혼한 배우자에게 지급되는 분할연금을 그 배우자가 재혼한 경우에도 계속 지급받을 수 있도록 하고, 자신의 노령연금과 함께 지급받을 수 있도록 하여 여성의 연금수급권을 강화하였다(동법 제64조, 제65조 제1항, 제65조 제4항, 부칙 제37조).

(2) 수급요건

혼인기간(배우자의 가입기간 중의 혼인기간으로서 별거, 가출 등의 사유로 인하여 실질적인 혼인관계가 존재하지 아니하였던 기간을 제외한 기간을 말함)이 5년 이상인 자가 다음의 요건을 모두 갖추면 그때부터 그가 생존하는 동안 배우자이었던 자의 노령연금을 분할한 일정한 금액의 연금을 받을 수 있다(동법 제64조 제1항 제1호~제3호).

① 배우자와 이혼하였을 것
② 배우자였던 사람이 노령연금 수급권자일 것
③ 60세가 되었을 것

이 조항(제64조 제1항)은 2015 헌바 182. 2016. 12. 29에서 헌법 불합치로 판결되어, 2018. 6. 30 일시한으로 입법자가 개정할 때까지 계속적용한다. 분할연금액은 노령연금 중 혼인기간에 해당하는 연금액을 균등하게 나눈 금액으로 한다(동법 제64조 제2항). 그러나 이에 불구하고 민법 제839조의 2 또는 제843조에 따라 연금 분할에 관하여 별도로 정한 경우(비율 합의, 재판에서 정한 비율)에는 그에 따른다(동법 제64조의 2).

분할연금수급권자가 수급권을 취득한 후에 배우자였던 자가 재혼한 때에는 그 재혼기간 동안 해당 분할연금의 지급은 정지되는 것이 아니라 분할연금을 계속 받을 수 있다(동법 제65조 제1항). 분할연금은 위 요건을 갖추게 된 때부터 5년 이내에 청구하여야 한다(동법 제64조 제3항).

(3) 분할연금 지급의 특례

위의 분할연금 청구기간(분할연금 요건을 갖춘 때부터 5년)에도 불구하고 60세의 연령에 도달하기 이전에 이혼하는 경우에는 이혼의 효력이 발생하는 때부터 분할연금을 미리 청구(분할연금 선청구)할 수 있다. 이 경우 분할연금 청구기간(분할연금 요건을 갖춘 때부터 5년)에 따른 청구를 한 것으로 본다(제64조의 3 제1항). 이 분할연금 선청구는 이혼의 효력이 발생하는 때부터 3년 이내에 하여야 한다(동조 제2항).

(4) 노령연금과의 관계

분할연금수급권은 그 수급권을 취득한 후에 배우자이었던 자에게 발생한 사유로 인한 노령연금수급권이 소멸 · 정지되어도 영향을 받지 아니한다(동법 제65조 제1항).

분할연금은 그 수급권자에게 2 이상의 분할연금수급권이 발생한 경우에는 동법 제56조의 규정(중복급여의 조정)에 불구하고 2 이상의 분할연금액을 합산하여 지급하되, 2 이상의 분할연금수급권과 다른 급여(노령연금 제외)의 수급권이 발생한 경우에는 그 2 이상의 분할연금수급권을 하나의 분할연금수급권으로 보고 그 자의 선택에 의하여 그 분할연금 또는 다른 급여 중 하나만을 지급하고 선택하지 아니한 분할연금 또는 다른 급여의 지급은 정지된다(동법 제65조 제2항). 분할연금수급권자는 동법 제72조의 규정(유족연금의 수급권자)에 따른 유족연금을 지급할 때 노령연금수급권자로 보지 아니한다(동법 제65조 제3항).

분할연금수급권자에게 노령연금수급권이 발생한 경우에는 동법 제56조(중복급여의 조정)에도 불구하고 분할연금액과 노령연금액을 합산하여 지급한다(동법 제65조 제4항). 이 중복급여의 허용규정은 이 법 시행일 전(원칙적으로 공포 즉시 시행)에 수급권을 취득한 자에 대하여도 적용된다(동법 부칙 제37조 제2항 : 소급 적용).

5) 연금급여의 제한과 정지

국민연금법상 연금급여를 제한하거나 정지하는 등은 고의나 중대한 과실 또는 보험료의 체납 등에 대하여 취해질 수 있는 조치이다. 이러한 제한과 정지는 거의 모든 사회복지법에 유사하게 규정되어 있는 내용이다. 다만 조기노령연금은 귀책사유와 관계없이 조기노령연금을 받고 있는 60세 미만인 자가 소득 있는 업무에 종사하게 되면 그 기간에 해당하는 조기노령연금 지급을 정지한다(동법 제66조 제1항 제1호, 제2호).

(1) 고의 또는 중대한 과실 등의 사유에 의한 급여의 제한

가) 장애연금 등의 급여제한

가입자 또는 가입자이었던 자가 고의로 질병·부상 또는 그 원인이 되는 사고를 발생시켜 그로 인하여 장애를 입은 경우에는 해당 장애를 지급사유로 하는 장애연금을 지급하지 아니할 수 있으며(동법 제82조 제1항), 또한 고의·중대한 과실로 요양지시에 따르지 아니하거나 정당한 사유 없이 요양지시에 따르지 아니하여 장애를 입거나 사망한 경우, 장애나 사망의 원인이 되는 사고를 일으킨 경우, 그 장애를 악화시키거나 회복을 방해한 경우의 어느 하나에 해당하게 되면 대통령령이 정하는 바에 따라 이를 원인으로 하는 급여의 전부 또는 일부를 지급하지 아니할 수 있다(동법 제82조 제2항)고 되어 있다. 가입자 또는 가입자였던 자를 고의로 사망하게 한 유족, 유족연금 등의 수급권자가 될 수 있는 자를 고의로 사망하게 한 유족, 다른 유족연금 등의 수급권자를 고의로 사망하게 한 유족연금 등의 수급권자의 어느 하나에 해당하는 사람에게는 사망에 따라 발생하는 유족연금, 미지급 급여, 반환일시금 및 사망일시금을 지급하지 아니한다(동조 제3항).

나) 장애연금액의 변경제한

장애연금의 수급권자가 고의 또는 중대한 과실로 요양지시를 따르지 아니하거나 정당한 사유 없이 요양지시를 따르지 아니함으로써 그 장애를 악화시키거나 회복을 방해한 때에는(국민연금) 법 제70조의 규정에 따라 장애연금의 변경을 하지 아니할 수 있다(동법 제83조).

(2) 연금급여의 지급정지

수급권자가 다음과 같은 때에 급여의 전부 또는 일부의 지급을 정지할 수 있다.

① 수급권자가 정당한 사유 없이 공단의 서류 그 밖의 제출 요구에 응하지 아니한 때(동법 제86조 제1항 제1호)
② 장애연금 또는 유족연금의 수급권자가 정당한 사유 없이 공단의 진단요구 또는 확인에 응하지 아니한 때(동법 제86조 제1항 제2호)
③ 장애연금수급권자가 고의 또는 중대한 과실로 요양지시에 따르지 아니하거나 정당한 사유 없이 요양지시에 따르지 아니함으로써 회복을 방해한 때(동법 제86조 제1항 제3호)
④ 수급권자가 정당한 사유없이 신고를 하지 아니한 때(동법 제86조 제1항 제4호)

급여의 지급을 정지하고자 하는 경우에는 그 지급정지 전에 대통령령이 정하는 바에 의하여 급여지급을 일시 중지할 수 있다(동법 제86조 제2항).

4. 비용부담과 연금보험료징수 등

1) 재원조달방식과 재정운용

연금재원의 조달방식은 적립방식과 부과방식으로 나뉜다. 부과방식은 매년의 급부금액을 매년 조달하는 방식인 반면에 적립방식은 장래에 대하여 산정한 보험료율에 따라 평균화한 보험료를 징수하고 징수한 보험료에 비하여 연금발족 당초의 급부지출은 적기 때문에 그 차액은 적립금으로 축적하는 방식이다(순보험료방식). 부과방식을 취하든 적립방식을 선택하든 간에 사용자, 근로자 및 국가 중 부담을 누가 하느냐에 따라 3자 부담, 2자 부담 및 1자 부담방식이 있다. 대부분의 사회보험제도는 3자 부담방식을 채택하고 있는 경향이 있다. 연금재원을 부과할 때 연금가입자의 소득에 비례해서 부과하는 소득비례갹출제와 소득과 관계없이 부과하는 균일갹출방식이 있다. 또 다른 한편으로는 정액갹출제와 정률갹출제 등으로 구분할 수 있다. 우리나라의 국민연금법에 의한 연금보험료는 앞에서 본 바와 같이 소득비례방식과 균일급여방식을 혼용하고 있고 또 정률갹출제에 속한다고 볼 수 있다.

우리나라 국민연금법상의 연금급여 등에 사용되는 비용의 재원조달은 가입자 및 사용자로부터 징수하는 연금보험료와 이를 근거로 조성되는 국민연금기금을 통해서 이루어진다(동법 제88조 및 제101조). 그리고 국가는 매년 공단 및 국민건강보험공단이 국민연금사업을 관리운영하는 데 필요한 비용의 전부 또는 일부를 부담한다(국고부담, 동법 제87조).

2) 연금보험료

(1) 의 의

연금보험료라 함은 국민연금사업에 필요한 비용으로서 사업장가입자에 있어서는 부담금 및 기여금의 합계액을, 지역가입자 · 임의가입자 및 임의계속가입자에 있어서는 본인이 납부한 금액을 말한다(동법 제3조 제10호). 부담금이란 사업장가입자의 사용자가 부담하는 금액, 기여금이란 사업장가입자가 부담하는 금액을 말한다(동법 제3조 제1항 제11조, 제12호). 연금보험료 체계의 수리적 가정요인으로 사망률, 퇴직률, 폐질률 인구증가율, 연금수급자에 대한 취업인구의 비율, 가입연령, 물가와 임금상승률 등이 고려된다. 1998년 12월 31일 개정법률은 국민연금재정의 장기적 균형이 유지되도록 연금보험료를 조정하도록 규정하고 있다(동법 제4조 제1항).

(2) 연금보험료율

가) 사업장가입자

사업장가입자의 연금보험료 중 기여금은 사업장가입자 본인이, 부담금은 사용자가 부담하되, 그 금액은 각각 기준소득월액의 1000분의 45에 해당되는 액으로 한다(동법 제88조 제3항). 종래에는 가입자의 연금보험료의 산정기준인 소득범위가 포괄적으로 되어 있어 신고대상소득에 대한 논란이 있었는데, 개정법은 소득의 개념을 명백하게 규정하여 논란의 소지를 해소했다. 즉 소득이란 일정한 기간 근로를 제공하여 얻은 수입에서 대통령령이 정하는 비과세소득을 제외한 금액 또는 자산을 운용하여 얻은 수입에서 필요경비를 제외한 금액을 말하고(동법 제3조 제1항 제3호), 이 경우 국민연금가입자의 종류에 따른 소득범위는 대통령령으로 정하도록 하고 있다(동법 제3조 제4항). 국가는 제8조에 따른 사업장가입자로서 국민인 근로자가 대통령령으로 정하는 소규모 사업장의 저소득근로자, 근로자의 종합소득이 대통령령이 정하는 기준 미만인 경우에는 연금보험료 중 기여금 및 부담금의 일부를 예산범위

내에서 지원할 수 있다(동법 제100조의 3 제1항). 사용자는 사업장가입자가 부담할 기여금을 그에게 지급할 매달의 임금에서 공제하여 내야 한다. 이 경우 위 제100조의 3 제1항에 따라 사업장가입자의 보험료 중 일부를 지원받을 때에는 사업장가입자가 부담할 기여금에서 지원받은 연금보험료 중 기여금에서 지원되는 금액을 뺀 금액을 공제하여야 한다(동법 제90조 제1항).

나) 지역가입자, 임의가입자 및 임의계속가입자

지역가입자, 임의가입자 및 임의계속가입자의 연금보험료는 그 금액을 가입자 본인이 부담하되, 그 금액은 기준소득월액의 1000분의 90으로 한다(동법 제88조 제4항).

(3) 연금보험료의 징수와 납부

가) 연금보험료의 부과와 징수

연금보험료의 부과는 국민연금공단이 하고 그 징수는 국민건강보험공단이 하도록 부과와 징수를 분리하고 있다(동법 제88조 제2항). 이리하여 보건복지부장관은 연금보험료의 징수에 관하여 이 법에서 정하는 사항을 국민건강보험공단에 위탁하고 있다(동법 제88조 제1항). 국민건강보험공단은 국민연금공단이 연금보험료를 부과한 때는 납부의무자에게 문서(전자문서 포함)로써 납입고지를 해야 한다(동법 제88조의 2).

나) 연금보험료의 납부의무

연금보험료는 그 납부의무자가 다음달 10일까지 납부하여야 하며, 농어업, 축산업 또는 수산업을 경영하는 자는 본인의 신청에 의하여 분기별 연금보험료를 해당분기의 다음 달 10일까지 납부할 수 있다(동법 제89조 제1항). 또 연금보험료를 납부기한으로부터 1월 이전에 선납한 경우에는 그 전월의 연금보험료의 납부기한이 속하는 날의 다음날에 낸 것으로 본다(동법 제89조 제2항). 자동이체의 방법으로 납부할 경우에는 보험료를 감액하거나 재산상의 이익을 제공할 수 있도록 규정하였다(동법 제89조 제3항, 제4항, 동법시행령 제58조). 공단은 고지서의 송달지연 등의 사유에 해당하는 경우에는 납부기한으로부터 1월의 범위 내에서 납부기한 연장신청에 의하여 납부기한을 연장할 수 있다(동법 제89조 제5항, 제6항). 연금보험료는 신용카드 등으로 납부할 수 있다(동법 제90조의 3).

다) 연금보험료 납부의 예외

납부의무자는 사업장가입자 또는 지역가입자가 다음 각 호의 어느 하나에 해당하는 사유로

연금보험료를 낼 수 없으면 대통령령으로 정하는 바에 따라 그 사유가 계속되는 기간에는 연금보험료를 내지 않을 수 있다(동법 제91조 제1항 제1호~제7호).

① 사업중단, 실직 또는 휴직 중인 경우
② 병역법 제3조에 따른 병역의무를 수행하는 경우
③ 초 · 중등교육법 제2조나 고등교육법 제2에 따른 학교에 재학 중인 경우
④ 형의 집행 및 수용자의 처우에 관한 법률 제11조에 따라 교정시설에 수용 중인 경우
⑤ 종전의 사회보호법에 의한 보호감호시설 또는 치료감호법에 따른 치료감호시설에 수용 중인 경우
⑥ 1년 미만의 행방이 불명한 경우(이 경우 행방불명의 인정기준 및 방법은 대통령령으로 정함)
⑦ 재해 · 사고 등으로 소득이 감소되거나 그 밖에 소득이 있는 업무에 종사하지 아니한 경우로서, 대통령령으로 정하는 경우이다. 연금보험료를 내지 아니한 기간에 대하여는 가입기간에 산입하지 아니한다(동법 제91조 제2항).

라) 연금보험료의 추후납부

국민연금법상 연금보험료를 추후에 납부할 수 있는 예외조항을 열어 놓았다. 다음과 같은 경우이다. 즉 ① 연금보험료를 최초로 납부한 이후에 동법 제9조 제1호, 제4호 또는 제5호에 따라 연금보험료를 내지 아니한 기간, ② 동법 제91조 제1항의 규정에 따른 연금보험료를 내지 아니한 기간과, ③ 병역법 제3조에 따른 병역의무를 마친 후 가입자 자격을 취득한 자는 해당 병역의무를 수행한 기간(공무원연금법, 사립학교교직원연금법, 별정우체국법에 의한 재직기간에 포함된 기간과 군인연금법에 따른 복무기간 그리고 1988년 1월 1일 이전에 병역의무를 수행한 기간은 제외)의 전부 또는 일부에 상응하는 보험료(추후보험료)의 추후납부를 신청할 수 있다(동법 제92조 제1항 제1호~제3호). 납부한 연금보험료를 반환일시금으로 지급받은 경우에는 위의 제1항 제1호에도 불구하고 그에 상응하는 기간은 연금보험료를 납부한 것으로 보지 아니한다. 다만, 지급받은 반환일시금을 동법 제78조에 따라 반납금으로 납부한 경우에는 그러하지 아니하다(동조 제2항). 추납보험료는 추후납부를 신청한 날이 속하는 달의 연금보험료에 추후납부하려는 기간의 월수를 곱한 금액으로 한다. 다만, 임의가입자가 추납을 신청한 경우 그 추납보험료 산정을 위한 연금보험료의 상한은 대통령령으로 정한다(동조 제3항). 추납보험료는 대통령령으로 정하는 바에 따라 이자를 가산하고 분할하여 납부할 수 있다(동법 제92조 제4항). 추납보험료를 낸 경우에는 그에 상응하는 기간은 추납보험료를 납부한 날을 기준으로 가입기간의 계산에 넣어서 계산한

다. 이 경우 추후납부에 따라 산입되는 가입기간의 기본 연금액은 추납보험료를 납부한 날이 속하는 달을 기준으로 산정한다(동조 제5항).

연금보험료를 낸 이후에 동법 제92조 제1호의 전업주부(소득 있는 배우자가 있는 소득 없는 주부)에 해당되어 연금보험료를 내지 아니한 전업주부도 추납할 수 있다(동법시행령 제62조 제1항). 추납보험료는 19만원까지만 가능하고 1999년 4월 이후 보험료만 추납할 수 있으며 60회 분납해도 된다(동법시행규칙 제42조 제1항 및 별지 제29호 서식).

마) 연금보험료의 납기 전 징수

사업장가입자의 보험료납부의무자 및 지역가입자가 국세 · 지방세 기타 공과금의 체납으로 인한 체납처분을 받거나 강제집행 · 파산선고를 받은 때 또는 경매가 개시되거나 법인이 해산한 때에는 납기(납부기한을 연장하는 경우에는 그 기한) 전이라도 연금보험료를 징수할 수 있다(동법 제94조).

바) 연금보험료의 독촉 · 체납처분 및 연체금, 고액상습체납자의 인적사항 공개

국민건강보험공단은 가입자가 연금보험료와 그에 따른 징수금을 기한(납부기한을 연장한 경우에는 그 기한)까지 내지 아니하거나 제2차 납부의무자(동법 제90조의 2)가 연금보험료, 연체금, 체납처분비를 기한까지 내지 아니하면 대통령령으로 정하는 바에 따라 기한을 정하여 독촉하여야 하고(동법 제95조 제1항), 독촉을 함에 있어서는 10일 이상의 납부기한을 정하여 독촉장을 발부하여야 한다(동법 제95조 제2항), 독촉을 받은 자가 그 기한 내에 연금보험료 등을 내지 아니하면 국민건강보험공단은 보건복지부장관의 승인을 얻어 국세체납처분의 예에 따라 이를 징수할 수 있다(동법 제95조 제4항). 국민건강보험공단은 연금보험료의 납부의무자가 납부기한까지 이를 내지 아니하면 그 납부기한이 경과한 날부터 매 1일이 경과할 때마다 체납된 연금보험료의 1천분의 1에 해당하는 금액을 가산한 연체금을 징수한다. 이 경우 연체금은 체납된 연금보험료의 1천분의 30에 해당하는 연체금을 제1항에 따른 연체금에 가산하여 징수한다. 이 경우 연체금은 체납된 연금보험료의 1천분의 3을 초과하지 못한다(동법 제97조 제1항). 건강보험공단은 연금보험료의 납부의무자가 체납된 연금보험료를 내지 아니하면 납부기한 후 30일이 경과한 날부터 매 1일이 경과한 때마다 체납된 연금보험료의 3천분의 1에 해당하는 연체금을 제1항에 따른 연체금에 가산하여 징수한다. 이 경우 연체금은 체납된 연금보험료의 1천분의 90을 초과하지 못한다(동법 제97조 제2항). 그리고 건강보험공단은 납부기한 다음 달부터 2년이 지난 연금보험료, 연체금, 체납처분비의 총액이 5천만 원 이상인 체납자(사업장가입자에 한함)가 납부능력이 있음에도 불구하고 체납한 경우 체납자의 인적사항(사용자의 인적사항)과 체납액 등을 공개할 수 있다(동법 제97조의 2 제1항). 지역가입자, 임의가입자 및 임의계속가입자의 연금보험료 및 연체금을 징수할 권리는 가입자(가입자였던 자)가 사망한 때, 본인이 노령연금을 받거나 반환일시금을 받은 때, 소멸시효가 완성된 때 소멸한다(동법 제99조).

5. 국민연금기금

1) 기금의 설치 · 조성

보건복지부장관은 국민연금사업에 필요한 재원을 원활하게 확보하고, 이 법에 따른 급여에 충당하기 위한 책임준비금으로서 국민연금기금(이하 "기금")을 설치 · 운영한다(동법 제101조 제1항). 국민연금기금은 연금보험료, 기금운용수익금, 적립금 및 공단의 수입지출결산상 잉여금으로 조성된다(동법 제101조 제2항).

2) 기금의 관리 · 운용

기금은 보건복지부장관이 관리 · 운용한다(동법 제102조 제1항). 보건복지부장관은 국민연금재정의 장기적 안정유지를 위하여 그 수익을 최대로 증대시킬 수 있도록 국민연금기금운용위원회가 의결한 바에 따라 다음의 방법으로 기금을 관리 · 운용하되, 가입자 · 가입자이었던 자 및 수급권자의 복지증진을 위한 사업에의 투자는 국민연금재정의 안정을 해치지 아니하는 범위 안에서 하여야 한다(동법 제102조 제2항 제1호~제7호).

① 대통령령으로 정하는 금융기관(은행법에 의한 금융기관, 한국산업은행, 중소기업은행, 증권회사, 신탁회사, 자산운용회사, 투자자문회사, 종합금융회사, 보험회사, 채신관서(동법시행령 제74조)를 말함)에 대한 예입 또는 금전신탁

② 공공사업을 위한 공공부문에의 투자(기획재정부장관과 기획재정부장관과 협의하며 국채를 매입함)

③ 자본시장과 금융투자사업에 관한 법률 제4조에 따른 유가증권의 매매 및 대여

④ 자본시장과 금융투자사업에 관한 법률 제5조 제1항 각 호에 따른 지수 중 금융상품지수에 대한 선물거래

⑤ 국민연금법 제46조에 따른 복지사업 및 대여사업

⑥ 기금의 본래의 사업목적달성을 위한 재산의 취득 및 처분

⑦ 그 밖에 기금증식을 위하여 대통령령으로 정하는 사업(국민연금법시행령 제74조 제3항 참조)

보건복지부장관은 연금보험료 등의 징수에 소요되는 비용을 국민연금기금운용위원회의 의결을 거쳐 기금에서 국민건강보험공단에 출연할 수 있다(동법 제102조의 2).

3) 국민연금기금운용위원회 및 실무평가위원회

국민연금기금운용위원회(이하 "운용위원회")는 다음과 같은 사항을 심의 · 의결하기 위한 기구이다(동법 제103조 제1항 제1호~제5호). 보건복지부에 둔다.

① 기금운용지침에 관한 사항
② 기금을 공공자금 · 관리기금에 예탁할 경우 예탁이자율의 협의에 관한 사항
③ 기금운용계획에 관한 사항
④ 기금의 운용내역과 사용내역에 관한 사항
⑤ 그 밖에 기금운용에 관한 중요한 사항으로서 운용위원회 위원장이 부의한 사항

운용위원회는 보건복지부장관을 위원장으로 하고, 기획재정부차관 · 농림수산식품부차관 · 산업통상자원부차관 · 고용노동부차관과 공단 이사장을 당연직 위원으로 하며, 위원장이 위촉하는 사용자단체가 추천하는 사용자 대표위원 3명, 노동조합연합단체가 추천하는 근로자 대표위원 3명, 농어업인단체 · 자영자관련단체 · 소비자 및 시민단체가 각 2명씩 추천하는 지역가입자 대표위원 6명 및 관계전문가로서 국민연금에 관한 학식과 경험이 풍부한 자 2명 등으로 구성한다(동법 제103조 제2항).

위원회 임기는 2년으로 하고 연임할 수 있다. 다만, 위원장 및 당연직 위원의 임기는 그 재임기간으로 한다(동법 제103조 제3항).

위원장은 회의록을 작성하여 보관하고 그 주요 내용을 요약하여 공개하여야 한다(동법 제103조의 2 제1항).

4) 국민연금기금운용실무평가위원회

국민연금기금운용실무평가위원회는 다음과 같은 사항을 심의 · 의결하기 위하여 운용위원회에 마련한 기구이다(동법 제104조 제1항 제1호~제5호).

① 기금운용자산의 구성 및 기금의 회계처리에 관한 사항
② 기금조성 성과의 측정에 관한 사항
③ 기금의 관리 · 운용과 관련하여 개선하여야 할 사항

④ 기금운용위원회에서 상정할 안건 중 실무평가위원회의 위원장이 필요하다고 인정한 사항
⑤ 그 밖에 기금운용위원회에서 심의를 요청한 사항

실무평가위원회는 보건복지부차관을 위원장으로 하고, 위원 중에서 호선하는 부위원장 및 위원장이 위촉하는 위원으로 구성한다(동법 제104조 제2항). 위촉위원은 위의 기금운용위원회의 위원장과 당연직 위원(공단 이사장 제외)이 각각 지명하는 소속부처의 3급 국가공무원 또는 고위공무원단에 속하는 일반직 국가공무원, 사용자를 대표하는 위원으로서 사용자단체가 추천하는 3명, 노동조합연합단체가 추천하는 근로자, 대표위원 3명, 지역가입자를 대표하는 위원으로서 농어업인단체가 추천하는 자 2명, 농어업인 이외의 자영자 관련단체가 추천하는 자 2명, 소비자 및 시민단체가 추천하는 자 2명, 국민연금제도 및 국민연금기금운용에 관한 학식과 경험이 풍부한 자 2명 등으로 구성한다(동법 제104조 제2항 제1호~제5호).

5) 국민연금운용지침

운용위원회는 가입자의 권익이 극대화되도록 매년 다음 사항에 관한 국민연금기금운용지침을 마련하도록 규정하고 있다(동법 제105조 제1항 제1호~제5호).

① 공공사업에 사용할 기금자산의 비율
② 공공사업에 대한 자금배분의 우선순위
③ 가입자 · 가입자이었던 자 및 수급권자의 복지증진을 위한 사업비
④ 기금증식을 위한 가입자 및 가입자이었던 자에 대한 대여사업비
⑤ 기금의 관리 운용 현황에 관한 공시대상 및 방법

6) 국민연금기금운용계획 등

보건복지부장관은 매년 기금운용계획을 세워서 기금운용위원회 및 국무회의의 심의를 거쳐 대통령령의 승인을 얻어야 하며, 정부는 이를 전년도 10월 말까지 국회에 보고하여야 한다. 기금운용위원회의 위원장은 정부가 작성한 기금의 운용내역과 사용내역을 기금운용위원회의 심의를 거쳐 국회에 제출하고 공시하여야 한다(동법 제107조).

6. 심사청구 및 재심사청구

국민연금법상 권리구제는 다른 사회보장법에서 보는 바와 같이 2회에 걸친 심사청구를 통

해 가입자의 권리를 구제하려는 제도적 장치를 가지고 있다.

1) 심사청구

국민연금과 연관하여 공단 또는 국민건강보험공단의 처분에 대해 이의가 있는 사람은 그 처분이 있음을 안 날로부터 90일 이내에 문서로 그 처분을 한 공단 또는 국민건강보험공단에 심사청구를 할 수 있다. 심사청구는 처분이 있음을 안 날로부터 90일 이내에 문서로 하여야 한다. 이러한 심사청구사항을 심사하기 위하여 공단에 국민연금심사위원회를 두고, 국민건강보험공단에 징수심사위원회를 둔다(동법 제108조 및 제109조).

국민연금심사위원회 및 징수심사위원회의 구성·운영 및 심사 등에 필요한 사항은 대통령령으로 정한다(동법 제109조 제2항).

2) 재심사청구

심사청구에 대한 결정에 불복이 있는 자는 그 결정통지를 받은 날로부터 90일 이내에 보건복지부에 설치된 국민연금재심사위원회에 재심사청구를 할 수 있다(동법 제110조). 재심사위원회의 재심사 및 재결에 관한 절차에 관하여는 행정심판법을 준용하고(동법 제112조 제1항), 이 재심사는 제18조(행정소송법)의 적용에 있어서는 행정심판법에 따른 행정심판으로 본다(동법 제112조 제2항). 재심사위원회의 구성, 운명 및 재심사 등에 필요한 사항을 대통령령령으로 정한다(동법 제111조 제2항).

7. 국민연금법 관련 헌법재판소 판결

국민연금제도의 가입대상을 18세 이상 60세 미만의 국민으로 제한하는 국민연금법 제6조가 헌법 제10조의 인간으로서의 존엄과 가치, 행복을 추구할 권리, 헌법 제11조 제1항의 평등원칙 및 헌법 제43조 제1항의 인간다운 생활을 할 권리 등을 침해한다는 이유로 위 법률조항의 위원확인을 구하기 위하여 헌법소원을 청구한 사건(2000.6.15)에 대하여 헌법재판소는 청구인들의 심판청구를 모두 기각하였다. 판시사항과 판결요지는 다음과 같다.

1) 판시사항

① 국민연금제도의 가입대상을 18세 이상 60세 미만의 국민으로 제한하는 이 사건 법률조

항이 합리적 이유 없이 60세 이상의 국민을 차별함으로써 헌법상의 평등원칙을 침해한다고 볼 수 없다.

② 60세 이상의 국민에 대한 국민연금제도 가입을 제한하는 것은 노후를 편안하고 안락하게 살아갈 권리를 부여하고 있는 헌법상의 인간다운 생활을 할 권리를 침해한 것이라고 볼 수 없다.

2) 판결요지

· 사건번호 : 2000헌마390

· 연/월/일 : 2001. 4. 26.

· 요지 :

① 국민연금의 가입대상, 가입기간, 보험료, 연금수급자격 및 급여수준 등을 구체적으로 어떻게 정할 것인가는 국민의 소득수준, 경제활동연령, 정년퇴직연령, 평균수명, 연금재정 등 여러 가지 사회적·경제적 사정을 참작하여 입법자가 폭넓게 그의 형성재량으로 결정할 수 있는 사항이라고 할 것이고, 그 결정이 명백히 자의적인 것으로서 입법재량을 벗어나지 않는 한 헌법에 위반된다고 할 수 없다. 현재 우리나라 국민의 일반적 퇴직연령은 60세 전후이고, 평균추정수명은 74.9세이며, 60세 이상의 국민 중, 경제활동에 참가하고 있는 국민은 20~30%에 불과하여 우리나라 국민의 60세 전후 시기는 소득활동이 중단되거나 축소됨으로써 소득보장을 받아야 하는 때이다. 그렇다면 국민연금의 가입대상을 경제활동이 가능한 18세 이상 60세 미만의 국민으로 제한하고 있는 이 사건 법률조항은 노후의 소득보장이라는 연금제도의 입법취지에 따라 국민연금제도를 합리적으로 운영하기 위한 것으로 정당하고 60세 미만의 국민에 비하여 청구인들을 불합리하게 차별대우함으로써 헌법상의 평등원칙을 침해한다고 볼 수 없다.

② 현행 국민연금법상의 연금제도는 자기 기여를 전제로 하는 사회보험의 전형적인 한 형태이다. 그렇다면 국가가 국민의 인간다운 생활을 보장하기 위한 헌법적 의무를 다하였는지 여부는 국민연금제도와 같은 사회보험에 의한 소득보장제도만으로 판단하여서는 아니 되고, 사회부조의 방식에 의하여 행하여지는 각종 급여나 각종 부담의 감면 등을 총괄한 수준을 가지고 판단하여야 할 것이다. 사실조회 회신에 의하면, 국민기초생활 보장법, 노인복지법 등 법령에 의하여 저소득노인에 대한 각종 급여 및 부담의 면제, 시설제공 등으로 인한 노인들의 생활여건에 비추어 볼 때, 이 사건 법률조항이 청구인들과

같은 노인들의 국민연금가입을 제한하고 있다고 하더라도 인간다운 생활을 보장하기 위하여 국가가 실현해야 할 객관적 내용의 최소한도의 보장에도 이르지 못하였다거나 헌법상 용인될 수 있는 재량의 범위를 명백히 일탈하였다고는 보기 어렵고 청구인들이 국민연금제도에서 제외되었다는 사실만으로 곧 그것이 헌법에 위반된다거나 청구인들의 인간으로서의 존엄과 가치, 행복추구권이나 인간다운 생활을 할 권리를 침해한 것이라고는 볼 수 없다 할 것이다.

8. 국민연금과 직역연금의 연계에 관한 법률

국민연금의 가입기간과 공무원연금, 사립학교교직원연금, 군인연금, 별정우체국직원연금의 재직기간, 복무기간을 연계하여 연계급여를 지급하기 위하여 2009년 2월 6일에 제정한 법률이다. 이후 여러 차례 개정되었다.

9. 노후지원과의 관계

노후준비지원법(2015. 6. 22 제정)에 따르면, 국가와 지방자치단체는 재무 · 건강 · 여가 · 대인관계 등 분야별로 적절한 노후준비를 위하여 진단, 상담, 교육, 사후관리를 제공하고 이를 위한 노후준비서비스에 필요한 시책을 수립하고 시행하여야 한다(동법 제12조, 제13조). 이러한 노후준비서비스의 제공, 조사연구, 프로그램 개발 공급, 노후준비서비스 제공자의 양성관리 등 노후준비서비스에 필요한 실무는 국민연금공단에서 총괄하고 담당한다(국민연금법 제46조의 3). 국민연금공단은 가입대상자 및 수급권자를 포함한 국민의 안정된 노후생활보장을 위하여 노후준비지원법 제2조의 노후준비서비스와 관련된 다음의 사업을 실시할 수 있다(국민연금법 제46조의 3 제1호~제6호). 노후준비서비스의 제공(제1호), 노후준비서비스에 대한 조사연구(제2호), 노후준비서비스에 필요한 프로그램의 개발보급(제3호), 노후준비서비스 제공자의 양성관리(제4호), 노후준비서비스를 위한 정보시스템의 구축 운영(제5호), 그 밖에 노후준비서비스 제공에 관하여 보건복지부장관이 위탁하는 사항(제6호)

제3절 기초연금법

(1) 의의

어르신들의 생활의 어려움을 덜어드리고 연금혜택을 공평하게 나누어 드리기 위하여 2014년 7월부터 기초노령연금제도가 폐지되고 대신 기초연금법이 2014년 5월 20일에 제정되어 (2015. 3. 11. 개정) 기초연금제도가 2014년 7월 1일부터 시행되었다. 그 후 2016. 2. 3, 2016. 12. 27 등에 개정되었다.

어르신들의 안정된 노후생활을 도와드리기 위해 1988년부터 국민연금제도가 시행된지 오래지 않아 국민연금에 가입하지 못한 분들이 많고, 가입을 하였더라도 그 기간이 짧아 충분한 연금을 받지 못하는 분들이 많다.

따라서 어르신들의 편안한 노후생활을 도와드리고 연금혜택을 공평하게 나누어 드리기 위하여 드리는 연금으로 현대의 심각한 노인빈곤문제를 해결하면 미래세대의 부담을 덜어드리고 노후에 안정된 혜택을 누릴 수 있도록 하기 위하여 도입된 제도이다.

(2) 기초연금의 대상자(동법 제3조 참조)

기초연금은 만 65세 이상이고 한국국적을 가지고 있으며 국내거주(「주민등록법」 제1, 2에 따른 주민등록자)하시는 어르신 중 가구의 소득인정액이 선정기준액 이하인 분들에게 드린다. 부부 중 한 분만 신청하는 경우도 부부가구에 해당된다(동법 제3조 제1항). 보건복지부장관은 65세 이상인 사람 중 기초연금수급자가 100분의 70 수준이 되도록 한다(동조 제2항).

선정기준액(2018년도 기준)

단독가구	부부가구
131만원	209만 6,000원

-'소득인정액'이란 소득평가액과 재산의 소득 환산액을 합산한 금액을 말함.

-공무원연금, 사립학교 교직원연금, 군인연금, 별정우체국연금 수급권자 및 그 배우자는 원칙적으로 기초연금 수급대상에서 제외된다.

(3) 기초연금액 산정(기초연금법 제5조 이하 참조)

기초연금 수급권자에 대한 기초연금액은 기준연금액과 국민연금 급여액 등을 고려하여 산정한다(동법 제5조 제1항). 기준연금액은 보건복지부장관이 그 전년도의 기준연금액에 대통령령으로 정하는 바에 따라 전국소비자물가변동률을 반영하여 매년 고시한다(동법 제5조 제2항).

① 다음에 해당하는 경우 기초연금액은 기준연금금액으로 산정된다(동법 제5조 제6항, 동법 시행령 제9조).

- 국민연금의 노령연금수급권자 또는 분할연금수급권자, 북한이탈주민의 보호 및 정착지원에 관한 법률 제26조의 2에 따른 국민연금수급권자, 국민연금과 직역연금의 연계에 관한 법률 제10조에 따른 연계노령연금수급권자에 해당하지 아니하는 사람
- 국민연금 지급이 정지된 노령연금수급권자 및 분할연금수급권자
- 장애인복지법 제4조에 따른 수급권자
- 국민기초생활보장법 제2조 제2호에 따른 수급자
- 국민연금법 제13조 제1항에 따라 임의계속가입중인 사람
- 분할연금 수급권을 취득한 후 해당 급여를 청구하지 아니한 사람
- 국민연금과 직역연금의 연계에 관한 법률 제18조 제2항 제1호 나목에 따라 유족연금 수급권을 선택한 연계 노령연금 수급권자

* 기준연금액(최고 액수) : 2017년 20만 6,050원, 2018년 4월 25만원

다만, 소득수준이 상대적으로 높거나 부부 모두가 기초연금을 받을 경우 감액할 수 있다.

② 위의 경우에 해당하지 않을 경우 가령 국민연금에 가입했다 하더라도 기초연금액은 소득재분배급여에 따른 산식에 의하여 산정한다(동법 제5조 제4항).

(기준연금액 − 2/3×A급여) + 부가연금액

※ A급여란 소득재분배급여를 말하고, 이는 국민연금 급여액 중 기초연금적 성격을 가진 부분으로 개인별 기초연금액을 결정하는 기준이 되는 급여로, 가입기간이 길수록 일찍 가입할수록 A급여액은 증가하며 가입기간이 동일하더라도 가입시기와 가입이력에 따라 A급여는 다를 수 있다.

③ 기초연금 수급권자 중 국민연금과 직역연금의 연계에 관한 법률 제10조에 따른 연계노령연금 수급권자에게는 기준연금액에서 소득재분배 급여금액과 연계퇴직금액에 2분의 1을 곱한 금액을 합한 금액의 3분의 2를 곱한 금액을 뺀 금액에 부가연금액(기준연금액의 2분

의 1에 해당하는 금액)을 더한 금액이 기초연금액이다(동법 제5조 제5항). 이에 따라 공무원연금, 사립학교 교직원 연금, 군인연금, 별정 우체국 수급권자로서 기존에 기초노령연금을 받으신 분들이 기초연금을 받게 되는 경우 이미 받으시던 기초노령연금액과 비슷한 수준인 10만원으로 기초연금액이 산정된다. 다만 소득수준이 상대적으로 높거나, 부부 모두 기초연금을 받게 되는 경우는 감액될 수 있다.

④ 기초연금 수급권자 중 노령연금 수급권자 또는 분할연금 수급권자에게 지급하는 기초연금액은 위 ②에 따라 산정한 금액으로 한다(동법 제5조 제3항).

제4절 국민건강보험법

Ⅰ. 국민건강보험법의 의의와 특성

1. 의 의

국민건강보험법이란 국민건강보험제도에 관한 법규의 전체라고 할 수 있다. 여기에는 법률인 국민건강보험법(1992. 2. 8. 제정, 여러 차례 개정, 최근에는 2011. 12. 31.에 전부개정됨, 2013. 5. 22. 일부개정, 2014. 1. 1, 2014. 5. 20, 2016. 2. 3, 2016. 5. 29, 2017. 2. 8, 2017. 4. 18, 2018. 1. 16. 일부개정) 명령인 동법시행령(2000. 6. 23. 제정, 여러 차례 개정, 2012. 8. 31. 전부개정, 2012. 9. 28, 2012. 12. 21, 2012. 12. 27, 2013. 1. 28, 2013. 5. 3, 2013. 6. 11, 2013. 12. 30, 2015. 12. 22, 2016. 6. 30, 2016. 9. 22, 2016. 12. 30, 2017. 2. 7, 2017. 3. 20, 2017. 6. 13, 2017: 7. 26, 2017. 8. 1, 2018. 1. 23. 일부개정, 2017. 12. 29. 개정) 및 동법시행규칙(2000. 6. 30. 제정, 여러 차례 개정, 2012. 8. 31. 전부개정, 2013. 6. 26, 2013. 12. 31, 2015. 12. 31, 2016. 12. 12, 2017. 4. 10, 2017. 8. 4. 일부개정, 2018. 1. 2. 개정)이 있다.

건강보험제도란 일상생활의 우연한 질병이나 부상으로 인하여 일시에 고액의 진료비가 소비되어 가계가 파탄되는 것을 방지하기 위하여 보험원리에 의거하여 국민이 평소에 보험료를 내어 기금화하였다가 보험사고가 발생할 경우 보험급여를 해 줌으로써 국민 상호 간에 위험을 분담하고 의료서비스를 제공하는 사회보장제도이다.

국민건강보험법의 근거는 헌법 제34조와 사회보장기본법 제1조, 제3조로 볼 수 있다. 우리나라 헌법 제34조에서 국민의 인간다운 생활을 할 권리와 동시에 권리를 실현하기 위한 국가의 사회복지증진의무를 규정하고 있다. 그리고 사회보장에 관한 기본법인 사회보장기본법 제3조 제1호는 "사회보장이라 함은 출산 · 양육 · 실업 · 노령 · 질병 · 빈곤 및 사망 등의 사회적 위험으로부터 모든 국민을 보호하고 국민 삶의 질을 향상시키는 데 필요한 사회보험, 공공부조, 사회서비스 및 관련복지제도를 말한다"고 규정하고 있다. 따라서 건강보험제도는 사회보장제도 가운데 하나이다.

국가는 한편으로는 국민의 질병 · 부상에 대한 예방 · 진단 · 치료 · 재활과 출산 · 사망 및 건강증진에 대하여 보험급여를 실시함으로써 국민건강을 향상시키고 사회보장을 증진함을 목적으로 국민건강보험법을 제정하여 생활유지능력이 있는 국민을 대상으로 '건강보험제도'를 실시하고 있고, 의료급여법을 제정하여 생활유지능력이 없거나 어려운 국민을 대상으로 '의료보호제도'를 실시하고 있다. 국민건강보험법은 사회법(사회보장법, 즉 넓은 의미의 사회복지)으로서의 성질을 갖고 있다는 점에서 공법의 성격을 가미하고 있으며, 법체계상 법률-시행령-시행규칙-고시, 예규 등으로 체계를 이루고 있다.

2. 국민건강보험법의 목적

국민건강보험법은 국민의 질병 · 부상에 대한 예방 · 진단 · 치료 · 재활과 출산 · 사망 및 건강증진에 대하여 보험급여를 실시함으로써 국민건강을 향상시키고 사회보장을 증진함을 목적으로 한다(동법 제1조). 보건복지부장관은 건강보험의 건전한 운영을 위하여 건강보험정책심의위원회(동법 제4조)의 심의를 거쳐 국민건강종합계획을 수립하여야 한다(동법 제3조의 2).

3. 국민건강보험법의 기능

1) 건강보험의 사회연대성

건강보험은 국민의 의료비 문제를 해결해 줌으로써 국민의 건강과 가계를 보호하는 제도로서, 전 국민을 당연적용 대상자로 하는 사회보험방식을 채택하고 있다. 따라서 국가 또는 개인의 책임이 아닌 사회공동의 연대책임을 활용하여 소득재분배 기능과 위험분산의 효과를 거두고, 이를 통하여 사회적 연대를 강화하여 사회통합을 이루는 기능을 수행한다.

2) 소득재분배 기능의 수행

질병은 개인의 경제생활에 지장을 주어 소득을 떨어트리고 다시 건강을 악화시키는 악순환을 초래하므로 건강보험은 각 개인의 경제적 능력에 따른 일정한 부담으로 재원을 조성하는 반면에 개별부담과 관계없이 필요에 따라 균등한 급여를 받음으로써 질병발생 시 가계에 지워지는 경제적 부담을 경감시켜 주는 소득재분배 기능을 수행한다.

3) 위험분산 기능의 수행

많은 인원을 집단화하여 위험을 분산함으로써 개개인의 부담을 경감하는 기능과 미리 적은 돈을 갹출하여 둠으로써 위험을 시간적으로 분산하는 기능도 겸하여 수행하고 있다. 공평한 비용부담과 적정한 보험급여비용(보험료)부담은 소득이나 능력에 비례하여 부담하게 되며, 집단구성원 상호 간의 사회적 연대성에 의하여 그 기능이 발휘된다.

또한 보험급여 측면에서는 피보험대상자 모두에게 필요한 기본적 의료를 적정한 수준까지 보장함으로써 그들의 의료비 문제를 해결하고 누구에게나 균등하게 적정수준의 급여를 제공하는 기능을 수행한다.

4. 국민건강보험법의 특성

1) 법률에 의한 강제가입

일정한 법적 요건이 충족되면 본인의 의사에 관계없이 강제 적용된다. 왜냐하면 보험가입을 기피할 경우 국민 상호 간 위험부담을 통하여 의료비를 공동으로 해결하고자 하는 건강보험제도의 목적실현이 어렵기 때문이다. 또 질병위험이 큰 사람만 보험에 가입할 경우 보험재정이 파탄되어 원활한 건강보험 운영이 불가능하게 되기 때문이다.

2) 부담능력에 따른 보험료의 차등부담(형평부과)

사보험(私保險)은 급여의 내용, 위험의 정도, 계약의 내용 등에 따라 보험료를 부담하지만 사회보험방식인 건강보험에서는 사회적 연대를 기초로 의료비 문제를 해결하려는 것이 목적이므로 소득수준 등 보험료 부담능력에 따라 차등적으로 부담하게 된다.

3) 보험급여의 균등한 수혜

사보험은 보험료 부과수준, 계약기간 및 내용에 따라 차등급여를 받지만 사회보험인 건강보험은 보험료 부과수준에 관계없이 관계법령에 의하여 균등하게 보험급여가 이루어진다.

4) 보험료 납부의 강제성

가입이 강제적이라는 점에서 강제보험제도의 실효성을 확보하기 위하여 피보험자에게는 납부의 의무가 주어지며, 보험자에게는 보험료징수의 강제성이 부여된다.

5) 단기보험

연금보험과는 달리 1년 단위의 회계연도를 기준으로 수입과 지출을 예정하여 보험료를 계산하며 지급조건과 지급액도 보험료 납입기간과는 상관이 없고 지급기간이 단기이다.

Ⅱ. 주요 내용

1. 적용대상

1) 국민건강보험의 가입자

(1) 자격요건과 대상

국내에 거주하는 국민으로서, 다음의 (2)에서 열거한 적용제외대상자가 아닌 모든 사람이 이 국민건강보험의 가입자 또는 피부양자가 되어 국민건강보험법의 적용을 받는다(동법 5조 제1항). 국민개보험을 원칙으로 하고 있다. 피부양자는 다음의 하나에 해당하는 사람 중 직장가입자에 의하여 주로 생계를 의존하는 사람으로서 소득 및 재산이 보건복지부령으로 정하는 기준 이하에 해당하는 사람을 말한다(동법 제5조 제2항 제1호~제4호). 이 개정 피부양자 기준은 2018년 7월 1일부터 시행한다.

① 직장가입자의 배우자
② 직장가입자의 직계존속(배우자의 직계존속 포함)
③ 직장가입자의 직계비속(배우자의 직계비속 포함) 및 그 배우자
④ 직장가입자의 형제자매

이러한 피부양자 자격의 인정기준, 취득 · 상실시기 그 밖에 필요한 사항은 보건복지부령으로 정한다고 되어 있다(동법 제5조 제3항). 여기에 따라서 동법시행규칙은 피부양자 자격의 인정기준은 별표 1에 따른 부양요건에 해당하고(외국인, 재외국민 포함) 별표 1의 2에 따른 소득요건에 해당할 것이라는 요건을 모두 충족하는 것으로 한다(동법시행규칙 제2조 제1항). 이 피

부양자 자격의 인정기준은 2017년 4월 18일에 그 인정기준이 소득 및 재산으로 개정됨에 따라 이에 관한 시행규칙(별표 1, 별표 1의2)이 2018년에는 개정되리라고 본다.

국민건강보험법시행규칙

[별표 1] 〈개정 2013.6.28〉

피부양자피부양자 자격의 인정기준 중 부양요건(제2조 제1항 제1호 관련)

가입자와의 관계	부양요건	
	동거 시	비동거 시
1. 배우자	부양 인정	부양 인정
2. 부모인 직계존속		
가. 부모(아버지 또는 어머니와 재혼한 배우자 포함)	부양 인정	부모(아버지 또는 어머니와 재혼한 배우자 포함)와 동거하고 있는 형제자매가 없거나, 있어도 보수 또는 소득이 없는 경우 부양 인정
나. 법률상의 부모가 아닌 친생부모(이하 "친생부모")	부양 인정	친생부모의 배우자 또는 동거하고 있는 직계비속이 없거나, 있어도 보수 또는 소득이 없는 경우 부양 인정
3. 자녀(법률상의 자녀가 아닌 친생자녀 포함)인 직계비속	부양 인정	미혼인 경우 부양 인정
4. 조부모·외조부모 이상인 직계존속	부양 인정	조부모·외조부모 이상인 직계존속과 동거하고 있는 직계비속이 없거나, 있어도 보수 또는 소득이 없는 경우 부양 인정
5. 손·외손 이하인 직계비속	부모가 없거나, 아버지 또는 어머니가 있어도 보수 또는 소득이 없는 경우 부양 인정	미혼으로서 부모가 없는 경우 부양 인정
6. 직계비속의 배우자	부양 인정	부양 불인정
7. 배우자의 부모인 직계존속	부양 인정	배우자의 형제자매가 없거나, 있어도 동거하고 있는 배우자의 형제자매가 보수 또는 소득이 없는 경우 부양 인정
8. 배우자의 조부모·외조부모 이상인 직계존속	부양 인정	배우자의 조부모·외조부모 이상인 직계존속과 동거하고 있는 직계비속이 없거나, 있어도 보수 또는 소득이 없는 경우 부양 인정
9. 배우자의 직계비속	미혼인 경우 부양 인정	부양 불인정
10. 형제자매	미혼으로 부모가 없거나, 있어도 부모가 보수 또는 소득이 없는 경우 부양 인정	미혼으로 부모 및 형제자매가 없거나, 있어도 부모 및 동거하고 있는 형제자매가 보수 또는 소득이 없는 경우 부양 인정

11. 배우자, 직계존속, 배우자의 직계존속, 직계비속, 직계비속의 배우자, 형제·자매, 배우자의 직계비속	위 제1호부터 제10호까지의 경우에 해당되지 않더라도 해당 직장가입자에게 주로 생계를 의존하고 있음을 공단이 확인한 경우 부양 인정

* 제1호부터 제11호까지의 규정에도 불구하고, 소유하고 있는 토지, 건축물, 주택, 선박 및 항공기에 대한 「지방세법」 제110조에 따른 재산세 과세표준의 합이 9억 원(형제자매의 경우는 3억 원)을 넘는 경우에는 부양요건을 인정하지 않는다. 다만, 「장애인복지법」 제32조에 따라 장애인으로 등록한 사람, 「국가유공자 등 예우 및 지원에 관한 법률」 제4조·제73조 및 제74조에 따른 국가유공자 등(법률 제11041호로 개정되기 전의 「국가유공자 등 예우 및 지원에 관한 법률」 제73조의 2에 따른 국가유공자 등 포함)으로서 같은 법 제6조의 4에 따른 상이등급 판정을 받은 사람과 「보훈보상대상자 지원에 관한 법률」 제2조에 따른 보훈보상대상자로서 같은 법 제6조에 따른 상이등급 판정을 받은 사람은 그러하지 아니하다.

[별표 1의 2] 〈신설 2013.6.28〉

피부양자 자격의 인정기준 중 소득요건(제2조 제1항 제2호 관련)

1. 직장가입자의 피부양자가 되려는 사람은 다음 각 목에서 정하는 요건을 모두 충족하여야 한다.
   가. 영 제41조 제1항 제1호·제2호의 이자소득과 배당소득의 합계액이 4천만 원 이하일 것
   나. 영 제41조 제1항 제3호의 사업소득(이하 이 표에서 "사업소득")이 없을 것. 다만, 피부양자가 되려는 사람이 다음의 어느 하나에 해당하는 경우 해당되는 사업소득 요건을 충족하면 사업소득이 없는 것으로 본다.
      1) 사업자등록이 되어 있지 않은 경우 : 사업소득의 연간 합계액이 500만 원 이하일 것
      2) 「장애인복지법」 제32조에 따라 장애인으로 등록한 사람, 「국가유공자 등 예우 및 지원에 관한 법률」 제4조·제73조 및 제74조에 따른 국가유공자 등(법률 제11041호로 개정되기 전의 「국가유공자 등 예우 및 지원에 관한 법률」 제73조의 2에 따른 국가유공자 등 포함)으로서 같은 법 제6조의 4에 따른 상이등급 판정을 받은 사람과 「보훈보상대상자 지원에 관한 법률」 제2조에 따른 보훈보상대상자로서 같은 법 제6조에 따른 상이등급 판정을 받은 사람인 경우 : 사업소득의 연간 합계액이 500만 원 이하일 것
   다. 영 제41조 제1항 제4호·제6호의 근로소득과 기타소득의 합계액이 4천만 원 이하일 것
   라. 영 제41조 제1항 제5호의 연금소득의 100분의 50에 해당하는 금액이 2천만 원 이하일 것
2. 피부양자가 되려는 사람이 폐업 등에 따른 사업중단 등의 사유로 소득이 발생하지 않게 된 경우, 「도시 및 주거환경정비법」에 따른 주택재건축사업으로 발생한 사업소득을 제외하면 제1호의 요건을 충족하는 경우 등 관계 자료에 의하여 공단이 인정한 경우에는 제1호의 요건을 충족하는 것으로 본다.
3. 피부양자가 되려는 사람이 기혼자인 경우에는 부부 모두 제1호 및 제2호의 요건을 충족하여야 한다.
4. 보건복지부장관은 제1호 가목부터 라목까지의 기준금액에 대하여 「통계법」 제3조에 따라 통계청장이 매년 고시하는 전국소비자물가변동률을 고려하여 증액 또는 감액하여 개정한다.

(2) 적용제외대상자

적용제외대상자는 아래와 같다(동법 제5조 제1항 제1호, 제2호).

① 「의료급여법」에 따라 의료급여를 받는 사람(이하 "수급권자")
② 「독립유공자 예우에 관한 법률 및 국가유공자 등 예우 및 지원에 관한 법률」에 의하여 의료보호를 받는 사람(이하 "유공자 등 의료보호대상자") 다만, ㉠ 유공자 등 의료보호대상자 중 건강보험의 적용을 신청한 보험자에게 신청한 사람과 ㉡ 건강보험의 적용을 받고 있던 사람이 유공자 등 의료보호대상자로 되었으나 건강보험의 적용배제신청을 보험자에게 하지 아니한 사람은 가입자 또는 피부양자가 된다.

(3) 외국정부 근로자에 대한 특례

외국정부가 사용자인 사업장의 근로자에 대한 건강보험에 관하여는 외국정부와의 합의에 따라 정부가 따로 정할 수 있다(동법 제109조 제1항). 따라서 원칙적으로는 적용제외대상자이지만 외국정부와의 합의에 따라 국민건강보험제도의 대상이 될 수 있음을 시사한다.

(4) 외국인과 재외국민

국내에 체류하고 있는 재외국민 또는 외국인이(이하 국내체류 외국인 등이라 함) 건강보험적용사업장의 근로자 · 공무원 · 교직원이고 이 법 제6조 제2항 각 호의 어느 하나(직장가입자 적용제외자)에 해당하지 아니하면서 다음의 어느 하나에 해당하는 경우에는 동법 제5조에 불구하고 직장가입자가 된다(동법 제109조 제2항).

① 주민등록법 제6조 제1항 제3호에 따라 등록을 한 사람(제1호)
② 재외동포의 출입국과 법적 지위에 관한 법률 제6조에 따라 국내거소를 신고한 사람(제2호)
③ 출입국관리법 제31조에 따라 외국인 등록을 한 사람(제3호)

위의 직장가입자에 해당하지 아니하는 국내체류 외국인 등이 다음 각 호의 요건을 모두 갖춘 경우에는 제5조에도 불구하고 공단에 신청하면 지역가입자가 될 수 있다.

1. 보건복지부령으로 정하는 기간 동안 국내에 거주하였거나 해당 기간 동안에 지속적으로 거주할 것으로 예상할 수 있는 사유로서 보건복지부령으로 정하는 사유에 해당될 것
2. 다음 각 목의 어느 하나에 해당할 것

가. 제2항 제1호 또는 제2호에 해당하는 사람
나. 「출입국관리법」 제31조에 따라 외국인등록을 한 사람으로서 보건복지부령으로 정하는 체류자격이 있는 사람(이상 동법 제109조 제3항)

다음으로 제2항 각 호의 어느 하나에 해당하는 국내체류 외국인 등이 다음 각 호의 요건을 모두 갖춘 경우에는 제5조에도 불구하고 공단에서 신청하면 피부양자가 될 수 있다.

1. 직장가입자와의 관계가 제5조 제2항 각 호의 어느 하나에 해당될 것
2. 제5조 제3항에 따른 피부양자 자격의 인정 기준에 해당할 것(이상 동조 제4항)

그러나 위 제2항부터 제4항까지의 규정에도 불구하고 다음 각 호에 해당되는 경우에는 가입자 및 피부양자가 될 수 없다.

1. 국내체류가 법률에 위반되는 경우로서 대통령령으로 정하는 사유가 있는 경우
2. 제2항에 해당되는 사람으로서 국내에 근무하는 기간 동안 외국의 법령, 외국의 보험 또는 사용자와의 계약 등에 따라 제41조에 따른 요양급여에 상당하는 의료보장을 받을 수 있어 사용자가 보건복지부령으로 정하는 바에 따라 가입 제외를 신청한 경우(이상 동조 제5항)

그리고 제2항부터 제5항까지의 규정에서 정한 사항 외에 국내체류 외국인 등의 가입자 또는 피부양자 자격의 취득 및 상실에 관한 시기 · 절차 등에 필요한 사항은 제5조부터 제11조까지의 규정을 준용한다. 다만, 국내체류 외국인 등의 특성을 고려하여 특별히 규정해야 할 사항은 대통령령으로 다르게 정할 수 있다(동조 제6항).

또한 가입자인 국내체류 외국인 등이 매월 2일 이후 지역가입자의 자격을 취득하고 그 자격을 취득한 날이 속하는 달에 보건복지부장관이 고시하는 사유로 해당 자격을 상실한 경우에는 제69조 제2항 본문에도 불구하고 그 자격을 취득한 날이 속하는 달의 보험료를 부과하여 징수한다(동조 제7항).

국내체류 외국인 등(국내에 영주하는 외국인은 제외한다)에 해당하는 지역가입자의 보험료는 제78조 제1항 본문에도 불구하고 그 직전 월 25일까지 납부하여야 한다. 다만, 다음 각 호에 해당되는 경우에는 공단이 정하는 바에 따라 납부하여야 한다.

1. 자격을 취득한 날이 속하는 달의 보험료를 징수하는 경우
2. 매월 26일 이후부터 말일까지의 기간에 자격을 취득한 경우(이상 동조 제8항)

위의 제7항과 제8항에서 정한 사항 외에 가입자인 국내체류 외국인 등의 보험료 부과 · 징수에 관한 사항은 제69조부터 제86조까지의 규정을 준용한다. 다만, 대통령령으로 정하는 국내체류 외국인 등의 보험료 부과 · 징수에 관한 사항은 그 특성을 고려하여 보건복지부장관이 다르게 정하여 고시할 수 있다(동조 제9항).

2) 가입자의 종류

건강보험제도의 가입자는 직장가입자 및 지역가입자로 구분한다(동법 제6조 제1항). 그 내용은 아래와 같다.

(1) 직장가입자

모든 사업장의 근로자 및 사용자와 공무원 및 교직원은 직장가입자가 된다(동법 제6조 제2항 본문).

직장가입자는 다음과 같다.

첫째, 근로자 및 사용자이다. 즉, 근로자를 사용하는 모든 사업장에 고용된 근로자와 그 사용자가 직장가입자가 된다. 여기서 말하는 근로자란 직업의 종별에 불구하고 근로의 대가로서 보수를 받아 생활하는 자(법인의 이사 그 밖의 임원을 포함)로서 공무원과 교직원을 제외한 사람을 말한다(동법 제3조 제1호). 사업장의 사용자는 직장가입자가 되는 근로자, 공무원 및 교직원을 사용하는 사업장이 된 때, 휴업, 폐업 등 보건복지부령이 정하는 사유가 발생한 때의 어느 하나에 해당하는 경우 그때부터 14일 이내에 보건복지부령으로 정하는 바에 따라 보험자에 신고하여야 한다(동법 제7조). 그리고 '사용자'란 해당 근로자가 소속되어 있는 사업장의 사업주, 해당 공무원이 소속되어 있는 기관의 장으로서 대통령령이 정하는 사람, 해당 교직원이 소속되어 있는 사립학교를 설립 · 운영하는 자를 말한다(동법 제3조 제2호). '공무원'이라 함은 국가 또는 지방자치단체에서 상시 공무에 종사하는 사람을 말하고, '교직원'이라 함은 사립학교 또는 그 학교경영기관에서 근무하는 교원 및 직원을 말한다(동법 제3조 제4호, 제5호).

둘째, 공무원 및 교직원이 직장가입자가 된다.

다만, 다음에 해당하는 사람은 직장가입자의 대상에서 제외된다(동법 제6조 제2항 단서 동법 제6조 제2항 제1호~제4호).

① 1월 미만의 기간 동안 고용되는 일용 근로자(동법 제6조 제2항 제1호)

② 병역법에 따른 현역병(지원에 의하지 아니하고 임용된 하사를 포함), 전환 복무된 사람 및

군간부 후보생(동조 제2호)

③ 선거에 당선되어 취임하는 공무원으로서 매월 보수 또는 이에 준하는 급료를 받지 아니하는 사람(동조 제3호)

④ 그 밖에 사업장의 특성, 고용형태 및 사업의 종류 등을 고려하여 대통령령으로 정하는 사업장의 근로자 및 사용자와 공무원 및 교직원(비상근 근로자, 비상근 교직원 등, 동조 제4호)

여기서 대통령령으로 정하는 사업장의 근로자, 사용자, 교직원이란, 비상근 근로자 또는 1개월 동안의 근로시간이 60시간 미만인 단시간제 근로자, 비상근 교직원 또는 1개월 동안의 근로시간이 60시간 미만인 시간제 공무원 및 교직원, 소재지가 일정하지 아니한 사업장의 근로자 및 사용자, 근로자가 없거나 비상근 근로자나 단시간 근로자만을 고용하고 있는 사업장의 사업주를 말한다(동법시행령 제9조 제1호~제4호).

(2) 지역가입자

지역가입자는 가입자 중 직장가입자와 그 피부양자를 제외한 가입자를 말한다(동법 제6조 제3항).

3) 가입자 자격의 취득과 상실

(1) 자격취득의 시기

가입자는 국내에 거주하게 된 날에 직장가입자 또는 지역가입자의 자격을 취득한다. 다만, 다음의 자는 그 해당되는 날에 각각 자격을 얻는다(동법 제8조 제1항 제1호~제4호).

① 의료급여수급자이었던 자는 그 수급자에서 제외된 날

② 직장가입자의 피부양자이었던 자가 그 자격을 잃은 날

③ 유공자 등 의료수급자이었던 자는 그 수급자에서 제외된 날

④ 유공자 등 의료보호대상자로서 건강보험의 적용을 급여자에게 신청한 자는 그 신청한 날

위의 가입자의 자격을 얻은 경우에 해당 직장가입자의 사용자 및 지역가입자의 세대주는 그 내역을 보건복지부령이 정하는 바에 의하여 자격취득일부터 14일 이내에 보험자에게 신고하여야 한다(동법 제8조 제2항).

(2) 자격의 변동과 신고

가입자는 ① 지역가입자가 적용대상사업장의 사용자로 되거나, 근로자, 공무원 또는 교직원(이하 "근로자")으로 사용된 날, ② 직장가입자가 적용대상사업장의 사용자로 되거나 근로자 등으로 사용된 날, ③ 직장가입자인 근로자 등이 그 사용관계가 끝난 날의 다음날, ④ 직장가입자인 사용자의 사업장에 휴업, 폐업 등의 사유가 발생한 날의 다음날, ⑤ 지역가입자가 다른 세대로 전입한 날의 어느 하나에 해당하게 된 날에 그 자격이 변동된다(동법 제9조 제1항).

위의 ①과 ②에 따라 자격이 변동된 경우에는 해당 직장가입자의 사용자가, 직장가입자 또는 그 피부양자가 지역가입자로 자격이 변동된 경우 등 위의 ③, ④, ⑤에 따라 자격이 변동된 경우에는 해당 지역가입자의 세대주가 각각 그 내역을 보건복지부령이 정하는 바에 의하여 자격변동일부터 14일 이내에 보험자에게 신고하여야 한다(동법 제9조 제2항). 국방부장관 및 법무부장관은 직장가입자 또는 지역가입자가 군입대, 교도소 입소 등에 해당하는 경우에는 그 변동일부터 1월 이내에 보건복지부령이 정하는 바에 따라 보험자에게 통보하여야 한다(동법 제9조 제3항).

(3) 자격상실의 시기

국민건강보험제도의 가입자는 다음의 경우에 그 해당된 날에 그 자격을 잃는다(동법 제10조 제1항 제1호~제6호).

① 사망한 날의 다음날
② 국적을 잃은 날의 다음날
③ 국내에 거주하지 아니하게 된 날의 다음날
④ 직장가입자의 피부양자가 된 날의 다음날
⑤ 수급권자가 된 날
⑥ 건강보험을 적용받고 있던 자로서 유공자 등 의료급여수급자가 된 자가 건강보험의 적용배제신청을 한 날

위의 가입자의 자격을 잃은 경우에 해당 직장가입자의 사용자 및 지역가입자의 세대주는 그 내역을 보건복지부령이 정하는 바에 따라 그 자격을 잃은 날부터 14일 이내에 보험자에게 신고하여야 한다(동법 제10조 제2항).

4) 건강보험증 발급

국민건강보험공단은 가입자에 대하여 건강보험증을 발급해야 한다(동법 제12조 제1항). 가입자나 피부양자는 요양급여를 받을 때에 건강보험증을 제출해야 하나 요양기관이 주민등록증, 운전면허증, 여권 등 본인 여부를 확인할 수 있는 신분증명서에 따라 그 자격을 확인할 수 있는 경우는 건강보험증을 제출하지 않아도 된다(동법 제12조 제3항).

2. 운영조직

1) 보험자

(1) 의 미

국민건강보험제도는 사회보험제도의 하나로서 감독 및 최종 책임은 보건복지부장관이 지게 되지만, 운영주체로서 보험자는 법인형태의 국민건강보험공단이다(동법 제13조). 그리고 국민건강보험공단은 법인으로 한다(동법 제15조 제1항).

(2) 국민건강보험공단

가) 법인격과 조직(사무소 등)

공단은 일종의 공법인으로서 주된 사무소의 소재지에 설립등기를 함으로써 성립하고(동법 제15조 제2항), 정관이 정하는 바에 의하여 분사무소를 둘 수 있다(동법 제16조 제2항).

나) 업 무

공단은 다음과 같은 업무를 관장한다(동법 제14조 제1호~제13호).

① 가입자 및 피부양자의 자격관리
② 보험료 그 밖에 이 법에 따른 징수금의 부과 · 징수
③ 보험급여의 원리
④ 가입자 및 피부양자의 질병의 조기발견 · 예방 및 건강관리를 위하여 요양급여 실시 현황과 건강검진 결과 등을 활용하여 실시하는 예방사업으로 대통령령으로 정하는 사업(대통령령으로 정하는 사업은 동법 시행령 제9조의 2에 규정되어 있음)
⑤ 보험급여비용의 지급

⑥ 자산의 관리 · 운영 및 증식사업
⑦ 의료시설의 운영
⑧ 건강보험에 관한 교육훈련 및 홍보
⑨ 건강보험에 관한 조사연구 및 국제협력
⑩ 이 법에서 공단의 업무로 정하고 있는 사항
⑪ 국민연금법, 고용보험 및 산업재해보상보험의 보험료징수 등에 관한 법률, 임금채권보장법 및 석면피해구제법에 따라 위탁받은 업무
⑫ 그 밖에 이 법 또는 다른 법령에 의하여 위탁받은 업무
⑬ 그 밖에 건강보험과 관련하여 보건복지부장관이 필요하다고 인정하는 업무

2011년 12월 31일의 전부개정법은 위의 재산의 관리 · 운영 및 증식사업은 안정성과 수익성을 고려하여 은행에의 예입 또는 신탁, 유가증권의 매입 등 여러 가지 방법으로 하도록 하고 있다(동법 제14조 제2항). 또 이 법은 공간의 임원 구성, 상임이사 중 징수 이사 선임, 임원의 직무, 임원의 결격사유, 임원의 겸직금지, 이사회, 직원의 임명, 공단임직원의 공무원 의제, 대리인 선임, 대표권 제한, 이사장 권한의 위임에 관하여 상세히 규정하고 있다(동법 제20조~제32조).

다) 재정운영위원회

법 제45조 제1항에 따른 요양급여비용의 계약 및 법 제84조에 따른 보험료의 결손처분 등 보험재정과 관련된 사항을 심의 · 의결하기 위하여 공단에 재정운영위원회를 둔다(동법 제33조 제1항).

재정운영위원회의 위원은 직장가입자를 대표하는 위원 10명(노동조합과 사용자단체가 각 5명 추천), 지역가입자를 대표하는 위원 10명(농 · 어업인단체 · 도시자영업자단체 각 3명, 시민단체가 4명 추천), 관계공무원(기획재정부장관, 보건복지부장관이 그 부처의 4급 이상 공무원 또는 고위 공무원단에 속하는 일반직 공무원 중에서 지명하는 자 각 1명) 및 건강보험에 관한 학식과 경험이 풍부한 자로서 공익을 대표하는 위원 10명으로 구성되며 보건복지부장관이 임명 또는 위촉하기로 되어 있다(동법 제34조 제1항 제1호~제3호, 제2항 제1호~제3호, 동법시행령 제14조 제1항 제1호, 제2호, 제2항). 위원장은 위의 공익대표 중에서 위원회가 호선한다(동법 제33조 제2항).

2) 국민건강보험심사평가원

국민건강보험법은 요양급여비용을 심사하고 요양급여의 적정성을 평가하기 위한 기관으로 건강보험심사평가원(이하 "심사평가원")을 설립하도록 한다(동법 제62조). 이는 공단과는 별도의 법인이며 주된 사무소의 소재지에서 설립등기를 함으로써 성립한다(동법 제64조). 심사평가원은 다음의 업무를 관장한다(동법 제63조 제1항 제1호~제7호 및 동법시행령 제28조 제1항 제1호, 제5호).

① 요양급여비용의 심사
② 요양급여의 적정성에 대한 평가
③ 심사 및 평가기준의 개발
④ 위 각 업무와 관련된 조사연구 및 국제협력
⑤ 다른 법률의 규정에 의하여 지급되는 급여비용의 심사 또는 의료의 적정성 평가에 관하여 위탁받은 업무
⑥ 건강보험과 관련하여 보건복지부장관이 필요하다고 인정한 업무
⑦ 그 밖에 보험급여비용의 심사와 보험급여의 적정성 평가와 관련하여 대통령이 정하는 업무

심사평가원에 임원으로서 원장, 이사 15명(상임이사 4명, 비상임이사 11명) 및 감사 1명을 둔다. 이 경우 원장, 이사 중 4명 및 감사는 상임으로 한다(동법 제65조 제1항).

그 심사평가원의 원장 및 감사는 대통령이 임명하고(동법 제65조 제2항, 제5항), 비상임이사 5명은 의약관계단체가 추천한 사람을, 1명은 공단이 추천한 사람을, 4명은 노동조합 · 사용자단체 · 농어업인단체 및 소비자단체가 각각 1명씩 추천한 사람 합계 10명과 보건복지부 소속 3급 공무원 또는 고위 공무원단에 속하는 공무원 중에서 보건복지부장관이 지명하는 1명을 보건복지부장관이 임명한다(동법 제65조 제4항 동법시행령 제29조). 상임이사는 보건복지부령으로 정하는 추천 절차를 거쳐 원장이 임명한다(동법 제65조 제3항). 비상임이사는 정관이 정하는 바에 의하여 실비변상을 받을 수 있다(동법 제65조 제6항).

심사평가원의 업무를 효율적으로 수행하기 위하여 심사평가원에 위원장을 포함한 90명 이내의 상근심사위원과 1천명 이내의 비상근심사위원으로 구성되는 '진료심사평가위원회'를 둔다(동법 제66조 제1항, 제2항).

3) 국민건강보험정책심의위원회

이 법 제3조의 2 제1항 및 제3항에 따른 종합계획 및 시행계획에 관한 심의 법 제41조 제

3항에 따른 요양급여의 기준과 법 제45조 제3항 및 제46조에 따른 요양급여비용 및 법 제73조 제1항에 따른 직장가입자의 보험료율과 법 제73조 제3항에 따른 지역가입자의 보험료부과점수당 금액, 그 밖에 건강보험에 관한 주요사항으로서 대통령령이 정하는 사항을 심의하기 위하여 보건복지부장관 소속하에 건강보험정책심의위원회(이하 "심의위원회")를 둔다(동법 제4조 제1항).

심의위원회는 위원장 1명과 부위원장 1명을 포함한 25명의 위원으로 구성한다. 위원장은 보건복지부차관이 된다.

위원은 근로자단체 및 사용자단체가 각 2명씩, 시민단체(비영리민간단체지원법 제2조에 따른 비영리민간단체를 말함. 이하 같음), 소비자단체, 농어업인단체 및 자영업자단체가 추천하는 각 1명, 의료계를 대표하는 단체 및 약업계를 대표하는 단체가 추천하는 8명, 대통령령이 정하는 중앙행정기관 소속공무원 2명, 국민건강보험공단의 이사장 및 건강보험심사평가원의 원장이 추천하는 각 1명, 건강보험에 관한 학식과 경험이 풍부한 4명의 사람을 보건복지부장관이 임명 또는 위촉한다(동법 제4조 제2항, 제3항, 제4항).

심의위원회 위원의 임기는 3년으로 한다(동법 제4조 제5항). 심의위원회의 운영 등에 관하여 필요한 사항은 대통령령으로 정한다(동법 제4조 제6항).

3. 국민건강보험의 보험급여

1) 의 미

국민건강보험법에 따라 제공되는 급여는 요양급여, 요양비 지급, 부가급여, 건강검진이 있다(동법 제41조, 제49조, 제50조, 제52조 등). 이 중에서 요양급여, 건강검진 및 요양비 지급은 법정급여라고 한다. 법정급여는 법적 규정에 의하여 일정한 보험사고에 대하여 지급되는 급여이고, 임의급여는 급여의 종류는 법적으로 정해져 있으나 실시여부는 보험자에게 위임되어 있는 급여를 말한다.

2) 요양급여

(1) 개념과 범위

요양급여는 가입자 및 피부양자의 질병 · 부상 · 출산 등에 대하여 다음과 같은 종류의 급여를 제공한다(동법 제41조 제1항 제1호~제7호).

1. 진찰 · 검사
2. 약제 · 치료재료의 지급
3. 처치 · 수술 기타의 치료
4. 예방 · 재활
5. 입원
6. 간호
7. 이송

요양급여의 범위는 ① 위 각 호의 요양급여(제2호 약제는 제외)(비급여대상 : 동조 제4항으로 정한 것을 제외), ② 위 제2호의 약제(법 제41조의 3에 따라 요양급여대상으로 보건복지부장관이 결정하여 고시한 것)로 한다(동조 제2항). 보건복지부장관은 요양급여 기준을 정할 때 업무나 일상생활에 지장이 없는 질환에 대한 치료 등 보건복지부령으로 정하는 사항은 요양급여대상에서 제외되는 사항으로 정할 수 있다(동법 제41조 제4항).

위의 요양급여의 방법 · 절차 · 범위 · 상한 등 요양급여의 기준은 보건복지부령으로 정한다(동법 제41조 제3항).

보건복지부장관은 약사법 제47조 제2항의 위반과 관련된 위의 약제에 대하여는 1년의 범위에서 기간을 정하여 요양급여의 적용을 정지할 수 있다(동법 제41조의 2).

요양급여를 결정함에 있어 결제성 또는 치료효과성 등이 불확실하여 그 검증을 위하여 추가적인 근거가 필요하거나, 경제성이 낮아도 가입자 및 피부양자의 건강회복에 잠재적 이득이 있는 등 대통령령으로 정하는 경우에는 예비적인 급여인 선별급여로 지정하여 실시할 수 있다(동법 제41조의 4). 이 경우 보건복지부장관이 선별급여의 실시조건을 사전에 정하여 이를 충족하는 요양기관만이 선별급여를 실시할 수 있다(동법 제42조의 2).

(2) 요양기관

요양급여를 행하는 기관을 말하는데, 이는 다음과 같은 곳이 요양기관으로 인정된다. 이 경우 보건복지부장관은 공익 또는 국가시책상 요양기관으로 적합하지 않다고 인정되는 의료기관 등으로서 대통령령이 정하는 의료기관 등은 의료기관 등에서 제외할 수 있다(동법 제42조 제1항 제1호~제5호).

① 의료법에 따라 개설된 의료기관

② 약사법에 따라 등록된 약국

③ 약사법 제72조의 12의 규정에 의하여 설립된 한국희귀의약품센터

④ 지역보건법에 의한 보건소 · 보건의료원 및 보건지소

⑤ 농어촌 등 보건의료를 위한 특별조치법에 따라 설치된 보건진료소

보건복지부장관은 요양급여를 효율적으로 하기 위하여 필요하면 보건복지부령이 정하는 바에 따라 시설 · 장비 · 인력 및 진료과목 등 보건복지부령으로 정하는 기준에 해당하는 요양기관을 종합전문요양기관으로 인정할 수 있다. 이 경우 해당 전문요양기관에 인정서를 발급하여야 한다(동법 제42조 제2항). 전문요양기관으로 인정된 요양기관 또는 의료법 제33조의 4에 따른 상급종합병원에 대하여는 요양급여의 절차 및 요양급여비용을 다른 요양기관과 달리 할 수 있다(동조 제4항). 요양기관은 정당한 이유없이 요양급여를 거부하지 못한다(동조 제5항).

(3) 비용의 일부 부담

요양급여를 받는 자는 대통령령으로 정하는 바에 따라 비용의 일부(본인 일부 부담금)를 본인이 부담하도록 하고 이 경우 선별급여에 대하여는 다른 요양급여에 비해서 본인 일부 부담금을 상향조정할 수 있다(동법 제44조 제1항). 이에 따라 동법시행령 제19조 제1항은 본인 일부 부담률과 부담액을 별표 2에서 따로 정하고 있는데 그 내용은 아래와 같다. 본인이 연간 부담하는 본인 일부 부담금의 총액이 대통령령으로 정하는 금액(동법시행령 제19조 제3항)을 초과한 경우에는 공단이 그 초과금액을 부담한다(동조 제2항).

요양급여비용 중 본인일부부담금의 부담률 및 부담액(국민건강보험법시행령 제19조 제1항 관련)

[별표 2] 〈개정 2018.1.23.〉

1. 가입자 또는 피부양자는 요양급여비용 중 다음 각 목의 어느 하나에 해당하는 금액(100원 미만은 제외한다)을 부담한다. 다만, 입원진료의 경우에는 100원 미만의 금액도 부담한다.

가. 입원진료(나목의 표 중 보건복지부장관이 정하는 의료장비를 이용한 진료의 경우는 제외한다) 및 보건복지부장관이 정하는 요양급여를 받은 경우(약국 또는 한국희귀의약품센터인 요양기관에서 처방전에 따라 의약품을 조제받는 경우를 포함한다)는 다음의 구분에 따라 계산한 금액

1) 요양급여비용 총액(보건복지부장관이 정하여 고시하는 식대와 장애인 치과진료에 대한 가산금액은 제외한다)의 100분의 20(상급종합병원에서 법 제43조에 따라 신고한 입원병실 중 일반입원실 및 정신과 폐쇄병실의 4인실을 이용한 경우에는 그 입원료에 한정하여 100분의 30으로 하고, 보건복지부장관이 정하여 고시하는 격리 입원에 대해서는 그 입원료에 한정하여 100분

의 10으로 한다)에 입원기간 중 식대[입원환자의 식사의 질과 서비스에 영향을 미치는 부가적 요소에 드는 비용에 해당하는 가산금액(이하 "식대가산금액"이라 한다)을 포함한다. 이하 이 호, 제2호 및 제3호가목 · 나목 · 아목에서 같다]의 100분의 50을 더한 금액

2) 「의료법」 제3조제2항제3호라목에 따른 요양병원에서 입원진료를 받는 사람 중 입원치료보다는 요양시설이나 외래진료를 받는 것이 적합한 환자로서 보건복지부장관이 정하여 고시하는 환자군에 해당하는 경우에는 요양급여비용 총액의 100분의 40에 입원기간 중 식대의 100분의 50을 더한 금액

나. 외래진료의 경우 및 보건복지부장관이 정하는 의료장비 · 치료재료를 이용한 진료의 경우에는 다음 표의 구분에 따라 계산한 금액

기관 종류	소재지	환자 구분	본인일부부담금
상급종합병원	모든 지역	일반환자	진찰료 총액 + (요양급여비용 총액 - 진찰료총액) × 60/100. 다만, 임신부 외래진료의 경우에는 요양급여비용 총액의 40/100으로 한다.
		의약분업 예외환자	진찰료 총액 + (요양급여비용 총액 - 약값 총액 - 진찰료 총액) × 60/100 + 약값 총액×30/100. 다만, 임신부 외래진료의 경우에는 (요양급여비용 총액 - 약값 총액) × 40/100 + 약값 총액×30/100으로 한다.
종합병원	동 지역	일반환자	요양급여비용 총액 × 50/100(임신부 외래진료의 경우에는 30/100)
		의약분업 예외환자	(요양급여비용 총액 - 약값 총액) × 50/100(임신부 외래진료의 경우에는 30/100) + 약값 총액×30/100
	읍 · 면 지역	일반환자	요양급여비용 총액 × 45/100(임신부 외래진료의 경우에는 30/100)
		의약분업 예외환자	(요양급여비용 총액 - 약값 총액) × 45/100(임신부 외래진료의 경우에는 30/100) + 약값 총액 × 30/100
병원, 치과병원, 한방병원, 요양병원	동 지역	일반환자	요양급여비용 총액 × 40/100(임신부 외래진료의 경우에는 20/100)
		의약분업 예외환자	(요양급여비용 총액 - 약값 총액) × 40/100(임신부 외래진료의 경우에는 20/100) + 약값 총액 × 30/100
	읍 · 면 지역	일반환자	요양급여비용 총액 × 35/100(임신부 외래진료의 경우에는 20/100)
		의약분업 예외환자	(요양급여비용 총액 - 약값 총액) × 35/100(임신부 외래진료의 경우에는 20/100) + 약값 총액 × 30/100
의원, 치과의원, 한의원, 보건의료원	모든 지역	일반환자	요양급여비용 총액 × 30/100(임신부의 외래진료의 경우에는 10/100). 다만, 요양급여를 받는 사람이 65세 이상이면서 해당 요양급여비용 총액이 보건복지부령으로 정하는 금액을 넘지 않으면 보건복지부령으로 정하는 금액을 본인일부부담금으로 한다.
		의약분업 예외환자	(요양급여비용 총액 - 약값 총액) × 30/100(임신부의 외래진료의 경우에는 10/100) + 약값 총액 × 30/100. 다만, 요양급여를 받는 사람이 65세 이상이면서 해당 요양급여비용 총액이 보건복지부령으로 정하는 금액을 넘지 않으면 보건복지부령으로 정하는 금액을 본인일부부담금으로 한다.

보건소, 보건지소, 보건진료소	모든 지역		요양급여비용 총액 × 30/100. 다만, 요양급여비용 총액이 보건복지부령으로 정하는 금액을 넘지 않으면 보건복지부령으로 정하는 금액을 본인일부부담금으로 한다.

비고 : 1. 위 표에서 “의약분업 예외환자”란 「약사법」 제23조제4항제3호 중 조현병(調絃病) 또는 조울증 등으로 자신 또는 타인을 해칠 우려가 있는 정신질환자, 같은 항 제4호 중 「감염병의 예방 및 관리에 관한 법률」에 따른 제1군감염병환자 및 같은 항 제8호 · 제9호에 해당하는 환자를 말한다. 다만, 제1호가목에 따라 요양급여비용 총액의 100분의 20을 적용받는 사람은 제외한다.

2. 위 표에서 “약값 총액”이란 요양기관이 해당 약제를 구입한 금액의 총액을 말한다.
3. 보건복지부장관이 정하는 의료장비를 이용한 입원진료인 경우의 요양급여비용 총액은 의료장비를 이용한 비용의 총액으로 한정한다.
4. 요양기관의 외래진료를 통하여 주기적으로 의사의 처방에 따라 구입(사용)하여야 하는 치료재료 중 보건복지부장관이 정하여 고시하는 치료재료의 경우에는 해당 치료재료 비용 및 관련 행위(교체를 위한 직접적 행위에 한정한다. 이하 같다) 비용을 제외한 요양급여비용 총액을 위 표의 요양급여비용 총액으로 하여 위 표에 따라 산정한 금액에 해당 치료재료 비용 및 관련 행위 비용의 100분의 20을 더한 금액을 본인일부부담금으로 한다. 다만, 제3호마목이 적용되는 중증질환자는 제외한다.
5. 보건복지부장관이 정하는 질병의 환자가 요양기관(의원으로 한정한다)에 보건복지부장관이 정하는 절차 또는 방법에 따라 외래진료를 지속적으로 받겠다는 의사를 표시한 경우에는 해당 질병에 대하여 그 다음 진료부터 (진찰료 총액 × 20/100) + {(요양급여비용 총액 - 진찰료 총액) × 30/100}에 해당하는 금액을 본인일부부담금으로 한다. 다만, 요양급여를 받는 사람이 65세 이상인 경우에는 요양급여비용 총액이 보건복지부령으로 정하는 금액을 넘지 않으면 보건복지부령으로 정하는 금액을 본인일부부담금으로 한다.
6. 임신부가 유산 또는 사산을 한 경우 해당 유산 또는 사산에 따른 외래진료는 위 표에 따른 임신부 외래진료에 포함한다.

다. 약국 또는 한국희귀의약품센터의 경우

1) 진료를 담당한 의사 또는 치과의사가 발행한 처방전에 따라 의약품을 조제받은 경우에는 요양급여비용 총액의 100분의 30(요양급여를 받는 사람이 65세 이상인 경우 요양급여비용 총액이 보건복지부령으로 정하는 금액을 넘지 않으면 보건복지부령으로 정하는 금액). 다만, 제1호가목 중 보건복지부장관이 정하는 요양급여를 받은 경우(약국 또는 한국희귀의약품센터인 요양기관에서 처방전에 따라 의약품을 조제받는 경우를 포함한다)는 제외한다.

2) 「약사법」 제23조제3항제1호에 따라 의료기관이 없는 지역에서 조제하는 경우로서 진료를 담당한 의사 또는 치과의사가 발행한 처방전에 따르지 않고 의약품을 조제받은 경우에는 다음의 구분에 따라 산정한 금액

가) 요양급여비용 총액이 보건복지부령으로 정하는 금액을 넘는 경우에는 요양급여비용 총액의 100분의 40

나) 요양급여비용 총액이 보건복지부령으로 정하는 금액을 넘지 않는 경우에는 보건복지부령으로 정하는 금액

3) 1)에도 불구하고 상급종합병원 또는 종합병원의 의사가 발행한 처방전에 따라 질병의 중증도를

고려하여 보건복지부장관이 정하여 고시하는 질병에 대한 의약품을 조제받은 경우(읍·면 지역 소재 종합병원의 의사가 발행한 처방전에 따라 의약품을 조제받거나 「한국보훈복지의료공단법」에 따른 보훈병원의 의사나 「독립유공자예우에 관한 법률」, 「국가유공자 등 예우 및 지원에 관한 법률」, 「보훈보상대상자 지원에 관한 법률」, 「5·18민주유공자예우에 관한 법률」, 「참전유공자예우 및 단체설립에 관한 법률」, 「고엽제후유의증 등 환자지원 및 단체설립에 관한 법률」, 「특수임무유공자 예우 및 단체설립에 관한 법률」 및 「제대군인지원에 관한 법률」에 따라 국가보훈처장이 진료를 위탁한 상급종합병원 또는 종합병원의 의사가 해당 법률에서 정한 의료지원대상자에게 발행한 처방전에 따라 의약품을 조제받은 경우는 제외한다)에는 다음의 금액

가) 상급종합병원의 의사가 발행한 처방전에 따라 의약품을 조제받은 경우: 요양급여비용 총액의 100분의 50

나) 종합병원의 의사가 발행한 처방전에 따라 의약품을 조제받은 경우: 요양급여비용 총액의 100분의 40

2. 제1호에도 불구하고 제21조제3항제2호에 따라 보건복지부장관이 정하여 고시하는 질병군에 대하여 입원진료를 받는 경우에는 다음 각 목의 구분에 따라 계산한 금액에 입원기간 중 식대의 100분의 50을 더한 금액을 부담한다. 이 경우 질병군 분류번호 결정 요령, 고정비율, 평균 입원 일수, 입원실 이용 비용 등 해당 질병군의 본인일부부담금 산정에 필요한 사항은 보건복지부장관이 정하여 고시한다.

가. 다음 계산식에 따라 계산한 금액의 100분의 20

[{질병군별 상대가치점수 × 고정비율} + {질병군별 상대가치점수 × (1 - 고정비율) × 입원 일수 ÷ 질병군별 평균 입원 일수}] × 제21조제1항에 따라 정해진 상대가치점수의 점수당 단가

비고 : 위 표에서 "고정비율"이란 요양급여비용 총액 중 입원 일수와는 관계없이 평균적으로 발생하는 비용이 차지하는 비율을 말한다.

나. 가목에도 불구하고 보건복지부장관이 정하여 고시하는 입원실을 이용한 경우에는 가목에 따라 계산한 금액에 보건복지부장관이 정하여 고시하는 입원료 계산식에 따라 계산한 금액을 더한 금액

다. 가목과 나목에도 불구하고 그 질병군이 보건복지부장관이 정하여 고시하는 요양급여비용 열외군인 경우에는 가목 또는 나목에 따라 계산한 금액에 그 고시에서 정한 금액의 100분의 20에 해당하는 금액을 더한 금액

3. 제1호와 제2호에도 불구하고 다음 각 목의 어느 하나에 해당하는 경우에는 그 각 목에서 정하는 금액을 부담한다.

가. 다음의 경우에는 입원기간 중 식대의 100분의 50

1) 자연분만에 대한 요양급여

2) 「모자보건법」 제2조제4호에 따른 신생아 및 보건복지부장관이 정하는 기준에 해당하는 영유아에 대한 입원진료로서 보건복지부장관이 정하는 요양급여
3) 보건복지부장관이 정하여 고시하는 결핵 질환을 가진 사람에 대하여 보건복지부장관이 정하는 요양급여
4) 「장기등 이식에 관한 법률」 제4조제2호에 따른 장기등기증자(뇌사자 또는 사망한 사람만 해당한다)의 장기등(같은 법 제4조제1호에 따른 장기등을 말한다) 적출에 대하여 보건복지부장관이 정하는 요양급여

나. 다음의 경우(라목에 해당하는 사람에 대한 요양급여는 제외한다)에는 요양급여비용 총액의 100분의 10에 입원기간 중 식대의 100분의 50을 더한 금액
1) 삭제 〈2017. 9. 29.〉
2) 보건복지부장관이 정하여 고시하는 희귀난치성 질환을 가진 사람에 대하여 보건복지부장관이 정하는 요양급여
3) 보건복지부장관이 정하여 고시하는 고위험 임신부에 대한 입원진료로서 보건복지부장관이 정하는 요양급여
4) 보건복지부장관이 정하여 고시하는 조산아(早産兒)와 저체중 출생아에 대한 외래진료(출생일부터 3년이 되는 날까지의 외래진료를 말한다)로서 보건복지부장관이 정하는 요양급여

다. 6세 미만인 사람이 외래진료(보건소, 보건지소 및 보건진료소에서의 외래진료로서 제1호나목의 표에 따라 본인일부부담금을 정하는 경우 중 요양급여비용 총액이 보건복지부령으로 정하는 금액을 넘지 않는 경우는 제외한다)를 받거나 약국 또는 한국희귀의약품센터에서 처방전에 따라 의약품을 조제받는 경우에는 본인이 부담할 비용의 부담률의 100분의 70에 해당하는 금액

라. 보건복지부장관이 정하여 고시하는 희귀난치성질환 또는 중증질환(이하 "희귀난치성질환등"이라 한다)을 가진 사람, 희귀난치성질환등 외의 질환으로 6개월 이상 치료를 받고 있거나 6개월 이상 치료가 필요한 사람 또는 18세 미만의 아동(이하 "희귀난치성질환자등"이라 한다) 중 희귀난치성질환자등이 속한 세대(배우자를 포함한다)의 소득 및 재산을 더하여 계산한 가액(이하 "소득인정액"이라 한다)이 「국민기초생활 보장법」 제2조제11호에 따른 기준 중위소득의 100분의 50 이하이고, 희귀난치성질환자등의 1촌의 직계혈족 및 그 배우자(이하 "부양의무자"라 한다)가 없거나 부양의무자가 있어도 부양능력이 없거나 부양을 받을 수 없는 사람으로서 보건복지부령으로 정하는 바에 따라 공단의 본인일부부담금 경감 인정 신청을 하여 그 경감 인정을 받은 사람에 대한 요양급여의 경우에는 다음의 구분에 따라 계산한 금액. 이 경우 소득인정액 산정의 기준이 되는 세대의 범위, 소득 및 재산의 범위, 소득인정액 산정방법 등 소득인정액의 산정에 필요한 사항 및 부양의무자가 부양능력이 없거나 부양을 받을 수 없는 경우의 구체적인 기준은 보건복지부령으로 정한다.
1) 희귀난치성질환등을 가진 사람인 경우에는 입원기간 중 식대(식대가산금액은 제외한다. 이하

이 목에서 같다)의 100분의 20

2) 희귀난치성질환등 외의 질환으로 6개월 이상 치료를 받고 있거나 6개월 이상 치료가 필요한 사람 또는 18세 미만의 아동인 경우에는 다음 표에 해당하는 금액에 입원기간 중 식대의 100분의 20을 더한 금액. 다만, 가목에 해당하거나 6세 미만 아동의 입원진료 또는 보건복지부장관이 정하여 고시하는 중증질환으로 요양급여를 받는 경우에는 입원기간 중 식대의 100분의 20만을 부담한다.

<table>
<tr><th>기관 종류</th><th colspan="2">구분</th><th>본인일부부담금</th></tr>
<tr><td>상급종합병원</td><td colspan="2">외래진료 및 입원진료</td><td>요양급여비용 총액의 100분의 14에 해당하는 금액. 다만, 다음의 어느 하나에 해당하는 경우에는 그 다음의 구분에 따라 계산한 금액을 부담한다.
가) 정신건강의학과 입원진료 또는 나목2)(치매는 제외한다)에 따라 보건복지부장관이 정하는 요양급여를 받는 경우에는 해당 요양급여비용 총액의 100분의 10
나) 제1호나목(임신부 외래진료만 해당한다), 이 호 나목2)(치매만 해당한다) · 3) · 4), 마목 또는 차목에 따라 보건복지부장관이 정하는 요양급여를 받는 경우에는 해당 요양급여비용 총액의 100분의 5
다) 자목(6세 이상 15세 이하 아동의 입원진료만 해당한다)에 따라 보건복지부장관이 정하는 요양급여를 받는 경우에는 해당 요양급여비용 총액의 100분의 3</td></tr>
<tr><td rowspan="2">종합병원, 병원, 치과병원, 한방병원, 요양병원</td><td rowspan="2">「의료급여법 시행령」 별표 1 제2호가목2)가)에 따른 만성질환자에 해당하는 사람이 그 만성질환에 대하여 외래진료를 받거나 해당 만성질환자가 나목2)(치매를 제외한다) 또는 마목에 따른 외래진료에 대하여 보건복지부장관이 정하는 요양급여를 받는</td><td>「약사법」 제23조제4항에 따라 의사 또는 치과의사가 의약품을 직접 조제하는 경우와 법률 제8365호 약사법 전부개정법률 부칙 제8조에 따라 한의사가 한약 및 한약제제를 직접 조제하는 경우</td><td>1,500원</td></tr>
<tr><td>그 밖의 외래진료</td><td>1,000원</td></tr>
</table>

기관 종류	구분		본인일부부담금
	경우		
	그 밖의 외래진료 및 입원진료		요양급여비용 총액의 100분의 14에 해당하는 금액. 다만, 다음의 어느 하나에 해당하는 경우에는 그 다음의 구분에 따라 계산한 금액을 부담한다. 가) 정신건강의학과 입원진료 또는 나목2)(치매는 제외한다)에 따라 보건복지부장관이 정하는 요양급여를 받는 경우에는 해당 요양급여비용 총액의 100분의 10 나) 제1호나목(임신부 외래진료만 해당한다), 이 호 나목2)(치매만 해당한다) · 3) · 4), 마목 및 차목에 따라 보건복지부장관이 정하는 요양급여를 받는 경우에는 해당 요양급여비용 총액의 100분의 5 다) 자목(6세 이상 15세 이하 아동의 입원진료만 해당한다)에 따라 보건복지부장관이 정하는 요양급여를 받는 경우에는 해당 요양급여비용 총액의 100분의 3
의원, 치과의원, 한의원, 보건의료원	외래진료	「약사법」 제23조제4항에 따라 의사 또는 치과의사가 의약품을 직접 조제하는 경우와 법률 제8365호 약사법 전부개정법률 부칙 제8조에 따라 한의사가 한약 및 한약제제를 직접 조제하는 경우	1,500원
		그 밖의 외래진료	1,000원
	입원진료		요양급여비용 총액의 100분의 14에 해당하는 금액. 다만, 다음의 어느 하나에 해당하는 경우에는 그 다음의 구분에 따라 계산한 금액을 부담한다. 가) 정신건강의학과 입원진료 또는 나목2)(치매는 제외한다)에 따라 보건복지부장관이 정하는 요양급여를 받는 경우에는 해당 요양급여비용 총액의 100분의 10 나) 나목2)(치매만 해당한다) · 3), 마목 또는 차목(입원진료만 해당한다)에 따라 보건복지부장관이 정하는 요양급여를 받는 경우에는 해당 요양급여비용 총액의 100분의 5 다) 자목(6세 이상 15세 이하 아동의 입원진료만 해당한다)에 따라 보건복지부장관이 정하는 요양급여를

기관 종류	구분	본인일부부담금
		받는 경우에는 해당 요양급여비용 총액의 100분의 3
보건소, 보건지소, 보건진료소	외래진료 및 입원진료	없음
약국, 한국희귀의약품센터	「약사법」 제23조제3항 단서에 따라 처방전에 따르지 않고 직접 조제한 경우	900원
	보건소, 보건지소 및 보건진료소를 제외한 요양기관에서 발급한 처방전에 따라 조제한 경우	500원
	보건소, 보건지소 및 보건진료소에서 발급한 처방전에 따라 조제한 경우	없음

비고 : 1. 「약사법」 제23조제4항에 따라 의사 또는 치과의사가 의약품을 직접 조제하거나 법률 제8365호 약사법 전부개정법률 부칙 제8조에 따라 한의사가 한약 및 한약제제를 직접 조제하고 처방전을 함께 발급하는 경우에는 1,000원을 부담한다.

2. 외래진료로서 전산화단층촬영(CT), 자기공명영상진단(MRI) 등 보건복지부장관이 정하여 고시하는 장비를 이용한 진료에 대해서는 그 의료장비를 이용한 비용 총액의 100분의 14[나목2)(치매는 제외한다)에 따른 환자의 경우에는 100분의 10, 나목2)(치매만 해당한다) · 4), 마목 또는 제1호나목(임신부 외래진료만 해당한다)에 따른 환자의 경우에는 100분의 5]를 부담한다.

3. 제21조제3항제2호에 따른 질병군에 대한 입원 진료의 경우 본인일부부담금은 제2호가목 또는 나목에 따라 계산한 금액에 위 표의 해당 기관 종류별 입원진료에 해당하는 본인부담률을 곱한 금액으로 한다. 다만, 같은 호 다목에 따른 요양급여비용 열외군인 경우 본인일부부담금은 같은 호 가목 또는 나목에 따라 계산한 금액에 다목에 따른 고시에서 정한 금액을 더한 금액에 위 표의 해당 기관 종류별 입원진료에 해당하는 본인부담률을 곱한 금액으로 한다.

4. 보건복지부장관이 정하여 고시하는 격리 입원에 대해서는 그 입원료에 한정하여 해당 입원료의 100분의 5를 부담한다.

5. 임신부가 유산 또는 사산을 한 경우 해당 유산 또는 사산에 따른 외래진료는 위 표에 따른 임신부 외래진료에 포함한다.

3) 희귀난치성질환등을 가진 사람 중 65세 이상인 사람이 틀니 요양급여를 받는 경우에는 해당 요양급여비용 총액의 100분의 5

4) 희귀난치성질환등 외의 질환으로 6개월 이상 치료를 받고 있거나 6개월 이상 치료가 필요한 사람 중 65세 이상인 사람이 틀니 요양급여를 받는 경우에는 해당 요양급여비용 총액의 100분의 15

5) 희귀난치성질환등을 가진 사람 중 65세 이상인 사람이 치과임플란트 요양급여를 받는 경우에는 해당 요양급여비용 총액의 100분의 20

6) 희귀난치성질환등 외의 질환으로 6개월 이상 치료를 받고 있거나 6개월 이상 치료가 필요한 사람 중 65세 이상인 사람이 치과임플란트 요양급여를 받는 경우에는 해당 요양급여비용 총액의 100분의 30

7) 2)에도 불구하고 희귀난치성질환등 외의 질환으로 6개월 이상 치료를 받고 있거나 6개월 이상 치료가 필요한 사람 또는 18세 미만의 아동이 상급종합병원 또는 종합병원의 의사가 발행한 처방전에 따라 질병의 중증도를 고려하여 보건복지부장관이 정하여 고시하는 질병에 대한 의약품을 조

제받은 경우[읍·면 지역 소재 종합병원의 의사가 발행한 처방전에 따라 의약품을 조제받거나 「한국보훈복지의료공단법」에 따른 보훈병원의 의사나 「독립유공자예우에 관한 법률」, 「국가유공자 등 예우 및 지원에 관한 법률」, 「보훈보상대상자 지원에 관한 법률」, 「5·18민주유공자예우에 관한 법률」, 「참전유공자예우 및 단체설립에 관한 법률」, 「고엽제후유의증 등 환자지원 및 단체설립에 관한 법률」, 「특수임무유공자 예우 및 단체설립에 관한 법률」 및 「제대군인지원에 관한 법률」에 따라 국가보훈처장이 진료를 위탁한 상급종합병원 또는 종합병원의 의사가 해당 법률에서 정한 의료지원대상자에게 발행한 처방전에 따라 의약품을 조제받은 경우는 제외한다]에는 요양급여비용 총액의 100분의 3. 다만, 본인일부부담금이 500원 미만이 되는 경우에는 500원을 본인일부부담금으로 한다.

8) 2)에도 불구하고 희귀난치성질환등 외의 질환으로 6개월 이상 치료를 받고 있거나 6개월 이상 치료가 필요한 사람 또는 18세 미만 아동의 입원진료로서 제왕절개분만에 대한 요양급여를 받는 경우에는 입원기간 중 식대의 100분의 20

마. 보건복지부장관이 정하여 고시하는 중증질환자에 대하여 보건복지부장관이 정하는 요양급여(라목에 해당하는 사람에 대한 요양급여는 제외한다)의 경우에는 요양급여비용 총액의 100분의 5에 입원기간 중 식대의 100분의 50을 더한 금액

바. 65세 이상인 사람이 틀니 요양급여(라목에 해당하는 사람에 대한 요양급여는 제외한다)를 받는 경우에는 그 요양급여비용 총액의 100분의 30

사. 65세 이상인 사람이 치과임플란트 요양급여(라목에 해당하는 사람에 대한 요양급여는 제외한다)를 받는 경우에는 해당 요양급여비용 총액의 100분의 50

아. 제왕절개분만을 위한 입원진료에 대하여 요양급여[라목8)에 해당하는 사람에 대한 요양급여는 제외한다]를 받는 경우에는 요양급여비용 총액의 100분의 5에 입원기간 중 식대의 100분의 50을 더한 금액

자. 15세 이하 아동의 입원진료에 대하여 보건복지부장관이 정하는 요양급여[가목2) 및 라목에 해당하는 사람에 대한 요양급여는 제외한다]를 받는 경우에는 해당 요양급여비용 총액의 100분의 5에 입원기간 중 식대의 100분의 50을 더한 금액

차. 18세 이하 아동의 치아홈메우기 외래진료 또는 16세 이상 18세 이하 아동의 치아홈메우기 입원진료에 대하여 보건복지부장관이 정하는 요양급여(라목에 해당하는 사람에 대한 요양급여는 제외한다)를 받는 경우에는 해당 요양급여비용 총액의 100분의 10

카. 보건복지부장관이 정하여 고시하는 난임진료(인공수정 및 체외수정시술을 포함한다)에 대하여 보건복지부장관이 정하는 요양급여(라목에 해당하는 사람에 대한 요양급여는 제외한다)를 받는 경우에는 해당 요양급여비용 총액의 100분의 30

타. 제25조제2항제1호에 따른 일반건강검진 결과에 따라 보건복지부장관이 정하여 고시하는 질환이나 질병에 대하여 추가적인 진료 또는 검사의 필요성이 인정되는 사람이 그 질환이나 질병에

대하여 일반건강검진을 받은 날이 속하는 연도의 다음 연도 1월 31일까지 보건복지부장관이 정하여 고시하는 요양급여(의원 및 병원만 해당한다)를 받은 경우에는 본인일부부담금액은 없는 것으로 한다.

4. 제1호부터 제3호까지의 규정에도 불구하고 법 제41조의4 및 이 영 제18조의4에 따른 선별급여 항목의 경우에는 요양급여비용의 100분의 100의 범위에서 보건복지부장관이 정하여 고시하는 금액을 부담한다.
5. 제1호 및 제3호에도 불구하고 「의료법」 제3조제2항제3호라목에 따른 요양병원 외의 요양기관에서 입원진료를 받는 경우로서, 법 제43조에 따라 신고한 입원병실 중 일반입원실에 16일 이상 연속하여 입원하는 환자의 경우에는 요양급여비용 총액 중 입원료에 한정하여 입원일수가 16일 이상 30일 이하인 경우 16일부터 30일까지 입원료의 100분의 25를, 31일 이상인 경우 31일부터 입원료의 100분의 30을 부담한다. 다만, 제21조제3항제2호에 따라 보건복지부장관이 정하여 고시하는 질병군에 대하여 입원진료를 받는 경우 및 질병 또는 환자 특성상 16일 이상 장기입원이 불가피한 경우로 보건복지부장관이 정하여 고시하는 경우는 제외한다.
6. 제1호부터 제5호까지의 규정에도 불구하고 다음 각 목의 어느 하나에 해당하는 경우에는 보건복지부령으로 정하는 항목의 요양급여비용의 100분의 100의 범위에서 보건복지부령으로 정하는 금액을 부담한다.
   가. 법 제53조제3항에 따라 급여가 제한되는 경우
   나. 법 제54조제3호 및 제4호에 따라 급여가 정지되는 경우
   다. 「학교폭력 예방 및 대책에 관한 법률」 제2조제1호에 따른 학교폭력 중 학생 간의 폭행에 의한 경우
   라. 보험재정에 상당한 부담을 준다고 인정되는 경우
   마. 그 밖에 보건복지부령으로 정하는 경우

(4) 요양급여비용의 산정 등

요양급여비용은 공단의 이사장과 대통령령이 정하는 의약계를 대표하는 자(동법시행령 제20조 제1호~제7호에서 정하는 자)와의 계약에 의하여 정해진다. 그 계약은 공단과 각 요양기관 사이에 체결된 것으로 보며 그 계약기간은 1년으로 한다(동법 제45조 제1항, 제2항).

공단의 이사장은 요양급여비용 계약을 체결할 때에는 재정운영위원회의 심의·의결을 거쳐야 하고, 건강보험심사평가원은 공단의 이사장이 계약을 체결하기 위하여 필요한 자료를 요청하는 경우에 이에 성실히 따라야 한다(동법 제45조 제5항, 제6항).

이 계약은 그 직전 계약기간의 만료일이 속하는 연도의 5월 31일까지 체결하여야 하며, 그 기한까지 계약이 체결되지 아니하는 경우 보건복지부장관이 그 직전 계약만료일이 속하는 연

도의 6월 30일까지 심의위원회의 의결을 거쳐 요양급여비용을 정한다. 이 경우 보건복지부장관이 정하는 요양급여비용은 위 제1항 및 제2항에 따라 계약으로 정한 요양급여비용으로 본다(동법 제45조 제3항). 위의 제1항, 제3항에 의해 요양급여비용이 정해지는 경우에 보건복지부장관은 그 요양급여비용의 내용을 고시하여야 한다(동법 제45조 제4항).

약제 · 치료재료에 대한 요양급여 비용은 위의 요양급여 비용에 따르지 않고 요양기관의 약제 · 치료재료 구입금액 등을 고려하여 대통령령으로 정하는 바에 따라 달리 산정할 수 있다(동법 제46조).

요양급여비용계약의 체결, 그 계약의 내용, 약제 · 치료재료에 대한 비용의 결정, 그 결정기준 및 결정절차 등은 동법시행령에서 구체적으로 정하고 있다(동법시행령 제20조~제22조의 3 참조).

(5) 요양급여비용의 청구와 지급

요양기관은 요양급여비용의 지급을 공단에 청구할 수 있다. 이 경우 바로 뒤의 심사청구는 이를 공단에 대한 요양급여비용의 청구로 본다(동법 제47조 제1항).

요양급여비용을 청구하려는 요양기관은 건강보험심사평가원에 요양급여비용의 심사청구를 하게 되어 있으며, 심사청구를 받은 건강보험심사평가원은 이를 심사한 후 지체 없이 그 내용을 공단 및 요양기관에 알려야 한다(동법 제47조 제2항).

또 심사의 내용을 통보받는 공단은 지체 없이 그 내용에 따라 요양급여비용을 요양기관에 지급한다. 이 경우에 이미 낸 본인 일부 부담금이 위에서 알린 금액보다 더 많으면 요양기관에 지급할 금액에서 더 많이 낸 금액을 공제하여 해당 가입자에게 지급해야 하나(동조 제3항), 해당 가입자가 납부하여야 할 보험료 기타 동법에 의한 징수금(보험료 등)과 상계처리할 수 있다(동조 제4항).

공단은 요양급여비용을 지급함에 있어서 건강보험심사평가원이 요양급여의 적정성을 평가하여 공단에 통보한 경우에 공단은 그 평가결과에 따라 요양급여비용을 가산 또는 감액조정하여 지급한다. 이 경우 평가결과에 따른 요양급여비용의 감액지급의 기준에 관하여는 보건복지부령으로 정한다(동법 제47조 제5항).

요양기관은 제2항에 따른 심사청구를 ① 의료법 제28조 제1항에 따른 의사회, 치과의사회, 한의사회, 조산사회 또는 동조 제6항에 따라 신고한 각각의 지부 및 분회, ② 의료법 제52조에 따른 의료기관단체, ③ 약사법 제11조에 따른 약사회 또는 동법 제14조에 따라 신고한 지부 및 분회로 하여금 대행하게 할 수 있다(동법 제47조 제6항).

요양급여비용의 청구 · 심사 · 지급 등의 방법 및 절차에 관하여 필요한 사항은 보건복지부령으로 정한다(동법 제47조 제7항).

공단은 요양급여비용의 지급을 청구한 요양기관이 의료법 제33조 제2항 또는 약사법 제20조 제1항을 위반하였다는 사실을 수사기관의 수사결과로 확인한 경우에는 해당 요양기관이 청구한 요양급여의 지급을 보류할 수 있다(동법 제47조의 2).

(6) 요양비

공단은 가입자 또는 피부양자가 보건복지부령이 정하는 긴급 기타 부득이한 사유로 인하여 요양기관과 유사한 기능을 수행하는 기관으로서 보건복지부령이 정하는 기관(동법 제98조 제1항에 따라 업무정지처분 기간 중인 요양기관을 포함)에서 질병 · 부상 · 출산 등에 대하여 요양을 받거나 요양기관 외의 장소에서 출산을 한 때에는 그 요양급여에 상당하는 금액을 보건복지부령이 정하는 바에 의하여 그 가입자 또는 피부양자에게 요양비로 지급한다(동법 제49조 제1항). 요양급여는 보완적 역할로서 예외적으로 현금급여를 인정한 것이다.

위에 따라 요양비 수급자의 요양을 실시한 기관은 보건복지부장관이 정하는 요양비 명세서 또는 요양의 명세를 기재한 영수증을 요양을 받은 자에게 내주어야 하며, 요양을 받은 자는 그 명세서나 영수증을 공단에 제출하여야 한다(동법 제49조 제2항).

3) 건강검진

공단은 가입자 및 피부양자에 대하여 질병의 조기발견과 그에 따른 요양급여를 하기 위하여 건강검진을 실시한다. 건강검진의 대상 · 횟수 · 절차 기타 필요한 사항은 대통령령으로 정한다(동법 제52조). 건강검진은 일반검진, 암검진 및 영유아검진으로 구분하여 실시한다(동법시행령 제25조 제1항). 건강검진을 받을 수 있는 사람은 일반검진은 직장가입자, 세대주인 지역가입자, 40세 이상인 지역가입자 및 40세 이상인 피부양자로 하고 암검진은 암관리법 시행령 별표1의 암의 종류별 검진주기와 연령 기준 등에 해당하는 사람, 영유아검진은 6세 미만의 가입자 및 피부양자로 한다(동법시행령 제25조 제2항). 건강검진은 2년마다 1회 이상 실시하되, 사무직에 종사하지 아니하는 직장가입자에 대하여는 1년에 1회 실시한다. 다만, 암검진은 암관리법 시행령에서 정한 바에 따르며, 영유아검진은 영유아의 나이 등을 고려하여 보건복지부장관이 정하며 고시하는 바에 따라 검진주기와 검진횟수를 다르게 할 수 있다(동법시행령

제25조 제3항). 건강검진은 건강검진기본법 제14조에 따라 지정된 건강검진기관에서 실시하여야 한다(동법시행령 제25조 제4항 참조).

4) 부가급여

국민건강보험법에서 규정한 급여 이외에 대통령령으로 정하는 바에 따라 임신·출산 진료비, 장제비(葬祭費)·상병수당(傷病手當) 그 밖의 급여를 실시할 수 있다(동법 제50조). 기타의 부가급여는 임신·출산진료비로 한다(동법시행령 제23조 제1항). 공단은 임신과 출산진료비의 지급과 관련하여 이용권을 발급하여야 한다(동조 제5항). 공단은 임신과 출산에 관련된 진료에 대하여 이용권을 사용할 수 있는 요양기관을 지정하여야 한다(동법시행령 제24조 제1항).

5) 장애인에 대한 특례

공단은 장애인등록법에 의하여 등록한 장애인인 가입자 및 피부양자에게는 보장구(報障具)에 대하여 보험급여를 할 수 있다. 이 보장구에 대한 보험급여의 범위·방법·절차 기타 필요한 사항은 보건복지부령으로 정한다(동법 제51조).

6) 현역병, 교도소, 기타 이에 준하는 시설에 수용된 자에 대한 요양급여비용의 지급 등

공단은 이러한 사람이 요양기관에서 대통령령이 정하는 치료 등을 받는 경우에 그에 따라 공단이 부담하는 비용을 법무부장관, 국방부장관, 경찰청장·소방청장 또는 해양경찰청장으로부터 예탁받아 지급할 수 있다(동법 제60조 제1항). 그리고 산업재해보상보험법에 따른 요양급여를 지급한 후 근로복지공단이 그 지급결정을 취소한 경우 국민건강보험법에 의한 요양급여를 청구하는 경우에는 그 요양급여가 국민건강보험법상의 요양급여로 인정되면 그 요양급여에 해당하는 금액을 지급할 수 있다(동법 제61조).

4. 국민건강보험료 및 국고보조

1) 의 미

국민건강보험급여와 관련사업에 사용되는 재원은 사회보험의 기능적 특수성에서 정기적 기여금인 보험료(국민건강보험법 제69조)와 보험재정에 대한 정부지원금과 국민건강증진기금(동법 제108조 제1항, 제2항)이다.

2) 보험료 산정

2006년 12월 30일에 국민건강보험법과 동법시행령을 개정하여 종래에 직장가입자의 보험료는 표준보수월액을 등급별로 정하여 부과하고 지역가입자의 보험료도 등급별로 정하여 부과하던 것을 폐지하고 실제보수나 소득을 기준으로 보험료를 부과하고 있다.

(1) 직장가입자

직장가입자의 월별 보험료액은 동법 제70조에 따라 산정한 가입자의 보수월액에 8%의 범위 안에서 심의위원회의 의결을 거쳐 대통령령으로 정하는 보험료율(직장가입자의 보험료율은 10,000의 624, 동법시행령 제44조) 또는 국외에서 업무에 종사하고 있는 직장가입자에 대한 보험료율은 위에서 정해진 보험료율의 100분의 50으로 하여 산출된 보험료율을 곱하여 얻은 보수월액보험료와 동법 제71조에 따라 산정하는 소득월액에 위의 보험료율을 곱하여 얻은 금액인 소득월액보험료에 따라 산정한 금액으로 한다(동법 제69조 제4항, 제73조 제1항, 제2항).

여기서 말하는 보수월액이란 직장가입자가 지급받는 보수를 기준으로 산정한다(동법 제70조 제1항). 이 경우 보수관련 자료가 불명확한 경우 등 대통령령으로 정하는 사유에 해당하면 보건복지부장관이 정하여 고시하는 금액을 보수로 본다(동법 제70조 제3항).

소득월액은 위의 보수월액의 산정에 포함된 보수를 제외한 직장가입자의 소득(보수 외 소득)이 대통령령으로 정하는 금액을 초과하는 경우 [(연간 보수외 소득－대통령령으로 정하는 금액)×1/12] 계산식에 따라 산정한다(동법 제71조 제1항).

소득월액을 산정하는 기준, 방법 등 소득월액의 산정에 필요한 사항은 대통령령으로 정한다(동조 제2항).

휴직 기타의 사유로 보수의 전부 또는 일부가 지급되지 아니하는 가입자의 보수월액 보험료는 해당 사유가 발생하기 전달의 보수월액을 기준으로 보험료를 산정하고, 보수월액의 산정 및 보수가 지급되지 아니하는 사용자의 보수월액의 산정 등에 관하여 필요한 사항은 대통령령으로 정한다(동법 제70조 제2항, 제4항).

(2) 지역가입자

지역가입자의 월별 보험료액은 세대단위로 산정하되, 지역가입자가 속한 세대의 월별 보험료액은 법 제72조(보험료부과점수)에 따라 산정한 보험료부과점수에 법 제73조 제3항(보험료율 등)에 따른 보험료부과점수당 금액을 곱한 금액으로 한다(동법 제69조 제5항).

보험료부과점수는 지역가입자의 소득 및 재산을 기준으로 하여 산정한다(동법 제72조 제1항). 보험료부과점수의 산정방법과 산정기준을 정할 때 법령에 따라 재산권의 행사가 제한되는 재산에 대하여는 다른 재산과 달리 정할 수 있다(동조 제2항). 보험료부과점수의 산정방법, 기준 등에 필요한 사항은 대통령령으로 정한다(동법 제72조 제3항).

직장가입자와 지역가입자의 월별 보험료액은 가입자의 보험료 평균액의 일정비율에 해당하는 금액을 고려하여 대통령령으로 정하는 기준에 따라 상한 및 하한을 정한다(동법 제69조 제6항).

3) 보험료율

가입자의 보험료율의 결정은 보험제도가 가진 목적과 급여비용의 흐름, 그리고 경제사회적 상황 등을 참고하면서 결정된다. 국민건강보험의 경우는 단기보험이므로 매년 해당 연도에 부과될 보험료를 가지고 국민건강보험사업에 소요될 경비로 지출한다. 따라서 보험재정의 안정성과 보험사업의 효과성을 높이기 위해 보험료율이 결정된다고 할 수 있다.

직장가입자의 보험료율은 1000분의 80 범위 안에서 심의위원회의 의결을 거쳐 대통령령으로 정한다(동법 제73조 제1항). 이에 따른 직장가입자의 보험료율은 1만분의 624로 한다(동법시행령 제44조 제1항). 다만, 국외에서 업무에 종사하고 있는 직장가입자의 보험료율은 국내 사업장에 종사하는 가입자에게 적용하는 보험료율의 100분의 50으로 한다(동법 제73조 제2항).

지역가입자의 보험료부과점수당 금액은 심의위원회의 의결을 거쳐 대통령령으로 정한다(동법 제73조 제3항). 이에 따른 지역가입자의 보험료부과점수당 금액은 180원 30전으로 한다(동법시행령 제44조 제2항).

4) 보험료의 부담

(1) 직장가입자

직장가입자의 보험료는 보수월액보험료와 소득월액보험료에 따라 산정하므로 직장가입자의 보수월액보험료는 직장가입자와 다음의 구분에 따른 자가 각각 보험료액의 100분의 50씩 부담한다. 다만, 직장가입자가 교직원으로서 사립학교에 근무하는 교원이면 보험료액은 그 직장가입자가 100분의 50을, 제3조 제2호 다목에 해당하는 사용자(소속학교 경영기관)가 100분의 30을, 국가가 100분의 20을 각각 부담한다(동법 제76조 제1항).

1. 직장가입자가 근로자의 경우에는 제3조 제2호 가목에 해당하는 사업주
2. 직장가입자가 공무원인 경우에는 그 공무원이 소속되어 있는 국가 또는 지방자치단체
3. 직장가입자가 교직원(사립학교에 근무하는 교원은 제외)인 경우에는 제3조 제2호 다목에 해당하는 사용자(교직원이 소속되어 있는 사립학교 설립 운영자)

직장가입자의 소득월액보험료는 직장가입자가 부담한다(동조 제2항).

가입자가 보험료를 부담하는 이유는 가입자는 의료보험의 수익자이고, 과도한 업무 외의 상병(傷病)의 경우 가입자에게 책임이 있는 경우가 많으며, 건강보험제도는 가입자 간의 사후 구제에 근거를 두기 때문인 것으로 풀이된다. 사용자에게 2분의 1 부담의무를 지운 것은 근로조건 및 사업장 설비의 미비로 인하여 직장가입자의 업무 외 상병(傷病)을 발생시킬 소지를 만든 데 책임이 있고, 또한 직장가입자의 건강유지 및 상병(傷病)의 빠른 회복은 근로능률의 증진을 가져와 결국 사용자에게도 이익이 돌아가기 때문이다. 직장가입자가 교직원인 경우 제3조 제2호 다목에 해당하는 사용자가 부담액 전부를 부담할 수 없으면 그 부족액을 학교에 속하는 회계에서 부담하게 할 수 있다.

(2) 지역가입자

지역가입자의 보험료는 그 가입자가 속한 세대의 지역가입자 전원이 연대하여 부담한다(동법 제76조 제3항).

(3) 체납보험료의 분할납부

공단은 보험료를 3회 이상 체납한 자에 대하여 보건복지부령이 정하는 바에 따라 분할납부 승인을 할 수 있다(동법 제82조 제1항). 공단은 위의 제1항에 따른 분할납부승인을 받은 자가 정당한 사유 없이 2회 이상 그 승인된 보험료를 납부하지 아니한 때에는 그 분할납부의 승인을 취소한다(동법 제82조 제2항). 분할납부의 승인과 취소에 관한 절차, 방법, 기준 등에 관하여 필요한 사항은 보건복지부령으로 정한다(동법 제82조 제3항). 이에 따라 동법시행규칙 제55조는 구체적으로 이에 대하여 규정하고 있다.

5) 보험료의 징수

보험자(공단)는 의료보험사업에 소요되는 비용에 충당하기 위하여 보험료의 납부의무자(동법 제77조)로부터 보험료를 징수한다(동법 제69조 제1항). 이 보험료는 가입자의 자격을 얻은

날이 속하는 달부터 가입자의 자격을 잃은 날의 전날이 속하는 달까지 보험료를 징수한다. 다만, 가입자의 자격을 매월 1일에 취득한 경우에는 그 달부터 징수한다(동법 제69조 제2항). 가입자의 자격이 변동된 경우에는 그 변동된 날이 속하는 달의 보험료는 변동되기 전의 자격을 기준으로 징수하되 다만, 가입자의 자격이 매월 1일에 변동된 경우에는 변동된 자격을 기준으로 징수한다(동법 제69조 제3항).

법적으로 보험료 등은 국세 및 지방세를 제외한 기타의 채권에 우선하여 징수한다. 보험료 등의 납부기한 전에 전세권 · 질권, 저당권 또는 「동산 · 채권 등의 담보에 관한 법률」에 따른 담보권의 설정을 등기 또는 등록한 사실이 증명되는 재산을 매각할 때에 그 매각대금 중에서 보험료 등을 징수하는 경우 그 전세권 · 질권 · 저당권 또는 「동산 · 채권 등의 담보에 관한 법률」에 따른 담보권으로 담보된 채권에 대하여는 그러하지 아니한다(동법 제85조).

국민건강보험은 법에 의한 강제보험이므로 보험료의 체납에 대해서는 엄격하게 재산권의 매각 등을 통해서라도 강제징수하는 경우도 있기 때문이다.

6) 보험료의 면제 및 경감

공단은 직장가입자가 ① 국외에서 업무에 종사하고 있거나, ② 병역법의 규정에 의한 현역병(지원에 의하지 아니하고 임용된 하사를 포함), 전환복무된 사람 및 무관, ③ 교도소 기타 이에 준하는 시설에 수용되어 있을 때(동법 제54조 제2호부터 제4호까지)에는 해당 가입자의 보험료를 면제한다. 다만, 국외에서 업무에 종사하고 있는 직장가입자의 경우에는 국내에 거주하는 피부양자가 없을 때만 면제한다(동법 제74조 제1항).

지역가입자가 ① 국외에서 업무에 종사하고 있거나, ② 병역법의 규정에 의한 현역병(지원에 의하지 아니하고 임용된 하사를 포함), 전환복무된 사람 및 무관, ③ 교도소 기타 이에 준하는 시설에 수용되어 있을 때(동법 제54조 제2호부터 제4호까지)의 어느 하나에 해당되는 때에는 그 가입자가 속한 세대의 보험료를 산정함에 있어서 그 가입자의 보험료부과점수를 제외한다(동법 제74조 제2항).

위 제1항에 따른 보험료의 면제나 제2항에 따라 보험료 산정에서 제외되는 보험료부과점수에 대하여는 동법 제54조 제2호부터 제4호까지의 어느 하나에 해당하는 급여정지사유가 생긴 날이 속하는 달의 다음 달부터 사유가 없어진 날이 속하는 달까지 적용한다. 다만, 급여정지사유가 매월 1일에 없어진 경우에는 그 달의 보험료를 면제하지 아니하거나 보험료 산정에서 보험료부과점수를 제외하지 아니한다(동법 제74조 제3항).

섬, 벽지, 농어촌 등 대통령령이 정하는 지역거주자(동법시행령 제45조에 규정되어 있음), 65세 이상 자, 장애인복지법에 따라 등록된 장애인, 국가유공자, 휴직자, 그 밖에 생활이 어렵거나 천재지변 등의 사유로 보험료 경감이 필요하다고 보건복지부장관이 정하여 고시하는 사람 중 보건복지부령이 정하는 가입자(동법시행규칙 제46조 참조)에 대하여는 그 가입자 또는 가입자가 속한 세대의 보험료 일부를 경감할 수 있다(동법 제75조 제1항). 이 보험료의 경감방법, 절차 등은 보건복지부장관이 정하여 고시한다(동조 제2항).

7) 보험료의 납부

(1) 납부의무자

직장가입자의 보험료는 보수월액보험료와 소득월액보험료를 합한 금액인데, 보수월액보험료는 사용자(사업장의 사용자가 2명 이상인 때에는 그 사업장의 사용자는 해당 직장가입자의 보험료를 연대하여 납부), 소득월액보험료는 직장가입자가 납부한다(동법 제77조 제1항). 또 사용자는 직장가입자가 부담하여야 할 그 달의 보험료액을 그 보수에서 공제하여 납부하고 이 경우에 직장가입자에게 그 공제액을 알려야 한다(동법 제77조 제3항).

직장가입자의 보수월액보험료의 경우 법인의 재산으로 그 법인이 납부하여야 하는 보험료, 연체금, 체납처분비를 충당하여도 부족한 경우에는 해당 법인에게 보험료의 납부의무가 부과된 날 현재의 무한책임사원 또는 과점주주가 그 부족한 금액에 대하여 제2차 납부의무를 진다(동법 제77조의 2).

지역가입자의 보험료는 그 가입자가 속한 세대의 지역가입자 전원이 연대하여 납부한다. 다만, 소득 및 재산이 없는 미성년자와 소득 및 재산 등을 고려하여 대통령령으로 정하는 기준에 해당하는 미성년자는 납부의무를 부담하지 아니한다(동법 제77조 제2항). 공단은 보험료 등을 징수하고자 하는 때에는 그 금액을 결정하여 납부의무자에게 징수하고자 하는 보험료 등의 종류, 납부하여야 할 금액, 납부기한 및 장소 등을 기재한 문서로써 납입의 고지를 하여야 한다(동법 제79조 제1항).

공단은 납부의무자가 신청한 경우에는 전자문서교환방식 등에 의하여 전자문서로 고지할 수 있다(동법 제79조 제2항). 전자문서로 고지한 경우에는 보건복지부령이 정하는 정보통신망에 저장되거나 납부의무자가 지정한 전자우편주소에 입력된 때에 그 납부의무자에게 도달된 것으로 본다(동법 제79조 제3항). 직장가입자의 사용자가 2명인 이상인 때 또는 지역가입자의 세대가 2명 이상으로 구성된 때, 그중 1명에게 행한 고지는 해당사업장의 다른 사용자 또는 세대구성원인 다른 지역가입자 모두에게 효력이 있는 것으로 본다(동법 제79조 제4항). 휴직자들의 보험료는 휴직 등 사유가 종료될 때까지 보건복지부령으로 정하는 바에 따라 납부고지를 유예할 수 있다(동법 제79조 제5항).

(2) 납부기한과 독촉 및 체납처분

보험료 납부의무자는 가입자에 대한 그 달의 보험료를 그 다음달 10일까지 납부하여야 한다. 다만, 직장가입자의 소득월액보험료 및 지역가입자의 보험료는 보건복지부령으로 정하는 바에 따라 분기별로 납부할 수 있다(동법 제78조 제1항). 이에 불구하고 공단은 납입고지의 송달지연 등 보건복지부령으로 정하는 사유가 있는 경우 납부의무자의 신청에 따라 위의 납부기한부터 1개월의 범위에서 납부기한을 연기할 수 있다(동조 제2항).

공단이 납입고지한 보험료 등을 납부하는 자는 보험료 등 납부대행기관을 통하여 신용카드, 직불카드 등으로 납부할 수 있다(동법 제79조의 2).

공단은 보험료 등을 내야 하는 자가 보험료 등을 내지 아니하면 10일 이상 15일 이내의 납부기한을 정하여 독촉장을 발부하여 독촉할 수 있다(동법 제81조 제1항, 제2항). 이 경우 직장가입자의 사용자가 2명 이상인 경우 또는 지역가입자의 세대가 2명 이상으로 구성된 경우에는 그 중 1명에게 한 독촉은 해당 사업장의 다른 사용자 또는 세대구성원의 다른 지역가입자 모두에게 효력이 있는 것으로 본다(동조 제1항 2문). 공단은 위 독촉을 받은 자가 그 납부기한까지 보험료 등을 납부하지 아니한 때에는 보건복지부장관의 승인을 얻어 국세체납처분의 예에 의하여 이를 징수할 수 있다(동법 제81조 제3항).

공단은 국세체납처분의 예에 의하여 압류한 재산의 공매에 전문지식이 필요하거나 기타 특수한 사정이 있어 직접 공매하는 것이 적당하지 아니하다고 인정하는 경우에는 「금융회사부실자산 등의 효율적 처리 및 한국자산관리공사의 설립에 관한 법률」에 따라 설립된 한국자산관리공사로 하여금 공매를 대행하게 할 수 있으며, 이 경우 공매는 공단이 한 것으로 본다(동법 제81조 제4항).

공단은 보험료 징수 또는 공익 목적을 위하여 필요한 경우에 종합금융정보 집중기관이 1년 이상이나 500만 원 이상의 체납자 또는 결손처분자의 인적 사항 · 체납액 또는 결손처분액과 관련한 자료를 요구할 때에는 그 자료를 제공할 수 있다(동법 제81조의 2).

(3) 연체금

공단은 보험료 등의 납부의무자가 납부기한까지 보험료 등을 내지 아니하면 그 납부기한이 지난 날로부터 매 1일이 경과할 때마다 체납된 보험료 등의 1천분의 1에 해당하는 금액을 가산한 연체금을 징수한다. 이 경우 연체금은 체납된 보험료 등의 1천분의 30을 넘지 못한다. 또 공단은 체납된 보험료 등을 내지 아니하면 납부기한이 경과한 후 30일이 지난 날부터 매 1일이 경과할 때마다 체납된 보험료 등의 3000분의 1에 해당되는 연체금을 종전의 연체금에 더하여 징수한다. 이 경우 연체금은 체납보험료 등의 1000분의 90을 넘지 못한다. 그러나 천재지변 기타 보건복지부령이 정하는 부득이한 사유가 있는 경우에는 연체금을 징수하지 아니할 수 있다(동법 제80조).

(4) 결손처분

공단은 체납처분이 종결되고 체납액에 충당될 배분금액이 그 체납액에 미달하는 경우, 해당 권리에 대한 소멸시효가 완성된 경우 및 그 밖에 징수할 가능성이 없다고 인정되는 경우로서 대통령령이 정하는 경우에는 재정운영위원회의 의결을 얻어 보험료 등을 결손처분할 수 있다(동법 제84조).

(5) 보험료 등의 충당과 환급

공단은 납부의무자가 보험료 등 · 가산금 또는 체납처분비로서 납부한 금액 중 과오납부한 금액이 있는 때에는 즉시 그 초과 납부액 또는 오납액을 보험료환급금으로 결정하여야 한다. 보험료환급금은 납부할 보험료 등과 체납처분비에 충당하여야 하며, 충당 후 잔여금은 위 결정일부터 30일 이내에 납부자에게 지급하여야 한다. 이 경우 공단이 환급금을 충당하거나 지급할 때에는 환급금에 대통령령으로 정하는 이자를 가산하여야 한다(동법 86조).

(6) 보험재정에 대한 정부지원

국가는 매년 예산의 범위 안에서 해당 연도 보험료 예상 수입액의 100분의 14에 해당하는 금액을 국고에서 공단에 지원한다(동법 제108조 제1항). 공단은 국민건강증진법이 정하는 바에 따라 동법에 따른 국민건강증진기금에서 자금을 지원받을 수 있다(동법 제108조 제2항). 공단은 제1항에 따라 지원된 재원을 ① 가입자 및 피부양자에 대한 보험급여, ② 건강보험사업에 대한 운영비, ③ 보험료 경감에 대한 지원에 사용한다(동법 제108조 제3항). 그리고 공단은 제2항에 따라 지원된 재원을 ① 건강검진 등 건강증진에 관한 사업, ② 가입자 및 피부양자의 흡연으로 인한 질병에 대한 보험급여, ③ 가입자 및 피부양자 중 65세 이상 노인에 대한 보험급여에 사용한다(동법 제108조 제4항). 이 108조는 2022년 12월 31일까지 효력을 가진다(법률 제11141호, 2011. 12. 31, 부칙 제2조).

(7) 실업자에 대한 특례 등

사용관계가 끝난 직장가입자(실업자) 중 보건복지부령으로 정하는 사람은 지역가입자가 된 이후 최초로 법 제79조에 따라 지역가입자 보험료를 고지받은 날부터 그 납부기한에서 2개월이 지나기 이전까지 공단에 직장가입자로서의 자격을 유지할 것을 신청하면 대통령령으로 정하는 기간 동안 직장가입자의 자격을 유지한다(동법 제110조 제1항, 제2항).

그리고 공단은 고액 · 상습 보험료 체납자의 인적 사항을 공개할 수 있다(동법 제83조).

5. 보험급여수급권의 제한과 보호 등

1) 수급권의 제한

국민건강보험법은 다음과 같은 경우에 보험급여를 하지 않는다는 규정을 두고(동법 제53조 제1항 제1호~제4호), 보험급여수급권을 제한하고 있다.

① 고의 또는 중대한 과실로 인한 범죄행위에 기인하거나 고의로 사고를 일으킨 경우
② 고의 또는 중대한 과실로 공단이나 요양기관의 요양에 관한 지시에 따르지 아니한 경우
③ 고의 또는 중대한 과실로 동법 제55조에 따른 문서 기타 물건의 제출을 거부하거나 질문 또는 진단을 기피한 경우
④ 업무상 또는 공무상 질병 · 부상 · 재해로 인하여 다른 법령에 따른 보험급여나 보상(報償) 또는 보상(補償)을 받게 되는 경우

그리고 공단은 가입자가 대통령령이 정하는 기간(1월) 이상 소득월액보험료(직장가입자)와 세대단위의 보험료(지역가입자)를 체납한 경우 그 체납할 보험료를 완납할 때까지 그 가입자 및 피부양자에 대하여 보험급여를 실시하지 아니할 수 있다. 다만, 보험료의 체납기간에 관계없이 월별보험료의 체납횟수가 대통령령으로 정하는 횟수 미만인 경우에는 그러하지 아니한다(동법 제53조 제3항). 공단은 직장가입자의 보수월액보험료를 납부하여야 하는 사용자(동법 제77조 제1항 제1호)가 보험료를 체납한 경우에는 그 체납에 대하여 직장가입자 본인에게 귀책사유가

있는 경우에 한하여 위 제3항의 규정을 적용한다. 이 경우 해당 직장가입자의 피부양자에게도 위 제3항의 규정을 적용한다(동법 제53조 제4항).

그러나 위의 제3항 및 제4항에 불구하고 법 제82조(체납보험료의 분할납부)에 따라 공단으로부터 분할납부승인을 받고 그 승인된 보험료를 1회 이상 납부한 경우에는 보험급여를 실시할 수 있다. 다만, 법 제82조에 따른 분할납부승인을 받은 사람이 정당한 사유 없이 2회 이상 그 승인된 보험료를 내지 아니한 경우에는 그러하지 아니하다(동법 제53조 제5항).

그리고 위의 제3항 및 제4항에 따라 보험급여를 실시하지 아니하는 기간(이하 "급여제한기간") 중 받은 보험급여에 대하여는 ① 급여제한기간 중에 보험급여를 받은 사실이 있음을 공단이 통지한 날부터 2월이 지난 날이 속한 달의 납부기한 이내에 체납된 보험료를 완납한 경우, ② 급여제한기간 중 보험급여를 받은 사실이 있음을 공단이 통지한 날부터 2월이 지난 날이 속하는 달의 납부기한 이내에 법 제82조에 따라 분할 납부 승인을 받은 체납 보험료를 1회 이상 낸 경우(다만, 법 제82조에 따른 분할납부승인을 받은 자가 정당한 사유 없이 2회 이상 그 승인된 보험료를 내지 아니한 경우에는 그 보험급여를 인정하지 아니함)의 어느 하나에 해당하는 경우에만 보험급여로 인정한다(동법 제53조 제6항).

2) 보험급여의 정지

보험급여를 받을 수 있는 사람이 다음에 해당하는 때에는 그 기간 중 보험급여를 하지 아니한다(동법 제54조 제1호~제4호).

① 국외에 여행 중인 때
② 국외에서 업무에 종사하고 있을 때
③ 병역법의 규정에 의한 현역병(지원에 의하지 아니하고 임용된 하사를 포함), 전환복무된 사람 및 무관후보생(동법 제6조 제2항)
④ 교도소 기타 이에 준하는 시설에 수용되어 있는 때

3) 구상권

(1) 손해배상청구권의 대위

제3자의 행위로 인한 보험급여사유가 발생하여 가입자 또는 피부양자에게 보험급여를 한 공단(보험자)은 그 급여에 소요된 비용의 한도 내에서 해당 보험급여를 받은 가입자의 제3자에 대한 손해배상청구의 권리를 얻는다(동법 제58조 제1항).

(2) 보험급여의 면책

위와 같은 경우에 있어 보험급여를 받을 가입자가 제3자로부터 이미 손해배상을 받은 때에는 보험자는 그 배상액의 한도 내에서 보험급여를 하지 아니한다(동법 제58조 제2항).

4) 수급권의 보호

보험급여를 받을 권리는 양도 또는 압류할 수 없다(동법 제59조).

5) 기타

보건복지부장관은 요양기관의 속임수나 그 밖의 부당한 방법으로 보험자·가입자 및 피부양자에게 요양급여비용을 부담하게 하는 경우, 거짓보고 이외에 거짓자료를 제출한 경우 등에도 1년의 범위 내에서 요양기관의 업무를 정지할 수 있도록 하고(동법 제98조 제1항 제2호, 제3호), 보건복지부장관은 이 업무정지처분이 요양기관을 이용하는 사람에게 심한 불편을 주거나 보건복지부장관이 정하는 특별한 사유가 인정되면 업무정지처분에 갈음하여 속임수나 그 밖의 부당한 방법으로 부담하게 한 금액의 5배 이하의 금액을 과징금으로 부과·징수할 수 있다. 이 경우 보건복지부장관은 12개월의 범위에서 분할 납부하게 할 수 있다(동법 제99조 제1항). 또 약제·치료재료 등으로 하여금 허위자료 또는 조작된 자료를 제출하여 약가를 부당하게 고가로 정하게 하는 등 보험자·가입자 및 피보험자에 손실을 주어서는 아니되며, 그에 대한 위반 여부를 조사할 수 있는 근거를 규정하고 있다(동법 제101조).

6. 이의신청 및 심사청구

1) 이의신청

가입자 및 피부양자의 자격, 보험료 등 보험급여 또는 보험급여비용에 관한 공단의 처분에 이의가 있는 자는 공단에 이의신청을 할 수 있다(동법 제87조 제1항). 또 요양급여비용 및 요양급여의 적정성에 대한 평가 등에 관한 건강보험심사평가원의 처분에 이의가 있는 공단·요양기관 기타의 자는 건강보험심사평가원에 이의신청을 할 수 있다(동법 제87조 제2항). 이들 이의신청은 정당한 사유가 있음이 소명된 경우를 제외하고는 처분이 있는 날부터 90일 이내에 문서로 하여야 한다. 처분이 있은 날부터 180일을 지나면 이의신청을 하지 못한다. 다만 정당한 사유로 이의신청을 할 수 없었음을 소명한 때는 그러하지 아니하다(동법 제87조 제3항). 그러나 요양기관의 건강보험심사평가원의 확인에 대한 이의신청은 통보받은 날부터 30일 이내에 하여야 한다(동조 제4항).

2) 심판청구

공단 또는 심사평가원이 행한 이의신청에 대한 결정에 불복이 있는 자는 '건강보험분쟁조정위원회'에 심판청구를 할 수 있다. 심판청구는 정당한 사유가 있음이 소명된 경우를 제외하고는 결정이 있는 날부터 90일 이내에 문서로 하는 것이 원칙이다(동법 제88조 제1항 동법 제87조 제3항 준용).

건강보험분쟁조정위원회는 보건복지부장관의 소속으로 하고, 위원장을 포함하여 35명 이내의 위원으로 구성하고, 위원장을 제외한 위원 중 1명은 당연직위원으로 한다(동법 제89조 제2항).

분쟁조정위원회 회의는 위원장, 당연직 위원 및 위원장이 매 회의마다 지정하는 7명의 위원을 포함하여 총 9명으로 구성한다(동법 제89조 제3항).

3) 행정소송

공단 또는 심사평가원의 처분에 이의가 있는 자, 위 이의신청 또는 심사청구에 대한 결정에 불복이 있는 자는 행정소송법이 정하는 바에 의하여 행정소송을 제기할 수 있다(동법 제90조).

7. 국민건강보험법 관련 헌법재판소 판결

1) 판시사항

① 국민건강보험공단은 보험료를 대통령령이 정하는 기간 이상 체납한 지역가입자에 대하여 보험료를 완납할 때까지 보험급여를 실시하지 아니할 수 있다는 국민건강보험법 제48조 제3항이 헌법소원에 있어서 기본권침해의 직접성 요건을 충족하는지 여부(소극)

② 국민건강보험에 의무적 가입을 규정하고 임의해지를 금지하면서 보험료를 납부케 하는 국민건강보험법 규정이 재산권 등을 침해하는 여부(소극)

2) 판결요지

· 사건번호 : 2000헌마668

· 연/월/일 : 2001.8.30.

· 요지

① 국민건강보험법 제48조 제3항은 그 자체로 직접 자유의 제한, 의무의 부과 또는 권리나 법적 지위의 박탈을 초래하는 것이 아니며, 국민건강보험공단의 보험급여거부처분이라는 집행행위를 통하여 비로소 기본권에 대한 직접적·현실적 침해가 있게 되므로 기본권 침해의 직접성이 없다.

② 국민건강보험법이 의무적 가입을 규정하고 임의해지를 금지하면서 보험료를 납부케 하는 것은, 경제적 약자에게도 기본적 의료서비스를 제공하기 위한 국가의 사회보장·사회복지의 증진의무(헌법 제34조 제2항)라는 정당한 공공복리를 효과적으로 달성하기 위한 것이며, 조세가 아닌 보험료를 한 재원으로 하여 사회보험을 추구하기 위한 것이다. 다만, 보험료가 과도할 경우 그런 제도의 정당성이 문제되지만, 동법 제62조(보험료) 자체가 과도한 보험료를 정하고 있다거나 그에 대한 근거가 된다고 할 수 없다. 또한 동법은 생활이 어려운 자 등은 보험료의 부담 없이 의료혜택을 받을 수 있게 하고, 일정한 계층을 위한 보험료 경감장치를 두고 있다. 한편 의무가입과 임의해지금지 및 보험료납부에 관한 규정이 추구하는 공익에 비하여 제한되는 사익이 과도하다고 할 수도 없다. 그렇다면 동법 제5조 제1항 본문 및 제62조가 청구인의 재산권이나 인간다운 생활을 할 권리 혹은 행복추구권을 침해한다고 할 수 없다.

제5절 노인장기요양보험법

Ⅰ. 제정경위

2006년 2월 17일 정부로부터 제출된 노인수발보험법안, 2006년 4월 20일 정형근 의원이 대표발의한 국민장기요양법안, 2006년 5월 19일 안명옥 의원이 대표발의한 국민요양보장법안, 2006년 8월 14일 김춘진 의원이 대표발의한 국민장기요양보험법안, 2006년 9월 14일 현애자 의원이 대표발의한 장기요양보장법안, 2006년 9월 15일 장향숙 의원이 대표발의한 장기요양보험법안 등 6건의 법률안을 심사한 결과, 제265회 국회(정기회) 제2차 보건복지위원회(2007.2.22.)에서 본회의에 부의하지 아니하기로 하고, 국회법 제51조에 따라 위원회안으로 노인장기요양보험법안(대안)을 제안하기로 의결하고 국회 본회의에서 2007년 4월 2일에 통과되었다. 그리고 2007년 4월 27일에 법률 제8403호로 공포되고 장기요양보험 등 요양급여관련 규정은 2008년 7월 1일부터 시행하게 되었다. 그 외의 규정은 2007년 10월 1일부터 시행하였다. 2009. 5. 21, 2010. 1. 18, 2010. 3. 17, 2011. 6. 7, 2011. 12. 31, 2013. 8. 13, 2015. 12. 29, 2016. 5. 29, 2016. 12. 2. 등에 개정되었다. 이 법 시행을 위한 시행령이 2007년 9월 27일에 제정되었고, 여러 차례 등에 개정되었고, 최근에는 2013. 5. 31, 2013. 12. 30, 2015. 12. 30, 2016. 11. 8, 2017. 5. 29, 2017. 12. 26. 등에 개정되었다. 동법시행규칙은 2007년 10월 17일에 제정되었고 여러 차례 개정되었고, 최근에는 2013. 6. 10, 2013. 8. 29, 2013. 12. 31, 2015. 12. 31, 2016. 11. 7, 2017. 3. 17, 2017. 6. 2, 2017. 12. 28.에 개정되었다.

Ⅱ. 제정이유

우리나라의 노인인구는 2005년에 전 인구의 9.1%, 2008년에 10.3%(고령화 사회), 2018년에 14%(고령사회), 2026년에 20% 이상(초고령사회)으로 예상되어 세계에서 유례가 없을 정도로 빠르게 고령화가 진행되고 있고, 이러한 급격한 고령화에 따라 치매·중풍 등 일상생활이 어려운 노인의 수도 날로 증가하고 있으나, 핵가족화·여성의 사회참여 증가 등으로 장기요양이 필요한 노인을 가정에서 돌보는 것이 어렵고 그 가정의 비용부담이 과중하여 노인장기요양 문제는 우리 사회가 시급히 해결해야 할 심각한 사회적 문제로 대두되고 있는 실정이다. 노인의 간병·장기요양문제를 사회적 연대원리에 따라 정부와 사회(국가, 지방자치단체, 가입자의 보험료,

수급자 본인 일부부담)가 공동으로 해결하는 노인장기요양보험제도를 도입하여 노인의 노후생활 안정을 도모하고 그 가족의 부양부담을 덜어 줌으로써 국민의 삶의 질을 향상하려는 것이다.

Ⅲ. 주요 내용

1. 노인에 대한 사회보장(사회복지) 3대 법제

우리나라는 앞에서 말한 바와 같이 이미 고령화 사회로 진입하였고 2026년에는 전체 인구의 20%가 노인인 초고령사회로의 진입이 예상된다. 그리고 장기요양의 대상이 되는 노인은 이 법제정 당시인 2007년 5월 현재 만 65세 이상 노인인구의 12.1% 수준이었다. 이리하여 기존의 노인복지법 이외에 기초연금법과 노인장기요양보험법을 제정하게 된 것이다. 이를 노인의 사회보장(사회복지)에 관한 3대 법제라고 할 수 있다. 이하에서는 노인장기요양보험법의 내용을 구체적으로 살펴본다.

2. 목적과 정의

이 법은 고령이나 노인성 질병 등의 사유로 일상생활을 혼자서 수행하기 어려운 노인 등에게 제공하는 신체활동 또는 가사활동 지원 등의 장기요양급여에 관한 사항을 규정하여 노후의 건강증진 및 생활안정을 도모하고 그 가족의 부담을 덜어 줌으로써 국민의 삶의 질을 향상하도록 함을 목적으로 한다(동법 제1조).

이 법에서 사용하는 용어의 정의는 다음과 같다.

① "노인 등"이란 65세 이상의 노인 또는 65세 미만의 자로서 치매·뇌혈관성 질환 등 대통령령이 정하는 노인성 질병을 가진 자를 말한다.

② "장기요양급여"란 제15조 제2항에 따라 6개월 이상 혼자서 일상생활을 수행하기 어렵다고 인정되는 자에게 신체활동·가사활동의 지원 또는 간병 등의 서비스나 이에 갈음하여 지급하는 현금 등을 말한다.

③ "장기요양사업"이란 장기요양보험료, 국가 및 지방자치단체의 부담금 등을 재원으로 하여 노인 등에게 장기요양급여를 제공하는 사업을 말한다.

④ "장기요양기관"이란 제31조에 따라 지정을 받은 기관 또는 제32조에 따라 지정의제된 재가장기요양기관으로서 장기요양급여를 제공하는 기관을 말한다.

⑤ "장기요양요원"이란 장기요양기관에 소속되어 노인 등의 신체활동 또는 가사활동 지원 등의 업무를 수행하는 자를 말한다(동법 제2조 제1호~제5호).

3. 장기요양급여 제공의 기본원칙과 국가 및 지방자치단체의 책무 등

1) 기본원칙

장기요양급여는 노인 등의 심신상태 · 생활환경과 노인 등 및 그 가족의 욕구 · 선택을 종합적으로 고려하여 필요한 범위 안에서 이를 적정하게 제공하여야 한다(동법 제3조 제1항). 장기요양급여는 노인 등이 가족과 함께 생활하면서 가정에서 장기요양을 받는 재가급여를 우선적으로 제공하여야 한다(동조 제2항). 장기요양급여는 노인 등의 심신상태나 건강 등이 악화되지 아니하도록 의료서비스와 연계하여 이를 제공하여야 한다(동조 제3항).

2) 국가 및 지방자치단체의 책무

국가 및 지방자치단체는 노인이 일상생활을 혼자서 수행할 수 있는 온전한 심신상태를 유지하는 데 필요한 사업(이하 "노인성 질환 예방사업")을 실시하여야 한다(동법 제4조 제1항). 국가는 노인성 질환 예방사업을 수행하는 지방자치단체 또는 국민건강보험법에 따른 국민건강보험공단(이하 "공단")에 대하여 이에 소요되는 비용을 지원할 수 있다(동조 제2항). 국가 및 지방자치단체는 노인인구 및 지역특성 등을 고려하여 장기요양급여가 원활하게 제공될 수 있도록 충분한 수의 장기요양기관을 확충하고 장기요양기관의 설립을 지원하여야 한다(동조 제3항). 국가 및 지방자치단체는 장기요양급여가 원활히 제공될 수 있도록 공단에 필요한 행정적 또는 재정적 지원을 할 수 있다(동조 제4항). 국가 및 지방자치단체는 장기요양요원의 처우를 개선하고 복지를 증진하며 지위를 향상시키기 위하여 적극적으로 노력하여야 한다(동조 제5항).

3) 장기요양급여에 대한 국가정책방향

국가는 제6조의 장기요양기본계획을 수립 · 시행함에 있어서 노인뿐만 아니라 장애인 등 일상생활을 혼자서 수행하기 어려운 모든 국민이 장기요양급여, 신체활동지원서비스 등을 제공받을 수 있도록 노력하고 나아가 이들의 생활안정과 자립을 지원할 수 있는 시책을 강구하여야 한다(동법 제5조).

4) 장기요양기본계획

보건복지부장관은 노인 등에 대한 장기요양급여를 원활하게 제공하기 위하여 5년 단위로 다음 각 호의 사항이 포함된 장기요양기본계획을 수립 · 시행하여야 한다(동법 제6조 제1항).

① 연도별 장기요양급여 대상인원 및 재원조달계획
② 연도별 장기요양기관 및 장기요양전문인력 관리
③ 장기요양요원의 처우에 관한 사항
④ 그 밖에 노인 등의 장기요양에 관한 사항으로서 대통령령으로 정하는 사항

지방자치단체의 장은 제1항에 따른 장기요양기본계획에 따라 세부시행계획을 수립 · 시행하여야 한다(동조 제2항).

4. 장기요양보험제도의 시행

장기요양사업의 재원을 마련하기 위하여 노인장기요양보험제도를 도입하였다. 장기요양보험사업은 보건복지부장관이 관장하고(동법 제7조 제1항), 장기요양보험사업의 보험자는 공단으로 한다(동법 제7조 제2항). 그리고 장기요양보험의 가입자(이하 "장기요양보험가입자")는 국민건강보험법 제5조 및 제109조의 규정에 따른 가입자로 한다(동법 제7조 제3항).

5. 장기요양보험료의 징수와 산정

공단(이하 "공단")은 장기요양사업에 소요되는 비용에 충당하기 위하여 장기요양보험료를 징수한다(동법 제8조 제1항).

위의 장기요양보험료는 국민건강보험법 제69조의 규정에 따른 보험료(이하 이 조에서 "건강보험료")와 통합하여 징수한다. 이 경우 공단은 장기요양보험료와 건강보험료를 구분하여 고지하여야 한다. 그리고 공단은 통합징수한 장기요양보험료와 건강보험료를 각각의 독립회계로 관리하여야 한다(동조 제2항, 제3항).

장기요양보험료는 국민건강보험법 제69조 제4항 및 제5항의 규정에 따라 산정한 보험료액에서 동법 제74조 또는 제75조에 따라 경감 또는 면제되는 비용을 공제한 금액에 장기요양보험료율을 곱하여 산정한 금액으로 한다(동법 제9조 제1항). 장기요양보험료율은 제45조의 규정에 따른 장기요양위원회의 심의를 거쳐 대통령령으로 정한다(동법 제9조 제2항). 그리고 장

애인복지법상의 장애인 또는 이에 유사한 자로서 대통령령이 정하는 자가 장기요양보험가입자 또는 그 피부양자인 경우 등급판정기준에 따른 수급자(동법 제15조 제2항)로 결정되지 못한 때 대통령령이 정하는 바에 따라 장기요양보험료의 전부 또는 일부를 감면할 수 있다(동법 제10조).

6. 장기요양인정의 신청자격과 장기요양인정의 신청

장기요양급여를 받기 위하여는 그 신청자격을 정할 필요가 있다. 따라서 장기요양인정을 신청할 수 있는 자는 장기요양보험가입자 또는 그 피부양자, 의료급여법 제3조 제1항에 따른 수급권자 중 65세 이상의 노인 또는 65세 미만의 자로서 치매 · 뇌혈관성 질환 등 대통령령이 정하는 노인성 질병을 가진 자로 하고 있다(동법 제12조 제1항, 제2조 제1항). 이 규정을 통하여 장기요양급여를 필요로 하는 노인 및 노인성 질병을 가진 국민에게 장기요양급여가 제공되도록 함으로써 노인장기요양제도의 실효성을 확보할 수 있을 것으로 기대된다. 장기요양인정을 신청하는 자는 공단에 장기요양신청서에 의사(또는 한의사) 소견서를 첨부하여 제출해야 한다(동법 제13조). 거동이 불편하거나 도서벽지에 거주하며 의료기관 방문이 어려운 자는 의사소견서를 생략할 수 있다(동법 제13조 제2항). 공단은 이 장기요양인정신청에 대하여는 신청인의 심신상태, 신청인에게 필요한 장기요양급여의 종류 및 내용을 소속 직원으로 하여금 조사하게 해야 한다(동법 제14조). 다만, 지리적 사정 등으로 직접 조사하기 어려운 경우 또는 조사에 필요하다고 인정하는 경우 특별자치시 · 특별자치도, 시 · 군 · 구에 대하여 조사를 의뢰하거나 공동으로 조사하는 것을 요청할 수 있다(같은 조 단서).

국민건강보험공단은 위 조사가 완료된 때 조사결과서, 신청서, 의사소견서, 그 밖에 심의에 필요한 자료를 동법 제52조에 따른 장기요양등급판정위원회에 제출하여 등급판정위원회는 대통령령이 정하는 등급판정기준에 따라 수급자로 판정한다(동법 제15조). 등급에는 1, 2, 3, 4, 5등급이 있다(동법시행령 제7조 제1항).

7. 장기요양급여의 종류

공단은 장기요양인정신청에 의하여 등급판정위원회의 심의를 거쳐 장기요양등급, 장기요양급여의 종류 및 내용이 포함된 장기요양인정서를 작성하여 수급자에게 송부해야 한다(동법 제17조). 따라서 수급자가 받을 수 있는 장기요양급여의 종류를 구체적으로 정할 필요가 있는데 이 법은 장기요양급여의 종류를 재가급여, 시설급여 및 특별현금급여로 구분하고, 수급자의 가정 등에서 장기요양하는 재가급여를 방문요양, 방문목욕, 주·야간보호, 단기보호, 기타 재가급여 등으로 세분하며, 시설급여는 수급인을 장기요양시설 등에 입소시켜 장기요양하는 것으로, 특별현금급여는 수급인에게 특별한 사유가 있는 경우에 현금 등을 지급하는 것으로 한다(동법 제23조). 장기요양급여의 종류를 구분하고 급여를 선택하여 이용하게 함으로써 장기요양급여 대상자의 상태와 가족상황 등에 따른 적절하고 효과적인 서비스 제공체계를 구축하고자 한다.

장기요양기관의 종류 및 기준과 장기요양급여별 장기요양요원의 범위, 업무, 보수교육 등에 관하여 필요한 사항은 대통령령으로 정한다(동법 제23조 제2항). 이에 따라 장기요양급여를 제공할 수 있는 장기요양기관의 종류 및 기준은 재가급여 장기요양기관으로서는 노인복지법 제38조에 따른 재가노인복지시설로서 노인장기요양보험법 제31조에 따라 지정받은 장기요양기관(재가복지시설), 노인장기요양보험법 제32조에 따라 설치한 재가장기요양기관으로 하고 시설급여 장기요양기관으로서는 노인복지법 제34조 제1항 제1호에 따른 노인요양시설로서 노인장기요양보험법 제31조에 따라 지정받은 장기요양기관과 노인복지법 제34조 제1항 제2호에 따른 노인요양공동생활가정으로서 노인장기요양보험법 제31조에 따라 지정받은 장기요양기관으로 하고 있다(동법시행령 제10조).

그리고 공단은 도서·벽지 등 장기요양기관이 현저히 부족한 지역에 거주하는 자, 천재지변 기타 이와 유사한 사유로 장기요양기관이 제공하는 장기요양급여를 이용하기 어려운 자, 신체·정신 또는 성격 등 사유로 가족 등으로부터 장기요양급여를 받아야 하는 자 중 어느 하나에 해당하는 수급자가 가족 등으로부터 방문요양에 상당한 장기요양급여를 받은 때 대통령령이 정하는 기준에 따라 해당 수급자에게 가족요양비를 지급할 수 있다(동법 제24조 제1항).

공단은 수급자가 장기요양기관이 아닌 노인요양시설 등의 기관 또는 시설에서 재가급여 또는 시설급여에 상당한 장기요양급여를 받은 경우 대통령령이 정하는 기준에 따라 해당 장기요양급여비용의 일부를 해당 수급자에게 특례요양비로 지급할 수 있다(동법 제25조 제1항). 뿐만 아니라 공단은 의료법 제3조 제2항 제3호 라목의 규정에 따른 요양병원에 입원한 때 대통령령이 정하는 기준에 따라 장기요양에 소요되는 비용의 일부를 요양병원간병비로 지급할 수 있다(동법 제26조).

8. 장기요양기관의 지정 등

수급자에게 장기요양급여를 제공하는 장기요양기관의 설치·운영 등에 관한 사항을 정할 필요가 있다. 따라서 이 법은 다음과 같이 정하고 있다.

장기요양기관을 설치·운영하고자 하는 자는 장기요양에 필요한 시설 및 인력을 갖추어 소재지를 관할하는 특별자치시장·특별자치도지사·시장·군수·구청장으로부터 지정을 받아야 하고 특별자치시장·특별자치도지사·시장·군수·구청장이 지정한 때는 지정명세를 공단에 통보해야 한다(동법 제31조). 장기요양기관이 시설이나 인력을 변경하거나 휴·폐업하는 경우에는 신고하도록 하며, 장기요양기관이 관련 법령을 위반한 경우에는 그 지정을 취소할 수 있도록 한다. 그런데 현재 우리나라의 복지시설로는 노인장기요양을 감당하기 어렵다. 그래서 이 법은 재가급여요양기관을 확대하도록 하고 있다. 즉 재가급여 중 어느 하나 이상에 해당하는 동법 제23조 제1항 제1호의 재가장기요양급여를 제공하고자 하는 자는 시설 및 인력을 갖추어 재가장기요양기관을 설치하고 특별자치시장·특별자치도지사·시장·군수·구청장에게 이를 신고하여야 한다. 신고받은 특별자치시장·특별자치도지사·시장·군수·구청장은 신고명세를 공단에 통보해야 한다. 이에 설치의 신고를 한 재가장기요양기관은 장기요양기관으로 본다(동법 제32조).

미성년자·피성년 후견인, 피한정 후견인, 정신질환자, 마약류에 중독된 사람, 파산신고를 받고 복권되지 아니한 사람, 금고 이상의 실형선고 받고 그 집행이 종료되거나 집행이 면제된 날로부터 5년이 경과되지 아니한 사람, 금고 이상의 형의 집행유예를 선고받고 그 유예기간에 있는 사람, 대표자가 위의 어느 하나에 해당하는 법인은 장기요양기관의 지정을 받거나 재가요양기관의 설치신고를 할 수 없다(동법 제32조의 2).

의료기관이 아닌 자가 설치·운영하는 재가장기요양기관은 방문간호를 제공하는 경우 방문간호책임자로서 간호사를 두어야 한다(이상 동법 제32조 제3항). 장기요양기관의 장은 장기요양급여제공에 관한 자료를 기록관리해야 하고(동법 제35조 제4항), 폐업, 휴업신고를 할 때 장기급여제공자료를 공단으로 이관하여야 한다(동법 제36조 제5항). 다만, 휴업신고를 장기요양기관의 장이 휴업예정일 전까지 공단의 허가를 받은 경우에는 장기요양급여 제공자료를 직접 보관할 수 있다(동조 제5항 단서).

9. 장기요양급여의 제공

1) 제공시기

수급자는 제17조 제1항의 규정에 따른 장기요양인정서가 도달한 날부터 장기요양급여를 받을 수 있다(동법 제27조 제1항). 그러나 수급자는 돌볼 가족이 없는 경우 등 대통령령이 정하는 사유가 있는 경우 신청서를 제출한 날부터 장기요양인정서가 도달되는 날까지의 기간 중에도 장기요양급여를 받을 수 있다(동법 제27조 제2항). 장기요양급여가 인정되는 범위와 절차 등은 대통령령으로 정한다(동법 제27조 제3항). 공단은 특별현금급여를 받는 수급자의 신청이 있는 경우에는 그 수급자 명의의 지정된 계좌로 입금하여야 한다. 다만, 정보통신장애나 그 밖에 대통령령으로 정하는 불가피한 사유로 특별현금급여 수급계좌로 이체할 수 없는 때에는 현금지급 등 대통령령으로 정하는 바에 따라 특별현금급여를 지급할 수 있다(동법 제27조의 2).

2) 월 한도액

장기요양급여는 월 한도액 범위 안에서 제공한다. 이 경우 월 한도액은 장기요양등급 및 장기요양급여의 종류 등을 고려하여 산정한다(동법 제28조 제1항). 월 한도액의 산정기준 및 방법 그 밖에 필요한 사항은 보건복지부령으로 정한다(동법 제28조 제2항).

3) 장기요양급여의 제한

공단은 장기요양급여를 받고 있거나 받을 수 있는 자가 다음 각 호의 어느 하나에 해당하는 경우 장기요양급여를 중단하거나 제공하지 아니하게 하여야 한다(동법 제29조 제1항).

① 거짓이나 그 밖의 부정한 방법으로 장기요양인정을 받은 경우
② 고의로 사고를 발생하도록 하거나 본인의 위법행위에 기인하여 장기요양인정을 받은 경우

공단은 장기요양급여를 받고 있는 자가 정당한 사유 없이 제60조 또는 제61조의 규정에 따른 요구에 응하지 아니하거나 답변을 거절한 경우 장기요양급여의 전부 또는 일부를 제공하지 아니하게 할 수 있다(동법 제29조 제2항).

10. 장기요양급여비용의 본인일부부담

공단에서 지급되는 요양급여는 가입자의 보험료로 운영되므로 그 부담에 한계가 있고 그렇다고 하여 국가가 이를 모두 책임지기도 어려우므로 이 법은 장기요양급여를 받는 자가 그 비용의 일부를 부담하도록 하고 있다. 즉 재가급여 수급자는 재가장기요양급여비용의 100분

의 15, 시설장기요양급여비용의 100분의 20을 부담하되, 국민기초생활보장수급권자는 이를 부담하지 아니하며, 의료급여수급권자, 소득 · 재산이 일정금액 이하인 자, 생계곤란자 등은 본인일부부담금의 100분의 50을 감경하도록 한다(동법 제40조).

이 법의 규정에 따른 급여의 범위 및 대상에 포함되지 아니하는 장기요양급여 수급자가 장기요양인정서(법 제17조 제1항 제2호)에 기재한 장기요양급여의 종류 및 내용과 다르게 선택하여 장기요양급여를 받은 경우 그 차액, 법 제28조에 따른 장기요양급여액의 월한도액을 초과하는 장기요양급여에 대한 비용은 수급자 본인이 전부 부담한다(동조 제2항).

공단은 장기요양급여를 받은 금액의 총액이 보건복지부장관이 정하여 고시하는 금액 이하에 해당하는 수급자가 가족 등으로부터 제23조 제1항 제1호 가목의 규정에 따른 방문요양에 상당한 장기요양을 받은 경우 보건복지부령이 정하는 바에 따라 본인일부부담금의 일부를 감면하거나 이에 갈음하는 조치를 할 수 있다(동법 제41조 제1항).

11. 부당이득의 징수 등

공단은 장기요양급여를 받은 자 또는 장기요양급여비용을 받은 자가 다음 각 호의 어느 하나에 해당하는 경우 그 장기요양급여 또는 장기요양급여비용에 상당하는 금액을 징수한다(동법 제43조 제1항).

① 제28조의 월 한도액 범위를 초과하여 장기요양급여를 받은 경우
② 제29조 또는 제30조의 규정에 따라 장기요양급여의 제한 등을 받을 자가 장기요양급여를 받은 경우
③ 제37조 제1항 제4호, 제3항 제4호의 규정에 따른 거짓이나 그 밖의 부정한 방법으로 재가 및 시설급여비용을 청구하여 이를 지급받은 경우
④ 그 밖에 이 법상의 원인 없이 공단으로부터 장기요양급여를 받거나 장기요양급여비용을 지급받은 경우

공단은 거짓 보고 또는 증명에 의하거나 허위의 진단에 따라 장기요양급여가 제공된 때 허위의 행위에 관여한 자에 대하여 장기요양급여를 받은 자와 연대하여 제1항의 규정에 따른 징수금을 납부하게 할 수 있다(동법 제43조 제2항). 공단은 거짓이나 그 밖의 부정한 방법으로 장기요양급여를 받은 자와 같은 세대에 속한 자(장기요양급여를 받은 자를 부양하고 있거나 다른 법령에 따라 장기요양급여를 받은 자를 부양할 의무가 있는 자)에 대하여 허위 그 밖의 부정한 방

법으로 장기요양급여를 받은 자와 연대하여 제1항의 규정에 따른 징수금을 납부하게 할 수 있다(동법 제43조 제3항). 공단은 제1항의 경우 장기요양기관이 수급자로부터 허위 그 밖의 부정한 방법으로 장기요양급여비용을 받은 때 해당 장기요양기관으로부터 이를 징수하여 수급자에게 지체 없이 지급하여야 한다(동법 제43조 제4항).

공단은 제3자의 행위로 인한 장기요양급여의 제공사유가 발생하여 수급자에게 자기요양급여를 행한 때 그 급여에 소요된 비용의 한도 안에서 그 제3자에 대한 손해배상의 권리를 얻는다(공단의 구상권 : 동법 제44조 제1항).

공단은 위의 경우 장기요양급여를 받은 자가 제3자로부터 이미 손해배상을 받은 때 그 손해배상액의 한도 안에서 장기요양급여를 행하지 아니한다(동법 제44조 제2항).

12. 장기요양위원회 설치 등

장기요양보험료율, 특별현금급여의 지급기준, 재가 및 시설 장기요양급여비용 등 국민에게 영향을 미치는 장기요양사업의 중요사항을 심의하게 할 위원회를 구성할 필요가 있다. 이에 따라 보건복지부장관 소속하에 장기요양위원회를 두고, 근로자단체, 사용자단체, 시민단체, 노인단체, 농어업인단체, 자영자단체 및 장기요양기관 또는 의료계 등의 대표자를 중심으로 위원장 1명, 부위원장 1명을 포함하여 16명 이상 22명 이하의 위원으로 구성하며, 장기요양보험료율 등을 심의하도록 한다(동법 제45조, 제46조). 장기요양사업의 중요사항을 결정하는 위원회에 이해관계자 및 전문지식을 가진 자를 참여시킴으로써 민주적 의사결정과 정책결정의 책임성을 확보할 수 있을 것으로 기대된다. 장기요양위원회 회의는 구성원 과반수의 출석으로 개의하고 출석인원 과반수의 찬성으로 의결한다(동법 제47조).

지방자치단체는 장기요양요원의 권리를 보호하기 위하여 장기요양요원지원센터를 설치 운영할 수 있고 이 센터는 장기요양요원의 권리침해에 대한 상담 및 지원 등의 업무를 수행한다(동법 제47조의 2).

13. 관리운영기관

장기요양사업을 효율적으로 실시하기 위하여 장기요양사업을 관리·운영하고 평가할 기관을 정할 필요가 있다. 장기요양사업의 관리운영기관은 국민건강보험공단이다. 이에 따라 국민건강보험공단은 장기요양보험가입자·그 피부양자 및 의료급여수급권자의 자격관리, 장기요양보험료 부과 및 징수, 장기요양인정신청인에 대한 조사, 장기요양등급판정위원회의 운영 및 장기요양등급판정, 장기요양급여의 제공기준 개발, 장기요양기관의 설치 · 운영 등의 업무를 관장하도록 한다(동법 제48조 제1항, 제2항).

국민건강보험법 제17조에 따른 공단의 정관은 장기요양사업과 관련하여 다음 각 호의 사항을 포함 · 기재한다(동법 제48조 제4항).

① 장기요양보험료
② 장기요양급여
③ 장기요양사업에 관한 예산 및 결산
④ 그 밖에 대통령령이 정하는 사항

공단은 국민건강보험법 제29조의 규정에 따라 공단의 조직 등에 관한 규정을 정할 때 장기요양사업을 수행하기 위하여 두는 조직 등을 건강보험사업을 수행하는 조직 등과 구분하여 따로 두어야 한다. 다만, 제48조 제2항 제1호 및 제2호의 자격관리와 보험료 부과 · 징수업무는 그러하지 아니하다(동법 제49조).

공단은 장기요양사업에 대하여 독립회계를 설치 · 운영하여야 한다(동법 제50조 제1항). 공단은 장기요양사업 중 장기요양보험료를 재원으로 하는 사업과 국가 · 지방자치단체의 부담금을 재원으로 하는 사업의 재정을 구분하여 운영하여야 한다. 다만, 관리운영에 필요한 재정은 구분하여 운영하지 아니할 수 있다(동법 제50조 제2항).

14. 장기요양등급판정위원회의 설치 등

장기요양인정 및 장기요양등급판정 등을 심의하기 위하여 공단에 등급판정위원회를 두고 특별자치시 · 특별자치도 · 시 · 군 · 구 단위로 설치한다(동법 제52조 제1항, 제2항). 등급판정위원회 위원은 위원장 1명을 포함하여 15명으로 구성하고, 위원 중에서 특별자치시장 · 특별자치도지사 · 시장 · 군수 · 구청장이 추천한 위원은 7명, 의사 또는 한의사는 1명 이상 각각 포함되어야 하고 의료인, 사회복지사, 특별자치시장 · 특별자치도지사 · 시 · 군 · 구 소속공무원 중에서 공단 이사장이 위촉한다(동법 제52조 제3항, 제4항). 등급판정위원회의 회의는 구성원 과반수의 출석으로 개의하고 출석의원 과반수의 찬성으로 의결한다(동법 제53조 제2항).

15. 국가와 지방자치단체의 부담

사회보장 특히 노약자에 대하여는 국가가 이를 보장할 헌법상의 의무가 있으므로 장기요양사업비용에 대한 국가와 지방자치단체의 부담액에 관하여 정할 필요가 있다.

국가는 매년 예산의 범위 안에서 해당 연도 장기요양보험료 예상수입액의 100분의 20에 상당하는 금액을 국고에서 국민건강보험공단에 지원하도록 하고, 국가와 지방자치단체는 의료급여수급권자의 장기요양급여비용, 의사소견서 발급비용, 방문간호지시서 발급비용 중 국민건강보험공단이 부담하여야 할 비용과 관리운영비의 전액을 대통령령이 정하는 바에 따라 각각 분담하도록 한다(동법 제58조 제1항, 제2항).

장기요양사업비용의 일부를 국가와 지방자치단체가 부담함으로써 치매 · 중풍 등으로 인하여 장기요양이 필요한 노인 등의 복지증지에 대한 국가와 지방자치단체의 책임을 명확히 하고 그 부양가족의 부담을 덜어 줄 수 있을 것으로 기대된다.

제6절 산업재해보상보험법

Ⅰ. 개 념

산업재해보상보험법은 산업재해보상에 관한 법규이다. 즉 산업현장에서 활동하는 근로자에게 발생할 수 있는 제반 재해에 대하여 보험방식으로 근로자와 그 가족을 보호하는 한편 사업주의 위험부담을 경감시키려는 일종의 사회보장법 또는 사회복지법이다. 산업재해보상보험법은 1994년 12월 23일에 전면개정되고, 여러 차례 개정되었다가 2007. 12. 14(전부개정), 2007. 12. 31, 2008. 2. 29, 2009. 10. 9, 2010. 1. 27, 2010. 5. 20, 2010. 6. 4, 2011. 12. 31, 2012. 12. 18, 2015. 1. 20, 2015. 5. 18, 2016. 12. 27, 2017. 10. 24. 등에 일부개정되었고, 동법시행령은 1995년 4월 15일에 전면개정되고, 여러 차례 개정되었고, 최근에는 2013. 6. 28, 2013. 12. 30, 2015. 4. 14, 2016. 3. 22, 2016. 12. 30, 2017. 12. 26. 등에 일부개정되었다. 또 동법시행규칙은 1995년 4월 29일에 제정되고, 2008년 7월 1일에 전부개정되었고 그 후 여러 차례 개정되었고, 최근에는 2010. 11. 24, 2011. 7. 6, 2012. 4. 25, 2012. 12. 13, 2013. 12. 30, 2015. 4. 21, 2016. 3. 28, 2017. 2. 3, 2017. 12. 27. 등에 개정되었다.

산업재해보상보험법은 산업재해를 보상하고자 하는 법이므로 여기서 산업재해가 무엇인지가 문제된다. 산업재해란 산업현장에서 발생할 수 있는 근로자의 업무상 부상, 질병, 신체장애 또는 사망의 경우를 말한다. 이 산업재해는 산업현장에서 작업조건이나 여러 환경적 요인으로 인하여 구조적으로 불가피하게 발생한다. 자본주의와 산업의 발달에 따라 각종의 작업병과 같은 업무상의 사고가 크게 증가하고 있다. 그런데 근로기준법에서도 근로자들의 업무상 재해에 대한 사용자의 무과실보상책임제도를 규정하고 있다. 그러나 이 근로기준법상의 재해보상제도는 사용자가 보상을 하지 않은 경우 일반 민사소송법상의 소송절차에 따라 청구하며 그 보상을 강제 실행하여야 하는데 이러한 민사상의 소에 대한 청구에는 많은 시간과 경비가 소요되어 경제적 약자인 근로자에게는 불리하다. 따라서 근로자의 업무상 재해에 대하여 보험제도를 도입하여 보험방식으로 해결하여 이러한 근로자의 위험을 해소할 수 있다. 이렇게 해서 생겨난 제도가 산업재해보상보험제도이다. 즉 국가가 보험방식을 통하여 산업재해를 입은 근로자를 치료하거나 산업재해로 인하여 사망한 근로자의 유족들의 생계를 위하여 적절한 보상을 하여 주는 제도가 산업재해보상보험제도이다.

산업재해보상보험은 사회보험의 한 종류로서 사회보험이 가지는 일반적 특성을 가지고 있으나, 산업재해보상보험만이 가진 몇 가지 특성이 있다. 첫째, 산재보험은 기본적으로 업무상 사유로 재해를 입은 재해근로자에 대하여 무과실책임주의에 입각하여 사업주의 보상책임을 담보하여 주는 사업주책임보험으로서의 특성을 가지고 있다. 둘째, 산재보험은 다른 사회보험제도와 달리 사업장 단위로만 가입이 이루어지고 개별 근로자의 관리는 별도로 이루어지지 않고 있다. 셋째, 산재보험은 보험관계 성립 등 제반 행정이 자진신고 및 보험료의 자진납부를 원칙으로 하고 있다. 넷째, 산재보험은 현금급여로 제공되는 국민연금과 현물급여를 위주로 제공되는 건강보험과 달리 현금급여와 현물급여가 모두 제공되는 종합적 보상제도로서의 특성을 가진다. 다섯째, 산재보험에 의한 재해보상은 일반법원을 통한 권리구제와 달리 산업재해로부터 입은 피해를 시급히 복구하여 보호하며, 업무상 재해를 당한 근로자를 적기에 확실히 보상해 준다.

Ⅱ. 목 적

산업재해보상보험법의 목적은 산업재해보상보험사업을 행하여 근로자의 업무상의 재해를 신속하고 공정하게 보상하고, 재해근로자의 재활 및 사회복귀를 촉진하기 위하여 이에 필요한 보험시설을 설치 · 운영하며, 재해예방 기타 근로자의 복지증진을 위한 사업을 행함으로써 근로자 보호에 이바지함을 목적으로 하고 있다(산업재해보상보험법 제1조).

이러한 산업재해보상보험법상의 목적은 근로자, 사업주 및 국가의 입장에서 각각 다음과 같이 말할 수 있다.

첫째, 근로자의 측면에서는 산업재해를 당한 근로자에게 신속하게 보상함으로써 근로자와 그 가족의 생활안정과 복지를 증진시킨다는 목적이 있다.

둘째, 사업주의 측면에서는 산업재해로 인한 보상을 사회보험방식으로 해결함으로써 사업주가 감당해야 하는 위험을 분산하게 하고 안정적으로 기업경영에 전념할 수 있도록 돕는 목적이 있다.

셋째, 국가사회적 측면에서는 건전한 노동력을 확보 · 보전함으로써 경제발전과 국민복지증진에 기여할 수 있다는 목적이 있다.

Ⅲ. 유사제도와의 관계

1. 근로기준법상의 보상제도와의 관계

근로자의 업무상 재해에 대한 보상은 산업재해보상보험법에 의한 보험급여를 통해서뿐만 아니라 근로기준법에 의한 사용자의 재해보상을 통해서도 이루어지므로 양자의 관계가 문제된다.

근로기준법은 재해보상에 대하여 ① 개별사용자의 무과실책임을 원칙으로 하며 예외적으로 근로자의 중대한 과실 및 노동위원회의 인정을 조건으로 휴업보상과 장해보상이 제외된다, ② 보상내용은 요양 · 휴업 · 장해 · 유족의 각 보상과 장의비이고, ③ 보상은 전손해의 전보가 아니라 평균임금을 기초로 한 정률보상이며, ④ 보상확보를 위하여 행정감독 및 벌칙을 규정하고 있다.

이와 같은 근로기준법상의 재해보상은 사용자가 이행하지 않는 경우는 소송에 의하여 실행하여야 하는데 이는 앞에서 본 바와 같이 시간과 경비가 많이 들어 근로자가 보호받기 어렵다. 따라서 재해보상을 확실하고 신속하게 이행하고 그 실효성을 확보하는 수단으로서 사용자를 가입자로 하는 국가주도의 보험제도를 정한 것이 산재보험법이다. 산재보험제도는 ① 직접 피해자 등에게 보험급여를 지급하기 위하여 근로기준법상에서는 존재하지 않는 보험시설 등을 규정하고 있으며, ② 보험급여는 근로기준법에 정한 보상의 종류 및 내용과 거의 일치하나 사망의 경우에 지급하는 유족특별급여 등 특별한 규정이 있고, ③ 보험급여가 근로기준법상의 보상책임을 면책하는 효과가 있는 점 등 재해보상에 대한 책임보험으로서의 성격을 가지고 있는 것이 특색이다.

산업재해보상보험법은 원칙적으로 근로자를 사용하는 모든 사업 또는 사업장에 적용되며, 동법의 적용을 받는 사업의 사업주는 당연히 산업재해보상보험의 가입자가 된다. 따라서 보험은 적용사업의 사업주에 대하여 그 가입이 강제되고 있는 점에 또 하나의 특성이 있다.

2. 건강보험법의 보험급여와의 관계

산업재해보상보험법의 대상사고가 업무상의 재해, 즉 근로관계에서 발생하는 특유한 생활사고라는 점에서, '업무 외'의 사상병(死傷病)을 대상으로 하는 건강보험법의 보험급여와는 다른 특징이 존재한다. 따라서 산재보험법에 따른 보험급여는 건강보험법에 따른 의료급여와는 달리, '업무상'의 개념, 비용부담의 측면 등에서 근로관계의 특질이 반영되기 마련이다. 첫째로, 산재보험법의 급여액은 건강보험법의 그것에 비하여 상대적으로 고수준을 유지하며, 둘째로, 산재보험사업에 소요되는 비용은 원칙적으로 사업주의 전액부담인 점에 그 특징이 있다고 하겠다.

Ⅳ. 주요 내용

1. 서 언

2003년 12월 31일에 산업재해보상보험법을 개정하여 종래에 동법에서 규정하고 있던 보험관계의 성립(당연 보험가입자의 사업이 시작된 날에 성립)과 소멸, 보험료의 징수에 대하여는 고용보험 및 산업재해보상보험의 보험료징수 등에 관한 법률이 정하는 바에 따르게 되어 있다[(산업재해보상보험법 제4조 : 고용보험 및 산업재해보상보험의 보험료징수 등에 관한 법률(2003. 12. 31. 제정, 2004. 12. 31, 2005. 12. 7. 2006. 12. 28, 2007. 4. 11, 2007. 5. 11, 2007. 12. 27, 2008. 2. 29, 2009. 10. 9, 2009. 12. 30, 2010. 1. 27, 2010. 6. 10, 2011. 12. 31, 2012. 2. 1, 2013. 6. 4, 2014. 3. 24, 2016. 12. 27, 2017. 12. 24. 등에 일부개정 ; 이하 "보험료징수법"이라 칭함)]. 따라서 산업재해보상보험법에서는 보험가입자 및 보험관계, 보험료 부분을 삭제하고 보험자인 근로복지공단과 근로복지사업, 보험급여, 기금설치, 심사청구에 관한 규정만을 하고 있다. 그러므로 산업재해보상보험법의 내용을 설명함에 있어서는 산업재해보상보험법과 보험료징수법 및 고용보험 및 산업재해보상보험의 보험료징수 등에 관한 법률시행령(2004. 10. 29. 제정, 여러 차례 개정, 최근에는 2013. 6. 28. 2013. 12. 30, 2015. 12. 30, 2016. 8. 11, 2016. 12. 30, 2017. 6. 27, 2017. 12. 26. 등에 개정, 이하 "보험료징수법시행령"이라고 칭함) 그리고 고용보험 및 산업재해보상보험의 보험료징수 등에 관한 법률시행규칙(2005. 12. 30. 제정되어 여러 차례 개정, 최근에는 2013. 2. 13. 2013. 12. 30, 2015. 12. 31, 2016. 12. 20, 2017. 4. 19, 2017. 6. 28, 2017. 12. 28. 등에 개정)상의 규정을 종합적으로 함께 다루어야 한다. 이런 관점에서 산업재해보상보험법의 내용을 설명하겠다.

2. 산업재해보상보험관계의 성립과 소멸

1) 보험관계의 성립

보험료징수법 제5조 제3항의 규정에 따라 산업재해보상보험(이하 "산재보험")이 당연가입자가 되는 사업(당연적용사업)의 경우에는 그 사업이 시작된 날, 산업재해보상보험법 제6조 단서의 규정에 의한 사업(위험물, 규모 및 장소 등을 고려하여 대통령령이 정하는 사업, 즉 당연적용제외사업)의 사업주는 공단의 승인을 얻어 산재보험이 가입할 수 있는데(임의적용사업, 임의가입, 보험료징수법 제5조 제4항) 이 경우에는 공단이 그 사업의 사업주로부터 보험가입 승인신청서를 접수한 날의 다음날에 산재보험의 보험관계가 성립한다(보험료징수법 제7조 제2호, 제3호). 또 당연적용사업이 사업규모의 변동 등으로 적용배제사업에 해당되게 된 때에는 그 사업주는 그 해당되게 된 날부터 보험료징수법 제5조 제4항의 규정(임의가입)에 따라 산재보험에 가입한 것으로 보고(의제보험가입자, 보험료징수법 제6조 제2항), 산업재해보상보험방법 제6조 단서의 당연적용제외사업이 보험료징수법 제5조 제3항의 산재보험의 당연가입자가 되는 사업(당연적용사업)에 해당하게 된 경우에는 그 해당하게 된 날에 보험관계가 성립한다(보험징수법 제7조 제2호). 그리고 건설업 등 대통령령이 정하는 사업이 여러 차례의 도급에 의하여 행하여지는 경우에는 그 원수급인을 사업주로 본다. 다만, 대통령령이 정하는 바에 따라 공단의 승인을 얻은 경우에는 하수급인을 사업주로 본다(보험료징수법 제9조 제1항). 보험료징수법 제9조 제1항의 규정에 따른 사업이 국내에 영업소를 두지 않는 외국의 사업주로부터 하도급을 받아 행하여지는 경우에는 그 최초 하수급인을 이 법의 적용을 받는 사업주로 본다(보험료징수법 제9조 제2항).

위와 같이 보험관계는 보험가입을 전제로 성립하므로 보험가입자를 중심으로 산업재해보상보험법과 보험료징수법의 적용범위를 정하고 있다(산업재해보상보험법 제6조 ; 보험료징수법 제5조 제3항, 제4항). 산업재해보상보험법은 정부(고용노동부장관)의 위탁을 받은 근로복지공단을 보험자로 하고 보험료징수법은 사업주를 보험가입자로 하고 있다. 그리고 피보험자 내지 보험수익자라는 개념을 사용하는 대신에 수급권자(보험급여를 받을 수 있는 자)라는 개념을 채택하고 근로자를 수급권자로 하고 있다(산업재해보상보험법 제3장 이하). 이하에서는 산업재해보상보험법 및 보험료징수법의 적용을 받는 보험가입자(적용범위)를 중심으로 살펴보고, 이와 관련하여 적용대상인 수급권자에 대하여도 설명한다. 보험자, 즉 근로복지공단에 대하여는 순서를 바꾸어 설명한다.

2) **적용범위**(보험가입자)

(1) 당연적용사업(당연가입자)

산업재해보상보험법은 사업의 위험률 · 규모 및 장소 등을 고려하여 대통령령으로 정하는 사업을 제외하고(동법 제6조 단서) 근로자를 사용하는 모든 사업에 적용된다(동법 제6조, 동법 시행령 제2조 제1항). 이와 같이 산업재해보상보험법의 적용을 받는 사업을 당연적용사업이라 하고 이 사업의 사업주는 당연히 산업재해보상보험의 가입자가 된다(당연가입자, 보험징수법 제5조 제3항). 산업재해보상보험법시행령 제2조 제1항(제1호~제6호)에서 정하고 있는 당연적용사업에서 제외되는 사업(사업 또는 사업장)은 다음과 같다.

① 공무원연금법 또는 군인연금법에 의하여 재해보상이 되는 사업
② 선원법 · 어선원 및 어선재해보상보험법 또는 사립학교교직원연금법에 따라 재해보상이 되는 사업
③ 주택법에 따른 주택건설사업자(이하 "주택건설사업자"), 건설산업기본법에 따른 건설업자(이하 "건설업자"), 전기공사사업법에 따른 공사업자, 정보통신공사업법에 따른 공사업자, 소방시설공사법에 의한 소방시설공사업자 또는 문화재보호법에 따른 문화재수리업자가 아닌 자가 시공하는 다음 각 목의 1에 해당하는 공사
㉠ 고용보험 및 산업재해보상보험의 보험료징수 등에 관한 법률시행령 제2조 제1항 제2호에 따른 총공사금액(이하 "총공사금액")이 2천만 원 미만인 공사
㉡ 연면적이 100제곱미터 이하인 건축물의 건축 또는 연면적이 200제곱미터 이하인 건축물의 대수선에 관한 공사
④ 가구 내 고용활동
⑤ 제1호 내지 제4호의 사업 외의 사업으로서 상시근로자 수가 1명 미만인 사업
⑥ 농업 · 임업(벌목업 제외) · 어업 · 수렵업 중 법인이 아닌 자의 사업으로서 상시 근로자 수가 5명 미만인 사업

그리고 위 제1항 각 호의 사업의 범위에 관하여 산업재해보상보험법시행령에 특별한 규정이 없으면 통계법에 따라 통계청장이 고시하는 한국표준산업분류표에 따른다(동법시행령 제2조 제2항). 총공사금액이 2천만 원 미만인 건설공사가 보험료징수법 제8조 제1항 또는 제2항이 규정에 따라 일괄적용을 받게 되거나 설계변경(사실상의 설계변경 포함)으로 총공사금액이 2천만 원 이상으로 된 때에는 그때부터 법의 적용을 받게 된다(즉 당연적용사업이 된다, 동법시행령 제2조 제3항).

(2) 임의적용사업(임의가입자)과 의제가입자

사업의 위험률 · 규모 및 사업장소 등을 참작하여 대통령령에 의하여 산재보험법의 적용이 배제되는 사업의 사업주도 근로복지공단의 승인을 얻어 산재보험에 가입할 수 있다. 이러한 경우에 그 사업을 임의적용사업이라고 한다(보험료징수법 제5조 제4항). 보험료징수법 제5조 제3항의 규정에 따라 당연가입자가 되는 사업이 사업규모의 변동 등으로 산업재해보상보험법 제6조 단서의 규정에 의한 사업(산재보험법 당연적용배제사업)에 해당되게 된 때에는 그 사업주는 그 해당되게 된 날부터 보험료징수법 제5조 제4항의 규정(임의가입자)에 따라 산업재해보상보험에 가입한 것으로 본다(보험료징수법 제6조 제2항). 당연가입 및 임의가입의 사업주가 그 사업의 운영 중에 근로자를 고용하지 아니한 때에는 그날부터 1년의 범위 안에서 근로자를 사용하지 아니한 기간에도 보험에 가입한 것으로 본다(보험료징수법 제6조 제3항).

(3) 보험가입자의 의무

보험가입자에게는 개산보험료 · 증가개산보험료 · 확정보험료 등 보험료의 보고와 납부 및 정산의무(보험료징수법 제17조, 제18조, 제19조), 보험관계의 성립 · 소멸신고의무(보험료징수법 제11조), 사망추정사유발생신고(산재보상보험법시행령 제37조 제4항), 보험가입자의 변경사항신고의무(보험료징수법 제12조 동법시행령 제9조) 등이 있다.

(4) 산업재해보상보험의 수급권자(적용대상)

산재보험은 사업주가 보험가입자가 되지만 보험급여의 수급권자는 업무상의 사유에 의한 부상 · 질병 · 신체장해 또는 사망 등 업무상 재해를 당한 근로자이다. 여기서 근로자란 근로기준법에 의한 근로자를 말한다(산업재해보상보험법 제5조 제2호). 따라서 업무상 재해를 입은 자가 산재보험의 적용대상이 되는가의 판단은 근로기준법상의 근로자로 인정되는가의 여부에 달려 있다고 하겠다.

그리고 산업재해보상보험법이 적용되는 사업에서 현장실습을 하고 있는 학생 및 직업훈련생(이하 "현장실습생") 중 고용노동부장관이 정하는 현장실습생은 위의 규정에 불구하고 해당 사업에 적용되는 근로자로 본다(동법 제123조 제1항). 또 외국에서 행하는 사업에 근로시키기 위하여 파견하는 자를 "해외파견자"라 정의하고 보험료징수법 제5조 제3항 및 제4항(당연가입자 · 임의가입자)에 의한 보험가입자(사용자)가 근로복지공단에 보험가입신청을 하여 승인을 얻은 경우에는 해외파견자를 해당가입자의 대한민국 영역 안의 사업에 사용하는 근로자로 보아 산업재해보상보험법을 적용할 수 있다(산업재해보상보험법 제122조 제1항). 또 보험가입자로 대통령령이 정하는 중소기업 사업주는 근로복지공단의 승인을 얻어 자기 또는 유족을 보험급여를 받을 수 있는 자로 하여 보험에 가입할 수 있다. 이 경우에는 이 사업주도 산업재해보상보험법을 적용함에 있어서는 근로자로 본다(동법 제124조 제1항).

3) 보험관계의 소멸

보험관계는 다음에 해당하는 날 등에 소멸된다.

① **사업의 폐지 :** 업무상 재해의 기초가 되는 사업이 폐지 또는 끝난 날의 다음날에 보험관계가 소멸한다(보험료징수법 제10조 제1호).

② **보험계약의 해약 :** 임의적용사업의 사업주가 보험계약을 해지하는 경우에는 그 해지에 관하여 근로복지공단의 승인을 얻은 날의 다음날부터 보험관계가 소멸한다(동법 제10조 제2호).

③ **보험관계의 소멸통지 :** 근로복지공단이 사업의 실체가 없는 등의 사유로 계속하여 보험관계를 유지할 수 없다고 인정하여 보험관계의 소멸을 결정 통지한 경우에는 그 통지한 날의 다음날부터 보험관계가 소멸한다(동법 제10조 제3호).

④ **의제가입의 경우** : 앞에서 본 보험료징수법 제6조 제3항의 규정에 의한 의제가입 사업주의 경우는 근로자를 사용하지 아니한 첫날부터 1년이 되는 날의 다음날에 보험관계가 소멸한다(동법 제10조 제4호).

3. 보험자(근로복지공단)

산업재해보상보험법에 의한 보험사업은 고용노동부장관이 관장하지만(동법 제2조 제1항), 구체적 보험사업은 고용노동부장관의 위탁을 받아 근로복지사업을 효율적으로 수행하기 위하여 설립한 근로복지공단이 행한다(동법 제10조, 보험료징수법 제4조). 1994년 12월 22일의 전문개정에 의하여 보험자가 고용노동부(노동보험국과 지방사무소)에서 근로복지공단으로 변경되었다. 근로복지공단은 ① 보험가입자 및 수급권자에 관한 기록의 관리 유지, ② 보험료징수법에 의한 보험료 그 밖의 징수금의 징수, ③ 보험급여의 결정 및 지급, ④ 보험급여에 관한 심사청구의 심리결정, ⑤ 산업재해보상보험시설의 설치 · 운영, ⑥ 업무상 재해를 입은 근로자 등의 요양 및 재활, ⑦ 재활보조기구의 연구개발, 검정 및 보급, ⑧ 보험급여 결정 및 지급을 위한 업무상 질병 관련 연구, ⑨ 근로자 등의 건강을 유지 증진하기 위하여 필요한 건강진단 등 예방사업, ⑩ 근로자의 복지증진을 위한 사업, ⑪ 그 밖에 정부로부터 위탁받은 사업, ⑫ ⑥부터 ⑨까지 ⑩ 및 ⑪에 따른 사업에 딸린 사업 등을 수행한다(동법 제11조 제1호~제8호). 정부는 예산범위에서 공단의 사업과 운영에 필요한 비용을 출연할 수 있다(동조 제5항). 산재보험사업에 관한 중요 사항을 심의하게 하기 위하여 고용노동부장관의 자문기관으로서 산업재해보상보험및예방심의위원회(이하 "위원회")가 설치되어 있다(동법 제8조). 이 위원회는 근로자를 대표하는 위원은 총연합단체인 노동조합이 추천하는 사람 5명, 사용자를 대표하는 위원은 전국을 대표하는 사용자단체가 추천하는 사람 5명, 공익을 대표하는 위원은 고용노동부차관, 고용노동부의 산업재해보상보험업무를 담당하는 고위 공무원 또는 산업재해 예방업무를 담당하는 고위 공무원 중 1명, 시민단체(비영리민간단체지원법 제2조의 규정에 의한 비영리민간단체를 말함)에서 추천하는 사람과 사회보험 또는 산업재해예방에 관한 학식과 경험이 풍부한 사람 중 3명 모두 15명으로 구성되며 그 위원은 고용노동부장관이 임명 또는 위촉한다(동법시행령 제4조), 특히 요양급여의 범위 · 비용 등 요양급여의 산정기준과 산재보험료율 결정에 관한 사항 등을 심의하고 있다(동법시행령 제3조).

근로복지공단은 일정한 사항을 기재한 정관을 작성하고(산업재해보상보험법 제14조 제1항) 이 정관을 고용노동부장관의 인가를 받아(동법 제14조 제2항) 주된 사무소의 소재지에 설립등기를 함으로써 성립한다(동법 제15조). 이 설립등기에 의하여 법인격이 부여되고 법인으로 된다(동법 제12조). 공단의 임원은 이사장 1명과 상임이사 4명을 포함한 15명 이내의 이사와 감사 1명으로 하고(동법 제16조 제1항), 이사장의 임기는 3년, 이사와 감사의 임기는 3년으로 하되 각각 1년 단위로 연임할 수 있다(동법 제17조). 이사장은 공단을 대표하고 공단의 업무를 통할한다(동법 제18조 제1항). 그리고 공단에는 주요사항을 심의 · 의결하기 위하여 이사회를 둔다(동법 제22조). 공단은 사업을 효율적으로 수행하기 위하여 공단의 사업에 출자하거나 출연할 수 있다(동법 제32조).

4. 보험사고(업무상 재해)

1) 의 의

산업재해보상보험의 대상이 되는 보험사고는 근로자의 '업무상 재해'이다. 그리고 이 업무상 재해는 "업무상의 사유에 의한 근로자의 부상, 질병, 신체장애 또는 사망을 말한다"고 되어 있다(산업재해보상보험법 제5조 제1호). 따라서 산재보험급여의 대상이 될 수 있는지의 여부는 결국 '업무상의 재해'가 그 요건이 된다.

2) 업무상 재해의 인정기준과 범위

(1) 인정기준

업무상 재해의 인정기준에 관하여는 산업재해보상보험법 제37조에서 규정하고 있다. 즉 근로자의 사상(死傷)이 다음의 어느 하나에 해당하는 사유로 부상, 질병 또는 장해가 발생하거나 사망하면 업무상 재해로 본다. 이 경우 업무와 재해 사이에 상당한 인과관계가 있어야 한다(동법 제37조 제1항). 또 근로자의 고의, 자해행위나 범죄행위 또는 그것이 원인이 되어 발생한 부상, 질병, 장해, 사망은 대통령령이 정하는 사유(동법시행령 제36조)가 있는 경우를 제외하고는 업무상 재해로 보지 않는다(동법 제37조 제2항).

① 근로자가 근로계약에 따른 업무나 그에 따른 업무를 하던 중 발생한 사고, ② 사업주가 제공한 시설물 등을 이용하던 중 그 시설물 등의 결함이나 관리소홀로 발생한 사고, ③ 사업주가 주관하거나 그 지시에 따라 참여한 행사나 행사준비 중에 발생한 사고, ④ 휴게시간 중 사업주의 지배관리하에 있다고 볼 수 있는 행위로 발생한 사고, ⑤ 그 밖에 업무와 관련하여 발생한 사고 등의 업무상 사고나 ① 업무수행과정에서 물리적 인자, 화학물질, 분진, 병원체, 신체에 부담을 주는 업무 등 근로자의 건강에 장해를 일으킬 수 있는 요인을 취급하거나 그에 노출되어 발생한 질병, ② 업무상 부상이 원인이 되어 발생한 질병, ③ 그 밖에 업무와 관련하여 발생한 질병 등의 업무상 질병이다(동법 제37조 제1항 제1호, 제2호). 또한 사업주가 제공한 교통수단이나 그에 준하는 교통수단을 이용하는 등 사업주의 지배관리하에서 출퇴근하는 중 발생한 사고, 그 밖에 통상적인 경로와 방법으로 출퇴근하는 중 발생하는 사고 등의 출퇴근 재해도 업무상 재해로 본다(동조 제1항 제3호). 출퇴근 경로와 방법이 일정하지 아니한 직종으로 대통령령으로 정하는 경우에는 출퇴근 재해를 적용하지 아니한다(동조 제4항).

그리고 이 법 제37조 제3항에 따라 동법시행령 제3장 보험급여 중 제2절 업무상의 재해인정기준(제27조~제37조)에서 업무상 재해의 구체적인 기준을 제시하고 있다.

(2) 업무상의 범위에 관한 대법원 판례

산업재해보상보험법시행령은 대법원 판례에 맞추어 1997년 12월 31일 이후에 '업무상' 재해의 인정기준을 위와 같이 구체적으로 정하게 되었다. 참고로 구체화되기까지의 대법원 판례에 나타난 '업무상'의 범위를 보면 다음과 같다.

① '업무'라고 하는 것은 근로계약에 따른 본래의 담당업무, 즉 직무 · 작업행위 등이지만,

동시에 생리적 필요행위(작업 중의 용변 등)라든지 업무의 부수행위(작업의 준비행위와 사후 정리행위)는 물론 회사에서 주관하는 사업장 외에서의 행사까지 포함한다(대판 1997. 3. 28. 6누16179). 또한 긴급행위로서, 업무담당자로서 통상적으로 행하는 것이 예정되어 있다든지 또는 예상될 수 있는 합리적인 행위도 이에 포함된다(대판 1996. 10. 11, 96누9034 ; 1997. 3. 28, 96누16179 ; 1997. 5. 23, 96누18748 ; 1997. 8. 29, 97누7271 등).

② 재해가 취업기간 중에 사업장 외에서 발생한 경우가 문제가 된다. 예컨대 출장 중, 외근, 운송업무 등의 종사자는 포괄적으로 사용자의 지배를 받고 있다고 생각할 수 있으므로, 명백한 업무이탈이 아닌 한 업무기인성이 추정되어 원칙적으로 '업무상'의 것으로 인정된다.

③ 사업장의 물적 시설 또는 사용자의 노무관리방법에서 비롯되는 재해는 업무상의 것으로 인정된다. 예컨대 작업대기 중의 사고, 사업장 급식에 의한 식중독, 시설의 흠으로 인한 휴게시간 중의 사고, 출퇴근과정이 사업주의 지배관리하에서 행해지는 경우 출퇴근의 재해 등은 모두 이에 포함된다(대판 1997. 1. 14, 97누13009 ; 1996. 4. 26, 96누2026, 1996. 2. 29, 95누16769, 1995. 9. 15, 97누6946 등).

④ 재해가 취업기간 외에 사업장 내에서 발생한 경우 문제된다. 예컨대 휴게시간 중은 사용자의 노무지휘권이 미치지 않으므로 원칙적으로 '업무 외'이다(대판 1996. 8. 23, 95누14633). 그러나 그 재해가 사업장의 시설 또는 관리의 흠으로 인한 경우에는 업무기인성이 추정되어 '업무상'의 것으로 된다. 또한 공휴일의 작업, 직장폐쇄 중의 작업도 사용자의 묵인 등 노무지휘권이 미친다고 인정되는 경우에는 이에 포함된다.

⑤ 제3자 행위에 의하여 발생한 재해라도 해당 업무와 관련하여 발생할 수 있는 것이면 업무상의 범위에 포함된다(산업재해재심사례 82-96호 1982.7.19 ; 동 90~319호, 1990. 9. 17. 등). 예컨대 숙직 중의 강도에 의한 부상이나 사망은 업무상의 것으로 된다.

⑥ 재해가 근로자의 기초질병이나 기존질병으로 인하여 발생한 경우가 문제가 된다. 그 기초질병이나 기존질병이 평소 정상적인 근무가 가능할 정도의 것이었고 그 질병이 업무와 직접 관련이 없었더라도 업무상의 과로로 인하여 급속히 악화되거나 새로운 질병이 유발된 경우 또는 이로 인하여 사망한 경우 등에는 업무와 재해발생 사이의 인과관계를 인정하여 업무상의 것으로 보아야 할 것이다(대판 1997. 5. 28, 97누10 ; 1996. 9. 10, 96누6806 ; 1995. 3. 14, 94누9935 ; 1994. 2. 25, 93누19030 등). 이때 과로인지 여부는 보통 평균인을 기준으로 할 것이 아니라 해당 재해를 입은 자를 기준으로 판단하여야 할 것이

다(대판 1995.5.12, 91누 10466 ; 1994.12.13, 94누9030 등).

5. 산업재해보상보험의 보험급여

1) 급여의 종류와 산정

산업재해보상보험법에 따른 급여는, 요양급여, 휴업급여, 장해급여, 간병급여, 유족급여, 상병보상연금, 장의비, 직업재활급여 등 8종류가 있다(동법 제36조 제1항).

사업주는 근로자가 보험급여를 신청한 것을 이유로 근로자를 해고하거나 그 밖에 근로자에게 불이익한 처우를 하여서는 아니 된다(동법 제111조의 2).

(1) 요양급여

요양급여는 근로자가 업무상의 사유로 부상을 당하거나 질병에 걸린 경우에 해당 근로자에게 지급하는 급여로서(동법 제40조 제1항), 요양급여는 요양비의 전액으로 하되 원칙적으로 현물급여(보험시설 또는 공단이 지정한 산재의료기관에서 요양을 하게 하는 것)이며, 예외적으로 부득이한 경우에는 요양에 갈음하여 요양비를 지급할 수 있다(동법 제40조 제2항). 다만, 3일 이내의 요양으로 치유될 수 있는 경우에는 요양급여를 지급하지 아니한다(동법 제40조 제3항). 요양급여의 범위는 다음과 같다(동법 제40조 제4항).

① 진찰 및 검사, ② 약재 또는 치료재료와 의지 그 밖의 보조기의 지급, ③ 처치, 수술, 그 밖의 치료, ④ 재활치료, ⑤ 입원, ⑥ 간호 및 간병, ⑦ 이송, ⑧ 그 밖에 고용노동부령이 정하는 사항

요양급여의 범위 · 비용 등 요양급여의 산정기준은 고용노동부령(산업재해보상보험법시행규칙)으로 정한다(동법 제40조 제5항). 이에 따라 동법시행규칙 제10조는 요양급여의 범위 및 비용 등 산정기준을 구체적으로 정하고 있다.

(2) 휴업급여

휴업급여는 업무상 사유에 의하여 부상을 당하거나 질병에 걸린 근로자에게 요양으로 인하여 취업하지 못한 기간에 대하여 지급하며, 1일에 대하여 평균임금의 100분의 70에 상당하는 금액을 지급한다. 다만, 취업하지 못한 기간이 3일 이내이면 지급하지 않는다(동법 제52조). 휴업급여와 관련하여 부분휴업급여(동법 제53조), 저소득근로자의 휴업급여(동법 제54조), 고령

자의 휴업급여(동법 제55조), 재요양기간 중의 휴업급여(동법 제56조) 등을 규정하고 있다.

(3) 장해급여

장해급여는 근로자가 업무상의 사유에 의하여 부상을 당하거나 질병에 걸려 치유 후 신체 등에 장해가 있는 경우에 해당 근로자에게 지급하는데(동법 제57조 제1항) 이는 대통령령이 정한 장해등급에 따라 장해보상연금 또는 장해보상일시금으로 지급한다(동법 제57조 제2항). 장해보상연금 또는 장해보상일시금은 수급권자의 선택에 따라 이를 지급하되, 노동능력을 완전히 상실한 장해등급(1~3급)의 근로자에 대하여는 장해보상연금을 지급하고 장해급여 청구발생 당시 대한민국 국민이 아닌 자로서 외국에 거주하고 있는 근로자에게는 장해보상일시금을 지급한다(동법 제57조 제3항).

(4) 간병급여

간병급여는 요양급여를 받은 자가 치유 후 의학적으로 상시 또는 수시로 간병이 필요하여 실제로 간병을 받은 자에게 지급하는 급여이다(동법 제61조 제1항). 간병급여의 지급기준 및 방법 등에 관하여 필요한 사항은 대통령령(산업재해보상보험법시행령 제59조 참조)으로 정한다(동법 제61조 제2항).

(5) 유족급여

유족급여는 근로자가 업무상의 사유에 의하여 사망한 경우에 유족에게 지급하고(동법 제62조 제1항), 별표 3에 따른 유족보상연금이나 유족보상일시금으로 하되, 유족보상일시금은 근로자가 사망할 당시 유족보상연금을 받을 수 있는 자격이 있는 자가 없는 경우에 지급한다(동법 제62조 제2항, 동법 별표 3). 다만, 유족보상연금의 수급권자가 원하는 경우에는 유족보상일시금의 100분의 50에 상당하는 금액을 일시금으로 지급하고 유족보상연금은 100분의 50을 감액지급한다(동법 제62조 제3항). 유족보상연금을 받을 수 있는 자격이 있는 자(유족보상연금 수급자격자)는 근로자가 사망한 당시 근로자와 생계를 같이 하고 있던 유족(근로자가 사망할 당시 대한민국 국민이 아닌 자로서 외국에 거주하고 있던 유족은 제외) 중 배우자와 부모 또는 조부모로서 각각 60세 이상인 자, 자녀 또는 손자녀로서 각각 19세 미만인 자, 형제자매로서 19세 미만이거나 60세 이상인 자, 위의 경우 중 어느 하나에 해당하지 아니하는 자녀 · 부모 · 손자녀 · 조부모 또는 형제자매로서 장애인복지법 제2조에 따른 장애인 중 고용노동부령(산업재해보상보험법시행규칙)이 정하는 장애정도에 해당하는 자의 어느 하나에 해당하는 자로 한다(동법 제63조 제1항 제1호~제4호).

그리고 유족보상연금수급자격자가 유족보상연금을 받을 권리의 순위는 배우자 · 자녀 · 부모 · 손자녀 · 조부모 · 형제자매의 순서로 한다(동법 제63조 제3항).

(6) 상병보상연금

상병보상연금은 요양급여를 받은 근로자가 요양 개시 후 2년이 지난 날 이후에 부상 또는 질병이 치유되지 아니하고 그 부상 또는 질병에 의한 폐질의 정도가 대통령령이 정하는 폐질등급기준(동법시행령 제65조 제1항 별표 8)에 해당하고, 또한 요양으로 취업하지 못한 상태가 계속되면 휴업급여 대신 지급한다(동법 제66조 제1항). 폐질등급은 1급으로부터 3급까지 구분되고 있는데, 신체장해등급의 1급에서 3급까지의 내용과 거의 같은 기준이다. 상병보상연금은 별표 4에 의한 폐질등급에 따라 지급한다(동법 제66조 제2항, 별표 4 참조). 그러나 근로자가 61세 이후에는 노동능력 등을 고려하여 별표 5에 따라 산정한 1일당 상병보상연금 지급액에서 상당금액을 뺀 금액을 1일당 상병보상연금 지급액으로 한다(동법 제68조 별표 5 : 고령자의 1일당 상병보상연금지급기준, 동법 별표 5에 따라 산정한 금액 지급).

(7) 장의비

장의비는 근로자가 업무상의 사유에 의하여 사망한 경우에 평균임금의 120일분에 상당하는 금액을 그 장제를 행하는 자에게 지급한다(동법 제71조).

(8) 직업재활급여

장해급여 또는 진폐보상연금을 받는 자나 장해급여를 받을 것이 명백한 자로서 대통령령으로 정하는 자(장해급여자) 중 취업을 위하여 직업훈련이 필요한 자에게 실시하는 직업훈련비용 및 직업훈련수당, 업무상 재해 발생 당시 사업에 복귀한 장해급여자에 대하여 사업주가 고용을 유지하거나 직장적응훈련 또는 재활운동을 실시하는 경우에 각각 지급하는 직장복귀지원금, 직장적응훈련비 및 재활운동비를 말한다(동법 제72조).

2) 보험금의 산정기준과 지급수준의 보장

(1) 보험급여의 산정기준

산업재해보상보험의 급여는 요양급여의 경우에 인정되고 있는 현물급여를 제외하고는 현금급여를 제공하는 경우가 많다. 현금급여는 산업재해보상보험에 따라 재해를 입은 근로자의 임금, 통상임금 및 평균임금 등이 급여산정에 사용된다. 여기서 말하는 임금, 통상임금 및 평균임금은 근로기준법에 의한 임금, 평균임금 및 통상임금을 말한다(산업재해보상보험 제5조 제2호). 만일 근로기준법에서도 이러한 내용을 규정하기가 어려운 경우에는 고용노동부장관이 고시하도록 정하였다(동법 제5조 제2호 단서). 대부분의 경우는 평균임금이 기본적으로 산업재해보험의 급여를 산정하는 기준이 되고 있다(동법 제36조 제3항~제6항). 그러나 산업재해보상보험법상 현금급여는 각각의 급여종류에 따라 특별하게 예외적 상황이 많고 거기에 따라 규정되어 있는 경우가 많다.

(2) 임금변동순응률제도(슬라이드제도)

산업재해보상보험법에 의하여, 보험급여의 산정에 있어서 매년 전체 근로자의 임금평균액의 증감률과 소비자 물가변동률(그 근로자의 연령이 60세에 도달한 이후)에 따라 대통령령으로 정하는 산정방법에 따라 평균임금을 증감할 수 있도록 규정하였다(동법 제36조 제3항, 제4항, 동법시행령 제22조 제1항). 이러한 규정은 매년 임금수준의 변동폭이 크고, 장기적 요양급여를 받고 있는 경우, 재해를 입은 근로자는 재해 당시 평균임금을 기준으로 보험급여를 받게 되어, 근로자의 보험급여가 갖는 실질적 가치가 하락될 수밖에 없는데, 이것을 방지하기 위한 조치로 볼 수 있다.

(3) 평균임금 산정의 특례

근로자의 근로형태가 특이하거나 진폐 등 특정한 직업병으로 인하여 근로기준법상의 평균임금을 적용하는 것이 적당하지 아니하다고 인정되는 경우에는 대통령령이 정하는 산정방법에 따라 산정한 금액을 평균임금으로 한다(동법 제36조 제5항, 제6항, 동법시행령 제25조, 제26조).

근로기준법에 따라 임금 또는 평균임금을 결정하기 어렵다고 인정되면 고용노동부장관이 정하여 고시하는 금액을 임금 또는 평균임금으로 한다(동법 제5조 제2호 단서).

(4) 최고·최저보상제

보험급여는 재해를 입은 근로자의 평균임금을 기준으로 소정일수에 상당하는 금액을 지급하는 것이 원칙이다. 따라서 임금수준에 따라 보험급여에 차등이 생기는데 이를 보완하기 위하여 보험급여(장의비는 제외)의 산정에 있어서 해당 근로자의 평균임금 또는 특별한 산정기준에 의해 산정한 평균임금이 전체 근로자의 임금평균액의 1.8배(최고보상기준금액)를 초과하거나, 2분의 1(최저보상기준임금액)보다 적으면 그 최고보상기준금액 또는 최저보상기준금액을 각각 해당 근로자의 평균임금으로 한다. 다만, 휴업급여 및 상병보상연금의 경우에는 최저보상기준금액을 적용하지 않는다(동법 제36조 제7항)고 규정하여 최고·최저보상제를 채택하고 있다.

3) 보험급여의 지급제한

근로자가 정당한 이유 없이 요양에 관한 지시를 위반함으로써 상병, 질병 또는 신체장해의 상태를 악화시키거나 그 치유를 방해한 것이 명백한 경우에는 보험급여의 전부 또는 일부를 지급하지 아니할 수 있다(동법 제83조). 이는 일종의 수급권의 제한 혹은 수급권자에 대한 신의성실의무를 다하지 않음에 대한 벌칙으로 볼 수 있다.

4) 부정이득의 징수

공단은 거짓이나 그 밖의 부정한 방법으로 보험급여를 받은 자에 대하여 그 급여액의 2배에 해당하는 금액을 징수하여야 하고, 수급권자 또는 수급권자이었던 자가 산업재해보상보험법 제114조 제2항부터 제4항의 규정에 의한 신고의무를 이행하지 아니함으로써 부당하게 보험급여를 지급하는 경우, 그 밖에 잘못 지급된 보험급여가 있는 경우에는 그 급여액이 해당하는 금액을 징수하여야 한다(동법 제84조 제1항 제1호~제3호).

5) 수급권의 보호와 공과금의 면제

산재보험급여를 받을 권리는 퇴직으로 인하여 소멸되지 않고, 양도 또는 압류할 수 없다고 규정되어 있다(동법 제88조). 보험급여로 지급된 금품에 대하여는 국가 또는 지방자치단체의 공과금을 부과하지 아니한다고 되어 있다(동법 제91조).

6) 다른 법에 의한 보상 및 배상과의 관계

(1) 근로기준법상의 재해보상과의 관계

수급권자가 산업재해보상보험법에 의하여 보험급여를 받았거나 받을 수 있는 경우에는 보험가입자는 동일한 사유에 대하여 근로기준법에 의한 재해보상책임이 면제된다(동법 제80조 제1항). 산업재해사고에 대한 급여는 근로기준법상의 산업재해에 대한 동일한 사유에 대하여 사용자의 이중책임을 면제하는 동시에 근로자도 이중이득을 볼 수 없도록 한 장치로 볼 수 있다.

(2) 손해배상과의 관계

수급권자가 동일한 사유에 대하여 산업재해보상보험법에 의한 보험급여를 받은 경우에는 보험가입자는 그 금액의 한도 내에서 민법 기타 법령에 의한 손해배상의 책임이 면제된다(동법 제80조 제2항). 또 수급권자가 동일한 사유로 민법 또는 기타 법령에 의하여 산재보험법에 상당한 금품을 받은 때에는 근로복지공단은 그 받은 금품을 대통령령이 정하는 방법에 따라 환산한 한도의 금액 안에서 산재보험법에 의한 보험급여를 지급하지 아니한다(동법 제80조 제3항).

(3) 제3자에 대한 구상권

근로복지공단은 제3자의 행위에 의한 재해로 인하여 보험급여를 지급한 경우에는 그 급여액의 한도 안에서 급여를 받은 자의 제3자에 대한 손해배상청구권을 대위한다. 다만, 보험가입자인 2 이상의 사업주가 같은 장소에서 하나의 사업을 분할하여 각각 행하다가 그중 사업주를 달리하는 근로자의 행위로 재해가 발생한 경우에는 그러하지 아니하다(동법 제87조 제1항). 공단이 급여를 받은 자의 제3자에 대한 손해배상청구권을 대위하는 경우에 수급권자가 제3자로부터 동일한 사유로 인하여 산재보험법이 보험급여에 상당하는 손해배상을 받은 경우에는 근로복지공단은 그 배상액을 대통령령이 정하는 방법에 따라 환산한 금액의 한도 안에서 산업재해보상보험법에 의한 보험급여를 지급하지 아니한다(동법 제87조 제2항). 제3자에 대한 구상권은 거의 모든 사회복지법, 사회보장법에 비슷한 취지로 규정되어 있는데, 이는 재해를 입은 자의 생활을 신속하게 안정시키고 생존권을 확보한다는 취지로 해석할 수 있다.

6. 산업재해보상보험의 보험료

1) 개 념

산업재해보상보험비용의 재원조달은 원칙적으로 사용주의 책임이지만, 행정사무 등을 위한 약간의 비용을 국가에서 부담한다. 보험사업에 드는 비용에 충당하기 위하여 징수하는 보험료와 그 밖의 징수금에 관하여는 보험료징수법에서 정하는 바에 따른다(동법 제4조). 보험급여는 "임금"을 산정기준으로 하고 보험료는 "보수"를 산정기준으로 한다. 보수란 소득세법 제20조에 따른 근로소득에서 대통령령으로 정하는 금품을 뺀 금액을 말한다(보험료징수법 제2조 제3호).

2) 보험료의 산정

보험사업에 드는 비용에 충당하기 위하여 보험가입자로부터 산업재해보상보험의 보험료를 징수한다(보험료징수법 제13조 제1항). 그런데 산재보험에 관한 업무는 고용노동부장관의 위탁을 받아 근로자복지공단이 수행하고 보험료징수는 고용노동부장관의 위탁을 받아 국민건강보험공단이 징수한다(보험료징수법 제4조 ; 부과와 징수 분리). 보험가입자인 사업주가 부담하는 산업재해보상보험료는 사업주가 경영하는 사업에 종사하는 근로자의 개인별 보수총액에 동법 제14조에 따라 같은 종류의 동종의 사업에 적용되는 산재보험료율을 곱한 금액으로 한다(보험료징수법 제13조 제5항). 보수란 소득세법 제20조에 따른 근로소득에서 대통령령으로 정하는 금품을 뺀 금액을 말한다(보험료징수법 제2조 제3호). 그러나 사업의 폐업 · 도산 등으로 보수를 산정 · 확인하기 곤란한 경우 또는 대통령령으로 정하는 사유에 해당하는 경우에는 고용노동부장관이 정하여 고시하는 금액(기준보수)을 보수로 할 수 있다(보험료징수법 제3조 제1항). 보험료율은 매년 6월 30일 현재로 과거 3년간의 보수총액에 대한 보험급여총액의 비율을 기초로 하고 산재보험법에 의한 연금 등 보험급여에 소요되는 금액, 재해예방 및 재해근로자의 복지증진 등에 소요되는 비용을 고려하여 사업의 종류별로 구분하여 노동부령으로 정한다(보험료징수법 제14조 제3항). 보험료율의 산정기간이 종전에는 '과거 5년간'이었는데 산정기간을 단축한 것은 보험가입자가 재해예방조치를 취한 최근의 실적이 즉각 보험료율 산정에 반영될 수 있도록 하기 위한 취지이다. 그러나 보험관계가 성립하여 3년이 되지 아니한 사업에 대한 보험료율은 고용노동부령이 정하는 바에 따라 산재보험법 제8조에 따른 산업재해보상보험 및 예방심의위원회의 심의를 거쳐 사업종류별로 따로 정한다(보험료징수법 제14조 제4항). 그리고 동일한 사업주가 하나의 장소에서 위 보험료징수법 제14조 제1항(보험료율의 산정)에 따른 사업의 종류가 다른 사업을 둘 이상 하는 경우에는 그중 근로자 수 및 임금총액 등의 비중이 큰 사업에 적용되는 보험료율을 그 장소의 모든 사업에 적용한다(보험료징수법시행령 제14조 제1항).

3) 보험료율 결정의 특례

건설업 및 벌목업을 제외한 사업으로서 상시 근로자 수가 30명 이상인 사업 또는 건설업 중 보험료징수법 제8조 제1항 및 제2항에 따라 일괄적용을 받는 사업으로서 해당 보험연도의 2년 전 보험연도의 총 공사실적이 60억 원 이상인 사업으로서(보험료징수법시행령 제15조 제1항)

매년 6월 30일 현재 보험관계가 성립한 후 3년이 지난 사업의 경우에 그 해 6월 30일 이전 3년 동안의 산재보험료에 대한 산재보험급여금액의 비율이 대통령령(보험료징수법시행령)이 정하는 비율(동법시행령 제17조)에 해당하는 경우에는 위의 보험료산정규정(동법 제14조)에 불구하고 그 사업에 적용되는 산재보험료율의 100분의 50의 범위에서 사업규모를 고려하여 대통령령이 정하는(동법시행령 제18조) 바에 따라 인상 또는 인하한 비율을 산재보험료율과 합하여 그 사업에 대한 다음 보험연도의 산재보험료율로 할 수 있다(보험료징수법 제15조 제2항). 이 밖에 산재예방률의 적용에 관하여 필요한 사항을 대통령령으로 정하고(동조 제4항), 산재보험료율의 인상 및 인하(동조 제5항), 재해예방활동이 취소된 경우의 산재보험료의 다시 사정(동조 제7항) 등을 규정하고 있다.

7. 노동복지사업

노동복지사업은 산재보험급여만으로 피해자와 그 가족의 생활안정과 복지증진에 한계가 있음을 인식하여 보다 적극적으로 근로자의 복지증진을 위한 제반 사업을 실시하는 것을 말한다. 산업재해보상보험법은 재해근로자에게 신속 공정하게 보상하고, 재해근로자의 재활 및 사회복귀를 촉진할 것을 목적으로 한다(동법 제1조)고 규정함으로써 산재보험급여와 함께 근로자의 재활 및 사회복귀가 산업재해보상보험사업의 목적임을 명시하고 있다. 이러한 목적을 달성하기 위하여 고용노동부장관은 근로자의 복지증진을 위하여 다음과 같은 몇 가지 사업을 수행할 수 있도록 규정하고 있다(동법 제92조 제1항 제1호~제3호).

① 업무상의 재해를 입은 근로자의 원활한 사회복귀를 촉진하기 위한 요양 또는 외과 후처치에 관한 시설 및 의료재활 또는 직업재활에 관한 시설 등 보험시설의 설치 운영
② 장학사업 등 재해근로자와 그 유족의 복지증진을 위한 사업
③ 그 밖에 근로자의 복지증진을 위한 시설의 설치 · 운영사업 등

또 고용노동부장관은 장해급여를 받은 근로자의 장해 정도를 참작하여 보험가입자가 그 재해근로자(장해급여 또는 진폐보상연금을 받은 자)를 적성에 맞는 업무에 고용하도록 권고할 수 있도록 하여(동법 제94조) 장해근로자의 고용촉진을 유도하고 있다.

8. 권리구제

사회보장법과 사회복지법에는 권리구제에 관한 규정이 있는데 이는 대체로 두 번에 걸쳐

이의신청을 하도록 되어 있다. 산업재해보상보험법의 경우에는 그 보험급여에 관한 결정에 대하여 불복이 있는 자는 공단에 심사청구를 할 수 있고(1차 심사청구 : 동법 제103조 제1항), 이 심사결정에 불복이 있는 자는 산업재해보상보험재심사위원회에 재심사 청구를 할 수 있다(동법 제106조 제1항). 그리고 보험급여의 결정에 불복하는 자는 심사 및 재심사청구를 거치지 않고 곧바로 행정소송을 제기할 수 있다(행정소송법 제18조).

심사 및 재심사청구에 대하여는 산업재해보상보험법 제103조 내지 제111조, 동법시행령 제96조 내지 113조에 구체적으로 규정되어 있다.

산업재해와 관련한 법적 쟁소 사례

① 산재 요양 불승인처분 취소 소송

자동차운전학원에 25인승 소형버스를 지입해 수강학생들을 운송하던 차주겸 운전기사인 A(이하 "차주 A")는 1999년 12월 15일 저녁 7시 30분경 집 근처 주차장에서 버스를 주차하던 중 사고가 나 병원에서 진단을 받은 결과 '뇌교혈종, 뇌수두증, 흡인성 폐렴'이라는 상병으로 산재요양을 신청했다.

그러나 근로복지공단에서는 운전학원과 차주 A씨와는 업무를 명령하고 지휘받는 사용종속관계가 아니므로 근로기준법상 근로자에 해당하지 않는다는 이유로 산재 요양 불승인처분을 했다. 이에 차주 A씨는 산재 요양 불승인처분을 내린 근로복지공단을 상대로 행정소송을 제기하였다.

이에 대하여 행정법원은 학원에 전속되어 노무를 제공했을 뿐 차량을 이용해 다른 영업행위를 하지 않았고, 학원 측에서도 매월 일정액을 지급하면서 차주 A를 독립된 사업주로 간주해 사업소득세를 공제한 적도 없어 보이는 점 등을 고려해 보면 근로계약서, 임금대장이 작성되지 않았다거나 근로소득세를 원천징수하지 않았다고 하더라도 차주인 A는 학원에 대해 사용종속의 관계에서 자신소유의 차량과 함께 근로를 제공하고 실비변상적인 성격의 금원을 포함한 포괄적인 형태의 임금을 받는 근로기준법상 근로자라고 할 것이므로, 근로자가 아님을 전제로 내린 산재 요양 불승인처분은 위법하다고 판시하였다(서울행정법원 2002. 5. 1, 2001구1821).

② 구상권 유무에 관한 사례

원심은 소외 주식회사 스와니코퍼레이숀(이하 "소외 회사")의 직원인 소외 1과 동료직원인 유성환이 1996. 2. 1. 출장업무를 마치고 소외 1이 운전하는 소외 회사 소유의 승합차를 타고 귀사하다가 위 승합차가 눈길에 미끄러져 피고 2 운전의 피고 대신여객운수 주식회사(이하 "피고 회사") 소유 고속버스의 앞 범퍼부분을 충격하여 유성환이 사망하는 사고가 발생한 사실, 원고(근로복지공단)는 산업재해보상보험법에 기하여 설립된 보험공단으로서 위 사고를 산업재해사고로 인정, 산업재해보상보험가입자인 소외 회사의 피용자인 유성환의 유족에게 유족보상일시금으로 51,914,760원, 장의비로 4,792,220원, 합계 56,707,980원을 지급한 사실을 인정한 다음, 위 사고는 소외 회사의 피용자인 소외 1의 과실과 피고 2의 과실이 경합하여 발생한 것인바, 산업재해가 보험가입자와 제3자의 공동불법행위로 인하여 발생한 경우 산업재해보상보험법 제54조 제1항에 의하여 근로복지공단이 제3자에 대하여 구상할 수 있는 범위는 근로복지공단의 보험급여지급액 중 보험가입자의 과실비율에 따른 책임부분을 공제한 나머지 금액만을 구상할 수 있는 것이 아니라 그 지급액 전액에 대하여 구상권을 행사할 수 있다고 판단하여, 피고들로 하여금 원고에게 보험급여액(단, 장의비만 1,800,000원으로 축소) 중에서 소외 회사 소유차량에 대한 자동차책임보험자 및 피고 회사 소유차량에 대한 자동차종합보험자로부터 원고가 지급받는 각 보험금액을 공제한 나머지 금액을 지급할 것을 명하였다.

그러나 대법원은 다음과 같이 판단하였다.

산업재해보상보험법(1999. 12. 31. 법률 제6100호로 개정된 것) 제55조의 2에서는 "보험가입자가 소속 근로자의 업무상의 재해에 대하여 이 법에 의한 보험급여의 지급사유와 동일한 사유로 민법 기타 법령에 의하여 보험급여에 상당하는 금품을 수급권자에게 미리 지급한 경우로서 해당 금품이 보험급여에 대체하여 지급한 것으로 인정되는 경우 보험가입자는 대통령령이 정하는 바에 따라 해당 수급권자의 보험급여를 받을 권리를 대위한다"고 규정하고 있으므로(같은 취지의 규정이 1986. 8. 27. 대통령령 제11960호로 개정된 산업재해보상보험법시행령 제35조에 이미 규정되어 있었고, 1995. 4. 15. 위 시행령이 전면개정되면서 그 제51조에서 역시 같은 취지로 규정되었다가, 위와 같이 법률에 규정이 되면서 위 시행령 제51조는 삭제됨), 산업재해가 보험가입자와 제3자의 공동불법행위로 인하여 발생한 경우에, 근로복지공단이 제3자에 대하여 위 산업재해보상보험법 제54조 제1항에 의하여 보험급여액 전액을 구상할 수 있다면, 그 급여액 전액을 구상당한 제3자는 다시 공동불법행위자인 보험가입자를 상대로 그 과실비율에 따라 그 부담부분을 재구상할 수 있고, 재구상에 응한 보험가입자는 위 산업재해보상보험법 제55조의 2의 유추적용에 의하여 근로복지공단에 재구상에 상당한 금액의 재재구상을 할 수 있다고 하여야 할 것인데, 그렇게 되면 순환소송이 되어 소송경제에도 반할 뿐만 아니라, 근로복지공단이 결국은 보험가입자에게 반환할 것을 청구하는 것이 되어 이를 허용함은 신의칙에 비추어 보더라도 상당하지 아니하므로, 근로복지공단은 제3자에 대하여 보험가입자의 과실비율 상당액은 구상할 수 없다고 해석하여야 할 것이고, 구체적으로는 피해자가 배상받을 손해액 중 보험가입자의 과실비율 상당액을 보험급여액에서 공제하고 차액이 있는 경우에 한하여 그 차액에 대하여만 근로복지공단이 제3자로부터 구상할 수 있다고 할 것이다. 이와 달리 근로복지공단이 산업재해보상보험법 제54조 제1항에 따라 제3자에 대하여 그 지급한 보험급여액 전액에 관하여 구상권을 행사할 수 없다(대판 2002. 3. 21, 2000다62322).

제7절 고용보험법

Ⅰ. 고용보험법의 의의와 목적

고용보험법은 근로자의 고용에 관한 법규의 전체라고 할 수 있고, 여기에는 법률로서의 고용보험법(1993. 12. 27. 제정, 여러 차례 개정, 최근에는 2008. 3. 21, 2009. 10. 9, 2010. 1. 27, 2010. 2. 24, 2010. 5. 31, 2010. 6. 4, 2011. 3. 30, 2011. 7. 21, 2012. 2. 1, 2012. 12. 11, 2013. 1. 23, 2013. 3. 22, 2013. 6. 4, 2014. 1. 21, 2015. 1. 20, 2015. 6. 30, 2016. 1. 20, 2016. 6. 29, 2016. 12. 27. 등 개정), 고용보험법시행령(1995. 4. 6. 제정, 여러 차례 개정, 최근에는 2012. 1. 13, 2013. 1. 25, 2013. 4. 22, 2013. 8. 6, 2013. 12. 24, 2015. 12. 4, 2016. 12. 30, 2017. 3. 27, 2017. 6. 27, 2017. 12. 26. 등에 개정), 고용보험법시행규칙(1995. 7. 1. 제정, 여러 차례 개정, 최근에는 2013. 1. 26, 2013. 4. 24, 2013. 12. 30, 2015. 12. 7, 2016. 6. 16, 2016. 7. 21, 2016. 12. 30, 2017. 6. 28, 2017. 12. 28. 등에 개정)이 있다. 고용보험법은 고용보험의 시행을 통하여 실업의 예방, 고용의 촉진 및 근로자의 직업능력의 개발향상을 도모하고, 국가의 직업지도·직업소개기능을 강화하며, 근로자가 실업한 경우에 생활에 필요한 급여를 실시함으로써, 근로자의 생활의 안정과 구직활동을 촉진하여 경제사회발전에 이바지함을 목적으로 한다(동법 제1조). 고용보험법의 목적은 실업예방, 고용촉진 및 직업능력의 개발을 통하여 근로자 개인의 복지증진과 사회경제적 발전에 기여하는 것으로 요약할 수 있다. 이 법의 목적을 달성하기 위한 사업 혹은 급여는 크게 ① 고용안정사업, ② 직업능력개발사업 및 ③ 실업급여, ④ 유아휴직급여, ⑤ 출산전후휴가급여로 구분할 수 있다.

Ⅱ. 고용보험법의 특성과 기능

1. 특 성

1) 근로자의 생활보장과 고용대책의 통합

이는 근로자의 생활을 보장하는 사회복지정책과 고용정책이 함께 융합된 제도로 볼 수 있다.

2) 관리운영의 국가책임

고용보험법은 고용보험을 고용노동부장관이 관장한다고 되어 있는 한편(고용보험법 제3조) 비용부담에 있어서도, 국가는 매년 보험사업의 관리운영에 소요되는 비용의 전부 또는 일부를 일반회계에서 부담할 수 있다(동법 제5조)고 하여 국가책임을 밝히고 있다. 물론 보험사업에 소요되는 비용에 충당하기 위하여 사업주와 피보험자인 근로자로부터 보험료(고용안정사업, 직업능력개발사업, 실업급여의 보험료, 즉 고용보험료)를 징수하는(보험료징수법 제13조 제1항 제1호) 이른바 3자 부담의 원리를 취하고 있기는 하지만, 관리운영의 최종책임자는 국가로 볼 수 있다.

3) 보험사고의 예측이 어려운 사회보험

연금보험, 의료보험 및 산재보험의 보험사고 발생률이 비교적 안정적이며 정확히 예측할 수 있는 데 비하여, 고용보험의 경우 실업률은 경기변동과 밀접한 관계가 있으며, 이는 다시 경기, 재정, 통화정책 등에 영향을 받기 때문에 보험사고 발생률의 예측이 어렵다. 따라서 고용보험의 경우 재정추계의 어려움 때문에 재정이 불안전하다.

2. 기 능

우리나라의 고용보험법은 실업자에 대하여 생계를 지원하는 사후 구제적 차원의 단순한 실업보험(unemployment insurance)이 아니라 사전적으로 실업의 예방, 재취업의 촉진, 잠재인력의 고용촉진, 직업능력개발 및 인력수급 원활화 등을 목적으로 하는 적극적 인력정책(active policy)의 핵심적 수단으로 도입되었다.

우리나라에서 1993년 12월 27일에 고용보험법이 제정되고 1995년 7월 1일부터 시행되기 시작하면서 전통적인 4대 보험의 영역이 완비된 셈이다.

고용보험법의 기능은 첫째, 산업구조조정 과정에서 고용조정을 지원하여 고용안정 및 구조조정을 도모한다. 둘째, 인력 pool의 형성(고용보험전산망), 국가의 직업안정기능의 체계화 등을 통하여 인력수급의 원활화를 도모한다. 셋째, 근로자의 직업능력개발 활성화로 노동생산성을 향상시키고, 기업경쟁력을 강화한다. 넷째, 실직근로자 생계안정, 재취업촉진을 꾀하게 된다. 다섯째, 남북통일에 대비한 적극적 노동시장정책 추진 가능성이다. 독일은 통일 후 고용보험으로 실업증가문제를 해결하였으므로, 고용보험법 시행을 통해 노동시장의 관리능력을 배양, 통일에 대비할 수 있을 것이다. 여섯째, 경기조절기능을 들 수 있다.

Ⅲ. 주요 내용

1. 서 언

2003년 12월 31일에 고용보험법을 개정하여 보험료의 징수, 보험관계의 성립과 소멸에 대하여는 2003년 12월 31일에 제정된 고용보험 및 산업재해보상보험의 보험료징수 등에 관한 법률(보험료징수법이라 칭함)이 정하는 바에 따르게 되어 있다(고용보험법 제6조 제1항, 제9조). 따라서 고용보험법에서는 종래에 동법에서 규정하고 있었던 보험료, 보험관계의 성립과 소멸 등을 삭제하였다. 그러므로 고용보험법의 내용을 설명함에 있어서는 고용보험법과 보험료징수법의 규정을 함께 다루어야 한다. 이런 관점에서 고용보험법의 내용을 살펴보겠다.

2. 고용보험관계의 성립과 소멸

1) 성 립

보험관계가 성립한 때에 보험가입자인 근로자와 사업주의 보험료 지급의무와 보험자인 고용노동부장관(실업급여업무는 고용노동부 산하의 직업안정기관의 장이 됨)의 급여의무가 발생하고 이를 바탕으로 고용보험의 관장 업무, 즉 근로복지공단의 사업장 관리, 보험료징수 등과 고용노동부의 피보험자 신고접수, 각종 보험급여업무가 개시된다. 따라서 보험관계의 성립시기는 매우 중요하다.

고용보험법의 당연적용사업(당연가입자)[고용보험법의 적용을 받는 사업의 사업주와 근로자(고용보험법 제8조, 제10조)는 당연히 동법에 의한 고용보험의 가입자로 되는데(보험료징수법 제5조 제1항) 이를 고용보험법 당연적용사업의 가입자(당연가입자)라고 한다]의 경우에는 당연가입자가 되는 사업이 시작된 날[다만, 당연가입대상에 속하지 아니하는 사업(고용보험법 적용배제사업, 고용보험법 제8조 단서)이 당연가입자가 되는 사업에 해당하게 된 경우에는 그 해당하게 된 날]에 보험관계가 성립한다(보험료징수법 제7조 제1호).

고용보험법 제8조 단서의 규정에 의한 사업(고용보험법 적용배제사업)의 사업주가 근로자의 과반수의 동의를 얻어 근로복지공단의 승인을 얻은 때에는 그 사업의 사업주 및 근로자는 고용보험에 가입할 수 있는데(보험료징수법 제5조 제2항 : 임의적용사업의 가입자 : 임의가입자), 이 경우에는 근로복지공단이 그 사업의 사업주로부터 보험가입승인신청서를 접수한 날의 다음날에 보험관계가 성립한다(보험료징수법 제7조 제3호). 그리고 보험료징수법 제5조 제1항의 규정에 따라 고용보험의 당연가입자가 되는 사업(당연적용사업)이 사업규모의 변동 등으로 고용보험법 제8조 단서의 규정에 의한 고용보험법 적용배제사업에 해당하게 된 때에는 그 사업주 및 근로자는 그 해당되게 된 날부터 보험료징수법 제5조 제2항의 규정(사업주가 근로자 과반수의 동의를 얻어 공단의 승인을 얻은 때에는 그 사업의 사업주 및 근로자는 고용보험에 가입할 수 있음. 이를 "임의가입사업"이라 함)에 따라 고용보험에 가입한 것으로 보는데(의제가입자, 보험료징수법 제6조 제1항) 이 경우의 보험관계 성립은 임의가입자의 보험관계 성립과 같다.

2) 적용범위

(1) 적용대상 사업장

고용보험법은 근로자를 고용하는 모든 사업 또는 사업장에 적용한다(동법 제8조). 이 규정에 불구하고 국민기초생활 보장법 제15조 제1항 제4호에 따라 자활을 위한 근로기회를 제공하기 위한 사업은 이 법의 적용대상이 된다. 이 경우 이 사업에 유급으로 근로하는 기초생활수급자는 이 법의 적용을 받는 근로자로 보고 국민기초생활 보장법 제2조 제4호의 보장기관을 고용보험법의 적용을 받는 사업주로 본다(고용보험법 제113조의 2). 그러나 산업별 특성 및 규모 등을 고려하여 대통령령이 정하는 사업에 대하여는 고용보험법을 적용하지 아니한다(동법 제8조 단서). 우선 고용보험법의 적용대상 사업장에서 제외되는 사업장은 다음과 같다(고용보험법시행령 제2조 제1항 제1호~제3호).

① 농업 · 임법 · 어업 및 수렵업 중 법인이 아닌 자가 상시 4명 이하 근로자를 사용하는 사업
② 보험료징수법시행령 제2조 제1항 제2호에 따른 총공사금액이 2,000만 원 미만인 공사나 연면적 100제곱미터 이하인 건축물의 건축 또는 연면적이 200제곱미터 이하인 건축물의 대수선에 관한 공사
③ 가구 내 고용활동 및 달리 분류되지 아니한 자가소비 생산활동

(2) 적용제외근로자

다음의 하나에 해당하는 근로자에 대하여는 고용보험법을 적용하지 아니한다. 다만, 65세 이후에 고용되거나 자영업을 개시한 자 또는 자영업자에 대한 고용안정 · 직업능력개발사업에 대하여는 그러하지 아니하다(동법 제10조, 동법시행령 제3조).

① 65세 이후에 고용되거나 자영업을 개시한 자(동법 제10조 제1호)
② 1월간의 소정근로시간이 60시간 미만인 자(1주간의 근로시간이 15시간 미만인 자 포함)(다

만, 시간제 근로자라도 생업을 목적으로 근로를 제공하는 자 중 3월 이상 계속하여 근로를 제공하는 자 및 고용보험법 제2조 제6호에 따른 일용근로자(1월 미만의 기간 동안 고용되는 자)는 고용보험법의 적용을 받음)(동법 제10조 제2호, 동법시행령 제3조 제1항)

③ 국가공무원법 및 지방공무원법에 따른 공무원. 다만, 대통령령으로 정하는 바에 따라 별정직 및 임기제 공무원의 경우는 본인 의사에 따라 고용보험에 가입(제4장 실업급여에 한함)할 수 있다. 이에 따라 동법시행령 제3조의 2는 별정직 및 계약직 공무원의 고용보험 임의가입 등에 관한 사항을 규정하고 있다.

④ 사립학교교직원연금법의 적용을 받는 자(동법 제10조 제4호)

⑤ 그 밖에 대통령령으로 정하는 자(동법 제10조 제5호)

그 밖에 대통령이 정하는 자로서 적용제외근로자에 속하는 자는 다음과 같다(동법시행령 제3조 제2항 제1호, 제2호).

① 외국인 근로자(예외적으로 고용보험법이 적용되는 경우가 동법시행령에 규정되어 있음. 동법시행령 제3조 제2항 제1호 단서 가목~마목의 어느 하나에 해당하는 외국인 근로자는 고용보험법 적용대상이 됨)

② 별정우체국법에 의한 별정우체국 직원(동법시행령 제3조 제2항 제2호)

(3) 보험가입자

가) 피보험자와 고용보험의 가입방식

고용보험법의 적용을 받는 보험가입자는 사업주와 근로자이다(보험료징수법 제5조 제1항. 제2항). 그러나 실제로 다양한 보험급여를 받는 자는 피보험자이다. 피보험자라 함은 보험료징수법 제5조 제1항(당연가입자), 제2항(임의가입자), 제6조 제1항(의제가입자), 제8조 제1항, 제2항(일괄적용대상 사업)의 규정에 따라 보험에 가입하거나 가입된 것으로 보는 근로자와 보험료징수법 제49조의 2 제1항, 제2항에 따라 고용보험에 가입하거나 가입된 것으로 보는 자영업자(이하 "자영업자인 피보험자")를 말한다(고용보험법 제2조 제1호).

피보험자는 고용보험법이 적용되는 사업에 고용된 날에 피보험자격을 취득한다. 다만, 고용보험법 제10조에 따른 적용제외근로자이었던 자가 이 법의 적용을 받게 된 경우에는 그 적용을 받게 된 날, 보험료징수법 제7조에 따른 보험관계 성립일 전에 고용된 근로자의 경우에는 그 보험관계가 성립한 날에 피보험자격을 취득한 것으로 본다(고용보험법 제13조 제1항). 이에 불구하고 자영업자인 피보험자는 보험료징수법 제49조의 2 제1항 및 같은 조 제12항에서 준용하는 같은 법 제7조 제3호에 따라 보험관계가 성립한 날에 피보험 자격을 취득한다(동법 제13조 제2항). 피보험자는 피보험자가 고용보험법 제10조에 따른 적용제외근로자에 해당하게 된 경우에는 그 적용제외 대상자가 된 날, 보험료징수법(고용보험 및 산업재해보상보험의 보험료징수 등에 관한 법률) 제10조에 따라 보험관계가 소멸한 경우에는 그 보험관계가 소멸한 날, 피보험자가 이직한 경우에는 이직한 날의 다음날, 피보험자가 사망한 경우에는 사망한 날의 다음날에 각각 피보험자격을 상실한다(고용보험법 제14조). 이에 불구하고 자영업자인 피보험자는 보험료징수법 제49조의 2, 제10항 및 같은 조 제12항에서 준용하는 같은 법 제10조 제1호부터 제3호까지 규정에 따라 보험관계가 소멸한 날에 피보험자격을 상실한다(동법 제14조 제2항). 고용보험의 가입방식에는 당연가입, 임의가입, 의제가입이 있다. 이하 가입방식을 구체적으로 설명한다.

나) 당연가입(당연가입자)

고용보험법의 적용대상이 되는 사업의 사업주와 근로자는 당연히 보험가입자가 된다(보험료징수법 제5조 제1항). 이를 당연가입(자)라고 하고 그 사업을 당연적용사업이라고 한다.

가입단위와 관련하여 보험의 당연가입 사업주가 운영하는 여러 개의 각각의 사업이 다음의 요건에 해당하는 경우에는 보험료징수법을 일괄 적용하여 각각의 개별사업 전부를 하나의 사업으로 본다(보험료징수법 제8조 제1항 제1호~제3호).

① 사업주가 동일인일 것
② 각각의 사업이 기간의 정합이 있는 사업일 것
③ 사업의 종류 · 연간 공사실적 등이 대통령령이 정하는 요건에 해당할 것

다) 임의가입(임의가입자)

고용보험법 제8조 단서의 규정에 의한 사업(고용보험법 적용배제사업)의 사업주가 근로자 과반수의 동의 및 근로복지공단의 승인을 얻어 그 사업의 사업주와 근로자는 보험에 가입할 수 있는데(보험료징수법 제5조 제2항), 이를 임의가입이라 한다.

라) 의제가입

위의 고용보험의 당연가입자가 되는 적용사업이 사업규모의 변동 등으로 인하여 당연가입의 범위에 속하지 아니하게 된 때에는 그 사업주 및 근로자는 그 해당하게 된 날부터 보험료징수법 제5조 제2항의 규정에 따라 임의가입한 것으로 본다(보험료징수법 제6조 제1항). 그리고 당연가입

이 되는 사업의 사업주가 해당 사업 중에 피보험자인 근로자(고용보험법 제10조에 따른 적용제외 근로자는 제외)를 고용하지 아니하게 된 때에는 그 날부터 1년의 범위 안에서 피보험자인 근로자를 사용하지 아니한 기간 동안에도 보험에 가입한 것으로 본다(보험료징수법 제6조 제3항). 이러한 경우를 의제가입이라 부른다.

3) 소 멸

보험관계는 다음과 같은 날에 소멸한다(보험료징수법 제10조 제1호~제4호).

① 사업의 폐지 또는 종료된 날의 다음날(보험료징수법 제10조 제1호)

② 임의가입 · 의제가입 사업의 사업주는 근로자의 과반수의 동의 및 근로복지공단의 승인을 얻어 보험계약을 해지할 수 있는데, 이 경우 보험관계의 소멸시기는 근로복지공단의 승인을 얻은 날의 다음날. 다만, 해지는 보험계약이 성립한 보험연도가 종료한 후에만 가능하다(보험료징수법 제5조 제5항, 제6항, 제6조 제4항, 제10조 제2호).

③ 보험료징수법 제5조 제7항의 규정(근로복지공단은 사업의 실체가 없는 등의 사유로 계속하여 보험관계를 유지할 수 없다고 인정하는 경우에는 그 보험관계를 소멸시킬 수 있음)에 따라 근로복지공단이 보험관계를 소멸시키는 경우에는 그 소멸의 결정 · 통지를 한 날의 다음날(보험료징수법 제10조 제3호)

④ 보험료징수법 제6조 제3항의 규정(당연가입과 임의가입의 사업주가 그 사업의 운영 중에 근로자를 고용하지 아니하게 된 때에는 그날부터 1년의 범위 안에서 근로자를 사용하지 아니한 기간 동안에도 보험에 가입한 것으로 봄. 의제가입)에 따른 사업주의 경우에는 근로자(고용보험법 제10조에 따른 적용제외근로자는 제외)를 사용하지 아니한 첫날부터 1년이 되는 날의 다음날(보험료징수법 제10조 제4호)

3. 고용보험의 보험자(관장기구)

고용보험의 관장은 고용노동부장관이 담당한다. 그러나 보험사업에 관한 고용보험법에서 정한 사항은 고용노동부장관의 위탁을 받아 근로복지공단이 수행하고 보험료 등의 고지 및 수납, 보험료의 체납관리 등 보험료징수에 관한 업무는 국민건강보험공단이 고용노동부장관의 위탁을 받아 수행한다(보험료징수법 제4조 ; 부과와 징수 분리).

4. 고용보험의 보험급여

1) 의의와 종류

고용보험의 급여는 크게 고용안정사업, 직업능력개발사업(고용보험법 제3장), 실업급여(동법 제4장), 육아휴직급여 및 출산전후휴가급여(동법 제5장 제1절, 제2절)로 구분할 수 있다(동법 제4조 제1항).

2) 고용안정사업

고용노동부장관은 피보험자 및 피보험자이었던 자, 그 밖에 취업할 의사를 가진 자 등(이하 "피보험자 등")의 실업의 예방, 취직의 촉진, 고용기회의 확대, 직업능력개발 · 향상의 기회제공 및 지원 그 밖에 고용안정과 사업주에 대한 인력확보의 지원을 위하여 고용안정 · 직업능력개발사업을 실시한다(동법 제19조 제1항). 고용노동부장관은 고용안정사업 · 직업능력개발사업을 실시할 때에는 근로자 수, 고용안정 · 직업능력개발을 위하여 취한 조치 및 실적 등이 대통령령이 정하는 기준에 해당하는 기업을 우선적으로 고려하여야 한다(동법 제19조 제2항, 동법시행령 제12조).

고용안정사업의 내용 중 중요한 몇 가지를 보면 다음과 같다.

(1) 고용창출의 지원

고용노동부장관은 고용환경 개선, 근무형태 변경 등을 통하여 고용의 기회를 확대한 사업주에게 대통령령이 정하는 바에 따라 필요한 지원을 할 수 있다(동법 제20조, 동법시행령 제17조 참조). 고용노동부장관은 임금피크제, 임금을 감액하는 제도, 근로시간 단축제도의 도입 그 밖의 임금개편 체계를 통하여 15세 이상 34세 이하의 청년실업자를 고용하는 사업주에게 임금의 일부를 지원할 수 있는데(동법시행령 제17조 제1항 제6호), 이 제17조 제1항 제6호는 2018년 12월 31일까지 유효하다. 다만, 2018년 12월 31일까지 제17조 제1항 제6호의 개정규정에 따라 임금피크제 도입 또는 그 밖의 임금체계 개편 등을 통하여 청년실업자를 고용하는 사업주에 대한 지원에 관하여는 유효기간이 종료한 후에도 제17조 제1항 제6호의 규정을 적용한다(대통령령 제29496호 2015. 8. 19 부칙 제2조).

(2) 고용조정의 지원

고용노동부장관은 경기의 변동, 산업구조의 변화 등에 따른 사업규모의 축소, 사업의 폐업 또는 전환으로 인하여 고용조정이 불가피하게 된 사업주가 근로자에 대한 휴업, 휴직, 직업전환에 필요한 직업능력개발훈련, 인력의 재배치 등을 실시하거나, 그 밖에 근로자의 고용안정을 위한 조치를 취하면 대통령령으로 정하는 바에 따라 그 사업주에게 필요한 지원을 할 수 있다. 이 경우 휴업이나 휴직 등의 고용안정을 위한 조치로 근로자의 임금이 대통령령으로 정하는 수준으로 감소할 때에는 대통령령으로 정하는 바에 따라 근로자에게도 필요한 지원을 할 수 있다(동법 제21조 제1항, 동법시행령 제18조~제22조 참조). 고용노동부장관은 이 지원을 할 때에는 고용정책기본법 제32조에 따른 업종에 해당하거나 지역에 있는 사업주 또는 근로자에게 우선적으로 지원할 수 있다(동법 제21조 제3항).

위와 같은 고용조정을 위한 지원의 종류로는 고용유지지원금(동법시행령 제19~21조 참조), 지원금, 장려금의 상호조정(동법시행령 제40조), 이직 예정자 등 재취업(동법시행령 제22조 참조) 등이 있다.

(3) 지역고용의 촉진

고용노동부장관은 고용기회가 현저히 부족하거나 산업구조의 변화 등으로 고용사정이 급속하게 악화되고 있는 지역으로 사업을 이전하거나 그러한 지역에서 사업을 신설 또는 증설하여 그 지역의 실업예방, 재취업의 촉진에 기여한 사업주, 그 밖에 그 지역의 고용기회의 확대에 필요한 조치를 취한 사업주에게 대통령령이 정하는 바에 따라 필요한 지원을 할 수 있다(동법 제22조 참조). 이를 위하여 지원요건, 지원금액, 지급기간 등을 정하고 있다(동법시행령 제24조).

(4) 고령자 등의 고용촉진의 지원

고용노동부장관은 고령자 등의 노동시장의 통상적 조건하에서는 취업이 특히 곤란한 자(이하 "고령자 등")의 고용을 촉진하기 위하여 고령자 등을 새로이 고용하거나 기타 이들의 고용안정에 필요한 조치를 취하는 사업주 또는 사업주가 실시하는 고용안정조치에 해당된 근로자에게 대통령령으로 정하는 바에 따라 필요한 지원을 할 수 있다(동법 제23조).

이러한 고용촉진지원의 내용으로는 고령자고용연장장려금(동법시행령 제25조), 60세 이상 고령자 고용지원금(동법 제25조의 2), 취업에 관한 사람의 고용촉진장려금(동법시행령 제26조), 임금피크제지원금(동법시행령 제28조), 정년을 60세 이상으로 정한 사업 또는 사업장에서의 임금감액에 따른 지원금(동법시행령 제28조의 2), 근로시간 단축지원금(동법시행령 제28조의 3), 임신·출산여성고용지원금(동법시행령 제29조) 등이 있다.

기타 건설근로자 등의 고용안정지원(동법 제24조) 등이 있다.

(5) 기타

고용노동부장관은 피보험자 등의 고용안정 및 고용촉진을 위하여 고용안전 및 취업촉진을 실시하거나 이를 실시하는 자에게 필요한 비용을 지원(대부)할 수 있고(동법 제25조), 고용촉진시설에 대한 지원을 할 수 있다(동법 제26조).

3) 직업능력개발사업

직업능력개발사업의 종류로는 사업주 지원과 근로자 지원으로 구분할 수 있다.

(1) 사업주 지원

고용노동부장관은 피보험자 등의 직업능력을 개발 · 향상시키기 위하여 대통령령으로 정하는 직업능력개발훈련을 실시하는 사업주에게 대통령령으로 정하는 바에 따라 훈련에 필요한 비용을 지원할 수 있다(동법 제27조, 동법시행령 제41조 이하). 사업주 지원의 내용은 직업능력개발훈련비용의 지원(동법시행령 제41조), 직업능력개발훈련시설 등에 대한 비용 대부(동시행령 제48조), 직업능력개발훈련시설의 지원(동시행령 제49조) 등이 있다.

(2) 피보험자(근로자) 등에 대한 지원

고용노동부장관은 피보험자 등이 직업능력개발훈련을 받거나 직업능력의 개발 · 향상을 위하여 노력하는 경우에는 대통령령이 정하는 바에 따라 필요한 비용을 지원하는 것과 고용노동부장관이 필요하다고 인정하는 경우 대통령령이 정하는 바에 따라 피보험자 등의 취업촉진을 위한 직업능력개발훈련을 실시할 수 있다(동법 제29조, 근로자수강비 등 훈련비 지원, 동법시행령 제43조 및 시행규칙 제61조). 근로자 능력개발비용의 대부(동법시행령 제45조, 동법시행규칙 제64조) 및 실업자취업훈련 지원(동법시행령 제47조, 동법시행규칙 제66조~제69조 참조), 능력개발비용의 지원(동법시행령 제46조), 실업자 취업훈련 지원(동시행령 제47조), 직업능력개발훈련 등 생계비 대부(동법시행령 제47조의 2) 등이 있다. 이 밖에 직업능력개발사업을 촉진하기 위하여 여러 가지 규정을 두고 있다(동법 제31조~제34조).

4) 실업급여

고용보험법상의 실업급여는 구직급여와 취업촉진수당으로 구분하며(동법 제37조 제1항), 취업촉진수당은 다시 다음과 같은 종류로 나누어진다(동법 제37조 제2항 제1호~제4호).

① 조기재취업수당
② 직업능력개발수당
③ 광역구직활동비
④ 이주비

직업안정기관의 장은 수급자격자의 수급자격자 명의의 지정된 계좌로 입금하여야 한다(동법 제37조의 2). 실업급여를 받을 권리는 양도 및 담보로 제공할 수 없다(수급권의 보호, 동법 제38조).

(1) 구직급여

가) 수급요건

구직급여는 피보험자가 이직한 경우로서 다음과 같은 요건을 갖춘 경우에 지급한다(동법 제40조 제1호~제6호).

① 이직일 이전 18개월간(이하 "기준기간")에 동법 제41조에 따른 피보험 단위기간이 통산하여 180일 이상일 것. 피보험 단위기간이란 보험급여의 소정급여일수의 산정기준이 되는 기간이며, 이직 당시의 사업에서의 피보험기간(고용기간) 중 보수지급의 기초가 된 날을 합산한 기간을 말하고 동법 제41조 제1항에 규정되어 있다. 이 피보험 단위기간이 구직급여의 수급요건이 된다.
② 근로의 의사와 능력이 있음에도 불구하고 취업(영리를 목적으로 사업을 영위하는 경우를 포함. 이하 동일)하지 못한 상태에 있을 것.
③ 이직사유가 이 법(고용보험법) 제58조에 따른 수급자격의 제한사유, 즉 피보험자가 자기의 중대한 귀책사유로 해고되거나 정당한 사유 없는 자기 사정으로 이직한 경우에 해당하지 아니할 것.
④ 재취업을 위한 노력을 적극적으로 할 것.
⑤ 이 법 제43조(수급자격의 인정)에 따른 수급자격 인정 신청일 이전 1개월간의 근로일수가 10일 미만일 것.
⑥ 최종 이직일 이전 기준기간 내의 피보험 단위기간 180일 중 다른 사업에서 이 법 제58조에 따른 수급자격의 제한사유에 해당하는 사유로 이직한 사실이 있는 경우에는 해당 피보험 단위기간 중 90일 이상을 일용근로자로 근로하였을 것.

나) 실업의 신고와 수급자격의 인정

이러한 구직급여를 받으려는 자는 이직 후 지체 없이 직업안정기관에 출석하여 실업을 신고하여야 한다. 실업신고에는 구직신청과 위에서 말한 구직급여규정에 의한 수급자격의 인정신청을 포함하여야 한다(동법 제42조).

구직급여를 지급받으려는 자는 직업안정기관의 장으로부터 구직급여의 수급요건, 즉 수급자격을 갖추었다는 사실의 인정을 받아야 한다(동법 제43조 제1항). 직업안정기관의 장은 수급자격의 인정신청을 받으면 그 신청인에 대한 수급자격의 인정여부를 결정하고 대통령령으로 정하는 바에 따라 신청인에게 그 결과를 알려야 한다(동법 제43조 제2항). 이 신청인이 피보험자로서 마지막에 이직한 사업에 고용되기 전에 피보험자로서 이직한 사실이 있었고, 마지막의 이직 이전의 이직과 관련하여 구직급여를 받은 사실이 없는 경우에는 마지막에 이직한 사업을 기준으로 수급자격의 인정여부를 결정한다(다만, 마지막 이직 당시 일용근로자로서 피보험 단위기간이 1개월 미만인 자가 수급자격을 갖추지 못한 경우에는 일용근로자가 아닌 근로자로서 마지막에 이직한 사업을 기준으로 결정)(동법 제43조 제3항). 동법 제43조 제2항에 따라 수급자격의 인정을 받은 자가 동법 제48조(수급기간) 및 제54조 제1항(연장급여의 수급기간)에 따른 기간 내에 새로운 수급자격의 인정을 받은 경우에는 새로 인정받은 수급자격을 기준으로 구직급여를 지급한다(동법 제43조 제4항). 구직급여는 수급자격자가 실업한 상태에 있는 날 중에서 직업안정기관의 장으로부터 실업의 인정을 받은 날에 대하여 지급한다(동법 제44조 제1항).

다) 피보험 단위기간

① **기준기간의 연장 :** 피보험자가 이직일 이전 18개월간(기준기간)에 질병 · 부상 그 밖에 대통령령이 정하는 사유로 인하여 계속하여 30일 이상 보수의 지급을 받을 수 없었던 피보험자의 경우에는 18개월에 그 사유로 보수의 지급을 받을 수 없었던 일수를 가산한 기간을 기준기간(3년을 초과할 때에는 3년)으로 한다(동법 제40조 제2항). 여기서 그 밖에 대통령령이 정하는 사유라 함은

㉠ 사업장의 휴업

㉡ 임신 · 출산 · 육아에 따른 휴직

㉢ 휴직이나 그 밖에 이와 유사한 상태로서 고용노동부장관이 정하여 고시하는 사유를 말한다(다만, 동법 제2조 제5호 단서의 규정에 의하여 고용노동부장관이 정하는 금품을 지급받는 경우를 제외, 동법시행령 제60조 제1호~제3호).

② **피보험 단위기간의 산정 :** 피보험 단위기간은 피보험기간 중 보수지급의 기초가 된 날을 합하여 계산한다(동법 제41조 제1항). 다만 자영업자인 피보험자의 피보험 단위기간은 제50조 제3항 단서(폐업 당시의 적용사업의 보험가입기간 중에서 실제로 납부한 고용보험료에 해당하는 기간) 및 동조 제4항에 따른 보험기간으로 한다(동조 같은 항 단서). 피보험 단위기간을 계산할 때에는 최후로 피보험자격을 취득한 날 이전에 구직급여를 받은 사실이 있는 경우에는 그 구직급여와 관련된 피보험자격 상실일 이전의 피보험 단위기간에 넣지 아니한다(동법 제41조 제2항).

라) 급여기초임금일액

구직급여의 산정기초가 되는 임금일액(이하 "기초일액")은 이 법 제43조 제1항에 따른 수급자격의 인정과 관련된 마지막 이직 당시 근로기준법 제2조 제1항 제6호에 따라 산정된 평균임금으로 한다. 다만, 마지막 이직일 이전 3개월 이내에 피보험자격을 취득한 사실이 2회 이상인 경우에는 마지막 이직일 이전 3개월간(일용근로자의 경우에는 마지막 이직일 이전 4월 중 최종 1월을 제외한 기간)에 그 근로자에게 지급된 임금총액을 그 산정의 기준이 되는 3개월의 총 일수로 나눈 금액을 기초일액으로 한다(동법 제45조 제1항).

위의 규정에 의하여 산정된 금액이 근로기준법에 의한 해당 근로자의 통상임금보다 저액일 경우에는 그 통상임금액을 기초일액으로 한다. 다만, 최종사업에서 이직 당시 일용근로자이었던 자의 경우에는 그러하지 아니한다(동법 제45조 제2항).

또한 위의 제45조 제1항 및 제2항에 따른 기초일액을 산정하는 것이 곤란한 경우와 보험료를 보험료징수법 제3조에 따른 기준보수를 기준으로 낸 경우에는 기준보수를 기초일액으로 한다. 다만, 보험료를 기준보수로 낸 경우에도 위의 제1항 및 제2항에 따라 산정한 기초월액이 기준보수보다 많은 경우에는 그러하지 아니하다(고용보험법 제45조 제3항). 위의 제1항부터 제3항까지의 규정에 불구하고 이들 규정에 의하여 산정된 기초일액이 해당 수급자격자의 이직 전 1일 소정 근로시간에 이직일 당시 적용되던 최저임금법에 의한 시간단위에 해당하는 최저임금액을 곱한 금액(이하 "최저기초일액")보다 낮은 경우에는 최저기초일액을 기초일액으로 한다. 이 경우 이직 전 1일 소정근로시간은 고용노동부령으로 정한 방법에 따라 산정한다(동법 제45조 제4항). 반면에 위의 제1항부터 제3항까지 규정에 불구하고 이들 규정에 의하여 산정된 기초일액이 보험의 취지 및 일반근로자의 임금수준 등을 고려하여 대통령령으로 정하는 금액을 초과하는 경우에는 대통령령으로 정하는 금액을 기초일액으로 한다(동법 제45조 제5항,

동법시행령 제68조).

마) 구직급여일액

구직급여일액은 위의 고용보험법 제45조 제1항부터 제3항까지 및 제5항의 경우에는 해당 수급자격자의 기초일액에 100분의 50을 곱한 금액으로 한다(동법 제46조 제1항 제1호). 동법 제45조 제4항의 경우에는 해당 수급자격자의 기초일액에 100분의 90을 곱한 금액(이하 "최저구직급여일액")으로 한다(동법 제46조 제1항 제2호). 위의 동법 제46조 제1항 제1호에 따라 산정된 구직급여일액이 최저구직급여일액보다 낮은 경우에는 최저구직급여일액을 해당 수급자격자의 구직급여일액으로 한다(동법 제46조 제2항).

바) 수급기간 · 소정급여일수 · 피보험기간 · 대기기간 · 연장급여

구직급여는 이 고용보험법에 따로 규정이 있는 경우를 제외하고는 해당 구직급여의 수급자격과 관련된 이직일의 다음날로부터 계산하기 시작하여 12월 내에 동법 제50조 제1항에 따른 소정급여일수, 즉 피보험기간 및 연령에 따라 90일 내지 240일로 법정된 소정급여일수(구직급여를 지급받는 일수, 동법 제50조 제1항에서 규정하고 있는 별표 참조)를 한도로 하여 지급한다(동법 제48조 제1항).

위의 제1항에 따른 12월의 기간 중 임신 · 출산 · 육아 기타 대통령령으로 정하는 사유로 인하여 계속하여 30일 이상 취업할 수 없는 자가 그 사실을 직업안정기관에 신고한 경우에는 12개월의 기간에 그 취직할 수 없는 기간을 가산한 기간(4년을 넘을 때에는 4년)에 위의 제50조 제1항에 따른 소정급여일수를 한도로 하여 구직급여를 지급한다(동법 제48조 제2항, 수급기간의 연장).

〈고용보험법 제50조 제1항의 별표〉 구직급여의 소정급여일수(법 제50조 제1항 관련) 〈개정 2011. 7. 21〉

구 분		피보험기간				
		1년 미만	1년 이상 3년 미만	3년 이상 5년 미만	5년 이상 10년 미만	10년 이상
이직일 현재 연령	30세 미만	90일	90일	120일	150일	180일
	30세 이상 50세 미만	90일	120일	150일	180일	210일
	50세 이상 및 장애인	90일	150일	180일	210일	240일

* 장애인이라 함은 장애인고용촉진 및 재활직업재활법에 따른 장애인을 말한다.

여기의 대통령령이 정하는 사유란 다음 각 호의 사유로서 수급기간의 연기사유를 말한다(동법시행령 제70조 제1호~제7호).

① 본인의 질병이나 부상(고용보험법 제63조에 따라 상병급여를 지급받는 경우의 질병 또는 부상을 제외)
② 배우자의 질병 또는 부상
③ 본인 및 배우자의 직계존비속의 질병이나 부상
④ 배우자의 국외 발령 등에 따른 동거 목적의 거소이전
⑤ 병역법에 의한 의무복무
⑥ 범죄혐의로 인한 구속 또는 형의 집행[고용보험법 제58조 제1호 가목(이직사유에 따른 수급자격의 제한)에 따른 수급자격이 없는 자를 제외한다]
⑦ 제1호 내지 제6호까지의 규정에 준하는 경우로서 고용노동부령이 정하는 사유

산재보험법에 따라 요양급여를 받은 경우나 질병이나 부상으로 인하여 3개월 이상 요양이 필요하여 이직하였고, 이직기간 동안 취업활동이 곤란하였던 사실이 요양기관과 상병상태를 구체적으로 밝힌 주치의사의 소견과 요양을 위하여 이직하였다는 사업주의 의견을 통하여 확인된 경우에는 등의 어느 하나에 해당하는 경우에는 해당 최초 요양일에 위의 제48조 제2항의 사실을 신고한 것으로 본다(동법 제48조 제3항).

하나의 수급자격에 따라 구직급여를 지급받을 수 있는 날(소정급여일수)은 대기기간이 끝난 다음날부터 계산하기 시작하여 피보험기간 및 연령에 따라 별표 1에서(위의 별표 참조) 정한 일수가 되는 날까지로 한다(동법 제50조 제1항).

수급자격자가 소정급여일수 내에 위의 법 제48조 제2항에 따른 임신, 출산, 육아, 그 밖에 대통령령으로 정하는 사유로 수급기간을 연장하는 경우에는 그 기간만큼 구직급여를 유예하고 지급한다(동조 제2항). 피보험기간은 그 수급자격과 관련된 이직 당시의 적용사업에서 고용된 기간(동조 제10조의 각 호의 어느 하나에 해당하는 근로로 고용된 기간은 제외)으로 한다(다만, 자영업자의 피보험자의 경우에는 그 수급자격과 관련된 폐업 당시의 적용사업에의 보험가입기간 중에서 실제로 납부한 고용보험료에 해당하는 기간으로 함)(동조 제3항). 이에 불구하고 피보험기간을 계산할 때, 종전의 적용사업에서 피보험자격을 상실한 사실이 있고 그 상실한 날부터 3년 이내에 현재 적용사업에서 피보험자격을 취득한 경우에는 종전의 적용사업에서의 피보험기간을 합산하고(종전 적용사업의 피보험자격 상실로 인하여 구직급여를 지급받는 사실이 있는 경우에는 그

종전의 적용사업에서의 피보험기간을 제외), 자영업자인 피보험자가 종전에 근로자로 고용되었다가 피보험자격을 상실한 사실이 있고 그 상실한 날부터 3년 이내에 자영업자로서 피보험자격을 다시 취득한 경우에는 종전의 적용사업에서의 피보험기간을 합산하지 아니하되, 본인이 종전의 피보험기간을 합산하여 줄 것을 원하는 때에 한정하여 합산한다(다만, 종전의 적용사업의 피보험자격 상실로 인하여 구직급여를 지급받은 사실이 있는 경우에는 그 종전의 적용사업에서의 피보험기간은 제외)(동조 제4항). 그리고 피보험자격 취득에 관하여 신고가 되어 있지 아니하였던 피보험자의 경우에는 하나의 피보험기간에 피보험자로 된 날이 동법 제15조에 따른 피보험자격 취득신고를 하는 날, 또는 동법 제17조에 따른 피보험자격취득이 확인된 날의 어느 하나에 해당하는 날부터 소급하여 3년이 되는 해의 1월 1일 전이면 그 해당하는 날부터 소급하여 3년이 되는 해의 1월 1일 전부터 해당 피보험자에 대한 고용보험료를 계속 납부한 사실이 증명된 경우에는 고용보험료를 납부한 기간으로 피보험기간을 계산한다(동조 제5항).

구직급여는 수급자격자가 실업한 상태에 있는 날 중에서 직업안정기관의 장으로부터 실업의 인정을 받은 날에 대하여 지급되어야 하는 것이지만(동법 제44조 제1항 참조) 실업의 신고일부터 기산하여 7일간은 이를 대기기간으로 하여 구직급여가 지급되지 아니한다(동법 제49조).

구직급여가 연장지급되는 경우가 몇 가지 있다. 첫째, 직업안정기관의 장은 수급자격자의 연령·경력 등을 고려할 때 재취업을 위하여 직업능력개발훈련 등이 특히 필요한 경우에는 해당 수급자격자에 대하여 직업능력개발훈련 등을 받도록 지시할 수 있는데(동법 제51조 제1항) 이 경우 직업안정기관의 장은 해당 직업능력개발 등을 받는 기간 중 실업의 인정을 받은 날에 대하여는 소급급여일수를 초과하여 구직급여는 연장하여 지급할 수 있다(동법 제51조 제2항). 이를 훈련연장급여라 한다. 훈령연장급여의 지급기간은 2년을 한도로 한다(동법 제51조 제2항 제2문, 동법시행령 제72조).

둘째, 직업안정기관의 장은 대통령령이 정하는 취직이 특히 곤란하고 생활이 어려운 수급자격자에 대하여는 그가 실업의 인정을 받은 날에 대하여 소정급여일수를 초과하여 구직급여를 연장하여 지급할 수 있다(동법 제52조 제1항). 이를 개별연장급여라 한다. 개별연장급여는 60일 미만으로 하여 지급한다(동법 제52조 제2항, 동법시행령 제73조 제2항).

셋째, 고용노동부장관은 실업의 급증 등 대통령이 정하는 사유가 발생한 경우에는 60일의 범위에서 수급자격자가 실업의 인정을 받은 날에 대하여 소정급여일수를 초과하여 구직급여를 연장지급할 수 있다(동법 제53조 제1항). 이를 특별연장급여라 한다. 다만, 이직후의 생활안정을 위한 일정기준 이상의 소득이 있는 수급권자 등 고용노동부령이 정하는 수급자격자에 대하여는 연장되지 않는다. 고용노동부장관은 특별연장급여를 지급하고자 할 경우에는 일정한 기간을 정하여 실시하여야 한다(동법 제53조 제2항).

고용노동부장관은 구직급여를 받은 기간을 국민연금기간으로 추가산입(국민연금법 제19조의 2 제1항) 하려는 수급자격자에게 국민연금보험료의 일부를 지원할 수 있다(동법 제55조의 2).

사) 지급일 및 지급방법

구직급여는 실업의 인정을 받은 일수분을 지급하는데(동법 제56조), 수급자격자가 거주지 관할 직업안정기관에 출석하는 최초의 실업인정일에 구직급여를 지급받기를 원하는 금융기관과 계좌를 지정하여 신고하면 그 계좌로 지급하게 되어 있다(동법시행령 제75조).

아) 급여의 제한과 반환명령 등

급여의 지급이 제한되는 사유로는 훈련거부, 직업지도거부, 부정행위 등이 있다. 수급자격자가 직업안정기관의 장이 소개하는 직업에 취직하는 것을 거부하거나 직업안정기관의 장이 지시한 직업능력개발훈련 등을 거부하는 경우에는 일정한 정당사유가 있는 경우(동법 제60조 제1항 제1호~제4호)를 제외하고 거부한 날부터의 구직급여의 지급이 정지된다(동법 제60조 제1항).

또한 수급자격자가 정당한 사유 없이 고용노동부장관이 정한 기준에 따라 직업안정기관의 장이 실시하는 재취직 촉진을 위한 직업지도를 거부한 경우에는 대통령령이 정하는 바에 따라 구직급여의 지급을 정지한다(동법 제60조 제2항, 동법시행령 제79조 제2항).

그리고 거짓이나 그 밖의 부정한 방법으로 실업급여를 받았거나 받고자 한 자에 대하여는 해당 급여를 받은 날 또는 받고자 한 날부터 구직급여를 지급하지 아니한다. 다만, 해당 급여와 관련된 이직 이후에 새로이 수급자격을 취득한 경우 그 새로운 수급자격에 의한 구직급여에 대하여는 그러하지 아니하다(동법 제61조 제1항). 거짓이나 그 밖의 부정한 방법으로 구직급여를 지급받은 자에 대하여는 그 지급받은 구직급여의 반환을 명할 수 있고, 이에 추가하여 고용노동부장관이 정하는 기준에 따라 그 지급받은 구직급여액에 상당하는 금액 이하의 금액을 징수할 수 있다(동법 제62조 제1항). 그리고 허위 기타 부정한 방법이 사업주의 허위신고·보고 또는 증명으로 인한 것인 때에는 그 사업주도 해당 구직급여를 지급받은 자와 연대하여 책임을 진다(동법 제62조 제2항).

자) 질병 등의 특례

수급자격자가 동법 제42조에 따라 실업의 신고를 한 이후에 질병 또는 부상으로 취업이 불가능하여 실업의 인정을 받지 못한 날에 대하여는 해당 수급자격자의 청구에 의하여 구직급여 일액에 상당하는 금액(이하 "상병급여")을 구직급여에 갈음하여 지급할 수 있다. 다만, 동법 제60조 제1항 및 제2항(훈련거부 등에 따른 급여의 지급제한)의 규정에 따라 구직급여의 지급이 정지된 기간에 대하여는 상병급여를 지급하지 아니한다(동법 제63조 제1항). 또한 수급자격자가 근로기준법 제79조에 따른 휴업보상, 산업재해보상보험법 제39조에 따른 휴업급여, 그 밖에 이에 해당하는 급여 또는 보상으로서 대통령령이 정하는 보상 또는 급여(국가배상법 제3조 제2항의 규정에 의한 휴업배상, 의사상자 예우에 관한 법률 제7조의 규정에 의한 보상금, 동법시행령 제59조 제2항)를 지급받을 수 있는 경우에는 상병급여를 지급하지 아니한다(동법 제63조 제4항).

상병급여를 지급할 수 있는 일수는 그 수급자격자의 구직급여의 소정급여일수에서 해당 수급자격에 의하여 구직급여가 지급된 일수를 뺀 일수를 한도로 한다. 이 경우 상병급여를 지급받은 자에 대하여 고용보험법의 규정(제61조 및 제62조 제외)을 적용할 때에는 상병급여의 지급일수에 상당하는 일수분의 구직급여가 지급된 것으로 본다(동법 제63조 제2항).

상병급여의 지급시기는 해당 취업할 수 없는 사유가 없어진 이후에 최초로 구직급여를 지급하는 날(구직급여를 지급하는 날이 없는 경우에는 직업안정기관의 장이 정하는 날)에 지급한다. 다만, 필요하다고 인정하는 경우에는 고용노동부장관이 따로 정하는 바에 따라 지급할 수 있다(동법 제63조 제3항).

실업기간 중의 근로의 신고(동법 제47조), 대기기간(동법 제49조), 미지급 구직급여의 지급(동법 제57조), 부정행위에 따른 급여의 지급제한 및 반환명령(동법 제61조 제1항부터 제3항까지), 반환명령 등(동법 제62조)에 관한 규정은 상병급여의 지급에 관하여 준용된다(동법 제63조 제5항 제1문).

(2) 취업촉진수당

가) 조기재취업수당

조기재취업수당은 수급자격자(외국인 근로자의 고용 등에 관한 법률 제2조의 규정에 의한 외국인 근로자 제외)가 안정된 직업에 재취직하거나 스스로 영리를 목적으로 하는 사업을 영위하는 경우로서 대통령령이 정하는 기준에 해당하면 지급한다(동법 제64조 제1항). 대통령령이 정하는 기준에 해당하는 경우란 수급자격자가 법 제49조의 대기기간이 지난 후 재취업한 날의 전날을 기준으로 법 제50조에 따른 소정급여일수를 30일 이상 남기고 재취업한 경우로서 재취직한 사업주에게 계속하여 6개월 이상 고용된 경우(다만 수급자격자가 최후에 이직한 사업의 사업주 등에 재고용되거나 법 제42조에 따른 실업신고 이전에 채용을 약속한 사업주에게 고용된 경우, 국가나 지방자치단체의 복지정책, 실업대책 등에 따라 실시하는 1년 이하의 단기간 일자리 제공사업에 고용된 경우는 제외)나 6개월 이상 계속 사업을 영위한 경우(이 경우 수급자격자가 고용보험법 제44조 제2항에 따라 해당 수급기간에 해당 사업을 영위하기 위한 준비활동을 재취업활동으로 신고하여 실업으로 인정받았을 때로 한정)에 해당하는 경우를 말한다(동법시행령 제84조 제1항 제1호, 제2호).

조기재취업수당의 금액은 구직급여의 소정급여일액 중 미지급일수의 비율에 따르되, 구직급여일액에 미지급일수의 2분의 1을 곱한 금액으로 한다(동법 제64조 제3항 및 시행령 제85조 제1항).

조기재취업수당을 지급받은 자에 대하여 고용보험법의 규정(제61조 및 제62조의 규정 제외)을 적용함에 있어서는 그 조기재취업수당의 금액을 고용보험법 제46조에 따른 구직급여일액으로 나눈 일수분에 상당하는 구직급여를 지급한 것으로 본다(동법 제64조 제4항). 그리고 수급자격자를 조기에 재취업시켜 구직급여의 지급기간이 단축되도록 한 자에게는 대통령령이 정하는 바에 따라 장려금을 지급할 수 있다(동법 제64조 제5항).

조기재취업수당을 지급받고자 하는 경우에는 조기재취업수당청구서에 수급자격증을 첨부하여 거주지 관할 직업안정기관의 장에게 제출하여야 한다(동법시행령 제86조 제1항).

나) 직업능력개발수당

직업능력개발수당은 수급자격자가 직업안정기관의 장이 지시한 직업능력개발훈련 등을 받는 경우에 그 직업능력개발훈련 등을 받는 기간에 대하여 지급한다(동법 제65조 제1항 참조). 다만, 직업훈련 · 직업지도 등을 거부하여 구직급여의 지급이 정지된 기간에 대하여서는 직업능력개발훈련수당을 지급하지 아니한다(동법 제65조 제2항).

이 수당은 수급자격자가 직업안정기관의 장이 지시한 직업훈련 등을 받은 날로서 구직급여의 지급대상이 되는 날에 대하여 지급한다(동법시행령 제88조 제1항). 그 금액은 교통비 · 식대 등 직업훈련 등의 수강에 필요한 비용을 고려하여 고용노동부장관이 결정 · 고시하는 금액으로 한다(동법시행령 제88조 제2항). 다만, 노동력의 수급상황을 고려하여 고용노동부장관이 특히 필요하다고 인정하여 고시하는 직종에 관한 직업훈련 등에 대하여는 직업능력개발수당의 금액을 달리 정할 수 있다(동법 제65조 제3항).

다) 광역구직활동비

광역구직활동비는 수급자격자가 직업안정기관의 소개에 따라 광범위한 지역에 걸쳐 구직활동을 하는 경우로서 다음과 같은 경우에 지급할 수 있다(동법 제66조 제1항, 동법시행령 제89조).

① 구직활동에 드는 비용이 구직활동을 위하여 방문하는 사업장의 사업주로부터 지급되지 아니하거나 지급되더라도 그 금액이 광역구직활동비의 금액에 미달할 것(동법시행령 제89조 제1항 제1호).

② 수급자격자의 거주지로부터 구직활동을 위하여 방문하는 사업장까지의 거리가 고용노동부령이 정하는 거리(50킬로미터, 동법시행규칙 제62조 제1항) 이상일 것. 이 경우 거리는 거주지로부터 사업장까지의 수로에 따라 계산하되, 수로의 거리는 실제의 거리의 2배로 본다(동법시행령 제89조 제1항 제2호).

그 금액은 구직활동에 통상 소요되는 비용으로 하되, 그 금액의 산정은 고용노동부령이 정하는 바에 따른다(동법 제66조 제2항, 동법시행규칙 제111조 참조).

라) 이주비

이주비는 수급자격자가 취업하거나 직업안정기관의 장이 지시한 직업능력개발훈련 등을 받기 위하여 그 주거를 이전하는 경우로서 대통령령이 정하는 기준에 따라 직업안정기관의 장이 필요하다고 인정하면 지급할 수 있다. 이때 대통령령이 정하는 기준은 다음과 같다(동법 제67조 제1항, 동법시행령 제90조 제1항 제1호~제3호).

① 취업하거나 직업훈련 등을 받게 된 경우로서 고용노동부장관이 정하는 기준에 따라 신청지 관할 직업안정기관의 장이 주거의 변경이 필요하다고 인정할 것.

② 해당 수급자격자를 고용하는 사업주로부터 주거의 이전에 드는 비용이 지급되지 아니하거나 지급되더라도 그 금액이 이주비의 금액에 미달할 것.

③ 취업을 위한 이주인 경우 1년 이상의 근로계약을 정하여 취업할 것.

이주비는 위의 ①②③의 세 가지 요건을 모두 갖춘 경우에 지급한다(동법시행령 제90조 제1항).

이주비의 금액은 수급자격자 및 그 자에 의하여 생계가 유지되는 동거친족의 이주에 통상 소요되는 비용으로 하되, 그 금액의 산정은 고용노동부령이 정하는 바에 의한다(동법 제67조 제2항, 동법시행규칙 제113조).

마) 급여의 지급제한

거짓이나 그 밖의 부정한 방법으로 실업급여를 받았거나 받으려 한 자에 대하여는 그 급여를 받은 날 또는 받으려 한 날부터의 취업촉진수당을 지급하지 아니한다. 다만, 해당 급여와 관련된 이직 이후에 새로이 수급자격을 취득하는 경우 그 새로운 수급자격에 의한 취업촉진수당에 대하여는 그러하지 아니하다(동법 제68조 제1항).

구직급여에 있어서 미지급 급여의 지급(동법 제57조 제1항, 제3항), 반환명령(동법 제62조)에 관한 규정은 취직촉진수당에 관하여 준용한다. 이 경우 동법 제57조 제1항 중 '수급자격자'는 '취업촉진수당을 지급받을 수 있는 자'로 본다(동법 제69조).

5) 육아휴직급여 등

(1) 육아휴직급여조건(급여액)

고용노동부장관은 남녀고용평등과 일·가정 양립지원에 관한 법률 제19조에 따른 육아휴직을 30일(근로기준법 제74조에 따른 출산전후휴가기간과 중복되는 기간 제외) 이상 부여받은 피보험자 중 다음 각 호의 요건을 모두 갖춘 피보험자에게 육아휴직급여를 지급한다(고용보험법 제70조 제1항 제1호~제2호).

① 육아휴직을 시작한 날 이전에 고용보험법 제41조에 따른 피보험 단위기간이 통산하여 180일 이상일 것.

② 같은 자녀에 대해서 피보험자인 배우자가 30일 이상의 육아휴직을 부여받지 아니하거나 「남녀고용평등과 일·가정 양립 지원에 관한 법률」 제19조의 2에 따라 육아가 근로시간 단축을 30일 이상 실시하지 아니하고 있을 것.

육아휴직급여를 지급받으려는 사람은 육아휴직을 시작한 날 이후 1개월부터 육아휴직이 끝날 날 이후 12개월 이내에 신청하여야 한다(다만, 해당기간에 대통령령으로 정하는 사유로 신청할 수 없었던 사람은 그 사유가 끝난 후 30일 이내에 신청하여야 함)(동조 제2항).

(2) 육아휴직의 확인 및 취업의 신고

사업주는 피보험자가 고용보험법 제70조에 따라 육아휴직급여를 받으려는 경우 고용노동부령이 정하는 바에 따라 사실의 확인 등 모든 절차에 적극 협력하여야 한다(동법 제71조, 동법 시행규칙 제118조). 피보험자가 육아휴직급여기간 중에 이직 또는 새로이 취업(취직한 경우 1주간의 소정근로시간이 15시간 미만인 경우 제외)하거나 사업주로부터 금품을 지급받은 경우에는 그 사실을 직업안정기관의 장에게 신고하여야 한다(동법 제72조 제1항). 직업안정기관의 장은 필요하다고 인정하는 경우 육아휴직급여기간 중의 이직, 취업 여부 등에 대하여 조사할 수 있다(동법 제72조 제2항).

(3) 급여의 지급제한

피보험자가 육아휴직급여기간 중에 해당 사업에서 이직하거나 새로이 취업한 경우에는 그 이직 또는 취업한 때부터 육아휴직급여를 지급하지 아니한다(동법 제73조 제1항). 피보험자가 사업주로부터 육아휴직을 이유로 금품을 지급받은 경우 대통령령이 정하는 바에 따라 급여를 감액하여 지급할 수 있다(동법 제73조 제2항, 동법시행령 제98조). 거짓 그 밖의 부정한 방법으로 육아휴직급여를 받았거나 받고자 한 자에 대하여는 그 급여를 받은 날 또는 받고자 한 날부터의 육아휴직급여를 지급하지 아니한다. 다만, 그 급여와 관련된 육아휴직 이후에 새로이 육아휴직급여요건을 갖춘 경우 그 새로운 요건에 의한 육아휴직급여에 대하여는 그러하지 아니하다(동법 제73조 제3항).

6) 출산전후휴가급여

(1) 출산전후휴가급여의 요건

고용노동부장관은 남녀고용평등과 일·가정 양립지원에 관한 법률 제18조에 따라 피보험자가 근로기준법 제74조에 따른 출산 전 또는 유산·사산휴가를 받은 경우로서 다음 각 호의 요건을 모두 갖춘 경우에 출산전후휴가 등의 급여를 지급한다(고용보험법 제75조 제1호, 제2호).

① 휴가가 끝난 날 이전에 동법 제41조에 따른 피보험 단위기간이 통산하여 180일 이상일 것(동법 제75조 제1호).

② 휴가를 시작한 날(고용보험법 제19조 제2항에 따라 근로자 수 등이 대통령령이 정하는 기준에 해당하는 기업이 아닌 경우는 휴가시작 후 60일이 지난 날로 봄. 한 번에 둘 이상의 자녀를 임신한 경우에는 75일) 이후 1개월부터 휴가가 끝난 날 이후 12개월 이내에 신청할 것. 다만, 동 기간 이내에 대통령이 정하는 사유로 출산전후휴가급여 등을 신청할 수 없었던 자는 그 사유가 끝난 후 30일 이내에 신청하여야 한다(동법 제75조 제2호).

(2) 지급기간

위의 동법 제75조에 따른 출산전후휴가급여 등은 근로기준법 제74조에 따른 휴가기간 중에 대하여 근로기준법의 통상임금(휴가가 시작한 날을 기준으로 산정)에 상당하는 금액을 지급한다. 다만, 고용보험법 제19조 제2항에 따라 근로자 수 등이 대통령령이 정하는 기준에 해당하는 기업이 아닌 경우는 휴가기간 중 60일(한 번에 둘 이상의 자녀를 임신한 경우에는 75일)

을 초과한 일수(30일을 한도로 하되, 한 번에 둘 이상의 자녀를 임신한 경우에는 45일을 한도)에 한한다(동법 제76조 제1항).

위의 제1항 규정에 의한 출산전후휴가급여 등의 지급금액은 대통령령이 정하는 바에 따라 그 상한액과 하한액을 정할 수 있다(동법 제76조 제2항, 동법시행령 제101조).

위의 제1항 및 제2항에 따른 출산전후휴가급여 등의 신청 및 지급에 관하여 필요한 사항은 고용노동부령으로 정한다(동법 제76조 제3항, 동법시행규칙 제121조).

5. 자영업자인 피보험자에 대한 실업급여 적용의 특례

2011년 7월 21일의 고용보험법 개정에서는 고용보험에 가입하거나 가입된 것으로 보는 자영업자인 피보험자에 대한 실업급여를 적용함에 있어 몇 가지 특례규정을 두고 있다.

자영업자인 피보험자에 대한 실업급여의 종류는 다른 피보험자와 같이 동법 제37조에 따르되 동법 제51조부터 제55조까지의 규정에 따른 연장급여와 동법 제64조에 따른 조기재취업수당은 제외한다(동법 제69조의 2). 이들의 구직급여는 폐업일 이전 24개월간 동법 제41조 제1항 단서에 따라 자영업자인 피보험자로서 갖춘 피보험단위기간이 통산하여 1년 이상이고, 근로의 의사와 능력이 있음에도 불구하고 취업을 하지 못한 상태에 있고, 폐업사유가 동법 제69조의 7에 따른 수급자격의 제한 사유에 해당하지 않으며 재취업을 위한 노력을 적극적으로 할 것의 요건을 모두 갖춘 경우에 지급한다(동법 제69조의 3). 자영업자인 피보험자였던 수급자격에 대한 기초일액은 수급자격과 관련된 피보험기간이 3년 이상인 경우에는 마지막 폐업일 이전 3년의 피보험기간, 수급자격과 관련된 피보험기간이 3년 미만인 경우에는 수급자격과 관련된 그 피보험기간 동안 본인이 납부한 보험료의 산정기초가 되는 보험료징수법 제49조의 2 제3항에 따라 고시된 보수액을 전부 합산한 후에 그 기간의 총일수로 나눈 금액으로 한다(동법 제69조의 4 제1항). 이에 불구하고 자영업자인 피보험자였던 수급자격자가 동법 제50조 제4항에 따라 피보험기간을 합산하게 됨에 따라 동법 제69조의 6에서 정한 소정급여일수가 추가로 늘어나는 경우에는 그 늘어난 일수분에 대한 기초일액은 위 제1항에 따라 산정된 기초일액으로 하되, 그 기초일액이 최저기초일액에 미치지 못하는 경우에는 최저기초일액, 기초일액이 동법 제45조 제5항에 따라 대통령령으로 정하는 금액을 초과하는 경우에는 그 대통령령으로 정하는 금액 중 어느 하나에 해당하는 경우에는 각각 이에 따른 금액으로 한다(동조 제2항). 자영업자인 피보험자로서 폐업한 수급자격자에 대한 구직급여일액은 그 수급자격자의 기초일액에 100분의 50을 곱한 금액으로 한다(동법 제69조의 5). 자영업자인 피보험자로서 폐업한 수급자격자에 대한 소정급여일수는 동법 제49조에 따른 대기기간이 그 다음 날부터 계산하기 시작하여 피보험기간에 따라 별표 2에서 정한 일수가 되는 날까지로 한다(동법 제69조의 6). 위의 제69조의 3에 불구하고 법령을 위반하여 허가 취소를 받거나 영업정지를 받음에 따라 폐업한 경우, 방화 등 피보험자 본인의 중대한 귀책사유로서 고용노동부장관령으로 정하는 사유로 폐업한 경우, 매출액 등이 급격하게 감소하는 등 고용노동부령으로 정하는 사유가 아닌 경우로서 전직 또는 자영업을 다시 하기 위하여 폐업한 경우, 그 밖에 고용노동부령으로 정하는 정당한 사유에 해당하지 아니하는 사유로 폐업한 경우의 어느 하나에 해당한다고 직업안정기관의 장이 인정하는 경우에는 수급자격이 없는 것으로 본다(동법 제69조의 7). 고용노동부장관은 보험료를 체납한 사람에게는 고용노동부령으로 정하는 바에 따라 실업급여를 지급하지 아니할 수 있다(동법 제69조의 8).

[별표 2] 〈신설 2011.7.21.〉

자영업자의 구직급여의 소정급여일수(제69조의 6 관련)

구 분	피보험기간			
	1년 이상 3년 미만	3년 이상 5년 미만	5년 이상 10년 미만	10년 이상
소정급여일수	90일	120일	150일	180일

6. 고용보험의 보험료와 비용

1) 보험료

보험사업에 드는 비용을 충당하기 위하여 징수하는 보험료와 그 밖의 징수금에 대하여는 보험료징수법으로 정하는 바에 따르고, 그 법 제13조 제1항 제1호에 따라 징수된 고용안정, 직업능력개발사업의 보험료 및 실업급여의 보험료는 각각 그 사업에 드는 비용에 충당한다(다만, 실업급여의 보험료는 육아휴직급여 및 출산전후휴가급여 등에 드는 비용에 충당할 수 있음). 이에 불구하고 자영업자인 피보험자로부터 그 법 제49조의 2에 따라 고용안정, 직업능력개발사업의 보험료 및 실업급여의 보험료는 각각 자영업자인 피보험자를 위한 그 사업에 드는 비용에 충당한다(고용보험법 제6조). 보험징수법 제13조 제1항 제1호는 고용보험제도의 보험사업에 소용되는 비용에 충당하기 위하여 사업주와 피보험자인 근로자로부터 고용안정사업, 직업능력개발사업 및 실업급여의 보험료(이하 "고용보험료")를 징수한다고 규정하고 있다. 보험료징수에 관한 중요사항을 심의하기 위하여 고용노동부에 고용보험위원회를 두고(고용보험법 제7조 제1항), 보험제도 및 보험사업의 개선, 보험료율의 개선, 보험사업의 평가, 고용보험기금의 운용계획의 수립 등을 심의 평가한다(동조 제2항). 고용보험료는 근로복지공단이 부과하고 국민건강보험공단이 징수한다(부과와 징수의 분리 : 보험료징수법 제16조의 2 제1항).

(1) 보험료의 산정과 징수 등

피보험자인 근로자가 부담하여야 하는 고용보험료는 자기의 보수의 총액에 보험료징수법 제14조 제1항에 따른 실업급여의 보험료율의 2분의 1을 곱한 금액으로 한다. 다만, 사업주로부터 보험료징수법 제2조 제3항 본문에 따른 보수를 지급받지 아니하는 근로자는 같은 법 제2조 제3호 단서에 따라 보수로 보는 금품의 총액에 보험료징수법 제14조 제1항에 따른 실업급여의 보험료율을 곱한 금액을 부담하여야 하고, 같은 법 제2조 제3호 단서에 휴직이나 그 밖에 이와 비슷한 상태에 있는 기간 중에 사업주로부터 보험료징수법 제2조 제3호 본문에 따른 보수를 지급받는 근로자로서 고용노동부장관이 정하여 고시하는 사유에 해당하는 근로자는 그 기간에 지급받는 보수의 총액에 보험료징수법 제14조 제1항에 따른 실업급여의 보험료율을 곱한 금액을 부담하여야 한다(보험료징수법 제13조 제2항). 고용보험법 제10조 제1호에 따라 65세 이후에 고용되거나 자영업을 개시한 자에 대하여는 고용보험료 중 실업급여의 보험료를 징수하지 아니한다(보험료징수법 제13조 제3항).

사업주가 부담하여야 하는 고용보험료는 그 사업에 종사하는 고용보험가입자인 근로자의 개인별 보수의 총액(동조 제2항 단서에 보수로 보는 금품의 총액과 보수의 총액은 제외)에 보험료징수법 제14조 제1항에 따른 고용안정사업 · 직업능력개발사업의 보험료율을 곱한 금액, 실업급여의 보험료율의 2분의 1을 곱한 금액을 합한 금액이다(보험료징수법 제13조 제4항).

결국 근로자는 실업급여 소요비용의 2분의 1을 부담하고, 사용자는 실업급여 소요비용의 2분의 1과 고용안정 및 직업능력개발사업에 소요되는 비용을 부담하고 있다.

개산보험료(보험료징수법 제17조 제1항) 및 확정보험료(보험료징수법 제19조 제1항)에 관한 규정에 따른 보수총액의 추정액 또는 보수총액을 결정하기 곤란한 경우에는 대통령령이 정하는 바에 따라 고용노동부장관이 정하여 고시하는 노무비율을 사용하여 보수총액의 추정액 또는 보수총액을 결정할 수 있다(보험료징수법 제13조 제6항).

보수란 「소득세법」 제20조에 따른 근로소득에서 대통령령으로 정하는 금액을 뺀 금액을 말한다. 다만 「보험료징수법」 제13조 제1항 제1호에 따른 고용보험료를 징수하는 경우에는 근로자가 휴직 그 밖에 이와 비슷한 상태에 있는 기간 중에 사업주 외의 자로부터 지급받는 금품 중 고용노동부장관이 정하여 고시하는 금품은 보수로 본다(보험료징수법 제2조 제3호). 그리고 사업의 폐업 · 도산 등으로 보수를 산정 확인하기 곤란한 경우 또는 대통령령으로 정하는 사유에 해당하는 경우에는 고용노동부장관이 정하여 고시하는 금액(이를 "기준 보수"라 함)을 보수로 할 수 있다(보험료징수법 제3조 제1항).

① **보험료의 원천공제 :** 사업주는 위의 보험료징수법 제13조 제2항의 규정에 따라 보험가입자인 근로자가 부담하는 고용보험료에 상당하는 금액을 해당 대통령령이 정하는 바에 따라 그 근로자에게 지급할 보수에서 원천공제할 수 있다(보험료징수법 제16조 제1항, 보험료징수법시행령 제19조). 원천공제하였으면 공제계산서를 피보험자인 근로자에게 교부하여야 한다(동법 제16조 제2항).

보험료징수법 제9조 제1항 및 제2항에 따라 사업주가 되는 원수급인 또는 하수급인은 고용노동부령이 정하는 바에 따라 자기가 고용하는 고용보험가입자 외의 근로자를 고용하는 하수급인에게 위임하여 그 근로자가 부담하는 보험료에 상당하는 금액을 근로자의 보수에서 원천공제하게 할 수 있다(보험료징수법 제16조 제3항).

위의 보험료징수법 제13조 제2항 단서에 따라 근로자가 그 실업급여의 보험료를 부담하는 경우에는 사업주가 해당 보험료를 신고 · 납부하고 근로자는 그 보험료 상당액을 사업주에게 지급한다(보험료징수법 제16조 제4항).

② **개산보험료** : 건설업 등 대통령령으로 정하는 사업의 사업주는 보험연도마다 그 1년 동안(보험연도 중에 보험관계가 성립한 경우에는 그 성립일부터 연도 말까지의 기간)에 사용할 근로자(고용보험료를 산정하는 경우에는 고용보험법 제10조의 규정에 의한 적용제외근로자를 제외)에게 지급할 보수총액의 추정액(대통령령이 정하는 경우에는 전년도에 사용한 모든 피보험자인 근로자에게 지급한 보수의 총액)에 고용보험료율을 각각 곱하여 산정한 금액(이하 "개산보험료")을 대통령령이 정하는 바에 따라 보험연도의 3월 31일(보험연도 중에 보험관계가 성립한 경우에는 그 성립일부터 70일, 건설공사 등 기간이 정하여져 있는 사업으로서 70일 이내에 끝나는 사업의 경우에는 그 사업의 종료일 전날)까지 근로복지공단에 신고 · 납부하여야 한다. 다만, 그 보험연도의 개산보험료 신고 · 납부기한이 보험료징수법 제19조의 규정에 따른 확정보험료 신고 · 납부기한보다 늦

은 경우에는 그 보험연도의 확정보험료 신고·납부기한을 그 보험연도의 개산보험료 신고·납부기한으로 한다(보험료징수법 제17조 제1항, 동법시행령 제20조, 제21조).

위의 보험료징수법 제17조 제1항의 규정에 의한 기한 이내에 개산보험료를 신고한 사업주는 이미 신고한 개산보험료가 보험료징수법에 따라 신고하여야 할 개산보험료를 초과하는 때[동법 제18조 제2항의 경우(신고 개산보험료 총액의 감액)는 제외]에는 위의 기한이 지난 후 1년 이내에 최초에 신고한 개산보험료의 경정을 근로복지공단에 청구할 수 있다(보험료징수법 제17조 제5항).

③ **확정보험료** : 사업주는 매 보험연도의 말일(보험연도 중에 보험관계가 소멸한 경우에는 그 소멸한 날의 전날)까지 사용한 근로자(고용보험료를 산정하는 경우에는 고용보험법 제10조에 따른 적용제외근로자는 제외)에게 지급한 보수총액(지급하기로 결정된 금액을 포함)에 고용보험료율을 각각 곱하여 산정한 금액(이하 "확정보험료")을 대통령령이 정하는 바에 따라 다음 보험연도의 3월 31일(보험연도 중에 보험관계가 소멸한 사업에 있어서는 그 소멸한 날부터 30일)까지 근로복지공단에 신고하여야 한다. 다만, 사업주가 국가 또는 지방자치단체인 경우에는 보험연도의 말일(보험연도 중에 보험관계가 소멸한 사업에 있어서는 그 소멸한 날부터 30일까지)까지 신고할 수 있다(보험료징수법 제19조 제1항, 동법시행령 제26조).

앞에서 설명한 산재보험의 경우에도 고용보험의 경우와 같은 개산보험료 및 확정보험료 신고·납부제도가 그대로 적용된다(보험료징수법 제17조, 제19조 참조).

(2) 고용보험의 보험료율

고용보험료율은 보험수지의 추이와 경제상황 등을 고려하여 1000분의 30의 범위 내에서 고용안정사업의 보험료율, 직업능력개발사업의 보험료율 및 실업급여의 보험료율로 구분하여 대통령령으로 정하여진다(보험료징수법 제14조 제1항).

대통령령에 의한 고용보험료율은 아래와 같다.

① 고용안정 직업능력개발사업의 보험료율은 사용근로자의 수에 따라 아래와 같이 다름.

㉠ 상시근로자의 수가 150명 미만인 사업주의 사업 : 1만 분의 25

㉡ 상시근로자 수가 150명 이상인 사업주의 사업으로서 우선지원대상기업(고용보험법시행령 제12조에 따른 우선지원대상기업)의 범위에 해당하는 사업 : 1만 분의 45

㉢ 상시근로자 수가 150명 이상 1천인 미만인 사업주의 사업으로서 우선지원대상기업의

범위에 해당하지 아니하는 사업 : 1만 분의 65

㉣ 상시 근로자 수가 1,000명 이상인 사업주의 사업으로서 우선지원대상기업에 해당하지 아니하는 사업 및 국가 · 지방자치단체가 직접 행하는 사업 : 1만 분의 85

② 실업급여의 보험료율 : 1000분의 13(이상 보험료징수법시행령 제12조 제1항 제1호~제2호)

여기서 상시 사용하는 근로자의 수라 함은 해당 사업주가 행하는 국내의 모든 사업의 상시 근로자의 수를 합산한 수를 말한다(보험료징수법시행령 제12조 제2항). 다만, 주택법 제2조 제2호의 규정에 의한 공동주택을 관리하는 사업의 경우에는 각 사업별로 상시 근로자 수를 산정한다(보험료징수법시행령 제12조 제2항 단서).

위와 같이 보험료율을 결정하는 것과는 다르게 다음과 같은 보험료율 결정의 특례가 있다. 즉, 대통령령으로 정하는 사업으로서 매년 9월 30일 현재 고용보험관계가 성립한 후 3년이 지난 사업의 경우에 그해 9월 30일 이전 3년 동안의 그 실업급여의 보험료에 대한 실업급여 금액의 비율이 대통령령으로 정하는 비율에 해당하는 경우에는 그 사업에 적용되는 실업급여의 보험료율을 100분의 40의 범위 안에서 대통령령으로 정하는 기준에 따라 인상 또는 인하하여 그 사업에 대한 다음 보험연도의 실업급여의 보험료율로 할 수 있다(보험료징수법 제15조 제1항).

2) 고용보험기금

고용노동부장관은 보험사업에 필요한 재원에 충당하기 위하여 고용보험기금(이하 "기금")을 설치하고(고용보험법 제78조 제1항), 기금은 보험료와 이 법에 의한 징수금 · 적립금 · 기금운용 수익금 그 밖의 수입으로 조성한다(동법 제78조 제2항). 기금은 고용노동부장관이 관리 · 운용하고(동법 제79조 제1항), 기금의 관리 · 운용에 관한 세부사항은 국가재정법의 규정에 따른다(동법 제79조 제2항).

고용보험기금의 용도는 다음과 같다(동법 제80조).

① 고용안정 · 직업능력개발사업에 필요한 경비(동조 제1호)

② 실업급여의 지급(동조 제2호)

③ 육아휴직급여 및 출산전후휴가급여의 지급(동조 제3호)

④ 보험료의 반환(동조 제4호)

⑤ 일시차입금의 상환금과 이자(동조 제5호)

⑥ 이 법과 보험료징수법에 따른 업무를 대행하거나 위탁을 대행하거나 위탁을 받은 자에 대한 출연금(동조 제6호)

⑦ 그 밖에 이 법 시행을 위하여 필요한 경비로서 대통령령이 정하는 경비와 고용안정사업 · 직업능력개발사업 · 실업급여의 지급의 수행에 딸린 경비에 사용한다(동조 제7호).

고용노동부장관은 매년 기금운용계획을 수립하여 고용정책심의회 및 국무회의의 심의를 거쳐 대통령의 승인을 얻어야 하고, 그 운용결과에 대하여 고용정책심의회의 심의를 거쳐 공표하여야 한다(고용보험법 제81조).

그리고 고용노동부장관은 대량실업의 발생 기타 고용상태의 불안에 대비하기 위하여 준비금으로 여유자금을 적립하여야 한다(동법 제84조). 기금의 지출에 있어서 지급상 현금의 부족이 생긴 때에는 기금의 부담으로 일시 차입을 할 수 있도록 되어 있다(동법 제86조).

3) 국고의 부담

국가는 매년 보험사업의 관리 · 운영에 소요되는 비용의 일부를 일반회계에서 부담할 수 있다(동법 제5조).

7. 심사 및 재심사청구 : 권리구제

고용보험법 제17조에 따른 피보험자격의 취득 · 상실에 대한 확인 또는 동법 제4장에 따른 실업급여 및 동법 제5장에 따른 육아휴직급여 · 출산전후휴가급여에 관한 처분(이하 "원처분 등")에 이의가 있는 자는 고용보험법 제89조에 따른 고용보험심사관에게 청구를 할 수 있고, 그 결정에 이의가 있는 자는 동법 제99조에 따른 고용보험심사위원회(고용노동부에 둠)에 재심사를 청구할 수 있다(동법 제87조 제1항).

심사의 청구는 확인 또는 처분이 있음을 안 날부터 90일 이내에, 재심사의 청구는 심사청구에 대한 결정이 있음을 안 날부터 90일 이내에 각각 제기하여야 한다(동법 제87조 제2항).

제8절 근로자퇴직급여 보장법

I. 개 념

1. 의의와 목적

근로자퇴직급여 보장법은 근로자의 퇴직급여제도의 설정 및 운영에 필요한 사항에 관한 법이다. 이는 퇴직 후의 근로자의 안정적 노후생활을 보장하기 위한 법이다. 종래의 민간기업의 퇴직금은 그 지급이 불확실하고 국민연금은 그 급여액이 적어서 근로자의 노후생활을 보장할 수 없었다. 이리하여 근로자퇴직연금제도를 핵심으로 하는 근로자퇴직급여를 법률로 보장한 것이 근로자퇴직급여 보장법이다. 이 근로자퇴직급여 보장법은 2005년 1월 27일에 제정되고, 여러 차례 개정을 거쳐 2011. 7. 25.에 전부개정되었다. 동법시행령은 2005년 8월 19일에 제정되었고, 2012. 7. 4.에 전부개정되었고, 최근에는 2013. 12. 24, 2015. 12. 15, 2016. 12. 30, 2017. 4. 18. 등에 일부개정되었다. 동법시행규칙은 2005. 9. 22.에 제정되고 2012. 7. 27, 2015. 12. 30, 2016. 4. 28, 2016. 10. 20, 2017. 12. 28. 등에 전부개정되었다.

2. 적용범위

근로자퇴직급여 보장법은 근로자를 사용하는 모든 사업 또는 사업자(이하 "사업")에 적용하되, 동거의 친족만을 사용하는 사업 및 가구 내 고용활동에는 적용하지 아니한다(동법 제3조). 여기의 근로자라 함은 근로기준법 제2조 제1항 제1호에 따른 근로자(직업의 종류를 불문하고 사업 또는 사업장에 임금을 목적으로 근로를 제공하는 자)를 말한다(동법 제2조 제1호). 따라서 1명 이상의 근로자를 사용하는 사업장에도 근로자퇴직급여보장법의 적용을 받아 그 근로자는 퇴직금, 퇴직연금제도의 대상이 된다. 다만, 상시 4명 이하의 근로자를 사용하는 사업에 대하여는 2010년 12월 1일부터 퇴직급여제도가 시행된 것으로 본다(동법 부칙 제8조 제1항). 이 사업에 적용되는 퇴직금 · 각종 퇴직연금제도의 사용자부담금 수준에 대하여는 특례 규정을 동법 부칙에서 정하고 있다(동법 부칙 제8조 제2항).

Ⅱ. 주요 내용

1. 퇴직급여제도의 설정 및 종류

사용자는 퇴직하는 근로자에게 급여를 지급하기 위하여 퇴직급여제도 중 하나 이상의 제도를 설정하여야 한다. 다만, 계속 근로기간이 1년 미만인 근로자, 4주간을 평균하여 1주간의 소정근로시간이 15시간 미만인 근로자에 대하여는 그러하지 아니하다(근로자퇴직급여 보장법 제4조 제1항). 여기에서 사용자라 함은 근로기준법 제2조 제1항 제2호에 따른 사용자(사용자란, 사업주 또는 사업경영담당자 기타 근로자에 관한 사항에 대하여 사업주를 위하여 행위하는 자)를 말한다(동법 제2조 제2호). 이 퇴직급여제도에는 확정급여형 퇴직연금제도, 확정기여형 퇴직연금제도, 동법 제8조에 따른 퇴직금제도가 있다(동법 제2조 제6호). 퇴직연금제도에는 확정급여형과 확정기여형 및 개인형 퇴직연금제도가 있다.

퇴직급여제도를 설정함에 있어서 하나의 사업에서 급여 및 부담금 산정방법의 적용 등에 관하여 차등을 두어서는 아니 된다(차등금지원칙 : 동법 제4조 제2항). 이를 위반하면 처벌을 받게 된다(동법 제45조 제1호). 사용자가 퇴직급여제도를 설정하거나 선택한 퇴직금급여제도를 다른 종류의 퇴직금급여제도로 변경하고자 하는 경우에는 근로자의 과반수가 가입된 노동조합이 있는 경우에는 그 노동조합, 근로자의 과반수가 가입된 노동조합이 없는 경우에는 근로자의 과반수(이하 "근로자 대표")의 동의를 받아야 한다(동법 제4조 제3항). 사용자가 위의 규정(제3항)에 따라 설정되거나 변경된 퇴직급여제도의 내용을 변경하려는 경우에는 근로자 대표의 의견을 들어야 하며, 근로자에게 불이익하게 변경하려는 경우에는 근로자 대표의 동의를 얻어야 한다(동법 제4조 제4항). 이 제3항과 제4항의 규정을 위반하면 처벌을 받게 된다(동법 제46조 제1호).

2011년 7월 25일의 전부개정법률 시행일(2012. 7. 26.) 이후 새로 성립(합병, 분할의 경우는 제외)된 사업의 사용자는 근로자 대표의 의견을 들어 사업의 성립 후 1년 이내에 확정급여형 퇴직연금제도나 확정기여형 퇴직연금제도를 설정하여야 한다(동법 제5조).

2. 퇴직금제도

1) 개 념

퇴직금제도를 설정하려는 사용자는 계속근로기간 1년에 대하여 30일분 이상의 평균임금을 퇴직하는 근로자에게 지급할 수 있는 제도를 설정하여야 하는데(동법 제8조 제1항), 이 제도를 퇴직금제도라 한다. 여기에서 임금이란 근로기준법 제2조 제1항 제5호에 따른 임금(사용자가 근로의 대가로 근로자에게 임금, 봉급 그 밖에 어떠한 명칭으로든지 지급하는 일체의 금품)을 말하고(동법 제2조 제3호) 평균임금이란, 근로기준법 제2조 제1항 제6호에 따른 평균임금(평균임금을 산정하여야 할 사유가 발생한 날 이전 3개월 동안에 그 근로자에 대하여 지급된 임금의 총액을 그간의 총일수로 나눈 금액을 말하고 취업 후 3월 미만도 이에 준함)을 말한다(동법 제2조 제4호). 그러나 사용자는 주택구입 등 대통령령으로 정하는 사유로 근로자의 요구가 있는 경우에는 근로자가 퇴직하기 전에 해당 근로자가 계속 근로한 기간에 대한 퇴직금을 미리 정산하여 지급할 수 있다. 이 경우 미리 정산하여 지급한 후의 퇴직금 산정을 위한 계속 근로기간은 정산시점부터 새로이 기산한다(중간정산 : 동법 제8조 제2항). 퇴직연금제도가 폐지되거나 운영이 중단된 경우에는 폐지된 이후 또는 중단된 기간에 대하여는 이 퇴직금제도를 적용한다(동법 제38조 제1항). 퇴직연금제도의 폐지 또는 운영의 중단으로 인하여 가입자가 급여를 지급받은 경우에는 위의 동법 제8조 제2항에 따라 중간정산되어 지급받은 것으로 본다. 이 경우 중간정산 대상기간의 산정 등에 관하여는 대통령령(근로자퇴직급여 보장법시행령)으로 정한다(동법 제38조 제5항).

사용자가 위 동법 제4조 제1항과 제5조에 따른 퇴직금급여제도를 설정해야 함에도 불구하고 설정하지 아니하거나, 동법 제25조 제1항에 따른 개인형 퇴직연금제도를 설정하지 아니한 경우에는 이 제8조 제1항의 퇴직금제도를 설정한 것으로 본다(동법 제11조).

2) 퇴직금의 지급 및 소멸시효, 우선변제

사용자는 근로자가 퇴직한 경우에는 그 지급사유가 발생한 날부터 14일 이내에 퇴직금을 지급하여야 한다. 다만, 특별한 사정이 있는 경우에는 당사자 간의 합의에 의하여 지급기일을 연장할 수 있다(동법 제9조). 이에 위반하면 처벌된다(동법 제44조 제1항). 퇴직금을 받을 권리는 3년간 행사하지 아니하면 시효로 인하여 소멸한다(동법 제10조).

사용자에게 지급의무가 있는 퇴직금, 확정급여형 퇴직연금제도의 급여, 확정기여형 퇴직연금제도의 부담금 중 미납입부담금 및 미납입부담금에 대한 지연이자, 개인형 퇴직연금제도의 부담금 중 미납입부담금 및 미납입부담금에 대한 지연이자(이하 “퇴직급여 등”)는 사용자의 총재산에 대하여 질권 · 저당권에 의하여 담보된 채권을 제외하고는 조세 · 공과금 및 다른 채권에 우선하여 변제되어야 한다. 다만, 질권 · 저당권에 우선하는 조세 · 공과금에 대하여는 그러하지 아니하다(동법 제12조 제1항).

그러나 최종 3년간의 퇴직급여 등은 사용자의 총재산에 대하여 질권·저당권에 의하여 담보된 채권, 조세·공과금 및 다른 채권에 우선하여 변제되어야 한다(동법 제12조 제2항). 퇴직급여 등 중 퇴직금 확정급여형 퇴직연금제도의 급여는 계속근로기간 1년에 대하여 30일분의 평균임금으로 계산한 금액으로 한다(동법 제12조 제3항).

퇴직급여 등 중 확장기여형 퇴직연금제도의 부담금 및 개인형 퇴직연금제도의 부담금은 가입자의 연간 임금총액의 12분의 1에 해당하는 금액으로 한다(동법 제12조 제4항).

3. 퇴직연금제도

1) 개념 및 종류와 확정급여형 퇴직연금

퇴직연금제도란 근로자에게 퇴직금을 연금형식으로 지급하는 제도이다. 여기에는 확정급여형 퇴직연금과 확정기여형 퇴직연금 및 개인형 퇴직연금제도가 있다(동법 제2조 제7호). 확정급여형 퇴직연금이란 근로자가 지급받을 급여의 수준이 사전에 결정되어 있는 퇴직연금을 말한다(동법 제2조 제8호). 확정기여형 퇴직연금이란 급여의 지급을 위하여 사용자가 부담하여야 할 부담금의 수준이 사전에 결정되어 있는 퇴직연금을 말한다(동법 제2조 제9호).

확정급여형 퇴직연금제도를 설정하고자 하는 사용자는 근로자 대표의 동의를 얻어 다음의 사항을 기재한 확정급여형 퇴직연금규약을 작성하여 고용노동부장관에게 신고하여야 한다(동법 제13조 제1호~제11호).

① 퇴직연금사업자 산정에 관한 사항
② 가입자에 관한 사항
③ 가입기간에 관한 사항. 이 경우 가입기간은 퇴직연금의 설정 이후 해당 사업에서 근로를 제공한 기간으로 하되, 해당 퇴직연금의 설정 전에 제공한 근로기간(중간정산기간은 제외)에 대하여도 가입기간으로 할 수 있다(동법 제14조 참조).
④ 급여수준에 관한 사항. 이 경우 가입자의 퇴직일을 산정한 일시금의 금액이 계속근로기간 1년에 대하여 30일분의 평균임금에 상당하는 금액 이상이어야 한다(동법 제15조 참조).
⑤ 급여지급능력확보에 관한 사항. 확정급여형 퇴직연금제도를 설정한 사용자는 급여지급능력을 확보하기 위하여 매 사업연도말 다음에 해당하는 금액 중 더 큰 금액(이하 “기준책임준비금”)에 100분의 60 이상으로 대통령령으로 정하는 비율을 곱하여 산출한 금액

(이하 "최소적립금") 이상을 적립금으로 적립하여야 한다(다만 제14조 제2항에 따라 해당 퇴직금연금제도의 설정 이전에 해당 사업에서 근무한 기간을 가입기간에 포함시키는 경우 대통령령으로 정하는 비율에 따름).

㉠ 매 사업연도 말일 현재를 기준으로 산정한 가입자의 예상시점까지의 가입기간에 대한 급여에 드는 비용예상액의 현재가치에서 장래 근무기간분에 대하여 발생하는 부담금 수입예상액의 현재가치를 뺀 금액으로서 고용노동부령으로 정하는 방법에 따라 산정한 금액

㉡ 가입자와 가입자였던 사람의 해당 사업연도 말일까지의 가입기간에 대한 급여에 드는 비용예상액을 고용노동부령으로 정하는 방법에 따라 산정한 금액(이상 동법 제16조 참조)

⑥ 급여의 종류 및 수급요건 등에 관한 사항. 급여 종류는 연금 또는 일시금으로 하되 수급요건은 다음과 같다(동법 제17조).

㉠ 연금은 55세 이상으로서 가입기간이 10년 이상인 가입자에게 지급할 것. 이 경우 연금의 지급기간은 5년 이상이어야 한다.

㉡ 일시금은 연금수급요건을 갖추지 못하거나 일시금 수급을 원하는 가입자에게 지급할 것

⑦ 동법 제28조에 따른 운용관리업무 및 동법 제29조에 따른 자산관리업무의 수행을 내용으로 하는 계약의 체결 및 해지, 해지에 따른 계약이전에 관한 사항

⑧ 확정급여형 퇴직연금 운용현황의 통지에 관한 사항. 이 경우 매년 1회 이상 적립금액 및 운용수익률 등이 고용노동부령이 정하는 바에 따라 가입자에게 통지되어야 한다(동법 제18조).

⑨ 가입자의 퇴직 등 급여지급 사유발생과 급여의 지급절차에 관한 사항

⑩ 퇴직연금의 폐지 · 중단 사유 및 절차에 관한 사항. 이 경우 폐지 · 중단사유 등이 명시되어야 한다.

⑪ 그 밖에 확정급여형 퇴직연금의 운영을 위하여 대통령령이 정하는 사항

2) 확정기여형 퇴직연금제도

확정기여형 퇴직연금제도를 설정하려는 사용자는 근로자 대표의 동의를 얻거나 들어 다음의 사항을 포함한 확정기여형 퇴직연금규약을 작성하여 고용노동부장관에게 신고하여야 한다(동법 제19조).

① 부담금의 부담에 관한 사항. 이 경우

가. 사용자는 최소한 가입자의 연간 임금총액의 12분의 1에 해당하는 부담금을 현금으로

가입자의 확정기여형 퇴직연금제도 계정에 납입하여야 한다(동법 제20조 제1항).

나. 가입자는 위에 따라 사용자가 부담하는 부담금 외에 스스로 부담하는 추가 부담금을 가입자의 확정기여형 퇴직연금 계정에 납입할 수 있다(동법 제20조 제2항).

② 부담금의 납입에 관한 사항. 이 경우

가. 사용자는 매년 1회 이상 정기적으로 부담금을 가입자의 확정기여형 퇴직연금제도 계정에 납입해야 하고, 이 경우 사용자가 정하여진 기일까지 납입하지 아니한 경우 지연이자를 납입해야 한다(동법 제20조 제3항).

나. 사용자는 가입자의 퇴직 등 대통령령으로 정하는 사유가 발생한 때에 그 가입자에 대한 부담금을 미납한 경우에는 그 사유발생날부터 14일 이내에 부담금 및 지연이자를 확정기여형 퇴직연금제도 계정에 납입해야 한다(동법 제20조 제5항).

다. 가입자는 퇴직할 때에 받을 급여를 갈음하여 그 운영 중인 자산을 가입자가 설정한 개인형 퇴직연금제도의 계정으로 이전해 줄 것을 해당 퇴직연금사업자에게 요청할 수 있다(동법 제20조 제6항).

③ 적립금의 운용에 관한 사항. 이 경우 가입자는 적립금의 운용방법을 스스로 선정할 수 있고, 매반기 1회 이상 적립금 운용방법의 변경이 가능하여야 한다(동법 제21조 제1항).

④ 적립금 운용방법 및 정보의 제공 등에 관한 사항. 이 경우

가. 확정기여형 퇴직연금제도의 가입자는 적립금 운용방법을 스스로 선정할 수 있고, 반기마다 1회 이상 위험과 수익구조가 서로 다른 세 가지 이상의 적립금 운용방법이 제시해야 한다(동법 제21조 제1항, 제2항).

나. 퇴직연금사업자는 운용방법별 이익 및 손실의 가능성에 관한 정보 등 가입자가 적립금의 운용방법을 선정하는 데 필요한 정보를 제공해야 한다(동법 제21조 제3항).

⑤ 적립금의 중도인출에 관한 사항. 가입한 근로자는 주택구입 등 대통령령이 정하는 사유가 발생하면 적립금을 중도인출할 수 있다(동법 제22조).

⑥ 동법 제13조 제1호부터 제3호까지 및 제6호부터 제10호까지에 관한 사항

⑦ 그 밖에 확정기여형 퇴직연금의 운영을 위하여 대통령령으로 정하는 사항

3) 개인형 퇴직연금제도

이는 가입자의 선택에 따라 가입자가 납입한 일시금(예컨대 퇴직금)이나 사용자 또는 가입자가 납입한 부담금을 적립 운용하기 위하여 설정한 퇴직연금제도로서 급여의 수준이나 부담

금의 수준이 확정되지 아니한 퇴직연금제도이다(동법 제2조 제10호).

이 개인형 퇴직연금제도는 퇴직연금사업자가 운영할 수 있고(동법 제24조 제1항), 퇴직급여제도의 일시금을 수령한 사람, 확정급여형 퇴직연금제도나 확정기여형 퇴직연금제도의 가입자로서 자기의 부담으로 개인형 퇴직연금제도를 설정하려는 사람 중 자영업자 등 안정적인 노후소득 확보가 필요한 사람으로서 대통령령으로 정하는 사람 중 어느 하나에 해당하는 사람은 개인형 퇴직연금제도를 설정할 수 있다(동법 제24조 제2항).

소규모 사업의 경우에는 특례규정을 두어 사용자가 개인형 퇴직연금제도를 설정할 수 있도록 하고 일정한 부담금을 납입하도록 하고 있다. 즉 상시 10명 미만의 근로자를 사용하는 사업의 경우 제4조 제1항(퇴직급여의 설정) 및 제5조(새로 성립된 사업의 퇴직급여제도)에도 불구하고 사용자가 개별근로자의 동의를 받거나 근로자의 요구에 따라 개인형 퇴직연금제도를 설정하는 경우에는 해당 근로자에 대하여 퇴직급여제도를 설정한 것으로 본다(동법 제25조 제1항). 이와 같이 개인형 퇴직연금제도를 설정하는 경우에는 다음의 사항을 준수하여야 한다.

① 사용자가 퇴직연금사업자를 선정하는 경우에 개별 근로자의 동의를 받을 것. 다만 근로자가 요구하는 경우에는 스스로 퇴직연금사업자를 선정할 수 있다.
② 사용자는 가입자별로 연간 임금총액의 12분의 1 이상에 해당하는 부담금을 현금으로 가입자의 개인형 퇴직연금제도 계정을 납입할 것
③ 사용자가 부담하는 부담금 외에 가입자의 부담으로 추가 부담금을 납입할 수 있을 것
④ 사용자는 매년 1회 이상 정기적으로 제2호에 따른 부담금을 가입자의 개인형 퇴직연금제도 계정에 납입할 것. 이 경우 납입이 지연된 부담금에 대한 지연이자의 납입에 관하여는 제20조 제2항 후단 및 제4항을 준용한다.
⑤ 그 밖에 근로자의 급여수급권의 안정적인 보호를 위하여 대통령령으로 정하는 사항

4) 퇴직연금의 관리

(1) 퇴직연금사업자의 등록

퇴직연금사업자란 퇴직연금제도 운용관리업무 및 자산관리업무를 수행하기 위하여 동법 제26조(퇴직연금사업자의 등록)의 규정에 따라 등록한 자를 말한다(동법 제2조 제13호).

다음 각 호의 어느 하나에 해당하는 자로서 퇴직연금사업자가 되려는 자는 재무건전성 및 인적 · 물적 요건 등 대통령령이 정하는 요건을 갖추어 고용노동부장관에게 등록하여야 한다

(동법 제26조 제1호~제7호).

① 자본시장과 금융투자업에 관한 법률에 따른 투자매매업자, 투자중개업자 또는 집중투자업자(제1호)

② 보험업법 제2조 제6호에 따른 보험회사(제2호)

③ 은행법 제2조 제1항 제2호에 따른 은행(제3호)

④ 신용협동조합법 제2조 제2항에 따른 신용협동조합중앙회(제5호)

⑤ 새마을금고법 제2조 제3항에 따른 새마을금고중앙회(제6호)

⑥ 산재보험법 제10조에 따른 근로복지공단(공단의 퇴직연금사업대상은 상시 30명 이하의 근로자를 사용하는 사업에 한함)

⑦ 그 밖에 제1호부터 제6호까지에 준하는 자로서 대통령령으로 정하는 자(제7호)

(2) 퇴직연금사업자의 업무

사용자는 퇴직연금의 운영을 위하여 퇴직연금운용 관리업무와 자산관리업무의 수행을 내용으로 하는 계약을 퇴직연금사업자와 체결하여야 하므로 퇴직연금사업자는 이 계약의 상대방이 된다. 이에 의하여 퇴직연금사업자는 퇴직연금 운용관리 및 자산관리업무를 수행한다. 구체적으로 보면 다음과 같다.

퇴직연금제도를 설정하려는 사용자 또는 가입자는 다음의 업무(이하 "운용관리업무")의 수행을 내용으로 하는 계약을 퇴직연금사업자와 체결하여야 한다. 다만, 제2호의 업무는 확정급여형 퇴직연금을 설정할 때에만 해당한다(동법 제28조 제1항 제1호~제5호).

① 사용자 또는 가입자에 대한 적립금 운용방법 및 운용방법별 정보의 제공

② 연금제도 설계 및 연금계리

③ 적립금 운용현황의 기록 · 보관 · 통지

④ 사용자 또는 가입자가 선정한 운용방법을 동법 제29조 제1항(자산관리업무의 수행)에 따른 자산관리업무를 수행하는 퇴직연금사업자에게 전달하는 업무

⑤ 그 밖에 운용관리업무의 적절한 수행을 위하여 대통령령으로 정하는 업무

위의 규정에 따라 운용관리업무를 수행하는 퇴직연금사업자는 대통령령이 정하는 일부 업무를 인적 · 물적 요건 등 대통령령이 정하는 요건을 갖춘 자에게 처리하게 할 수 있다(동법 제28조 제2항).

다음으로 퇴직연금제도를 설정한 사용자 또는 가입자는 다음의 업무(이하 "자산관리업무")의 수행을 내용으로 하는 계약을 퇴직연금사업자와 체결하여야 한다(동법 제29조 제1항 제1호~제6호).

① 계좌의 설정 및 관리
② 부담금의 수령
③ 적립금의 보관 및 관리
④ 운용관리업무를 수행하는 퇴직연금사업자가 전달하는 적립금의 운용지시의 이행
⑤ 급여의 지급
⑥ 그 밖에 자산관리업무의 적정한 수행을 위하여 대통령령이 정하는 업무

사용자 또는 가입자가 위의 규정에 의한 계약을 체결하려는 경우에는 근로자 또는 가입자를 피보험자 또는 수익자로 하여 대통령령이 정하는 보험계약 또는 신탁계약의 방법으로 한다(동법 제29조 제2항).

그리고 적립금이란, 가입자의 퇴직 등 지급사유가 발생할 때에 급여의 지급을 위하여 사용자 또는 가입자가 납입한 부담금으로 적립된 자금을 말한다(동법 제2조 제12호).

끝으로 퇴직연금사업자는 선량한 관리자로서의 주의의무를 다하여 그 업무를 수행하여야 한다(동법 제30조 제1항). 퇴직연금사업자는 적립금의 운용방법을 제시하는 경우에 다음 각 호의 요건을 갖춘 운용방법을 제시하여야 한다(동법 제30조 제2항 제1호~제5호).

① 운용방법에 관한 정보의 취득과 이해가 쉬울 것
② 운용방법 간의 변경이 쉬울 것
③ 적립금 운용결과의 평가방법과 절차가 투명할 것
④ 확정기여형 퇴직연금과 개인형 퇴직연금제도의 경우에는 대통령령으로 정하는 원리금 보장 운용방법이 하나 이상 포함될 것
⑤ 적립금의 중장기적 안정적 운용을 위하여 분산투자 등 대통령령이 정하는 운용방법 및 기준 등에 따를 것

(3) 기타

동법은 퇴직연금관리에 관하여 위의 사업 외에 퇴직연금사업자에 대한 등록 취소 및 이전명령(제27조)과 퇴직사업자가 일정한 요건을 갖춘 퇴직연금제도 모집인에게 퇴직연금제도를

설정하거나 가입할 자를 모집하는 업무(모집업무)로서 대통령령으로 정하는 업무를 위탁할 수 있다(제31조)고 규정하고 있다.

(4) 책무 및 감독

가) 책 무

① 사용자의 책무 : 사용자는 법령 및 퇴직연금규약을 준수하고 가입자 등을 위하여 대통령령으로 정하는 사항에 관하여 성실하게 이 법을 따를 의무를 이행하여야 한다(동법 제32조 제1항). 퇴직연금제도(개인형 퇴직연금제도는 제외)를 설정한 사용자는 매년 1회 이상 가입자에게 해당 사업의 퇴직연금제도 운영상황 등 대통령령으로 정하는 사항에 관한 교육을 실시하여야 한다. 이 경우 사용자는 퇴직연금사업자에게 그 교육의 실시를 위탁할 수 있다(동법 제32조 제2항). 그리고 퇴직연금제도를 설정한 사용자는 다음 각 호의 어느 하나에 해당하는 행위를 하여서는 아니 된다(동법 제32조 제2항 제1호, 제2호).

㉠ 자기 또는 제3자의 이익을 도모할 목적으로 운용관리업무 및 자산관리업무의 수행계약을 체결하는 행위

㉡ 그 밖에 퇴직연금의 적정한 운영을 저해하는 행위로서 대통령령으로 정하는 행위 : 사용자가 이 책무를 위반한 경우는 처벌을 받는다(동법 제48조).

② 퇴직연금사업자의 책무 : 퇴직연금사업자는 이 법을 준수하고 가입자를 위하여 성실하게 그 업무를 하여야 한다(동법 제33조 제1항). 퇴직연금사업자는 동법 제28조 제1항(운용관리업무에 관한 계약의 체결) 및 제29조 제1항(자산관리업무에 관한 계약의 체결)에 따른 계약의 내용을 지켜야 한다(동법 제33조 제2항). 퇴직연금사업자는 정당한 사유없이 다음의 행위를 하여서는 아니된다(동법 제33조 제3항).

㉠ 동법 제28조 제1항에 따른 운용관리업무의 수행계약 체결을 거부하는 행위

㉡ 동법 제29조 제1항에 따른 자산관리업무의 수행계약 체결을 거부하는 행위

㉢ 특정한 퇴직연금사업자의 계약을 체결할 것을 강요하는 행위

㉣ 그 밖에 사용자 또는 가입자의 이익을 침해할 우려가 있는 경우로서 대통령령으로 정하는 행위

또한 운용관리업무를 수행하는 퇴직연금사업자는 다음 각 호의 어느 하나에 해당하는 행위를 하여서는 아니 된다(동법 제33조 제4항 제1호~제4호).

㉠ 계약체결 시 가입자 또는 사용자의 손실의 일부 또는 전부를 부담하거나 부담할 것을

약속하는 행위

㉡ 가입자 또는 사용자에게 경제적 가치가 있는 과도한 부가적 서비스를 제공하거나 가입자 또는 사용자가 부담하여야 할 경비를 퇴직연금사업자가 부담하는 등 대통령령으로 정하는 특별한 이익을 제공하거나 제공할 것을 약속하는 행위

㉢ 가입자의 성명 · 주소 등의 개인정보를 퇴직연금의 운용과 관련된 업무수행에 필요한 범위를 벗어나서 사용하는 행위

㉣ 자기 또는 제3자의 이익을 도모할 목적으로 특정한 운용방법을 가입자 또는 사용자에게 제시하는 행위

그리고 동법 제24조 제1항에 따라 개인형 퇴직연금제도를 운영하는 퇴직연금사업자는 해당 사업의 퇴직연금제도 운영상황 등 대통령령으로 정하는 사항에 대하여 매년 1회 이상 가입자에게 교육을 실시하여야 한다(동법 제33조 제5항).

또 퇴직연금사업자는 고용노동부령이 정하는 바에 따라 퇴직연금제도의 취급실적을 사용자(개인형 퇴직연금제도의 실적은 제외) · 고용노동부장관 및 금융감독원장에게 제출하여야 한다(동법 제33조 제6항).

나아가 퇴직연금사업자는 동법 제28조 및 제29조 제1항에 따른 계약체결과 관련된 약관 또는 표준계약서(이하 "약관 등")를 제정 또는 변경하고자 할 때에는 미리 금융감독원장에게 보고하여야 한다. 다만, 근로자 또는 사용자의 권익이나 의무에 불리한 영향이 없는 경우로서 금융위원회가 정하는 경우에는 약관의 제정 또는 변경 후 10일 이내에 금융감독원장에게 보고할 수 있다(동법 제33조 제7항).

그리고 퇴직연금사업자는 매년 말 적립금 운용수익률 및 수수료 등을 감독위원회가 정하는 바에 따라 공시하여야 한다(동법 제33조 제8항). 퇴직연금사업자가 그 책무를 위반하면 처벌을 받게 된다(동법 제48조 제2항 제3호).

③ 정부의 책무 등 : 정부는 퇴직연금제도가 활성화될 수 있도록 지원방안을 강구하여야 한다(동법 제34조 제1항). 그리고 정부는 퇴직연금제도의 건전한 정착 및 발전을 위하여 노사단체, 퇴직연금업무의 수행과 관련된 기관 · 단체와 공동으로 연구사업 지원 등 필요한 조치를 할 수 있다(동법 제34조 제2항). 또 정부는 퇴직연금의 지급보장장치 마련 등 근로자의 수급권 보호를 위한 방안을 강구하도록 노력하여야 한다(동법 제34조 제3항).

나) 감 독

고용노동부장관은 사용자 및 퇴직연금사업자를 감독한다. 그리고 금융위원회도 퇴직연금사업자를 일정 범위에서 감독한다.

① 사용자에 대한 감독 : 고용노동부장관은 사용자가 퇴직연금제도의 설정 또는 그 운영 등에 관하여 근로자퇴직급여 보장법 또는 퇴직연금규약에 위반되는 행위를 한 경우에는 기간을 정하여 그 위반의 시정을 명할 수 있다(동법 제35조 제1항). 그리고 고용노동부장관은 사용자가 위의 기간 이내에 시정명령에 따르지 아니하는 경우에는 퇴직연금 운영의 중단을 명할 수 있다(동법 제35조 제2항).

② 퇴직연금사업자에 대한 감독 : 고용노동부장관은 퇴직연금사업자가 이 법에 위반되는 행위를 한 경우에는 기간을 정하여 그 위반의 시정을 명할 수 있다(동법 제36조 제1항). 그리고 고용노동부장관은 퇴직연금사업자가 제1항의 규정에 의한 시정명령에 따르지 아니하는 경우에는 근로자 퇴직연금보장법에 의하여 수행하는 업무를 다른 퇴직연금사업자에게 이전할 것을 명할 수 있다(동법 제36조 제2항). 또한 금융위원회는 퇴직연금제도의 안정적 운영과 근로자의 수급권을 보호하기 위하여 대통령령으로 정하는 업무에 관하여 퇴직연금사업자를 감독하고 퇴직연금사업자가 동법 제33조(퇴직연금사업자의 책무)에 위법하는 경우 퇴직연금사업자에 대한 주의, 위반행위에 대한 시정명령 등 몇 가지 조치를 할 수 있다(동법 제36조 제3항 본문, 제1호~제4호).

금융감독원장은 퇴직연금사업자의 업무 및 재산 상황을 검사할 수 있고, 퇴직연금사업자가 보고한 약관 등이 이 법에 위배될 경우에는 변경·보완을 명할 수 있다(동법 제36조 제4항).

고용노동부장관은 사용자의 퇴직연금제도 운영을 감독하기 위하여 필요한 경우 자산관리업무 및 운영관리업무계약을 체결한 사업에 관한 몇 가지 금융거래에 관한 정보 또는 자료의 제공을 퇴직연금사업자에게 요청할 수 있다(동법 제37조 제1항 본문 및 제1호~4호).

(5) 수급권의 보호

퇴직연금의 급여를 받을 권리는 양도하거나 담보로 제공할 수 없다. 다만, 주택구입 등 대통령령으로 정하는 사유와 요건을 갖춘 경우에는 고용노동부령이 정하는 한도에서 퇴직연금의 급여를 받을 권리를 담보로 제공할 수 있다(동법 제7조).

제8장 공공부조법

제1절 서 설

Ⅰ. 의 의

공공부조는 국가 및 지방자치단체의 책임하에 생활유지능력이 없거나 생활이 어려운 국민의 최저생활을 보장하고 자립을 지원하는 제도이다. 그러므로 공공부조법은 근로의 능력이 없거나 생활이 어려운 자에게 국가의 책임 아래 최저한도의 건강하고 문화적인 생활을 할 권리를 보장해 주는 법이라 할 수 있다.

공공부조법은 사회보험법, 사회서비스법과 함께 사회보장법(넓은 의미의 사회복지)의 3대 구성체계의 하나이다. 그러나 그 목적과 대상자의 특수성으로 인하여 국가와 지방자치단체가 전적으로 책임을 부담(비용부담)한다는 점에서 다른 두 개의 구성체계와 구별된다.

공공부조법에 속하는 법에는 국민기초생활 보장법, 의료급여법, 재해구호법, 북한이탈주민의 보호 및 정착지원에 관한 법률 등이 있다. 본 서에서는 국민기초생활 보장법과 의료급여법을 중심으로 설명한다.

Ⅱ. 기본원리(특색)

공공부조법은 공공부조제도 고유의 특색이 있고 다른 사회보장제도, 특히 사회보험과 여러 가지 면에서 차이가 있다.

1. 공공부조법의 고유의 특색

1) 최저생활보호

공공부조법은 근로능력이 없거나 생활이 어려운 자에게 최저한도의 생활보장을 목적으로 한다. 따라서 보호대상자가 최저한도의 생활을 유지하고 있는지의 여부를 판정하기 위하여 그의 자산을 조사한다.

2) 무갹출의 보호

공공부조법의 대상이 되는 자는 최저한도의 생활을 유지할 수 없는 자이기 때문에 당연히 비용부담의 능력이 없다. 따라서 공공부조법에 있어서는 피보호자에 대하여 갹출이나 자기부담을 과하지 않는다. 보호비용은 전액을 국가부담으로 하기 때문에 비용조달수단으로서의 보험방식을 사용하지 않는다. 바로 이 점이 사회보험법과 구별되는 점이다.

3) 개별적 측정

생활이 빈곤한 자는 그 생활상태가 각양각색이기 때문에, 보호는 생활빈곤자의 빈곤의 정도나 상황에 따라서 개별적으로 구분된다. 따라서 생활빈곤자가 최저생활을 유지할 수 있게 하기 위하여 어떤 종류의 부조를 어느 정도로 그리고 어떠한 방법으로 행하여야 하는지는 개별적으로 측정된다.

4) 세대단위보호

보호를 할 것인지의 여부는 개별적으로 측정하지만, 그렇다고 해서 개인을 단위로 하여 보호가 실시되는 것은 아니다. 어디까지나 현실의 생활은 세대를 단위로 하여 영위되는 것이기 때문에 보호는 원칙적으로 세대를 단위로 하여 실시된다.

2. 사회보험과의 차이점

첫째, 공공부조는 빈곤 등의 사회적 위험이 발생한 이후 국가(지방자치단체)가 최후에 해결하는 사후적 대응책이다. 이에 대하여 사회보험은 미래에 직면할 수 있는 사회적 위험을 정형화하여 보험기술을 통해 미리 대비하는 제도이다(목적의 차이).

둘째, 공공부조제도는 도움이 필요한 사람을 선정하여 원조를 제공하는 선택주의에 입각하고 있으나, 사회보험은 모든 국민을 대상으로 하고 적당한 자격요건을 갖추어서 보험사고를 당할 때 급여를 제공하는 점에서 보편주의를 채택하고 있다(이념상의 차이).

셋째, 공공부조는 사람들을 무차별 평등하게 취급하여 일단 빈곤에 처한 모든 사람에게 동일한 조건에서 똑같은 급여를 제공한다는 점에서 무차별 평등주의이다. 이에 대하여 사회보험은 특히 급여의 제공에 있어 가능한 한 기여금에 비례하거나 가입연한에 비례하여 제공하는 경향이 있다. 물론 이는 제도적 운용과 연관하여 국가마다 어느 정도 차이는 있지만, 사회보험은 평등보다는 비례급여를 선택하는 경향이 있다(원리상 차이).

넷째, 공공부조는 소수의 빈곤층이 주 대상인 데 반하여 사회보험은 일단 국민 전체를 대상으로 규정하는 경우가 대부분이다(대상의 차이).

다섯째, 공공부조는 자산조사를 통해서, 그리고 사회보험은 기여금의 제공과 가입기간 등을 요건으로 정하고 있다(수급자격요건의 차이).

여섯째, 공공부조는 일반 조세를 통하여 재원을 마련하나(소득의 일방적 이전), 사회보험은 가입자의 보험료를 통하여 재원을 마련한다(재원의 차이).

공공부조와 사회보험의 차이점

구분	공공부조	사회보험
목적	구빈, 사후적 대응	방빈, 사전적 대응
이념	선택주의	보편주의
원리	무차별 평등(평등주의)	비례원리 강조(형평주의)
대상	소수의 빈곤계층	국민 전체
자격요건	자산조사	기여금 등
재원	일반조세	보험료
급여수준	사회적 최소한	적정선
수급권의 성격	권리성 약함	권리성 강함

일곱째, 공공부조는 인간다운 생활을 보장하려고 하지만, 근로의욕을 저하시키지 않는 수준에서, 그리고 사회적 자원의 정의로운 배분을 위하여 가능한 한 사회적 최소한의 수준을 설정하고 있다. 이는 앞서 말한 최저한의 생활을 영위할 수 있는 수준으로서 흔히 최저생계비를 매개로 하여 책정된다. 사회보험은 급여수준이 기계적으로 산정되어 있는데, 이것은 가능한 한 기여금 정도와 과거의 생활수준 그리고 사회적 통념 등을 고려하여 급여의 적정선을 선택한다. 이 적정선은 최저생계비와 이를 기반으로 만들어지는 최저임금수준 등이 함께 검토된다(급여수준의 차이).

여덟째, 수급권의 성격과 연관하여 공공부조는 권리성이 약한 데 비하여 사회보험은 권리성이 상대적으로 강한 성격을 가진다. 특히 사회보험은 기여금에 의한 채권적 성격을 부여하는 사람도 있다(수급권의 성격).

제 2 절 국민기초생활 보장법

I. 개 념

1. 의 의

국민기초생활 보장법은 국민의 생존권 보장을 목적으로 이들의 최저생활을 보장하는 것과 관련된 법이라고 할 수 있다. 이 법은 1999년 9월 7일 법률 제6024호로 제정되고 여러 차례 개정되었고, 최근에는 2009. 10. 9, 2010. 1. 18, 2011. 3. 30, 2011. 6. 7, 2011. 7. 14, 2011. 8. 4, 2012. 2. 1, 2014. 12. 30, 2016. 2. 3, 2016. 5. 29, 2017. 9. 19, 2017. 12. 12. 등에 개정되었다. 또 동법시행령(2000. 7. 27. 제정, 2012년 이후에도 여러 차례 개정, 최근에는 2013. 12. 4, 2015. 12. 31, 2016. 11. 29, 2017. 5. 29, 2017. 7. 26, 2017. 12. 26. 개정) 및 동법시행규칙(2001년 8월 18일 제정, 여러 차례 개정되었고, 최근에는 2012. 8. 2, 2012. 13. 31, 2015. 4. 20, 2016. 5. 25, 2017. 3. 17, 2017. 8. 1, 2017. 12. 28. 등에 개정)이 있다.

2. 목 적

국민기초생활 보장법은 생활이 어려운 사람에게 필요한 급여를 행하여 이들의 최저생활을 보장하고 자활을 돕는 것을 목적으로 하고 있다(동법 제1조). 이 법은 공공부조법으로서 헌법에 규정되어 있는 국민의 생존권 보장을 위한 구체적이고 최후의 보루가 되는 법이다. 따라서 최후로 최저생활을 보장하기 위해 마련된 법이고 가능한 한 도움을 받는 사람들이 자활·자립할 수 있도록 돕는 것을 목적으로 하고 있다.

3. 기본원칙

1) 생존권 보장의 구체화 원리

생활의 유지가 어려운 국민이 국민기초생활 보장법에 의하여 보호를 받는 것은 국가의 행정시책의 결과로서 초래되는 반사적 이익이나 은혜가 아니라, 헌법상의 생존권에 근거를 둔 구체적인 권리로서 보장받는 것이므로(헌법 제34조 제1항, 제5항), 다음과 같은 원리를 그 기본으로 하고 있다.

(1) 공공책임의 원리

일상생활이 어려운 국민의 생존권을 보장하는 일이 국가의 책무이므로, 국민기초생활 보장법은 국가나 지방자치단체의 공공책임으로 간주하는 것이다. 국민기초생활 보장법은 '보장기관'을 국민기초생활 보장법에 의한 급여를 행하는 지방자치단체장(특별시장, 광역시장, 도지사, 특별자치도지사)과 시장 · 군수 · 구청장으로 규정하여 공공책임을 분명히 규정하고 있다(동법 제19조).

(2) 최저생활보장의 원리

국민기초생활 보장법에 의하여 실시되는 급여는 건강하고 문화적인 최저생활을 유지할 수 있는 수준이어야 한다(동법 제4조 제1항). 구체적 급여의 기준은 보건복지부장관이 수급자의 연령 · 가구규모 · 거주지역, 그 밖의 생활여건 등을 고려하여 급여의 종류별로 정하거나 급여를 지급하는 중앙행정기관의 장이 보건복지부장관과 협의하여 정한다(동법 제4조 제2항). 이와 같이 국민기초생활 보장법은 모든 국민이 건강하고 문화적인 최저생활을 유지할 수 있도록 돕는 것을 원칙으로 하는 최저생활보장의 원리를 선언하고 있다.

(3) 보충성의 원리

국민기초생활 보장법에 의한 급여는 "수급자가 자신의 생활의 유지 · 향상을 위하여 그 소득 · 재산 · 근로능력 등을 활동하여 최대한 노력하는 것을 전제로 이를 보충 발전시키는 것을 기본 원칙으로 한다"(동법 제3조 제1항)고 되어 있다. 자본주의 사회에서 생활의 자기책임 혹은 사적 자치의 원칙은 당연한 것이고 또 때로는 부양의무자로 하여금 최대한 부양하도록 한 다음, 이러한 노력이 실패로 돌아갔을 때 국가가 최후로 보충적으로 지원하는 것이 정당하다. 다른 한편 수급자가 자신의 생활유지를 위해 최선의 노력을 하였는지를 판단하기 위하여 행하여지는 수급권자, 부양의무자의 소득 · 재산조사(동법 제22조)는 이러한 배경에서 마땅히 이루어져야 하는 것이고, 다만, 그 과정에서 수치심이나 인격의 손상을 입지 않도록 해야 할 것이다.

(4) 타법 우선의 원리

부양의무자의 부양과 다른 법령에 따른 보호는 국민기초생활 보장법에 의한 급여에 우선하여 행하여지는 것으로 한다(동법 제3조 제2항). 이것이 타법 우선의 원리이다. 그러나 다른 법령에 따른 보호의 수준이 국민기초생활 보장법에서 정하는 수준에 이르지 아니하는 경우에는 나머지 부분에 관하여 이 법에 따른 급여를 받을 권리를 잃지 아니한다(동법 제3조 제2항 단서).

(5) 자립조장의 원리

국민기초생활 보장법의 목적에 나타나 있듯이 자활과 자립의 조장은 동법의 중요한 요소이다. 또 동법에서 자립조장을 직접 목적으로 하는 것은 국민기초생활 보장법의 급여 중의 자활급여(동법 제15조)이지만 다른 급여 역시 궁극적으로 자립을 조정하는 방향으로 운용되어야 할 것이다. 앞에서 본 바와 같이 이 법은 보충성의 원리에 기초하고 있기 때문이다.

(6) 무차별 평등원리

국민기초생활 보장법상의 급여는 무차별 평등하게 행하여져야 하며, 생활빈곤의 주관적 원인(태만이나 소행불량)을 묻지 않고 생활유지가 어려운 상태라는 객관적 요건만 있으면 된다. 무차별 평등의 원리는 국민기초생활 보장법상의 급여를 받을 자격이 법적으로 평등하게 된다는 원리이다. 그러나 급여를 제공하는 급여수준은 차등적으로 보호대상자의 연령, 가구규모, 거주지역, 기타 생활여건, 수급자의 소득인정액에 따라 지급될 수 있다(동법 제4조 제2항, 제9조 제4항).

2) 보장실시상의 원칙

(1) 신청주의의 원칙

기초생활보장급여는 신청주의를 원칙으로 한다. 수급권자와 그 친족, 기타 관계인은 관할 시장 · 군수 · 구청장에게 수급권자에 대한 급여를 신청할 수 있다(동법 제21조 제1항). 한편 사회복지전담공무원은 이 법에 의한 급여를 필요로 하는 자가 누락되지 아니하도록 하기 위하여 관할 지역 내에 거주하는 수급권자에 대한 급여를 직권으로 신청할 수 있다. 이 경우 수급권자의 동의를 구하여야 하며 이를 수급권자의 신청으로 볼 수 있다(동법 제21조 제2항).

(2) 여건고려의 원칙과 생계급여의 차등지급

급여정도와 기준은 보건복지부장관이 수급권자 및 수급자의 연령, 세대구성, 거주지역, 기타 생활여건 등을 고려하여 급여의 종류별로 보건복지부장관이 정하거나, 급여를 지급하는 소관 중앙행정기관의 장이 보건복지부장관과 협의하여 정한다(동법 제4조 제2항). 생계급여는 수급자의 소득인정액 등을 고려하여 차등 지급할 수 있다(동법 제9조 제4항). 이 원칙의 취지는 구체적으로 급여를 실시할 경우에 급여기준을 기계적으로 적용함으로써 야기되는 폐해를 회피하기 위한 것이라 할 수 있다.

(3) 개별가구단위급여원칙

급여의 실시는 개별가구단위로 행하되 특히 필요하다고 인정하는 경우에는 개인단위로 할 수 있다(동법 제4조 제3항).

4. 특 성

국민기초생활 보장법은 사회보험법과는 달리 무갹출로 국가에 의해 수급자에게 일방적으로 제공되는 급여이다. 이것은 국민이라는 자격으로 생존권을 보장받을 수 있다는 데 근거를 두고 있고, 따라서 수급권 역시 기본적 권리로 인정된다. 국민기초생활 보장법의 급여내용은 다양하지만 핵심내용은 생계유지와 생활보장이라는 것에 목적을 둔다. 그러므로 경제적 급여를 기반으로 하면서 다양한 형태의 급여가 제공된다. 국민기초생활 보장법의 재원은 보통 일반 조세로 충당된다. 보험료 혹은 기여금에 의해서 마련되는 사회보험제도와는 다르고 일반 조세로 충당되는 사회서비스와는 유사점을 가지고 있다.

기초생활급여는 보건복지부장관이 생계비를 계측하여 이를 토대로 급여의 종류별로 최저보장 수준 또는 금액을 표시한다. 그리고 생계급여의 수급자를 결정하는 생계급여 산정의 기초가 되는 기준 중위 소득을 결정해야 한다(동법 제8조, 6조, 제6조의 2).

Ⅱ. 주요 내용

1. 급여실시의 기준

국민기초생활 보장법의 기본원칙에서 본 바와 같이 문화적인 최저생활을 유지할 수 있는 급여를 제공하고 이를 위하여 보건복지부장관 또는 소속 중앙행정기관의 장은 급여의 종류별 수급자 선정기준 및 최저보장수준(최저보장수준이란 국민의 소득지출수준과 수급권자의 가구유형 등 생활실태, 물가상승률 등을 고려하여 제6조에 따라 급여종류별로 공표하는 금액이나 보장수준을 말한다 : 동법 제2조 제6호)을 결정하여야 하고 매년 8월 1일까지 중앙생활보장위원회의 심의의결을 거쳐 다음 연도의 급여의 종류별 수급자 선정기준 및 최저보장수준을 공표하여야 한다(동법 제6조). 이 문화적인 최저생활을 유지할 수 있는 급여(최저생계비)를 제공하기 위하여 결정한 최저보장수준을 기준으로 하여 앞에서 본 바와 같이 개별가구의 급여수준을 결정하고(급여의 개별화), 또 개별가구단위급여(동조 제3항)를 한다.

이 최저보장수준을 기준으로 매년 기초생활보장을 위한 현금급여기준을 고시한다(급여의 기본수준). 2015년 6월까지는 가구소득이 최저생계비 기준에 미치지 못하면 생계 · 의료 · 주거 · 교육급여를 한꺼번에 다 받을 수 있었고 최저생계비를 조금이라도 넘으면 혜택을 전혀 받지 못했다. 그러나 2015년 7월부터는 맞춤형 기초생활보장제도 실시에 따라 가구별 월 중위소득 기준으로 각 급여의 수혜대상을 결정하고, 생계급여는 중위소득 30%(동법 제8조 제2항), 교육급여는 중위소득 50%(동법 제12조 제3항), 주거급여는 중위소득 43%, 의료급여는 중위소득 30%(동법 제12조의 3 제2항) 이하일 경우 지급하기로 중앙생활보장위원회에서 결정했다(중위소득기준은 매월 고시하는데 2017년에는 1인가구 : 1,652,931원, 2인가구 : 2,814,449원, 3인가구 : 3,610,915원, 4인가구 : 4,467,380원이다).

2. 국민기초생활 보장법상의 수급권자와 수급자

1) 개념과 범위

국민기초생활 보장법의 보호대상은 수급권자 및 수급자이다. 수급권자란 이 법에 의한 급여를 받을 수 있는 자격을 가진 사람(동법 제2조 제1호)이다. 수급자란 국민기초생활 보장법에 의해 급여를 받는 사람(동법 제2조 제2호)을 말한다. 수급자는 수급권자와 그 친족, 기타 관계인이 된다(동법 제21조 제1항). 국내에 체류하고 있는 외국인 중 대한민국 국민과 혼인하여 본인 또는 배우자가 임신 중이거나 대한민국 국적의 미성년 자녀를 양육하고 있거나, 배우자의 대한민국 국적인 직계존속과 생계나 주거를 같이 하고 있는 사람으로서 대통령령이 정하는 사람이 이 법에 따른 급여를 받는 자격을 가진 경우에는 수급권자가 된다(동법 제5조의 2).

이에 따라 수급권자가 될 수 있는 외국인은 출입국관리법 제31조에 따라 외국인 등록을 한 자로서 다음 각 호의 어느 하나에 해당하는 자로 한다(동법시행령 제4조).

① 대한민국 국민과 혼인 중인 사람으로서 본인 또는 대한민국 국적의 배우자가 임신 중인 사람이나 대한민국 국적의 미성년인 자녀(계부자 · 계모자 관계와 양친자 관계 포함)를 양육하고 있는 사람, 배우자의 대한민국 국적인 직계존속과 생계나 주거를 같이하는 사람

② 대한민국 국민인 배우자와 이혼하거나 그 배우자가 사망한 사람으로서 대한민국 국적의 미성년 자녀를 양육하고 있는 사람 또는 사망한 배우자의 태아를 임신하고 있는 사람

2) 수급자의 권리와 의무

수급자는 급여를 받을 권리가 있고 수급자에 대한 급여는 정당한 사유 없이 이를 불리하게 변경할 수 없고(급여변경의 금지, 동법 제34조), 수급자에게 지급된 수급품과 이를 받을 권리는 압류할 수 없도록 하였고, 또 지정된 수급계좌의 예금에 관한 채권을 압류할 수 없도록 하였다(압류금지, 동법 제35조).

또 수급자는 급여를 받을 권리를 타인에게 양도할 수 없고(양도금지, 동법 제36조), 거주지 지역 · 세대의 구성 또는 임대차 계약내용이 변동되거나 재산상황 등에 현저한 변동이 있는 때에는 지체 없이 관할보장기관에 이를 신고하여야 한다(신고의 의무, 동법 제37조).

3. 급여의 종류

급여는 생계급여, 주거급여, 의료급여, 교육급여, 해산급여, 장제급여, 자활급여 등이 있다(동법 제7조 제1항). 그 중 생계급여는 수급권자에게 의복, 음식물 및 연료비와 그 밖에 일상생활에 기본적으로 필요한 금품을 지급하여 그 생계를 유지하게 하는 것으로 한다(동법 제8조 제1항). 생계급여 수급권자는 부양의무자가 없거나 부양의무자가 있어도 부양능력이 없거나 부양할 수 없는 사람으로서 그 소득인정액이 중앙생활보장위원회의 심의를 거쳐 결정하는 금액(생계급여 산정기준) 이하인 사람으로 한다. 이 경우 생계급여 산정기준은 기준 중위 소득(산정 : 제6조의 2)의 100분의 30 이상으로 한다(동법 제8조 제2항). 생계급여 최저보장수준은 생계급여와 소득인정액을 포함하여 생계급여 선정기준 이상이 되도록 하여야 한다(동조 제3항).

1) 부양의무자

(1) 부양의무자의 범위

부양의무자란 수급권자를 부양할 책임이 있는 사람으로서 수급권자의 1촌의 직계혈족 및 그 배우자를 말한다. 다만 사망한 1촌의 직계혈족의 배우자는 제외한다(동법 제2조 제5호). 이 법에서 규정하고 있는 부양의무자의 범위는 좁게 되어 있는데 이는 수급권자의 범위를 확대하기 위한 조치이다.

(2) 부양능력이 없는 경우와 부양을 받을 수 없는 경우

부양의무자가 다음 각 호의 어느 하나에 해당하는 경우에는 생계급여, 교육급여, 의료급여에 따른 부양능력이 없는 것으로 본다(동법 제8조의 2 제1항).

1. 기준 중위소득 수준을 고려하여 대통령령으로 정하는 소득 · 재산 기준 미만인 경우
2. 직계존속 또는 「장애인연금법」 제2조 제1호의 중증장애인인 직계비속을 자신의 주거에서 부양하는 경우로서 보건복지부장관이 정하여 고시하는 경우
3. 그 밖에 질병, 교육, 가구 특성 등으로 부양능력이 없다고 보건복지부장관이 정하는 경우

부양의무자가 다음 각 호의 어느 하나에 해당하는 경우에는 생계급여, 교육급여, 의료급여에 따른 부양을 받을 수 없는 것으로 본다(동법 제8조의 2 제2항).

1. 부양의무자가 「병역법」에 따라 징집되거나 소집된 경우
2. 부양의무자가 「해외이주법」에 따라 해외이주자에 해당하는 경우
3. 부양의무자가 「형의 집행 및 수용자의 처우에 관한 법률」 및 「치료감호법」 등에 따른 교도소, 구치소, 치료감호시설 등에 수용 중인 경우
4. 부양의무자에 대하여 실종선고 절차가 진행 중인 경우
5. 부양의무자가 제32조의 보장시설에서 급여를 받고 있는 경우
6. 부양의무자의 가출 또는 행방불명으로 경찰서 등 행정관청에 신고된 후 1개월이 지났거나 가출 또는 행방불명 사실을 특별자치시장 · 특별자치도지사 · 시장 · 군수 · 구청장(자치구의 구청장을 말한다. 이하 "시장 · 군수 · 구청장"이라 한다)이 확인한 경우
7. 부양의무자가 부양을 기피하거나 거부하는 경우
8. 그 밖에 부양을 받을 수 없는 것으로 보건복지부장관이 정하는 경우

2) 소득인정액

수급권자를 결정하는 궁극적인 기준이 되는 소득인정액이란 개별가구의 소득평가액과 재산의 소득환산액을 합산한 금액을 말한다(동법 제2조 제9호).

(1) 개별가구

개별가구란 이 법에 따른 급여를 받거나 이 법에 따른 자격요건 부합 여부에 관한 조사를 받는 기본단위로서 수급자 또는 수급권자로 구성된 가구를 말한다. 이 경우 개별가구의 범위 등 구체적인 사항은 대통령령(동법시행령)으로 정한다(동법 제2조 제8호). 이에 따라 동법시행령 제2조 제1항은 ① 주민등록법 제6조 제1항 제1호에 따른 거주자 중 같은 법 시행령 제6조 제1항에 따른 세대별 주민등록표에 등재된 사람(동거인을 제외), ② 세대별 주민등록표에 등재

된 사람의 배우자(사실상 혼인관계에 있는 자를 포함)와 그의 미혼자녀 중 30세 미만인 사람, 그리고 위의 세대별 주민등록표에 등재된 사람과 생계 및 주거를 같이하는 사람(세대별 주민등록표에 등재된 사람 중 생계를 책임지는 사람이 그 부양의무자인 경우에 한함) 등으로 구성된 가구를 말한다(동법시행령 제2조 제1항 제1호, 제2호). 이러한 규정에도 불구하고 ① 현역군인 등 법률상 의무의 이행을 위하여 다른 곳에서 거주하면서 의무이행과 관련하여 생계를 보장받고 있는 사람, ② 외국에 최근 6개월 간 통산하여 90일을 초과하여 체류하고 있는 사람, ③ 행형법 및 치료감호법 등에 의한 교도소 · 구치소 · 치료감호시설 등에 수용 중인 사람, ④ 이 법 제32조에 따른 보장시설에 급여를 받고 있는 사람, ⑤ 실종선고의 절차가 진행 중인 사람, ⑥ 가출 또는 행방불명의 사유로 경찰서 등 행정관청에 신고된 후 1개월이 지나지 않았거나 가출 또는 행방불명사실을 특별자치시장, 특별자치도지사 시장 · 군수 · 구청장(자치구의 구청장)이 확인한 사람, ⑦ 그 밖에 세대별 주민등록표에 등재된 사람과 생계 및 주거를 달리한다고 시장 · 군수 · 구청장이 확인한 자들은 개별가구에서 이를 제외한다(동법시행령 제2조 제2항 제1호~제7호).

(2) 개별가구의 소득평가액

개별가구의 소득평가액이란 개별가구의 실제소득에 불구하고 보장기관이 급여의 결정 및 실시 등에 사용하기 위하여 산출한 금액으로 근로소득, 사업소득, 재산소득, 이전소득을 합한 개별가구의 실제소득에서 가구특성에 따른 지출요인과 근로를 유인하기 위한 요인, 그 밖에 추가적인 지출요인에 해당하는 금액을 감하여 산정하고, 실제소득의 구체적인 범위와 소득평가액의 구체적인 산정방식은 대통령령으로 정한다(동법 제2조 제9호, 제6조의 3 제1항).

가) 실제소득

실제소득이란 ① 근로의 제공으로 얻는 근로소득(소득세법의 규정에 의하여 비과세되는 근로소득을 제외하되 소득세법 제12조 제3호 더목에 따라 비과세되는 급여와 소득세법 시행령 제16조 제1항 제1호에 따라 비과세되는 급여를 포함), ② 농업소득(경종업, 과수원예업, 양장업, 종묘업, 특수작물생산업, 가축의 사육업, 종축업 또는 부화업과 이에 부수하는 업무에서 얻은 소득), 임업소득(영림업, 임산물생산업 또는 야생조수사육업과 이에 부수하여 얻은 소득), 어업소득(어업과 이에 부수하는 업무에서 얻은 소득), 그리고 도매업 · 소매업 · 제조업 · 그 밖의 사업에서 얻는 사업소득 등과 같은 사업소득, ③ 임대소득(부동산 · 동산 · 권리 그 밖의 재산의 대여로 발생하는 소득), 이자소득(예금 · 주식 · 채권의 이자와 배당 또는 할인에 의하여 발생하는 소득 중 보건복지부장관이 정하는 금액 이상의 소득), 연금소득(소득세법 제20조의 3 제1항 제2호 및 제3호에 따라 발생하는 연금 또는 소득과 연금보험으로 발생하는 소득)과 같은 재산소득, ④ 기타 이전소득(동법시행령 제5조 제1항 제4호 가, 나, 다목 참조. 차상위계층에 속하는 사람에 대해서는 생활여건 등을 고려하여 보건복지부장관이 정하여 고시하는 바에 따라 이 이전소득의 범위를 달리 할 수 있다.) 등을 합산한 금액을 말한다(동법시행령 제5조 제1항 제1호~제4호). 이러한 규정에도 불구하고 ① 퇴직금 · 현상금 · 보상금 · 근로장려금(조세특례제한법 제100조의 2) 및 같은 법 제100조의 27에 따른 자녀장려금 정기적으로 지급되는 것으로 볼 수 없는 금품, ② 보육 · 교육 · 그 밖에 이와 유사한 성질의 서비스 이용을 전제로 제공받는 보육료 · 학자금 기타 이와 유사한 금품, ③ 국민기초생활 보장법 제43조 제5항에 따라 지방자치단체가 지급하는 금품으로서 보건복지부장관이 정하는 금품 등은 소득으로 보지 아니한다(동법시행령 제5조 제2항 제1호~제3호).

나) 소득평가액의 산출

소득평가액은 위의 실제소득에서 ① 장애인연금법 제6조에 따른 기초급여액 및 동법 제7조에 따른 부가급여액, ② 장애인복지법 제49조에 따른 장애수당, 같은 법 제50조에 따른 장애아동부양수당 및 보호수당, ③ 한부모가족지원법 제12조 제1항 제4호의 규정에 의한 아동양육비, ④ 고엽제후유의 중환자지원 등에 관한 법률 제7조 제7항의 규정에 의한 수당(①의 기초급여액 및 부가금여액에 해당하는 금액에 한함), ⑤ 독립유공자 처우에 관한 법률 제14조, 국가유공자 등 예우 및 지원에 관한 법률 제14조 및 보훈대상자 지원에 관한 법률 제13조에 따른 생활조정수당, ⑥ 참전유공자 예우 및 단체설립에 관한 법률 제6조에 따른 참전명예수당 중 법 제2조 제11호에 따른 보건복지부장관이 고시하는 가구당 기준 중위소득 100분의 20 이하에 해당하는 금액, ⑦ 만성질환 등의 치료 · 요양 · 재활로 인하여 지속적으로 지출하는 의료비, ⑧ 장애인이 장애인복지법 제58조에 따른 장애인복지시설 중 장애인 지역사회재활시설(장애인복지관만 해당) 및 장애인직업재활시설, 정신건강증진 및 정신질환자 복지서비스 지원에 관한 법률 제27조 제1항 제2호에 따른 재활훈련시설(주간재활시설만 해당)에서 실시하는 직업재활사업에 참가하여 얻은 소득의 100분의 50에 해당하는 금액, ⑨ 학생, 장애인, 노인 및 18세 이상 24세 이하인 사람이 얻은 근로소득 및 사업소득의 100분의 30에 해당하는 금액, ⑩ 위 ⑧부터 ⑨의 경우에 해당하지 않는 소득으로서 근로소득 및 사업소득에 100분의 10의 범위 안에서 보건복지부장관이 정하는 비율을 곱한 금액, ⑪ 그 밖에 가구특성에 따라 추가적인 지출이 필요하다고 인정되어 보건복지부장관이 정하는 금품 등에 해당하는 금액을 뺀 금액으로 한다(동법시행령 제5조의 2 제1호~제12호).

(3) 재산의 소득환산액

재산의 소득환산액이란 보장기관이 급여의 결정 및 실시 등에 사용하기 위하여 개별가구의 기본재산액 및 부채를 공제한 금액에 소득환산율을 곱하여 산출한 금액을 말한다. 이 경우 소득으로 환산하는 재산의 범위는 일반재산(금융재산 및 자동차를 제외한 재산을 말함), 금융재산, 자동차이다(동법 제2조 제9호, 제6조의 3 제2항).

① **재산의 범위** : 소득환산의 대상이 되는 개별가구의 재산의 범위는 일반재산(즉 ① 지방세법 제104조 제1호부터 제3호까지의 규정에 따른 토지 · 건축물 및 주택(다만, 종중재산 · 마을공동재산 기타 이에 준하는 공동의 목적으로 사용하는 재산을 제외), ② 지방세법 제104조 제4호 및 제5호에 따른 선박 및 항공기, ③ 주택 · 상가 등에 대한 임차보증금(전세금을 포함), ④ 100만원 이상의 가축 · 종묘 등 동산(다만, 장애인 재활보조기구 등 보건복지부장관이 정하는 동산을 제외) 및 지방세법 제6조 제11호에 따른 입목, 지방세법(제6조 제14호부터 제18호)에 따른 회원권, 소득세법(제89조 제2항)에 따른 조합원 입주권, 건물이 완성되는 때에 그 건물과 부수토지를 취득할 권리(조합원 입주권 제외), 지방세법 제6조 제13호에 따른 어업권), 다음으로 금융자산(즉 현금, 수표, 어음, 주식, 국 · 공채 등 유가증권, 예금, 적금, 부금, 보험 및 수익증권 등) 또 지방세법 제124조에 따른 자동차(다만, 장애인사용자동차 등 보건복지부장관이 정하여 고시하는 자동차는 제외) 위 일반재산, 금융재산, 자동차의 규정에 해당하는 재산 중 법 제22조~제29조에 따른 조사를 하는 날을 기준으로 과거 5년 내에 다른 사람에게 처분한 재산 등의 재산으로 한다(동법시행령 제5조의 3 제1항 제1호~제4호). 국민기초생활 보장법시행령 제2조 제2항 제1호부터 제6호에 해당하는 사람(개별가구에서 제외되는 사람)의 개별가구 재산을 개별가구의 구성원이 사용수익하는 해당 재산을 개별가구의 재산에 포함한다(동법시행령 제5조의 3 제2항).

② **재산가액의 산정기준** : 위 제1항 및 제2항에 따른 재산의 가액은 조사일을 기준으로 동법 시행령 제5조의 3 제3항 각 호(1호~11호)의 구분에 따라 산정한 가액으로 한다(동법시행령 제5조의 3 제3항). 다만, 이 규정을 적용함에 있어서 재산의 가액을 산정하기 어려운 경우에는 해당 재산의 종류 및 거래상황 등을 감안하여 보건복지부장관이 정하는 바에 따라 가액을 산정한다(동법시행령 제5조의 3 제3항 단서). 차상위계층이라 함은 앞에서 본 바와 같이 수급권자(동법 제14조의 2에 따라 수급권자로 보는 자를 제외)에 해당하지 아니하는 계층으로서 소득인정액이 대통령령이 정하는 기준 이하인 계층을 말한다(동법 제2조 제10호).

③ **재산의 소득환산액의 산출방법** : 법 제6조의 3 제2항에 따른 재산의 소득환산액은 다음 각 호에 해당하는 금액을 합산한 금액으로 한다(동법시행령 제5조의 4 제1항).

1. 제5조의 3 제1항 제1호의 재산가액 및 같은 항 제3호의 자동차 중 화물자동차 등 보건복지부장관이 정하여 고시하는 자동차의 가액(이하 이 항에서 "일반재산등가액"이라 한다)에서 다음 각 목의 금액(이하 이 항에서 "기본재산액등"이라 한다)을 뺀 금액에 제2항에 따른 소득환산율(이하 이 항에서 "소득환산율"이라 한다)을 곱한 금액. 이 경우 일반재산등가액에서 기본재산액등을 뺀 금액이 0보다 적은 경우에는 일반재산등가액을 0으로 하고, 0보다 적은 차액은 제5조의 3 제1항 제2호의 재산가액에서 뺀다.
   가. 기초생활의 유지에 필요하다고 보건복지부장관이 정하여 고시하는 기본재산액
   나. 임대보증금(전세금을 포함한다) 및 「금융실명거래 및 비밀보장에 관한 법률」 제2조 제1호에 따른 금융회사등(이하 "금융회사등"이라 한다)으로부터 받은 대출금과 그 밖에 보건복지부장관이 정하여 고시하는 부채
2. 제5조의 3 제1항 제2호의 재산가액에서 제21조의 2 제3항 각 호의 용도로 저축한 금액으로서 금융회사등과의 계약에 따라 해당 용도로만 사용될 수 있도록 개설된 계좌에 입금된 금액(계약기간 만료 전에 해당 저축을 해지하는 경우는 제외한다)을 뺀 금액에 소득환산율을 곱한 금액. 다만, 제1호 각 목 외의 부분 후단에 따라 뺀 금액이 0보다 적은 경우에는 금융재산가액을 0으로 한다.
3. 제5조의 3 제1항 제3호의 재산가액(제5조의 3 제1항 제3호의 자동차 중 화물자동차 등 보건복지부장관이 정하여 고시하는 자동차의 가액은 제외한다)에 소득환산율을 곱한 금액

법 제6조의 3 제2항에 따른 소득환산율은 이자율, 물가상승률, 부동산 및 전세가격 상승률 등을 고려하여 보건복지부장관이 정하여 고시한다(같은 조 제2항).

제1항 가목 및 제2항에 따라 보건복지부장관이 기본재산액 및 소득환산율을 고시하는 경우에는 차상위자의 생활여건 등을 고려하여 수급자와 달리 정할 수 있다(같은 조 제3항).

3) 최저보장수준 결정

보건복지부장관 또는 소관 중앙행정기관의 장은 급여의 종류별 수급자 선정기준 및 최저보장 수준을 결정해야 한다(동법 제6조 제1항). 최저생계비란, 국민이 건강하고 문화적인 생활을 유지하기 위하여 소요되는 최소한의 비용으로서 제20조의 2 제4항(기초생활보장계획을 위한 최저생계비 계측) 보건복지부장관이 계측하는 금액이다(동법 제2조 제7호). 보건복지부장

관은 매년 8월 1일까지 중앙생활보장위원회의 심의·의결을 거쳐 다음 연도의 급여종류별 수급자 선정기준 및 최저보장 수준을 공표하여야 한다(동법 제6조 제2항).

보건복지부장관은 수급자의 최저생활을 보장하기 위하여 수급권자, 수급자 및 차상위 계층의 규모·생활실태 파악, 최저생계비 계측조사를 3년마다 실시하며, 이를 공표하여야 한다(동법 제20조의 2 제4항).

4. 국민기초생활의 보장기관과 보장위원회

1) 보장기관

국민기초생활 보장법에 의한 급여를 행하는 국가 또는 지방자치단체를 보장기관이라 한다. 그러나 이 법에 의한 급여는 수급권자 또는 수급자의 거주지를 관할하는 특별시장, 광역시장, 도지사, 특별자치도지사(이하 "시·도지사")와 시장·군수·구청장(교육급여인 경우는 시·도 교육감)이 실시한다. 다만, 주거가 일정하지 아니한 경우에는 수급권자 또는 수급자가 실제 거주하는 지역을 관할하는 시장·군수·구청장이 실시한다(동법 제19조 제1항).

다만, 위의 규정에도 불구하고 보건복지부장관, 소관 중앙행정기관의 장과 시·도지사는 수급자를 각각 국가나 해당 지방자치단체가 경영하는 보장시설에 입소하게 하거나 다른 보장시설에 위탁하여 급여를 실시할 수 있다(동조 제2항).

한편, 보장기관은 수급권자·수급자·차상위계층에 대한 조사와 수급자 결정 및 급여의 실시 등 이 법에 의한 보장업무를 수행하게 하기 위하여 사회복지사업법 제14조에 따른 사회복지전담공무원을 배치하여야 한다. 이 경우 국민기초생활 보장법 제15조에 따른 자활급여업무를 수행하는 사회복지전담공무원을 따로 배치하여야 한다(동조 제4항).

2) 보장시설

보장시설이라 함은 동법 제7조에 규정된 급여를 행하는 사회복지사업법에 따른 사회복지시설로서 보건복지부령이 정하는 시설을 말한다(동법 제32조). 보장시설은 장애인거주시설, 노인주거복지시설 및 노인의료복지시설, 아동복지시설 및 통합시설, 정신건강증진 및 정신질환자 복지서비스 지원에 관한 법률 제22조에 따른 정신요양시설 및 같은 법 제26조에 따른 정신재활시설, 노숙인 재활시설 및 노인요양시설, 가족폭력피해자보호시설, 성매매피해자 등을 위한 보호시설, 성폭력피해자 시설, 한부모가족 복지시설, 사회복지시설 중 한센병 요양시설 등과 그 밖에 보건복지부령이 정하는 시설이다(동법 제32조 제1항 제1호~제11호 참조).

이러한 보장시설의 장은 수급자의 보호를 위하여 다음과 같은 의무를 진다. 첫째, 보장시설의 장은 보장기관으로부터 수급자에 대한 급여를 위탁받은 경우에는 정당한 사유 없이 이를 거부하여서는 아니 된다(동법 제33조 제1항). 둘째, 위탁받은 수급자에게 보건복지부장관 및 소관 중앙행정기관의 장이 정하는 최저기준 이상의 급여를 실시하여야 한다(동조 제2항). 셋째, 수급자에게 급여를 행함에 있어서 성별 · 신앙 또는 사회적 신분 등을 이유로 차별대우를 하여서는 아니 되고, 수급자의 자유로운 생활을 보장하여야 하며, 위탁받은 수급자에게 종교상의 행위를 강제하여서 아니 된다(동조 제3항 내지 제5항).

3) 생활보장위원회

국민기초생활 보장법에 의한 생활보장사업의 기획 · 조사 · 실시 등에 관한 사항을 심의 · 의결하기 위하여 보건복지부와 시 · 도 및 시 · 군 · 구(자치구)에 각각 생활보장위원회를 둔다. 다만, 시 · 도 및 시 · 군 · 구에 두는 생활보장위원회는 그 기능을 담당하기에 적합한 다른 위원회가 있고, 위원회의 위원이 생활보장위원회의 위원과 같은 자격(동법 제20조 제4항에 규정된 자격)을 갖춘 경우에는 시 · 도 또는 시 · 군 · 구의 조례가 정하는 바에 따라 그 위원회가 생활보장위원회의 기능을 대신할 수 있다(동법 제20조 제1항).

(1) 중앙생활보장위원회

보건복지부에 두는 생활보장위원회를 중앙생활보장위원회라 하는데, 이 위원회는 다음 각 호의 사항을 심의 · 의결한다(동법 제20조 제2항 제1호~제7호).

① 기초생활보장 종합계획의 수립
② 소득인정액 산정방식과 기준 중위소득의 결정
③ 급여종류별 수급자 선정기준과 최저보장 수준의 결정
④ 급여기준의 적정성 등 평가 및 실태조사에 관한 사항
⑤ 급여종류별 누락 중복, 차상위계층의 지원사업 등에 대한 조정
⑥ 자활기준의 적립관리 및 사용에 관한 지침의 수립
⑦ 그 밖에 위원장이 회의에 부치는 사항

중앙생활보장위원회의 위원장은 보건복지부장관이 되고, 위원장을 포함하여 16명 이내의

위원으로 구성한다. 그리고 위원은 공공부조 또는 사회복지와 관련된 학문을 전공한 전문가로서 대학의 조교수 이상인 사람 또는 연구기관의 연구원으로 재직 중인 사람 5명 이내, 공익을 대표하는 사람 5명 이내, 관계행정기관 소속의 3급 이상 공무원 또는 고위공무원단에 속하는 일반직 공무원 5명 이내 중에서 보건복지부장관이 위촉 또는 지명한다(동법 제20조 제3항 제1호~제3호).

(2) 시·도 및 시·군·구 생활보장위원회

시·도 및 시·군·구 생활보장위원회의 위원은 시·도지사 또는 시장·군수·구청장이 사회보장에 관한 학식과 경험이 있는 사람, 공익을 대표하는 자, 관계행정기관 소속의 공무원 중에서 위촉·지명하며, 위원장은 해당 시·도지사 또는 시장·군수·구청장으로 한다(동법 제20조 제4항). 다만, 위의 동법 제20조 제1항 단서의 규정에 의하여 다른 위원회가 생활보장위원회의 기능을 대신하는 경우 위원장은 조례로 정한다(동조 제4항 단서).

시·도 및 시·군·구 생활보장위원회의 기능과 각 생활보장위원회의 구성·운영 등에 관하여 필요한 사항은 대통령령으로 정한다(동조 제6항).

5. 국민기초생활 보장법에 의한 급여

1) 급여의 종류

국민기초생활 보장법에 의한 급여는 생계급여, 주거급여, 의료급여, 교육급여, 해산급여, 장제급여, 자활급여 등이 있다(동법 제7조 제1항 제1호~제7호). 급여는 생계급여와 수급자의 필요에 따라 주거급여, 의료급여, 교육급여, 해산급여, 장제급여, 자활급여의 전부 또는 일부를 실시하는 것으로 한다(동법 제7조 제2항), 개별가구를 단위로 하여 행하되, 필요하다고 인정하는 경우에는 개인을 단위로 하여 행할 수 있다(동법 제4조 제3항). 이 법에 따른 급여는 건강하고 문화적인 최저생활을 유지할 수 있는 것이어야 한다(동법 제4조 제1항).

차상위계층에 속하는 사람(차상위자)에 대한 급여는 보장기관이 차상위자의 가구별 생활여건을 고려하여 예산의 범위 안에서 주거급여, 의료급여, 교육급여, 장제급여, 자활급여의 전부 또는 일부를 행할 수 있다. 이 경우 차상위자에 대한 급여의 기준 및 절차 등에 관하여 필요한 사항은 대통령령으로 정한다(동법 제7조 제3항). 차상위계층이라 함은 수급권자(동법 제14조의 2에 따라 수급권자로 보는 사람은 제외)에 해당하지 아니하는 계층으로서 소득인정액이 기준 중위소득 100분의 50 이하인 자를 말한다(동법 제2조 제10호, 동법시행령 제3조).

동법 제7조 제3항에 따라 차상위자에게 지급하는 급여는 자활급여로 한다(동법시행령 제5조의 5 제1항). 자활급여는 차상위자의 근로능력, 취업상태 및 가구여건 등을 고려하여 동법시행령 제17조부터 제21조까지 및 제21조의 2에 따른 급여를 실시하는 것으로 한다(동법시행령 제5조의 5 제2항). 자활급여의 신청 및 지급절차 등에 필요한 사항은 보건복지부령으로 정한다(동법시행령 제5조의 5 제3항).

(1) 생계급여

생계급여는 수급자에게 기초적인 생계수단을 보호하기 위한 급여로서 의복, 음식물, 연료비 및 그 밖에 일상생활에 기본적으로 필요한 금품을 지급하여 그 생계를 유지하게 하는 것으로 한다(동법 제8조 제1항). 급여(수급품)는 원칙적으로 현금급여, 예외적으로 현물급여로써 지급된다(동법 제9조 제1항). 수급품은 대통령령이 정하는 바에 따라 매월 정기적으로 지급하여야 하고(특별한 사정이 있는 경우에는 다르게 정하여 지급할 수 있다, 동법 제9조 제2항), 생계급여에 해당하는 금전을 매월 정기적으로 미리 지급하는 경우에는 매월 20일(공휴일인 경우에는 그 전일)에 금융회사나 우편관서의 수급자 명의의 지정된 계좌에 입금하는 방법에 의한다(동법시행령 제6조 제1항). 수급품은 수급자에게 직접 지급하고, 다만, 보장시설이나 타인의 가정에 위탁하여 생계급여를 실시하는 경우에는 그 위탁받은 사람에게 이를 지급할 수 있고 이 경우 보장기관은 보건복지부장관이 정하는 바에 따라 정기적으로 수급자의 수급여부를 확인하여야 한다(동법 제9조 제3항). 생계급여는 보건복지부장관이 정하는 바에 따라 수급자의 소득인정액 등을 감안하여 차등지급할 수 있다(동법 제9조 제4항). 생계급여는 원칙적으로 수급자의 주거에서 실시한다. 다만, 주거가 없거나 있어도 그곳에서는 급여의 목적을 달성할 수 없는 경우, 본인이 희망하고 있는 경우에는 보장시설이나 타인의 가정에 위탁하여 급여를 실시할 수 있다(동법 제10조 제1항). 생계급여를 타인의 가정에 위탁하여 행하는 경우에 거실의 임차료, 그 밖에 거실의 유지에 필요한 비용은 수급품에 가산하여 지급한다. 이 경우 주거급여가 실시된 것으로 본다(동법 제10조 제2항).

(2) 자활조건부 생계급여

보장기관은 근로능력이 있는 수급권자에게 자활에 필요한 사업(자활사업)에 참가할 것을 조건으로 하여 생계급여를 지급할 수 있다(동법 제9조 제5항 제1문). 이 경우 보장기관은 자활지원계획을 감안하여 조건을 제시하여야 한다(동법 제9조 제5항 제2문). 동법시행령 제10조에 자활에 필요한 사업의 범위가 규정되어 있다(동조 제1항 제1호~제10호).

가) 근로능력이 있는 수급자

국민기초생활 보장법 제9조 제5항 전단에 따른 '근로능력이 있는 수급자'란 18세 이상 64세 이하의 수급자를 말한다. 다만, ① 장애인고용촉진 및 직업재활법 제2조 제2호에 따른 중증장애인, ② 질병 · 부상 또는 그 후유증으로 치료 또는 요양이 필요한 사람 중에서 근로능력 평가를 통하여 시장 · 군수 · 구청장이 근로능력이 없다고 판정한 사람, ③ 그 밖에 근로가 곤란하다고 보건복지부장관이 정하는 사람 등은 제외한다(동법시행령 제7조 제1항).

나) 조건부 수급자

동법 제9조 제5항에 따라 자활에 필요한 사업(자활사업)에 참가할 것을 조건으로 생계급여를 지급받는 사람(조건부 수급자)은 제7조에 따른 근로능력이 있는 수급자로 한다(동법 시행령 제8조 제1항).

제1항에도 불구하고 시장 · 군수 · 구청장은 제7조에 따른 근로능력이 있는 수급자 중 다음 각 호의 어느 하나에 해당하는 사람에게는 제1항에 따른 조건 부과를 유예할 수 있다. 다만, 제3호에 해당하는 사람의 경우에는 그 유예기간을 3개월로 한정한다(동조 제12항).

1. 개별가구 또는 개인의 여건 등으로 자활사업에 참가하기가 곤란한 다음 각 목의 어느 하나에 해당하는 사람
   가. 미취학 자녀, 질병 · 부상 또는 장애 등으로 거동이 곤란한 가구원이나 치매 등으로 특히 보호가 필요한 가구원을 양육 · 간병 또는 보호하는 수급자(가구별로 1명으로 한정하되, 양육 · 간병 또는 보호를 할 수 있는 다른 가구원이 있거나 사회복지시설 등에서 보육 · 간병 또는 보호서비스를 제공받는 경우는 제외한다)
   나. 「고등교육법」 제2조 각 호(제5호는 제외한다)에 따른 학교에 재학 중인 사람
   다. 「장애인고용촉진 및 직업재활법」 제9조에 따른 장애인 직업재활 실시 기관 및 같은 법 제43조에 따른 한국장애인고용공단이 실시하는 고용촉진 및 직업재활 사업에 참가하고 있는 장애인
   라. 임신 중이거나 분만 후 6개월 미만인 여자
   마. 사회복무요원 등 법률상 의무를 이행 중인 사람
2. 근로 또는 사업에 종사하는 대가로 보건복지부장관이 정하여 고시하는 기준을 초과하는

소득을 얻고 있는 사람으로서 다음 각 목의 어느 하나에 해당하는 사람

가. 주당 평균 3일(1일 6시간 이상 근로에 종사하는 경우만 해당한다) 이상 근로에 종사하거나 주당 평균 4일 이상의 기간 동안 22시간 이상 근로에 종사하는 사람

나. 「부가가치세법」 제8조에 따라 사업자등록을 하고 그 사업에 종사하고 있는 사람

3. 환경 변화로 적응기간이 필요하다고 인정되는 다음 각 목의 어느 하나에 해당하는 사람

가. 「병역법」에 따른 입영예정자 또는 전역자

나. 「형의 집행 및 수용자의 처우에 관한 법률」 및 「치료감호 등에 관한 법률」 등에 따른 교도소, 구치소, 치료감호시설 등에서 출소한 사람

다. 법 제32조에 따른 보장시설에서 퇴소한 사람

라. 「초 · 중등교육법」 제2조 제3호부터 제5호까지의 규정에 따른 학교 또는 「고등교육법」 제2조 각 호(제5호는 제외한다)에 따른 학교의 졸업자

마. 질병 · 부상 등으로 2개월 이상 치료를 받고 회복 중인 사람

4. 그 밖에 자활사업에 참가할 것을 조건으로 하여 생계급여를 지급하는 것이 곤란하다고 보건복지부장관이 정하는 사람

제2항에 따라 조건 부과를 유예받은 사람은 그 유예기간 동안 조건부수급자로 보지 아니한다(동조 제13항).

다) 급여의 조건 및 기타

시장 · 군수 · 구청장은 동법 제9조 제5항에 따라 조건부 수급자로 결정된 날부터 1월 이내에 법 제28조의 자활지원계획에 따라 자활사업에 참가하는 것을 생계급여의 조건으로 조건부 수급자에게 제시하여야 한다(동법시행령 제11조 제1항). 이에 불구하고 시장 · 군수 · 구청장은 조건부 수급자가 근로능력 · 자활욕구 및 가구여건 등이 취업에 적합한 경우 그 조건부 수급자의 취업을 촉진하기 위하여 해당 특별자치시 · 특별자치도지사 · 시 · 군 · 구를 관할하는 직업안정기관의 장이 지정하는 자활사업에 참가하는 것을 생계급여의 조건으로 취업대상자에게 제시하여야 한다(동법시행령 제11조 제2항 제1문). 이 경우 시장 · 군수 · 구청장은 이에 관한 사실을 직업안정기관의 장에게 지체 없이 서면(전자문서 포함)으로 통지하여야 한다(동법시행령 제11조 제2항 제2문). 한편, 직업안정기관의 장은 취업대상자의 조건이행여부에 대한 의견 등을 포함한 자활사업 참가결과를 3개월마다 시장 · 군수 · 구청장에게 서면(전자문서 포함)으로 통지하여야 한다. 다만, 취업대상자가 조건이행을 중도 포기하거나 거부하는 등의 사유가 있

는 경우에는 그 결과를 지체 없이 서면(전자문서 포함)으로 통지하여야 한다(동법시행령 제11조 제4항). 보장기관(시 · 도지사, 시장 · 군수 · 구청장 : 동법 제19조 제1항)은 수급자(동법 시행령 제8조 제2항 제1호)가 근로활동이나 자활사업에 참가할 수 있도록 하기 위하여 사회복지시설 등의 보육간병 또는 보호서비스를 우선적으로 이용할 수 있는 필요한 조치를 하여야 한다(동법 시행령 제9조). 그리고 자활사업의 범위는 동법 시행령 제10조에 규정되어 있다.

라) 조건부 생계급여의 결정

시장 · 군수 · 구청장은 동법 제9조 제5항에 따라 보건복지부령이 정하는 바에 따라 조건부 수급자가 자활사업에 참가한 달의 다음 달부터 3개월마다 조건부 수급자의 생계급여의 지급여부 및 급여액을 결정하여야 한다. 다만, 조건부 수급자가 조건을 이행하지 아니하는 것이 명백한 경우나 직업안정기관의 장 및 자활사업실시기관의 장으로부터 조건부 수급자가 조건을 이행하지 아니한다는 것을 통지받은 경우에는 지체 없이 조건부 수급자의 생계급여의 지급여부 및 급여액을 결정하여야 한다(동법시행령 제15조 제1항, 동법시행규칙 제7조 참조).

(3) 주거급여

국민기초생활 보장법은 주거급여를 급여의 종류로 하고 있다. 주거급여는 수급자에게 주거안정에 필요한 임차료, 유지수선비 그 밖에 대통령령이 정하는 수급품을 지급하는 형태로 이루어진다. 주거급여의 기준 및 지급절차 등에 관하여 필요한 사항은 보건복지부령으로 정한다(동법 제11조).

(4) 교육급여 및 의료급여

수급자에게 입학금 · 수업료 · 학용품비 그 밖의 수급품을 지원하는 것으로 하되, 학교의 종류 · 범위 등에 관하여 필요한 사항은 대통령령으로 정한다(동법 제12조 제1항, 동법시행령 제16조 참조).

의료급여는 수급자에게 건강한 생활을 유지하는 데 필요한 각종 검사 및 치료 등을 지급하는 것으로 한다(동법 제12조의 3 제1항).

의료급여 수급권자는 부양의무자가 없거나, 부양의무자가 있어도 부양능력이 없거나 부양을 받을 수 없는 사람으로서 그 소득인정액이 제20조 제2항에 따른 중앙생활보장위원회의 심의 · 의결을 거쳐 결정하는 금액(이하 이 항에서 “의료급여 선정기준”이라 한다) 이하인 사람으로 한다. 이 경우 의료급여 선정기준은 기준 중위소득의 100분의 40 이상으로 한다(동조 제2항).

의료급여에 필요한 사항은 따로 법률에서 정한다(동조 제3항).

(5) 해산급여

해산급여는 제7조 제1항 제1호부터 제3호까지의 급여 중 하나 이상의 급여를 받는 수급자에게 ① 조산, ② 분만 전과 분만 후의 필요한 조치와 보호 등의 급여를 행하는 것을 의미한다(동법 제13조 제1항 제1호, 제2호). 해산급여는 보건복지부령이 정하는 바에 따라 보장기관이 지정하는 의료기관에 위탁하여 실시할 수 있다(동법 제13조 제2항). 이 급여는 신청에 의해 이루어지며, 해산급여에 필요한 수급품은 보건복지부령이 정하는 바에 따라 수급자나 그 세대주 또는 세대주에 준하는 자에게 지급한다. 다만, 보장기관이 해산급여를 의료보험법의 규정에 의한 의료보호진료기관에 위탁하는 경우, 수급품을 그 의료기관에 지급할 수 있다(동법 제13조 제3항).

(6) 장제급여

장제급여는 제7조 제1항 제1호부터 제3호까지의 급여 중 하나 이상의 급여를 받는 수급자가 사망한 경우 사체의 검안 · 운반 · 화장 또는 매장 그 밖의 강제조치를 하는 것으로서(동법 제14조 제1항) 보건복지부령이 정하는 바에 따라 실제로 장제를 실시하는 사람에게 장제에 필요한 비용을 지급하는 것으로 한다. 다만, 그 비용을 지급할 수 없거나, 비용을 지급하는 것이 적당하지 아니하다고 인정하는 경우에는 물품을 지급할 수 있다(동법 제14조 제2항). 장제급여를 실시함에 있어 사망자에게 부양의무자가 없는 때에는 시장 · 군수 · 구청장은 사망자가 유류한 금전 또는 유가증권으로 그 비용에 충당하고, 그 부족액에 대하여는 유류물품의 매각대금으로 이를 충당할 수 있다(동법 제45조).

(7) 급여의 특례

생계급여의 내용(제8조), 주거급여(제11조), 교육급여(제12조), 의료급여(제12조의 3), 해산급여(제13조), 장제급여(제14조), 자활급여(제15조)에 따른 수급권자에 해당하지 아니하여도 생활이 어려운 사람으로서 일정 기간 동안 급여의 전부 또는 일부가 필요하다고 보건복지부장관 또는 소관 중앙행정기관의 장이 정하는 사람은 수급권자로 본다(동법 제14조의 2).

(8) 자활급여

가) 자활급여의 종류

자활급여는 수급자의 자활을 조성하기 위하여 ① 자활에 필요한 금품의 지급 또는 대여, ② 자활에 필요한 근로능력의 향상 및 기능습득의 지원, ③ 취업알선 등 정보의 제공, ④ 자활을 위한 근로기회의 제공, ⑤ 자활에 필요한 시설 및 장비의 대여, ⑥ 창업교육, 기능훈련 및 기술·경영 지원 등 창업지원, ⑦ 자활에 필요한 자산형성지원, ⑧ 그 밖에 대통령령이 정하는 자활조성을 위한 각종 지원 등의 급여를 실시하는 것으로 한다(동법 제15조 제1항 제1호~제8호). 이를 실시함에 있어 보장기관은 관련 공공기관 또는 비영리법인·시설 그 밖에 대통령령이 정하는 기관에 위탁하여 이를 행할 수 있으며, 이 경우에 그에 소요되는 비용은 보장기관이 이를 부담한다(동법 제15조 제2항, 동법시행령 제17조에서 제21조의 3까지 참조).

나) 자활지원

중앙자활센터와 광역자활센터 및 지역자활센터를 두어 자활지원을 행한다.

(가) 중앙자활센터

① 설치 : 수급자 및 차상위자의 자활촉진에 필요한 사업을 수행하기 위하여 중앙자활센터를 둘 수 있다(동법 제15조의 2 제1항). 중앙자활센터는 법인으로 한다(동조 제2항).

② 사업내용 : ㉠ 자활지원을 위한 조사·연구, 교육 및 홍보사업, ㉡ 자활지원을 위한 사업의 개발 및 평가, ㉢ 광역자활센터, 지역자활센터 및 자활공동체의 기술·경영지도 및 평가, ㉣ 자활관련기관 간의 협력체계 및 정보 네트워크의 구축·운영, ㉤ 취업·창업을 위한 자활촉진 프로그램 개발 및 지원, ㉥ 고용지원서비스 및 사회복지서비스의 대상자 관리, ㉦ 그 밖에 자활촉진에 필요한 사업으로서 보건복지부장관이 정하는 사업(이상 동조 제1항). 정부는 중앙자활센터의 설치·운영에 필요한 경비의 전부 또는 일부를 보조할 수 있다(동조 제3항). 위 ㉥에 따른 대상자 관리를 위한 시스템은 사회복지사업법 제6조의 2 제2항에 따른 정보시스템과 연계할 수 있다(동조 제4항). 중앙자활센터의 설치 및 운영 등에 관하여 필요한 사항은 대통령령으로 정한다(동조 제5항).

(나) 광역자활센터

광역자활센터란, 보장기관(국가 또는 지방자치단체)이 수급자 및 차상위자의 자활촉진에 필요한 사업(시·도 단위의 자활기업 창업지원, 시·도 단위의 수급자 및 차상위자에 대한 취업·창업 지원 및 알선, 지역자활센터 종사자 및 참여자에 대한 교육훈련 및 지원, 지역특화형 자활프로그램 개발 · 보급 및 사업개발 지원, 지역자활센터 및 자활기업에 대한 기술경영지도, 그 밖에 자활촉진에 필요한 사업으로서 보건복지부장관이 정하는 사업)을 수행하게 하기 위하여 사회복지법인 등 비영리법인과 단체를 이들의 신청을 받아 시 · 도 단위의 광역자활센터로 지정할 수 있는데(이 경우 보장기관은 법인 등의 지역사회복지사업 및 자활지원사업 수행능력 경험 등을 고려해야 한다), 이를 광역자활센터라고 한다. 동법 제15조의 3에서 구체적으로 규정하고 있다.

(다) 지역자활센터

① 지정 : 자활조성을 위한 사업으로 보장기관은 수급자 및 차상위자의 자활의 촉진에 필요한 각 사업을 수행하게 하기 위하여 사회복지법인 등 비영리법인과 단체 또는 개인을 이들 법인 등의 신청을 받아 지역자활기관으로 지정할 수 있다. 이 경우 보장기관은 법인 등의 지역사회복지사업 및 자활지원사업의 수행능력 · 경험 등을 고려하여야 한다(동법 제16조 제1항).

② 사업내용 : 지역자활센터는 ㉠ 자활의욕 고취를 위한 교육, ㉡ 자활을 위한 정보제공 · 상담 · 직업교육 및 취업알선, ㉢ 생업을 위한 자금융자 알선, ㉣ 자영창업 지원 및 기술 · 경영지도, ㉤ 자활기업의 설립 · 운영지원, ㉥ 그 밖에 자활을 위한 각종 사업 등을 수행한다(동법 제16조 제1항 제1호~제6호). 이 경우 보장기관은 법인 등의 지역사회복시사업 및 자활지원사업 수행능력 경험 등을 고려하여야 한다.

③ 지원 및 평가 : 보장기관은 지정을 받은 지역자활센터에 대하여 ㉠ 지역자활센터의 설립 · 운영비용 또는 위의 사업수행비용의 전부 또는 일부, ㉡ 국 · 공유재산의 무상임대, ㉢ 보장기관이 실시하는 사업의 우선 위탁 등의 지원을 행할 수 있다(동법 제16조 제2항 제1호~제3호). 한편, 보장기관은 지역자활센터에 대하여 정기적으로 사업실적 및 운영실태를 평가하고 수급자의 자활촉진을 달성하지 못하는 지역자활센터에 대하여는 그 지정을 취소할 수 있었으며(동법 제16조 제3항), 이 경우 청문을 실시해야 한다(동법 제31조).

다) 자활기관협의체

시장 · 군수 · 구청장(자치구의 구청장)은 자활지원사업의 효율적 촉진을 위하여 지역자활센터, 직업안정법 제2조의 2 제1호의 직업안정기관, 사회복지사업법 제2조 제4호의 사회복지시설의 장 등과 상시적인 협의체(자활기관협의체라 함)를 구축하여야 한다(동법 제17조 제1항). 자활기관협의체의 구성 및 운영 등에 필요한 사항은 보건복지부령으로 정한다(동조 제2항).

라) 자활기업

수급자 및 차상위자는 상호 협력하여 자활기업을 설립·운영할 수 있고, 자활기업은 조합 또는 부가가치세법상의 사업자로 하며, 보장기관(국가 또는 지방자치단체)은 직접 또는 중앙자활센터, 광역자활센터, 지역자활센터를 통하여 자활을 위한 사업자금 융자, 국공유지 우선 임대, 국가나 지방자치단체가 실시하는 사업의 우선 위탁, 국가나 지방자치단체의 조달구매 시 자활기업 생산품의 우선 구매, 그 밖에 수급자의 자활촉진을 위한 각종 사업 등의 지원을 할 수 있다(동법 제18조). 이 밖에 기초생활수급자의 자활을 돕기 위하여 동법은 수급자의 고용촉진(제18조의 2), 자활기금의 적립(제18조의 3), 자활자산형성지원(제18조의 4), 자활의 교육(제18조의 5) 등을 규정하고 있다.

2) 급여의 실시

(1) 급여신청

국민기초생활 보장법 제5조에 규정된 수급권자와 그 친족, 그 밖의 관계인은 관할 시장·군수·구청장에게 수급권자에 대한 급여를 신청할 수 있다. 차상위자가 급여를 신청하려는 경우에도 같으며, 이 경우 신청방법과 절차 및 조사 등에 관하여는 기초생활수급권자에 적용되는 제2항부터 제5항까지, 동법 제22조, 제23조, 제23조의 2를 준용한다(동법 제21조 제1항). 사회복지전담공무원은 이 법에 의한 급여를 필요로 하는 자가 누락되지 아니하도록 하기 위하여 관할지역 내에 거주하는 수급권자에 대한 급여를 직권으로 신청할 수 있다. 이 경우 수급권자의 동의를 구하여야 하며 이를 수급권자의 신청으로 볼 수 있다(동법 제21조 제2항). 제1항에 따라 급여신청을 할 때나 제2항에 따라 사회복지 전담공무원이 급여신청을 하는 것에 수급권자가 동의하였을 때에는 수급권자와 부양의무자는 동조 제13항 각 호의 자료 또는 정보의 제공에 대하여 동의한다는 서면을 제출하여야 한다(동조 제3항 참조). 제1항에 따라 수급권자 등이 급여를 신청할 경우 사회복지 전담공무원은 신청한 사람이 급여에 관한 정보의 부족 등으로 불리한 입장에 놓이지 아니하도록 수급권자의 선정기준, 급여의 내용 및 신청방법 등을 알기 쉽게 설명하여야 하고, 시장·군수·구청장은 신청자에게 급여 신청의 철회나 포기를 유도하는 행위를 하여서는 아니 된다(동조 제4항, 제5항). 신청방법 및 절차 등에 관하여 필요한 사항은 보건복지부령으로 정한다(동법 제21조 제6항, 동법시행규칙 제34조).

(2) 조사 · 확인조사 등

시장 · 군수 · 구청장은 급여신청이 있는 경우, 사회복지전담공무원으로 하여금 급여의 결정 및 실시 등에 필요한 사항(부양의무자의 유무 및 부양능력 등 부양의무자와 관련된 사항, 수급권자 및 부양의무자의 소득 · 재산에 관한 사항, 수급권자의 근로능력 · 취업상태 · 자활욕구 등 자활지원계획 수립에 필요한 사항, 기타 수급권자의 건강상태 · 가구특성 등 생활실태에 관한 사항)을 조사하게 하거나 수급권자에게 보장기관이 지정하는 의료기관에서 검진을 받게 할 수 있다(동법 제22조 제1항). 시장 · 군수 · 구청장은 수급권자 또는 부양의무자의 소득 · 재산 및 건강상태 등을 확인하기 위하여 필요한 자료의 확보가 곤란한 경우 보건복지부령이 정하는 바에 따라 수급권자 또는 부양의무자에게 필요한 자료의 제출을 요구할 수 있다(동법 제22조 제2항, 동법시행규칙 제35조). 보장기관은 위의 조사결과를 대장으로 작성하여 갖추어 두어야 한다(동법 제22조 제7항). 보장기관은 수급권자 또는 부양의무자가 조사를 2회 이상 거부 · 방해 또는 기피하거나 검진지시에 따르지 아니하면 급여신청을 각하할 수 있다(동법 제22조 제8항).

시장 · 군수 · 구청장은 매년 정기적으로 위의 사항을 조사하여야 한다(동법 제23조, 동법시행규칙 제37조). 보건복지부장관은 이 조사를 위하여 수급권자와 그 부양의무자에 대한 금융정보 · 신용정보 · 보험정보를 금융회사 등 신용정보집중기관의 장에게 요청할 수 있다(동법 제23조의 2). 그리고 시장 · 군수 · 구청장은 급여종류별 수급자 선정기준의 변경 등에 의하여 수급권자의 범위가 변동함에 따라 다음 연도에 이 법에 따른 급여가 필요할 것으로 예측되는 수급권자의 규모를 조사하기 위하여 보건복지부령이 정하는 바에 따라 차상위계층에 대하여 조사를 실시할 수 있다. 이 조사에서는 조사대상자의 동의가 있어야 하고, 그 동의는 다음 연도의 급여신청으로 본다(동법 제24조 제1항, 제2항, 동법시행규칙 제38조).

이상의 조사결과는 관할 시 · 도지사(특별시장, 광역시장, 도지사를 말함. 이하 같음)에게 보고하여야 하며, 보고를 받은 시 · 도지사는 이를 보건복지부장관에게 보고하여야 한다. 시 · 도지사가 조사한 때에도 이와 같다(동법 제25조).

(3) 급여의 결정과 실시 등

시장 · 군수 · 구청장은 신청에 의한 조사를 한 때에는 지체 없이 급여의 실시여부와 내용을 결정하여야 하고, 차상위계층을 조사한 경우에는 급여개시일이 속하는 월에 급여실시 여부와 급여내용을 결정하여야 한다. 시장 · 군수 · 구청장은 급여실시의 여부와 급여내용을 결정한 때에는 그 결정의 요지, 급여의 종류 · 방법 및 급여의 개시시기 등을 서면으로 수급권자 또는 신청인에게 통지하여야 하고, 신청인에 대한 통지는 급여의 신청일로부터 30일 이내에 통지하여야 한다. 다만, 부양의무자의 소득·재산 등의 조사에 시일이 걸리는 특별한 사유가 있는 경우, 수급권자 또는 부양의무자가 조사나 자료제출을 거부, 방해 또는 기피하는 경우 60일 이내에 통지할 수 있다(동법 제26조).

수급자에 대한 급여는 급여의 신청일부터 개시한다. 다만, 보건복지부장관 또는 소관 행정기관의 장이 매년 결정·공표하는 급여종류별 수급권자 선정기준의 변경으로 인하여 매년 1월에 새로이 수급자로 결정되는 사람에 대한 급여는 해당 연도의 1월 1일을 그 급여개시일로 한다(동법 제27조 제1항). 시장·군수·구청장은 급여실시 여부의 결정 전이라도 수급권자에게 급여를 하여야 할 긴급한 필요가 있다고 인정될 때에는 제7조 제1항 각 호에 규정된 급여의 일부를 실시할 수 있다(동법 제27조 제2항).

시장·군수·구청장은 수급자의 자활을 체계적으로 지원하기 위하여 보건복지부장관이 정하는 바에 따라 수급자 가구별로 자활지원계획을 수립하고 그에 따라 급여를 실시하여야 한다(동법 제28조 제1항).

보장기관은 수급자의 자활을 위하여 필요한 경우에는 사회복지사업법 등 다른 법률에 따라 보장기관이 제공할 수 있는 급여가 있거나 민간기관 등이 후원을 제공하는 경우 제1항(위의 제28조 제1항)의 자활지원계획에 따라 급여를 지급하거나 후원을 연계할 수 있다(동법 제28조 제2항). 시장·군수·구청장은 수급자의 자활여건변화와 급여실시결과를 정기적으로 평가하고 필요한 경우 자활지원계획을 변경할 수 있다(동법 제28조 제3항).

보장기관은 수급자의 소득·재산·근로능력 등에 변동이 있는 경우에는 직권 또는 수급자나 그 친족, 그 밖의 관계인의 신청에 의하여 그에 대한 급여의 종류·방법 등을 변경할 수 있다(동법 제29조 제1항).

한편 보장기관은 수급자에 대한 급여의 전부 또는 일부가 필요 없게 된 때와 수급자가 급여의 전부 또는 일부를 거부한 때에는 급여의 전부 또는 일부를 중지하여야 한다(동법 제30조 제1항). 또는 근로능력이 있는 수급자가 동법 제9조 제5항의 조건(근로능력이 있는 수급자에게 자활에 필요한 사업에 참가할 것을 조건으로 하는 경우)을 이행하지 않는 경우 조건을 이행할 때까지 동법 제7조 제2항(수급권자에 대한 급여수준)의 규정에도 불구하고 근로능력이 있는 수급자 본인의 생계급여의 일부 또는 전부를 지급하지 아니할 수 있다(동법 제30조 제2항).

6. 국민기초생활의 보장비용

1) 보장비용의 정의

국민기초생활 보장법에서 규정하고 있는 보장비용이란 ① 이 법에 따른 보장업무에 소요되는 인건비와 사무비, ② 생활보장위원회의 운영에 소요되는 비용, ③ 위 제8조, 제11조, 제12조, 제12조의 3, 제13조, 제14조, 제15조, 제15조의 2, 제15조의 3, 제16조부터 제18조까지의 급여실시비용, ④ 그 밖에 이 법에 따른 보장업무에 소요되는 비용을 말한다(동법 제42조 제1호~제4호).

2) 보장비용과 부담구분

(1) 부담내용과 비율

국가와 지방자치단체 간의 보장비용의 부담은 다음의 구분에 의한다(이하 동법 제43조 제1항 제1호~제4호). ① 국가 또는 시 · 도가 직접 수행하는 보장업무에 소요되는 비용은 국가 또는 해당 시 · 도가 부담한다. ② 국가 또는 지방자치단체가 경영하는 보장시설에 입소하게 하거나 다른 보장시설에 위탁하여 급여를 행할 때(동법 제19조 제2항) 그 실시비용은 국가 또는 해당 시 · 도가 부담한다. ③ 시 · 군 · 구가 수행하는 보장업무에 소요되는 비용 중 보장업무에 소요되는 인건비와 사무비(동법 제42조 제1호) 및 생활보장위원회의 운영에 소요되는 비용(동법 제42조 제2호)은 해당 시 · 군 · 구가 부담한다. ④ 시 · 군 · 구가 행하는 보장업무에 소요되는 비용 중 급여실시비용(동법 제42조 제3호) 및 이 법에 따른 보장업무에 소요되는 비용(동법 제42조 제4호)은 시 · 군 · 구의 재정여건, 사회보장비 지출을 고려하여 국가, 시 · 도 및 시 · 군 · 구가 다음에 따라 차등하여 분담한다(이상 동법 제43조 제1항 제1호~제4호). ① 국가는 시 · 군 · 구 보장비용의 총액을 100분의 40 이상 100분의 90 이하 부담, ② 시 · 도는 시 · 군 · 구 보장비용총액에서 국가부담분을 차감한 금액 중 100분의 30 이상 100분의 70 이하를, 시 · 군 · 구는 시 · 군 · 구 보장비용총액에서 국가와 시 · 도가 부담하는 금액을 차감하여 부담한다. 다만 특별자치시 · 특별자치도는 시 · 군 · 구 보장비용총액에서 국가부담분을 차감한 금액을 부담한다(동법 제43조 제1항 제4호 가, 나목).

(2) 지방자치단체의 초과부담

지방자치단체의 조례에 따라 이 법에 의한 급여의 범위 및 수준을 초과하여 급여를 실시하는 경우 그 초과보장비용은 해당 지방자치단체가 부담한다(동법 제43조 제5항).

3) 보조금의 산출과 정산

국가의 보조금은 신청에 의한 조사, 확인조사, 그리고 차상위계층에 대한 조사에 따른 수급자 총수와 실시 중인 급여와 종류를 기준으로 산출한다(동법시행령 제39조). 국가는 매년 이 법에 의한 보장비용 중 국가부담예정 합계액을 각각 보조금으로 지급하고, 그 과부족은 정산에 의하여 추가로 지급하거나 반납하게 한다(동법 제43조 제2항). 시 · 도는 매년 시 · 군 · 구에 대하여 국가의 보조금에 시 · 도의 부담예정액을 합하여 보조금으로 지급하고 그 과부족은 정산에 의하여 추가로 지급하거나 반납하게 한다(동법 제43조 제3항). 보조금의 정산에 대하여는 동법시행령 제40조에 상세히 규정되어 있다.

7. 권리구제

급여처분에 대하여 이의가 있는 자는 시 · 도지사에 대한 이의신청과 보건복지부장관에 대한 이의신청을 할 수 있고 이를 통하여 구제를 받을 수 있다. 보건복지부장관에 대한 이의신청은 시 · 도지사에 대한 이의신청을 전제로 한다.

1) 시 · 도지사에 대한 이의신청

수급자나 급여 또는 급여변경의 신청을 한 사람은 시장 · 군수 · 구청장의 처분에 대하여 이의가 있는 경우에는 그 결정의 통지를 받은 날부터 90일 이내에 해당 보장기관을 거쳐 시 · 도지사(특별자치시장 · 특별도지사 및 시 · 도교육감의 처분에 이의가 있는 경우에는 해당 특별자치시장 · 특별자치도지사, 시 · 도교육감을 말함)에게 서면 또는 구두로 이의를 신청할 수 있다. 이 경우 구두로 이의신청을 접수한 보장기관의 공무원은 이의신청서를 작성할 수 있도록 협조하여야 한다(동법 제38조 제1항). 이의신청을 받은 시장 · 군수 · 구청장은 10일 이내에 의견서와 관계 서류를 첨부하여 이를 시 · 도지사에게 송부하여야 한다(동법 제38조 제2항). 시 · 도지사는 처분 등을 한 때에는 지체 없이 신청인과 해당 시장 · 군수 · 구청장에게 각각 서면으로 이를 통지하여야 한다(동법 제39조 제2항).

2) 보건복지부장관에 대한 이의신청

시·도지사의 처분 등에 대하여 이의가 있는 사람은 그 처분 등의 통지를 받은 날부터 90일 이내에 시·도지사를 거쳐 보건복지부장관(주거급여 또는 교육급여인 경우에는 소관 중앙행정기관의 장을 말하며 보건복지부장관에게 한 이의신청은 소관 중앙행정기관의 장에게 한 것으로 본다.)에게 서면 또는 구두로 이의를 신청할 수 있다. 이 경우 구두로 이의신청을 접수한 보장기관의 공무원은 이의신청서를 작성할 수 있도록 협조하여야 한다(동법 제40조 제1항). 시·도지사는 이의신청이 있는 때에는 10일 이내에 의견서와 관계서류를 첨부하여 이를 보건복지부장관에게 보내야 한다(동법 제40조 제2항). 보건복지부장관 또는 소관 중앙행정기관의 장은 이의신청서를 송부받은 때에는 30일 이내에 필요한 심사를 하고 이의신청을 각하하거나 해당 처분의 변경 또는 취소의 재결을 하여야 한다(동법 제41조 제1항). 보건복지부장관은 재결을 한 때에는 지체 없이 해당 시·도지사와 신청인에게 각각 서면으로 재결내용을 통지하여야 한다(동법 제41조 제2항).

8. 벌 칙

1) 처벌규정

국민기초생활 보장법에서 규정하고 있는 처벌내용은 동법 제23조의 2 제6항(금융업무 종사자의 금융정보누설금지)을 위반한 자는 5년 이하의 징역, 3천만 원 이하의 벌금에 처하고(동법 제48조 제1항), 급여신청의 조사 시 보장기관의 공무원 또는 공무원이었던 자는 조사를 통해 얻은 정보와 자료를 이 법이 정한 보장목적 외에 다른 용도로 사용하거나 다른 사람 또는 기관에 제공하여서는 아니 된다는 규정(동법 제22조 제6항)에 위반하여 정보 또는 자료를 사용하거나 제공한 자는 3년 이하의 징역 또는 3천만 원 이하의 벌금에 처하고, 그리고 동법 23조의 2 제6항을 위반하여 신용정보 또는 보험정보를 사용제공 또는 누설한 자는 5년 이하의 징역 또는 5천만 원 이하의 벌금에 처한다(동법 제48조 제2항, 제1항). 속임수나 그 밖의 부정한 방법에 의하여 급여를 받거나 또는 타인으로 하여금 급여를 받게 한 자는 1년 이하의 징역, 500만 원 이하의 벌금, 구류 또는 과료에 처하며(동법 제49조), 수급자의 급여위탁을 정당한 사유 없이 거부한 자(동법 제33조 제1항 위반)나 종교상의 행위를 강제한 자(동법 제33조 제5항 위반)는 300만 원 이하의 벌금, 구류 또는 과료에 처한다(동법 제50조).

2) 양벌규정

법인의 대표자나 법인 또는 개인의 대리인 · 사용인, 그 밖의 종업원이 그 법인 또는 개인의 업무에 관하여 급여신청조사로 얻은 정보를 목적 외로 사용하거나(동법 제48조 위반) 또는 부정한 급여(동법 제49조 위반) 등의 위반행위를 한 때에는 행위자를 벌하는 외에 그 법인 또는 개인에 대하여도 각 해당 조문의 벌금 또는 과료의 형을 과한다(동법 제51조).

제3절 의료급여법

Ⅰ. 개 념

1. 의 의

의료급여법은 생활이 어려운 자에 대한 의료급여에 관한 법이다. 이 법은 2001년 5월 24일에 의료보호법을 전면개정하고 이를 대치한 법으로 성립한 것(법 제6474호)이다. 이후 여러 차례 개정을 거치고 최근에는 2011. 3. 30, 2011. 6. 7, 2011. 8. 4, 2011. 9. 15, 2012. 2. 10, 2013. 6. 12, 2014. 12. 30, 2015. 12. 29, 2016. 2. 3, 2017. 3. 21. 등에 일부개정되었다. 그리고 이를 시행하기 위하여 의료급여법시행령(2001. 9. 29. 제정, 여러 차례 개정되었고 최근에는 2012. 9. 17, 2012. 1. 6, 2013. 6. 11, 2013. 9. 3, 2013. 12. 11, 2015. 12. 31, 2016. 6. 28, 2016. 12. 30, 2017. 3. 8, 2017. 12. 29, 2018. 1. 23. 등 개정)과 의료급여법시행규칙(2001. 10. 9. 제정, 여러 차례 개정되었고, 최근에는 2011. 7. 4, 2013. 7. 1, 2013. 9. 13, 2013. 12. 31, 2015. 12. 31, 2016. 6. 29, 2016. 12. 30, 2017. 8. 4, 2017. 9. 15. 등 개정)이 있다.

이 법은 빈곤계층에게 의료보장을 제공함으로써 사회복지를 증진하고자 하는 공공부조제도의 하나이다.

2. 목적과 특성

이 법은 생활이 어려운 자에게 의료급여를 실시함으로써 국민보건의 향상과 사회복지의 증진에 이바지함을 목적으로 한다(의료급여법 제1조 참조).

현대사회에서 질병과 장애의 치료와 재활은 가정이나 개인에게 무거운 부담을 지우게 된다. 특히 소득이 단절되거나 소득능력을 상실한 사람들이 의료비를 스스로 부담한다는 것은 매우 어려울 뿐만 아니라 건강회복을 불가능하게 함으로써 그 고통은 말할 것도 없고 빈곤을 악순환하게 하는 원인이 되기도 한다. 이러한 배경에서 의료급여법은 생활유지능력이 없는 사람들에게 무료 또는 실비의 의료급여를 제공함으로써 건강의 회복과 동시에 사회복지를 증진시키는 의료급여제도이다.

Ⅱ. 주요 내용

1. 적용대상

1) 의료급여법의 수급권자

의료급여법은 구법인 의료보호법과 달리 보호대상자의 개념을 수동적 개념에서 능동적 개념 혹은 일종의 권리성이 부각된 수급권자로 바꾸었다. 아마도 이러한 변화는 마치 생활보호법이 국민기초생활 보장법으로 개정된 것과 같은 맥락으로 이해하면 될 것 같다. 의료급여법에서는 "수급권자"를 "의료급여법에 따라 의료급여를 받을 수 있는 자격을 가진 사람을 말한다"고 규정하고 있다(의료급여법 제2조 제1호). 동법에 의한 수급권자는 다음과 같다(동법 제3조 제1항 제1호~제10호, 동법 제3조의 2).

① 국민기초생활 보장법에 따른 의료급여 수급자
② 재해구호법에 따른 이재민으로서 보건복지부장관이 의료급여가 필요하다고 인정한 사람
③ 의사상자 등 예우 및 지원에 관한 법률에 따라 의료급여를 받는 사람
④ 입양특례법에 따라 국내에 입양된 18세 미만의 아동
⑤ 독립유공자 예우에 관한 법률 및 국가유공자 등 예우 및 지원에 관한 법률 및 보훈·보호 대상과 지원에 관한 법률의 적용을 받고 있는 사람과 그 가족으로서 국가보훈처장이 의료급여가 필요하다고 추천한 사람 중에서 보건복지부장관이 의료급여가 필요하다고 인정한 사람
⑥ 무형문화재 보전 및 진흥에 관한 법률에 따라 국가 무형문화재의 보유자(명예보유자 포함) 및 그 가족으로서 문화재청장이 의료급여가 필요하다고 추천한 자 중에서 보건복지부장관이 의료급여가 필요하다고 인정한 사람
⑦ 북한이탈주민의 보호정착지원에 관한 법률의 적용을 받고 있는 자와 그 가족으로서 보건복지부장관이 의료급여가 필요하다고 인정한 사람
⑧ 5·18민주화운동 관련자 보상 등에 관한 법률 제8조에 따라 보상금 등을 받은 자와 그 가족으로서 보건복지부장관이 의료급여가 필요하다고 인정하는 사람
⑨ 노숙인 등의 복지 및 자립지원에 관한 법률에 따른 노숙인 등으로서 보건복지부장관이 의료급여가 필요하다고 인정한 사람
⑩ 그 밖에 생활유지의 능력이 없거나 생활이 어려운 사람으로서 대통령령으로 정하는 사

람(이상 동법 제3조 제1항 제1호~제10호)

⑪ "난민법"에 따른 난민의 지위를 인정받은 자로서 국민기초생활 보장법 제12조의 3 제2항에 따른 의료급여 수급권자의 범위에 해당하는 사람(동법 제3조의 2)

이러한 수급권자에 대하여는 대통령령이 정하는 바에 따라 이를 구분하여 의료급여의 내용 및 기준을 달리 정할 수 있다(동법 제3조 제3항).

위 동법 제3조 제1항 제2호부터 제10호까지의 수급권자가 되려는 사람은 보건복지부령으로 정하는 바에 따라 특별자치시장·특별자치도지사·시장·군수·구청장에게 수급권자 인정 신청을 하여야 한다(동법 제3조의 3 제1항).

2) 수급권자의 구분

수급권자는 1종 수급권자 및 2종 수급권자로 구분하도록 되어 있다(의료급여법시행령 제3조 제1항). 1종 수급권자는 아래와 같다(동법시행령 제3조 제2항).

① 국민기초생활 보장법에 의한 수급자 중 18세 미만인 자, 65세 이상인 자, 장애인고용촉진 및 장애인고용촉진 및 직업재활법 제2조 제2호에 해당하는 중증장애인, 국민기초생활 보장법시행령 제7조 제1항 제2호(질병·부상 또는 그 후유증으로 치료나 요양이 필요한 자 중 근로능력평가를 통하여 시장·군수·구청장이 근로능력이 없다고 판정한 자)에 해당하는 자, 임신 중에 있거나 분만 후 6개월 미만의 여자, 병역법에 의한 병역의무를 이행 중인 자 중 어느 하나에 해당하는 자 또는 근로능력이 없거나 근로가 곤란하다고 인정하여 보건복지부장관이 정하는 자만으로 구성된 세대의 구성원이나, 국민기초생활 보장법 제32조에 따른 보장시설에서 급여를 받고 있는 자이거나 보건복지부장관이 정하여 고시하는 희귀난치성 질환 또는 중증질환을 가진 사람 중 어느 하나에 해당하는 자가 1종 수급권자가 된다(동법시행령 제3조 제2항 제1호).

② 의료급여법 제3조 제1항 제2호부터 제9호까지의 규정에 해당하는 자(위에서 본 수급권자, 동법시행령 제3조 제2항 제2호)

③ 일정한 거소가 없는 자로서 경찰관서에서 무연고자임이 확인된 자(동법시행령 제2조 제1호)에 해당하는 수급권자(동법시행령 제3조 제2항 제3호)

④ 보건복지부령이 수급권자로 정한 자(동법시행령 제2조 제2호)로서 보건복지부장관이 1종의 급여가 필요하다고 인정하는 자 등이 1종 수급자가 된다(동법시행령 제3조 제2항 제4호).

2종 수급권자는 아래와 같다(동법시행령 제3조 제3항 제1호~제3호).

① 의료급여법 제3조 제1항 제1호, 즉 국민기초생활 보장법에 의한 수급자 중 위의 1종 수급자가 아닌 자
② 동조 제3항 제2호 삭제
③ 보건복지부령이 정하는 자(동법시행령 제2조 제2호)로서 보건복지부장관이 2종의 의료급여가 필요하다고 인정하는 자 등이 2종 수급권자가 된다(제3호).

3) 적용배제 수급권자

수급권자가 다른 법령에 의하여 의료급여를 받고 있는 경우에는 이 법에 의한 의료급여를 하지 아니한다(의료급여법 제4조). 중복급여의 배제를 말한다.

4) 의료급여증의 부여

시장 · 군수 · 구청장은 수급권자에게 의료급여증을 발급하여야 한다. 부득이한 사유가 있는 경우에는 의료급여증에 갈음하는 의료급여증명서를 발급하거나, 보건복지부령이 정하는 바에 따라 의료급여증을 발급하지 아니할 수 있다(의료급여법 제8조 제1항).

2. 실시기관

1) 의 미

실시기관은 의료보호급여를 제공하거나 이것을 바르게 실천할 수 있도록 감시 · 감독 등의 전체적 책임을 가진 기관 전체를 말한다. 그 기능에 따라 보장기관, 의료급여심의위원회, 의료급여기관 등으로 나눌 수 있다.

2) 보장기관

의료급여는 수급의 거주지를 관할하는 특별시장 · 광역시장 · 도지사와 시장 · 군수 · 구청장(자치구의 청장에 한함. 이하 같음)이 한다(동법 제5조 제1항). 최종적인 주무부서는 보건복지부이지만 실천적인 수행책임은 거주지의 시장 · 군수 · 구청장이 지고 일선 행정의 담당공무원이 이를 실행하게 된다. 거주지가 일정하지 아니한 수급권자에 대하여는 그가 실제 거주하는 지역을 관할하는 시장 · 군수 · 구청장이 하기로 되어 있다(동법 제5조 제2항). 보건복지부장

관, 특별시장 · 광역시장 · 도지사 및 시장 · 군수 · 구청장은 수급자의 건강관리, 능력향상 및 합리적 의료이용 유도 등을 위하여 사례관리를 실시할 수 있다(동법 제5조의 2). 이 사례관리를 실시하기 위하여 특별시 · 광역시 · 특별자치시 · 도 · 특별자치도(이하 "시 · 도") 및 시(특별자치도의 행정시 제외) · 군 · 구(자치구)에 의료급여관리사를 둔다(같은 조 제2항).

보건복지부장관, 특별시장, 광역시장, 도지사 및 시장 · 군수 · 구청장은 수급권자의 건강관리 능력 향상 및 합리적 의료이용 유도 등을 위하여 사례관리를 실시할 수 있다(동법 제5조의 2).

3) 의료급여심의위원회

의료급여사업에 관하여 필요한 사항을 심의하기 위하여 보건복지부와 특별시 · 광역시 또는 도(이하 "시 · 도")와 시 · 군 · 구(자치구를 말함)에 의료급여심의위원회를 둔다. 다만, 시 · 도 및 시 · 군 · 구에 두는 의료급여심의위원회의 경우에는 그 기능을 담당하기에 적합한 다른 위원회가 있고 그 위원회의 위원이 동법 제6조 제4항의 의료급여심의위원회 위원의 자격을 갖춘 경우 시 · 도 또는 시 · 군 · 구의 조례로 각각 정하는 바에 따라 그 위원회로 하여금 의료급여심의위원회 기능을 수행하게 할 수 있다(동법 제6조 제1항).

보건복지부에 두는 의료급여심의위원회(중앙의료급여심의위원회)는 다음의 사항을 심의한다(동법 제6조 제2항 제1호~제3호).

① 의료급여사업의 기본방향 및 대책수립에 관한 사항
② 의료급여기준 및 수가에 관한 사항
③ 그 밖에 보건복지부장관 또는 위원장이 부의하는 사항

중앙의료급여심의위원회는 위원장을 포함하여 15명 이내의 위원으로 구성하고 위원은 보건복지부장관이 동법 제6조 제3항 제1호, 제2호, 제3호의 어느 하나에 해당하는 사람 중에서 위촉 · 지명하며 부위원장은 보건복지부차관으로 한다(동법 제6조 제3항).

시 · 도에 두는 의료급여심의위원회는 다음의 사항을 심의한다(동법시행령 제7조 제2항 제1호~제3호).

① 의료급여법 제25조에 따른 의료급여기금의 관리 · 운영에 관한 주요사항
② 시 · 군 · 구의 의료급여사업의 조정에 관한 사항
③ 그 밖에 의료급여사업과 관련하여 시 · 도지사가 필요하다고 인정하여 회의에 부치는 사항

시 · 군 · 구에 두는 의료급여심의위원회는 아래의 사항을 심의한다(동법시행령 제7조 제3항 제1호~제3호).

① 대지급금 및 부당이득금 등의 결손처분에 관한 사항
② 의료급여일수의 연장승인에 관한 사항
③ 그 밖에 의료급여사업과 관련하여 시장 · 군수 · 구청장이 필요하다고 인정하여 회의에 부치는 사항

4) 의료급여기관

(1) 의료급여기관의 구분

의료급여를 수급권자에게 제공하는 의료기관으로서, 제1차에서부터 제3차 의료급여기관으로 구분하고 있다. 제1차 의료급여기관은 주로 통원서비스를 제공하는 기관이며, 제2차 의료급여기관은 입원서비스를 주로 하는 기관이며, 제3차 의료급여기관은 특수진료를 전담하는 기관이다(동법 제9조 제2항 참조). 의료급여는 다음(동법 제9조 제1항 제1호~제4호)의 의료급여기관에서 행한다. 이 경우 보건복지부장관은 공익상 또는 국가시책상 의료급여기관으로 적합하지 아니하다고 인정되는 의료기관으로서 대통령령이 정하는 의료기관은 의료급여기관에서 제외할 수 있다(동법 제9조 제1항). 의료기관은 다음과 같다(동법 제9조 제1항 제1호~제4호).

① 의료법에 따라 개설된 의료기관
② 지역보건법에 따라 설치된 보건소 · 보건의료원 및 보건지소
③ 농어촌 등 보건의료를 위한 특별조치법에 따라 설치된 보건진료소
④ 약사법에 따라 등록된 약국 및 약사법 제91조에 따라 설립된 한국희귀의약품센터

제1차 의료급여기관은 의료법에 따라 시장 · 군수 · 구청장에게 개설신고를 한 의료기관, 지역보건법에 따라 설치된 보건소 · 보건의료원 및 보건지소, 농어촌 등 보건의료를 위한 특별조치법에 따라 설치된 보건진료소, 약사법에 따라 등록된 약국 및 약사법 제91조에 따라 설립된 한국희귀의약품센터이다(동법 제9조 제2항 제1호). 제2차 의료급여기관은 의료법에 의하여 시 · 도지사가 개설허가를 한 의료기관(동법 제9조 제2항 제2호), 그리고 제3차 의료급여기관은 제2차 의료급여기관 중에서 보건복지부장관이 지정한 기관(동법 제9조 제2항 제3호)이다. 의료기관별 진료범위는 보건복지부령으로 정한다(동법 제9조 제2항 단서). 이에 따라 의료급여법시행규칙 제

16조에서 의료기관별 진료범위를 구체적으로 정하고 있다. 이들 의료급여기관은 정당한 이유 없이 의료급여를 거부하지 못하도록 엄격하게 법으로 정해 놓고 있다(동법 제9조 제3항).

특별시장 · 광역시장 · 도지사 또는 시장 · 군수 · 구청장은 위의 제1항 각 호에 따른 의료급여기관이 개설 · 설치되거나, 그 기관의 신고 · 허가 및 등록사항 등이 변경되었을 때에는 보건복지부령으로 정하는 바에 따라 급여비용심사기관, 급여비용지급기관에 알려야 한다(동조 제4항).

(2) 의료급여의 단계별 실시

의료급여법상 수급권자가 의료급여를 받고자 할 때는 의료급여법 제9조 제2항 제1호의 규정에 의한 제1차 의료급여기관에 의료급여를 신청해야 한다(동법시행규칙 제3조 제1항 본문). 다만, 동법시행규칙 제3조 제1항 제1호~제6호의 어느 하나에 해당하는 경우에는 제2차 의료급여기관이나 또는 제3차 의료급여기관에 의료급여를 신청할 수 있고, 동법 시행규칙 제3조 제1항 제7호부터 제12호까지의 어느 하나에 해당하는 경우에는 제2차 의료기관에 의료급여를 신청할 수 있다(동법시행규칙 제3조 제1항 단서).

5) 권한의 위임과 업무위탁

(1) 권한의 위임

의료급여법에 따른 보건복지부장관의 권한은 대통령령으로 정하는 바에 의하여 그 일부를 시 · 도지사에게 위임할 수 있다(동법 제33조 제1항). 이에 따라 보건복지부장관은 다음의 권한을 시 · 도지사에게 위임한다(동법시행령 제19조). 즉 보건복지부장관이 의료급여기관에 대하여 부과처분한 과징금의 징수권한과 시 · 군 · 구에 대한 지도 · 감독 및 보고에 관한 권한이다.

(2) 업무의 위탁

의료급여법에 따른 시장 · 군수 · 구청장의 업무 중 수급권자의 관리, 급여비용의 심사 · 조정 및 지급업무 등 의료급여에 관한 업무는 그 일부를 대통령으로 정하는 바에 따라 관계전문기관에 위탁할 수 있다. 그리고 이 위탁에 소요되는 비용은 보건복지부장관이 정하는 바에 따라 기금에서 부담하도록 되어 있다(동법 제33조 제2항).

위의 규정(동법 제33조 제2항)에 의하여 급여비용의 지급업무가 위탁된 경우에 시 · 도지사는 의료급여기금(동법 제25조)에서 보건복지부령이 정하는 바에 따라 추정급여비용을 급여비용지급기관에 예탁하여야 한다(동법 제27조 제1항). 시 · 도지사는 의료급여기금의 재원이 되는 지방자치단체 출연금(동법 제25조 제2항 제2호) 예산이 성립되지 못한 경우 지방재정법 제36조의 규정에 불구하고 국고보조금은 즉시 급여비용지급기관에 예탁하여야 한다(동법 제27조 제2항). 그리고 위의 규정(동법 제33조 제2항)에 따라 시장 · 군수 · 구청장의 업무 중 일부(급여비용의 심사 · 조정, 의료급여의 적정성 평가, 심사 및 평가기준의 설정)는 심사평가원에 위탁하고(동법시행령 제20조 제1항 제1호~제3호), 다른 일부(급여비용의 지급, 전산기기에 의한 수급권자의 자격 및 개인별 진료내역의 관리, 의료급여의 제한에 필요한 실태조사 및 자료수집)는 보험공단에 위탁한다(동법시행령 제20조 제2항 제1호~제4호).

3. 의료급여의 내용

1) 의료급여의 내용

수급권자의 질병 · 부상 · 출산 등에 대한 의료급여의 내용은 다음과 같이 규정되어 있다(동법 제7조 제1항 제1호~제7호).

① 진찰 · 검사
② 약제 · 치료재료의 지급
③ 처치 · 수술과 그 밖의 치료
④ 예방 · 재활
⑤ 입원
⑥ 간호
⑦ 이송 그 밖의 의료목적달성을 위한 조치

보건복지부장관은 보건복지부령으로 정하는 의료급여의 기준(동법 제7조 제2항)을 정함에 있어 업무 또는 일상생활에 지장이 없는 질환 등 보건복지부령이 정하는 사항은 의료급여의 대상에서 제외할 수 있다(동법 제7조 제3항). 시장 · 군수 · 구청장은 장애인복지법에 따라 등록된 장애인인 수급권자에게 보장구에 대하여 급여를 실시할 수 있다(동법 제13조). 그리고 시장 · 군수 · 구청장은 수급권자에 대하여 질병의 조기발견과 그에 따른 의료급여를 하기 위하여 건강검진을 할 수 있다(동법 제14조 제1항).

시장 · 군수 · 구청장은 보건복지부령이 정하는 긴급하거나 그 밖의 부득이한 사유로 의료급여기관과 같은 기능을 수행하는 기관으로서 보건복지부령이 정하는 기관에서 질병 · 부상 · 출산 등에 대하여 의료급여를 받거나, 의료급여기관이 아닌 장소에서 출산하였을 때에는 그 의료급여에 상당하는 금액을 보건복지부령이 정하는 바에 따라 수급권자에게 요양비로 지급한다(동법 제12조).

2) 의료급여의 적용기준 및 방법

위의 의료급여를 받을 수 있는 의료급여의 방법, 절차, 범위, 상한 등 의료급여의 기준에 관하여는 보건복지부령으로 정한다(동법 제7조 제2항 전문). 이에 따라 동법시행규칙 제6조 제1항은 의료급여의 적용기준 및 방법은 「국민건강보험요양급여의 기준에 관한 규칙」 제5조 제2항, 제3항 및 별표 1(제2호 나목 제외)에 따른다고 규정하고 있다. 그리고 의료수가기준과 그 계산방법 등에 관하여는 보건복지부장관이 정한다(동법 제7조 제2항 후문).

4. 임신 · 출산진료비의 지원과 의료급여기간

시장 · 군수 · 구청장은 임신한 수급권자가 보건복지부장관이 고시하는 의료급여기관에서 받는 임신 및 출산과 관련된 진료에 드는 비용을 지원하되, 그 지급액은 50만 원(둘 이상의 태아를 임신하는 경우는 90만원)의 범위 내에서 수급권자 본인이 부담하는 금액으로 한다. 다만, 수급권자의 주민등록지가 임신 및 출산과 관련한 자료를 용이하게 받기 어려운 지역에 속하여 있는 등 보건복지부장관이 고시하는 기준에 해당하는 경우에는 하나의 태아를 임신한 경우 50만원, 둘 이상의 태아를 임신한 경우 90만원에 20만원을 추가한 금액의 범위에서 임신 · 출산진료비를 지원한다(동법시행규칙 제8조의 2 제1항). 수급권자가 의료급여기금의 부담으로 의료급여를 받을 수 있는 일수(이하 "상한일수")는 보건복지부장관이 고시하는 결핵질환, 희귀난치성 질환은 각 질환별로 연간 365일(윤년은 366일), 정신 및 행동장애(간질 포함) 등 보건복지부장관이 고시하는 질환은 각 질환별로 연간 365일, 그 외의 질환은 모든 질환의 의료급여일수를 합하여 365일로 한다. 다만, 인체면역결핍증 바이러스 질환자에 대하여는 상한일수를 제한하지 아니한다(동법시행규칙 제8조의 3 제1항). 제1항 본문에 불구하고 수급권자가 장기간 입원 또는 복합적 투약 등으로 불가피하게 의료급여를 받아야 할 사유가 발생한 경우에는 보건복지부장관이 정하는 기준에 따라 미리 시장 · 군수 · 구청장의 승인을 얻어 상한일수를 초과하여 의료급여를 받을 수 있다. 다만, 정신 및 행동장애, 그 밖의 질환의 경우 시장 · 군수 · 구청장은 의료급여법 제6조의 규정에 의한 시 · 군 · 구 의료급여심의위원회의 심의를 거쳐야 한다(동법시행규칙 제8조의 3 제2항).

5. 급여비용

1) 급여비용의 부담

급여비용은 대통령령이 정하는 바에 따라 그 전부 또는 일부를 의료급여법 제25조(의료급여기금의 설치 및 조성)의 규정에 의한 의료급여기금에서 부담하되, 의료급여기금에서 일부를 부담하는 경우 그 나머지의 비용은 본인이 부담한다(의료급여법 제10조, 동법시행령 제13조 제1항 참조).

2) 급여비용의 청구와 지급

의료급여기관은 동법 제10조(급여비용의 부담)의 규정에 따라 의료급여기금에서 부담하는 급여비용의 지급을 시장 · 군수 · 구청장에게 청구할 수 있다. 이 경우 제2항에 따른 심사청구는 이를 시장 · 군수 · 구청장에 대한 급여비용의 청구로 본다(동법 제11조 제1항). 이에 따라 급여비용의 청구를 하고자 하는 의료기관은 급여비용 심사기관에 급여비용의 심사청구를 하여야 하고(이 경우의 심사청구는 이를 시장 · 군수 · 구청장에 대한 급여비용의 청구로 봄) 심사기관은 이를 심사한 후 지체 없이 그 내용을 시장 · 군수 · 구청장과 의료급여기관에 알려야 한다(동법 제11조 제2항). 그리고 제12항의 규정에 따라 심사의 내용을 통보받은 시장 · 군수 및 구청장은 그 내용에 따라 급여비용을 의료급여기관에 지급하여야 한다. 이 경우 수급권자가 이미 납부한 본인부담금(동법 제10조의 규정에 따라 수급권자가 부담하여야 하는 급여비용)이 과다한 경우에는 의료급여기관에 지급할 금액에서 그 과대하게 납부된 금액을 공제하여 이를 수급권자에게 반환하여야 한다(동법 제11조 제3항).

시장 · 군수 · 구청장은 산재보험법 제10조에 따른 근로복지공단이 이 법에 따라 의료급여를 받을 수 있는 사람에게 산업재해보상보험법 제40조에 따른 요양급여를 지급한 후 그 지급결정이 취소된 경우로서 그 요양급여의 비용을 청구한 경우에는 그 요양급여가 이 법에 따라 실시할 수 있는 의료급여에 상당한 것으로 인정되면 의료급여에 해당하는 금액을 지급할 수 있다(동법 제11조 제8항).

수급권자는 본인부담금(동법 제10조) 외에 부담한 비용이 동법 제7조 제3항의 규정에 따라 의료급여의 대상에서 제외되는 비용(비급여비용)인지에 대하여 급여비용심사기관에 확인을 요청할 수 있다(동법 제11조의 3 제1항). 확인요청을 받은 급여비용심사기관은 그 확인결과를 확인요청자에게 통보해야 하며, 확인요청한 비용이 급여비용에 해당하는 것으로 확인된 때에는 급여비용지급기관 및 관련의료급여기관에도 각각 알려야 한다(동법 제11조의 3 제2항). 이 통보를 받은 의료급여기관은 과다하게 징수한 금액을 지체 없이 수급권자에게 반환하여야 한다(동법 제11조의 3 제3항). 의료급여기관은 진료 등의 의료급여를 행하기 전에 수급권자에게 본인부담금을 청구하거나 수급권자가 이 법에 따라 부담하여야 하는 비용과 비급여비용 외에 입원보증금 등 다른 명목의 비용을 청구하여서는 아니 된다(동법 제11조의 4).

3) 급여비용의 대지급과 상환 등

(1) 대지급과 상환

급여비용의 일부를 의료급여기금에서 부담하는 경우에는 그 나머지 급여비용에 대하여는 수급권자 또는 그 부양의무자의 신청을 받아 의료급여기금에서 대지급할 수 있다(동법 제20조 제1항). 대지급금의 신청 및 지급방법 등에 필요한 사항은 보건복지부령으로 정한다(동법 제20조 제2항). 이 경우 대지급금은 무이자로 매 3월마다 같은 액수로 분할상환하여야 한다(동법시행규칙 제27조 제5항).

(2) 대지급금의 독촉

대지급을 받은 자(대지급금상환의무자)는 대지급금을 그 거주지를 관할하는 시장 · 군수 · 구청장에게 상환하여야 하는데, 대지급금상환의무자가 대지급금을 납부기한까지 상환하지 아니한 때에는 시장 · 군수 · 구청장은 납부기한이 지난 날로부터 6월 이내의 기간을 정하여 지체 없이 독촉장을 발부하여야 한다(동법 제22조 제1항). 대지급금상환의무자가 대지급금의 독촉을 받고도 상환하지 아니한 때에는 지방세체납처분의 예에 따라 이를 징수할 수 있다(동법 제22조 제2항).

4) 의료급여기금의 설치

이 법에 의한 급여비용의 재원에 충당하기 위하여 시 · 도에 의료급여기금(이하 "기금")을 설치한다(동법 제25조 제1항). 기금은 국고보조금, 지방자치단체의 출연금, 상환받은 대지급금, 징수한 부당이득금, 징수한 과징금, 해당 기금의 결산상 잉여금과 그 밖의 수입금으로 조성한다(동법 제25조 제2항 제1호~제6호). 그리고 국가와 지방자치단체는 기금운영에 필요한 충분한 예산을 확보하여야 한다(동법 제25조 제3항).

6. 의료급여의 제한

1) 급여의 제한

시장 · 군수 · 구청장은 수급권자가 다음과 같은 경우에는 이 법에 의한 의료급여를 하지 아니한다. 다만, 보건복지부장관이 의료급여의 필요가 있다고 인정하는 경우에는 그러하지 아니하다(동법 제15조 제1항 제1호~제2호).

① 수급권자가 자신의 고의 또는 중대한 과실로 인한 범죄행위나 고의로 사고를 발생시켜 의료보호가 필요하게 된 경우(동 제1호)
② 수급권자가 정당한 이유 없이 이 법의 규정이나 의료급여기관의 진료에 관한 지시에 따르지 아니한 경우(동 제2호).

2) 급여의 변경

시장 · 군수 · 구청장은 수급권자의 소득 · 재산상황 · 근로능력 등에 변동이 있는 경우에는 직권 또는 수급권자나 그 친족, 그 밖의 관계인의 신청에 따라 급여의 내용 등을 변경할 수 있다(동법 제16조 제1항). 시장 · 군수 · 구청장은 급여의 내용 등을 변경할 때에는 서면으로 그 이유를 밝혀 수급권자에게 알려야 한다(동법 제16조 제2항).

3) 급여의 중지와 급여비용의 지급 보류

시장 · 군수 · 구청장은 수급권자에 대한 의료급여가 필요 없게 된 경우와 수급권자가 의료보호를 거부한 경우에는 의료급여를 중지하여야 한다(동법 제17조 제1항). 수급권자가 의료급여를 거부한 경우에는 의료급여를 거부한 수급권자가 속한 가구 전부에 대하여 의료급여를 중지시켜야 하며, 의료급여가 중지된 가구에 대하여는 그 해에 다시 의료급여를 하지 아니한다(동법 제17조 제2항). 시장 · 군수 · 구청장이 의료급여를 중지한 때에는 서면으로 그 이유를 밝혀 수급권자에게 알려야 한다(동법 제17조 제3항).

시장 · 군수 · 구청장은 급여비용의 지급을 청구한 의료기관이 의료법 또는 약사법을 위반하였다는 사실을 수사기관의 수사결과로 확인한 경우에는 해당 의료급여기관이 청구한 급여비용의 지급을 보류할 수 있다(동법 제11조의 5).

7. 수급권의 보호

의료급여를 받을 권리는 양도하거나 압류할 수 없도록 규정하고 있다(동법 제18조). 이는 의료급여의 권리가 인간다운 최소한의 권리를 실현시키는 권리이며 수급권자의 일신전속권이기 때문이다.

8. 부당이득의 징수와 손해배상청구권의 대위

1) 부당이득의 징수

시장 · 군수 · 구청장은 속임수 그 밖의 부당한 방법으로 의료급여를 받은 사람 또는 급여비용을 받은 의료급여기관에 대하여 그 급여 또는 급여비용에 상당하는 금액의 전부 또는 일부를 부당이득금으로 징수한다(동법 제23조 제1항).

위의 경우에 의료급여기관과 의료급여를 받으려는 사람이 공모하여 속임수나 그 밖의 부당한 방법으로 의료급여가 이루어진 때에는 시장 · 군수 · 구청장은 그 의료급여기관에 대하여 의료급여를 받은 사람과 연대하여 위의 부당이득금액을 납부하게 할 수 있다(동법 제23조 제2항). 또 의료급여기관이 속임수 그 밖의 부당한 방법으로 급여비용을 받은 때에는 시장 · 군수 · 구청장은 해당 의료급여기관을 개설한 자에게 그 의료기관과 연대하여 부당이득금을 납부하게 할 수 있다(동법 제23조 제3항).

시장 · 군수 · 구청장은 부당이득금 납부의무자가 부당이득금을 내지 아니하면 기한을 정하여 독촉할 수 있으며(동법 제23조 제5항), 독촉을 하는 때에는 10일 이상 15일 이내의 납부기한을 정하여 독촉장을 발부하여야 한다(동법 제23조 제6항). 또 독촉을 받은 자가 그 납부기한까지 부당이득금을 내지 아니하면 시장 · 군수 · 구청장은 지방세체납처분의 예에 따라 징수할 수 있다(동법 제23조 제7항).

2) 손해배상청구권의 대위

시장 · 군수 · 구청장은 제3자의 행위로 인하여 수급권자에게 의료급여를 한 때에는 그 급여비용의 범위 안에서 제3자에게 손해배상을 청구할 권리를 얻는다(동법 제19조 제1항). 그리고 위의 경우에 의료급여를 받은 자가 제3자로부터 이미 손해배상을 받은 경우에는 시장 · 군수 ·

구청장은 그 배상액의 한도 안에서 의료급여를 하지 아니한다(동법 제19조 제2항).

9. 이의신청

수급권자의 자격, 의료급여 및 급여비용 등에 대한 시장 · 군수 · 구청장의 처분에 이의가 있는 자는 시장 · 군수 · 구청장에게 이의신청을 할 수 있다(동법 제30조 제1항).

급여비용의 심사 · 조정에 관한 급여심사기관의 처분에 이의가 있는 의료급여기관은 급여비용심사기관에게 이의신청을 할 수 있다(동법 제30조 제2항). 그리고 이의신청은 처분이 있은 날부터 90일 이내에 문서로 하여야 하며, 처분이 있는 날로부터 180일이 지나면 제기하지 못한다. 다만, 정당한 사유에 따라 그 기간 내에 이의신청을 할 수 없었음을 소명한 경우에는 그러하지 아니하다(동법 제30조 제3항).

위 급여비용심사기관의 이의신청에 대한 결정에 불복이 있는 자는 국민건강보험법 제89조에 따른 건강보험분쟁조정위원회에 심판청구를 할 수 있다(동법 제30조의 2).

시장 · 군수 · 구청장 및 급여비용심사기관은 이의신청을 받은 때에는 그로부터 60일 이내에 결정을 하여야 한다. 다만, 부득이한 사유가 있는 때에는 30일의 범위 내에서 그 기간을 연장할 수 있다(동법시행령 제17조 제1항). 결정기간을 연장하는 때에는 그 사실을 결정기간이 만료되기 7일 전에 이의신청인에게 통지하여야 한다(동법시행령 제17조 제2항). 그리고 시장 · 군수 · 구청장 및 급여비용심사기관의 장은 위의 제1항에 따라 이의신청에 대한 결정을 한 때에는 지체 없이 이의신청인에게 이의신청결정서의 정본을 송부하고, 이해관계인에게 그 사본을 송부하여야 한다(동법시행령 제17조 제3항).

제9장 사회서비스법

제1절 사회서비스법의 의의와 특성

Ⅰ. 의 의

사회서비스법은 사회서비스의 제공과 관련되는 법을 말한다.

사회서비스란 국가 · 지방자치단체 및 민간부문의 도움이 필요한 모든 국민에게 복지, 보건의료, 교육, 고용, 주거, 문화, 환경 등의 분야에서 인간다운 생활을 보장하고 상담, 재활, 돌봄, 정보의 제공, 관련시설의 이용, 역량개발, 사회참여지원 등을 통해 국민의 삶이 향상되도록 지원하는 제도를 말한다(사회보장기본법 제3조 제4호). 2012년 1월 26일의 사회보장기본법 전부개정법률은 이 사회서비스 보장과 소득 보장이 효과적이고 균형적으로 연계되도록 하고 있다(동법 제23조). 이 개정법은 사회서비스의 대상을 종래의 경제적 · 사회적 약자, 저소득층 복지 중심에서 모든 국민이 평생동안 겪게 되는 사회적 위험으로부터 행복하고 인간다운 생활을 할 수 있도록 하는 데로 옮겨 사회복지서비스의 영역을 확대하고 있다. 이런 의미에서 종래의 사회복지서비스를 사회서비스라고 하고 있다. 이는 앞에서(앞의 사회보장기본법 참조) 본 바와 같이 우리나라의 사회보장정책을 종래의 소득보장 중심에서 저소득층뿐만 아니라 모든 국민에게 평생동안 겪게 되는 사회적 위험에서 벗어나도록 하는 생활형 복지로 전환한 데 따른 것이다.

이 사회서비스는 결국 국가 · 지방자치단체 및 민간부문의 도움이 필요한 모든 국민에 대하여 지원을 베푸는 좁은 의미의 사회복지를 말한다. 또 이러한 좁은 의미의 사회복지(사회서비스)는 사회복지사업으로 부르는 경향이 있기 때문에 사회복지사업법에서 규정하고 있는 사회복지서비스는 좁은 의미의 사회복지, 즉 사회보장기본법 제3조 제4호에 따른 사회서비스 중 사회복지사업(사회복지사업법 제2조 제1호 참조)을 통한 서비스를 제공하여 삶의 질이 향상되도록 제도적으로 지원하는 것을 말한다. 따라서 사회복지사업법은 사회보장기본법 제3조와 함께 사회서비스(사회복지사업)에 관한 기본법 내지 모법이라고 할 수 있다.

이와 같이 사회서비스법에는 기본법이라고 할 수 있는 사회복지사업법과 사회복지사업법 제2조에서 규정하고 있는 28개의 법률이 있다. 그런데 이 가운데 국민기초생활 보장법과 의료급여법은 그 성질이 앞에서 본 바와 같이 스스로 생활유지능력이 없는 자에게 국가나 지방자치단체가 인간다운 생활을 할 수 있도록 지원하는 공공부조법에 속하고 기초노령연금법은 사회보험법에 속하는 것이나, 국민기초생활 보장법과 의료급여법에 의한 보호, 선도 또는 복지에 관한 사업 및 노령연금사업은 사회복지사업으로 분류되어 사회복지사업법의 적용을 받게 된다.

Ⅱ. 특 성

사회서비스법은 사회보험법이나 공공부조법과는 몇 가지 다른 점이 있다. 첫째는 급여내용과 형태가 앞의 두 가지 경우와 다른데, 사회보험이나 공공부조는 소득이나 금전적인 급여가 주류를 이룬다면, 사회서비스는 비금전적 급여[현물급여 원칙(사회복지사업법 제33조의 7 참조)]와 심리사회적 서비스를 주된 내용으로 한다는 점이다. 그러므로 사회서비스법은 현물급여 · 비화폐적 급여를 법적으로 규정해야 하는데 이러한 작업은 매우 어려운 특성을 지닌다. 둘째는 급여의 특성상 개인적 욕구의 특수성에 따라 개별적 처우를 제공해야 하는 점이 사회보험과 공공부조에 비하여 상대적으로 어렵다. 셋째는 사회서비스는 시간과 대상에 따라 역동적이어서 법적 규정이 적절하지 않을 때가 많다는 특성을 지닌다. 넷째는 사회서비스법의 급여는 서비스가 대부분이어서 서비스를 전달하는 사람들의 전문적 개입과 기술이 중요하고, 이를 법적으로 규정하는 경우에 일선 행정가에게 역할을 위임하는 경우가 대부분이다. 따라서 일선 행정가를 통해서 서비스의 제공을 실현하는 경우가 많아서, 이들의 실천적 조치행위가 미묘한 파급효과를 가져온다.

제 2 절 사회복지사업법

Ⅰ. 개 념

1. 의 의

사회복지사업법이라 함은 사회복지사업에 관한 기본적인 사항을 규정하는 법을 말한다. 이 법에는 법률로서의 사회복지사업법(1997. 8. 22. 제정, 여러 차례 개정되었고 최근에는 2011. 8. 4. 전문 개정, 2012. 1. 26. 크게 개정, 2013. 6. 4, 2014. 5. 20, 2014. 12. 30, 2015. 7. 24, 2016. 2. 3, 2016. 5. 29, 2016. 12. 2, 2017. 9. 19, 2017. 10. 24. 개정), 동법시행령(1998. 7. 16. 제정, 여러 차례 개정되고 2013. 8. 3.에 크게 개정, 2013. 12. 30, 2015. 6. 30, 2016. 8. 3, 2017. 5. 29, 2018. 1. 16. 개정), 동법시행규칙(1998. 8. 11. 제정, 여러 차례 개정되고 최근에는 2012. 8. 3, 2013. 12. 31, 2015. 7. 1, 2016. 8. 3, 2017. 10. 16. 개정)이 있다. 여기에서 사회복지사업이라 함은 다음의 법률에 따른 보호, 선도 또는 복지에 관한 사업과 사회복지상담, 직업지원, 무료숙박, 지역사회복지, 의료복지, 재가복지, 사회복지관 운영, 정신질환자 및 한센병력자 사회복귀에 관한 사업 등 각종 복지사업과 이와 관련된 자원봉사활동 및 복지시설의 운영 또는 지원을 목적으로 하는 사업을 말한다(동법 제2조 제1호 가~허목). 특히 재가복지를 사회복지사업의 하나로 정하고 있음은 뜻 깊은 일이다.

① 국민기초생활 보장법
② 아동복지법
③ 노인복지법
④ 장애인복지법
⑤ 한부모가족지원법
⑥ 영유아보육법
⑦ 성매매 방지 및 피해자보호 등에 관한 법률
⑧ 정신건강증진 및 정신질환자 복지서비스 지원에 관한 법률
⑨ 성폭력방지 및 피해자보호 등에 관한 법률
⑩ 입양특례법
⑪ 일제하 일본군위안부 피해자 생활안정 및 기념사업 등에 관한 법률

⑫ 사회복지공동모금회법
⑬ 장애인, 노인, 임산부 등의 편의증진보장에 관한 법률
⑭ 가정폭력방지 및 피해자보호 등에 관한 법률
⑮ 농어촌 주민의 보건복지증진을 위한 특별법
⑯ 식품등기부활성화에 관한 법률
⑰ 의료급여법
⑱ 기초노령연금법
⑲ 긴급복지지원법
⑳ 다문화가족지원법
㉑ 장애인연금법
㉒ 장애인활동 지원에 관한 법률
㉓ 노숙인 등의 복지 및 자립지원에 관한 법률
㉔ 보호관찰 등에 관한 법률
㉕ 장애아동 복지지원법
㉖ 발달장애인 권리보장 및 지원에 관한 법률
㉗ 청소년 복지지원법
㉘ 그 밖에 대통령령령으로 정하는 법률

사회복지사업법 제2조에서 규정하고 있는 열거 법률은 한정적 열거라고 해석되므로 시대의 변천에 따라 생길 수 있는 새로운 사회복지사업을 포괄할 수 없다는 단점이 있다. 예컨대 재해구조법에 의한 사회복지사업, 즉 사회서비스는 여기에 사회복지사업으로 인정받지 못하게 되는 단점이 있는 것이다.

이 28가지 사회복지사업 관련법 가운데 본 서에서는 노인복지법, 아동복지법, 영유아보육법, 장애인복지법, 한부모가족지원법, 정신보건법, 사회복지공동모금회법, 가정폭력방지 및 피해자보호 등에 관한 법률만을 상세히 살펴본다. 또 기초노령연금법은 사회보험의 성격도 있으므로 앞의 사회보험에서 다루었고, 국민기초생활 보장법과 의료급여법은 공공부조의 성격을 가지고 있으므로 공공부조법에서 살펴보았다. 따라서 여기에서는 다루지 않는다.

2. 사회복지사업법의 특성

사회복지사업법은 사회보험관계법이나 공공부조관계법과 사회복지법 또는 사회보장법으로

서 유사성을 가지고 있으면서 한편으로는 다른 특성을 가지고 있다. 그중에서 가장 중요한 것은 경제적 · 금전적 급여보다는 비금전적(현물), 사회심리적서비스 급여가 중요한 내용이 되고 있다는 사실이다. 사회복지사업법 제2조에서 규정하고 있는 바와 같이 보호, 선도 또는 복지에 관한 사업과 사회복지상담, 부랑인보호, 직업보도, 무료숙박, 지역사회복지, 의료복지, 재가복지, 사회복지관 운영, 정신질환자 및 한센병력자 사회복귀에 관한 사업 등과 자원봉사활동 및 복지시설의 운영 또는 지원을 하는 사업 등을 포괄적으로 사회복지사업으로 보아 사회복지사업법에서 이에 대한 내용을 담고 있는 것이 그것이다.

그리고 사회복지사업법은 결국 사람이 가진 비물질적 · 심리사회적 욕구를 해결하는 것을 주된 내용으로 하고 있으므로, 사회복지전문가의 전문적 개입과 실천이 중요한 법적 내용이 된다.

3. 목 적

사회복지사업법은 사회복지사업에 관한 기본적 사항을 규정하여 사회복지를 필요로 하는 사람에 대하여 인간의 존엄성과 인간다운 생활을 할 권리를 보장하고, 사회복지의 전문성을 높이며, 사회복지사업의 공정 · 투명 · 적정을 도모하고, 지역사회복지의 체계를 구축함으로써 사회복지증진에 이바지함을 목적으로 하는 사업이다(사회복지사업법 제1조).

4. 2012년 1월 26일의 일부개정법률(이른바 도가니법)의 개정 이유

사회복지시설(특히 장애아 복지시설) 내 아동 성범죄와 같은 중대한 장애아동에 대한 인권침해 사례를 근절하기 위하여 이를 중심으로 사회복지사업법을 크게 개정하였다. 이는 최근에 장애아동시설의 임원이 장애아동을 성폭행하는 사건을 영화화한 "도가니" 영화를 계기로 개정한 것이므로 이 개정법을 도가니법으로 부른다.

Ⅱ. 기본이념과 기본원리

1. 기본이념

2012년 1월의 개정법은 일명 도가니 사건을 계기로 사회복지사업법의 기본이념을 신설하여 규정했다(동법 제1조의 2).

1) 보편성 원칙

사회복지를 필요로 하는 사람들은 누구든지 자신의 의사에 따라 서비스를 신청하고 제공받을 수 있다.

2) 공공성 확보의 원칙

사회복지법인 및 사회복지시설은 공공성을 가지며 사회복지사업을 시행하는 데 있어서 공공성을 확보하여야 한다.

3) 인권 보장의 원칙

사회복지사업을 시행하는 데 있어서 사회복지를 제공하는 자는 사회복지를 필요로 하는 사람의 인권을 보장하여야 한다.

2. 기본원리

1) 사회복지사업법의 지위

사회복지사업의 내용 · 절차 등에 관하여 사회복지사업법 제2조의 각각의 법률에 특별한 규정이 있는 경우를 제외하고는 이 법이 정하는 바에 의한다(동법 제3조). 이는 앞에서도 말한 바와 같이, 사회복지사업법은 제2조에서 규정하고 있는 각종 관련법의 모법 내지 기본법으로서 의미를 가진다고 볼 수 있다. 따라서 각종의 관련법에서 사회복지사업에 관한 특별한 규정이 없는 한 이 법의 내용을 따르면 된다.

2) 국가와 지방자치단체의 복지증진의 책임과 인권교육의 강화 등

국가와 지방자치단체는 사회복지를 증진하고, 서비스를 이용하는 사람에 대해 인권침해를 예방하고 차별을 금지하며 인권을 옹호할 책임을 진다(동법 제4조 제1항).

이 규정은 사회복지사업의 책임주체가 국가와 지방자치단체에게 있음을 명백히 한 것으로서, 상위법인 헌법 제34조에 명시된 사회보장 · 사회복지에 대한 국가책임을 하위법에서 명시한 것으로 볼 수 있겠다. 복지증진 책임의 내용을 광범위하게 정하고 있다. 동조 제2항에서는 국가와 지방자치단체는 사회복지서비스와 보건의료서비스를 함께 필요로 하는 사람에게 이들 서비스가 연계되어 제공되도록 노력하여야 한다고 하여, 특히 지역사회복지계획과 실행에서 보건과 의료 및 복지가 연계할 수 있는 법적 기반을 마련하였다고 볼 수 있다.

그리고 국가 · 지방자치단체와 기타 사회복지사업을 행하는 자는 사회복지를 필요로 하는 자에 대하여 그 사업과 관련된 상담 · 작업치료 · 직업훈련 등을 실시하고 필요한 경우에는 주민의 복지욕구를 조사할 수 있고(동조 제3항), 사회복지서비스 수요자 등을 고려하여 사회복지시설이 균형있게 설치되도록 노력하여야 한다(동조 제4항). 그리고 국가와 지방자치단체는 이들의 사회복지사업과 민간부분의 사회복지 증진활동이 원활하게 연계될 수 있도록 노력하여야 한다(제5항). 또 국가와 지방자치단체는 사회복지와 관련된 인권교육을 강화하여야 하고(동조 제6항), 사회복지서비스를 이용하는 사람이 긴급한 인권침해 상황에 놓인 경우 신속한 대응체계를 갖추어야 하며(동조 제7항), 국가와 지방자치단체는 시설거주자 또는 보호자의 희망을 반영하며 지역사회보호체계에서 서비스가 제공될 수 있도록 노력하여야 한다(동조 제8항). 국가와 지방자치단체는 사회복지서비스를 필요로 하는 사람들에게 사회복지서비스의 실시에 대한 정보를 제공하여야 한다(동조 제9항). 국가와 지방자치단체는 사회복지서비스를 제공하는 자로부터 위법 또는 부당한 처분을 받아 권리나 이익을 침해한 사람을 위하여 간이하고 신속한 구제조치를 마련하여야 한다(동조 제9항). 이러한 내용은 국가 및 지방자치단체가 종래 수용시설 위주의 소극적 사업에서 벗어나 생존권의 원리에 입각하여 상담 · 치료와 사회복귀를 위한 직업교육, 인권교육 등을 시행하고 필요한 경우에는 주민의 복지욕구를 조사하여 과학적, 체계적으로 사회복지 대상자의 자립 · 자활을 조성하도록 도우고, 피보호자의 인권침해 상황에 대비하여, 지역사회에서도 서비스가 제공될 수 있도록 함을 명시하고 있다고 풀이된다.

3) 인권존중 및 최대봉사의 원칙

사회복지사업법에 따라서 복지업무에 종사하는 사람은 그 업무를 수행할 때에 사회복지를 필요로 하는 사람을 위하여 인권을 존중하고 차별 없이 최대로 봉사하여야 한다(동법 제5조 제1항). 국가와 지방자치단체는 복지업무에 종사하는 사람이 그 업무를 수행할 때에 사회복지를 필요로 하는 사람의 인권을 침해하는 행위를 한 경우에는 위의 제2조 제1항 각 목의 법률이 정하는 바에 따라 처분하고 그 사실을 공표하는 등의 조치를 하여야 한다(동법 제5조 제2항).

4) 시설설치 방해금지

누구든지 정당한 이유 없이 사회복지시설의 설치를 방해하여서는 아니 되며(동법 제6조 제

1항), 이를 위반하면 1년 이하의 징역 또는 1천만 원 이하의 벌금에 처한다(동법 제54조 제1호). 또 시장 · 군수 · 구청장은 정당한 이유 없이 사회복지시설의 설치를 지연시키거나 제한하는 조치를 하여서는 아니 된다(동법 제6조 제2항).

이 조항은 사회복지시설을 혐오시설로 인식하여 지역주민들이 설치를 방해하는 사례들이 발생하는 현실을 반영하고 있다.

Ⅲ. 구체적 내용

1. 사회서비스의 전달체계와 지역사회복지계획의 수립 · 시행

사회서비스를 효과적으로 실행하는 데는 그 전달체계의 조직화, 효율화, 합리화가 무엇보다 중요하다. 사회복지의 전달체계란 사회복지 대상자에게 사회서비스를 행하여 사회복지를 증진하기 위한 전달조직과 이에 관련된 체계를 말한다. 사회복지 전달체계는 공공전달체계(사회복지의 행정조직)와 민간전달체계로 나눌 수 있다.

1) 사회복지의 행정조직(공공전달체계)

(1) 국가나 지방자치단체의 전달체계

정부조직법에 의해 보건복지부는 공적 사회서비스 전달체계의 최고 행정기관이다. 보건복지부 조직 내의 사회복지정책실에서 사회서비스 관련사무를 맡고 있으며, 사회서비스의 전국적 시책의 기획입안, 예산편성, 정부제출법안의 작성, 법령해석 · 시행, 지방자치단체에 대한 지도 · 감독 등의 임무를 한다.

지방에는 지방자치법에 의해 안전행정부가 관할하는 특별시 · 광역시 · 도 · 특별자치도(이하 "시 · 도"), 기초자치단체인 시 · 군 · 구 그리고 읍 · 면 · 동에 사회복지 담당기구와 전담공무원을 두어 복지업무를 처리하고 있다.

(2) 정보시스템 운영전담기구 설립과 복지사무전담기구의 설치

보건복지부장관은 사회복지업무에 필요한 정보시스템을 효율적으로 운영하기 위하여 정보시스템전담기구를 법인으로 하여 설립할 수 있다(동법 제6조의 3). 그리고 사회복지사업에 관한 업무를 효율적으로 운영하기 위하여 필요한 경우 시 · 군 · 구 또는 읍 · 면 · 동에 복지사무를 전담하는 기구를 따로 설치할 수 있다(동법 제15조 제1항). 복지사무전담기구의 사무범위 · 조직 기타 필요한 사항은 해당 시 · 군 · 구 조례로 정한다(동법 제15조 제2항)고 규정하고 있어, 복지사무전담기구와 사회복지전담공무원을 기초자치단체와 그 하부조직에 설치할 수 있는 법적 장치를 마련하였다.

(3) 협력기관(복지위원)

시장 · 군수 · 구청장은 읍 · 면 · 동의 사회복지사업을 원활하게 수행하도록 하기 위하여 읍 · 면 · 동 단위에 복지위원을 위촉하여야 한다(동법 제8조 제1항, 동법 제8조 제3항, 동법시행규칙 제2조 제1항 제1호, 제2호, 복지위원의 직무 동법시행규칙 제2조 제4항 제1호~제4호).

이상과 같이 복지위원은 공적 사회복지행정조직의 협력기관이며, 명예직 자원봉사자이다. 복지위원은 지역사회의 사회서비스의 직무를 맡고 있으나, 그 활동이 아주 미약한 실정에 있다.

(4) 사회복지전담공무원

사회복지사업에 관한 업무를 담당하기 위하여 시 · 도, 시 · 군 · 구 및 읍 · 면 · 동 또는 동법 제15조의 규정에 의한 복지사무전담기구에 사회복지전담공무원(이하 "복지전담공무원")을 둘 수 있다(동법 제14조 제1항). 복지전담공무원은 사회복지사의 자격을 가진 자로 하며, 그 임용 등 기타 필요한 사항은 대통령령으로 정한다(동법 제14조 제2항, 동법시행령 제7조 제1항).

그리고 사회복지전담공무원은 그 관할지역 안의 사회복지를 필요로 하는 사람 등에 대하여 항상 그 생활실태 및 가정환경 등을 파악하고, 사회복지에 관하여 필요한 상담과 지도를 행한다(동법 제14조 제3항).

나아가 관계행정기관 및 사회복지시설을 설치 · 운영하는 자는 사회복지전담공무원의 업무수행에 협조하여야 한다(동법 제14조 제4항)고 규정하여 최일선 전달체계인 복지전담공무원의 원활한 업무수행을 보장하기 위한 법적 배려를 하였다.

(5) 사회복지위원회

사회복지사업에 관한 중요사항과 사회보장급여의 이용제공 및 수급권자 발굴에 관한 법률에 따른 지역사회복지계획을 심의 또는 건의하기 위하여 시 · 도(특별시, 광역시, 도, 특별자치도)에 각각 사회복지위원회를 둔다(동법 제7조 제1항). 이에 광역자치단체는 사회복지위원회를 설치하여 법률에 위임된 사회복지사무를 집행함에 있어 반드시 사회복지위원회의 심의를 받도록 하여 집행기구인 행정기관의 전횡을 방지하도록 하고 있다(심의기관).

사회복지위원회의 위원은 ① 사회복지 또는 보건의료에 관한 학식과 경험이 풍부한 자, ② 사회복지법인의 대표자, ③ 사회복지사업을 행하는 비영리법인 또는 단체의 대표자, ④ 사회복지를 필요로 하는 사람의 이익 등을 대표하는 자, ⑤ 지역사회복지협의체의 대표자, ⑥ 공익단체(비영리민간단체지원법 제2조의 규정에 의한 비영리 민간단체)에서 추천한 자, ⑦ 사회복지공동모금회법 제14조의 규정에 의한 사회복지공동모금지회에서 추천한 자 중에서 특별시장, 광역시장, 도지사, 특별자치도지사(이하 "시 · 도지사")가 임명 또는 위촉한다(동법 제7조 제2항).

여기서 사회복지법인의 대표자, 사회복지사업을 행하는 비영리법인 또는 단체의 대표자는 민간 사회복지기관의 대표자이고, 사회복지를 필요로 하는 사람의 이익 등을 대표하는 자는 사회복지 대상자와 그 가족집단의 대표라고 해석된다. 동법 제7조 제3항은 사회복지위원회의 위원이 될 수 없는 사람을 구체적으로 열거하고(동법 제7조 제3항 제1호~제8호) 있는데, 특히 성폭력범죄, 아동 · 청소년 대상 성범죄를 저지른 사람으로서 형 또는 치료감호를 선고받고 확정된 후 그 전부 또는 일부의 집행이 끝나거나 집행이 유예 · 면제된 날부터 10년이 지나지 않은 사람은 그 위원이 될 수 없음을 규정하고 있다(동법 제7조 제3항 제8호). 그리고 사회복지위원회의 조직 · 운영에 관하여 필요한 사항은 보건복지부장관이 정하는 바에 따라 해당 지방자치단체의 조례로 정한다(동법 제7조 제4항)고 하여 각 지방자치단체는 사회복지위원회의 조직과 운영에 대해 필수적으로 조례를 제정하도록 규제를 하고 있다.

(6) 시 · 군 · 구 지역사회복지협의체

위와 같이 광역지방자치단체에는 사회복지위원회를 두어 광역지방자치단체의 사회복지사업을 심의하지만, 기초지방자치단체, 즉 시 · 군 · 구에는 지역사회복지협의체를 두어 그의 복지사업을 심의하게 함으로써 행정기관이 복지사업을 제대로 추진할 수 있도록 하고 있다. 즉 관할지역 안의 사회복지사업에 관한 중요사항과 사회보장급여의 이용제공 및 수급권자 발굴에 관한 법률에 따른 지역사회복지계획(시장 · 군수 · 구청장이 수립)을 심의 또는 건의하고 사회복지 · 보건의료 관련기관 · 단체가 제공하는 사회복지서비스 및 보건의료서비스의 연계 · 협력을 강화하기 위하여 특별자치도 · 시 · 군 · 구(자치구)에 지역사회복지협의체를 둔다(동법 제7조의 2 제1항). 지역사회복지협의체의 위원은 ① 사회복지 또는 보건의료에 관한 학식과 경험이 풍부한 자, ② 사회복지사업을 행하는 기관 · 단체의 대표자, ③ 보건의료사업을 행하는 기관,

단체의 대표자, ④ 공익단체에서 추천한 자, ⑤ 사회복지업무 또는 보건의료업무를 담당하는 공무원 중에서 특별자치도 · 시장 · 군수 · 구청장이 임명하거나 위촉한다(동법 제7조의 2 제2항). 그리고 지역사회복지협의체의 업무를 효율적으로 수행하기 위하여 지역사회복지협의체에 실무협의체를 둔다(동법 제7조의 2 제3항). 지역사회복지협의체 및 실무협의체의 조직 · 운영에 관하여 필요한 사항은 보건복지부령이 정하는 바에 따라 특별자치도 · 시 · 군 · 구의 조례로 정한다(동법 제7조의 2 제4항).

국가와 지방자치단체는 사회복지서비스 등 수급권자별 사회보장 급여제공계획을 수립하여 시행하여야 하는 등을 내용으로 하는 사회보장급여의 이용제공 및 수급권자 발굴에 관한 법률(2014. 12. 30. 제정)에 따라 사회복지서비스 계획을 수립하여야 한다(동법 제15조 참조).

(7) 사회복지 자원봉사활동의 지원 · 육성

자원봉사활동을 지원 · 육성하기 위하여 국가와 지방자치단체는 다음과 같은 사항을 실시하여야 한다고 규정되어 있다(동법 제9조 제1항 제1호~제4호).

① 자원봉사활동의 홍보 및 교육
② 자원봉사활동 프로그램의 개발 · 보급
③ 자원봉사활동 중의 재해에 대비한 시책의 개발
④ 그 밖에 자원봉사활동의 지원에 필요한 사항

자원봉사활동은 여러 나라에서 시민사회에 필요한 중요한 사회정책으로서 개인으로서는 시민의식과 능력의 개발과 관련하여 중시되고 있다.

2) 민간사회복지의 행정조직

사회복지의 증진책임은 일차적으로는 국가에 있다. 그러나 1970년대의 복지국가의 위기 이후 선진국에서는 인구의 고령화 등 사회변화의 영향으로 복지욕구는 보편화, 다양화, 고도화되어 가고 있으나, 이에 대응하는 공적 사회복지의 확대는 정부의 재정적자 등의 요인으로 한계에 부딪치게 되었다. 이러한 문제에 대응하기 위해 복지선진국에서는 복지다원주의(welfare pluralism)가 등장하게 되었고, 이 영향으로 공적 사회복지의 동반자로서 민간 사회복지의 중요성이 강조되었다. 최근 우리나라에서도 산업화, 도시화, 핵가족화, 인구의 고령화, 여성의 사회참여 증가, 자녀출산의 감소 등의 요인으로 사회서비스 욕구가 확대되고, 다양화, 고도화되면서 공적 서비스와 함께 민간의 서비스가 크게 요구되었다. 민간 사회복지 전달체계의 대표적 조직으로 사회복지법인, 사회복지협의회에 관하여 검토하기로 한다.

(1) 사회복지법인

가) 사회복지법인의 의의

사회복지사업법에서 "사회복지법인"이라 함은 사회복지사업을 행할 목적으로 설립된 법인을 말한다(동법 제2조 제3호). 사회복지법인은 민법상의 비영리법인(재단법인)의 성질을 가지는 것이지만, 공익성이 강한 공익법인이기 때문에 정관의 기재사항, 기관의 구성(임원의 구성), 수익사업에 있어서 민법과 다른 특칙을 두고 있다. 따라서 사회복지법인은 사회복지법에 규정한 것을 제외하고는 민법과 공익법인의 설립 · 운영에 관한 법률을 준용한다(동법 제32조). 사회복지법인에는 사회복지시설의 설치 · 운영을 목적으로 하는 법인(시설운영법인 : 동법시행규칙 제13조 제1항)과 시설의 설치 · 운영을 목적으로 하지 아니하고 사회복지사업을 지원하는 것을 목적으로 하는 법인으로 나눈다(지원법인 : 동법시행규칙 제13조 제2항).

나) 사회복지법인의 설립

사회복지법인을 설립하고자 하는 자는 정관을 작성하고 대통령령이 정하는 바에 의하여 보건복지부장관의 허가를 받은 후 주된 사무소의 소재지에서 설립등기를 함으로써 성립한다(동법 제16조). 설립등기를 한 때 법인격이 부여되어 법인으로 되고 이때부터 그 법인은 자연인과 같이 권리 · 의무의 주체가 된다. 이하 설립절차를 설명한다.

① **정관의 작성** : 사회복지법인의 정관에는 다음과 같은 사항이 기재되어야 한다(절대적 기재사항이며 이를 흠결하면 정관이 무효가 됨. 동법 제17조 제1항 제1호~제11호).

㉠ 목적

㉡ 명칭

㉢ 주된 사무소의 소재지

㉣ 사업의 종류

㉤ 자산 및 회계에 관한 사항

㉥ 임원의 임면 등에 관한 사항

㉦ 회의에 관한 사항

㉧ 수익을 목적으로 하는 사업이 있는 경우 그에 관한 사항

ⓙ 정관의 변경에 관한 사항

ⓚ 존립시기와 해산사유를 정한 때에는 그 시기와 사유 및 잔여재산의 처리방법

ⓛ 공고 및 그 방법에 관한 사항

사회복지법인이 정관을 변경하고자 할 때에는 보건복지부장관의 인가를 받아야 한다. 다만, 보건복지부령으로 정하는 경미한 사항의 경우에는 그러하지 아니한다(동법 제17조 제2항).

② **설립허가** : 사회복지법인을 설립하려는 자는 법인허가신청서에 보건복지부령(동법시행규칙 제7조 제2항 제1호~제10호)이 정하는 서류를 첨부하여 법인의 주된 사무소의 소재지를 관할하는 시장 · 군수 · 구청장을 거쳐 시 · 도지사에게 제출하여 시 · 도지사의 허가를 받아야 한다(동법 제16조, 동법시행령 제8조, 동법시행규칙 제7조 제2항 제1호~제10호).

시 · 도지사로부터 허가를 받게 되면, 사회복지법인설립허가증을 교부받게 되는데(동법시행규칙 제7조 제3항), 이를 가지고 법인의 주된 사무소의 소재지에서 설립등기를 한다(동법 제16조 제2항).

다) 사회복지법인의 운영

사회복지법인의 운영에 관한 중요사항은 이사회 결의에 의하여 대표이사를 포함한 이사가 집행하며, 감사(監事)가 그 업무집행을 감사(監査)한다(민법 제58조, 제66조, 제67조 사회복지사업법 제18조 참조).

사회복지법인은 대표이사를 포함한 이사 7명 이상과 감사 2명 이상을 두어야 한다(사회복지사업법 제18조 제1항). 법인은 이사 정수의 3분의 1 이상을 「사회보장급여의 이용 · 제공 및 수급권자 발굴에 관한 법률」 제40조 제1항에 따른 시 · 도 사회복지위원회나 지역사회복지협의체가 3배수로 추천한 사람 중에서 선임하여야 한다(동법 제18조 제2항). 이 추천기관은 이사를 추천하기 위하여 매년 「사회복지 또는 보건의료에 관한 학식과 경험이 풍부한 사람」, 「사회복지를 필요로 하는 사람의 이익 등을 대표하는 사람」, 「비영리민간단체에서 추천한 사람」, 「사회복지공동모금회에서 추천한 사람」의 어느 하나에 해당하는 사람으로서 이사후보 군을 구성하여 공고하여야 한다(동조 제8항). 이사의 임기는 3년으로 하고 감사의 임기는 2년으로 하되, 각각 연임할 수 있다(동법 제18조 제4항). 외국인인 이사는 이사 현원의 2분의 1 미만이어야 한다(동법 제18조 제5항). 사회복지법인은 임원을 임면하는 경우에는 보건복지부령이 정하는 바에 의하여(동법시행규칙 제10조 제1항) 지체 없이 이를 시 · 도지사에게 보고하여야 한다(동법 제18조 제6항).

감사는 이사와 위의 특별한 관계에 있는 자가 아니어야 하며, 그중 1명은 법률과 회계에 관한 지식이 있는 사람 중에서 선임하여야 한다. 다만 대통령령으로 정하는 일정규모 이상의 법인은 시 · 도지사의 추천을 받아 「주식회사의 외부감사에 관한 법률」 제3조 제1항에 따른 감사인에 속한 사람을 감사로 선임하여야 한다(동법 제18조 제7항).

이사는 법인이 설치한 보건복지시설의 장을 제외한 해당시설의 직원을 겸할 수 없다(동법 제21조 제1항). 감사는 법인의 이사, 법인이 설치한 사회복지시설의 장 또는 그 직원을 겸할 수 없다(동법 제21조 제2항). 시 · 도지사는 임원이 ① 시 · 도지사의 명령을 정당한 이유 없이 이행하지 아니한 때, ② 회계부정이나 현저한 불법행위 기타 부당행위 등이 발견되었을 때, ③ 법인의 업무에 관하여 시 · 도지사에게 보고할 사항에 대하여 고의로 보고를 지연하거나 허위보고를 한 때, ④ 그 밖에 이 법 또는 이 법에 따른 명령을 위반한 때 등에 해당할 때(동법 제22조 제1호~제7호 참조)에는 법인에 대하여 그 임원의 해임을 명할 수 있다(동법 제22조).

위에서 본 바와 같이 복지시설 내에서의 장애아동에 대한 성범죄를 계기로 2012년 1월 26일에 개정된 사회복지사업법은 종래의 시 · 도지사의 임원해임명령사유(시 · 도지사의 명령을 정당한 사유 없이 이행하지 아니한 때, 회계부정이나 현저한 불법행위 그 밖의 부당행위 등의 발견, 법인의 업무를 시 · 도지사에게 고의로 보고를 지연하거나 허위보고를 한 때, 그 밖에 이 법에 또는 이 법에 따른 명령을 위반한 때) 이외에 임원이 인권침해(장애아동 등에 대한 성범죄) 등 현저한 불법행위를 한 때에도 시 · 도지사가 그 임원의 해임을 명할 수 있도록 하였다(동법 제22조 제2호 참조). 이 밖에 임원의 결격사유(동법 제19조), 시 · 도지사는 위의 임원 해임명령을 하기 위한 조사가 진행 중인 경우에 해당 임원의 직무를 정지시킬 수 있고(동법 제22조의 2 제1항), 기타 임시이사의 선임(동법 제22조의 3), 임시이사의 해임(동법 제22조의 4), 이사회의 회의록 작성 및 공개 등(동법 제25조)을 규정하고 있다.

라) 재 산

① **재산의 구분** : 사회복지법인(이하 "법인")은 사회복지사업의 운영에 필요한 재산을 소유하여야 한다(동법 제23조 제1항). 이에 의한 재산과 회계에 관하여 필요한 사항은 보건복지부령(사회복지법인 재무회계규칙).

법인의 재산은 보건복지부령이 정하는 바에 의하여 기본재산과 보통재산으로 구분하며, 기본재산은 그 목록과 가액을 정관에 적어야 한다(동법 제23조 제2항). 이에 따라 동법시행규칙 제12조 제1항은 ㉠ 부동산, ㉡ 정관에서 기본재산으로 정한 재산, ㉢ 이사회의 결의로 기본재산에 편입된 재산(동조 제1호~제3호)은 기본재산에 속하고 그 밖의 재산은 보통재산으로 한다고 규정하고 있다.

기본재산은 목적사업용 기본재산과 수익용 기본재산으로 구분되며, 각각의 내용은 아래와 같다. 다만, 시설의 설치 · 운영을 목적으로 하지 아니하고 사회복지사업을 지원하는 것을 목적으로 하는 법인은 이를 구분하지 아니할 수 있다(동법시행규칙 제12조 제2항 제1호, 제2호). ㉠ 목적사업용 기본재산 : 법인이 사회복지시설 등을 설치하는 데 직접 사용하는 기본재산, ㉡ 수익용 기본재산 : 법인이 그 수익으로 목적사업의 수행에 필요한 경비를 충당하기 위한 기본재산

② **기본재산의 기준** : 법인은 동법 제23조의 규정에 의거하여 법인의 설립목적에 따라 기본재산을 갖추어야 하는데, 그 기준은 동법시행규칙 제13조에 규정되어 있다.

③ **기본재산의 처분** : 법인은 기본재산에 관하여 기본재산의 매도, 증여, 교환, 임대, 담보제공 또는 용도변경, 보건복지부장관이 정하는 금액 이상을 1년 이상 장기차입할 때에는 보건복지부장관의 허가를 받아야 한다(동법 제23조 제3항 제1호, 제2호). 그러나 보건복지부령이 정하는 사항(기본재산에 대한 임대계약의 갱신 : 동법시행규칙 제14조 제2항)에 대하여는 그러하지 아니하다(동법 제23조 제3항 단서). 기본재산처분허가신청서에 다음과 같은 서류를 첨부하여 시 · 도지사에게 제출하여야 한다(동법 제23조 제3항 및 동법시행규칙 제14조).

㉠ 기본재산의 처분을 결의한 이사회 회의록 사본 1부

㉡ 처분하는 기본재산의 명세서 1부

㉢ 처분하는 기본재산의 감정평가서(교환의 경우에는 취득하는 재산의 감정평가서를 포함) 1부

④ **장기차입금액의 허가** : 위에서 보건복지부장관의 허가를 받아야 하는 "보건복지부령이 정하는 금액 이상"이라 함은 장기차입하고자 하는 금액을 포함한 장기차입금의 총액이 기본재산 총액에서 차입 당시의 부채 총액을 공제한 금액의 100분의 5에 상당하는 금액 이상을 말한다(동법시행규칙 제15조 제1항). 이러한 금액을 장기차입하고자 하는 경우에는 장기차입허가신청서에 다음과 같은 서류를 시 · 도지사에게 제출하여야 한다(동법시행규칙 제15조 제2항 제1호~제3호).

㉠ 이사회 회의록 사본 1부

㉡ 차입목적 또는 사유서(차입용도를 포함) 1부

㉢ 상환계획서 1부

⑤ **재산취득보고** : 법인이 매수, 기부채납, 후원 등의 재산을 취득한 때에는 지체 없이 이를

법인의 재산으로 편입조치하여야 한다. 이 경우 법인은 그 취득사유, 취득재산의 종류, 수량 및 가액을 매년 보건복지부장관에게 보고하여야 한다(동법 제24조).

마) 설립허가의 취소

보건복지부장관은 법인이 다음의 사항에 해당할 때에는 기간을 정하여 시정명령을 하거나 설립허가를 취소할 수 있다(동법 제26조 제1항 제1호~제11호).

① 허위 기타 부정한 방법으로 설립허가를 받은 때(제1호)
② 설립허가조건에 위반한 때(제2호)
③ 목적달성이 불가능하게 된 때(제3호)
④ 목적사업 외의 사업을 한 때(제4호)
⑤ 정당한 사유 없이 설립허가를 받은 날부터 6개월 이내에 목적사업을 개시하지 아니하거나 1년 이상 사업실적이 없을 때(제6호)
⑥ 법인이 운영하는 시설에서 반복적 또는 집단적 성폭력 범죄가 발생한 때
⑦ 법인설립 후 기본재산을 출연하지 아니한 때
⑧ 법 제18조 제1항의 임원 정수를 위반한 때
⑨ 법 제18조 제2항을 위반하여 이사를 선임한 때
⑩ 법 제22조에 따른 임원의 해임 명령을 위반한 때
⑪ 그 밖에 이 법 또는 이 법에 의한 명령이나 정관에 위반한 때(제7호)

법인이 위의 각 호의 규정(제1호, 제7호는 제외) 중 어느 하나 해당하며 설립허가를 취소하는 경우는 다른 방법으로 감독목적을 달성할 수 없거나 시정을 명한 후 6월 이내에 법인이 이를 이행하지 아니한 경우로 한정한다(동법 제26조 제2항). 다만, 위의 제1호 또는 제7호에 해당하는 때는 설립허가를 반드시 취소하여야 한다(동법 제26조 제1항 단서).

법인설립의 취소 등으로 법인이 해산한 경우, 해산한 법인의 잔여재산은 정관이 정하는 바에 의하여 국가 또는 지방자치단체에 귀속된다. 이 귀속된 재산은 사회복지사업에 사용하거나 유사한 목적을 가진 법인에게 무상으로 대여하거나 무상으로 사용·수익하게 할 수 있다. 다만, 해산한 법인의 이사, 본인 및 그와 대통령령으로 정하는 특별한 관계에 있는 사람이 이사로 있는 법인에 대하여는 그러하지 아니하다(동법 제27조).

바) 수익사업

법인은 목적사업의 경비에 충당하기 위하여 필요한 때에는 설립목적 수행에 지장이 없는 범위 안에서 수익사업을 할 수 있도록 규정하고 있다(동법 제28조 제1항). 이 수익사업으로부터 생긴 수익은 법인 또는 법인이 설치한 사회복지시설의 운영 외의 목적에 사용할 수 없게 하고 있다(동법 제28조 제2항). 그리고 수익사업에 관한 회계는 법인의 다른 회계와 구분하여 계리하여야 한다(동법 제28조 제3항).

사) 합병 등

법인은 시 · 도지사의 허가를 받아 이 법에 의한 다른 법인과 합병할 수 있다(동법 제30조 제1항). 합병으로 인하여 합병 후 존속하는 법인 또는 합병으로 설립된 법인은 합병에 의하여 소멸된 법인의 지위를 승계한다(동법 제30조 제2항). 법인이 합병허가를 받고자 하는 때에는 법인합병허가신청서에 합병 후 존속하는 사회복지법인 또는 합병에 의하여 설립되는 법인의 정관과 보건복지부령(동법시행규칙 제19조 제2항)이 정하는 서류를 첨부하여 시 · 도지사[법 제30조 제1항 단서(주된 사무소가 서로 다른 시 · 도에 소재한 법인 간의 합병)에 따른 합병의 경우에는 보건복지부장관]에게 제출(전자문서 제출 포함)하여야 한다(동법시행령 제11조 제1항).

(2) 사회복지협의회

사회복지에 관한 조사 · 연구와 사회복지에 관한 조사 · 연구 및 정책 건의, 사회복지관련기관, 단체 간의 연계 · 조정, 사회복지 소외계층 발굴 및 민간사회복지자원과의 연계 · 협력, 대통령령으로 정하는 사회복지사업의 조성을 위하여 전국 단위의 한국사회복지협의회(중앙협의회)와 시 · 도 단위의 시 · 도 사회복지협의회(이하 "시 · 도협의회")를 두며, 필요한 경우에는 시(제주도 특별자치도 설치 및 국제자유도시 조성을 위한 특별법 제10조 제2항에 따른 행정시 포함) · 군 · 구 단위의 시 · 군 · 구 사회복지협의회(이하 "시 · 군 · 구협의회")를 둘 수 있다(동법 제33조 제1항). 이들 협의회는 이 법에 의한 사회복지법인으로 하되, 다른 사회복지법인처럼 사회복지사업의 운영에 필요한 재산을 소유하지 않아도 될 수 있도록 특수한 예외를 인정하고 있다(동법 제33조 제2항).

(3) 사회복지사 제도

가) 의 의

사회복지사업은 전문가의 실천적 개입을 통하여 제공되는 비물질적 · 심리사회적 서비스가 중요하다. 그러므로 사회복지전문가의 역할이 그만큼 중시된다. 이런 점에서 사회복지사업법에서는 사회복지에 관한 전문적 지식을 가진 사람을 사회복지 분야에서 활동할 수 있도록 하는 사회복지사 제도를 두고 있다.

나) 사회복지사 자격증의 교부 등

① 사회복지사 자격증의 교부와 결격사유 : 보건복지부장관은 사회복지에 관한 전문지식과 기술을 가진 자로서 다음의 결격사유에 해당되지 아니한 자에게 사회복지사의 자격증을 교부할 수 있다(동법 제11조 제1항). 결격사유(동법 제11조의 2 제1호~제4호)는 아래와 같다.

- 금치산자 또는 한정치산자
- 금고 이상의 형을 선고받고 그 집행이 종료되지 아니하였거나 그 집행을 받지 아니하기로 확정되지 아니한 자
- 법원의 판결에 의하여 자격이 상실 또는 정지된 자
- 마약 · 대마 또는 향정신성 의약품의 중독자

② 사회복지사의 등급별 자격기준과 국가시험 : 사회복지사의 등급은 1, 2, 3급으로 구분하고 있으며, 등급별 자격기준과 자격증의 교부절차 등은 대통령령으로 정한다(동법 제11조 제2항, 동법시행령 제2조 제1항 별표 1 참조).

특히 이 중에서 사회복지사 1급을 받고자 하는 자는 국가시험에 합격해야 하며, 매년 1회 이상 보건복지부장관이 실시하도록 되어 있다(동법 제11조 제3항, 동법시행령 제3조 제1항).

이 경우 보건복지부장관은 법 제12조 제1항의 규정에 따라 다음의 기준에 적합한 관계전문기관을 시험관리기관으로 지정하여 시험관리업무를 위탁한다(동법시행령 제3조 제2항)고 규정하여 민간위탁의 근거를 마련하였다. 첫째, 시험에 관한 조사 · 연구 등을 통하여 시험에 관한 전문적인 능력을 갖춘 비영리법인, 둘째, 사회복지에 관한 전문지식과 기술을 갖춘 비영리법인, 셋째, 한국산업인력공단법에 따른 한국산업인력공단.

사회복지사의 등급별 자격기준, 1급 사회복지사 국가시험과목, 1급 사회복지사 국가시험의 응시자격, 사회복지학 전공교과목과 사회복지관련교과목은 다음의 표와 같다.

사회복지사의 등급별 자격기준

(동법시행령 제2조 제1항 관련 별표 1, 1999.10.30, 2002.12.26, 2004.7.30, 2008.2.29, 2010.3.15)

등급	자격기준
사회복지사 1급	법 제11조 제3항의 규정에 의한 국가시험에 합격한 자
사회복지사 2급	가. 고등교육법에 의한 대학원에서 사회복지학 또는 사회사업학을 전공하고 석사학위 또는 박사학위를 취득한 자. 다만, 대학에서 사회복지학 또는 사회사업학을 전공하지 아니하고 동 석사학위를 취득한 자는 보건복지부령이 정하는 사회복지학 전공교과목과 사회복지관련 교과목 중 필수과목 6과목 이상(대학에서 이수한 교과목을 포함하되, 대학원에서 3과목 이상을 이수하여야 함), 선택과목은 2과목 이상을 각각 이수한 경우에 한하여 사회복지사 자격을 인정한다. 나. 고등교육법에 의한 대학에서 보건복지부령이 정하는 사회복지학 전공교과목과 사회복지관련 교과목을 이수하고 학사학위를 취득한 자 다. 법령에서 고등교육법에 의한 대학을 졸업한 자와 동등 이상의 학력이 있다고 인정하는 자로서 보건복지부령이 정하는 사회복지학 전공교과목과 사회복지관련 교과목을 이수한 자 라. 고등교육법에 의한 전문대학에서 보건복지부령이 정하는 사회복지학 전공교과목과 사회복지관련 교과목을 이수하고 졸업한 자 마. 법령에서 고등교육법에 의한 전문대학을 졸업한 자와 동등 이상의 학력이 있다고 인정하는 자로서 보건복지부령이 정하는 사회복지학 전공교과목과 사회복지관련 교과목을 이수한 자 바. 고등교육법에 의한 대학을 졸업하거나 이와 동등 이상의 학력이 있는 자로서 보건복지부장관이 지정하는 교육훈련기관에서 12주 이상 사회복지사업에 관한 교육훈련을 이수한 자 사. 사회복지사 3급 자격증 소지자로서 3년 이상 사회복지사업의 실무경험이 있는 자
사회복지사 3급	가. 고등교육법에 의한 전문대학을 졸업한 자로서 또는 법령에서 이와 동등 이상의 학력이 있다고 인정하는 자로서 보건복지부장관이 지정하는 교육훈련기관에서 12주 이상 사회복지사업에 관한 교육훈련을 이수한 자 나. 고등학교를 졸업하거나 이와 동등 이상의 학력이 있는 자로서 보건복지부장관이 지정하는 교육훈련기관에서 24주 이상 사회복지사업에 관한 교육훈련을 이수한 자 다. 3년 이상 사회복지사업의 실무경험이 있는 자로서 보건복지부장관이 지정하는 교육훈련기관에서 24주 이상 사회복지사업에 관한 교육훈련을 이수한 자 라. 법 제2조 제1항의 규정에 의한 업무에 8급 또는 8급 상당 이상으로 3년 이상 종사한 공무원으로서 보건복지부장관이 지정하는 교육훈련기관에서 4주 이상 사회복지에 관한 교육훈련을 이수한 자

* 외국의 대학 또는 대학원에서 사회복지학 또는 사회사업학을 전공하고 학사학위 이상의 학위를 취득한 자로서 등급별 자격기준과 동등한 학력이 있다고 보건복지부장관이 인정하는 경우에는 해당 등급의 사회복지사 자격증을 교부할 수 있다.

1급 복지사 국가시험과목(동법시행령 제3조 제4항 관련 별표 2, 개정 2004.7.30, 2008.10.28)

1. 사회복지기초(인간행동과 사회환경 및 사회복지조사론)
2. 사회복지실천(사회복지실천론, 사회복지실천기술론 및 지역사회복지론)
3. 사회복지정책과 제도(사회복지정책론, 사회복지행정론 및 사회복지법제론)

1급 복지사 국가시험의 응시자격(동법시행령 제4조 제1항 별표 3, 2002.12.26, 2004.7.30, 2008.2.29, 2010.3.15. 개정)

1. 고등교육법에 의한 대학원에서 사회복지학 또는 사회사업학을 전공하고 석사학위 또는 박사학위를 취득한 자. 다만, 대학에서 사회복지학 또는 사회사업학을 전공하지 아니하고 동 석사학위를 취득한 자는 보건복지부령이 정하는 사회복지학 전공교과목과 사회복지관련 교과목 중 필수과목 6과목 이상(대학에서 이수한 교과목을 포함하되, 대학원에서 4과목 이상을 이수하여야 함), 선택과목 2과목 이상을 각각 이수하여야 한다.
2. 고등교육법에 의한 대학에서 보건복지부령이 정하는 사회복지학 전공교과목과 사회복지관련 교과목을 이수하고 학사학위를 취득한 자
3. 법령에서 고등교육법에 의한 대학을 졸업한 자와 동등 이상의 학력이 있다고 인정하는 자로서 보건복지부령으로 정하는 사회복지학 전공교과목과 사회복지관련 교과목을 이수한 자
4. 외국의 대학 또는 대학원에서 사회복지학 또는 사회사업학을 전공하고 학사학위 이상을 취득한 자로서 제1호 및 제2호의 자격과 동등하다고 보건복지부장관이 인정하는 자
5. 별표 1의 사회복지사 2급 자격기준란의 라목 내지 사목에 해당하는 자로서 시험일 현재 1년 이상 사회복지사업의 실무경험이 있는 자

사회복지학 전공교과목과 사회복지관련 교과목
(사회복지사업법시행령 별표 1, 별표 3에서 보건복지부령이 정하는 사회복지학 전공교과목과 사회복지관련 교과목, 동법시행규칙 제3조 별표 1 관련, 2005.10.17, 2008.3.3, 2010.3.19. 개정 보건복지부령 제333호로 일부개정)

필수과목 (10)	사회복지개론, 인간행동과 사회환경, 사회복지정책론, 사회복지법제, 사회복지실천론, 사회복지실천기술론, 사회복지조사론, 사회복지행정론, 지역사회복지론, 사회복지현장실습
선택과목 (4)	아동복지론, 청소년복지론, 노인복지론, 장애인복지론, 가족복지론, 산업복지론, 의료사회사업론, 학교사회사업론, 정신건강론, 교정복지론, 사회보장론, 사회문제론, 자원봉사론, 정신보건사회복지론, 사회복지지도감독론, 사회복지자료분석론, 프로그램 개발과 평가, 사회복지발달사, 사회복지윤리와 철학 중 4과목 이상

* 이수학점 : 필수과목 – 대학원 6과목 18학점(과목당 3학점 이상), 대학 · 전문대학 10과목 30학점(과목당 3학점 이상), 선택과목 – 대학원 2과목 6학점(과목당 3학점 이상), 대학 · 전문대학 4과목 12학점(과목당 3학점 이상)

** 교과목의 명칭이 동일하지 아니하더라도 교과의 내용이 동일하다고 보건복지부장관이 인정하는 경우에는 동일 교과목으로 본다. 아울러 보건복지부장관은 사회복지사 1급의 국가시험을 매년 1회 이상 실시하여야 하며(동법시행령 제3조 제1항), 이 시험을 실시하고자 하는 때에는 미리 보건복지부장관의 승인을 얻어 시험일시 · 시험장소 · 시험과목 · 응시원서의 제출기간 기타 필요한 사항을 시험일 30일 전까지 공고하여야 한다(동법시행령 제3조 제3항).
시험에 응시하고자 하는 자는 시험관리기관의 장이 정하는 응시원서를 시험기관의 장에게 제출하도록 하고 있다(동법시행령 제4조 제2항). 또한 시험관리기관의 장은 시험을 실시한 때에는 합격자를 결정 · 발표하고 그 합격자에 대한 성명과 주소, 시험합격번호와 합격연월일을 보건복지부장관 및 사회복지사업법 제46조의 규정에 의한 한국사회복지사협회에 통보하도록 하고 있다(동법시행령 제4조 제3항).

다) 사회복지사의 채용

① 의무채용업무의 범위 : 사회복지법인 및 사회복지시설을 설치 · 운영하는 자는 대통령령으로 정하는 바에 따라 사회복지사를 그 종사자로 채용하여야 하고, 보고방법 · 보고주

기 등 보건복지부령으로 정하는 바에 따라 특별시장 · 광역시장 · 시 · 도지사 · 특별자치도지사 또는 시장 · 군수 · 구청장에게 사회복지사의 임면에 관한 사항을 보고하여야 한다. 다만 대통령령으로 정하는 사회복지시설(동법시행령 제6조 제2항에서 정하고 있음)은 그러하지 아니 하다(동법 제13조 제1항). 보건복지부장관은 사회복지사의 자질 향상을 위한 교육을 받도록 명할 수 있는데, 사회복지법인 또는 사회복지시설에 종사하는 사회복지사는 정기적으로 인권에 관한 내용이 포함된 보수교육을 받아야 한다(동법 제13조 제2항).

라) 사회복지사협회

사회복지사는 사회복지에 관한 전문지식과 기술을 개발 · 보급하고 사회복지사의 자질향상을 위한 교육훈련 및 사회복지사의 복지증진을 도모하기 위하여 한국사회복지사협회를 설립한다(동법 제46조 제1항). 이 협회는 법인으로 하되, 협회의 조직과 운영 등에 관하여 필요한 사항은 대통령령(동법시행령 제22조)으로 정한다(동법 제46조 제2항). 협회에 관하여 이 법에 규정한 것을 제외하고는 민법 중 사단법인에 관한 규정을 준용한다(동법 제46조 제3항).

2. 사회복지시설

1) 의 의

사회복지시설이란 사회복지사업을 행할 목적으로 설치된 시설을 말한다(동법 제2조 제4호). 사회복지시설은 사회적 약자가 스스로 자신의 삶을 영위하는 것이 어려울 때 국가나 지방자치단체가 가정을 대신하여 도움을 제공하는 일종의 사회복지적 장치이다. 따라서 사회복지시설의 설립과 운영은 국민의 생존권을 확보하기 위한 수단으로서 의미를 지니고 있으므로 국가의 책임으로 보아야 할 것이다. 국가와 지방자치단체는 사회복지시설의 설립과 운영을 독자적으로 행하거나 민간법인의 설립 · 운영을 지원하는 한편 지도 · 감독하는 것이고, 사회복지사업법에서는 이러한 사항을 기본적으로 규정하고 있다.

2) 설 치

(1) 시설의 설치

국가 또는 지방자치단체는 사회복지시설(이하 "시설")을 설치 · 운영할 수 있으며(동법 제34조 제1항), 만일 국가 또는 지방자치단체 외의 자가 시설을 설치 · 운영하고자 하는 때에는 보건복지부령이 정하는 바에 따라 시장 · 군수 · 구청장에게 신고하여야 하는데(동법 제34조 제2항 본문), 이 경우 사회복지시설 설치 · 운영신고서(전자문서로 된 신고서 포함)에 보건복지부령(동법시행규칙 제20조 제1항 각 호)으로 정하는 서류(전자문서 포함)를 첨부하여 관할 시장 · 군수 · 구청장에게 제출하여야 한다(동법 제34조 제2항, 동법시행규칙 제20조 제1항). 다만, 시설의 폐쇄명령을 받고 3년이 경과되지 아니한 자는 시설의 설치 · 운영신고를 할 수 없다(동법 제34조 제2항 단서).

각 시설의 수용인원은 300명을 초과할 수 없다. 다만 대통령령으로 정(동법시행령 제19조)하는 경우는 그러하지 아니하다(동법 제41조). 보건복지부장관은 시설에서 제공하는 서비스의 최저기준을 마련하여야 하고, 시설운영자는 이 최저기준 이상으로 서비스 수준을 유지하여야 한다(동법 제43조).

(2) 시설의 위탁

국가 또는 지방자치단체가 설립한 시설은 필요한 경우 사회복지법인 또는 비영리법인에게 위탁하여 운영하게 할 수 있다(동법 제34조 제4항). 위탁하게 될 때는 다음의 내용이 포함된 계약을 체결하여야 한다(동법시행규칙 제21조의 2 제1항 제1호~제7호). 그리고 위탁계약기간은 5년 이내로 하고, 위탁자가 필요하다고 인정하는 때에는 그 계약기간을 갱신할 수 있도록 하고 있다(동법시행규칙 제21조의 2 제2항).

① 수탁자의 성명 및 주소(동법시행규칙 제21조의 2 제1항 제1호)
② 위탁계약기간(동 제2호)
③ 위탁대상시설 및 업무내용(동 제3호)
④ 수탁자의 의무 및 준수사항(동 제4호)
⑤ 시설의 안전관리에 관한 사항(동 제5호)
⑥ 시설종사자의 고용승계에 관한 사항(동 제5의 2호)
⑦ 계약의 해지에 관한 사항(동 제6호)
⑧ 기타 시설의 운영에 필요하다고 인정되는 사항(동 제7호)

시설의 위탁의 경우 위탁운영의 기준 · 기간 및 방법에 관하여 필요한 사항은 보건복지부령(동법시행규칙 제21조 참조)으로 정한다(동법 제34조 제5항).

3) 사회복지관의 설치와 운영

사회복지시설 중 사회복지관은 지역사회의 특성과 지역주민의 복지욕구를 고려하여 사회복지서비스 제공 등 지역복지증진을 위한 사업을 실시할 수 있다(동법 제34조의 5). 사회복지관은 모든 지역주민을 대상으로 사회복지서비스를 실시하되 국민기초생활 보장법에 따른 수급자 및 차상위계층, 장애인, 노인, 한부모가정 및 다문화가정, 직업 및 취업알선이 필요한 자, 보호와 교육이 필요한 유아 · 아동 및 청소년, 그 밖에 사회복지관의 사회복지서비스를 우선 제공할 필요가 있다고 인정되는 사람 등의 지역주민에게 우선 제공하여야 한다(동법 제34조의 5 제2항). 그 밖에 사회복지관의 설치 · 운영 · 사업 등에 필요한 사항은 보건복지부령으로 정한다(동법 제34조의 5 제3항).

4) 시설장 · 운영위원회

(1) 시설장

시설장은 상근하여야 하며 다음에 해당하는 자는 시설장이 될 수 없다(동법 제35조 제1항, 제2항).

① 미성년자
② 피성년후견인 또는 피한정후견인
③ 파산선고를 받은 자로서 복권되지 아니한 사람
④ 법원의 판결 따라 자격이 상실 또는 정지된 자
⑤ 금고 이상의 실형의 선고를 받고 그 집행이 끝나거나(집행이 끝난 것으로 보는 경우를 포함) 집행이 면제된 날부터 3년이 지나지 아니한 자
⑥ 금고 이상의 형의 집행유예선고를 받고 그 유예기간 중에 있는 사람
⑦ 위의 ⑤와 ⑥에도 불구하고 사회복지사업 또는 그 직무와 관련하여 아동복지법 제71조, 보조금관리에 관한 법률 제40조부터 제42조까지 또는 형법 제28장, 제40장(제360조를 제외)의 죄를 범하거나 이 법에 위반하여 100만 원 이상 벌금형의 선고를 받고 그 형이 확정된 후 5년 또는 형의 집행유예 선고를 받고 그 형이 확정된 후 7년이 지나지 아니하거나 징역형의 선고를 받고 그 집행이 끝나거나(집행이 끝난 것으로 보는 경우를 포함) 집행이 면제된 날부터 7년이 지나지 아니한 사람
⑧ 위의 ⑤부터 ⑦까지의 규정에도 불구하고 아동 · 청소년 대상 성범죄를 저지른 사람으로서 형 또는 치료감호를 받고 확정된 후 그 형 또는 치료감호의 전부 또는 일부의 집행이 끝나거나 집행이 유예 · 면제된 날로부터 10년이 지나지 아니한 사람
⑨ 법 제22조에 따른 해임 명령에 따라 해임된 날로부터 5년이 지나지 아니한 사람, 설립허

가가 취소된 사회복지법인의 임원이었던 사람(그 허가의 취소사유 발생에 관하여 직접적인 또는 이에 상응하는 책임이 있는 자로서 대통령령으로 정하는 사람으로 한정)으로서 그 설립허가가 취소된 날부터 5년이 지나지 아니한 사람, 시설장에서 해임된 사람으로서 해임된 날부터 5년이 지나지 아니한 사람, 폐쇄명령을 받고 3년이 지나지 아니한 사람

(2) 운영위원회

시설의 장은 시설의 운영에 관한 사항을 심의하기 위하여 시설에 운영위원회를 두어야 한다(동법 제36조). 운영위원회의 위원은 시설의 장, 시설거주자 대표, 시설거주자의 보호자 대표, 시설종사자의 대표, 해당 시·군·구 소속의 사회복지업무를 담당하는 공무원, 후원자 대표 또는 지역주민, 공익단체에서 추천하는 사람, 그 밖에 시설의 운영 또는 사회복지에 관하여 전문적인 지식과 경험이 풍부한 사람 중에서 시장·군수·구청장이 임명하거나 위촉한다(동법 제36조 제2항). 시설의 장은 시설의 회계 및 예산·결산에 관한 사항, 후원금 조성 및 집행에 관한 사항, 그 밖에 시설 운영과 관련된 사건·사고에 관한 사항을 운영위원회에 보고하여야 한다(동법 제36조 제3항).

(3) 종사자

사회복지법인 및 사회복지시설을 설치·운영하는 자는 법인 및 시설에 근무할 종사자를 채용할 수 있다(동법 제35조의 2). 동법 제3항 제7호 또는 제8호(성범죄자 등)의 어느 하나에 해당하는 사람, 종사자로 재직하는 동안 시설이용자를 대상으로 아동·청소년 대상 성범죄를 저질러 금고 이상의 형 또는 치료감호를 선고받고 그 형이 확정된 사람은 사회복지법인 또는 시설의 종사자가 될 수 없다(동법 제35조의 2 제2항 제1호, 제2호).

5) 휴지·재개·폐지신고 등

시설설치신고를 한 자는 지체 없이 시설의 운영을 시작하여야 하며(동법 제38조 제1항), 시설의 운영자는 그 운영을 휴지하거나 재개 또는 시설을 폐지되는 경우에는 동법시행규칙 별지 제20호의 서식에 의한 신고서에 몇 가지 서류를 첨부하여 휴지·재개·폐지를 3월 전까지 관할 시장·군수·구청장에게 제출하여야 한다(동법 제38조 제2항 및 동법시행규칙 제26조 제1항 제1호~제6호).

시장, 군수, 구청장은 시설 운영이 중단되거나 시설이 폐지되는 경우에는 보건복지부령이

정하는 바에 따라 시설거주자의 권익을 보호하기 위하여 시설거주자가 다른 시설을 선택할 수 있도록 하고 그 이행을 확인하는 조치, 시설거주자가 이용료, 사용료 등의 비용을 부담하는 경우 납부한 비용 중 사용하지 아니한 금액을 반환하게 하고 그 이행을 확인하는 조치, 보조금, 후원금 등의 사용실태 확인과 이들 재원으로 조성한 재산 중 남은 재산 회수 조치, 그 밖에 시설거주자의 권익보호를 위하여 필요하다고 인정하는 조치 등의 조치를 하여야 한다(동법 제38조 제3항). 그리고 시설거주자가 시설운영을 재개하려고 할 때에는 보건복지부령으로 정하는 바에 따라 시설거주자의 권익을 보호하기 위하여 운영 중단 사유의 해소, 향후 안정적 운영계획의 수립, 그 밖에 시설거주자의 권익 보호를 위하여 보건복지부장관이 필요하다고 인정하는 조치 등의 조치를 하여야 한다(동법 제38조 제4항).

6) 개선 · 사업의 정지 · 폐쇄 등

보건복지부장관, 시 · 도지사 또는 시장 · 군수 · 구청장은 시설이 다음의 어느 하나에 해당할 때에는 그 시설의 개선, 사업의 정지, 시설의 장의 교체를 명하거나 시설의 폐쇄를 명할 수 있다(동법 제40조 제1항 제1호~제10호).

① 시설이 설치기준에 미달하게 된 때(동조 제1항 제1호)
② 사회복지법인 또는 비영리법인이 설치 · 운영하는 시설의 경우 그 사회복지법인 또는 비영리법인의 설립허가가 취소된 때(동조 제1항 제2호)
③ 설치목적이 달성되었거나 그 밖에 계속하여 운영될 필요가 없다고 인정할 때(동조 제1항 제3호)
④ 회계부정이나 불법행위 기타 부당행위 등이 발견된 때(동조 제1항 제4호)
⑤ 신고하지 아니하고 시설을 설치 · 운영한 때(제5호)
⑥ 운영위원회를 설치 또는 운영하지 아니한 때(제6호)
⑦ 정당한 이유 없이 보고 또는 자료제출을 하지 아니하거나 거짓으로 하였을 때(제7호)
⑧ 정당한 이유 없이 검사, 질문을 거부, 방해하거나 기피하였을 때(제8호)
⑨ 시설에서 아동 · 청소년 대상 성폭력 범죄가 발생한 때
⑩ 1년 이상 시설이 휴지 상태에 있어 시장 · 군수 · 구청장이 재개를 권고하였음에도 불구하고 재개하지 않을 때

시설의 개선, 사업정지, 폐쇄 등의 행정처분의 세부적 기준은 그 위반행위의 유형과 위반

의 정도 등을 참작하여 보건복지부령으로 정한다(동법 제40조 제3항).

7) 시설의 평가

보건복지부장관 및 시·도지사는 보건복지부령이 정하는 바에 따라 시설을 정기적으로 평가하고, 그 결과를 공표하거나 이를 시설의 감독 또는 지원 등에 반영할 수 있으며 시설거주자를 다른 시설로 보내는 등의 조치를 할 수 있다(동법 제43조의 2 제1항).

보건복지부장관이나 시·도지사는 위의 평가결과에 따라 시설거주자를 다른 시설로 보내는 경우에는 위의 동법 제38조 제3항의 조치(시설운영의 중단, 폐지에 따른 조치)를 하여야 한다(동법 제43조의 2 제2항).

8) 보험가입의무

시설의 운영자는 화재로 인한 손해배상책임의 이행을 위하여 손해보험회사의 책임보험에 가입하거나 사회복지사 등의 처우 및 지위에 관한 법률 제4조에 따른 한국사회복지공제회의 책임공제에 가입하여야 한다(동법 제34조의 3 제1항). 국가 또는 지방자치단체는 예산의 범위 안에서 책임보험 또는 공제회의 가입에 드는 비용의 전부 또는 일부를 보조할 수 있다(동법 제34조의 3 제2항).

위에 따라 책임보험이나 책임공제에 가입하여야 할 시설의 범위는 사회복지사업법 제2조 제1호 각 목의 법령에 의한 사회복지시설(국민기초생활 보장법을 위시하여 가정폭력방지 및 피해자보호 등에 관한 법률을 포함한 25개 법령과 연관된 사회복지시설)과 사회복지관 및 결핵 및 한센병 요양시설 등이다(동법 제34조의 3 제3항, 동법시행령 제18조의 3).

3. 재가복지

사회복지서비스의 영역은 시대의 변천에 따라 날로 확대되며 오늘날에는 사회복지시설의 제공·이용 등을 통한 전통적 사회복지사업에서 한 걸음 나아가 사회복지서비스를 필요로 하는 사람("보호대상자"라 함)에게 재가복지서비스를 받을 수 있도록 하며 사회복지서비스의 질과 그 실효성을 높이고 있다.

국가 또는 지방자치단체는 보호대상자가 다음의 하나에 해당하는 재가복지서비스를 제공받도록 할 수 있다(동법 제41조의 2 제1항 제1호, 제2호).

① 가정봉사서비스 : 가사 및 개인활동을 지원하거나 정서활동을 지원하는 서비스

② 주간 · 단기보호서비스 : 주간 · 단기보호시설에서 급식 및 치료 등 일상생활의 편의를 낮 동안 또는 단기간 동안 제공하거나 가족에 대한 교육 및 상담을 지원하는 서비스

시장 · 군수 · 구청장은 「사회보장급여의 이용 · 제공 및 수급권자 발굴에 관한 법률」 제15조에 보호대상자별 보호서비스 제공계획에 따라 보호대상자에게 사회복지서비스를 제공하는 경우 시설에의 입소에 우선하여 위의 재가복지서비스를 제공하도록 하여야 한다(동법 제41조의 2 제2항). 국가 또는 지방자치단체는 재가복지서비스를 필요로 하는 가정 또는 시설에서 보호대상자가 일상생활을 영위하기 위하여 필요한 각종 편의를 제공하는 가정봉사원을 양성하도록 노력하여야 한다(동법 제41조의 4).

4. 비 용

1) 의 의

사회복지사업에 필요한 비용은 기본적으로 국가부담으로 하고 있다. 그러나 최근에는 사회변동에 따라 소득계층에서 필요로 하는 각종의 사회복지욕구가 발생하여, 소위 유료복지가 점진적으로 확대되어 가는 경향이다. 앞으로 사회복지사업이 대상의 욕구에 따라 다변화될 경우, 이에 따라 비용 역시 국가부담 혹은 무료복지에서 수익자부담의 유료복지도 늘어날 것으로 보인다. 그럼에도 불구하고 현재 사회복지사업의 주류는 여전히 무료복지이고, 따라서 사회복지사업을 위한 비용조달은 여러 가지 방법과 형태를 통해서 이루어진다. 사회복지사업법은 이러한 재원조달에 대한 법적 근거를 마련하고 있다.

2) 보조금 등

국가 또는 지방자치단체는 사회복지사업을 하는 자 중 대통령령으로 정하는 자에게 운영비 등 필요한 비용의 전부 또는 일부를 보조할 수 있다(동법 제42조 제1항), 여기에서 대통령령이 정하는 자는 아래와 같다(동법시행령 제20조 제1호~제3호).

① 사회복지법인

② 사회복지사업을 수행하는 비영리법인

③ 사회복지시설 보호대상자를 수용하거나 보육 · 상담 및 자립지원을 하기 위하여 사회복

지시설을 설치 · 운영하는 개인을 말한다.

이 보조금은 그 목적 이외의 용도에 사용할 수 없으며(동법 제42조 제2항), 만약 보조금을 받은 자가 다음과 같은 사항에 해당될 때에는 국가나 지방자치단체는 이미 교부한 보조금의 전부 또는 일부의 반환을 명할 수 있도록 하였다(동법 제42조 제3항 제1호~제3호). 다만, 제1호, 제2호의 경우에는 반환을 명시하여야 한다(동조 제3항 단서).

① 거짓이나 부정한 방법으로 보조금의 교부를 받았을 때(제1호)
② 사업목적 외의 용도에 보조금을 사용한 때(제2호)
③ 이 법 또는 이 법에 의한 명령에 위반한 때(제3호)

이 보조금과 관련하여 이 법에 규정된 사항 외에는 「보조금에 관한 법률」 및 「지방재정법」을 따른다(동조 제4항).

보건복지부장관은 시 · 도지사 및 시장 · 군수 · 구청장에게 사회복지사업의 수행에 필요한 비용을 지원할 수 있다(동법 제42조의 3). 보건복지부장관은 시설에서 제공하는 서비스의 최저기준을 마련하여야 하고, 시설운영자는 서비스 최저기준 이상으로 서비스 수준을 유지하여야 한다(동법 제43조).

3) 비용의 징수

사회복지사업법에 의한 복지조치에 필요한 비용을 부담한 지방자치단체의 장 그 밖에 시설을 운영하는 자는 그 혜택을 받은 본인 또는 그 부양의무자(국민기초생활 보장법상의 부양의무자를 말함)로부터 대통령령으로 정하는 바에 따라 그가 부담한 비용의 전부 또는 일부를 징수할 수 있다(동법 제44조).

4) 후원금의 관리

사회복지사업을 수행하는 자가 받은 후원금 관리에 대한 법적 근거를 신설하여 그 투명성을 확보할 수 있는 근거를 마련하였다.

(1) 후원금의 범위

후원금이란 법인의 대표이사와 시설의 장이 아무런 대가 없이 무상으로 받은 금품 기타 자산(이하 "후원금")을 말하며, 후원금의 수입 · 지출내용을 공개하여야 하며 관리에 명확성이 확보되도록 하여야 한다(동법 제45조 제1항).

(2) 후원금의 관리

후원금에 관한 영수증 교부, 수입 및 사용결과 보고 등 기타 후원금 관리 및 공개절차 등 구체적인 사항은 보건복지부령으로 정하는데(동법 제45조 제2항), 이에 대하여는 사회복지법인 재무회계규칙 제4장의 2에 상세히 규정되어 있다.

5. 기 타

1) 청 문

보건복지부장관, 시 · 도지사 또는 시장 · 군수 · 구청장이 제26조(설립허가 취소 등), 제46조(시설의 개선, 사업의 정지, 폐쇄 등)의 규정에 의한 허가의 취소, 시설의 폐쇄를 하고자 할 때에는 청문을 하여야 한다(동법 제49조).

2) 지도 · 감독 등

보건복지부장관 또는 시 · 도지사 또는 시장 · 군수 · 구청장은 사회복지사업을 운영하는 자에 대한 소관업무에 관하여 지도 · 감독을 하며, 필요한 경우 그 업무에 관하여 보고 또는 관계서류의 제출을 명하거나, 소속공무원으로 하여금 법인의 사무소 또는 시설에 출입하여 검사 또는 질문하게 할 수 있다(동법 제51조 제1항).

보건복지부장관 또는 시 · 도지사는 지도 · 감독을 실시한 후 법 제26조 및 제40조에 따른 행정처분 등을 한 경우에는 처분대상인 법인 또는 시설의 명칭, 처분 사유, 처분 내용 등 처분과 관련된 정보를 대통령령으로 정하는 바에 따라 공표할 수 있고, 지도 · 감독기관은 사회복지사업 운영자의 소관업무에 대한 지도 · 감독에 있어 필요한 경우 촉탁을 할 수 있다(동법 제51조 제5항, 제6항).

제3 절 아동복지법

I. 의의와 목적

1. 의의 및 특성

아동복지법은 아동복지에 관한 법이다. 여기에는 아동복지법(2000. 1. 12. 제6151호 전문개정, 여러 차례 개정되었고, 2011. 8. 4. 전부개정, 2012. 10. 22, 2012. 12. 18, 2013. 3. 23, 2014. 1. 28, 2015. 3. 27, 2015. 12. 29, 2016. 1. 19, 2016. 3. 22, 2016. 5. 29, 2017. 7. 26, 2017. 9. 19, 2017. 10. 24. 등에 개정), 동법시행령(2000. 7. 27. 제정, 여러 차례 개정, 최근에는 2010. 3. 15, 2010. 7. 12, 2012. 1. 3, 2012. 1. 6, 2012. 8. 3, 2013. 1. 22, 2013. 3. 23, 2015. 11. 30, 2016. 6. 30, 2016. 9. 22, 2017. 4. 18, 2017. 7. 26, 2017. 12. 19. 등 개정), 동법시행규칙(2000. 8. 24. 제정, 여러 차례 개정, 최근에는 2010. 3. 19, 2011. 12. 30, 2012. 8. 3. 전부개정, 2012. 8. 3, 2013. 12. 31, 2015. 12. 31, 2016. 9. 23.)이 있다.

현대에서 아동문제는 아동 자신이나 가족만의 문제가 아니라 국가사회 전체가 관심을 가지고 책임져야 할 것으로 인정되고 있다. 아동문제는 단순히 한 인간으로서 아동 개인의 불행에 그치지 않고 가족과 사회에 심각한 영향을 미친다. 따라서 아동을 건강하게 출산하여 양육하고 인간답게 살아가게 하고 성장하게 하는 아동복지가 사회복지의 중요한 영역으로 되고 있다. 아동복지는 다른 사회복지 분야에 비하여 아동문제의 해결뿐만 아니라 건전한 성장과 발달, 그리고 아동의 인간다운 기본적 욕구충족 등을 포괄하는 특성을 지니고 있다. 여기서 아동이라 함은 18세 미만인 사람을 말한다(동법 제3조 제1호).

2. 아동복지법의 목적

아동복지법은 아동이 건강하게 출생하여 행복하고 안전하게 자라나도록 그 복지를 보장하는 것을 목적으로 하고 있다(동법 제1조). 이 아동복지법은 빈곤아동, 보호자가 없는 아동 등의 보호를 필요로 하는 아동을 대상으로 할 뿐만 아니라 나아가 보호를 필요로 하는 아동을 포함하여 모든 아동을 대상으로 아동이 가진 문제해결과 동시에 건전하게 자랄 수 있도록 지원을 하는 적극적 목적을 담고 있다.

Ⅱ. 주요 내용

1. 기본이념

아동복지법은 제2조에서 아동복지법의 기본이념을 3가지로 규정하였다. 첫째, 아동은 자신 또는 부모의 성별, 연령, 종교, 사회적 신분, 재산, 장애유무, 출생지역, 인종 등에 따른 어떠한 종류의 차별도 받지 않고 자라나야 한다(차별금지원칙, 동법 제2조 제1항). 둘째, 완전하고 조화로운 인격발달을 위하여 안정된 가정환경에서 행복하게 자라나야 한다(안정된 가정환경의 조성, 동법 제2조 제2항). 셋째, 아동에 관한 모든 활동에 있어서 아동의 이익이 최우선적으로 고려되어야 한다(아동이익의 최우선고려, 동법 제2조 제3항). 넷째, 아동은 아동의 권리보장과 복지증진을 위하여 이 법에 따른 보호와 지원을 받을 권리를 가진다(아동의 권리보장과 복지증진 : 동법 제2조 제4항).

2. 책임주체

아동복지법은 아동의 복지증진 및 보호책임의 주체로서 크게 국가와 지방자치단체, 아동의 보호자, 그리고 국민 등으로 구분하여 각각의 책임을 밝히고 있다.

국가와 지방자치단체는 아동의 안정 · 건강 및 복지증진을 위하여 아동과 그 보호자 및 가정을 지원하기 위한 시책을 시행하여야 하고(동법 제4조 제1항), 보호대상아동 및 지원대상아동의 권익을 증진하기 위한 정책을 수립 시행하여야 한다(동조 제2항). 국가와 지방자치단체는 아동이 태어난 가정에서 성장할 수 있도록 지원하고, 아동이 태어난 가정에서 성장할 수 없을 때에는 가정과 유사한 환경에서 성장할 수 있도록 조치하여, 아동을 가정에서 분리하며 보호할 경우에는 신속히 가정으로 복귀할 수 있도록 지원하여야 한다(동법 제4조 제3항)고 하였다. 또한 국가와 지방자치단체는 장애아동의 권익을 보호하기 위하여 필요한 시책을 강구하여야 한다(동조 제4항). 또한 국가와 지방자치단체는 아동이 자신 또는 부모의 성별, 연령, 종교, 사회적 신분, 재산, 장애유무, 출생지역 또는 인종에 따른 어떤 종류의 차별도 받지 아니하도록 시책을 강구하여야 한다(동법 제4조 제5항).

국가와 지방자치단체는 「아동의 권리에 관한 협약」에서 규정한 아동의 권리 및 복지 증진 등을 위하여 필요한 시책을 수립 · 시행하고, 이에 필요한 교육과 홍보를 하여야 한다(동조 제6항).

국가와 지방자치단체는 아동의 보호자가 아동을 행복하고 안전하게 양육하기 위하여 필요한 교육을 지원하여야 한다(동조 제7항).

3. 아동복지정책의 수립 및 시행

보건복지부장관은 아동정책의 효율적인 추진을 위하여 5년마다 아동정책 기본계획을 수립하여야 하고 기본계획을 수립할 때는 미리 관계 중앙행정기관의 장과 협의하여야 한다. 기본계획은 법 제10조(아동정책조정위원회)에 따라 아동정책조정위원회의 심의를 거쳐 확정한다. 이 경우 보건복지부장관은 그 확정된 기본계획을 관계 중앙행정기관의 장 및 특별시장, 광역시정, 도지사, 특별자치도지사(이하 "시 · 도지사")에 알려야 한다(동법 제7조). 보건복지부장관과 관계 중앙행정기관의 장 및 시 · 도지사는 매년 기본계획에 따라 연도별 아동정책시행계획을 수립 · 시행하여야 하고, 보건복지부장관은 그 시행계획에 따른 추진실적을 평가하여야 한다(동법 제8조). 보건복지부장관, 관계 중앙행정기관의 장, 시 · 도지사는 기본계획 또는 시행계획의 수립 · 시행을 위하여 필요한 경우에는 관계 기관 · 단체나 그 밖의 장에게 협조를 요청할 수 있다(동법 제9조).

위의 기본계획에는 이전의 기본계획에 관한 분석 · 평가, 아동정책에 관한 기본 방향 및 추진목표, 주요 추진과제 및 추진 방법, 재원조달 방안, 그 밖에 아동정책을 시행하기 위하여 특히 필요하다고 인정되는 사항을 포함하여야 한다(동법 제7조 제2항).

4. 아동정책조정위원회

아동의 권리증진과 건강한 출생 및 성장을 위하여 종합적인 아동정책을 수립하고 관계 부처의 의견을 조정하며 그 정책의 이행을 감독하고 평가하기 위하여 국무총리 소속으로 아동정책조정위원회(이하 "위원회")를 두고, 기본계획의 수립에 관한 사항, 아동의 권익 및 복지 증진을 위한 기본방향에 관한 사항, 아동정책의 개선과 예산지원에 관한 사항, 아동 관련 국제조약의 이행 및 평가 · 조정에 관한 사항, 아동정책에 관한 관련 부처 간 협조에 관한 사항, 그 밖에 위원장이 부의하는 사항을 심의 · 조정한다.

위원회는 위원장을 포함한 25명 이내의 위원으로 구성하되, 위원장은 국무총리가 되고 위원은 기획재정부장관 · 교육부장관 · 법무부장관 · 행정안전부장관 · 문화체육관광부장관 · 산업통상자원부장관 · 보건복지부장관 · 고용노동부장관 · 여성가족부장관 · 아동 관련 단체의 장이나 아동에 대한 학식과 경험이 풍부한 사람 중 위원장이 위촉하는 15명 이내의 위원이 된다(동법 제10조).

5. 아동복지실천기관

보건복지부장관은 5년마다 아동종합실태조사를 조사하여 그 결과를 공표하고 이를 기본계획과 시행계획에 반영하여야 하고(동법 제11조), 국가와 지방자치단체는 대통령령으로 정하는 바에 따라 아동 관련 정책이 아동복지에 미치는 영향을 분석 · 평가하고 그 결과를 아동정책의 수립 · 시행에 반영하여야 한다(동법 제11조의 2). 시 · 도지사, 시장 · 군수 · 구청장은 시행계획 수립 및 시행, 아동에 대한 보호 조치 등에 대한 사항을 심의하기 위하여 그 소속으로 아동복지심의위원회를 각각 둔다(동법 제12조). 또 아동복지에 관한 업무를 담당하기 위하여 특별시 · 광역시 · 도 · 특별자치도 및 시 · 군 · 구에 각각 아동복지전담 공무원을 둘 수 있다(동법 제13조).

아동위원은 일종의 명예직(동법 제6조 제4항) 혹은 자원봉사자로서 자신이 살고 있는 지역사회 아동의 생활상태 및 가정환경을 파악하고 아동복지에 관하여 필요한 원조와 지도를 행하기 위하여 시 · 군 · 구에 아동위원을 두고 아동전담 공무원 및 관계행정기관과 협력하면서 역할을 수행하도록 규정하였다(동법 제14조 제1항 제2항). 아동위원은 그의 원활한 수행을 위하여 적절한 교육을 받을 수 있다(동법 제14조 제3항). 아동위원에 관하여 필요한 사항은 해당 시 · 군 · 구의 조례로 정한다(동법 제14조 제5항).

6. 아동보호서비스

시 · 도지사 또는 시장 · 군수 · 구청장은 그 관할구역에서 보호대상아동을 발견하거나 보호자의 의뢰를 받은 때에는 아동의 최상의 이익을 위하여 전담공무원 또는 아동위원에게 보호대상아동 또는 그 보호자에 대한 상담, 지도를 수행하게 하는 것(제1호), 보호자 또는 대리 양육을 원하는 연고자에 대하여 그 가정에서 아동을 보호, 양육할 수 있도록 필요한 조치를 하는 것(제2호), 아동의 보호를 희망하는 사람에게 가정 위탁하는 것(제3호), 보호대상아동을 그 보호조치에 적합한 아동복지시설에 입소시키는 것(제4호), 약물 · 알코올중독, 정서 · 행동 · 발달장애, 성폭력피해 등으로 특수한 치료나 요양 등의 보호를 필요로 하는 아동을 전문치료기관 또는 요양소에 입원 또는 입소시키는 것(제5호), 입양특례법에 따른 입양과 관련하여 필요한 조치를 하는 것(제6호) 등의 보호조치를 하여야 한다(동법 제15조 제1항 제1호~제6호). 그리고 시·도지사 또는 시장·군수·구청장은 제1항 제1호 및 제2호의 보호조치가 적합하지 아니한 보호대상아동에 대하여 제1항 제3호부터 제6호까지의 보호조치를 할 수 있다. 이 경우 제1항 제3호부터 제5호까지의 보호조치를 하기 전에 보호대상아동에 대한 상담, 건강검진, 심리검사 및 가정환경에 대한 조사를 실시하여야 한다(동조 제2항).

시·도지사 또는 시장·군수·구청장은 제1항에 따른 보호조치를 하는 경우 보호대상아동의 개별 보호·관리 계획을 세워 보호하여야 하며, 그 계획을 수립할 때 해당 보호대상아동의 보호자를 참여시킬 수 있다(동조 제3항).

시·도지사 또는 시장·군수·구청장은 제1항 제3호부터 제6호까지의 보호조치를 함에 있어서 해당 보호대상아동의 의사를 존중하여야 하며, 보호자가 있을 때에는 그 의견을 들어야 한다. 다만, 아동의 보호자가 「아동학대범죄의 처벌 등에 관한 특례법」 제2조 제5호의 아동학대행위자인 경우에는 그러하지 아니하다(동조 제4항).

시·도지사 또는 시장·군수·구청장은 제1항 제3호부터 제6호까지의 보호조치를 할 때까지 필요하면 제52조 제1항 제2호에 따른 아동일시보호시설에 보호대상아동을 입소시켜 보호하거나, 적합한 위탁가정 또는 적당하다고 인정하는 자에게 일시 위탁하여 보호하게 할 수 있다. 이 경우 보호기간 동안 보호대상아동에 대한 상담, 건강검진, 심리검사 및 가정환경에 대한 조사를 실시하고 그 결과를 보호조치 시에 고려하여야 한다(동조 제5항).

시·도지사 또는 시장·군수·구청장은 그 관할 구역에서 약물 및 알콜 중독, 정서·행동·발달 장애 등의 문제를 일으킬 가능성이 있는 아동의 가정에 대하여 예방차원의 적절한 조치를 강구하여야 한다(동조 제6항).

누구든지 제1항에 따른 보호조치와 관련하여 그 대상이 되는 아동복지시설의 종사자를 신체적·정신적으로 위협하는 행위를 하여서는 아니 된다(동조 제7항).

시·도지사 또는 시장·군수·구청장은 아동의 가정위탁보호를 희망하는 사람에 대하여 범죄경력을 확인하여야 한다. 이 경우 본인의 동의를 받아 관계 기관의 장에게 범죄의 경력 조회를 요청하여야 한다(동조 제8항).

가정위탁지원센터의 장은 위탁아동, 가정위탁보호를 희망하는 사람, 위탁아동의 부모 등의 신원확인 등의 조치를 시·도지사 또는 시장·군수·구청장에게 협조 요청할 수 있으며, 요청을 받은 시·도지사 또는 시장·군수·구청장은 정당한 사유가 없는 한 이에 응하여야 한다(동조 제9항).

제2항 및 제5항에 따른 상담, 건강검진, 심리검사 및 가정환경에 대한 조사, 제8항에 따른 범죄경력 조회 및 제9항에 따른 신원확인의 요청 절차 · 범위 등에 필요한 사항은 대통령령으로 정한다(동조 제10항).

위 제15조 제2항부터 제10항까지는 2018. 3. 23부터 시행한다. 그리고 보호대상아동에 관한 사회보장정보시스템의 구축과 정보관리(동법 제15조의 2), 보호대상아동의 양육상황 점검(동법 제15조의 3), 보호대상아동의 퇴소조치(동법 제16조), 보호대상아동의 사후관리(동법 제16조의 2) 제도가 2018년 3월 23일부터 시행된다.

또 누구든지 아동을 매매하는 행위, 아동의 신체에 손상을 주는 학대행위, 아동에게 음행을 시키거나 음행을 매개하는 행위, 아동에게 성적 수치심을 주는 성희롱 · 성폭력 등의 학대행위, 아동의 정신건강 및 발달에 해를 끼치는 정서적 학대행위, 자신의 보호감독을 받는 아동을 유기하거나 의식주를 포함한 기본적 보호 · 양육 · 치료 및 교육을 소홀히 하는 방임행위, 장애를 가진 아동을 공중에 관람시키는 행위, 아동에게 구걸을 시키거나 아동을 이용하여 구걸하는 행위, 공중의 오락 또는 흥행을 목적으로 아동의 건강 또는 안전에 유해한 곡예를 시키는 행위, 정당한 권한을 가진 알선 기관 외의 자가 아동의 양육을 알선하고 금품을 취득하거나 금품을 요구 또는 약속하는 행위, 아동을 위하여 증여 또는 급여된 금품을 그 목적 외의 용도로 사용하는 행위의 어느 하나에 해당하는 행위를 하여서는 아니 된다(동법 제17조).

이 밖에 시 · 도지사, 시장 · 군수 · 구청장 또는 검사가 아동의 친권자가 그 친권을 남용하거나 현저한 비행이나 아동학대 등 친권을 행사할 수 없는 중대한 사유가 있음을 발견한 경우 법원에 친권행사의 제한 또는 친권상실의 선고를 청구하여야 하고(동법 제18조 제1항), 시 · 도지사, 시장 · 군수 · 구청장, 아동복지시설의 장 및 학교의 장은 친권자 또는 후견인이 없는 아동을 발견한 경우 그 복지를 위하여 필요하다고 인정할 때에는 법원에 후견인의 선임을 청구하여야 한다(동법 제19조).

7. 아동학대의 예방 및 방지

국가와 지방자치단체는 아동학대의 예방과 방지를 위한 각종 정책의 수립 및 시행, 연구 · 교육 · 홍보 및 아동학대 실태조사, 아동학대에 대한 신고체계의 구축과 운영, 피해아동의 치료와 피해아동의 가정에 대한 지원, 그 밖에 대통령령으로 정하는 아동학대의 예방과 방지를 위한 사항 등에 대한 조치를 하여야 한다(동법 제22조 제1항 제1호~제5호). 국가와 지방자치단체는 유치원 · 초 · 중등학교의 학생에 대한 아동학대의 조기발견 체계 및 지역아동보호전문기관 등 관련기관과의 연계 체계를 구축하고 학대 피해학생이 유치원 · 학교에 산정적으로 적응할 수 있도록 지원하여야 한다(동법 제22조의 2 제1항). 아동보호전문기관의 장은 피해아동, 그 보호자, 아동학대행위자에 대한 신분조회 등 조치를 관계 중앙행정기관의 장, 시 · 도지사 또는 시장 · 군수 · 구청장에게 협조요청을 할 수 있다(동법 제22조의 3). 그리고 보건복지부장관은 아동학대 예방에 대한 홍보영상을 제작 · 배포하여야 하고(동법 제24조), 관계 중앙행정기관의 장은 아동학대신고의무자의 자격취득과정이나 보수 교육과정에 아동학대 예방 및 신고의무와 관련된 교육내용을 포함하도록 하여야 하고 관계 중앙행정기관의 장 및 시 · 도지사는 아동학대신고의무자에게 본인이 아동학대신고의무자라는 사실을 고지할 수 있고 아동학대 예방 및 신고의무와 관련한 교육을 실시할 수 있다. 또 아동학대의무자가 소속된 기관 · 시설 등의 장은 소속 아동학대신고의무자에게 신고의무교육을 실시하고 그 결과를 관계 중앙행정기관의 장에게 제출하여야 한다(동법 제26조). 그리고 국가기관과 지방자치단체의 장, 공공기관과 대통령령으로 정하는 공공단체의 장은 아동학대의 예방과 방지를 위하여 필요한 교육을 연 1회 이상 실시하고 그 결과를 보건복지부장관에게 제출하여야 하다(동법 제26조의 2). 사법경찰관리는 아동사망 및 상해사건 · 가정폭력사건 등에 관한 직무를 행하는 경우 아동학대가 있었다고 의심할 만한 사유가 있는 때에는 아동보호전문기관에 그 사실을 통보하여야 한다(동법 제27조의 2). 이 밖에 피해아동 응급조치에 대한 사법경찰관리 또는 아동보호전문기관의 직원의 거부금지(동법 제27조의 3), 아동보호전문기관의 장의 사후관리(동법 제28조), 보건복지부장관의 아동학대정보시스템 구축운영(동법 제28조의 2), 아동학대 관련 범죄로 형 또는 치료감호를 선고받아 확정된 사람의 아동관련기관의 취업 제한(동법 제29조의 3)을 규정하고 있다. 또 아동보호전문기관의 장은 아동의 안전 확보와 재학대 방지, 건전한 가정기능의 유지 등을 위하여 피해 아동 및 보호자를 포함한 피해아동의 가족에게 상담, 교육 및 의료적 · 심리적 치료 등의 필요한 지원을 제공하여야 한다(동법 제29조 참조). 아동보호전문기관의 장은 아동학대 행위자에 대하여 상담 · 교육 및 심리적 치료 등 필요한 지원을 받을 것을 권고할 수 있다(동법 제29조의 2). 그리고 보건복지부장관 또는 관계 중앙행정기관의 장은 아동학대 범죄 전력자가 아동 관련기관에 취업 또는 사실상 노무를 제공하고 있는지를 직접 또는 관계 기관 조회 등의 방법으로 연 1회 이상 점검 · 확인하여야 한다(동법 제29조의 4). 국가의 아동학대에 대한 법률 상담을 규정하고 있다(동법 제29조의 6).

8. 아동에 대한 지원서비스

아동복지법은 아동에 대한 지원서비스를 강화하고 있다. 국가는 대통령령으로 정하는 바에 따라 아동복지시설과 아동용품에 대한 안전기준을 정하고 아동용품을 제작 · 설치 · 관리하는 자에게 이를 준수하도록 하여야 하고(동법 제30조), 아동복지시설의 장, 어린이집의 원장, 유치원 원장 및 초중등학교의 장은 교육대상아동의 연령을 고려하여 대통령령으로 정하는 바에 따라 매년 성폭력 및 아동학대 예방, 실종 · 유괴의 예방과 방지, 약물의 오남용 예방, 재난대비 안전, 교통안전에 관한 교육계획을 수립하여 교육을 실시하여야 한다(동법 제31조 제1항 제1호~제5호). 그리고 아동의 유괴 등 범죄의 위험으로부터 아동을 보호하기 위하여 국가와 지방자치단체는 도시공원, 어린이 집, 초등학교, 특수학교, 유치원 시설의 주변지역을 아동보호구역으로 지정하여 폐쇄회로 텔레비전을 설치하거나 그 밖의 필요한 조치를 할 수 있다(동법 제32조 참조). 또 국가와 지방자치단체는 실종 및 유괴 등 아동범죄의 예방을 위한 순찰활동 및 아동지도 업무를 수행하는 아동안전 보호인력을 배치 활용할 수 있다(동법 제33조 참조). 이 밖에 아동의 보호자는 아동의 건강유지와 향상을 위하여 최선의 주의와 노력을 하여야 하고(동법 제35조 참조), 보건소는 아동의 전염병 예방조치 아동의 건강 상담, 신체검사와 보건위생에 관한 지도, 아동의 영양개선의 업무를 행한다(동법 제36조).

9. 취약계층 아동 통합서비스지원과 자립지원

국가와 지방자치단체는 아동의 건강한 성장과 발달을 도모하기 위하여 대통령령으로 정하는 바에 따라 아동의 성장 및 복지여건이 취약한 가정(취약계층)을 선정하여 그 가정의 지원대상아동과 가족을 대상으로 보건, 보호, 교육, 치료 등을 종합적으로 지원하는 통합서비스를 실시한다(동법 제37조 제1항). 보건복지부장관은 위 통합서비스지원사업의 운영지원에 관한 업무를 법인, 단체에 위탁할 수 있다(동조 제2항). 또 국가와 지방자치단체는 보호대상아동의 위탁보호 종료 또는 아동복지시설 퇴소 이후의 자립을 지원하기 위하여 자립에 필요한 주거, 생활, 교육, 취업 등의 지원, 자립에 필요한 자산의 형성 및 관리 지원(이하 "자산형성 지원"), 자립에 관한 실태조사 및 연구, 사후관리체계 구축 및 운영, 그 밖에 자립지원에 필요하다고 대통령령으로 정하는 사항에 해당하는 조치를 시행하여야 한다(동법 제38조 제1항 제1호~제5호). 취약계층 아동통합서비스를 위하여 가정위탁센터의 장 및 아동복지시설의 장은 보호하고 있는 15세 이상의 아동을 대상으로 매년 아동에 대한 자립지원계획을 수립하고(동법 제39조),

국가와 지방자치단체는 자립지원전담기관을 설치 운영하거나 그 운영의 전부 또는 일부를 법인, 단체 등에 위탁할 수 있다(동법 제40조). 이 밖에 보건복지부장관은 지원대상아동의 자립지원 정책을 효율적으로 수행하기 위하여 관계행정기관의 공무원으로 구성되는 아동자립지원추진 협의회를 둘 수 있고(동법 제41조), 국가와 지방자치단체는 아동이 건전한 사회인으로 성장, 발전할 수 있도록 자산형성지원사업을 실시할 수 있다(동법제 42조, 제43조, 제44조).

10. 아동복지전담기관

아동복지법은 아동학대예방사업을 활성화하기 위하여 아동복지전담기관에 관한 규정을 두고 있다. 아동복지전담기관에는 아동보호전문기관과 가정위탁지원센터가 있다.

1) 아동보호전문기관

아동보호전문기관에는 중앙아동보호전문기관과 지역아동보호전문기관이 있다.

국가는 아동학대예방사업을 활성화하고 지역 간 연계체계를 구축하기 위하여 중앙아동보호전문기관을 두고 지방자치단체는 지역아동보호전문기관을 시·도 및 시·군·구에 1개소 이상 두어야 한다(동법 제45조 제1항, 제2항). 중앙아동보호전문기관은 지역아동보호전문기관에 대한 지원, 아동학대예방사업과 관련된 연구 및 자료 발간, 효율적인 아동학대예방사업을 위한 연계체제 구축, 아동학대예방사업을 위한 프로그램 개발 및 평가, 아동보호전문기관 및 학대피해아동 쉼터 직원 직무교육, 아동학대예방 관련 교육 및 홍보, 아동보호전문기관 전산시스템 구축 운영, 제28조의 2 제3항에 따라 위탁받은 아동학대정보시스템의 운영, 그 밖에 대통령령으로 정하는 아동학대예방사업과 관련된 업무 등의 업무를 수행한다(동법 제46조 제1항 제1호~제7호). 지역아동보호전문기관은 아동학대 신고접수, 현장조사 및 응급보호, 피행아동 상담·조사를 위한 진술녹화실 설치·운영, 피해아동, 아동학대 행위자를 위한 상담·치료 및 교육, 아동학대예방 교육 및 홍보, 피해아동가정의 사후 관리, 아동학대사례판정위원회 설치·운영 및 자체사례회의 운영, 그 밖에 대통령령으로 정하는 아동학대예방사업과 관련된 업무를 수행한다(동법 제46조 제2항 제1호~제7호). 그리고 아동학대사례전문위원회를 지역아동보호전문기관에 설치하도록 하고 있다(동법 제46조의 2). 보건복지부장관은 아동보호전문기관의 업무실적에 대하여 3년마다 성과평가를 실시하여야 한다(동법 제47조).

2) 가정위탁지원센터

국가는 가정위탁사업을 활성화하고 지역 간 연계체계를 구축하기 위하여 중앙가정위탁지원센터를 두고, 지방자치단체는 이 사업을 활성화하기 위하여 시 · 도 및 시 · 군 · 구에 지역가정위탁지원센터를 둔다(동법 제48조 제1항, 제2항). 중앙가정위탁지원센터는 지역가정위탁지원센터에 대한 지원, 효과적인 가정위탁사업을 위한 연계체계 구축, 가정위탁사업과 관련된 연구 및 자료 발간, 가정위탁사업을 위한 프로그램의 개발 및 평가, 상담원에 대한 교육 등 가정위탁에 대한 교육 및 홍보, 가정위탁사업을 위한 정보기반 구축 및 정보제공, 그 밖에 대통령령으로 정하는 가정위탁사업과 관련된 업무 등의 업무를 수행하고(동법 제49조 제1항), 지역가정위탁지원센터는 가정위탁사업의 홍보 및 가정위탁을 하고자하는 가정의 발굴, 가정위탁을 하고자하는 가정에 대한 조사 및 가정위탁대상아동에 대한 상담, 가정위탁을 하고자 하는 사람과 위탁가정 부모에 대한 교육, 위탁가정의 사례관리, 친부모 가정으로의 복귀 지원, 가정위탁아동의 자립계획 및 사례관리, 관할구역 내 가정위탁 관련 정보 제공, 그 밖에 대통령령으로 정하는 가정위탁과 관련된 업무 등의 업무를 수행한다(동법 제49조 제2항).

11. 아동복지시설

1) 설치

국가 또는 지방자치단체는 아동복지시설을 설치할 수 있고, 국가와 지방자치단체 이외의 자는 관할 시장 · 군수 · 구청장에게 신고하지 아니하고 아동복지시설을 설치할 수 있다. 그 시설기준 및 설치 등에 관한 사항은 보건복지부령으로 정한다(동법 제50조). 국가 또는 지방자치단체 이외의 자가 신고한 아동복지시설을 폐업 또는 휴업하거나 그 운영을 재개하고자 하는 자는 보건복지부령으로 정하는 바에 따라 시장 · 군수 · 구청장에게 신고하여야 한다(동법 제51조).

2) 아동복지시설의 종류

아동양육시설, 아동일시보호시설, 아동보호치료시설, 공동생활가정, 자립지원시설, 아동상담소, 아동전용시설, 지역아동센터, 제45조에 따른 아동보호전문기관, 제48조에 따른 가정위탁지원센터가 있다. 아동양육시설은 보호대상아동을 입소시켜 보호, 양육 및 취업훈련, 자립지원서비스 등을 제공하는 것을 목적으로 하는 시설이고 아동일시보호시설은 보호대상아동을 일시보호하고 아동에 대한 향후의 양육대책 수립 및 보호조치를 행하는 것을 목적으로 하는 시설이며 아동보호치료시설은 불량행위를 하거나 불량행위를 할 우려가 있는 아동으로서 보호자가 없거나 친권자나 후견인이 입소를 신청한 아동 또는 가정법원, 지방법원소년부지원에서 보호 위탁된 19세 미만인 사람을 입소시켜 치료와 선도를 통하여 건전한 사회인으로 육성하는 것을 목적으로 하는 시설 또는 정서적 · 행동적 장애로 인하여 어려움을 겪고 있는 아동이나 학대로 인하여 부모로부터 일시 격리되어 치료를 받을 필요가 있는 아동을 보호 · 치료하는 시설이다. 공동생활가정은 보호대상아동에게 가정과 같은 주거여건과 보호, 양육, 자립지원서비스를 제공하는 것을 목적으로 하는 시설이고, 자립지원시설은 아동복지시설에서 퇴소한 사람에게 취업준비기간 또는 취업 후 일정기간 동안 보호함으로써 자립을 지원하는 것을 목적으로 하는 시설이며, 아동상담소는 아동과 그 가족의 문제에 관한 상담, 치료, 예방 및 연구를 목적으로 하는 시설이다. 아동전용시설이란 어린이공원, 어린이 놀이터, 아동회관, 체육 · 연극 · 영화 · 과학전시시설, 아동휴게숙박시설, 야영장 등 아동에게 건전한 놀이 · 오락, 그 밖의 각종 편의를 제공하여 심신의 건강유지와 복지증진에 필요한 서비스를 제공하는 것을 목적으로 하는 시설을 말하고, 지역아동센터란 지역사회아동의 보호 · 교육, 건전한 놀이와 오락의 제공, 보호자와 지역사회의 연계 등 아동의 건전 육성을 위하여 종합적인 아동복지서비스를 제공하는 시설을 말한다(이상 동법 제52조 제1항 제1호~제8호). 위에 따른 아동복지시설을 통합하여 설치할 수 있다(동법 제52조 제2항). 그리고 위의 제1항에 따른 아동복지시설은 위의 고유의 목적사업을 해치지 아니하고 각 시설의 설치기준 및 운영기준을 충족하는 경우 아동가정지원사업(지역아동의 건전한 발달을 위하여 아동, 지역주민에게 상담, 조언 및 정보를 제공하여 주는 사업), 아동주간보호사업, 아동전문상담사업(학교부적응아동 등을 대상으로 올바른 인격형성을 위한 상담, 치료 및 학교폭력예방을 실시하는 사업), 학대아동보호사업, 공동생활가정사업, 방과 후 아동지도사업(저소득층 아동을 대상으로 방과 후 개별적인 보호와 교육을 통하여 건전한 인격형성을 목적으로 하는 사업) 등을 추가로 실시할 수 있다(동법 제52조 제3항).

국가와 지방자치단체는 아동전용시설을 설치하도록 노력하여야 하고 그 설치기준 등에 필요한 사항은 보건복지부령으로 정한다(동법 제53조). 시장 · 군수 · 구청장은 위의 공동생활가정 중에서 피해아동에 대한 보호, 치료, 양육서비스 등을 제공하는 학대피해아동쉼터를 지정할 수 있다(동법 제53조의 2). 그리고 아동복지시설에는 필요한 전문인력을 배치하여야 하고 그 종사자의 직종과 수, 그 자격과 배치기준은 대통령령으로 정한다(동법 제54조). 아동복지시설의 장은 보호아동의 권익을 최대한 보장하여야 하며 친권자가 있는 경우 보호아동의 가정복귀를 위하여 적절한 상담과 지도를 병행하여야 하고(동법 제57조), 국가 및 지방자치단체는 아동복지단체를 지도 · 육성할 수 있다(동법 제58조).

12. 비 용

1) 비용보조

국가와 지방자치단체는 대통령령이 정하는 바에 의하여 다음의 각 호의 어느 하나에 해당하는 비용의 전부 또는 일부를 보조할 수 있다(동법 제59조 제1호~제8호).

① 아동복지시설의 설치 및 운영과 프로그램의 운영에 필요한 비용 또는 수탁보호 중인 아동의 양육 및 보호관리에 필요한 비용(제1호)
② 보호를 필요로 하는 아동의 대리양육이나 가정위탁보호에 따른 비용(제2호)
③ 아동복지사업의 지도 · 감독 · 계몽 및 선전에 필요한 비용(제3호)
④ 제26조에 따른 신고의무 교육에 소요되는 비용(제4의 2)
⑤ 제29조의 7 제2항 각 호의 조치에 소요되는 비용(제4의 3)
⑥ 제37조에 따른 취약계층아동에 대한 통합서비스에 필요한 비용(제5호)
⑦ 제38조에 따른 보호대상아동의 자립지원에 필요한 비용(제6호)
⑧ 제42조에 따른 자산형성지원사업에 필요한 비용(제7호)
⑨ 제58조에 따른 아동복지단체의 지도 · 육성에 필요한 비용(제8호)

시 · 도지사, 시장 · 군수 · 구청장 또는 아동복지시설의 장은 위의 보호조치에 필요한 비용의 전부 또는 일부를 대통령령으로 정하는 바에 따라 각각 그 아동의 부양의무자로부터 징수할 수 있다(동법 제60조).

그러나 국가 또는 지방자치단체는 아동복지시설의 장 등 보호수탁자, 가정위탁지원센터의 장, 대리양육자 및 아동복지단체의 장이 다음의 사항에 해당하는 때에는 이미 교부한 보조금의 전부 또는 일부의 반환을 명할 수 있다(동법 제61조 제1호~제5호).

① 보조금의 교부조건을 위반한 경우
② 거짓이나 그 밖의 부정한 방법으로 보조금의 교부를 받은 경우
③ 아동복지전담기관 또는 아동복지시설의 경영에 관하여 개인의 영리를 도모하는 행위를 한 경우
④ 보조금의 사용 잔액이 있는 경우

⑤ 이 법 또는 이 법에 따른 명령을 위반한 경우

2) 국공유재산의 무상대여 등

국가는 이 법에 의하여 위탁한 업무의 처리를 위하여 필요하다고 인정할 때에는 국유재산을 무상으로 대여하거나 사용 · 수익하게 할 수 있다(동법 제62조 제1항 참조). 이에 따른 국공유재산의 대부, 사용 · 수익의 내용 및 조건에 관하여 해당 재산을 사용 · 수익하고자 하는 자와 중앙관서의 장 또는 지방자치단체의 장 간의 계약에 의한다(동조 제2항).

3) 면 세

아동복지시설에서 그 보호아동을 위하여 사용하는 건물 및 토지, 시설설치 및 운영에 소요되는 비용에 대하여는 조세특례제한법 그 밖의 관계법령이 정하는 바에 따라 조세 그 밖의 공과금을 면제할 수 있다(동법 제63조).

제4절 노인복지법

Ⅰ. 노인복지법의 의의와 목적

1. 노인복지법의 의의

노인복지법은 노인복지와 관련된 활동에 관한 법을 말한다. 여기서 노인복지란 노인문제를 해결하고 노후생활을 활력 있고 행복하게 영위하도록 국가사회적으로 도움을 제공하는 사회복지를 말한다.

노인복지법에는 법률로서의 노인복지법(1997. 8. 22. 법 제5359호 제정, 여러 차례 개정, 최근에는 2010. 1. 25, 2011. 6. 7, 2011. 8. 4, 2012. 2. 1, 2012. 10. 22, 2013. 6. 4, 2015. 1. 28, 2015. 12. 29, 2016. 12. 2, 2017. 3. 14, 2017. 3. 14, 2017. 10. 24. 등 개정), 동법시행령(1998. 6. 20. 대통령령 제15813호 제정, 여러 차례 개정, 최근에는 2008. 12. 31, 2010. 3. 15, 2011. 10. 26, 2011. 12. 8, 2012. 1. 6, 2013. 4. 22, 2015. 11. 30, 2016. 12. 30, 2017. 3. 27, 2017. 9. 5. 등 개정), 동법시행규칙(1989. 제74호 제정, 여러 차례 개정, 최근에는 2010. 4. 26, 2011. 12. 8, 2012. 2. 3, 2013. 4. 23, 2013. 8. 29, 2013. 12. 4, 2013. 12. 31, 2015. 12. 31, 2016. 6. 30, 2016. 8. 31, 2017. 5. 30, 2017. 11. 3. 등 개정)이 있다.

2. 노인복지법의 목적

이 법은 노인의 질환을 사전예방 또는 조기발견하고 질환상태에 따른 적절한 치료·요양으로 심신의 건강을 유지하고 노후의 생활안정을 위하여 필요한 조치를 강구함으로써 노인의 보건복지증진에 기여함을 목적으로 한다(동법 제1조).

Ⅱ. 노인복지법의 특성

노인복지법은 사회복지법의 한 영역으로서 사회보험, 공공부조법과는 다른 사회서비스법으로서의 특성을 가지고 있다. 그것은 경로연금과 같은 금전지급도 있으나, 노인복지법의 주된 대상인 노인이 가진 욕구 중 비경제적 욕구에 속하는 심리적·정신적·사회적 서비스급여에 관한 내용을 핵심내용으로 담고 있다.

따라서 노인복지법은 사회복지 전문가 혹은 노인복지 전문가를 위시하여 다양한 관계 전문가들이 함께 서비스를 제공하는 실천적 개입을 중시하는 법으로 볼 수 있다. 그만큼 전문가들의 자유재량적 판단과 개입을 위한 법적 규정이 내포되어 있다는 의미이다. 동시에 특수한 욕구와 문제를 가진 대상에 따라서 개별화해야 한다는 내용도 포함되어 있다.

Ⅲ. 노인복지법의 내용

1. 총 칙

1) 기본이념

노인은 후손의 양육과 국가 및 사회의 발전에 기여하여 온 자로서 존경받으며 건전하고 안정된 생활을 보장받는다(동법 제2조 제1항). 노인은 그 능력에 따라 적당한 일에 종사하고 사회적 활동에 참여할 기회를 보장받는다(동법 제2조 제2항). 노인은 노령에 따르는 심신의 변화를 자각하여 항상 심신의 건강을 유지하고 그 지식과 경험을 활용하여 사회발전에 기여하도록 노력하여야 한다(동법 제2조 제3항).

노인복지법상에서는 우리나라의 전통적 경로효친사상을 중시하는 한편, 노인도 취업의 기회를 가져 개인과 사회에 유익하도록 하며, 스스로 자립할 수 있도록 노력하는 것을 기본원칙으로 하고 있다.

2) 가족제도의 유지

국가와 국민은 경로효친의 미풍양속에 따른 건전한 가족제도가 유지 · 발전되도록 노력하여야 한다(동법 제3조). 이는 노인복지에 있어서 선 가정보호 후 사회보장이란 기본방향을 제시한 것이다.

3) 보건복지증진의 책임

(1) 복지실시기관

국가와 지방자치단체는 노인의 보건 및 복지증진의 책임이 있으며, 이를 위한 시책을 강구하여야 한다(동법 제4조 제1항). 국가와 지방자치단체는 그 시책을 강구함에 있어 위의 기본이념이 구현되도록 노력하여야 한다(동법 제4조 제2항).

실제로는 보건복지부장관, 특별시장 · 광역시장 · 도지사 · 특별자치도지사(이하 “시 · 도지사”)

또는 구청장 · 시장 · 군수(이하 "복지시설기관")가 이를 구체적으로 실시한다. 그런데 보건복지부장관 또는 시 · 도지사는 노인복지법에 의한 권한의 일부를 대통령령이 정하는 바에 의하여 각각 시 · 도지사 또는 시장 · 군수 · 구청장에게 위임할 수 있다(동법 제53조 제1항). 또한 노인의 일상생활에 관련되어 사업을 경영하는 자는 그 사업을 경영함에 있어 노인의 보건복지가 증진되도록 노력하여야 한다(동법 제4조 제3항). 이것은 노인복지관련사업이 국가가 무료의 서비스를 제공하는 것은 물론이고 유료의 다양한 노인복지서비스를 중산층을 대상으로 제공될 수 있음을 감안한 조치이다. 그러므로 개인사업이라고 할지라도 노인복지관련사업인 경우에는 사회복지적 특성을 살려서 공익성을 중시해야 한다.

(2) 노인복지시설 설치 · 운영자의 인권교육

노인복지시설 설치 · 운영자와 그 종사자는 인권에 관한 교육을 받아야 한다(동법 6조의 3).

(3) 노인복지상담원

노인의 복지(상담 및 지도업무)를 담당하게 하기 위하여 특별자치도와 시 · 군 · 구(자치구를 말함. 이하 같음)에 노인복지상담원을 두고 있는데(동법 제7조), 그 임용과 직무 및 보수 등은 아래와 같다.

가) 임 용

노인복지상담원(이하 "상담원")은 사회복지사업법시행령 제11조의 규정에 의한 사회복지사 3급 이상의 자격증 소지자 중에서 특별자치도지사 · 시장 · 군수 · 구청장이 공무원으로 임용한다. 다만, 부득이한 경우에는 공무원 이외의 자로 위촉할 수 있다(동법시행령 제12조 제1항). 위촉한 상담원의 임기는 3년으로 하되, 연임할 수 있다(동법시행령 제12조 제2항). 시장 · 군수 · 구청장은 필요하다고 인정하는 때에는 아동복지법 제13조에 따른 아동복지전담공무원, 장애인복지법 제33조에 따른 장애인복지상담원 또는 사회복지에 관한 업무를 담당하는 공무원으로 하여금 상담원을 겸직하게 할 수 있다(동법시행령 제12조 제3항).

나) 직 무

상담원은 다음의 직무를 담당한다(동법시행령 제13조 제1호~제5호).

① 노인 및 그 가족 또는 관계인에 0대한 상담 및 지도

② 노인복지에 필요한 가정환경 및 생활실태에 관한 조사

③ 법 제28조의 규정(상담 · 입소 등의 조치)에 의한 복지조치에 필요한 상담 및 지도
④ 노인의 단체활동 및 취업의 상담
⑤ 기타 노인의 복지증진에 관한 사항

다) 보 수

상담원(공무원인 상담원과 보수 없이 봉사할 것을 자원한 상담원을 제외)에 대하여는 예산의 범위 안에서 지방공무원 중 일반직 8급 공무원에 상당하는 보수(직무수당 · 기말수당 · 정근수당 및 기타 수당을 포함)를 지급한다(동법시행령 제14조).

4) 금지행위

누구든지 65세 이상의 사람에 대하여 다음과 같은 행위를 하여서는 아니 된다(동법 제39조의 9 제1호~제6호).

① 노인의 신체에 폭행을 가하거나 상해를 입히는 행위
② 노인에게 성적 수치심을 주는 성폭행 · 성희롱 등의 행위
③ 자신의 보호 · 감독을 받는 노인을 유기하거나 의식주를 포함한 기본적 보호 및 치료를 소홀히 하는 방임행위
④ 노인에게 구걸을 하게 하거나 노인을 이용하여 구걸하는 행위
⑤ 노인을 위하여 증여 또는 급여된 금품을 그 목적 외의 용도에 사용하는 행위
⑥ 폭언, 협박, 위협 등으로 노인의 정신건강에 해를 끼치는 정서적 학대행위

위의 금지행위는 노인의 학대를 포함하여 포괄적인 노인의 보호를 위한 것이다. 노인학대라 함은 노인에 대하여 신체적 · 정신적 · 성적 폭력 및 경제적 착취 또는 가혹행위를 하거나 유기 또는 방임을 하는 것을 말한다(동법 제1조의 2 제4호).

노인학대 관련 범죄로 형 또는 치료감호선고를 받은 사람은 노인관련기관의 취업제한 등을 받는다(동법 제39조의 17). 그리고 국가나 지방자치단체는 학대피해노인을 일정기간 보호하고 심신치유 프로그램을 제공하기 위하여 학대피해노인 전용쉼터를 설치 · 운영할 수 있다(동법 제39조의 19).

5) 노인전용 주거시설의 공급

국가 또는 지방자치단체는 노인의 주거에 적합한 기능 및 설비를 갖춘 주거용 시설의 공급을

조장하여야 하며 그 주거용 시설의 공급자에 대하여 적절한 지원을 할 수 있다(동법 제8조).

2. 보건복지조치

노인복지법에 규정되어 있는 보건복지조치는 노인의 사회참여지원, 생업지원, 경로우대, 건강진단, 상담 및 입소 등의 조치, 치매관리사업, 노인재활요양사업 등이 있다. 그리고 시설의 설치 · 운영은 장을 따로 하여 규정하고 있다.

1) 노인의 사회참여지원

국가 또는 지방자치단체는 노인의 사회참여확대를 위하여 노인의 지역봉사활동기회를 넓히고 노인에게 적합한 직종의 개발과 그 보급을 위한 시책을 강구하며 근로능력이 있는 노인에게 일할 기회를 우선적으로 제공하도록 노력하여야 한다(동법 제23조 제1항). 국가 또는 지방자치단체는 노인의 지역봉사활동 및 취업의 활성화를 기하기 위하여 노인지역봉사기관, 노인취업알선기관 등 노인복지 관계기관에 대하여 필요한 지원을 할 수 있다(동법 제23조 제2항). 노인이 노후에도 적절한 사회봉사와 취업의 기회를 보장받을 수 있도록 국가가 지원해야 한다는 것이다. 이를 위해 고령자 고용을 촉진하는 법과 직종개발, 취업알선기관 등을 운용하도록 정책적으로 지원하고 있다.

2) 노인일자리 전담기관의 설치 · 운영 등

국가 또는 지방자치단체는 노인의 능력과 적성에 맞는 일자리지원사업을 전문적 · 체계적으로 수행하기 위한 전담기관 보급과 교육훈련 등(이하 "노인일자리 전담기관")을 설치 · 운영하거나 그 운영의 전부 또는 일부를 법인 · 단체 등에 위탁할 수 있다(동법 제23조의 2 제2항).

전담기관은 노인인력개발기관, 노인일자리지원기관, 노인취업알선기관으로 한다(동법 제23조의 2 제1항).

3) 지역봉사지도원의 위촉 및 업무, 생업의 지원

국가 또는 지방자치단체는 사회적 신망과 경험이 있는 노인으로서 지역봉사를 희망하는 경우에는 지역봉사원으로 위촉할 수 있다(동법 제24조 제1항). 지역봉사원의 임무는 다음과 같다(동법 제24조 제2항 제1호~제5호).

① 국가 또는 지방자치단체가 행하는 업무 중 민원인에 대한 상담 및 조언(제1호)
② 도로의 교통정리, 주·정차 단속의 보조, 자연보호 및 환경침해행위 단속의 보조와 청소년 선도(제2호)
③ 충효사상·전통예의 등 전통문화의 전수교육(제3호)
④ 문화재의 보호 및 안내(제4호)
노인에 대한 교통안전 및 교통사고 예방교육(제4호의 2)
⑤ 기타 대통령령이 정하는 업무(동법시행령 제18조) 등

국가 또는 지방자치단체 기타 공공단체가 설치·운영하는 공공시설 안에 식료품, 사무용품, 신문 등 일상생활용품의 판매를 위한 매점이나 자동판매기의 설치를 허가 또는 위탁할 때에는 65세 이상의 자의 신청이 있는 경우 이를 우선적으로 반영하여야 한다(생업의 지원 : 동법 제25조).

4) 경로우대

국가 또는 지방자치단체는 65세 이상의 자에 대하여 대통령령(동법시행령 제19조 제1항 별표 1)이 정하는 바에 의하여 국가 또는 지방자치단체의 수송시설 및 고궁·능원·박물관·공원 등의 공공시설을 무료로 또는 그 이용요금을 할인하여 이용하게 할 수 있다(동법 제26조 제1항, 동법시행령 제19조). 국가 또는 지방자치단체는 노인의 일상생활에 관련되는 사업을 경영하는 자에게 65세 이상의 자에 대하여 그 이용요금을 할인하여 주도록 권유할 수 있으며(동법 제26조 제2항), 또한 노인에게 이용요금을 할인하여 주는 자에 대하여 적절한 지원을 할 수 있도록(동법 제26조 제3항)하고 있다.

노인복지법시행령

[별표 1] 〈개정 1999.8.7, 2002.3.9, 2004.7.30, 2007.12.13.〉

경로우대시설의 종류와 할인율(제19조 제1항 관련)

시설의 종류	할인율(일반요금에 대한 백분율)
1. 철도	
가. 새마을호, 무궁화호	100분의 30
나. 통근열차	100분의 50
다. 수도권 전철	100분의 100
2. 도시철도(도시철도 구간 안의 국유전기철도를 포함)	100분의 100

시설의 종류	할인율(일반요금에 대한 백분율)
3. 고궁	100분의 100
4. 능원	100분의 100
5. 국 · 공립박물관	100분의 100
6. 국 · 공립공원	100분의 100
7. 국 · 공립미술관	100분의 100
8. 국 · 공립국악원	100분의 50 이상
9. 국가, 지방자치단체 또는 국가나 지방자치단체가 출연하거나 경비를 지원하는 법인이 설치 · 운영하거나 그 운영을 위탁한 공연장	100분의 50 이상

* 철도 및 도시철도의 경우에는 운임에 한한다.
공연장의 경우에는 그 공연장의 운영자가 자체 기획한 공연의 관람료에 한한다.
새마을호의 경우 토요일과 공휴일에는 적용하지 아니한다.

5) 건강진단 등

국가 또는 지방자치단체는 대통령령이 정하는 바에 의하여 65세 이상의 자에 대하여 건강진단과 보건교육을 실시할 수 있는데, 보건복지부장관, 시 · 도지사 또는 시장 · 군수 · 구청장(복지시설기관이라 함)이 2년에 1회 이상 국 · 공립병원 · 보건소 또는 보건복지부령이 정하는 건강진단기관에서 대상자의 건강상태에 따라 1차 및 2차로 구분하여 실시한다(동법 제27조 제1항, 동법시행령 제20조 제1항). 이 경우 보건복지부령으로 정하는 바에 따라 성별 다빈도 질환 등을 반영하여야 한다(동법 제27조 제2문). 위의 보건교육은 복지시설기관이 보건소 또는 보건 · 의료관련기관 · 단체로 하여금 실시하게 할 수 있다(동법시행령 제20조 제2항). 복지실시기관은 보건교육을 실시한 보건 · 의료관련기관 · 단체로 하여금 예산의 범위 안에서 교육실시에 소용되는 비용을 지원할 수 있다(동법시행령 제20조 제3항). 국가 또는 지방자치단체는 건강진단 결과 필요하다고 인정한 때에는 그 건강진단을 받은 자에 대하여 필요한 지도를 하여야 한다(동법 제27조 제2항).

6) 홀로 사는 노인에 대한 지원 등

국가 또는 지방자치단체는 홀로 사는 노인에 대하여 방문요양과 돌봄 등의 서비스와 안전확인 등의 보호조치를 취하여야 한다(동법 제27조의 2 제1항). 국가 또는 지방자치단체는 제1항에 따른 사업을 노인 관련기관 · 단체에 위탁할 수 있으며, 예산의 범위에서 그 사업 및 운영에 필요한 비용을 지원할 수 있다(동조 제2항). 이 서비스 및 보호조치의 구체적인 내용 등에 관하여는 보건복지부령이 정한다(동조 제3항).

이 밖에 보건복지부장관은 홀로 사는 노인에 대한 돌봄과 관련된 사업을 수행하기 위하여 독거노인 종합지원센터를 설치 · 운영할 수 있고(동법 제27조의 3), 국가나 지방자치단체는 노인성 질환의 경제적 부담능력을 고려하여 노인성 질환에 대한 의료지원을 할 수 있다(동법 제27조의 4).

7) 상담과 입소 등의 조치

보건복지부장관, 특별시장, 광역시장, 도지사 · 특별자치도지사(이하 "시 · 도지사"), 시장 · 군수 · 구청장(자치구의 구청장)은 노인에 대한 복지를 도모하기 위하여 필요하다고 인정한 때에는 다음의 조치를 하여야 한다(동법 제28조 제1항 제1호~제3호).

① 65세 이상의 자 또는 그를 보호하고 있는 자를 관계공무원 또는 노인복지상담원으로 하여금 상담 · 지도하게 하는 것
② 65세 이상의 자로서 신체적 · 정신적 · 경제적 이유 또는 환경상의 이유로 거택에서 보호를 받기가 곤란한 자를 노인주거복지시설 또는 재가노인복지시설에 입소시키거나 입소를 위탁하는 것
③ 65세 이상의 자로서 신체 또는 정신상의 현저한 결함으로 인하여 항상 보호를 필요로 하고 경제적 이유로 거택에서 보호를 받기가 곤란한 자를 노인의료복지시설에 입소시키거나 입소를 위탁하는 것

보건복지부장관, 시 · 도지사 또는 시장 · 군수 · 구청장("복지실시기관"이라 함)은 65세 미만의 자에 대하여도 그 노쇠현상이 현저하여 특별히 보호할 필요가 있다고 인정한 때에는 위의 조치를 할 수 있다(동법 제28조 제2항). 또한 노인복지 실시기관은 입소조치된 자가 사망한 경우에 그 자에 대한 장례를 행할 자가 없을 때에는 그 장례를 행하거나 해당 시설의 장으로 하여금 그 장례를 행하게 할 수 있다(동법 제28조 제3항).

3. 노인복지시설의 설치와 운영

1) 의의와 종류

노인복지시설은 노인복지를 증진하기 위해 다양한 서비스를 제공하기 위한 사회적 시설이다. 여기에는 다음과 같은 것이 있다(동법 제31조 제1호~제7호).

① 노인주거복지시설
② 노인의료복지시설
③ 노인여가복지시설
④ 재가노인복지시설
⑤ 노인보호전문기관
⑥ 노인복지법 제23조의 2 제1항 제2호의 노인일자리지원기관
⑦ 제39조의 9에 따른 학대피해노인 전용쉼터

노인복지시설은 노인복지법상의 각종 서비스를 제공하여 노인의 노후생활을 보장하는 것이므로 일차적으로 국가책임으로 되어 있으나, 중산층의 노인을 대상으로 하는 일종의 유료복지시설은 개인이나 기업까지도 설치·운영을 할 수 있는 길을 열어 놓고 있다.

2) 노인주거복지시설

(1) 기능과 종류

노인주거복지시설은 가정을 대신하여 노인이 생활할 수 있도록 주거를 포함한 일체의 생활이 가능하도록 서비스를 제공하는 시설로서, 다음과 같이 3종류로 나누어진다(동법 제32조 제1항 제1호~제3호). 종래의 구법에서 인정하였던 노인주거복지시설의 무료·실비·유료구분을 삭제하였다.

① **양로시설 :** 노인을 입소시켜 급식 그 밖에 일상생활에 필요한 편의를 제공함을 목적으로 하는 시설
② **노인공동생활가정 :** 노인에게 가정과 같은 주거여건과 급식 그 밖에 일상생활에 필요한 편의를 제공함을 목적으로 하는 시설
③ **노인복지주택 :** 노인에게 주거시설을 분양 또는 임대하여 주거의 편의·생활지도·상담 및 안전관리 등 일상생활에 필요한 편의를 제공함을 목적으로 하는 시설

노인주거복지시설의 입소대상, 입소절차, 입소비용 및 분양·임대 등에 관하여 필요한 사항은 보건복지부령(동법시행규칙)으로 정한다(동법 제32조 제2항, 동법시행규칙 제14조). 노인복지주택 설치·관리 및 공급 등에 관하여 노인복지법에서 규정된 사항을 제외하고는 주택법 및 공동주택관리법의 관련 규정을 준용하도록 되어 있다(동법 제32조 제3항).

(2) 노인주거복지시설의 설치

국가 또는 지방자치단체는 노인주거복지시설을 설치할 수 있으며(동법 제33조 제1항), 국가 또는 지방자치단체 외의 자가 노인주거복지시설을 설치하고자 하는 경우에는 특별자치도지사 · 시장 · 군수 · 구청장에게 신고하도록 되어 있다(동법 제33조 제2항). 이 밖에 노인복지주택의 입소자격 등에 대하여 규정하고 있다(동법 제33조의 2 참조).

3) 노인의료복지시설

(1) 기능과 종류

노인의료복지시설은 주거생활은 물론 보건의료적 서비스를 제공하는 시설로서, 다음의 2종류로 나누어진다(동법 제34조 제1항 제1호~제3호). 여기에서도 종래에 인정하였던 무료 · 실비 · 유료 구분을 삭제하였다.

① **노인요양시설 :** 치매 · 중풍 등 노인성 질환 등으로 심신에 상당한 장애가 발생하여 도움을 필요로 하는 노인을 입소시켜 급식, 요양 그 밖에 일상생활에 필요한 편의를 제공함을 목적으로 하는 시설

② **노인요양공동생활가정 :** 치매 · 중풍 등 노인성 질환 등으로 심신에 상당한 장애가 발생하여 도움을 필요로 하는 노인에게 가정과 같은 주거여건과 급식 · 요양 그 밖에 일상생활에 필요한 편의를 제공함을 목적으로 하는 시설

노인의료복지시설의 입소대상, 입소비용, 입소절차와 설치 · 운영자의 준수사항 등에 관하여 필요한 사항은 보건복지부령으로 정한다(동법 제34조 제2항, 동법시행규칙 제18조).

(2) 노인의료복지시설의 설치

국가 또는 지방자치단체는 노인의료복지시설을 설치할 수 있으며(동법 제35조 제1항) 그 외의 자가 노인의료복지시설을 설치하고자 하는 경우에는 시장 · 군수 · 구청장에게 신고하여야 한다(동법 제35조 제2항 본문). 노인의료복지시설의 시설기준, 설치신고 및 설치허가 등에 관하여 필요한 사항은 보건복지부령으로 정한다(동법 제35조 제3항, 동법시행규칙 제20조, 제22조).

4) 노인여가복지시설

(1) 기능과 종류

노인여가복지시설은 노인이 건강하고 건전한 여가활동을 할 수 있도록 제반서비스를 제공하는 시설로서, 그 구체적인 목적의 차이에 따라서 다음과 같이 4종류로 나누어진다(동법 제36조 제1항 제1호~제3호).

① **노인복지관 :** 노인의 교양 · 취미생활 및 사회참여활동 등에 대한 각종 정보와 서비스를 제공하고, 건강증진 및 질병예방과 소득보장 · 재가복지 그 밖에 노인의 복지증진에 필요한 서비스를 제공함을 목적으로 하는 기관

② **경로당 :** 지역노인들이 자율적으로 친목도모, 취미활동, 공동작업장 운영 및 각종 정보교환과 기타 여가활동을 할 수 있도록 하는 장소를 제공함을 목적으로 하는 시설 경로당에 대하여 국가 또는 지방자치단체는 예산의 범위내에서 정부양곡관리 양곡의 구입비의 전부 또는 일부를 보조훌 수 있고 경로당의 냉난방 비용의 전부 또는 일부를 보조할 수 있다(동법 제37조의 2). 또 경로당에 대하여 전기요금 · 전기통신요금 · 도시가스요금을 감면 할 수 있다(동법 제37조의 3).

③ **노인교실 :** 노인들에 대하여 사회활동 참여욕구를 충족시키기 위하여 건전한 취미생활, 노인건강 유지, 소득보장 기타 일상생활과 관련한 학습프로그램을 제공함을 목적으로 하는 시설

노인여가복지시설의 이용대상 및 이용절차 등에 관하여 필요한 사항은 보건복지부령으로 정한다(동법 제36조 제2항, 동법시행규칙 제24조).

(2) 노인여가복지시설의 설치

국가 또는 지방자치단체는 노인여가복지시설을 설치할 수 있다(동법 제37조 제1항). 그 외의 자가 노인여가복지시설을 설치하고자 하는 경우에는 시장 · 군수 · 구청장에게 신고하여야 한다(동법 제37조 제2항). 노인여가복지시설의 시설기준 및 설치신고 등에 관하여 필요한 사항은 보건복지부령으로 정한다(동법 제37조 제4항, 동법시행규칙 제25조, 제26조).

5) 재가노인복지시설

(1) 기능과 종류

재가노인복지시설은 노인이 자신이 살고 있는 가정에 거주하면서 다음과 같은 필요한 서비스를 제공받을 수 있도록 도움을 제공하는 시설로서, 다음의 5종류로 나누어진다(동법 제38조 제1항 제1호~제5호). 종래와 달리 재가노인복지시설을 개별시설 개념에서 종합서비스 제공기관으로 개편하였다.

① **방문요양서비스 :** 가정에서 일상생활을 영위하고 있는 노인(이하 "재가노인")으로서 신체적 · 정신적 장애로 어려움을 겪고 있는 노인에게 필요한 각종 편의를 제공하여 지역사회 안에서 건전하고 안정된 노후를 영위하도록 하는 서비스

② **주 · 야간보호서비스 :** 부득이한 사유로 가족의 보호를 받을 수 없는 심신이 허약한 노인과 장애노인을 주간 또는 야간 동안 보호시설에 입소시켜 필요한 각종 편의를 제공하여 이들의 생활안정과 심신기능의 유지 · 향상을 도모하고, 그 가족의 신체적 · 정신적 부담을 덜어 주기 위한 서비스

③ **단기보호서비스 :** 부득이한 사유로 가족의 보호를 받을 수 없어 일시적으로 보호가 필요한 심신이 허약한 노인과 장애노인을 보호시설에 단기간 입소시켜 보호함으로써 노인 및 노인가정의 복지증진을 도모하기 위한 서비스

④ **방문 목욕서비스 :** 목욕장비를 갖추고 재가노인을 방문하여 목욕을 제공하는 서비스

⑤ **그 밖의 서비스 :** 그 밖에 재가노인에게 제공하는 서비스로서 보건복지부령이 정하는 서비스

위에 따른 재가노인복지시설의 이용대상, 비용부담 및 이용절차 등에 관하여 필요한 사항은 보건복지부령으로 정한다(동법 제38조 제2항, 동법시행규칙 제27조의 2).

(2) 재가노인복지시설의 설치

국가 또는 지방자치단체는 재가노인복지시설을 설치할 수 있다(동법 제39조 제1항). 그 외의 자가 재가노인복지시설을 설치하고자 하는 경우에는 시장 · 군수 · 구청장에게 신고하여야 한다(동법 제39조 제2항). 재가노인복지시설의 시설 · 인력 및 운영에 관한 기준과 설치신고 등에 관하여 필요한 사항은 보건복지부령으로 정한다[(동법 제39조 제3항, 동법시행규칙 제28조, 제29조 제1항(별표 9), 제2항(별표 10)].

6) 요양보호사

(1) 자격증의 교부 등

재가노인복지시설에서는 여러 가지 서비스를 제공하는데, 그중 가정봉사원 파견서비스는 가정봉사원이라는 준전문가 혹은 케어워커(care worker)에 속하는 사람이 보통 자원봉사자와 함께 노인이 살고 있는 가정에 정기적으로 직접 찾아가서, 노인에게 필요한 서비스를 제공하는 것이다. 이때 제공되는 서비스는 주로 가정봉사원에 의하여 결정된다. 그런데 종래에는 이 가정봉사원은 국가공인자격자가 아니어서 공신력이 없었다. 특히 2008년 7월 1일부터 시행되는 노인장기요양보험의 급여에 대비하기 위하여 종래의 가정봉사원에서 한 걸음 나아가 장기노인요양급여를 할 수 있는 전문자격자로서 요양보호사를 국가공인자격으로 도입하였다. 따라서 노인지원업무를 자격 있는 전문가가 맡게 되었다.

노인복지시설의 설치 · 운영자는 보건복지부령이 정하는 바에 따라 노인 등의 신체활동 또는 가사활동지원 등의 업무를 전문적으로 수행하는 요양보호사를 두어야 한다(동법 제39조의 2 제1항). 요양보호사가 되려는 자는 제39조의 3에 따른 요양보호사교육기관에서 교육과정을 마치고, 시 · 도지사가 실시하는 요양보호사 시험에 합격해야 한다(동조 제2항, 2010. 1. 25. 개정, 동년 4. 26. 시행). 시 · 도지사는 제2항에 따라 요양보호사 자격시험에 합격한 자에게 요양보호사 자격증을 교부하여야 한다(동조 제3항). 요양보호사의 교육과정, 요양보호사 자격시험, 자격증 교부 등에 관하여 필요한 사항은 보건복지부령으로 정한다(동조 제5항, 동법시행규칙 제29조의 2 별표 10의 2).

동법 제39조의 13에는 요양보호사의 결격사유가, 동법 제39조의 14에는 요양보호사의 자격의 취소사유가 규정되어 있다.

(2) 요양보호사 교육기관의 지정

시 · 도지사는 요양보호사의 양성을 위하여 보건복지부령으로 정하는 지정기준에 적합한 시설을 요양보호사 교육기관으로 지정 · 운영하여야 한다(동법 제39조의 3 제1항). 시 · 도지사는 요양보호사 교육기관의 동조 제2항 제1호~제4호의 어느 하나에 해당되는 경우 사업의 정지를 명하거나 그 지정을 취소할 수 있다(동조 제2항). 요양보호사 교육기관의 지정절차, 제2항에 따른 행정처분의 세부적 기준 및 절차 등에 관하여 필요한 사항은 보건복지부령으로 정한다(동법 제39조의 3 제4항, 동법시행규칙 제29조의 10 제1항 별표 10의 3 참조).

4. 노인보호전문기관의 설치

1) 설치와 업무

국가와 자방자치단체는 노인학대와 관련한 업무를 담당하는 중앙노인보호전문기관과 지역노인보호전문기관(특별시 · 광역시 · 도 · 특별자치도에 두는 기관)을 설치하여야 하며(동법 제39조의 5), 중앙노인보호전문기관의 업무에 대하여는 동조 제1항에서 지역노인전문기관의 업무에 대하여는 동조 제1항 제1호부터 제9호까지 규정하고 있다.

각 노인보호전문기관의 설치기준과 운영 · 상담원의 자격과 배치기준 등에 필요한 사항은 보건복지부령으로 정한다(동법 제39조의 5 제4항).

2) 노인학대 신고의무와 절차

누구든지 노인학대를 알게 된 때에는 노인보호전문기관 또는 수사기관에 신고할 수 있다(동법 제39조의 6 제1항). 그리고 다음에 해당하는 사람은 직무상 65세 이상의 사람에 대한 노인학대를 알게 된 경우 즉시 노인보호전문기관 또는 수사기관에 신고하여야 한다(동법 제39조의 6 제2항 제1호~제12호). 신고인의 신분은 보장되어야 하며 그 의사에 반하여 신분이 노출되지 않도록 배려하여야 한다(동법 제39조의 6 제3항).

① 의료법상 의료기관에서 의료업을 행하는 의료인 및 의료기관의 장
② 제27조의 2에 따른 방문요양서비스나 안전확인 등의 서비스 종사자, 제31조에 따른 노인복지시설의 장과 그 종사자 및 노인복지상담원
③ 장애인복지법에 의한 장애인복지시설에서 장애인에 대한 상담, 치료, 훈련 또는 요양업무를 수행하는 사람
④ 가정폭력방지 및 피해자보호 등에 관한 법률에 의한 가정폭력관련상담소의 상담원 및 가정폭력 피해자보호시설의 장과 그 종사자
⑤ 사회복지사업법에 의한 사회복지전담공무원 및 사회복지관, 부랑인 및 노숙인보호를 위한 시설의 장과 그 종사자
⑥ 노인장기요양기관, 재가장기요양기관의 장과 그 종사자
⑦ 119구급대의 구급대원
⑧ 건강가정지원센터의 장과 그 종사자
⑨ 다문화가족지원센터의 장과 그 종사자

⑩ 성폭력피해상담소 및 성폭력피해자보호시설의 장과 그 종사자

⑪ 응급구조사

⑫ 의료기사

이 밖에 노인학대행위자에 대한 상담·교육 등의 권고(동법 제39조의 16), 노인학대 관련 범죄자의 노인관련기관의 취업제한(동법 제39조의 17), 학대피해노인의 전용쉼터의 설치(동법 제39조의 19) 등을 규정하고 있다.

3) 응급조치의 의무 등

노인학대신고를 접수한 노인보호전문기관의 직원이나 사법경찰관리는 지체 없이 노인학대의 현장에 출동하여야 한다. 이 경우 노인보호전문기관의 장이나 수사기관의 장은 서로 동행하여 줄 것을 요청할 수 있고, 그 요청을 받은 때에는 정당한 사유가 없으면 소속직원이나 사법경찰관리를 현장에 동행하도록 하여야 한다(동법 제39조의 7 제1항). 현장에 출동한 자는 학대받은 노인을 노인학대 행위자로부터 분리하거나 치료가 필요하다고 인정할 때에는 노인보호전문기관 또는 의료기관에 인도하여야 한다(동법 제39조의 7 제2항).

4) 보조인의 선임 등

학대받은 노인의 법정대리인, 직계친족, 형제자매, 노인보호전문기관의 상담원 또는 변호사는 노인학대사건의 심리에 있어서 보조인이 될 수 있다. 다만, 변호사가 아닌 경우에는 법원의 허가를 받아야 한다. 그리고 법원은 학대받은 노인을 증인으로 신문하는 경우 본인 검사 또는 노인보호전문기관의 신청이 있을 때에는 본인과 신뢰관계에 있는 자의 동석을 허가할 수 있다. 수사기관이 학대받은 노인을 조사하는 경우에는 앞의 절차를 준용하도록 하였다(동법 제39조의 8).

누구든지 노인의 신체에 폭행을 가하거나 상처를 입히는 행위, 노인에게 성적 수치심을 주는 성폭행·성희롱 등의 행위, 자신의 보호·감독을 받는 노인 유기와 방임행위, 노인에게 구걸강요행위, 노인을 위하여 증여 또는 급여된 물품을 그 목적 외의 용도에 사용하는 행위를 해서는 안 된다(동법 제39조의 9).

5) 긴급전화의 설치

국가와 지방자치단체는 노인학대를 예방하고 수시로 신고를 받을 수 있도록 긴급전화를 설치하여야 한다(동법 제39조의 4 제1항). 긴급전화는 전국적으로 통일된 번호로 매일 24시간 동안 운영될 수 있도록 하고 있다(동법시행령 제20조의 3 제1항).

6) 실종노인에 대한 신고의무 등

실종노인을 보호하는 자는 반드시 신고하도록 하고, 국가 차원에서 실종노인의 보호를 위하여 체계적이고 효율적인 관리시스템을 마련하여 실종노인이 가족에게 돌아갈 수 있도록 함으로써 실종노인에 대한 보호를 강화하도록 하였다. 누구든지 정당한 사유 없이 사고 등의 사유로 인하여 보호자로부터 이탈된 노인(이하 "실종노인")을 경찰관서 또는 지방자치단체의 장에게 신고하지 아니하고 보호하여서는 아니 된다(동법 제39조의 10 제1항). 법 제31조에 따른 노인복지시설(사회복지사업법 제2조 제3호에 따른 사회복지시설 및 사회복지시설에 준하는 시설로서 인가·신고 등을 하지 아니하고 노인을 보호하는 시설을 포함. 이하 "보호시설")의 장 또는 그 종사자는 그 직무를 수행하면서 실종노인임을 알게 된 때에는 지체 없이 보건복지부령이 정하는 신상카드를 작성하여 지방자치단체의 장과 제3항 제2호의 업무를 수행하는 기관의 장에게 제출하여야 한다(동조 제2항). 보건복지부장관은 실종노인의 발생예방, 조속한 발견과 복귀를 위하여 다음 각 호의 업무를 수행하여야 한다. 이 경우 보건복지부장관은 노인복지관련법인이나 단체에 그 업무의 전부 또는 일부를 위탁할 수 있다(동조 제3항 제1호~제3호).

① 실종노인과 관련된 조사 및 연구
② 실종노인의 데이터베이스 구축·운영
③ 그 밖에 실종노인의 보호 및 지원에 필요한 사항

각종 노인복지시설의 운영기준

노인복지법시행규칙

[별표 1의 2] 〈개정 2013.12.4〉 노인복지시시설의 건축기준공정표(제15조 제8항 및 제19조 제7항 관련)

구분	건축공정(공사진척도)	공사진척내용	
		5층 이상 시설	5층 미만 시설
사회복지법인 또는 비영리법인	10% 이상	전체 층수의 $\frac{1}{4}$ 이상에 해당하는 층수의 골조공사가 완성된 때	조적공사의 $\frac{1}{2}$ 이상이 완성된 때
기타	20% 이상	전체 층수의 $\frac{1}{2}$ 이상에 해당하는 층수의 골조공사가 완성된 때	조적공사가 완성된 때

* 입소한 자로부터 입소비용의 전부를 수납하여 운영하는 노인주거복지시설(노인복지주택은 제외) 및 노인의료복지시설에 대하여 적용한다.

[별표 2] 〈개정 2017.9.15〉 노인주거복지시설의 시설기준 및 직원배치기준(제17조 제1항 관련)

1. 공통사항

가. 시설의 규모 : 노인주거복지시설(이하 이 표에서 "시설"이라 한다)은 다음 각 호의 구분에 따른 인원이 입소할 수 있는 시설을 갖추어야 한다.

(1) 양로시설 : 입소정원 10명 이상(입소정원 1명당 연면적 15.9㎡ 이상의 공간을 확보하여야 한다)

(2) 노인공동생활가정 : 입소정원 5명 이상 9명 이하(입소정원 1명당 연면적 15.9㎡ 이상의 공간을 확보하여야 한다)

(3) 노인복지주택 : 30세대 이상

나. 시설의 구조 및 설비

(1) 시설의 구조 및 설비는 일조 · 채광 · 환기 등 입소자의 보건위생과 재해방지 등을 충분히 고려하여야 한다.

(2) 복도 · 화장실 · 침실 등 입소자가 통상 이용하는 설비는 휠체어 등의 이동이 가능한 공간을 확보하여야 하며 문턱제거, 손잡이 시설 부착, 바닥 미끄럼 방지 등 노인의 활동에 편리한 구조를 갖추어야 한다.

(3) 「화재예방, 소방시설 설치 · 유지 및 안전관리에 관한 법률」이 정하는 바에 따라 소화용 기구를 비치하고 비상구를 설치하여야 한다. 다만, 입소자 10명 미만인 시설의 경우에는 소화용 기구를 갖추는 등 시설실정에 맞게 비상재해에 대비하여야 한다.

(4) 입소자가 건강한 생활을 영위하는데 도움이 되는 도서관, 스포츠 · 레크리에이션 시설 등 적정한 문화 · 체육부대시설을 설치하도록 하되, 지역사회와 시설간의 상호교류 촉진을 통한 사회와의 유대감 증진을 위하여 입소자가 이용하는데 지장을 주지 아니하는 범위에서 외부에 개방하여 운영할 수 있다.

다. 재가노인복지시설의 병설 · 운영 : 시설의 장은 시설의 개방성을 높여 지역사회와의 교류를 증진하고 입소자가 외부사회와의 단절감을 느끼지 아니하도록 하기 위하여 재가노인복지시설을 병설 · 운영할 수 있다.

2. 시설 설치에 관한 특례

가. 시설 설치자는 시설을 설치할 토지 및 건물의 소유권 또는 사용권을 확보하여야 하며, 시설 설치 목적 외의 목적에 의한 저당권을 해당 토지 및 건물에 설정하여서는 아니 된다. 다만, 시설(노인복지주택은 임대의 경우에만 해당한다)의 설치목적에 의한 저당권을 설정하는 경우에도 저당권의 피담보채권액과 입소보증금의 합이 건설원가의 80% 이하이어야 한다.

나. 타인 소유의 토지 또는 건물을 사용하여 입소자로부터 입소비용의 전부를 수납하여 운영하는 시설을 설치하려는 경우에는 다음 각 호의 요건을 갖추어야 한다.

(1) 임대차계약 · 지상권설정계약 등 사용계약의 양 당사자는 법인일 것

(2) 토지 또는 건물에 대한 등기 등 법적 대항요건을 갖출 것

(3) 사용계약서에 다음의 내용이 포함되어 있을 것

(가) 토지 또는 건물의 사용목적이 시설의 설치 · 운영을 위한 것이라는 취지의 내용

(나) 계약기간의 연장을 위한 자동갱신조항

(다) 무단 양도(매매, 증여, 그 밖의 권리의 변동을 수반하는 일체의 행위를 포함한다) 및 전대의 금지조항

(라) 장기간에 걸친 임차료 등의 인상방법(무상으로 사용하는 경우는 제외한다)

(마) 토지 또는 건물에 대한 사용권자의 우선 취득권에 관한 내용

다. 양로시설 · 노인공동생활가정 또는 임대형 노인복지주택을 설치하려는 자는 입소자에 대한 보증금 반환채무의 이행을 보장하기 위하여 입소계약 체결 후 보증금 수납일부터 10일 이내에 다음 각 호의 요건에 적합한 인 · 허가보증보험에 가입하여야 한다. 다만, 시설 개원이후 입소자별로 전세권 또는 근저당권 설정 등의 조치를 한 경우에는 각각 인 · 허가보증보험에 가입하지 아니할 수 있다.

(1) 보증내용 : 입소자의 입소보증금 반환채무 이행보증

(2) 보증가입금액 : 입소보증금 합계의 100분의 50 이상

(3) 보증가입기간 : 보증금 납부일부터 퇴소시까지

(4) 보증가입관계 : 시장 · 군수 · 구청장을 피보험자로 함

(5) 보험금 수령방법 : 시장 · 군수 · 구청장의 확인 하에 입소자가 보험금을 직접 수령함

3. 시설기준

<table>
<tr><th colspan="2">구분
시설별</th><th>침실</th><th>사무실</th><th>요양보호사 및 자원봉사자실</th><th>의료 및 간호사실</th><th>체력단련실 및 프로그램실</th><th>식당 및 조리실</th><th>비상재해대비시설</th><th>화장실</th><th>세면장 및 샤워실(목욕실)</th><th>세탁장 및 세탁물건조장</th></tr>
<tr><td rowspan="2">양로시설</td><td>입소자 30명 이상</td><td>○</td><td>○</td><td>○</td><td>○</td><td>○</td><td>○</td><td>○</td><td>○</td><td>○</td><td>○</td></tr>
<tr><td>입소자 30명 미만 10명 이상</td><td>○</td><td colspan="2">○</td><td>○</td><td>○</td><td>○</td><td>○</td><td>○</td><td colspan="2">○</td></tr>
<tr><td colspan="2">노인공동생활가정</td><td>○</td><td colspan="3">○</td><td>–</td><td>○</td><td>○</td><td>○</td><td colspan="2">○</td></tr>
<tr><td colspan="2">노인복지주택</td><td colspan="10">침실 1, 관리실 1(사무실 · 숙직실 포함), 식당 및 조리실 1, 체력단련실 및 프로그램실 1, 의료 및 간호사실 1, 식료품점 또는 매점 1, 비상재해대비시설 1, 경보장치 1</td></tr>
</table>

비고 : 세탁물을 전량 위탁처리하는 경우에는 세탁장 및 세탁물건조장을 두지 아니할 수 있다.

4. 설비기준

<table>
<tr><th>양로시설</th><th>노인공동생활가정</th><th>노인복지주택</th></tr>
<tr><td>가. 침실
(1)독신용 · 합숙용 · 동거용 침실을 둘 수 있다.
(2)남녀공용인 시설의 경우에는 합숙용 침실을 남실 및 여실로 각각 구분하여야 한다.
(3)입소자 1명당 침실면적은 5.0㎡ 이상이어야 한다.
(4)합숙용 침실 1실의 정원은 4명 이하이어야 한다.
(5)합숙용 침실에는 입소자의 생활용품을 각자 별도로 보관할 수 있는 보관시설을 설치하여야 한다.
(6)채광 · 조명 및 방습설비를 갖추어야 한다.
나. 식당 및 조리실 : 조리실 바닥은 내수재료로서 세정 및 배수에 편리한 구조로 하여야 한다.
다. 세면장 및 샤워실(목욕실)
(1)바닥은 미끄럽지 아니하여야 한다.
(2)욕조를 설치하는 경우에는 욕조에 노인의 전신이 잠기지 아니하는 깊이로 하고 욕조의 출입이 자유롭도록 최소한 1개 이상의 보조봉과 수직의 손잡이 기둥을 설치하여야 한다.
(3)급탕을 자동온도조절장치로 하는</td><td>가. 침실
(1)독신용 · 동거용 · 합숙용 침실을 둘 수 있다.
(2)남녀공용인 시설의 경우에는 합숙용 침실을 남실 및 여실로 각각 구분하여야 한다.
(3)입소자 1명당 침실면적은 5.0㎡ 이상이어야 한다.
(4)합숙용 침실 1실의 정원은 4명 이하이어야 한다.
(5)합숙용 침실에는 입소자의 생활용품을 각자 별도로 보관할 수 있는 보관시설을 설치하여야 한다.
(6)채광 · 조명 및 방습설비를 갖추어야 한다.
나. 식당 및 조리실 : 조리실바닥은 내수재료로서 세정 및 배수에 편리한 구조로 하여야 한다.
다. 세면장 및 샤워실(목욕실)
(1)바닥은 미끄럽지 아니하여야 한다.
(2)욕조를 설치하는 경우에는 욕조에 노인의 전신이 잠기지 아니하는 깊이로 하고 욕조의 출입이 자유롭도록 최소한 1개 이상의 보조봉과 수직의 손잡이 기둥을 설치하여야 한다.
(3)급탕을 자동온도조절장치로 하는</td><td>가. 침실
(1)독신용 · 동거용 침실의 면적은 20㎡ 이상이어야 한다.
(2)취사할 수 있는 설비를 갖추어야 한다.
(3)목욕실, 화장실 등 입소자의 생활 편의를 위한 설비를 갖추어야 한다.
(4)채광 · 조명 및 방습설비를 갖추어야 한다.
나. 프로그램실 : 자유로이 이용할 수 있는 적당한 문화시설과 오락기구를 갖추어 두어야 한다.
다. 체력단련실 : 입소 노인들이 기본적인 체력을 유지할 수 있는데 필요한 적절한 운동기구를 갖추어야 한다.
라. 의료 및 간호사실 : 진료 및 간호에 필요한 상용의약품 · 위생재료 또는 의료기구를 갖추어야 한다.
마. 경보장치 : 타인의 도움이 필요할 때 경보가 울릴 수 있도록 거실, 화장실, 욕실, 복도 등 필요한 곳에 설치하여야 한다.
바. 경사로 : 침실이 2층 이상인 경우 경사로를 설치하여야 한다. 다만, 「승강기시설 안전관리법」에 따른 승객용 엘리베이터를</td></tr>
</table>

양로시설	노인공동생활가정	노인복지주택
경우에는 물의 최고 온도는 섭씨 40도 이상이 되지 아니하도록 하여야 한다. 라. 프로그램실 : 자유로이 이용할 수 있는 적당한 문화시설과 오락기구를 갖추어 두어야 한다. 마. 체력단련실 : 입소 노인들이 기본적인 체력을 유지할 수 있는데 필요한 적절한 운동기구를 갖추어야 한다. 바. 의료 및 간호사실 : 진료 및 간호에 필요한 상용의약품 · 위생재료 또는 의료기구를 갖추어야 한다. 사. 경사로 : 침실이 2층 이상인 경우 경사로를 설치하여야 한다. 다만, 「승강기시설 안전관리법」에 따른 승객용 엘리베이터를 설치한 경우에는 경사로를 설치하지 아니할 수 있다. 아. 그 밖의 시설 (1)복도 · 화장실 그 밖의 필요한 곳에 야간 상용등을 설치하여야 한다. (2)계단의 경사는 완만하여야 하며, 난간을 설치하여야 한다. (3)바닥은 부드럽고 미끄럽지 아니한 바닥재를 사용하여야 한다.	경우에는 물의 최고 온도는 섭씨 40도 이상이 되지 아니하도록 하여야 한다. 라. 경사로 : 침실이 2층 이상인 경우 경사로를 설치하여야 한다. 다만, 「승강기시설 안전관리법」에 따른 승객용 엘리베이터를 설치한 경우에는 경사로를 설치하지 아니할 수 있다. 마. 그 밖의 시설 (1)복도 · 화장실 그 밖의 필요한 곳에 야간 상용등을 설치하여야 한다. (2)계단의 경사는 완만하여야 하며, 난간을 설치하여야 한다. (3)바닥은 부드럽고 미끄럽지 아니한 바닥재를 사용하여야 한다.	설치한 경우에는 경사로를 설치하지 아니할 수 있다.

5. 직원의 자격기준

직종별	자격기준
시설의 장 (노인복지주택은 제외한다)	「사회복지사업법」에 따른 사회복지사 자격증 소지자 또는 「의료법」 제2조에 따른 의료인
사회복지사	「사회복지사업법」에 따른 사회복지사 자격증 소지자
요양보호사	법에 따른 요양보호사 자격증 소지자

6. 직원의 배치기준

시설별 \ 직종별		시설의 장	사무국장	사회복지사	의사(한의사를 포함한다) 또는 촉탁의사	간호사 또는 간호조무사	요양보호사	사무원	영양사	조리원	위생원	관리인
양로시설	입소자 30명 이상	1명	1명	1명	1명 이상	입소자 50명당 1명	입소자 12.5명당 1명	1명 (입소자 100명 이상인 경우로 한정함)	1명 (1회 급식 인원이 50명 이상인 경우로 한정함)	2명 (입소자 100명 초과할 때마다 1명 추가)	입소자 50명당 1명	
	입소자 30명 미만 10명 이상	1명	1명			1명	입소자 12.5명당 1명			1명	1명	
노인공동생활가정		1명			입소자 4.5명당 사회복지사, 간호사·간호조무사 또는 요양보호사 1명 이상							
노인복지주택		1명		1명								1명

- 위생원 및 요양보호사: 세탁물을 전량 위탁처리하는 경우에는 위생원을 두지 아니할 수 있으며, 입소자로부터 입소비용의 전부를 수납하여 운영하는 양로시설의 요양보호사 배치기준은 입소자 20명당 1명으로 한다.

비고 : (1) 사회복지사는 입소자에게 건강유지, 여가선용 등 노인복지 제공계획을 수립하고, 복지증진에 관하여 상담 · 지도한다.

(2) 의료기관과 협약을 체결하여 의료연계체계를 구축한 경우에는 의사(한의사를 포함한다) 또는 촉탁의사를 두지 않을 수 있다.

(3) 요양보호사는 요양서비스가 필요한 노인에게 신체활동지원 서비스와 그 밖의 일상생활지원 서비스를 제공한다.

(4) 영양사 및 조리원이 소속되어 있는 업체에 급식을 위탁하는 경우에는 영양사 및 조리원을 두지 않을 수 있다.

(5) 세탁물을 전량 위탁처리하는 경우에는 위생원을 두지 아니할 수 있으며, 입소자로부터 입소비용의 전부를 수납하여 운영하는 양로시설의 요양보호사 배치기준은 입소자 20명당 1명으로 한다.

(6) 모든 종사자는 시설의 장과 근로계약을 체결한 사람이어야 한다.

[별표 3] 〈개정 2017.11.3〉 노인주거복지시설의 운영기준(제17조 제2항 관련)

1. 건강관리(노인복지주택의 경우는 제외한다)

가. 노인주거복지시설(이하 이 표에서 "시설"이라 한다)에는 입소자 건강관리를 위한 책임자를 두고 의사(한의사를 포함한다), 간호사, 그 밖의 자격이 있는 자가 그 임무를 수행하여야 한다.

나. 전담의사(한의사를 포함한다)를 두지 아니한 시설은 촉탁의사(시간제 계약에 의한 의사 또는 한의

사를 포함한다)를 두거나 의료기관과 협약을 체결하여 의료연계체계를 구축하여야 한다.

다. 나목에 따라 촉탁의사를 두거나 의료기관과 협약을 체결한 경우 해당 촉탁의사 또는 의료기관의 의사는 매월 시설을 방문하여 입소자의 건강상태를 확인하고 건강상태가 악화된 입소자에 대하여 적절한 조치를 하여야 한다. 이 경우 시설의 입소정원에 따른 방문횟수 등 세부적인 사항은 보건복지부장관이 정한다.

라. 입소자 및 직원에 대해서는 연 1회 이상의 결핵 검진을 포함한 건강진단(이하 이 호에서 "건강진단"이라 한다)을 하여야 하며, 건강진단 결과 건강이 좋지 않은 사람에 대해서는 그 치료를 위하여 필요한 조치를 하여야 한다.

마. 직원을 신규로 채용할 때에는 건강진단서를 확인하여야 하며, 이 경우 건강진단은 신규 채용 전 1년 이내에 받은 것이어야 한다.

바. 입소자에 대하여 그 건강상태에 따라 적절한 훈련과 휴식을 하도록 하여야 한다.

사. 시설의 환경을 항상 청결하게 하고 그 위생관리에 유의하여야 한다.

2. 급식위생관리

가. 시설의 장은 입소자가 필요한 영양을 섭취할 수 있도록 영양사가 작성한 식단에 따라 급식을 행하여야 한다. 다만, 영양사가 없는 시설의 경우에는 소재지를 관할하는 보건소장 또는 다른 시설 등의 영양사의 지도를 받아 식단을 작성하고 이에 따라 급식하여야 한다.

나. 전염성질환, 화농성창상 등이 있는 자는 입소자의 식사를 조리하여서는 아니 된다.

다. 시설에서 사용되는 음용수의 경우에는 「수도법」 및 「먹는물관리법」이 정하는 바에 따라 수질검사를 받아야 한다.

라. 입소자의 식사를 조리하는 자는 항상 청결을 유지하여야 한다.

3. 운영규정

가. 시설의 장은 조직, 인사, 급여, 회계, 물품, 그 밖에 시설의 운영에 관하여 필요한 규정(이하 이 표에서 "운영규정"이라 한다)을 작성하여 시장 · 군수 · 구청장에게 제출하여야 한다.

나. 양로시설 · 노인공동생활가정 및 노인복지주택의 운영규정에는 다음 각 호의 사항이 포함되어야 한다. 다만, (11) 및 (12)는 입소자로부터 입소비용의 전부를 받아 운영하는 양로시설 및 노인복지주택에 한하여 적용한다.

(1) 입소정원 및 모집방법 등에 관한 사항

(2) 입소계약에 관한 사항(계약기간, 계약목적, 입소보증금, 월 이용료, 그 밖의 비용부담액, 신원인수인의 권리 · 의무, 계약의 해제, 입소보증금의 반환 등에 관한 사항을 포함한다)

(3) 입소보증금, 이용료 등 비용에 대한 변경방법 및 절차 등에 관한 사항(노인복지주택의 경우에는 비용 변경 시 입소자의 의견수렴 과정에 관한 사항을 포함한다)

(4) 서비스의 내용과 그 비용의 부담에 관한 사항

(5) 특별한 보호를 필요로 하는 경우에는 그 서비스기준과 비용에 관한 사항
(6) 의료를 필요로 하는 경우에는 그 구체적인 처리절차
(7) 시설물 사용상의 주의사항 등에 관한 사항
(8) 서비스 제공자의 배상책임, 면책범위에 관한 사항
(9) 운영규정의 개정방법 및 절차 등에 관한 사항
(10) 운영위원회 또는 운영간담회의 설치 · 운영에 관한 사항
(11) 입소예정자 또는 입소자가 사망 또는 보건복지부장관이 정하는 중대한 질병으로 인하여 계약을 해지하는 경우 위약금의 감면에 관한 사항
(12) 시설 설치자의 입소보증금 반환보증과 관련된 내용의 설명, 그 사실의 계약서에의 기재 및 서명 등에 관한 사항

다. 시설의 장은 운영규정에서 정한 바에 따라 해당 시설을 운영하여야 한다.
라. 모든 종사자는 시설의 장과 근로계약이 체결된 자이어야 한다.

4. 보증금의 수납 및 반환

가. 양로시설 및 노인공동생활가정을 설치한 자가 보증금을 수납하는 때에는 월 입소비용의 1년분 이내에서 이를 수납하여야 한다. 다만, 입소자로부터 입소비용의 전부를 수납하여 운영하는 시설의 경우는 제외한다.
나. 노인주거복지시설(분양형 노인복지주택은 제외한다)을 설치한 자는 입소자가 퇴소하는 때에는 지체 없이 수납한 보증금을 입소자 또는 입소자를 대신하여 입소계약을 체결한 배우자 또는 부양의무자에게 반환하여야 한다.

5. 회계

가. 시설의 설치 · 운영에 관한 회계는 법인회계 또는 다른 사업에 관한 회계와 분리하여 계리하여야 한다.
나. 국가 또는 지방자치단체로부터의 보조금품, 그 밖에 시설이 수수한 기부금품은 이를 별도의 계정으로 계리하여야 한다.

6. 장부 등의 비치

시설에는 다음 각 목의 장부 및 서류를 비치하여야 한다.

가. 시설의 연혁에 관한 기록부
나. 재산목록과 재산의 소유권 또는 사용권을 증명할 수 있는 서류
다. 시설운영일지
라. 예산서 및 결산서
마. 총계정원장 및 수입 · 지출보조부
바. 금전 및 물품의 출납부와 증빙서류

사. 보고서철 및 행정기관과의 협의 등 관련 문서철
아. 정관(법인의 경우에만 해당한다) 및 관계 질의서류
자. 입소자 관리카드(입소계약 체결일, 입소보증금, 이용료, 그 밖에 비용부담 관계 등에 관한 내용을 포함한다)
차. 연계의료시설과의 제휴계약서
카. 촉탁의사 근무상황부(촉탁의사가 있는 경우에만 해당한다)

7. 시설(노인복지주택은 제외한다)에서의 기거자
가. 시설의 장은 입소자의 침실 또는 침실이 있는 건물마다 요양보호사, 그 밖의 직원 중 1명을 입소자와 함께 기거하도록 조치하여야 한다.
나. 시설 안에서는 입소자 외에 시설의 장 및 직원과 그 가족이 아닌 자는 거주하지 못한다.

8. 사업의 실시
가. 시설의 장은 입소자에 대하여 적극적으로 필요한 생활지도를 하여야 한다.
나. 시설의 장은 입소자의 연령, 성별, 성격, 생활력, 심신의 건강상태 등을 고려하여 수시로 입소자와 면담하거나 관찰, 지도하고 특이사항을 기록, 유지하여 보호의 정도에 따라 다른 노인복지시설로의 전원 등 필요한 조치를 하여야 한다.
다. 시설의 장이 생활지도 등을 함에 있어서는 입소자의 의사를 최대한 존중하여야 한다.
라. 시설의 장은 노인교실 등의 기관과 제휴하여 입소자가 교양교육 등을 받도록 함으로써 건전하고 활력있는 생활을 할 수 있도록 노력하여야 한다.
마. 시설의 장은 시설종류별로 각 시설의 특성을 고려하여 다음의 기준에 따른 사업을 실시하여야 한다.

시설별	사업내용
양로시설 · 노인공동생활가정	(가)입소자의 생활의욕 증진 등을 도모하기 위하여 입소자의 신체적·정신적 상태에 따라 그 기능을 회복하게 하거나 기능의 감퇴를 방지하기 위한 훈련에 참가할 기회를 제공하여야 한다. (나)교양·오락설비 등을 구비하고 적절한 레크리에이션을 실시하여야 한다.
노인복지주택	(가)입주자의 거주에 불편함이 없도록 생활편의를 위한 체육시설, 여가 및 오락시설 등 부대시설 및 각종 복리시설을 설치하여 직접 또는 위탁하여 운영하여야 한다. (나)사회복지사는 순회서비스를 제공하는 등 항상 입주자의 안전을 위하여 세심한 배려를 하여야 하며 다음의 서비스를 제공하여야 한다. ①생활지도·상담 ②문안 ③긴급사태시 대처 ④의료기관등 관계기관과의 연락 ⑤일상생활상 필요한 원조 (다)필요한 경우 재가노인복지시설의 방문요양과 주야간보호서비스 등을 활용할 수 있도록 노인보건 및 복지에 관련된 사업기관과의 연계를 도모하여야 한다.

9. 운영위원회

「사회복지사업법」 제36조 및 같은 법 시행규칙 제24조에 따라 운영위원회를 설치 · 운영하여야 한다. 다만, 입소자로부터 입소비용 전부를 수납하여 운영하는 노인주거복지시설은 시설의 장, 직원, 가족대표, 입소자대표 및 법 제51조에 따른 노인복지명예지도원으로 구성된 운영간담회를 설치 · 운영할 수 있고, 시설의 장은 입소자의 상황, 서비스 제공 상황 등 시설의 운영과 관리비 등의 내용을 정기적으로 운영간담회에 보고하여야 한다.

[별표 4] 〈개정 2017.9.15〉 노인의료복지시설의 시설기준 및 직원배치기준(제22조 제1항 관련)

1. 공통사항

가. 시설의 규모 : 노인의료복지시설(이하 이 표에서 "시설"이라 한다)은 다음 각 호의 구분에 따른 인원이 입소할 수 있는 시설을 갖추어야 한다.

(1) 노인요양시설 : 입소정원 10명 이상(입소정원 1명당 연면적 23.6㎡ 이상의 공간을 확보하여야 한다). 다만, 노인요양시설 안에 치매전담실을 두는 경우에는 다음의 요건을 갖추어야 한다.

(가) 치매전담실 1실당 정원은 12명 이하로 할 것(정원 1명당 연면적 15㎡ 이상의 공간을 확보하여야 한다)

(나) 치매전담실은 총 2실 이내로 설치할 것

(다) 치매전담실의 총 인원은 노인요양시설 입소정원의 60% 이내로 할 것

(라) 치매전담실을 설치한 후에는 노인요양시설의 입소정원이 30명 이상일 것

(2) 노인요양공동생활가정 : 입소정원 5명 이상 9명 이하(입소정원 1명당 연면적 20.5㎡ 이상의 공간을 확보하여야 한다)

나. 시설의 구조 및 설비

(1) 시설의 구조 및 설비는 일조 · 채광 · 환기 등 입소자의 보건위생과 재해방지 등을 충분히 고려하여야 한다.

(2) 복도 · 화장실 · 침실 등 입소자가 통상 이용하는 설비는 휠체어 등이 이동 가능한 공간을 확보하여야 하며 문턱제거, 손잡이시설 부착, 바닥 미끄럼 방지 등 노인의 활동에 편리한 구조를 갖추어야 한다.

(3) 「화재예방, 소방시설 설치 · 유지 및 안전관리에 관한 법률」이 정하는 바에 따라 소화용 기구를 비치하고 비상구를 설치하여야 한다. 다만, 입소자 10명 미만인 시설의 경우에는 소화용 기구를 갖추는 등 시설의 실정에 맞게 비상재해에 대비하여야 한다.

(4) 입소자가 건강한 생활을 영위하는데 도움이 되는 도서관, 스포츠 · 레크리에이션 시설 등 적정한 문화 · 체육부대시설을 설치하되, 지역사회와 시설간의 상호교류 촉진을 통한 사회와의 유

대감 증진을 위하여 입소자가 이용하는데 지장을 주지 아니하는 범위에서 외부에 개방하여 운영할 수 있다.

다. 재가노인복지시설의 병설 · 운영 : 시설의 장은 시설의 개방성을 높여 지역사회와의 교류를 증진하고 입소자가 외부사회와의 단절감을 느끼지 아니하도록 재가노인복지시설을 병설 · 운영할 수 있다.

2. 시설 설치에 관한 특례

가. 시설 설치자는 시설을 설치할 토지 및 건물의 소유권을 확보하여야 하며, 시설 설치목적 외의 목적에 의한 저당권, 그 밖에 시설로서의 이용을 제한할 우려가 있는 권리는 해당 토지 및 건물에 설정하여서는 아니 된다. 다만, 시설의 설치목적에 의한 저당권을 설정하는 경우에도 저당권의 피담보채권액과 입소보증금의 합이 건설원가의 80% 이하이어야 한다.

나. 가목에도 불구하고 노인요양공동생활가정, 입소자로부터 입소비용의 전부를 수납하여 운영하는 노인요양시설 및 보건복지부장관이 지정하여 고시하는 지역에 입소자 30명 미만의 노인요양시설을 설치하는 경우에는 다음 (1)부터 (4)까지의 규정에 따른 요건을 갖춘 경우에 한하여 타인 소유의 토지 및 건물을 사용하여 시설을 설치할 수 있다.

(1) 사용하려는 토지 및 건물에 선순위 권리자 및 그 밖에 시설로서의 이용을 제한할 우려가 있는 권리가 설정되어 있지 않을 것

(2) 입소자로부터 입소비용의 전부를 수납하여 운영하는 시설의 경우에는 임대차계약 · 지상권설정계약 등 사용계약의 양 당사자가 법인일 것(노인요양공동생활가정을 설치하는 경우는 제외한다)

(3) 토지 또는 건물에 대한 등기 등 법적 대항요건을 갖출 것

(4) 사용계약서에 다음의 내용이 포함되어 있을 것

(가) 토지 또는 건물의 사용목적이 시설의 설치 · 운영을 위한 것이라는 취지의 내용

(나) 계약기간의 연장을 위한 자동갱신조항

(다) 무단 양도(매매 · 증여 그 밖에 권리의 변동을 수반하는 일체의 행위를 포함한다) 및 전대의 금지조항

(라) 장기간에 걸친 임차료 등의 인상방법(무상으로 사용하는 경우는 제외한다)

(마) 토지 또는 건물에 대한 사용권자의 우선 취득권에 관한 내용

다. 시설을 설치하려는 자는 입소자에 대한 보증금 반환채무의 이행을 보장하기 위하여 입소계약 체결 후 보증금 수납일부터 10일 이내에 다음 각 호의 요건에 적합한 인 · 허가보증보험에 가입하여야 한다. 다만, 시설 개원이후 입소자별로 전세권 또는 근저당권 설정 등의 조치를 한 경우에는 각각 인 · 허가보증보험에 가입하지 아니할 수 있다.

(1) 보증내용 : 입소자의 입소보증금 반환채무 이행보증

(2) 보증가입금액 : 입소보증금 합계의 100분의 50 이상

(3) 보증가입기간 : 보증금 납부일부터 퇴소시까지

(4) 보증가입관계 : 시장·군수·구청장을 피보험자로 함

(5) 보험금 수령방법 : 시장·군수·구청장의 확인 하에 입소자가 보험금을 직접 수령함

3. 시설기준

<table>
<tr><th colspan="2">구분
시설별</th><th>침실</th><th>사무실</th><th>요양
보호사실</th><th>자원봉사자실</th><th>의료 및
간호사실</th><th>물리(작업)
치료실</th><th>프로그램실</th><th>식당 및
조리실</th><th>비상재해
대비시설</th><th>화장실</th><th>세면장 및
목욕실</th><th>세탁장 및
세탁물건조장</th></tr>
<tr><td rowspan="2">노인요양시설</td><td>입 소 자
30명 이상</td><td>○</td><td>○</td><td>○</td><td>○</td><td>○</td><td>○</td><td>○</td><td>○</td><td>○</td><td>○</td><td>○</td><td>○</td></tr>
<tr><td>입 소 자
30명 미만
10명 이상</td><td>○</td><td colspan="3">○</td><td>○</td><td>○</td><td>○</td><td>○</td><td>○</td><td>○</td><td colspan="2">○</td></tr>
<tr><td colspan="2">노 인 요 양
공동생활가정</td><td>○</td><td colspan="4">○</td><td colspan="2">○</td><td>○</td><td>○</td><td colspan="3">○</td></tr>
</table>

비고 : (1) 세탁물을 전량 위탁처리하는 경우에는 세탁장 및 세탁물 건조장을 두지 아니할 수 있다.

(2) 의료기관의 일부를 시설로 신고하는 경우에는 물리(작업)치료실, 조리실, 세탁장 및 세탁물 건조장을 공동으로 사용할 수 있다. 다만, 공동으로 사용하려는 물리(작업)치료실이 시설의 침실과 다른 층에 있는 경우에는 입소자의 이동이 가능하도록 경사로 또는 엘리베이터를 설치하여야 한다.

(3) 노인요양시설 안에 두는 치매전담실의 경우에는 다음의 요건을 갖추어야 한다.

(가) 공동거실의 면적은 전체 면적의 25% 이상일 것

(나) 치매전담실 입구에 출입문을 두어 공간을 구분하되, 화재 등 비상시에 열 수 있도록 할 것

(다) 다음 표의 시설을 갖출 것

<table>
<tr><th rowspan="2">구분
시설별</th><th rowspan="2">침실</th><th colspan="6">공동거실</th><th rowspan="2">옥외공간</th></tr>
<tr><th>화장실</th><th>오물
처리</th><th>세면 및
간이욕실</th><th>간이
주방</th><th>식사
공간</th><th>간이세탁 및 수납공간</th></tr>
<tr><td>치매
전담실</td><td>○</td><td>○</td><td>○</td><td>○</td><td>○</td><td>○</td><td>○</td><td>△</td></tr>
</table>

(○: 필수, △: 권장)

(4) 치매전담형 노인요양공동생활가정의 경우에는 다음의 요건을 갖추어야 한다.

(가) 1층에 설치할 것

(나) 전체 면적의 25% 이상이 되는 공동거실을 추가로 설치할 것

(다) 15㎡ 이상의 옥외공간을 추가로 설치할 것

4. 설비기준

가. 침실

(1) 독신용·합숙용·동거용 침실을 둘 수 있다.

(2) 남녀공용인 시설의 경우에는 합숙용 침실을 남실 및 여실로 각각 구분하여야 한다.

(3) 입소자 1명당 침실면적은 6.6㎡ 이상이어야 한다. 다만, 치매전담실은 다음과 같이 구분하여 침실면적의 기준을 달리하여야 한다.

(가) 가형: 1인실 9.9㎡ 이상, 2인실 16.5㎡ 이상, 3인실 23.1㎡ 이상, 4인실 29.7㎡ 이상

(나) 나형: 1인실 9.9㎡이상(다인실의 경우에는 입소자 1명당 6.6㎡ 이상이어야 한다)

(4) 합숙용 침실 1실의 정원은 4명 이하이어야 한다. 다만, 치매전담형 노인요양공동생활가정의 경우에는 침실 1실의 정원이 3명 이하이어야 한다.

(5) 합숙용 침실에는 입소자의 생활용품을 각자 별도로 보관할 수 있는 보관시설을 설치하여야 한다.

(6) 적당한 난방 및 통풍장치를 갖추어야 한다.

(7) 채광·조명 및 방습설비를 갖추어야 한다.

(8) 노인질환의 종류 및 정도에 따른 특별침실을 입소정원의 5% 이내의 범위에서 두어야 한다.

(9) 침실바닥면적의 7분의 1 이상의 면적을 창으로 하여 직접 바깥 공기에 접하도록 하며, 개폐가 가능하여야 한다.

(10) 침대를 사용하는 경우에는 노인들이 자유롭게 오르내릴 수 있어야 한다.

(11) 안전설비를 갖추어야 한다.

(12) 공동주택에 설치되는 노인요양공동생활가정의 침실은 1층에 두어야 한다.

(13) 노인요양시설 내 치매전담실 및 치매전담형 노인요양공동생활가정의 경우에는 1인실을 1실 이상 두어야 한다.

나. 식당 및 조리실 : 조리실바닥은 내수재료로서 세정 및 배수에 편리한 구조로 하여야 한다.

다. 세면장 및 목욕실

(1) 바닥은 미끄럽지 아니하여야 한다.

(2) 욕조를 설치하는 경우에는 욕조에 노인의 전신이 잠기지 아니하는 깊이로 하고 욕조 출입이 자유롭도록 최소한 1개 이상의 보조봉과 수직의 손잡이 기둥을 설치하여야 한다.

(3) 급탕을 자동온도조절장치로 하는 경우에는 물의 최고온도는 섭씨 40도 이상이 되지 아니하도록 하여야 한다.

라. 프로그램실 : 자유로이 이용할 수 있는 적당한 문화시설과 오락기구를 갖추어 두어야 한다.

마. 물리(작업)치료실 : 기능회복 또는 기능감퇴를 방지하기 위한 훈련 등에 지장이 없는 면적과 필요한 시설 및 장비를 갖추어야 한다.

바. 의료 및 간호사실 : 진료 및 간호에 필요한 상용의약품·위생재료 또는 의료기구를 갖추어야 한다.

사. 그 밖의 시설

(1) 복도, 화장실, 그 밖의 필요한 곳에 야간 상용등을 설치하여야 한다.

(2) 계단의 경사는 완만하여야 하며, 치매노인의 낙상을 방지하기 위하여 계단의 출입구에 출입문을 설치하고, 그 출입문에 잠금장치를 갖추되, 화재 등 비상시에 자동으로 열릴 수 있도록 하여야 한다.

(3) 바닥은 부드럽고 미끄럽지 아니한 바닥재를 사용하여야 한다.

(4) 주방 등 화재위험이 있는 곳에는 치매노인이 임의로 출입할 수 없도록 잠금장치를 설치하여야

한다.

(5) 배회환자의 실종 등을 예방할 수 있도록 외부 출입구에 잠금장치를 갖추되, 화재 등 비상시에 자동으로 열릴 수 있도록 하여야 한다.

아. 경사로 : 침실이 2층 이상인 경우 경사로를 설치하여야 한다. 다만, 「승강기시설 안전관리법」에 따른 승객용 엘리베이터를 설치한 경우에는 경사로를 설치하지 아니할 수 있다.

5. 직원의 자격기준

직종별	자격기준
시설의 장	「사회복지사업법」에 따른 사회복지사 자격증 소지자 또는 「의료법」 제2조에 따른 의료인
사회복지사	「사회복지사업법」에 따른 사회복지사 자격증 소지자
물리치료사 또는 작업치료사	「의료기사 등에 관한 법률」에 따른 물리치료사 또는 작업치료사 면허 소지자
요양보호사	법에 따른 요양보호사 1급 자격증 소지자

6. 직원의 배치기준

<table>
<tr><th colspan="2">직종별 / 시설별</th><th>시설의 장</th><th>사무국장</th><th>사회복지사</th><th>의사 (한의사를 포함한다) 또는 촉탁의사</th><th>간호사 또는 간호조무사</th><th>물리치료사 또는 작업치료사</th><th>요양 보호사</th><th>사무원</th><th>영양사</th><th>조리원</th><th>위생원</th><th>관리인</th></tr>
<tr><td rowspan="2">노인요양시설</td><td>입소자 30명 이상</td><td>1명</td><td>1명 (입소자 50명 이상인 경우로 한정함)</td><td>1명 (입소자 100명 초과할 때마다 1명 추가)</td><td>1명 이상</td><td>입소자 25명당 1명</td><td>1명 (입소자 100명 초과할 때마다 1명 추가)</td><td>입소자 2.5명당 1명 (치매전담실은 2명당 1명)</td><td>1명 (입소자50명 이상인 경우로 한정함)</td><td>1명 (1회 급식인원이 50명 이상인 경우로 한정함)</td><td>입소자 25명당 1명</td><td>1명 (입소자 100명 초과할 때마다 1명 추가)</td><td>1명 (입소자 50명 이상인 경우로 한정함)</td></tr>
<tr><td>입소자 30명 미만 10명 이상</td><td>1명</td><td colspan="2">1명</td><td>1명</td><td>1명</td><td></td><td>입소자 2.5명당 1명</td><td></td><td></td><td>1명</td><td></td><td></td></tr>
<tr><td colspan="2">노인요양 공동생활가정</td><td colspan="3">1명</td><td></td><td colspan="2">1명</td><td>입소자 3명당 1명 (치매전담형은 2명당 1명)</td><td></td><td></td><td></td><td></td><td></td></tr>
</table>

비고 : 1. 의료기관의 일부를 시설로 신고한 경우에는 의료기관의 장(의료인인 경우만 해당한다)이 해당 시설의 장을 겸직할 수 있다.

2. 사회복지사는 입소자에게 건강유지, 여가선용 등 노인복지 제공계획을 수립하고, 복지증진에 관하여 상담 · 지도하여야 한다.

3. 촉탁의사는 의사, 한의사 또는 치과의사를 포함한다.

4. 의료기관과 협약을 체결하여 의료연계체계를 구축한 경우에는 의사(한의사를 포함한다) 또는 촉탁의사를 두지 않을 수 있다.

5. 요양보호사는 요양서비스가 필요한 노인에게 신체활동지원 서비스와 그 밖의 일상생활지원 서비스를 제공하여야 한다.

6. 영양사 및 조리원이 소속되어 있는 업체에 급식을 위탁하는 경우에는 영양사 및 조리원을 두지 않을 수 있다.

7. 세탁물을 전량 위탁처리하는 경우에는 위생원을 두지 않을 수 있다.
8. 모든 종사자는 시설의 장과 근로계약을 체결한 사람이어야 한다.
9. 노인요양시설 내 치매전담실과 치매전담형 노인요양공동생활가정의 경우에는 보건복지부장관이 정하여 고시하는 자격을 갖춘 프로그램관리자를 두어야 한다.
10. 시설의 장, 요양보호사 및 프로그램관리자는 보건복지부장관이 정하여 고시하는 치매전문교육을 이수하여야 한다.

[별표 5] 〈개정 2017.11.3〉 노인의료복지시설의 운영기준(제22조 제2항 관련)

1. 건강관리

가. 노인의료복지시설(이하 이 표에서 "시설"이라 한다)에는 입소자 건강관리를 위한 책임자를 두고 의사(한의사를 포함한다)·간호사 기타 자격이 있는 자가 그 임무를 수행하여야 한다.

나. 전담의사(한의사를 포함한다)를 두지 아니한 시설은 가급적 신경과, 정신과 또는 한방신경정신과 등 노인의 질환과 관련한 전문의로서의 촉탁의사(시간제 계약에 의한 의사, 한의사 또는 치과의사를 포함한다)를 두거나 의료기관과 협약을 체결하여 의료연계체계를 구축하여야 한다.

다. 나목에 따라 촉탁의사를 두거나 의료기관과 협약을 체결한 경우 해당 촉탁의사 또는 의료기관의 의사는 매월 시설을 방문하여 입소자의 건강상태를 확인하고 건강상태가 악화된 입소자에 대하여 적절한 조치를 하여야 한다. 이 경우 시설의 입소정원에 따른 방문횟수 등 세부적인 사항은 보건복지부장관이 정한다.

라. 입소자 및 직원에 대해서는 연 1회 이상의 결핵 검진을 포함한 건강진단(이하 이 호에서 "건강진단"이라 한다)을 하여야 하고, 매월 입소자의 구강건강 상태를 확인하여야 하며, 그 결과 건강이 좋지 않은 사람에 대해서는 그 치료를 위하여 필요한 조치를 하여야 한다.

마. 직원을 신규로 채용할 때에는 건강진단서를 확인하여야 하며, 이 경우 건강진단은 신규 채용 전 1년 이내에 받은 것이어야 한다.

바. 입소자에 대하여 그 건강상태에 따라 적절한 훈련과 휴식을 하도록 하여야 한다.

사. 시설의 환경을 항상 청결하게 하고 그 위생관리에 유의하여야 한다.

2. 급식위생관리

가. 시설의 장은 입소자가 필요한 영양을 섭취할 수 있도록 영양사가 작성한 식단에 따라 급식을 행하여야 한다. 다만, 영양사가 없는 시설의 경우에는 소재지를 관할하는 보건소장 또는 다른 시설 등의 영양사의 지도를 받아 식단을 작성하고 이에 따라 급식하여야 한다.

나. 전염성질환·화농성창상 등이 있는 자는 입소자의 식사를 조리하여서는 아니된다.

다. 시설에서 사용되는 음용수의 경우에는 수도법 및 먹는물관리법이 정하는 바에 따라 수질검사를 받아야 한다.

라. 입소자의 식사를 조리하는 자는 항상 청결을 유지하여야 한다.

3. 운영규정

가. 시설의 장은 조직 · 인사 · 급여 · 회계 · 물품 기타 시설의 운영에 관하여 필요한 규정(이하 이 표에서 "운영규정"이라 한다)을 작성하여 시장 · 군수 · 구청장에게 제출하여야 한다.

나. 시설의 운영규정에는 다음 각 호의 사항이 포함되어야 한다.

(1) 시설의 운영규정에는 다음 각 호의 사항이 포함되어야 한다.

(2) 입소계약에 관한 사항(계약기간, 계약목적, 입소보증금, 월이용료 기타 비용부담액, 신원인수인의 권리 · 의무, 계약의 해제, 입소보증금의 반환 등에 관한 사항을 포함한다)

(3) 입소보증금 · 이용료 등 비용에 대한 변경방법 및 절차 등에 관한 사항

(4) 서비스의 내용과 그 비용의 부담에 관한 사항

(5) 특별한 보호를 필요로 하는 경우에는 그 서비스기준과 비용에 관한 사항

(6) 의료를 필요로 하는 경우에는 그 구체적인 처리절차

(7) 시설물 사용상의 주의사항 등에 관한 사항

(8) 서비스 제공자의 배상책임 · 면책범위에 관한 사항

(9) 운영규정의 개정방법 및 절차 등에 관한 사항

(10) 운영위원회의 설치 · 운영에 관한 사항

다. 시설의 장은 운영규정에서 정한 바에 따라 당해 시설을 운영하여야 한다.

4. 보증금의 수납 및 반환

가. 시설을 설치한 자가 보증금을 수납하는 때에는 월 입소비용 중 이용자 본인이 부담하여야 할 금액의 1년분 이내에서 이를 수납하여야 한다(다만, 입소자로부터 입소비용의 전부를 수납하여 운영하는 시설의 경우는 제외한다).

나. 노인의료복지시설을 설치한 자는 입소자가 퇴소하는 때에는 수납한 보증금을 지체없이 입소자 또는 입소자를 대신하여 입소계약을 체결한 배우자 또는 부양의무자에게 반환하여야 한다.

5. 회 계

가. 시설의 설치 · 운영에 관한 회계는 법인회계 또는 다른 사업에 관한 회계와 분리하여 계리하여야 한다.

나. 국가 또는 지방자치단체로부터의 보조금품 기타 시설이 수수한 기부금품은 이를 별도의 계정으로 계리하여야 한다.

6. 장부 등의 비치

시설에는 다음 각목의 장부 및 서류를 비치하여야 한다.

가. 시설의 연혁에 관한 기록부

나. 재산목록과 재산의 소유권 또는 사용권을 증명할 수 있는 서류

다. 시설운영일지

라. 예산서 및 결산서
마. 총계정원장 및 수입·지출보조부
바. 금전 및 물품의 출납부와 증빙서류
사. 보고서철 및 행정기관과의 협의 등 관련문서철
아. 정관(법인의 경우에 한한다) 및 관계질의서류
자. 입소자 관리카드(입소계약 체결일, 입소보증금, 이용료 기타 비용부담 관계 등에 관한 내용을 포함한다)
차. 연계의료시설과의 제휴계약서
카. 촉탁의사 근무상황부(촉탁의사가 있는 경우에 한한다)

7. 시설에서의 기거자
가. 시설의 장은 입소자의 침실 또는 침실이 있는 건물마다 요양보호사 기타 직원 중 1인을 입소자와 함께 기거하도록 조치하여야 한다.
나. 시설 안에서는 입소자 외에 시설의 장 및 직원과 그 가족이 아닌 자는 거주하지 못한다.

8. 사업의 실시
가. 시설의 장은 입소자의 요양 및 재활을 도울 수 있는 다양한 프로그램을 운영하여야 한다.
나. 시설의 장은 입소자에 대하여 적극적으로 필요한 생활지도를 하여야 한다.
다. 시설의 장은 입소자의 연령·성별·성격·생활력·심신의 건강상태 등을 고려하여 수시로 입소자와 면담하거나 관찰·지도하고 특이사항을 기록·유지하여 보호의 정도에 따라 다른 노인복지시설로의 전원 등 필요한 조치를 하여야 한다.
라. 시설의 장이 생활지도 등을 함에 있어서는 입소자의 의사를 최대한 존중하여야 한다.
마. 시설의 장은 시설의 종사자(사무원·조리원·위생원·영양사·관리인을 제외한다)가 치매 및 중풍환자의 간병요령 등 치매환자 보호에 필요한 교육을 받을 수 있도록 조치하여야 한다.
바. 시설의 장은 다음의 기준에 따른 사업을 실시하여야 한다.

사업기준
(가) 입소자의 생활의욕증진 등을 도모하기 위하여 입소자의 신체적·정신적 상태에 따라 그 기능을 회복하게 하거나 기능의 감퇴를 방지하기 위한 훈련에 참가할 기회를 제공하여야 한다. (나) 교양·오락설비 등을 구비하고 적절한 레크리에이션을 실시하여야 한다. (다) 입소자에 대한 상시보호를 할 수 있도록 이에 적합한 직원의 근무체제를 갖추되, 특히 오후 10시부터 다음날 오전 6시까지의 야간시간대에는 입소자 보호 및 안전 유지를 위하여 별표 4 제6호에 따른 간호사, 간호조무사 또는 요양보호사 중 1명 이상의 인력을 배치하여야 한다. 시설의 규모 및 근무방식 등에 따른 세부적인 배치기준은 보건복지부장관이 정한다. (라) 입소자의 건강상태에 유의하여야 하며 건강의 유지를 위하여 필요한 조치를 하여야 한다. (마) 입원치료를 필요로 하는 입소자를 위하여 진료기관을 정하는 등 인근 지역의 의료기관과 긴밀한 협조체계를 갖추어야 한다. (바) 거동이 불가능한 와상노인의 욕창예방과 치료를 위하여 적절한 보호조치를 하여야 한다. (사) 치매노인은 치매의 정도에 따라 분리하여 보호하여야 한다.

사. 노인요양시설 내 치매전담실, 치매전담형 노인요양공동생활가정에서는 프로그램관리자의 지도 하에 치매노인의 기능 유지, 악화 방지를 위한 맞춤형 프로그램을 실시하여야 한다.

9. 운영위원회

「사회복지사업법」 제36조 및 같은 법 시행규칙 제24조에 따라 운영위원회를 설치·운영하여야 한다.

[별표 7] 〈개정 2015.1.16〉 노인여가복지시설의 시설기준 및 직원배치기준(제26조 제1항 관련)

1. 시설의 규모

노인여가복지시설은 다음 각 목의 구분에 따른 면적 이상이거나 또는 인원이 이용할 수 있는 시설을 갖추어야 한다.

(1) 노인복지관 : 연면적 5백 제곱미터 이상

(2) 경로당 : 이용정원 20명 이상(읍·면지역의 경우에는 10명 이상)

(3) 노인교실 : 이용정원 50명 이상

2. 시설기준

시설별 \ 구분	사무실	식당 및 조리실	상담실 또는 면회실	집회실 또는 강당	프로그램실	화장실	물리치료실	비상재해 대비시설	거실 또는 휴게실	전기시설	강의실	휴게실	객실	공동목욕장	기타 부대시설
노인복지관	1	1	1	1	1	1	1	1							
경로당						1			1	1					
노인교실	1					1					1	1			

1) 노인복지관 : 오락실에 인터넷 등을 통하여 전자정보의 접근이 가능한 컴퓨터를 설치할 수 있다.

2) 노인교실 : 사무실 및 휴게실은 사업에 지장이 없는 범위에서 강의실과 겸용할 수 있다.

3. 설비기준

구분 \ 시설의 종류	노인복지관	경로당	노인교실
설비기준	가. 식당 및 조리실 : 조리실 바닥은 내수재료로서 세정 및 배수에 편리한 구조로 하여야 한다. 나. 프로그램실 : 자유로이 이용할 수 있는 적당한 문화시설과 오락기구를 비치하여야 한다. 다. 물리치료실 : 기능회복 또는 기능감퇴를 방지하기 위한 훈련 등에 지장이 없는 면적과 필요한 시설을 갖추어야 한다.	가. 거실 또는 휴게실 : 20제곱미터 이상이어야 한다.	가. 강의실 : 33제곱미터 이상이어야 한다.

4. 직원의 자격기준

직종별	자격기준
노인복지관 시설장	사회복지사업법에 따른 사회복지사 2급 이상의 자격증 소지자

5. 직원의 배치기준

직종별 / 시설별	시설의 장	사회복지사	강사 (외부강사 포함)	물리치료사	사무원	조리원	관리인
노인복지관	1명	2명 이상		1명	1명	1명	1명
노인교실	1명		1명				

비고 : 노인복지관에 이용자의 건강관리를 위한 촉탁의사(시간제 계약에 의한 의사를 포함한다)를 둘 수 있다.

[별표 8] 〈개정 2017.11.3〉 노인여가복지시설의 운영기준(제26조 제2항 관련)

1. 건강관리

가. 직원에 대해서는 연 1회 이상의 결핵 검진을 포함한 건강진단(이하 이 호에서 "건강진단"이라 한다)을 하여야 하며, 건강진단 결과 건강이 좋지 않은 사람에 대해서는 그 치료를 위하여 필요한 조치를 하여야 한다.

나. 직원을 신규로 채용할 때에는 건강진단서를 확인하여야 하며, 이 경우 건강진단은 신규 채용 전 1년 이내에 받은 것이어야 한다.

2. 급식위생관리(노인복지관의 경우에 한정한다)

가. 시설의 장은 이용자가 필요한 영양을 섭취할 수 있도록 영양사가 작성한 식단에 따라 급식을 행해야 한다. 다만, 영양사가 없는 시설의 경우에는 소재지를 관할하는 보건소장의 지도를 받아 식단을 작성하고 이에 따라 급식을 해야 한다.

나. 전염성질환 · 화농성창상 등이 있는 자는 이용자의 식사를 조리해서는 안된다.

다. 시설에서 사용되는 음용수의 경우에는 「수도법」 및 「먹는물관리법」이 정하는 바에 따라 수질검사를 받아야 한다.

라. 이용자의 식사를 조리하는 자는 항상 청결을 유지해야 한다.

3. 운영규정

가. 노인여가복지시설(이하 이 표에서 "시설"이라 한다)의 장은 그 시설의 운영방법, 이용자의 준수사항 그 밖에 시설의 운영에 필요한 규정(이하 이 표에서 "운영규정"이라 한다)을 작성하여 시장 · 군수 · 구청장에게 제출해야 한다.

나. 노인복지관 및 노인교실의 운영규정에는 아래의 사항이 포함되어야 한다.

1) 이용정원 등에 관한 사항
2) 이용계약에 관한 사항(계약기간, 이용료 및 그 밖에 비용부담액 등에 관한 사항을 포함한다)
3) 이용료 등 비용에 대한 변경방법 및 절차 등에 관한 사항
4) 서비스의 내용과 그 비용의 부담에 관한 사항
5) 시설물 사용상의 주의사항 등에 관한 사항

6) 서비스 제공자의 배상책임 · 면책범위에 관한 사항
7) 운영규정의 개정방법 및 절차 등에 관한 사항

4. 회 계

가. 시설의 설치 · 운영에 관한 회계는 법인회계 또는 다른 사업에 관한 회계와 분리하여 계리해야 한다.

나. 시설이 국가 또는 지방자치단체로부터 받은 보조금품 그 밖의 기부금품은 이를 별도의 계정으로 계리해야 한다.

5. 장부 등의 비치

시설에는 다음 각 목의 장부 및 서류를 비치하여야 한다.

가. 시설의 연혁에 관한 기록부
나. 재산목록과 재산의 소유권 또는 사용권을 증명할 수 있는 서류
다. 시설운영(교육)일지
라. 이용노인(회원)명부
마. 예산서 및 결산서
바. 수입 · 지출장부와 그 증빙서류
사. 금전 및 물품의 출납부와 증빙서류
아. 보고서철 및 행정기관과의 협의 등 관련문서철
자. 정관(법인의 경우에 한정한다) 및 관계질의서류

6. 사업의 실시

시설의 장은 시설종별로 각 시설의 특성을 고려하여 다음의 기준에 따른 사업을 실시해야 한다.

시설별	시설별운영기준
노인복지관	가. 노인의 복지증진을 위하여 종합적인 노인복지센타로서의 기능을 수행할 수 있도록 필요한 사업을 선정 · 수행해야 한다. 나. 다음의 사업을 기본사업으로 수행하되 이용대상 노인의 실정과 지역 여건 등을 감안하여 사업의 종류를 가감하거나 별도의 사업을 개발 · 추진할 수 있다. 1) 상담 · 지도 : 노인의 생활 · 주택 · 신상 등에 관한 생활상담 및 노인의 질병예방 · 치료에 관한 건강상담 및 지도 2) 취업상담 및 알선 : 노인에 대한 취업알선 및 취업자의 사후관리 3) 기능회복훈련의 실시 : 노인의 기능회복 또는 기능의 감퇴를 방지하기 위한 훈련을 실시하되, 물리치료장비는 관할 보건소에 종사하는 의사 또는 촉탁의사의 지도를 받아 사용해야 한다. 4) 교양강좌 등의 실시 : 노인의 교양향상을 위한 프로그램의 제공 및 레크리에이션 활동 등의 지도 다. 거동불편 노인의 생활편의를 위한 서비스 등의 제공을 위하여 재가노인복지시설을 병설 · 운영하도록 노력해야 한다. 라. 지역 특성에 따라 야간이용이 가능한 체제를 갖추도록 노력해야 한다.

시설별	시설별운영기준
경 로 당	이용노인들이 건전한 사회봉사활동이나 취미활동 등을 할 수 있도록 해야 한다.
노 인 교 실	주 1회 이상 교육을 실시하여야 한다.

[별표 9] 〈개정 2017.11.3〉 재가노인복지시설의 시설기준 및 직원배치기준(제29조 제1항 관련)

1. 시설의 규모

가. 방문요양, 방문목욕 및 방문간호를 제공하는 시설 : 시설전용면적 16.5제곱미터 이상(연면적 기준)

나. 주·야간보호, 단기보호를 제공하는 시설 : 시설 연면적 90제곱미터 이상(이용정원이 6명 이상인 경우에는 1명당 6.6제곱미터 이상의 생활실 또는 침실 공간을 추가로 확보하여야 함). 다만, 치매전담형 주·야간보호 제공시설은 그 이용정원을 25명 이하로 한다.

다. 재가노인지원서비스 : 시설전용면적 33제곱미터 이상(연면적 기준)

2. 시설 및 설비 기준

가. 방문요양, 방문목욕 및 방문간호를 제공하는 시설

1) 다음 기준에 해당하는 시설·설비를 갖추어야 한다.

구분	사무실	통신설비, 집기 등 사업에 필요한 설비 및 비품	이동용 욕조 또는 이동목욕차량	혈압계, 온도계 등 방문간호에 필요한 비품
방문요양	○	○	-	-
방문목욕	○	○	○	-
방문간호	○	○	-	○

가) "이동목욕차량"이란 욕조, 급탕기, 물탱크, 호스릴 등을 갖춘 차량으로서 자동차등록증 상 차량용도에 "이동목욕용"으로 표시되어 있거나 이동목욕용으로 구조변경한 내용을 기재·등록한 차량을 말한다.

나) 의료기관(의사가 배치된 「지역보건법」에 따른 보건소, 보건의료원 또는 보건지소와 「농어촌 등 보건의료를 위한 특별조치법」에 따른 보건진료소를 포함한다. 이하 이 표에서 같다)을 개설·운영하는 자가 방문간호를 제공하는 경우에는 시설·설비 및 비품 등을 해당 의료기관과 공동으로 사용할 수 있다.

나. 주·야간보호, 단기보호를 제공하는 시설

1) 시설의 입지조건 : 보건·위생·안전·환경 및 교통편의 등을 충분히 고려하여 이용자가 쉽게 접근하고 편리하게 이용할 수 있는 쾌적한 환경의 부지를 선정하여야 한다.

2) 다음 기준에 해당하는 시설을 갖추어야 한다.

<table>
<tr><th colspan="2">구분</th><th>생활실</th><th>침실</th><th>사무실</th><th>의료 및 간호사실</th><th>프로그램실</th><th>물리(작업)치료실</th><th>식당 및 조리실</th><th>화장실</th><th>세면장 및 목욕실</th><th>세탁장 및 건조장</th></tr>
<tr><td rowspan="2">주·야간보호</td><td>이용자 10명 이상</td><td>○</td><td></td><td colspan="2">○</td><td colspan="2">○</td><td>○</td><td>○</td><td colspan="2">○</td></tr>
<tr><td>이용자 10명 미만</td><td>○</td><td></td><td colspan="2">○</td><td colspan="2">○</td><td>○</td><td colspan="3">○</td></tr>
<tr><td rowspan="2">단기보호</td><td>이용자 10명 이상</td><td></td><td>○</td><td colspan="2">○</td><td colspan="2">○</td><td>○</td><td>○</td><td colspan="2">○</td></tr>
<tr><td>이용자 10명 미만</td><td></td><td>○</td><td colspan="2">○</td><td colspan="2">○</td><td>○</td><td colspan="3">○</td></tr>
</table>

비고 : 1. 주·야간보호 이용자가 10명 이상인 경우, 사무실과 의료 및 간호사실은 공간을 함께 사용할 수 있으나 각각의 시설에 대한 기능은 모두 갖추고 있어야 한다.

(가) 사무실과 의료 및 간호사실은 공간을 함께 사용할 수 있으나, 각각의 시설에 대한 기능은 모두 갖추고 있어야 한다.

(나) 프로그램실과 물리(작업)치료실은 공간을 함께 사용할 수 있으나, 각각의 시설에 대한 기능은 모두 갖추고 있어야 한다.

2. 치매전담형 주·야간보호 제공시설의 경우에는 1실 이상의 1인 생활실을 추가로 갖추어야 하며, 최소 15㎡ 이상의 옥외공간을 둘 수 있다.

3) 설비기준

가) 시설의 규모·구조 및 설비는 이용자가 쾌적한 일상생활을 하는데 적합하여야 하며, 일조·채광·환기 등 이용자의 보건위생과 재해방지 등을 충분히 고려하여야 한다.

나) 복도·화장실·생활실·침실 등 이용자가 통상 이용하는 시설은 휠체어 등의 이동이 가능한 공간을 확보하여야 하며, 문턱을 제거하고, 손잡이 설비를 부착하며, 바닥의 미끄럼을 방지하는 등 이용자의 활동에 편리한 구조를 갖추어야 한다.

다) 「화재예방, 소방시설 설치·유지 및 안전관리에 관한 법률」이 정하는 바에 따라 소화용 기구를 비치하고 비상구를 설치하여야 한다.

라) 급·배수 설비

(1) 급수설비는 상수도에 의한다. 다만, 상수도에 의할 수 없는 경우에는 「먹는물관리법」 제5조에 따른 먹는물의 수질기준에 적합한 지하수 등을 공급할 수 있는 설비를 갖추어야 한다.

(2) 시설에서 사용되는 음용수의 경우에는 「수도법」 또는 「먹는물관리법」에 따라 수질검사를 받아야 한다.

(3) 빗물·오수 등의 배수에 지장이 없도록 배수설비를 갖추어야 한다.

마) 건물 내 경사로 : 침실이 2층 이상인 경우 건물 내에 경사로를 설치하여야 한다. 다만, 「승강기시설 안전관리법」에 따른 승객용 엘리베이터를 설치한 경우에는 경사로를 설치하지 아니할 수 있다.

바) 그 밖의 설비

(1) 복도 · 화장실, 그 밖의 필요한 곳에 야간 상용등을 설치하여야 한다.

(2) 계단의 경사는 완만하여야 하며, 이용자의 낙상을 방지하기 위하여 계단의 출입구에 출입문을 설치하고, 그 출입문에 잠금장치를 갖추되, 화재 등 비상시에 자동으로 열릴 수 있도록 하여야 한다.

(3) 바닥은 부드럽고 미끄럽지 아니한 바닥재를 사용하여야 한다.

(4) 주방 등 화재위험이 있는 곳에는 치매노인이 임의로 출입할 수 없도록 잠금장치를 설치하여야 한다.

(5) 배회이용자의 실종 등을 예방할 수 있도록 외부 출입구에 잠금장치를 갖추되, 화재 등 비상시에 자동으로 열릴 수 있도록 하여야 한다.

사) 다음의 설비기준을 갖추어야 한다.

(1) 생활실

(가) 이용자가 자유롭게 활동할 수 있는 공간과 안전설비를 갖춘 생활실을 두어야 한다.

(나) 적당한 난방 및 통풍장치, 채광 · 조명 및 방습설비를 갖추어야 한다.

(2) 침실

(가) 독신용 · 동거용 · 합숙용 침실을 둘 수 있다.

(나) 남녀공용인 시설의 경우에는 합숙용 침실을 남실 및 여실로 각각 구분하여야 한다.

(다) 이용자 1명당 침실 면적은 6.6제곱미터 이상이어야 한다.

(라) 합숙용 침실 1실의 정원은 4명 이하이어야 한다.

(마) 합숙용 침실에는 이용자의 생활용품을 각자 별도로 보관할 수 있는 보관설비를 설치하여야 한다.

(바) 침실 바닥 면적의 7분의 1 이상의 면적을 창으로 하여 직접 바깥 공기에 접하도록 하며, 개폐가 가능하여야 한다.

(사) 침대를 사용하는 경우에는 이용자들이 자유롭게 오르내릴 수 있어야 한다.

(아) 이용자가 자유롭게 활동할 수 있는 공간과 안전설비를 갖춘 침실을 두어야 한다.

(자) 적당한 난방 및 통풍장치, 채광 · 조명 및 방습설비를 갖추어야 한다.

(3) 사무실 : 사무를 위한 적당한 집기 · 비품 및 탈의 공간을 갖추어야 한다.

(4) 의료 및 간호사실 : 진료 및 간호에 필요한 상용의약품 · 위생재료 또는 의료기구를 갖추어야 한다.

(5) 프로그램실 : 자유로이 이용할 수 있는 적당한 문화설비와 오락기구를 갖추어두어야 한다.

(6) 물리(작업)치료실 : 기능회복 또는 기능감퇴를 방지하기 위한 훈련 등에 지장이 없는 면적과 필요한 설비 및 장비를 갖추어야 한다.

(7) 식당 및 조리실

(가) 조리실 바닥은 내수재료로서 세정 및 배수에 편리한 구조로 하여야 한다.
(나) 채광 및 환기가 잘 되도록 하고, 창문에는 방충망을 설치하여야 한다.
(다) 식기를 소독하고 위생적으로 취사 및 조리를 할 수 있는 설비를 갖추어야 한다.
(라) 급식제공을 외부기관에 위탁하는 경우에는 조리실을 두지 않을 수 있다.

(8) 세면장 및 목욕실
(가) 바닥은 미끄럽지 아니하여야 한다.
(나) 욕탕샤워기 및 세면설비와 깨끗한 물을 사용할 수 있는 설비를 갖추어야 한다.
(다) 욕조를 설치하는 경우에는 욕조에 이용자의 전신이 잠기지 아니하는 깊이로 하고 욕조 출입이 자유롭도록 최소한 1개 이상의 보조봉과 수직의 손잡이 기둥을 설치하여야 한다.
(라) 급탕을 자동온도조절 장치로 하는 경우에는 물의 최고온도는 섭씨 40도 이상이 되지 아니하도록 하여야 한다.

(9) 세탁장 및 건조장 : 세탁 및 세탁물을 건조할 수 있는 설비를 갖추어야 한다. 다만, 세탁물을 전량 위탁 처리하는 경우에는 두지 아니할 수 있다.

다. 재가노인지원서비스 : 사무실, 상담실, 교육실, 자원봉사자실을 갖추어야 한다.

3. 직원의 자격기준

직종별	자격기준
시설장	가. 방문요양, 주 · 야간보호, 단기보호 및 방문 목욕서비스 : 「사회복지사업법」에 따른 사회복지사 자격증 소지자, 「의료법」 제2조에 따른 의료인의 자격을 취득한 자 또는 요양보호사 1급으로의 실무경력 5년 이상인 자로서 보건복지부장관이 정하여 고시하는 소정의 교육을 이수한 자 나. 재가노인지원서비스 : 「사회복지사업법」에 따른 사회복지사 자격증 소지자 또는 「의료법」 제2조에 따른 의료인의 자격을 취득한 자 다. 방문간호서비스: 간호업무경력이 2년 이상인 간호사로서 해당 시설에 상근하는 자(보건진료소를 제외한 의료기관이 방문간호를 하는 경우에는 의사, 한의사 또는 치과의사 중에서 해당 시설에 상근하는 자를 시설장으로 한다)
물리치료사 또는 작업치료사	「의료기사 등에 관한 법률」에 따른 물리치료사, 작업치료사 또는 치과위생사
요양보호사	법에 따른 요양보호사 자격증 소지자

4. 인력기준

가. 방문요양, 방문목욕, 주 · 야간보호, 단기보호, 재가노인지원 및 방문간호서비스를 제공하는 시설은 다음 기준에 해당하는 인원을 두어야 한다.

<table>
<tr><th colspan="2">구분</th><th>시설장</th><th>사회 복지사</th><th>간호사 또는 간호조무사</th><th>물리치료사 또는 작업치료사</th><th>치과 위생사</th><th>요양보호사</th><th>사무원</th><th>조리원</th><th>보조원 (운전사)</th></tr>
<tr><td colspan="2">방문요양</td><td>1명</td><td>1명 (수급자 15명 이상)</td><td></td><td></td><td></td><td>15명 이상 (농어촌지역의 경우에는 5명 이상)</td><td></td><td></td><td></td></tr>
<tr><td colspan="2">방문목욕</td><td>1명</td><td></td><td></td><td></td><td></td><td>2명 이상</td><td></td><td></td><td></td></tr>
<tr><td rowspan="2">주·야간 보호</td><td>이용자 10명 이상</td><td>1명</td><td>1명 이상</td><td colspan="2">1명 이상</td><td rowspan="2"></td><td rowspan="2">이용자 7명당 1명 이상 (치매전담형의 경우에는 4명당 1명 이상)</td><td>1명 (이용자 25명 이상인 경우로 한정함)</td><td>1명</td><td>1명</td></tr>
<tr><td>이용자 10명 미만</td><td>1명</td><td></td><td colspan="2">1명 이상</td><td></td><td>1명</td><td></td></tr>
<tr><td rowspan="2">단기 보호</td><td>이용자 10명 이상</td><td>1명</td><td>1명 이상</td><td>이용자 25명당 1명</td><td>1명(이용자 30명 이상)</td><td></td><td rowspan="2">이용자 4명당 1명 이상</td><td></td><td>1명</td><td></td></tr>
<tr><td>이용자 10명 미만</td><td>1명</td><td></td><td>1명</td><td></td><td></td><td></td><td>1명</td><td></td></tr>
<tr><td colspan="2">재가노인지원</td><td>1명</td><td>1명</td><td></td><td></td><td></td><td></td><td>1명</td><td></td><td></td></tr>
<tr><td colspan="2">방문간호</td><td>1명</td><td></td><td>1명 이상</td><td></td><td>1명 이상 (구강위생을 제공하는 경우로 한정함)</td><td></td><td></td><td></td><td></td></tr>
</table>

비고 : 1. "농어촌지역"이란 「지방자치법」 제2조제1항제2호에 따른 시 · 군의 읍 · 면 전지역 또는 동 중 「국토의 계획 및 이용에 관한 법률」 제36조제1항제1호에 따라 지정된 주거지역 · 상업지역 및 공업지역을 제외한 지역을 말한다.

2. 시설장은 이용자별 재가노인복지 제공계획 수립 및 복지증진에 관한 상담 · 지도, 직원에 대한 교육 및 관리 등의 업무를 수행한다.

3. 사회복지사는 이용자의 건강유지, 여가선용 등 노인의 복지서비스제공계획을 수립하고 복지증진에 관하여 상담 및 지도 등의 업무를 수행한다.

4. 요양보호사는 이용자에게 신체활동 지원, 가사활동 지원 등의 업무를 수행한다. 다만, 방문요양, 방문목욕, 주 · 야간보호 및 단기보호서비스 중 장기요양급여수급자에 대한 신체활동 지원서비스는 요양보호사 1급만이 제공할 수 있다.

5. 치매전담형 주 · 야간보호서비스 제공 시설의 경우에는 보건복지부장관이 정하여 고시하는 자격을 갖춘 프로그램 관리자를 두어야 한다.

6. 시설장, 요양보호사 및 프로그램관리자는 보건복지부장관이 정하여 고시하는 치매전문교육을 이수하여야 한다.

7. 가목의 기준에도 불구하고 다음의 (가) 또는 (나)에 해당하는 경우에는 조리원을 두지 않을 수 있다.

(가) 「식품위생법 시행령」 제21조제8호마목에 따른 위탁급식영업을 하는 자에게 급식을 위탁하는 경우
(나) 주 · 야간보호서비스 또는 단기보호서비스를 제공하는 시설을 병설하여 운영하는 사회복지시설에 급식을 위탁하는 경우. 다만, 해당 사회복지시설은 관련 법령에 따른 인력 및 시설기준을 충족하는 범위에서 급식을 할 수 있다.

8. 도표 설명의 예: 주 · 야간보호서비스 이용자가 10명 이상인 경우에는 간호사, 간호조무사, 물리치료사 또는 작업치료사 중 1명 이상을 배치하여야 한다.

나. 시설장은 상근(1일 8시간, 월 20일 이상 근무하는 것을 말한다. 이하 같다)하는 자로 두어야 한다.

다. 삭제 〈2015.1.30.〉

라. 주 · 야간보호서비스 및 단기보호서비스를 제공하는 경우 사회복지사, 간호사, 간호조무사, 물리치료사, 작업치료사 또는 요양보호사 1급은 다른 업무와 겸직할 수 없다.

마. 라목에도 불구하고 단독주택 및 공동주택에서 이용자 10명 미만의 주 · 야간보호 서비스를 제공하는 경우에는 시설장이 간호사, 간호조무사, 물리치료사, 작업치료사 또는 요양보호사 1급 자격이 있으면 주 · 야간보호에 근무하는 간호사, 간호조무사, 물리치료사, 작업치료사 또는 요양보호사 1급과 각각 겸직할 수 있다. 이 경우 상시적으로 근무하는 종사자는 시설장을 포함하여 2인 이상(조리원은 제외한다)으로 한다.

바. 모든 종사자는 시설의 장과 근로계약이 체결된 자이어야 한다.

사. 가목에도 불구하고 방문간호서비스를 제공하는 의료기관에서 구강위생만을 제공하는 경우에는 간호사 또는 간호조무사를 두지 않을 수 있다.

아. 방문간호서비스를 제공할 수 있는 간호사 또는 간호조무사는 간호업무경력이 2년 이상인 간호사, 간호보조업무경력이 3년 이상인 간호조무사로서 「노인장기요양보험법 시행규칙」 제11조의2에 따라 보건복지부장관이 지정한 교육기관에서 소정의 교육을 이수한 자 및 치과위생사로 한다.

자. 의료기관을 개설 · 운영하고 있는 자가 방문간호서비스를 제공하기 위한 재가노인복지시설을 개설하는 경우에는 해당 의료기관에 소속된 간호사, 간호조무사 또는 치과위생사 중에서 아목의 기준을 충족하는 자가 겸직할 수 있다.

5. 하나의 재가노인복지시설에서 여러 가지 재가노인복지서비스를 함께 제공하는 경우의 특례

가. 시설 및 설비기준에 관한 특례(재가노인지원서비스 제외): 재가노인복지서비스를 제공하는 시설이 하나 이상의 다른 재가노인복지서비스를 함께 제공하는 경우 사업에 지장이 없는 범위에서 생활실, 침실 외의 시설은 병용할 수 있다.

나. 인력기준에 관한 특례

1) 재가노인복지시설의 시설장이 하나 이상의 다른 재가노인복지서비스를 함께 제공하는 경우 사업에 지장이 없는 범위에서 그 다른 서비스의 시설장을 겸직하여 운영할 수 있다. 다만, 의료기관(보건진료소를 제외한다)이 아닌 재가노인복지시설 또는 보건진료소가 방문간호를 제공하는 경우에는 2년 이상의 간호업무경력이 있는 간호사로서 해당 시설에 상근하는 자를 시설장으로 한다.

2) 방문요양서비스와 방문목욕서비스를 제공하는 시설의 요양보호사 1급은 상호 겸직하여 운영할 수 있다.

3) 주·야간보호서비스 또는 단기보호서비스를 제공하는 시설이 방문요양서비스를 함께 제공하는 경우에는 방문요양의 요양보호사는 10명 이상(농어촌지역의 경우: 5명 이상)으로 할 수 있고, 방문요양의 요양보호사를 공동으로 활용할 수 있다.

4) 주·야간보호서비스와 단기보호서비스를 함께 제공하는 경우에는 사회복지사, 간호사, 간호조무사, 물리치료사 또는 작업치료사는 상호 겸직하도록 하여 운영할 수 있다. 다만, 이 경우 사회복지사는 이용자 50명당 1명, 간호사 또는 간호조무사는 이용자 25명당 1명, 물리치료사 또는 작업치료사는 이용자 30명 이상일 경우 1명을 배치하여야 한다.

5) 주·야간보호서비스와 단기보호서비스를 함께 제공하는 경우에는 제4호가목에 해당하는 요양보호사 및 조리원을 각각 두되, 요양보호사 및 조리원을 주·야간보호서비스와 단기보호서비스 상호간에 공동으로 활용할 수 있다.

6) 주·야간보호서비스와 단기보호서비스를 함께 제공하는 경우 각 서비스 이용자 수의 합이 25명 미만인 때에는 조리원을 겸직하도록 하여 운영할 수 있다.

6. 재가노인복지서비스를 제공하는 시설을 사회복지시설에 병설하는 경우의 특례

가. 시설 및 설비기준에 관한 특례

1) 방문요양, 방문목욕 또는 방문간호를 제공하는 시설을 사회복지시설에 병설하여 운영하는 경우 사업에 지장이 없는 범위에서 상호 중복되는 시설·설비를 공동으로 사용할 수 있다. 다만, 의료기관(보건진료소를 제외한다)이 아닌 재가노인복지시설 또는 보건진료소가 방문간호를 제공하는 경우에는 2년 이상의 간호업무경력이 있는 간호사로서 해당 시설에 상근하는 자를 시설장으로 한다.

2) 주·야간보호 또는 단기보호를 제공하는 시설을 사회복지시설에 병설하여 운영하는 경우에는 생활실, 침실 외의 시설은 사업에 지장이 없는 범위에서 병용할 수 있다. 다만, 이 경우 시설의 연면적은 공동으로 사용하는 시설의 면적을 포함하여 각각 90제곱미터 이상이 되어야 한다.

나. 인력기준에 관한 특례

1) 재가노인복지서비스(재가노인지원서비스 제외)를 제공하는 시설을 사회복지시설에 병설하여 운영하는 경우 사회복지시설의 장은 사업에 지장이 없는 범위에서 재가노인복지서비스 제공시설의 장을 겸직하여 운영할 수 있다. 다만, 의료기관(보건진료소를 제외한다)이 아닌 재가노인복지시설 또는 보건진료소가 방문간호를 제공하는 경우에는 2년 이상의 간호업무경력이 있는 간호사로서 해당 시설에 상근하는 자를 시설장으로 한다.

2) 주·야간보호를 제공하는 시설을 사회복지시설에 병설하여 운영하는 경우에는 간호사, 간호조무사, 물리치료사 또는 작업치료사를 겸직하도록 할 수 있다.

3) 주·야간보호서비스 또는 단기보호서비스를 제공하는 시설을 사회복지시설에 병설하여 운영하

는 경우에는 제4호가목에 해당하는 조리원을 두되, 해당 조리원과 사회복지시설의 조리원을 공동으로 활용할 수 있다.

4) 주·야간보호서비스 또는 단기보호서비스를 제공하는 시설을 사회복지시설에 병설하여 운영하는 경우 각 시설 이용자 수의 합이 25명 미만인 때에는 조리원을 겸직하도록 하여 운영할 수 있다.

[별표 10] 〈개정 2017.11.3〉 재가노인복지시설의 운영기준(제29조 제2항 관련)

1. 건강관리

가. 직원에 대해서는 연 1회 이상의 결핵 검진을 포함한 건강진단(이하 이 호에서 "건강진단"이라 한다)을 하여야 하며, 건강진단 결과 건강이 좋지 않은 사람에 대해서는 그 치료를 위하여 필요한 조치를 하여야 한다.

나. 직원을 신규로 채용할 때에는 건강진단서를 확인하여야 하며, 이 경우 건강진단은 신규 채용 전 1년 이내에 받은 것이어야 한다.

2. 급식위생관리(급식을 제공하는 경우에만 해당한다)

가. 시설의 장은 입소자가 필요한 영양을 섭취할 수 있도록 영양사가 작성한 식단에 따라 급식을 행하여야 한다. 다만, 영양사가 없는 시설의 경우에는 소재지를 관할하는 보건소장 또는 다른 시설 등의 영양사의 지도를 받아 식단을 작성하고 이에 따라 급식하여야 한다.

나. 전염성질환, 화농성창상 등이 있는 자는 입소자의 식사를 조리하여서는 아니 된다.

다. 시설에서 사용되는 음용수의 경우에는 「수도법」 및 「먹는물관리법」이 정하는 바에 따라 수질검사를 받아야 한다.

라. 입소자의 식사를 조리하는 자는 항상 청결을 유지하여야 한다.

3. 운영규정

가. 시설의 장은 조직, 인사, 급여, 회계, 물품, 그 밖에 시설의 운영에 관하여 필요한 규정(이하 이 표에서 "운영규정"이라 한다)을 작성하여 시장·군수·구청장에게 제출하여야 한다.

나. 다음 각 호의 사항이 포함되어야 한다.

(1) 이용정원(주·야간보호서비스 및 단기보호서비스의 경우에만 해당한다) 및 모집방법 등에 관한 사항

(2) 이용계약에 관한 사항(계약기간, 계약목적, 월이용료 및 그 밖의 비용부담액, 신원인수인의 권리·의무, 계약의 해제 등에 관한 사항을 포함한다)

(3) 이용료 등 비용에 대한 변경방법 및 절차 등에 관한 사항

(4) 서비스의 내용과 그 비용의 부담에 관한 사항

(5) 특별한 보호를 필요로 하는 경우에는 그 서비스기준과 비용에 관한 사항
(6) 의료를 필요로 하는 경우에는 그 구체적인 처리절차
(7) 시설물 사용상의 주의사항 등에 관한 사항
(8) 서비스 제공자의 배상책임, 면책범위에 관한 사항
(9) 운영규정의 개정방법 및 절차 등에 관한 사항
(10) 운영위원회의 설치 및 운영에 관한 사항
(11) 그 밖에 운영에 필요한 중요한 사항

다. 시설의 장은 운영규정에서 정한 바에 따라 해당 시설을 운영하여야 한다.

4. 회 계

가. 시설의 설치 · 운영에 관한 회계는 법인회계 또는 다른 사업에 관한 회계와 분리하여 계리하여야 한다.

나. 국가 또는 지방자치단체로부터의 보조금품, 그 밖에 시설이 수수한 기부금품은 이를 별도의 계정으로 계리하여야 한다.

5. 장부 등의 비치

시설에는 다음 각목의 장부 및 서류를 비치하여야 한다.

가. 시설의 연혁에 관한 기록부
나. 재산목록과 재산의 소유권 또는 사용권을 증명할 수 있는 서류
다. 시설운영일지
라. 예산서 및 결산서
마. 금전 및 물품의 출납부와 증빙서류
바. 정관(법인의 경우만 해당한다) 등 제반 규정
사. 이용자 명부
아. 입소자 관리카드(입소계약 체결일, 입소보증금, 이용료, 그 밖의 비용부담 관계 등에 관한 내용을 포함한다)

6. 사업의 실시

가. 이용기간 : 단기보호서비스는 1개월에 15일 이내 이용할 수 있다. 다만, 시장 · 군수 · 구청장은 중증질환이 있는 노인, 연고가 없는 노인, 취학 · 생계곤란 등의 사유로 인하여 부양능력이 없는 부양의무자로부터 부양을 받지 못하는 피부양 노인에 대하여는 1개월에 15일을 초과하여 이용일수를 연장할 수 있다.

나. 시설의 장은 각 서비스별 특성을 고려하여 다음의 기준에 따른 사업을 실시하여야 한다.

구분	사업내용
방문요양서비스	가. 신체활동지원서비스: 세면도움, 구강관리, 머리감기기, 몸 청결, 몸 단장, 옷 갈아입히기, 목욕도움, 식사도움, 체위변경, 이동도움, 신체기능의 유지증진, 배설도움, 화장실 이용하기 등 나. 가사활동지원서비스: 취사, 청소 및 주변정돈, 세탁 등 다. 개인활동지원서비스: 외출시 동행, 일상업무 대행 등 라. 정서지원서비스: 말벗, 격려 및 위로, 생활상담, 의사소통도움 등
방문목욕서비스	목욕준비, 입욕 시 이동보조, 몸 씻기, 머리말리기, 옷 갈아입히기, 목욕 후 주변정리 등
주·야간보호서비스	가. 생활지도 및 일상동작훈련 등 심신의 기능회복을 위한 서비스 나. 급식 및 목욕서비스 등 다. 노인가족에 대한 교육 및 상담 라. 치매전담형 주·야간보호서비스의 경우에는 프로그램관리자의 지도 하에 치매노인의 기능 유지, 악화 방지를 위한 맞춤형 프로그램 실시
단기보호서비스	가. 신체활동지원, 기능회복 훈련 등 그 밖에 일상생활에 필요한 편의를 제공하는 서비스 나. 그 밖에 노인요양시설 또는 노인요양공동생활가정의 사업에 준하는 서비스
재가노인지원서비스	일상생활 지원, 노인생활 및 신상에 관한 상담, 재가노인 및 보호자의 교육, 무의탁노인 후원을 위한 결연 및 연계지원, 여가활동 지원, 주거환경개선 지원, 긴급지원, 시군구의 위탁을 받은 사업, 그 밖에 지역의 재가노인복지사업
방문간호서비스	가. 의사, 한의사 또는 치과의사의 방문간호 지시서에 따른 간호, 진료의 보조, 또는 구강위생 나. 다음의 예방관리적 간호행위 1) 기본관리: 건강상태 확인, 활력징후(혈압·체온·맥박·호흡) 및 혈당 측정, 지남력(시간·장소·사람 등에 관한 인지능력) 평가 등 2) 교육 및 상담: 통증·식이·감염·구강·투약관리에 관한 교육 및 상담 등 3) 신체훈련: 관절 구축(拘縮) 예방 및 근력 강화, 이동장애 개선, 낙상 예방, 운동기능 향상 훈련 등 4) 의료연계 및 검사: 의료기관에의 진료 의뢰, 장기요양기관 연계, 사전 기초검사 등

7. 운영위원회

「사회복지사업법」 제36조 및 같은 법 시행규칙 제24조에 따른 운영위원회를 설치·운영하여야 한다.

[별표 10의 2] 〈개정 2017.5.30〉 요양보호사의 교육과정(제29조의 2 제2항 관련)

1. 교육과정

가. 표준교육과정과 교육시간

구분	과목	교육내용	세부내용	교육시간	
				이론	실기
이론강의 (80시간) /	요양 보호 개론	요양보호 관련 제도 및 서비스	· 사회복지제도 · 노인보건복지서비스 제도의 개요 · 노인장기요양서비스에서의 방문간호	5	

구분	과목	교육내용	세부내용	교육시간	
				이론	실기
실기연습(80시간)			· 장기요양보험 서비스 표준 · 노인보건복지서비스 관련 자원		
		요양보호 업무의 목적 및 기능	· 요양보호업무의 목적과 기능 · 요양보호사의 기본원칙 및 역할범위 · 요양보호서비스 유형(시설 · 재가)	2	
		요양보호사의 직업윤리와 자세	· 요양보호사 직업윤리 및 윤리강령 · 요양보호사 직업적 태도 · 노인의 인권 및 학대예방 · 요양보호사의 자기관리 및 안전관리(건강관리, 스트레스 관리, 자기계발, 자격관리, 성희롱 대처 등)	8	6
		요양보호 대상자 이해	· 노년기 특성(생리 · 심리적 특성) · 노인과 가족관계	2	
	요양보호 관련 기초지식	의학적 · 간호학적 기초지식	· 노인의 기본 건강상태 사정(이론 · 실기) · 노인의 주요 질환(치매, 뇌졸중, 파킨슨질환 등) · 노인의 건강증진 및 질병예방	12	3
	기본 요양 보호 각론	기본요양 보호기술	〈섭취 요양보호〉 · 식사 돕기(경구, 비경구) · 복약 돕기와 약 보관	4	6
			〈배설 요양보호〉 · 화장실 사용 돕기 · 침상배설 돕기 · 이동변기 사용 돕기 · 기저귀 사용 돕기 · 유치 도뇨관(留置 導尿管) 사용 돕기	5	8
			〈개인위생 및 환경 요양보호〉 · 구강 · 두발 · 손발 · 회음부(會陰部) 청결 돕기 · 세면 · 목욕 돕기 · 옷 갈아입히기 · 침상청결 등 쾌적한 환경 유지하기	5	8
			〈체위변경과 이동 요양보호〉 · 침상이동 돕기 · 휠체어 이동 돕기 · 보행(자가, 기구) 돕기 · 이송 돕기	6	8
			〈안전 및 감염 관련 요양보호〉 · 낙상/미끄러짐/넘어짐 예방 · 감염예방 및 욕창예방 · 흡인(吸引)	3	6
		가사 및 일상생활지원	· 일상생활지원의 목적, 기능 및 기본원칙 · 식사준비와 영양관리 · 식품, 식기 등의 위생관리 · 피복과 침상의 청결관리 및 세탁 · 외출 돕기 및 일상업무 지원 · 쾌적한 거주환경 유지하기	4	6
		의사소통 및 여가지원	· 효율적 의사소통 · 의사소통 및 라포르(rapport) 형성 방법 · 여가활동 돕기(TV시청, 음악듣기 등)	5	6
		서비스 이용지원	· 요양보호대상자 · 장소 특성파악 및 서비스계획변경지원 · 타 직종, 타 서비스와의 연계성 · 업무보고회, 사례검토회	3	4
		요양보호 업무	· 기록과 보고의 목적 및 중요성	3	4

<table>
<tr><th rowspan="2">구분</th><th rowspan="2">과목</th><th rowspan="2">교육내용</th><th rowspan="2">세부내용</th><th colspan="2">교육시간</th></tr>
<tr><th>이론</th><th>실기</th></tr>
<tr><td rowspan="6"></td><td></td><td>기록 및 보고</td><td>· 업무일지 기록방법 · 업무보고방법</td><td></td><td></td></tr>
<tr><td rowspan="3">특수
요양
보호
각론</td><td>치매요양
보호기술</td><td>· 치매대상자의 일상생활지원
· 치매대상자의 문제행동대처
· 치매대상자와의 의사소통</td><td>6</td><td>6</td></tr>
<tr><td>임종 및
호스피스
요양보호기술</td><td>· 죽음 및 임종단계
· 호스피스의 개요
· 임종대상자의 요양보호</td><td>3</td><td>3</td></tr>
<tr><td>응급처치기술</td><td>· 응급처치(골절, 질식, 경련, 화상 등)
· 기본소생술</td><td>4</td><td>6</td></tr>
<tr><td colspan="3">소계</td><td>① 80</td><td>② 80</td></tr>
<tr><td rowspan="3">현장실습
(80시간)</td><td colspan="2">노인요양시설 실습</td><td>통합실습 I</td><td colspan="2">40</td></tr>
<tr><td colspan="2">재가노인복지시설 실습</td><td>통합실습 II</td><td colspan="2">40</td></tr>
<tr><td colspan="3">소계</td><td colspan="2">③ 80</td></tr>
<tr><td colspan="4">총 계(① + ② + ③)</td><td colspan="2">240</td></tr>
</table>

나. 자격 또는 사회복지관련 면허 소지자의 교육과정 및 교육시간

1) 간호사

<table>
<tr><th rowspan="2">구분</th><th rowspan="2">과목</th><th rowspan="2">교육내용</th><th colspan="2">교육시간</th></tr>
<tr><th>이론</th><th>실기</th></tr>
<tr><td rowspan="8">이론강의
(26시간)
/
실기연습
(6시간)</td><td rowspan="4">요양보호개론</td><td>요양보호 관련 제도 및 서비스</td><td>5</td><td></td></tr>
<tr><td>요양보호업무의 목적 및 기능</td><td>2</td><td></td></tr>
<tr><td>요양보호사의 직업윤리와 자세</td><td>8</td><td>4</td></tr>
<tr><td>요양보호대상자 이해</td><td>2</td><td></td></tr>
<tr><td rowspan="2">기본요양보호각론</td><td>서비스 이용지원</td><td>3</td><td></td></tr>
<tr><td>요양보호 업무기록 및 보고</td><td>3</td><td>2</td></tr>
<tr><td>특수요양보호각론</td><td>치매요양보호기술</td><td>3</td><td></td></tr>
<tr><td colspan="2">소계</td><td>① 26</td><td>② 6</td></tr>
<tr><td>현장실습(8시간)</td><td colspan="2">노인요양시설 또는 재가노인복지시설 실습</td><td colspan="2">③ 8</td></tr>
<tr><td colspan="3">총계(① + ② + ③)</td><td colspan="2">40</td></tr>
</table>

비고 : 교육내용의 세부내용은 제1호 가목을 준용한다.

2) 사회복지사

<table>
<tr><th rowspan="2">구분</th><th rowspan="2">과목</th><th rowspan="2">교육내용</th><th colspan="2">교육시간</th></tr>
<tr><th>이론</th><th>실기</th></tr>
<tr><td rowspan="2">이론강의
(32시간)</td><td rowspan="2">요양보호개론</td><td>요양보호 관련 제도 및 서비스</td><td>3</td><td></td></tr>
<tr><td>요양보호업무의 목적 및 기능</td><td>2</td><td></td></tr>
</table>

구분	과목	교육내용	교육시간	
			이론	실기
		요양보호사의 직업윤리와 자세	8	
/ 실기연습 (10시간)	요양보호관련 기초지식	의학적 · 간호학적 기초지식	10	4
	기본요양보호각론	기본요양보호기술	4	3
		요양보호 업무 기록 및 보고	2	
	특수요양보호각론	치매요양보호기술	3	3
	소계		① 32	② 10
현장실습(8시간)	노인요양시설 또는 재가노인복지시설 등 실습		③ 8	
총계(① + ② + ③)			50	

비고 : 교육내용의 세부내용은 제1호 가목을 준용한다.

3) 간호조무사 · 물리치료사 · 작업치료사

구분	과목	교육내용	교육시간	
			이론	실기
이론강의 (31시간) / 실기연습 (11시간)	요양보호개론	요양보호 관련 제도 및 서비스	5	
		요양보호업무의 목적 및 기능	2	
		요양보호사의 직업윤리와 자세	8	4
		요양보호대상자 이해	2	
	기본요양보호각론	의사소통 및 여가지원	5	
		서비스 이용지원	3	
		요양보호 업무 기록 및 보고	3	4
	특수요양보호각론	치매요양보호기술	3	3
	소계		① 31	② 11
현장실습(8시간)	노인요양시설 또는 재가노인복지시설 실습		③ 8	
총계(① + ② + ③)			50	

비고 : 교육내용의 세부내용은 제1호가목을 준용한다.

4) 1)부터 3)까지의 자격 또는 면허 소지자는 요양보호사 교육과정 수강 전에 해당 자격증 또는 면허증을 발급받은 사람을 말한다.

다. 경력자 및 자격 소지자 등의 교육시간 감면

1) 경력자의 교육시간 감면

가) 3)에 따른 경력인정기관으로부터 생활지도원, 유급가정봉사원 및 간병인 등 간병 요양관련 종사자로서 1년(1,200시간) 이상의 경력을 인정받은 사람은 표준교육과정에서 실기연습시간 및 현장실습시간을 각각 2분의 1씩 감면할 수 있다.

나) 3)에 따른 경력인정기관 중 법 및 「노인장기요양보험법」에 따른 노인요양시설 · 재가노인복

지시설 · 장기요양기관 또는 재가장기요양기관에서 생활지도원, 유급가정봉사원 및 간병인 등 간병 · 요양관련 종사자로서 1년(1,200시간) 이상의 경력을 인정받은 사람은 가목에 추가하여 종사한 시설과 관련한 현장실습시간의 전부를 감면할 수 있다.

2) 자격 소지자 등의 현장실습시간 감면 : 3)에 따른 경력인정기관 중 법 및 「노인장기요양보험법」에 따른 노인요양시설 · 재가노인복지시설 · 장기요양기관 또는 재가장기요양기관에서 그 자격 또는 면허 소지자로서 종사하여 1년(1,200시간) 이상의 경력을 인정받은 간호사 · 사회복지사 · 간호조무사 · 물리치료사 및 작업치료사는 현장실습시간의 전부를 감면할 수 있다.

3) 경력인정기관

가) 법에 따른 노인주거복지시설, 노인의료복지시설 또는 재가노인복지시설

나) 「국민기초생활 보장법」에 따른 지역자활센터 및 자활공동체

다) 「노인장기요양보험법」에 따른 장기요양기관 또는 재가장기요양기관

라) 「농어촌 등 보건의료를 위한 특별조치법」에 따른 보건진료소

마) 「의료법」에 따른 의료기관

바) 「장애인복지법」에 따른 장애인 생활시설, 장애인 지역사회재활시설(다만, 장애인 체육시설, 장애인 수련시설, 장애인 심부름센터, 수화통역센터, 점자도서관과 점자도서 및 녹음서 출판시설은 제외한다) 또는 장애인 유료복지시설

사) 「정신건강증진 및 정신질환자 복지서비스 지원에 관한 법률」 제27조 제1항 및 같은 법 시행령 제16조에 따른 생활시설, 재활훈련시설 또는 종합시설

아) 「지역보건법」에 따른 보건소 또는 보건지소

자) 그 밖에 보건복지부장관이 정하는 기관 또는 단체

2. 교육과정 운영기준

가. 실기연습의 경우 각 회당 교육인원은 최대 40명을 초과할 수 없다.

나. 현장실습은 다음의 기준을 준수하여야 한다.

1) 현장실습은 제1호에 따른 이론강의 및 실기연습을 이수한 후에 실시하여야 한다.

2) 요양보호사교육기관의 장은 3)에 따른 현장실습기관과 현장실습 연계를 하여야 한다.

3) 현장실습기관은 법 및 「노인장기요양보험법」에 따른 노인요양시설 · 재가노인복지시설 · 장기요양기관 및 재가장기요양기관으로서 현장실습에 관하여 보건복지부장관이 정하는 기준에 적합하여야 한다.

요양보호사교육기관(현장실습기관을 포함한다)은 보건복지부장관이 정하는 교육과정 운영지침에 따라 요양보호사 교육(현장실습을 포함한다)을 실시하여야 한다.

3. 현장실습 평가기준

가. 평가기준

1) 실습평가체크리스트 각 항목을 적정하게 수행하고, 각 교육 세부내용별 평가 점수가 70점 이상이며, 전체 평균 점수가 80점 이상이어야 한다.

2) 각 교육 세부내용별 평가 점수는 교육생의 출석상황 및 교육참여도 등을 종합하여 평가한다.

나. 실습평가체크리스트 등 그 밖에 현장실습 평가에 필요한 사항은 보건복지부장관이 정한다.

다. 현장실습 불합격자에 대한 조치

1) 현장실습평가 불합격자는 일정시간 재교육 후 2차 평가를 받을 수 있도록 하여야 한다.

2) 현장실습기관은 현장실습 불합격자에게 재교육시간을 통보하여야 한다.

3) 재교육시간 등 그 밖에 현장실습 재교육에 필요한 사항은 보건복지부장관이 정한다.

4. 수료기준 등

가. 교육생이 제1호에 따른 이론강의 · 실기연습 및 현장실습을 각각 8할 이상 출석하고, 제3호의 현장실습 평가기준에 적합한 때에 교육과정을 수료한 것으로 인정한다.

나. 요양보호사교육기관의 장은 별지 제27호서식의 요양보호사 교육수료자 명부를 작성하여 보관하여야 한다.

[별표 10의 3] 〈개정 2017.9.15〉 요양보호사교육기관의 지정기준(제29조의 10 제1항 관련)

1. 시설기준

가. 시설의 규모 · 구조 및 설비

<table>
<tr><td>강의실 · 사무실</td><td>1. 최소 연면적(강의실 + 사무실) : 80㎡ 이상으로 한다.
2. 강의실(1명당 면적기준)
가. 전용강의실 : 이론강의 – 1명당 1㎡ 이상
실기연습 – 1명당 2㎡ 이상
나. 통합강의실 : 1명당 2㎡ 이상</td></tr>
<tr><td>소방시설</td><td>「화재예방, 소방시설 설치 · 유지 및 안전관리에 관한 법률」이 정하는 바에 따라 소화용 기구를 비치하고 비상구를 설치하여야 한다.</td></tr>
<tr><td colspan="2">그 밖에 시설규모에 맞는 적절한 화장실 및 급수시설을 갖추어야 하며, 채광 · 환기 · 냉난방 시설 등 보건위생상 적절한 학습 환경을 갖추어야 한다.</td></tr>
</table>

나. 요양보호사교육기관을 운영하려는 자는 교육기관을 운영할 토지 및 건물의 소유권 또는 사용권을 확보하여야 한다.

2. 학습교구기준

가. 인체모형, 이동식 침대(이불 및 베개 포함), 휠체어, 이동욕조, 미끄럼방지 매트, 욕창방지 매트리

스, 욕창방지 방석 및 병원용 스크린을 각각 1개 이상씩 갖추어야 한다.

나. 기본용품, 식사지원용품, 이동지원용품, 응급처치용품, 배변용품, 개인위생용품 및 욕창방지용품을 10인당 1세트 이상 갖추어야 한다.

1) 기본용품: 체온계, 전자혈압계, 시트, 방수포, 환자복, 일회용 장갑, 수건, 일회용 물수건, 화장지 및 면봉 등
2) 식사지원용품: 수저, 컵, 빨대, 식사보조도구, 비위관(L-tube) 및 위장관영양백(feeding bag) 등
3) 이동지원용품: 목발, 보행보조기 및 지팡이 등
4) 응급처치용품: 곡반(曲盤), 솜 및 반창고 등
5) 배변용품: 기저귀, 기저귀 커버, 이동식 좌변기, 휴대용 배변기, 소변 주머니(urine bag) 및 유치 도뇨관(留置 導尿管) 등
6) 개인위생용품: 세면 · 세발 · 목욕 도구 및 구강청결도구 등
7) 욕창방지용품: 파우더 및 로션 등

다. 시청각 학습에 필요한 기자재를 갖출 것

3. 직원배치기준

<table>
<tr><th colspan="2">구분</th><th>수</th><th>자격기준</th></tr>
<tr><td colspan="2">교육기관의 장</td><td>1명</td><td>없음</td></tr>
<tr><td rowspan="2">교수요원</td><td>전임</td><td>1명 이상</td><td rowspan="2">① 「고등교육법」 제14조제2항 및 제17조에 따른 교원 또는 겸임교원(명예교수, 시간강사 등을 포함한다)으로서 대학에서 사회복지학과 · 노인복지학과 및 간호학과의 과목을 교수하는 사람
(※ 해당학과 과목 중 영어 등 교양과목은 제외한다)
② 사회복지 · 노인복지 및 간호 분야의 석사 이상의 학위를 가진 자로서 해당 분야 업무경력이 3년 이상인 사람
③ 「사회복지사업법」에 따른 사회복지사 1급, 「의료법」에 따른 의료인, 「국민영양관리법」에 따른 영양사 및 「의료기사 등에 관한 법률」에 따른 물리치료사로서 해당 업무 경력이 3년 이상인 사람
④ 노인요양시설 또는 재가노인복지시설의 장으로서 업무경력이 5년 이상인 사람</td></tr>
<tr><td>외래</td><td>1명 이상</td></tr>
</table>

비고 : (1) 교수요원은 전임 교수요원과 외래 교수요원을 합하여 총 3명 이상이어야 한다.
(2) 교과목 또는 교육내용별 교수요원의 자격기준과 업무경력의 구체적인 범위는 보건복지부장관이 정한다.

[별표 11] 〈개정 2013.12.4〉 행정처분의 기준(제31조 제1항 관련)

1. 일반기준

가. 위반행위가 2 이상인 때에는 그중 가장 중한 처분기준(중한 처분기준이 동일한 경우에는 그중 하나의 처분기준을 말함)에A 의하고, 2 이상의 처분기준이 각각 사업정지에 해당하는 경우에는 가장 중한 처분기준에 나머지 처분기준의 2분의 1을 더하여 처분한다.

나. 위반행위가 4 이상이거나 입소자나 이용자에 대한 학대, 교육이수관련 서류의 허위 작성 등 중대한 위반행위로 인하여 시설 또는 요양보호사교육기관의 정상적인 운영이 불가능하다고 인정되는 경우에는 제2호의 개별기준에도 불구하고 제1차 위반 시 사업의 폐지 또는 지정의 취소를 명할 수 있다.

다. 위반행위의 차수에 따른 행정처분의 기준은 최근 2년간 같은 위반행위로 행정처분을 받은 경우에 적용한다. 이 경우 행정처분 기준의 적용은 같은 위반행위에 대하여 최초로 행정처분을 한 날을 기준으로 한다.

라. 시설 또는 요양보호사교육기관의 양도·상속 또는 법인의 합병이 있는 경우 양도·상속 또는 합병 전에 양도인·피상속인 또는 합병 전의 법인에게 행하여진 처분(이미 처분기간이 경과한 처분 및 처분기간이 진행 중인 처분을 포함)의 효과는 양수인·상속인 또는 합병 후의 법인이 이를 승계한다.

마. 행정처분권자는 위반사항의 내용으로 보아 그 위반의 정도가 경미하거나 그 밖에 특별한 사유가 있다고 인정되는 경우에는 그 처분기준을 다음의 기준에 따라 경감할 수 있다.
  (1) 사업정지의 경우에는 그 처분기준의 2분의 1의 범위에서 경감할 수 있다.
  (2) 사업폐지의 경우에는 30일 이상의 사업정지를 명할 수 있다.
  (3) 지정취소의 경우에는 3개월 이상의 사업정지를 명할 수 있다.

2. 개별기준

위반사항	근거법령	행정처분기준			
		1차위반	2차위반	3차위반	4차위반
1. 별표 1에 따른 노인일자리지원기관의 시설 및 인력 기준을 위반한 경우	법 제23조의 2 (시행규칙 제2조)	경고	사업정지 7일	사업정지 15일	사업폐지
1의 2. 양로시설·노인공동생활가정·노인복지주택의 경우	법 제33조 (시행규칙 제17조)				
가. 별표 2에 따른 노인주거복지시설의 시설기준 및 직원배치기준을 위반한 경우		경고	사업정지 7일	사업정지 15일	사업폐지
나. 별표 3에 따른 노인주거복지시설의 운영기준 중 1. 가., 2. 다., 3. 다., 4., 5., 7. 가., 8. 및 9.를 위반한 경우		경고	사업정지 7일	사업정지 15일	사업폐지
다. 별표 3에 따른 노인주거복지시설의 운영기준 중 위 나목에서 정한 사항 외의 사항을 위반한 경우		경고	경고	사업정지 7일	사업폐지
2. 노인요양시설·노인요양공동생활가정의 경우	법 제35조 (시행규칙 제22조)				
가. 별표 4에 따른 노인의료복지시설의 시설기준 및 직원배치기준을 위반한 경우		경고	사업정지 7일	사업정지 15일	사업폐지
나. 별표 5에 따른 노인의료복지시설의 운영기준 중 1. 가., 2. 다., 3. 다., 4., 5., 7.		경고	사업정지 7일	사업정지 15일	사업폐지

가., 8. 및 9.를 위반한 경우					
다. 별표 5에 따른 노인의료복지시설의 운영기준 중 위 나목에서 정한 사항 외의 사항을 위반한 경우		경고	경고	사업정지 7일	사업폐지
3. 노인여가복지시설의 경우	법 제37조 (시행규칙 제26조)				
가. 별표 7에 따른 노인여가복지시설의 시설기준 및 직원배치기준을 위반한 경우		경고	사업정지 7일	사업정지 15일	사업폐지
나. 별표 8에 따른 노인여가복지시설의 운영기준을 위반한 경우		경고	경고	사업정지 7일	사업폐지
4. 재가노인복지시설의 경우	법 제39조 (시행규칙 제29조)				
가. 별표 9에 따른 재가노인복지시설의 시설기준 및 직원배치기준을 위반한 경우		경고	사업정지 7일	사업정지 15일	사업폐지
나. 별표 10에 따른 재가노인복지시설의 운영기준을 위반한 경우		경고	경고	사업정지 7일	사업폐지
5. 요양보호사교육기관의 경우					
가. 거짓이나 그 밖의 부정한 방법으로 요양보호사교육기관으로 지정받은 경우	법 제39조의 3 제2항	지정취소			
나. 별표 10의 3에 따른 요양보호사교육기관의 지정기준 중 시설기준 또는 직원배치기준을 위반한 경우	법 제39조의 3 제2항 (시행규칙 제29조의 10 제1항)	사업정지 1개월	지정취소		
다. 별표 10의 3에 따른 요양보호사교육기관의 지정기준 중 학습교구기준을 위반한 경우	법 제39조의 3 제2항 (시행규칙 제29조의 10 제1항)	경고	사업정지 1개월	지정취소	
라. 교육과정을 1년 이상 운영하지 아니하는 경우	법 제39조의 3 제2항	지정취소			
6. 수탁의무 위반	법 제41조	경고	사업정지 5일	사업정지 10일	사업폐지
7. 감독위반					
가. 법 제31조에 따른 노인복지시설이 정당한 이유 없이 법 제42조에 따른 보고 또는 자료제출을 하지 아니하거나 거짓으로 한 때 또는 조사·검사를 거부·방해하거나 기피한 때		경고	사업정지 10일	사업정지 20일	사업폐지
나. 법 제39조의 3에 따른 요양보호사교육기관이 정당한 이유 없이 법 제42조에 따른 보고 또는 자료제출을 하지 아니하거나 거짓으로 한 때 또는 조사·검사를 거부·방해하거나 기피한 때		경고	사업정지 1개월	지정취소	
8. 비용의 수납위반	법 제46조 (시행규칙 제33조 및 제34조)				
가. 양로시설·노인공동생활가정·노인복지주택·노인요양시설·노인요양공동생활가정을 설치한 자가 특별자치도지사·시장·군수·구청장에게 신고하지 아니하고 비용을 수납한 경우		경고	사업정지 5일	사업정지 10일	사업폐지

구분	근거	1차 위반	2차 위반	3차 위반	4차 이상 위반
나. 노인여가복지시설 또는 재가노인복지시설을 설치한 자가 특별자치도지사 · 시장 · 군수 · 구청장에게 신고하지 아니하고 비용을 수납한 경우		경고	사업정지 5일	사업정지 10일	사업폐지

5. 노인복지시설설치자의 의무

1) 변경, 폐지 및 휴지 신고의무

(1) 노인주거복지시설을 설치한 자 또는 노인의료복지시설(노인전문병원을 제외)을 설치한 자가 그 시설을 폐지 또는 휴지하고자 할 때에는 폐지 또는 휴지 3월 전까지 시장 · 군수 · 구청장에게 신고하여야 한다(동법 제40조 제1항, 동법시행령 제21조 제1항).

(2) 노인여가복지시설을 설치한 자 또는 재가노인복지시설을 설치한 자가 그 시설을 폐지 또는 휴지하고자 할 때에는 폐지 또는 휴지 3월 전까지 시장 · 군수 · 구청장에게 신고하여야 한다(동법 제40조 제3항, 동법시행령 제21조 제1항).

이에 위반하여 신고를 하지 아니하고 노인복지시설을 폐지 또는 휴지한 자는 200만 원 이하의 과태료(동법 제61조의 2 제2항 제2호)에 처한다.

2) 수탁의무

양로시설, 실비양로시설, 노인요양시설, 노인요양공동생활가정 또는 재가노인복지시설을 설치 · 운영하는 자는 복지실시기관으로부터 입소보호조치의 대상자인 노인의 입소 · 장례를 위탁받은 때에는 정당한 이유 없이 이를 거부하여서는 아니 된다(동법 제41조). 이에 수탁을 거부한 자는 50만 원 이하의 벌금에 처한다(동법 제59조)고 규정하고 있다.

3) 입소자 현황 제출의무

노인복지시설을 설치 · 운영하는 자는 보건복지부령이 정하는 바에 따라 매년도 입소자 또는 이용자 현황 등을 복지실시기관(특별자치도, 시장 · 군수 · 구청장, 시 · 도지사, 보건복지부장관)에 제출하여야 한다(동법 제42조 제2항, 동법시행규칙 제30조의 2).

6. 노인복지시설의 감독 등

1) 조사 및 감사

복지실시기관은 노인복지시설 또는 요양보호사 교육기관을 설치 · 운영하는 자로 하여금 해당 시설 또는 사업에 관하여 필요한 보고를 하게 하거나 관계공무원으로 하여금 해당 시설 또는 사업의 운영상황을 조사하게 하거나 장부 기타 관계서류를 검사하게 할 수 있다(동법 제42조 제1항). 관계공무원이 이 같은 감독직무를 행하는 때에는 그 권한을 표시하는 증표를 지니고 이를 관계인에게 내보여야 한다(동법 제42조 제3항).

2) 사업의 정지 등

시 · 도지사 또는 시장 · 군수 · 구청장은 노인주거복지시설, 노인의료복지시설, 노인일자리 지원기관이 다음의 어느 하나에 해당하는 때에는 1개월의 범위에서 그 사업의 정지 또는 폐지를 명할 수 있다(동법 제43조 제1항 제1호~제4호). 이때 사업의 폐지를 명하고자 하는 경우에는 청문을 실시하여야 한다(동법 제44조).

① 보건복지부령에서 정한 시설기준에 미달하게 된 때
② 노인보호조치 대상자(동법 제41조) 규정에 위반하여 수탁을 거부한 때
③ 정당한 이유 없이 감독에 필요한 보고를 하지 아니하거나 허위로 한 때 또는 조사 · 검사를 거부 · 방해하거나 기피한 때
④ 비용수납규정(동법 제46조 제5항)에 위반한 때

Ⅳ. 고용상 연령차별금지 및 고령자고용촉진에 관한 법률(전부개정)

이 법은 고령자가 그 능력에 적합한 직업에 취업하는 것을 지원 · 촉진함으로써 고령자의 고용안정과 국민경제의 발전에 이바지함을 목적으로 제정된 법이다(동법 제1조). 이 법은 사회보장의 하나로 실시하는 것이므로 노인복지와 밀접한 관련이 있다. 따라서 여기에서 간략하게 소개한다.

고령자 고용촉진법은 1991. 12. 31. 제정, 2002. 12. 30, 2006. 12. 28, 2007. 5. 17, 2008. 3. 21(2009. 3. 22. 시행, 2009. 10. 9, 2010. 2. 4, 2010. 6. 4, 2013. 5. 22, 2016. 1. 27. 개정). 등으로 개정되었고 동법시행령은 1992. 7. 1. 제정, 2004. 3. 17, 2006. 3. 2, 2007.

6. 29, 2007. 10. 17, 2007. 12. 28, 2008. 12. 31, 2010. 4. 29, 2011. 3. 30, 2015. 12. 4, 2016. 12. 30. 등에 개정되었다. 또 동법시행규칙은 1992. 7. 7. 제정, 2005. 7. 1, 2006. 3. 2, 2007. 12. 31, 2008. 12. 31, 2010. 4. 29, 2012. 2. 9. 등에 개정되었다.

고령자란 만 55세 이상이고 준고령자는 만 50세 이상 55세 미만인 자이다(동법시행령 제2조). 고용노동부장관은 고령자의 고용을 촉진하기 위하여 고령자에 대한 구인 · 구직에 대한 정보를 수집하고 구인 · 구직의 개척에 노력하여야 하며 관련정보를 구직자 · 사업주 및 관련단체 등에 제공하여야 한다(동법 제5조). 정부는 고령자 고용촉진대책 등을 추진하여야 하고(동법 제3조), 사업주는 고령자의 고용이 확대되도록 노력하여야 한다(동법 제4조).

상시 300명 이상의 근로자를 사용하는 사업장의 사업주는 기준고용률 이상의 고령자를 고용하도록 노력하여야 한다(동법 제12조, 동법시행령 제4조). 고령자 기준고용률은 제조업은 그 사업장의 상시근로자 수의 100분의 2, 운수업 · 부동산 및 임대업은 그 사업장의 상시근로자 수의 100분의 6, 이 이외의 산업에 있어서는 그 사업장의 상시근로자 수의 100분의 3이다(동법시행령 제3조 제1호~제3호).

고용노동부장관은 고용정책심의회의 심의를 거쳐 고령자 및 준고령자의 고용에 적합한 우선고용직종을 선정하고 선정된 우선고용직종을 고시하여야 한다(동법 제15조 제1항). 국가 및 지방자치단체, 정부투자기관 관리기본법에 의한 정부투자기관, 정부출연기관, 정부출자위탁기관(고용노동부장관이 정하는 기관에 한함)의 장은 그 기관의 우선고용직종에 우선고용직종이 신설 또는 확대됨에 따라 신규인력을 채용하는 경우, 퇴직 또는 이직 등에 따라 우선고용직종에 결원이 생겨서 인력보충이 필요한 경우에는 고령자와 준고령자를 우선적으로 고용하여야 한다(동법 제16조 제1항, 동법시행령 제5조 제1항). 이 외의 사업주는 우선고용직종에 고령자와 준고령자를 우선적으로 고용하도록 노력하여야 한다(동법 제16조 제2항).

고령자 고용촉진법은 이 밖에 고령자에 대한 직업능력개발훈련(동법 제6조), 사업주에 대한 고용지도(동법 제7조), 고령자의 취업알선기능 강화(동법 제9조), 고령자 고용정보센터의 운영(동법 제10조), 고령자 인재은행의 지정(동법 제11조) 등을 규정하고 있다.

제5절 가정폭력방지 및 피해자보호 등에 관한 법률

Ⅰ. 의의와 목적

가정폭력방지 및 피해자보호 등에 관한 법률은 가정폭력을 방지하고 그 피해자를 보호하기 위한 법이다. 가정폭력이라 함은 가정폭력범죄의 처벌 등에 관한 특례법 제2조 제1호에 규정된 행위를 말한다(가정폭력방지 및 피해자보호 등에 관한 법률 제2조 제1호). 이 특례법에 의하면 가정폭력이란 가정구성원 사이의 신체적 · 정신적 또는 재산상 피해를 수반하는 행위를 말한다. 가정폭력은 남성배우자가 여성배우자에 행사하는 것이 많지만 반드시 그런 것은 아니므로 이 법률은 가정구성원 사이의 폭력을 모두 규제의 대상으로 하고 있다. 이 경우 가정구성원이란 배우자(사실상 혼인관계에 있는 자 포함) 또는 배우자 관계에 있었던 자, 자기 또는 배우자의 직계존비속(사실상의 양친자 관계 포함)에 있거나 있었던 자, 계부모와 자의 관계 또는 적모와 서자의 관계에 있거나 있었던 자, 동거하는 친족관계에 있는 자를 말한다(가정폭력범죄의 처벌 등에 관한 특례법 제2조 제2호). 가정폭력방지 및 피해자보호 등에 관한 법률은 1997. 12. 31. 제정, 여러 차례 개정되고 최근에는 2010. 5. 17, 2012. 2. 1, 2013. 7. 30, 2015. 6. 22, 2016. 3. 2, 2017. 12. 12. 등으로 개정되었고, 동법시행령은 1998. 7. 1. 제정, 여러 차례 개정되고 최근에는 2010. 3. 15, 2011. 3. 30, 2015. 12. 15, 2016. 12. 30. 등으로 개정되었다. 그리고 동법시행규칙은 1998. 11. 3. 제정, 여러 차례 개정되고 최근에는 2010. 3. 19, 2010. 11. 7, 2015. 12. 14, 2016. 8. 12, 2016. 12. 27, 2017. 11. 29. 등으로 개정되었다. 이 가정폭력방지 및 피해자보호 등에 관한 법률은 가정폭력을 예방하고 가정폭력의 피해자를 보호 · 지원함을 목적으로 한다(동법 제1조).

Ⅱ. 주요 내용

1. 기본이념(인간으로서의 존엄성과 안전보장)

가정폭력피해자는 피해상황에서 신속하게 벗어나 인간으로서의 존엄성과 안전을 보장받을 권리가 있다.

2. 가정폭력의 예방과 피해자보호를 위한 국가 등의 노력과 책무

국가와 지방자치단체는 가정폭력 예방과 방지와 피해자의 보호 · 지원을 위하여 다음과 같은 조치를 취하여야 한다(동법 제4조 제1항 제1호~제7호). 이것이 국가와 지방자치단체의 책무이다.

① 가정폭력에 관한 신고체제의 구축 및 운영
② 가정폭력의 예방과 방지를 위한 연구 · 교육 및 홍보
③ 피해자를 위한 보호시설의 설치 · 운영 및 기타 피해자에 대한 지원서비스의 제공
④ 임대주택의 우선 입주권 부여, 직업훈련 등 자립 · 자활을 위한 지원서비스 제공
⑤ 법률구조 및 그 밖에 피해자에 대한 지원서비스 제공
⑥ 피해자의 보호와 지원을 원활히 하기 위한 관련기관 간의 협력체계의 구축 및 운영
⑦ 가정폭력의 예방 · 방지 및 피해자보호 · 지원을 위한 관계법령의 정비 및 각종 정책의 수립 · 시행 및 평가
⑧ 피해자와 긴급전화센터, 가정폭력관련 상담소, 가정폭력 피해자 보호시설의 상담원 등 종사자의 신변보호를 위한 안전대책 마련
⑨ 가정폭력 피해의 특성을 고려한 피해자 신변노출 방지 및 보호 · 지원체계 구축

국가와 지방자치단체는 이러한 책무를 다하기 위하여 이에 필요한 재원을 확보하는 등 예산상의 조치를 취하여야 한다(동법 제4조 제2항). 그리고 특별시 · 광역시 · 도(이하 “시 · 도”) · 특별자치도 및 시 · 군 · 구에 가정폭력의 예방과 방지업무를 담당할 기구와 공무원을 두어야 한다(동법 제4조 제3항). 또한 국가와 지방자치단체는 국가 또는 지방자치단체 이외의 자가 설치 · 운영하는 가정폭력관련상담소와 사회복지법인 기타 비영리법인이 설치 · 운영하는 가정폭력피해자보호시설에 대하여 경비를 보조하는 등 이를 육성 · 지원하여야 한다(동법 제4조 제4항).

· 여성가족부장관의 가정폭력실태조사 : 여성가족부장관은 3년마다 가정폭력실태조사를 실시하고 그 결과를 발표하고 이를 가정폭력의 기초자료로 활용하여야 한다(동법 제4조의 2 제1항). 가정폭력의 실태조사방법과 내용 등에 관하여는 여성가족부령으로 정한다(동조 제2항).
· 가정폭력 예방교육의 실시 : 국가기관, 지방자치단체, 초 · 중등학교의 장, 대통령령으로 정하는 공공단체의 장, 가정폭력의 예방과 방지를 위한 교육을 실시하고 그 결과를 여성가족부장관에게 제출해야 한다(동법 제4조의 3 제1항).
· 아동의 취학지원 : 국가나 지방자치단체는 피해자 또는 피해자가 동반한 가정구성원(가정

폭력범죄처벌에 관한 특례법 제2조 제2호의 자 중 피해자의 보호 또는 양육을 받고 있는 자)이 아동인 경우 주소지 외의 지역에서 취학할 필요가 있는 때에는 그 취학이 원활히 이루어지도록 지원하여야 한다(동법 제4조의 4 제1항). 이에 따른 취학에 관한 사항은 대통령령으로 정한다(동조 제2항).

그 밖에 피해자에 대한 불이익 처분 금지(동법 제4조의 5), 긴급전화센터의 설치 운영 등(동법 제4조의 6), 가정폭력 추방주간(동법 제4조의 7)을 규정하고 있다.

3. 가정폭력관련상담소의 설치 · 운영과 업무

1) 설치 및 운영

국가 또는 지방자치단체는 가정폭력관련상담소(이하 "상담소")를 설치 · 운영할 수 있다(동법 제5조 제1항). 국가 또는 지방자치단체 외의 자가 상담소를 설치 · 운영하려면 특별자치도지사, 시장 · 군수 · 구청장(자치구 구청장)에게 신고하여야 한다(동법 제5조 제2항, 동법시행규칙 제3조 제1항). 상담소는 외국인, 장애인 등 대상별로 특화하여 운영할 수 있다(동조 제3항). 상담소의 설치, 운영기준, 상담소에 두는 상담원의 수 및 신고절차 등에 관하여 필요한 사항은 여성가족부령으로 정한다(동법 제5조 제3항, 동법시행규칙 제4조 별표 1의 2).

2) 업 무

상담소의 업무는 다음과 같다(동법 제6조 제1호~제6호).

① 가정폭력을 신고받거나 이에 관한 상담에 응하는 일(제1호)
가정폭력을 신고하거나 이에 관한 상담을 요청한 사람과 그 가족에 대한 상담(제1의 2)
② 가정폭력으로 인하여 정상적인 가정생활 및 사회생활이 어렵거나 기타 긴급히 보호를 필요로 하는 피해자 및 피해자가 동반한 가정구성원(이하 "피해자 등")에 대한 임시보호를 하거나 의료기관 또는 가정폭력피해자보호시설로의 인도(제2호)
③ 행위자에 대한 고발 등 법률적 사항에 관한 자문을 얻기 위한 대한변호사협회 또는 지방변호사회 및 법률구조법에 따른 법률구조법인 등에 필요한 협조와 지원의 요청(제3호)
④ 경찰관서 등으로부터 인도받은 피해자의 임시보호(제4호)
⑤ 가정폭력의 예방 및 방지에 관한 홍보(제5호)

⑥ 그 밖에 가정폭력 및 피해에 관한 조사 · 연구(제6호)

4. 가정폭력피해자 보호시설 및 교육훈련시설

1) 가정폭력피해자 보호시설

(1) 설 치

국가 또는 지방자치단체는 가정폭력피해자 보호시설(이하 "보호시설")을 설치 · 운영할 수 있다(동법 제7조 제1항). 사회복지법인 기타 비영리법인은 시장 · 군수 · 구청장의 인가를 받아 보호시설을 설치 · 운영할 수 있다(동법 제7조 제2항). 보호시설에는 상담원을 두어야 하고, 보호시설의 규모에 따라 생활지도원, 취사원, 관리원 등의 종사자를 둘 수 있다(동조 제3항). 보호시설의 설치 · 운영기준, 보호시설에 두는 상담원 등 종사자의 직종과 수 및 인가기준 등에 관하여 필요한 사항은 여성가족부령으로 정한다(동법 제7조 제4항, 동법시행규칙 제6조 별표 2).

(2) 보호시설의 종류

보호시설의 종류는 다음과 같다.

① 단기보호시설 : 피해자 등을 6개월의 범위 안에서 보호하는 시설
② 장기보호시설 : 피해자 등에 대하여 2년의 범위 안에서 자립을 위한 주거편의 등을 제공하는 시설
③ 외국인보호시설 : 배우자가 대한민국 국민인 외국인 피해자 등을 2년의 범위 안에서 보호하는 시설
④ 장애인보호시설 : 장애인복지법의 적용을 받는 장애인인 피해자 등을 2년의 범위 안에서 보호하는 시설(이상 동법 제7조의 2 제1항 제1호~제4호)

단기보호시설의 장은 해당 단기보호시설에 입소한 피해자 등에 대한 보호기간을 여성가족부령이 정하는 바에 따라 3월의 범위 안에서 1회에 한하여 연장할 수 있다(동법 제7조의 2 제2항).

(3) 업 무

보호시설은 피해자 등에 대하여 다음 각 호의 업무를 행한다. 다만, 피해자가 동반한 가정구성원에 대하여는 제1호 외의 업무의 일부를 행하지 아니할 수 있고, 장기보호시설은 피해자 등에 대하여 제1호 내지 제5호의 업무(주거편의를 제공하는 업무를 제외)를 행하지 아니할

수 있다(동법 제8조 제1항).

① 숙식의 제공(제1호)
② 심리적 안정 및 사회적응을 위한 상담 및 치료(제2호)
③ 질병치료 및 건강관리를 위한 의료기관에의 인도 등 의료지원(제3호)
④ 수사기관의 조사 및 법원의 증인신문에의 동행(제4호)
⑤ 법률구조기관 등에 필요한 협조와 지원요청(제5호)
⑥ 자립자활교육의 실시와 취업정보의 제공(제6호)
⑦ 다른 법률에 의하여 보호시설에 위탁된 사항(제7호)
⑧ 그 밖에 피해자 등의 보호를 위하여 필요한 일(제8호)

장애인보호시설을 설치·운영하는 자가 제1항 각 호의 업무를 행함에 있어서는 장애인의 특성을 고려하여 적절한 지원이 이루어질 수 있도록 하여야 한다(동법 제8조 제2항).

또 법 제5조에 따른 가정폭력관련 상담소의 장은 법 제6조 제2호 및 제4호(임시보호)에 따른 피해자를 상담한 결과 임시보호가 필요하다고 인정하는 경우 임시보호를 받게 해야 하고(동법시행령 제2조 제1항), 임시보호기간은 3일 이내이다(동조 제2항). 이 임시보호기간은 상담소 또는 보호시설의 장이 임시보호대상자의 보호를 위하여 특히 필요하다고 인정하는 경우에는 그 기간을 7일 이내로 할 수 있다(동법시행령 제2조 제3항). 상담소의 장은 피해자를 상담한 결과 임시보호의 필요가 있다고 인정하는 경우 해당 상담소가 임시보호시설이 갖추어지지 아니한 상담소인 때에는 지체 없이 임시보호시설을 갖춘 상담소 또는 보호시설에 피해자를 인도하여 임시보호를 받게 하여야 한다(동법시행령 제2조 제1항 후문). 이 임시보호를 행함에 있어서는 피해자 본인 또는 그 보호자의 동의를 얻어야 한다(동법시행령 제2조 제4항).

(4) 상담소 및 보호시설 종사자의 자격기준

① 미성년자, 피성년후견인 또는 피한정후견인, ② 파산선고를 받고 복권되지 아니한 자, ③ 금고 이상의 형의 선고를 받고 그 집행이 종료(집행이 종료된 것으로 보는 경우 포함)되지 아니하거나 집행이 면제되지 아니한 자의 어느 하나에 해당하는 자는 긴급전화센터의 장, 상담소의 장, 보호시설의 장, 또는 그 밖에 긴급전화센터, 상담소 및 보호시설 종사자가 될 수 없다(동법 제8조의 2 제1항). 긴급전화센터, 상담소와 보호시설에 근무하는 상담원은 여성가족부령이 정하는 요건에 해당하는 자로서 동법 제8조의 3(상담원교육훈련시설)의 규정에 따른 가정폭

력관련 상담원교육훈련시설에서 상담원교육훈련과정을 이수한 자로 한다(동법 제8조의 2 제2항). 그 밖에 긴급전화센터, 상담소와 보호시설에 종사하는 종사자의 자격기준에 관하여 필요한 사항은 여성가족부령으로 정한다(동법 제8조의 2 제3항, 동법시행규칙 제9조 별표 3).

(5) 상담원교육훈련시설 등

국가나 지방자치단체는 상담원(상담원이 되고자 하는 자를 포함)에 대하여 교육훈련을 실시하기 위하여 가정폭력관련 상담원교육훈련시설(이하 "교육훈련시설")을 설치 · 운영할 수 있다(동법 제8조의 3 제1항).

고등교육법의 규정에 따른 학교를 설립 · 운영하는 학교법인, 법률구조법인, 사회복지법인 그 밖에 비영리법인으로서 교육훈련시설을 설치하고자 하는 자는 시장 · 군수 · 구청장에게 신고하여야 한다(동조 제2항).

교육훈련시설의 설치기준, 교육훈련시설에 두는 강사의 자격과 수, 상담원교육훈련과정의 운영기준 및 신고절차 등에 관하여 필요한 사항은 여성가족부령으로 정한다(동조 제3항, 동법시행규칙 제11조 별표 4).

이 밖에 여성가족부장관 또는 시 · 도지사는 종사자 자질을 향상시키기 위하여 보수교육을 실시하여야 하고(동법 제8조의 4), 위 법 제4조 제1항 제4호에서 정하는 임대주택의 우선 입주권 부여의 대상자 선정기준 및 선정방법에 필요한 사항은 대통령령으로 정한다(동법 제8조의 5).

5. 국가와 지방자치단체의 업무

1) 감 독

여성가족부장관 또는 시장 · 군수 · 구청장은 상담소 · 보호시설 또는 교육훈련시설의 장으로 하여금 해당 시설에 관하여 필요한 보고를 하게 할 수 있으며, 관계공무원으로 하여금 해당 시설의 운영상황을 조사하게 하거나 장부 기타 서류를 검사하게 할 수 있다(동법 제11조 제1항). 위에 의하여 관계공무원이 그 직무를 행하는 때에는 그 권한을 표시하는 증표를 지니고 이를 관계인에게 내보여야 한다(동법 제11조 제2항).

2) 휴지 · 폐지 및 인가취소

(국가 또는 지방자치단체 이외의 자가 상담소, 보호시설, 교육훈련시설을 설치 · 운영하는 경우)

① 상담소 · 보호시설 또는 교육훈련시설의 장이 그 시설을 휴지 또는 폐지하고자 할 때에

는 여성가족부령이 정하는 바에 따라 미리 시장 · 군수 · 구청장에게 신고하여야 한다(동법 제10조).

② 시장 · 군수 · 구청장은 상담소 · 보호시설 또는 교육훈련시설이 다음에 해당하면 시설의 폐쇄 또는 6월의 범위 안에서 업무의 정지를 명하거나 인가를 취소할 수 있다(동법 제12조 제1항 제1호~제4호).

㉠ 설치기준 또는 운영기준에 미달하게 된 때

㉡ 상담원 또는 강사의 수가 미달하거나 자격이 없는 자를 채용한 경우

㉢ 정당한 사유 없이 규정에 의한 보고를 하지 아니하거나 허위로 보고한 때 또는 관계 공무원의 조사 · 검사를 거부하거나 기피한 경우

㉣ 동법 제15조(영리목적운영의 금지)를 위반하여 영리목적으로 상담소 · 보호시설 또는 교육훈련시설을 영리의 목적으로 설치 · 운영한 경우

위의 제1항에 따른 업무의 정지, 폐지 또는 시설의 폐쇄명령이나 인가취소에 관한 세부기준은 여성가족부령으로 정한다(동조 제2항). 시장 · 군수 · 구청장이 위의 업무의 정지, 폐지 또는 그 시설의 폐쇄를 명하거나 인가를 취소하고자 하는 경우에는 청문을 실시하여야 한다(동법 제12조의 2).

3) 경비의 부담 및 보조

국가 또는 지방자치단체는 국가나 지방자치단체 이외의 자가 설치 · 운영하는 상담소 또는 보호시설의 설치 · 운영에 소요되는 경비의 일부를 보조할 수 있다(동법 제13조 제1항). 국가 또는 지방자치단체는 장애인보호시설에 대하여는 여성가족부장관이 정하는 기준에 맞는 시설 및 설비를 설치할 수 있도록 그 비용을 지원하여야 한다(동조 제2항).

4) 상담소와 보호시설의 통합설치 및 운영

① 국가나 지방자치단체는 이 법에 의하여 설치 · 운영하는 상담소나 보호시설을 대통령령으로 정하는 유사한 성격의 상담소나 보호시설과 통합하여 설치 · 운영하거나 설치 · 운영할 것을 권고할 수 있다(동법 제14조).

② 동법 제14조 규정에 의하여 상담소 또는 보호시설과 통합하여 설치 · 운영할 수 있는 유사한 성격의 상담소 또는 보호시설은 다음과 같다(동법시행령 제5조 제1호~제4호).

㉠ 성폭력방지 및 피해자보호 등에 관한 법률에 의한 상담소 또는 보호시설
㉡ 한부모가족지원법 · 아동복지법 · 노인복지법 및 장애인복지법에 의한 상담소 또는 보호시설
㉢ 법률구조법에 따른 상담소
㉣ 그 밖에 여성가족부장관이 정하여 고시하는 가정복지 또는 사회복지관련상담소 또는 보호시설

이 법(가정폭력방지 및 피해자보호 등에 관한 법률)에 따른 긴급전화센터 · 상담소 · 보호시설 또는 교육훈련시설이 아니면 가정폭력기관상담소 · 가정폭력피해자 보호시설 또는 가정폭력관련 상담원교육훈련시설 그 밖에 이와 유사한 명칭을 사용하지 못한다(동법 제17조). 위반자는 300만 원 이하의 과태료에 처한다(동법 제22조 제1항 제2호). 그리고 이 과태료 부과기준은 동법시행령 별표에 규정되어 있다(동법시행령 제9조 제1항).

6. 치료보호

1) 치료보호의 내용

의료기관은 피해자 본인 · 가족 · 친지나 긴급전화센터, 상담소 또는 보호시설의 장 등의 요청이 있을 경우에는 피해자에 대하여 다음의 치료보호를 실시해야 한다(동법 제18조 제1항 제1호~제3호).

① 보건에 관한 상담 및 지도
② 신체적 · 정신적 피해에 대한 치료
③ 그 밖에 대통령령이 정하는 의료에 관한 사항

기타 대통령령이 정하는 의료에 관한 사항은 다음과 같다(동법시행령 제6조 제1호~제3호).

① 임산부의 심리적 안정을 위한 각종 치료 프로그램의 실시 등 정신치료
② 임산부 및 태아보호를 위한 검사 및 치료
③ 가정폭력 피해자 가정의 신생아에 관한 의료

2) 치료보호의 비용부담

치료보호에 필요한 일체의 비용은 가정폭력행위자가 부담한다(동법 제18조 제2항). 다만, 이

에 불구하고 피해자가 치료보호비를 신청한 경우에는 국가 또는 지방자치단체는 가정폭력행위자를 대신하여 치료보호에 필요한 비용을 의료기관에 지급하여야 하고 국가 또는 지방자치단체가 그 비용을 지급한 경우에는 가정폭력행위자에 대하여 구상권을 행사할 수 있다(동법 제18조 제3항, 제4항 본문).

다만, 피해자가 보호시설 입소 중에 치료보호를 받은 경우나 가정폭력행위자가 ① 국민기초생활 보장법 제2조의 규정에 의한 수급자, ② 장애인복지법 제32조에 따른 등록된 장애인 중 어느 하나에 해당하는 때에는 국가 또는 지방자치단체는 구상권을 행사할 수 없다(동법 제18조 제4항 단서). 위 제3항의 비용지급을 위한 절차, 제4항의 구상권 행사절차 등에 필요한 사항은 여성가족부령으로 정한다(동조 제5항).

위의 법 제18조 제3항에 따라 가정폭력 피해자는 가정폭력 행위자의 주소지를 관할하는 시장 · 군수 · 구청장에게 치료보호에 소요된 비용(이하 “치료비용”)을 청구할 수 있다(동법시행규칙 제17조 제1항). 시장 · 군수 · 구청장은 제1항에 따른 청구가 있는 때에는 그 치료보호를 받은 피해자가 가정폭력에 의한 피해자인지 여부를 확인하여 가정폭력 피해자라고 인정되는 경우에는 해당 의료기관에 치료비용을 지급하여야 한다(동조 제2항). 이에 따라 시장 · 군수 · 구청장이 지급하는 치료비용은 보조금의 예산 및 관리에 관한 법률 시행령 제4조 제1항이 정하는 비율에 따라 국가 및 지방자치단체가 부담한다(동조 제3항). 시장 · 군수 · 구청장은 법 제18조 제4항에 따라 구상권을 행사하려는 경우 구상금액 산출근거 등을 명시하여 이를 납부할 것을 서면으로 가정폭력 행위자에게 통지하여야 한다(동조 제4항). 이 규정에 따라 구상금납부통지를 받은 가정폭력행위자는 그 통지를 받은 날부터 15일 이내에 구상금액을 납부하여야 한다(동조 제5항).

7. 상담소 및 보호시설의 장의 의무

1) 피해자 의사의 존중의무 등

상담소나 보호시설의 장은 피해자의 명시한 의사에 반하여 동법 제8조 제1항(보호시설의 업무) 및 제18조(치료보호)의 보호를 할 수 없다(동법 제9조).

가정폭력신고를 접수하고 현장에 출동한 경찰관은 피해자를 보호하기 위하여 신고된 현장에 출입하여 조사할 수 있고, 이에 따라 조사하는 사법경찰관리는 그 권한을 표시하는 증표를 지니고 이를 관계인에게 내보여야 한다(동법 제9조의 4).

2) 영리목적 금지

누구든지 상담소 · 보호시설 또는 교육훈련시설을 영리를 목적으로 설치 · 운영하여서는 아니 된다(동법 제15조).

3) 비밀엄수의 의무

긴급전화센터, 상담소 또는 보호시설의 장이나 이를 보조하는 자 또는 그 직에 있었던 자는 그 직무상 알게 된 비밀을 누설하여서는 아니 된다(동법 제16조).

8. 권한의 위임

이 법에 따른 여성가족부장관의 권한을 대통령령이 정하는 바에 따라 그 권한의 일부를 특별시장 · 광역시장 · 도지사 또는 시장 · 군수 · 구청장에게 위임할 수 있다(동법 제19조).

가정폭력방지 및 피해자보호 등에 관한 법률 시행규칙에서 정하고 있는 긴급전화센터, 가정폭력관련 상담소의 설치 · 운영기준 및 종사자 수, 보호시설 설치 · 운영기준 및 종사자 수, 상담소 · 보호시설 종사자의 자격기준, 교육훈련시설의 기준 등, 상담소 등에 대한 행정청분의 내용에 대하여는 동법시행규칙 별표 1(긴급전화센터 설치 · 운영기준), 별표 1의 2(상담소 설치 · 운영기준 및 종사자 수), 별표 2(보호시설 설치 · 운영기준 및 종사자 수), 별표 3(긴급전화센터, 상담소, 보호시설 종사자의 자격기준), 별표 4(교육훈련시설의 기준, 교육훈련시설강사의 기준, 상담원 교육훈련과정의 운영기준), 별표 4의 2(보수교육기간, 방법, 내용), 별표 5(상담소 등에 대한 행정처분의 기준)에 상세하게 정해져 있다(이들을 참조).

제6절 장애인복지법

Ⅰ. 장애인복지법의 의의

장애인복지법은 장애인의 복지증진과 사회활동 참여증진에 관한 법을 말한다. 여기에는 법률로서의 장애인복지법(1999. 2. 8. 제정, 여러 차례 개정되었고 최근에는 2010. 5. 27, 2011. 8. 4, 2012. 1. 26, 2012. 10. 22, 2013. 7. 30, 2015. 6. 22, 2015. 12. 29, 2017. 2. 8, 2017. 12. 19. 등으로 개정), 동법시행령(1999. 12. 31. 제정, 여러 차례 개정되고 최근에는 2010. 3. 15, 2011. 10. 26, 2012. 1. 6, 2013. 4. 22, 2015. 11. 30, 2016. 11. 22, 2016. 12. 30, 2017. 5. 29, 2017. 7. 24, 2017. 7. 26, 2017. 10. 31. 등으로 개정), 동법시행규칙(1999. 12. 31. 제정, 여러 차례 개정되고 최근에는 2010. 3. 19, 2012. 1. 3, 2013. 4. 3, 2013. 10. 31, 2015. 12. 29, 2016. 6. 30, 2016. 11. 24, 2016. 12. 30, 2017. 3. 28, 2017. 8. 9, 2017. 11. 23. 등으로 개정)이 있다.

장애인복지는 여러 가지의 다양한 장애인에 관한 정책 가운데 장애인의 기본적 욕구를 해결하고 장애인으로 하여금 인간다운 생활을 할 수 있도록 하는 사회보장의 하나라고 할 수 있다. 또한 장애인복지는 장애인이 가지고 있는 장애(핸디캡)를 인적 · 물적 · 사회적 자원의 활용과 협력을 통하여 가능한 한 경감 · 해소하고 다른 장애 없는 사람과 동등한 생활조건과 환경을 누릴 수 있도록 하는 사회복지활동이다.

Ⅱ. 장애인복지법의 목적과 기본이념

1. 목 적

장애인복지법은 장애인의 인간다운 삶과 권리보장을 위한 국가와 지방자치단체 등의 책임을 명백히 하며, 장애발생의 예방과 장애인의 의료, 교육, 직업재활, 생활환경 개선 등에 관한 사업을 정함으로써 장애인복지대책의 종합적 추진을 도모하며, 장애인의 자립, 보호 및 수당의 지급 등에 관하여 필요한 사항을 정함으로써 장애인의 생활안정에 기여하는 등 장애인의 복지증진 및 사회활동 참여증진을 통하여 사회통합에 이바지함을 목적으로 하는 법이다(동법 제1조).

장애인복지법은 다른 사회서비스법과는 달리 급여대상자인 장애인의 인간다운 삶과 권리보장을 위한 국가와 지방자치단체의 책임을 명확히 하고 장애인복지대책을 위한 종합적 장애인 복지 조치내용을 포함하고 있는 점 등이 특징이라고 할 수 있다. 이는 장애인문제와 권리에 대한 사회적 인식과 그 해결을 위한 국가사회적 책임의식이 커진 데 따른 결과이다. 장애인이 일반인과 함께 '정상적인 생활'을 영위할 수 있도록 모든 노력을 다한다는 것이다. 장애인복지법이 국가와 지방자치단체는 장애인복지법의 목적을 달성하기 위하여 필요한 법제상 및 재정상의 조치를 강구하여야 한다고 규정(동법 제16조)하고 있는 것이 그것이다.

2. 기본이념

장애인복지법의 기본이념은 장애인의 완전한 사회참여와 평등을 통한 사회통합을 이루는 데 있다(동법 제3조). 이것은 개인적 차원에서는 장애인으로 하여금 완전한 사회참여와 평등한 생활을 영위하게 하고 사회적 차원에서는 장애인에 대한 사회구성원 전체의 사회통합을 달성하려는 것이다.

이 기본이념은 장애인복지법의 실현을 위한 기본적 지침이 된다. 장애인복지법은 이를 더욱 구체화하고 있다. 즉, 누구든지 장애를 이유로 정치적 · 경제적 · 사회적 · 문화적 생활의 모든 영역에 있어 차별을 받지 아니하며, 누구든지 장애를 이유로 정치 · 경제 · 사회 · 문화생활의 모든 영역에서 장애인을 차별하여서는 아니 된다(동법 제8조 제1항)고 규정하여 장애인 차별을 금지하고 있다. 또한 누구든지 장애인을 비하 · 모욕하거나 장애인을 이용하여 부단한 영리행위를 하여서는 아니 되며 장애인의 장애를 이해하기 위하여 노력하여야 한다(동법 제8조 제2항)고 규정하고 있다. 나아가 모든 장애인은 국가 · 사회를 구성하는 일원으로서 정치 · 경제 · 사회 · 문화 기타 모든 분야의 활동에 참여할 권리가 있다(동법 제4조 제2항)고 하여 장애인의 권리를 보장하고 있다.

특히 여성 장애인의 권익을 보호하기 위하여 필요한 시책을 강구하도록 특별한 규정을 마련하고 있는데(동법 제9조 제2항), 이는 여성 장애인의 경우 여성으로서의 지위와 장애인으로서의 지위 등 양자의 결합으로 인하여 보다 심각한 2중의 차별을 당할 위험이 있어 특별한 보장대책을 강구할 필요가 있기 때문이라고 할 수 있다. 이상과 같이 장애인복지법은 장애인의 완전한 사회참여와 평등을 통한 사회통합을 달성하려 하고 있다.

'장애인의 완전한 참여와 평등'은 국제연합이 1981년 세계장애인의 해에 내건 슬로건이다. 여기에서 완전한 참여란 장애로 인한 제한적 사회참여가 아니라, 비록 장애가 있으나 이를 극복하도록 각종 재활서비스를 강화시키고 사회적 · 물질적 환경을 개선함으로써 장애인의 사회참여가 보장되도록 한다는 의미이다.

Ⅲ. 주요 내용

1. 장애인의 보호

1) 장애인의 개념과 기준(장애인복지법의 적용대상)

장애인복지법의 적용대상은 장애인이다. 장애인은 신체적 · 정신적 장애로 인하여 장기간에 걸쳐 일상생활 또는 사회생활에 상당한 제약을 받는 자를 말한다(동법 제2조 제1항). 그러나 이 법의 적용을 받는 장애인은 이 모든 장애인을 말하는 것이 아니라 ① 주요 외부 신체기능의 장애, 내부기관의 장애 등의 신체적 장애, ② 발달장애 또는 정신적 질환으로 발생하는 장애인 정신적 장애 가운데 하나에 해당하는 장애를 가진 자로서 대통령령(동법시행령)이 정하는 장애의 종류 및 기준에 해당하는 자를 말한다(동법 제2조 제2항, 동법시행령 제2조 제1항 별표 1).

장애인 학대란 장애인에 대하여 신체적 · 정신적 · 정서적 · 언어적 · 성적 폭력이나 가혹행위, 경제적 착취, 유기 또는 방임을 하는 것을 말한다(동법 제2조 제3항).

또한 장애인은 장애의 정도에 따라 등급을 구분하되, 그 등급은 보건복지부령(동법시행규칙 제2조 제1항)으로 정한다(동법시행령 제2조 제2항). 동법시행령 제2조 제1항에서 정하고 있는 장애인의 종류 및 기준은 동법시행령 별표 1에서 정하고 있고, 동법시행규칙 제2조 제1항에서 정하고 있는 장애인의 등급은 동법시행규칙 별표 1에서 정하고 있다(이들 별표 참조).

2) 장애인의 권리와 장애인의 권익신장을 위한 제도의 도입

장애인복지법은 장애인이 인간으로서의 존엄과 가치를 존중받으며 그에 걸맞는 대우를 받을 권리를 보장받는다(동법 제4조 제1항)고 규정하고 있다. 이것은 장애인을 한 인간으로서 존엄성과 가치를 지닌 존재로 존중받으며, 가정에서나 사회에서 이에 상응하는 대우를 받을 수 있도록 장애인복지정책을 추진해야 한다는 취지이다. 아울러 장애인은 국가 · 사회의 구성원으로서 정치 · 경제 · 사회 · 문화 기타 모든 분야의 활동에 참여할 권리가 있다(동법 제4조 제2항)고 하여 장애인은 모든 사회활동에 일반인과 동등하게 참여하고 활동할 권리가 있음을 선언하고 있다. 그리고 장애인은 장애인 관련 정책결정과정에 우선적으로 참여할 권리가 있으며(동법 제4조 제3항), 중앙행정기관의 장은 해당기관의 장애인정책을 효율적으로 수립시행하기 위하여 소속공무원 중에서 장애인정책 책임관을 지정할 수 있도록 하여 장애인의 권익신장을 위한 제도를 도입하고 있다(동법 제12조 제1항 참조).

3) 장애인 및 보호자 등에 대한 의견수렴참여, 중증장애인 보호, 여성 장애인의 권익 보호, 차별금지 등

국가와 지방자치단체는 장애인정책의 결정과 그 실시에 있어서 장애인 및 장애인의 부모, 배우자, 그 밖에 장애인을 보호하는 자의 의견을 수렴하여야 한다. 이 경우 당사자의 의견수렴을 위한 참여를 보장하여야 한다(동법 제5조). 또 국가나 지방자치단체는 중증장애인을 보호하는 정책을 강구해야 하고(동법 제6조), 여성 장애인의 권익보호와 사회참여확대를 위하여 기초학습과 직업교육을 실시하는 시책을 강구해야 한다(동법 제7조). 장애를 이유로 하는 장애인 차별을 금지한다(동법 제8조).

4) 사회연대책임

장애인문제는 국가, 지방자치단체 및 국민 모두가 관심을 가지고 해결해야 할 사회문제이자 정책이다. 이러한 맥락에서 장애인복지법은 이들을 구성원으로 하는 사회 전체가 책임을 져야 한다는 취지를 규정하고 있다.

국가와 지방자치단체는 장애의 발생을 예방하고, 장애의 조기발견에 대한 국민의 관심을 높이고 자립을 지원하며 필요한 보호를 실시하여 장애인의 복지를 향상시킬 책임을 지고 또 여성 장애인의 권익을 보호하기 위하여 정책을 강구해야 한다(동법 제9조 제1항, 제2항). 국가와 지방자치단체는 장애인복지시책을 장애인 및 보호자에게 적극적으로 홍보하여야 하며, 국민이 장애인에 대하여 올바르게 이해하도록 하는 데 필요한 정책을 강구하여야 한다(동법 제9조 제3항). 나아가 모든 국민은 장애발생의 예방, 장애의 조기발견에 노력하여야 하며 장애인의 인격을 존중하고 사회통합의 이념에 기초하여 장애인복지증진에 협력하여야 한다(동법 제10조).

국민의 장애인에 대한 이해를 깊게 하고, 장애인의 재활의욕을 고취하기 위하여 매년 4월 20일을 장애인의 날로 하고 장애인의 날부터 1주간을 장애인주간으로 한다(동법 제14조 제1항).

국가와 지방자치단체는 장애인의 날 취지에 적합한 행사 등 사업을 실시하도록 노력하여야 한다(동법 제14조 제2항).

5) 장애인정책종합계획의 수립과 시행

보건복지부장관은 장애인의 권익과 복지증진을 위하여 관계 중앙행정기관의 장과 협의하여 5년마다 장애인정책 종합계획(이하 "종합계획")을 수립 · 시행하여야 한다(동법 제10조의 2 제1항). 종합계획에는 장애인의 복지에 관한 사항, 장애인의 교육문화에 관한 사항, 장애인의 경제활동에 관한 사항, 장애인의 사회참여에 관한 사항, 그 밖에 장애인의 권익과 복지증진을 위하여 필요한 사항이 포함되어야 한다(동조 제2항). 관계 중앙행정기관의 장은 장애인의 권익과 복지증진을 위하여 관련 업무에 대한 사업계획을 매년 수립 · 시행하여야 하고 그 사업계획과 추진실적을 매년 보건복지부장관에게 제출하여야 한다(동조 제3항). 보건복지부장관은 위의 제출된 사업계획과 추진실적을 종합하여 미리 장애인정책조정위원회의 심의를 거쳐 종합계획을 수립하고, 종합계획의 추진성과를 매년 평가하고 종합계획을 변경하거나 다음 종합계획을 수립할 때 반영하여야 한다(동조 제4항, 제5항).

보건복지부장관은 종합계획을 수립하거나 해당연도의 사업계획, 전년도 사업계획의 추진실적, 추진성과의 평가를 확정한 때에는 이를 지체 없이 국회 소관상임위원회에 보고하여야 한다(동법 제10조의 3).

2. 장애인정책 종합계획 수립 · 시행과 기본정책의 강구

보건복지부장관은 장애인의 권익과 복지 증진을 위하여 중앙행정기관의 장과 협의하여 5년마다 장애인종합계획을 수립 시행하여야 한다(동법 제10조의 2). 장애인복지법은 장애인 보호를 위한 구체적인 복지조치를 규정하고 있을 뿐만 아니라(동법 제3장) 여기에서 한 걸음 더 나아가 포괄적이고 광범위한 장애인복지기본정책(동법 제2장)을 규정하고 있다. 즉 국가와 지방자치단체는 장애발생예방강구(동법 제17조), 의료와 재활치료정책강구(동법 제18조), 장애인의 사회적응훈련(동법 제19조), 장애인교육에 필요한 정책강구(동법 제20조), 장애인 취업에 필요한 정책강구(동법 제21조), 장애인의 정보접근성 제고(동법 제22조, 특히 동조 제3항에서 청각장애인을 위하여 점자 자료 이외에 점자 · 음성변환코드가 삽입된 자료를 제공하도록 함), 장애인이 이용할 수 있는 편의시설설치 · 운영정책강구(동법 제23조), 장애인 안전대책강구(동법 제24조), 장애인에 대한 인식개선을 위한 교육 · 홍보사업 실시(동법 제25조), 선거권 행사를 위한 편의제공(동법 제26조), 장애인에 대한 주택보급(동법 제27조), 장애인을 위한 문화환경정비(동법 제28조), 장애인에 대한 복지연구의 진흥(동법 제29조), 장애인에 대한 경제적 부담의 경감(동법

제30조), 장애인가족지원(동법 제30조의 2), 중증장애인 보호와 자립생활실현을 위한 제도의 도입(동법 제53조, 제55조)을 실시하도록 하고 있다.

3. 실천주체

1) 실천기관

장애인복지법상 각종의 복지조치와 시책을 실천하고 실시할 책임은 국가와 지방자치단체가 진다. 예컨대 동법 제9조 제1항의 '국가 및 지방자치단체의 책임'을 살펴보면, "국가와 지방자치단체는 장애의 발생을 예방하고, 장애의 조기발견에 대한 국민의 관심을 높이고 자립을 지원하며 필요한 보호를 실시하여 장애인의 복지를 향상시킬 책임을 진다"(동법 제9조 제1항)고 정하고 있는 것이다.

이에 따라 보건복지부장관 · 특별시장 · 광역시장 · 도지사 · 특별자치도지사 또는 시장 · 군수 · 구청장이 구체적으로 장애인복지를 실시한다. 따라서 이들 기관을 장애인복지실시기관이라고 한다(동법 제34조 참조).

2) 장애인복지조정위원회

장애인복지 종합정책을 수립하고 관계부처 간의 의견을 조정하며 그 정책의 이행을 감독하고 평가하기 위하여 국무총리 소속하에 장애인복지조정위원회(이하 "위원회")를 둔다(동법 제11조 제1항). 위원회는 위원장 및 부위원장 각 1명을 포함한 30명 이내의 위원으로 구성한다(동법시행령 제3조 제1항). 위원장은 국무총리가 되고 부위원장은 보건복지부장관이 되며 위원은 당연직 위원과 위촉위원으로 구성한다(동법시행령 제3조 제2항).

장애인복지조정위원회는 다음의 사항들을 심의 · 조정한다(동법 제11조 제2항 제1호~제8호).

① 장애인복지정책의 기본방향에 관한 사항
② 장애인복지증진을 위한 제도 개선과 예산지원에 관한 사항
③ 중요한 특수교육정책의 조정에 관한 사항
④ 중요한 장애인 고용촉진정책의 조정에 관한 사항
⑤ 장애인 아동보장정책조정에 관한 사항
⑥ 장애인정책추진과 관련한 재원조달에 관한 사항
⑦ 장애인복지에 관한 관련부처의 협조사항

⑧ 그 밖에 장애인복지와 관련하여 대통령령이 정하는 사항

위원회는 필요하다고 인정하는 때에는 관계행정기관에 대하여 그 소속 직원의 출석, 설명과 자료의 제출을 요구할 수 있다(동법 제11조 제3항). 위원회는 위원회 심의사항을 미리 검토하고 관계기관과의 협조사항을 정리하기 위하여 위원회에 장애인복지조정실무위원회(이하 "실무위원회")를 둔다(동법 제11조 제4항).

3) 장애인복지상담원

장애인의 복지증진을 위한 상담 및 지원업무를 담당하기 위하여 시 · 군 · 구에 장애인복지상담원을 둔다(동법 제33조 제1항). 장애인복지상담원은 사회복지사 자격증 소지자, 특수학교의 교사자격증 소지자, 국가나 지방자치단체의 사회복지에 관한 행정에 5년 이상 근무한 경력이 있는 자 또는 장애인복지단체에서 5년 이상 종사한 자 중에서 시장 · 군수 또는 구청장(자치구의 구청장)이 지방공무원으로 임용하게 되어 있다(동법시행령 제21조 제1항 제1호~제3호).

이러한 장애인복지상담원은 다음의 직무를 수행한다(동법시행령 제22조 제1호~제8호).

① 장애인과 그 가족 또는 관계인에 대한 상담 및 지도
② 장애인에 대한 진단 · 진료 또는 보건 등에 관한 지도와 관계 전문기관에 대한 진단 · 진료 또는 보건지도 등의 의뢰
③ 장애인복지시설에 대한 장애인이 입소 · 통원 또는 그 이용의 알선
④ 장애인에 대한 재활보조기구의 교부와 사용 · 수리 등에 관한 지도
⑤ 장애인에 대한 직업훈련 · 취업알선과 이에 관한 관계 전문기관에 대한 의뢰
⑥ 장애인을 위한 지역사회자원의 개발 · 조직 · 활용 및 알선
⑦ 장애인복지시설 또는 장애인에 관한 조사 및 지도
⑧ 그 밖에 장애인의 복지증진에 관한 사항

4) 장애인복지전문인력

장애인복지는 여러 학문과 기술이 종합적으로 팀워크를 이루어서 실천되어야 효과적으로 목적을 달성할 수 있다. 따라서 장애인복지실천에는 다양한 장애인복지전문인력이 요청되는데, 이를 장애인복지법에서 규정하고 있다.

국가와 지방자치단체 기타 공공단체는 수화통역사, 점역사 등 장애인복지전문인력 및 기타

장애인복지에 관한 업무에 종사하는 자의 양성 및 훈련에 노력하여야 한다(동법 제71조). 그리고 동법 제72조 내지 제77조는 의지 · 보조기 기사자격증의 교부, 국가시험의 실시 및 응시자격의 제한, 보수교육의 실시, 자격의 취소 및 정지 등에 관하여 규정하고 있다. 동법 제72조 제1항 제1호의 규정에 의한 의지 · 보조기 관련 교과목은 장애인복지법시행규칙 제56조 별표 6에 규정되어 있다.

장애인복지법시행규칙

[별표 6] 의지 · 보조기 관련 교과목(제56조 관련)

구분	교과목
법규(1)	보건의료관계법규
의학(4)	해부 · 생리학 재활의학(정형외과학을 포함) 재활치료학(물리치료학 및 작업치료학을 포함) 인체운동학
공학(3)	생체역학 재활공학(설계 및 제도학을 포함) 의지 · 보조기 재료학
전문(6)	의지 · 보조기학개론 상지의지학 하지의지학 상지보조기학 하지보조기학 척추보조기학

4. 복지조치

1) 조사 및 장애인등록

(1) 조 사

장애인복지는 올바른 실태조사를 통하여 문제와 욕구를 분석하고 이를 토대로 장애인복지 정책을 마련한다. 이런 점에서 장애인복지법에는 장애인의 실태조사와 등록을 규정하여 장애인복지대책에 대한 기초자료로 활용하고 있다.

보건복지부장관은 장애인복지정책의 수립에 필요한 기초자료로 활용하기 위하여 장애인의 실태조사를 3년마다 1회씩 실시하기로 되어 있는데, 2005년도를 기준연도로 하고 있다(동법 제31조 제1항, 동법시행령 제18조, 제19조 제1항).

(2) 장애인등록

장애인, 그 법정대리인 또는 대통령령으로 정하는 보호자는 장애상태 그 밖에 보건복지부령이 정하는 사항을 특별자치시장 · 특별자치도지사 · 시장 · 군수 또는 구청장에게 등록하여야 한다(동법 제32조 제1항 전단, 동법시행령 제20조).

특별자치시장 · 특별자치도지사 · 시장 · 군수 · 구청장은 등록을 신청한 장애인이 이 법상의 장애인의 기준에 맞으면 장애인등록증을 내주어야 하며(동법 제32조 제1항), 특별자치시장 · 특별자치도지사 · 시장 · 군수 · 구청장은 등록증을 받은 장애인의 장애상태의 변화에 따른 장애정도 조정을 위하여 장애 진단을 받게 하는 등 장애인이나 법정대리인 등에게 필요한 조치를 할 수 있다(동법 제32조 제3항). 이 등록증은 양도하거나 대여하지 못하며 등록증과 유사한 명칭 또는 표시를 사용할 수 없다(동법 제32조 제5항).

특별자치시장, 특별자치도지사 · 시장 · 군수 · 구청장은 장애인 등록 및 장애상태의 변화에 따른 장애등급을 조정함에 있어 장애인정과 장애사정이 적정한지를 확인하기 위하여 필요한 경우 대통령령으로 정하는 「공공기관의 운영에 관한 법률」 제4조에 따른 공공기관에 장애정도에 관한 정밀심사를 의뢰할 수 있다(동법 제32조 제6항).

2012년 1월 26일의 개정법은 재외동포 및 외국인의 장애등록을 허용하였다. 즉 재외동포의 출입국과 법적 지위에 관한 법률 제6조에 따라 국내거소신고를 한 사람, 주민등록법 제6조에 따라 재외국민으로서 주민등록을 한 사람, 출입국관리법 제31조에 따라 외국인등록을 한 사람으로서 같은 법 제10조 제1항에 따른 체류자격 중 대한민국에 영주할 수 있는 체류자격을 가진 사람, 재한외국인 처우 기본법 제2조 제3호에 따른 결혼이민자, 난민법 제2조 제2호에 따른 난민인정자 중 어느 하나에 해당하는 사람은 법 제32조에 따라 장애인 등록을 할 수 있고(동법 제32조의 2 제1항 제1호~제5호), 국가와 지방자치단체는 이 장애인에 대하여 예산 등을 고려하여 장애인복지사업의 지원을 제한할 수 있다(동조 제2항).

2) 재활상담 등의 조치

장애인복지법은 장애인의 복지증진을 위한 여러 가지 조치 중에서 재활상담과 각종의 장애인복지시설 및 기관에 입소하는 등의 필요한 조치를 취할 수 있도록 구체적으로 나열하고 있다.

보건복지부장관, 시 · 도지사(특별시장 · 광역시장 · 특별자치시장 · 도지사 · 특별자치도지사) 또는 특별자치도지사 · 시장 · 군수 · 구청장(장애인복지실시기관이라 함)은 장애인에 대한 검진 및 재활상담을 하고, 필요하다고 인정되면 다음과 같은 조치를 하여야 한다(동법 제34조 제1항 제1호~제4호).

① 국 · 공립병원, 보건소, 보건지소 기타 의료기관에 의뢰하여 의료 및 보건지도를 받게 하는 것
② 국가 또는 지방자치단체가 설치한 장애인복지시설에서 주거편의, 상담, 치료, 훈련 등의 필요한 서비스를 받도록 하는 것
③ 장애인복지시설에 위탁하여 그 시설에서 주거편의, 상담, 치료, 훈련 등의 필요한 서비스를 받도록 하는 것
④ 공공직업능력개발훈련시설 또는 사업장 내 직업훈련시설이 행하는 직업훈련 또는 취업알선을 필요로 하는 자에 대하여 관련 시설 또는 직업안정업무기관에 소개하는 것

이러한 복지조치 이외에 장애인복지실시기관은 위의 재활상담을 함에 있어서 필요하다고 인정하면 장애인복지상담원으로 하여금 해당 장애인의 가정, 장애인이 주거편의 · 상담 · 치료 · 훈련 등의 필요한 서비스를 제공받는 시설이나 의료기관을 방문하여 상담에 응하게 하거나 필요한 지도를 하게 할 수 있다(동법 제34조 제2항).

3) 각종 정책실시와 지원

장애인복지법은 이 밖에도 국가나 지방자치단체는 장애유형, 장애정도별 재활 및 자립지원 서비스 제공 등의 필요한 정책을 강구하여야 하며, 예산의 범위 안에서 지원을 할 수 있다(동법 제35조). 장애인복지실시기관의 의료비 지급(동법 제36조 2017. 12. 30일 이후는 폐지), 국가나 지방자치단체의 산후조리도우미 지원(동법 제37조), 장애인복지시설기관의 장애인 자녀에 대한 교육비 지원(동법 제38조), 국가나 지방자치단체, 공공단체의 장애인 사용 자동차에 대한 지원(동법 제39조), 국가나 지방자치단체의 장애인 보조견의 훈련 · 보급지원 및 보조견 동반 대중교통수단, 공공장소, 숙박 및 접객업소 등 출입(동법 제40조, 보조견 표시를 붙인 장애인 보조견을 동반하고 대중교통수단을 이용하고 공공장소 등에 출입할 수 있는 대상으로 장애인뿐만 아니라 장애인 보조견 전문훈련기관에 종사하는 장애인 보조견훈련자와 장애인 보조견훈련자원봉사자를 추가

하고 있음) 및 장애인을 위한 자금대여(동법 제41조), 국가나 지방자치단체, 공공단체의 장애인에 대한 생업지원(동법 제42조), 장애인복지실시기관의 장애인에 대한 자립훈련비 지급(동법 제43조), 생산품 우선구매(동법 제44조 : 국가 및 지방자치단체 및 그 밖의 공공단체는 장애인복지시설과 장애인복지단체에서 생산한 물품의 우선 구매에 필요한 조치를 마련하여야 함), 국가나 지방자치단체의 장애인 고용촉진(동법 제46조), 국가나 지방자치단체, 공공단체의 그 공공시설대여에 대한 장애인 우선이용(동법 제47조), 국가나 지방자치단체의 장애인복지단체에 대한 국 · 공유재산의 우선매각, 유상 · 무상대여(동법 제48조)와 장애인에 대한 장애수당 지급(동법 제49조) 및 장애아동수당과 보호수당의 지급(동법 제50조), 자녀교육비 및 장애수당 등의 지급신청절차(동법 제50조의 2), 보건복지부장관의 금융기관의 장에 대한 장애인의 자녀교육비 및 장애수당의 신청인과 가구원의 금융 및 신용정보요청(동법 제50조의 3), 장애인 복지급여 수급계좌(동법 제50조의 4), 위의 허위 등 신청으로 받은 자녀교육비 및 장애수당의 환수(동법 제51조) 등을 규정하고 있다.

4) 자립생활의 지원

국가와 지방자치단체는 중증장애인의 자립생활을 지원하기 위한 시책을 강구해야 하고(동법 제53조), 중증장애인 자립생활지원센터를 통하여 필요한 각종 지원서비스를 제공한다(동법 제54조). 또 중증장애인에 대한 활동지원급여를 지원할 수 있다(동법 제55조).

5. 복지시설과 단체

1) 개 념

장애인복지시설은 장애인에게 필요한 서비스를 제공하는 물리적 · 기능적 장소이다. 여기에는 여러 가지 형태의 장애인시설이 존재할 수 있다. 장애인복지법은 이러한 장애인복지시설을 설치 · 운영하는 내용을 규정하여 장애인과 그 가족에게 필요한 서비스를 제공하여 복지증진에 이바지하고 있다. 즉, 국가와 지방자치단체는 장애인의 연령 및 장애의 종별과 정도를 고려하여 장애인복지시설에서 적절한 보호, 의료, 생활지도와 기능회복훈련 등의 서비스를 제공함으로써 장애인이 기능회복과 향상을 도모할 수 있도록 필요한 시책을 강구하여야 한다고 규정하고 있다(동법 제57조).

2) 종 류

장애인복지시설에는 다음과 같이 5종류가 있다(동법 제58조 제1항~제5항).

① **장애인거주시설 :** 거주공간을 활용하여 일반 가정에서 생활하기 어려운 장애인에게 일정기간 동안 거주요양지원 등의 서비스를 제공하는 동시에 지역사회생활을 지원하는 시설

② **장애인지역사회재활시설 :** 장애인복지관, 의료재활시설, 체육시설, 수련시설, 공동생활가정 등 장애인에게 전문적인 상담 · 치료 · 훈련 등을 제공하거나 여가활동 및 사회참여활동 등에 필요한 편의를 제공하는 시설

③ **장애인직업재활시설 :** 일반고용이 어려운 장애인이 특별히 준비된 작업환경에서 직업훈련을 받거나 직업생활을 영위할 수 있도록 하는 시설

④ **장애인유료복지시설 :** 장애인이 필요한 상담 · 치료 · 훈련 등 편의를 제공받고 이에 소요되는 일체의 비용을 시설운영자에게 납부하여 운영하는 시설

⑤ **그 밖에 대통령령으로 정하는 시설**

장애인복지시설의 구체적인 종류와 사업 등에 관하여 필요한 사항은 보건복지부령으로 정한다[동법 제58조 제2항, 동법시행규칙 제41조 별표 4(장애인복지시설의 종류)].

3) 설치 등

국가와 지방자치단체는 장애인복지시설을 설치할 수 있다(동법 제59조 제1항). 국가와 지방자치단체 외의 자가 장애인복지시설을 설치 · 운영하고자 할 때에는 시설 소재지 관할 시장 · 군수 · 구청장에게 신고하여야 하며, 신고한 사항 중 보건복지부령이 정하는 중요한 사항을 변경할 때에도 같다. 다만, 폐쇄명령을 받고 1년이 지나지 아니한 자는 시설의 설치 · 운영신고를 할 수 없다(동법 제59조 제2항).

성범죄로 형 또는 치료감호를 선고 받아 확정된 자는 그의 전부 또는 일부의 집행을 종료하거나 집행이 유예 · 면제된 날부터 10년 동안 장애인복지시설을 운영하거나 장애인복지시설에 취업 또는 사실상 노무를 제공할 수 없다(동법 제59조의 3).

누구든지 장애인 학대 및 장애인 대상 성범죄를 알게 된 때에는 장애인권익옹호기관이나 수사기관에 신고할 수 있고(동법 제59조의 4), 누구든지 이 신고인에게 그 장애인학대범죄 신고를 이유로 불이익 조치를 하여서는 아니된다(동법 제59조의 5). 그리고 그 신고를 접수한 장애인권익옹호기관의 직원이나 사법경찰관은 지체없이 장애인 학대현장에 출동하여 응급조치를 하여야 한

다(동법 제59조의 7).

장애인복지법시행규칙(보건복지부령 제1호)

[별표 4] 〈개정 2015.12.31〉 장애인복지시설의 종류(제41조 관련)

구분	시설의 종류 및 기능
1. 장애인 거주시설	가. 장애유형별 거주시설: 장애유형이 같거나 유사한 장애를 가진 사람들을 이용하게 하여 그들의 장애유형에 적합한 주거지원 · 일상생활지원 · 지역사회생활지원 등의 서비스를 제공하는 시설 나. 중증장애인 거주시설: 장애의 정도가 심하여 항상 도움이 필요한 장애인에게 주거지원 · 일상생활지원 · 지역사회생활지원 · 요양서비스를 제공하는 시설 다. 장애영유아 거주시설: 6세 미만의 장애영유아를 보호하고 재활에 필요한 주거지원 · 일상생활지원 · 지역사회생활지원 · 요양서비스를 제공하는 시설 라. 장애인 단기거주시설: 보호자의 일시적 부재 등으로 도움이 필요한 장애인에게 단기간 주거서비스, 일상생활지원서비스, 지역사회생활서비스를 제공하는 시설 마. 장애인 공동생활가정: 장애인들이 스스로 사회에 적응하기 위하여 전문인력의 지도를 받으며 공동으로 생활하는 지역사회 내의 소규모 주거시설
2. 장애인 지역사회 재활시설	가. 장애인복지관 : 장애인에 대한 각종 상담 및 사회심리 · 교육 · 직업 · 의료재활 등 장애인의 지역사회생활에 필요한 종합적인 재활서비스를 제공하고 장애에 대한 사회적 인식 개선사업을 수행하는 시설 나. 삭제 〈2012.4.10〉 다. 장애인 주간보호시설 : 장애인을 주간에 일시 보호하여 장애인에게 필요한 재활서비스를 제공하는 시설 라. 삭제 〈2012.4.10〉 마. 삭제 〈2012.4.10〉 바. 장애인 체육시설 : 장애인의 체력증진 또는 신체기능 회복활동을 지원하고 이와 관련된 편의를 제공하는 시설 사. 장애인 수련시설 : 장애인의 문화 · 취미 · 오락활동 등을 통한 심신수련을 조장 · 지원하고 이와 관련된 편의를 제공하는 시설 아. 장애인 생활이동지원센터 : 이동에 상당한 제약이 있는 장애인에게 차량 운행을 통한 직장 출퇴근 및 외출 보조나 그 밖의 이동서비스를 제공하는 시설 자. 수화통역센터 : 의사소통에 지장이 있는 청각 · 언어장애인에게 수화통역 및 상담서비스를 제공하는 시설 차. 점자도서관 : 시각장애인에게 점자간행물 및 녹음서를 열람하게 하는 시설 카. 점자도서 및 녹음서 출판시설 : 시각장애인을 위한 점자간행물 및 녹음서를 출판하는 시설 타. 장애인 재활치료시설 : 장애아동을 포함한 장애인에게 언어 · 미술 · 음악 등 재활치료에 필요한 치료, 상담, 훈련 등의 서비스를 제공하고 서비스를 이용한 자로부터 비용을 수납하여 운영하는 시설
3. 장애인 직업재활시설	가. 장애인 보호작업장 : 직업능력이 낮은 장애인에게 직업적응능력 및 직무기능 향상훈련 등 직업재활훈련 프로그램을 제공하고, 보호가 가능한 조건에서 근로의 기회를 제공하며, 이에 상응하는 노동의 대가로 임금을 지급하며, 장애인 근로사업장이나

구분	시설의 종류 및 기능
	그 밖의 경쟁적인 고용시장으로 옮겨갈 수 있도록 돕는 역할을 하는 시설 나. 장애인 근로사업장 : 직업능력은 있으나 이동 및 접근성이나 사회적 제약 등으로 취업이 어려운 장애인에게 근로의 기회를 제공하고, 최저임금 이상의 임금을 지급하며, 경쟁적인 고용시장으로 옮겨갈 수 있도록 돕는 역할을 하는 시설 다. 장애인 직업적응훈련시설 : 작업능력이 극히 낮은 장애인에게 작업활동, 일상생활훈련 등을 제공하여 기초작업능력을 습득시키고, 작업평가 및 사회적응훈련 등을 실시하여 장애인 보호작업장 또는 장애인근로사업장이나 그 밖의 경쟁적인 고용시장으로 옮겨갈 수 있도록 돕는 역할을 하는 시설
4. 장애인 의료재활시설	장애인 의료재활시설 : 장애인을 입원 또는 통원하게 하여 상담, 진단 · 판정, 치료 등 의료재활서비스를 제공하는 시설
5. 장애인 생산품 판매시설	장애인 생산품의 판매활동 및 유통을 대행하고, 장애인 생산품이나 서비스 · 용역에 관한 상담, 홍보, 판로 개척 및 정보제공 등 마케팅을 지원하는 시설

6. 비 용

1) 비용의 부담

의료비의 지급(동법 제36조 제1항 이는 2017. 12. 30.부터 폐지됨), 장애인복지시설기관이 지급하는 자녀교육비의 지급(동법 제38조 제1항), 자립훈련비의 지급(동법 제43조 제1항), 장애수당의 지급(동법 제49조 제1항), 장애아동부양수당 및 보호수당의 지급(동법 제50조 제1항, 제2항), 활동지원급여의 지원(동법 제55조 제1항)에 따른 조치와 장애인 복지시설 설치에 드는 비용은 예산의 범위 내에서 대통령령(동법시행령)이 정하는 바에 따라 복지실시기관이 부담하게 할 수 있다(동법 제79조 제1항).

그리고 국가와 지방자치단체는 제58조의 장애인 복지시설을 이용하는데 드는 비용의 전부 또는 일부를 부담할 수 있다(동조 제2항).

이에 따라 동법시행령은 이들 각종 복지조치에 소요되는 비용은 국가와 지방자치단체가 이를 부담하되, 그 부담비율은 보조금관리에 관한 법률시행령이 정하는 바에 따른다(동법시행령 제42조 제1항)고 정하고 있다. 그리고 장애인복지시설의 설치 · 운영비용은 해당 시설을 설치한 국가 또는 지방자치단체가 이를 부담하도록 되어 있다(동법시행령 제42조 제2항).

2) 비용의 수납

장애인복지조치의 일부는 장애인이나 그 가족의 경제적 형편이나 사회적 필요에 따라 유료복지를 실시할 수 있음을 법적으로 정한 조항이라고 할 수 있다. 이리하여 재활상담 등의 조치(동법 제34조 제1항 제1호)에 따른 비용을 부담한 장애인복지실시기관은 해당 장애인 또는 그 부양의무자로부터 대통령령이 정하는 바에 따라 그 부담한 비용의 전부 또는 일부를 받을 수 있다(동법 제80조 제1항)고 규정하고 있다.

3) 비용의 보조

국가와 지방자치단체는 대통령령(동법시행령)이 정하는 바에 의하여 장애인복지시설의 설치 또는 운영에 필요한 비용의 전부 또는 일부를 보조할 수 있다(동법 제81조, 동법시행령 제44조 제1항). 비용을 보조할 때에는 사회복지사업법 제43조의 규정에 의한 시설평가의 결과 등 해당 장애인복지시설의 운영실적을 고려하여 차등 보조할 수 있다(동법시행령 제44조 제2항)고 되어 있다.

이러한 규정은 사회복지시설에 대한 시설평가결과를 반영하여 차등 지급함으로써 시설운영의 전문화 및 효율성을 제고시키려는 것이다.

7. 심사청구

1) 심사청구

장애인, 그 법정대리인 또는 장애인을 보호하고 있는 장애인복지시설의 장 기타 장애인을 사실상 보호하고 있는 자는 이 법에 따른 복지조치에 대하여 이의가 있을 때에는 해당 복지실시기관에 심사를 청구할 수 있다(동법 제84조 제1항). 심사청구를 받은 복지실시기관은 30일 이내에 이를 심사 · 결정하여 신청인에게 통보하여야 한다(동법 제84조 제3항).

2) 행정심판 제기

장애인복지실시기관의 심사 · 결정에 이의가 있는 자는 행정심판법에 따라 행정심판을 제기할 수 있다(동법 제84조 제3항, 행정심판법 제18조 제1항). 그러므로 복지실시기관에 대한 심사청구에 대한 복지실시기관의 결정은 행정심판이 아니다.

제7 절 영유아보육법

Ⅰ. 영유아보육법의 의의와 목적

1. 의 의

영유아보육법은 영유아보육에 관한 법이다. 여기서 영유아란 6세 미만의 취학 전 아동을 말한다(영유아보육법 제2조 제1호). 그리고 보육이라 함은 영유아를 건강하고 안전하게 보호·양육하고 영유아의 발달특성에 적합한 교육을 제공하는 사회복지서비스를 말한다.

본래 영유아는 가정에서 양육하는 것이 원칙이다. 그러나 산업화가 급속하게 진행됨에 따라 기혼여성의 취업이 현저히 증가하면서 영유아를 맡아서 안전하고 건전하게 양육할 수 있는 어린이집이 필요하게 되었다. 이리하여 영유아 아동의 보육문제가 사회복지차원에서 보육권의 문제로 되어 영유아보육법을 1991년 1월 14일에 처음으로 제정하고 2004년에 전면개정하여 영유아어린이집의 설치와 이를 통한 보육을 체계적으로 추진하게 되었다.

영유아보육법은 법률로서의 영유아보육법(2004. 1. 29. 전면개정, 여러 차례 개정되었고, 최근에는 2010. 6. 4, 2011. 12. 31, 2013. 3. 23, 2013. 6. 4, 2013. 8. 13, 2014. 1. 14, 2014. 5. 20, 2015. 5. 18, 2015. 12. 29, 2016. 2. 3, 2017. 3. 14. 개정), 동법시행령(2005. 1. 29. 전면개정, 여러 차례 개정되고 최근에는 2013. 3. 23, 2013. 12. 30, 2015. 9. 15, 2016. 12. 30, 2017. 6. 20. 개정), 동법시행규칙(2005. 1. 29. 전면개정, 여러 차례 개정되고 최근에는 2013. 8. 5, 2013. 12. 31, 2016. 1. 12, 2016. 3. 30, 2016. 9. 20, 2017. 3. 17, 2017. 12. 12. 개정)이 있다.

2. 목 적

영유아보육법의 목적은 영·유아의 심신의 보호와 건전한 교육을 통하여 영·유아를 건강한 사회성원으로 육성함과 아울러 보호자의 경제적·사회적 활동을 원활하게 하여 영유아 및 가정복지증진에 이바지하는 데 있다(동법 제1조).

Ⅱ. 유아교육법과의 관계

유아교육법은 교육기본법 제9조의 규정에 따라 유아교육에 관한 사항을 정함을 목적으로 하는 법이며, 이는 교육기관의 하나로서의 유치원 교육에 관하여 정하는 법이다. 이에 대하여 영유아보육법은 사회복지서비스 사업의 하나로서 영유아를 영유아어린이집을 통해서 보육하고자 하는 데 그 목적이 있다. 그러나 영유아보육도 영유아의 발달특성에 따라 실시하는 교육을 포함하므로 양자는 관련성이 많다. 이리하여 유아교육법 제4조에서는 유아교육 · 보육위원회는 유아교육 및 영유아보육법 제2조의 규정에 의한 보육에 관한 사항을 심의하기 위하여 국무총리 소속하에 유아교육 · 보육위원회를 둔다고 규정하고 있는 것이 그 예이며, 이 위원회는 유아교육과 영유아의 보육을 심의한다. 또한 어린이집의 장은 보육교사 1급 자격자뿐만 아니라 유아교육법에 의한 유치원 정교사 2급 자격자, 유치원장 자격자도 될 수 있음(영유아보육법시행령 제21조 별표 1)은 양자의 관련성을 나타내고 있다.

Ⅲ. 주요 내용

1. 보육주체와 대상자

보육주체는 국민, 국가와 지방자치단체이다. 국가와 지방자치단체는 보호자와 더불어 영유아를 건전하게 보육할 책임을 지며, 이에 필요한 재원을 안정적으로 확보하도록 노력하여야 한다(영유아보육법 제4조 제2항). 아울러 모든 국민은 영유아를 건전하게 보육할 책임을 진다(동법 제4조 제1항). 모든 국민의 영유아 보육책임은 선언적 의미를 갖고 있지만 국가와 지방자치단체의 책임은 실질적으로 영유아보육의 책임을 지는 것이고 따라서 특별자치도지사 · 시장 · 군수 · 구청장(자치구의 구청장)은 영유아의 보육을 위한 적절한 어린이집 확보하여야 한다(동법 제4조 제3항). 영유아란 6세 미만의 취학 전 아동을 말한다(동법 제2조 제1호).

2. 영유아보육의 행정기관

1) 영유아보육의 실시기관 및 조정기관

영유아보육의 실시기관은 원칙적으로 국가 또는 지방자치단체가 된다. 국가 또는 지방자치단체는 보호자와 더불어 영유아를 건전하게 보육할 책임을 지도록(동법 제4조 제2항) 하고 있으며, 보건복지부에 중앙보육정책위원회를, 특별시 · 광역시 · 도 · 특별자치도(이하 "시 · 도") 및 시 · 군 · 구(자치구)에 지방보육정책위원회를 둔다(동법 제6조 제1호). 그리고 보육정책에 관한 관계부처 간의 의견을 조정하기 위하여 국무총리 소속하에 보육정책조정위원회를 두고 있다

(동법 제5조 제1항). 이들 위원회에 대하여는 순서를 바꾸어 설명한다.

2) 보육정책위원회

(1) 종류와 구성

보육에 관한 각종 정책 · 사업 · 보육지도 및 어린이집 평가인증사업 등을 심의하기 위하여 보건복지부 중앙보육정책위원회를, 특별시 · 광역시 · 도 · 특별자치도(이하 "시 · 도") 및 시 · 군 · 구(자치구에 한함. 이하 같음)에 지방보육정책위원회를 둔다. 다만, 지방보육정책위원회는 그 기능을 담당하기에 적합한 다른 위원회가 있고 그 위원회의 위원이 영유아보육법 제2항에 따른 자격을 갖춘 경우에는 시 · 도 또는 시 · 군 · 구의 조례가 정하는 바에 따라 그 위원회가 지방보육정책위원회의 기능을 대신할 수 있다(동법 제6조 제1항).

위에 의한 중앙보육정책위원회 및 지방보육정책위원회(이하 "보육정책위원회")의 위원은 보육전문가, 어린이집의 장 및 보육교사 대표, 보호자 대표 또는 공익을 대표하는 자, 관계공무원 등으로 구성한다(동법 제6조 제2항). 보육정책위원회의 구성 · 기능 및 운영 등에 관하여 필요한 사항은 대통령령으로 정한다(동법 제6조 제3항, 동법시행령 제6조 참조). 이에 따라 보건복지부에 두는 중앙보육정책위원회(이하 "중앙보육정책위원회")는 위원장 및 부위원장 각 1명을 포함한 20명 이내의 위원으로 구성하고, 특별시 · 광역시 · 도 · 특별자치도 및 시 · 군 · 구(자치구를 말함. 이하 같음)에 두는 지방보육정책위원회(이하 "지방보육정책위원회")는 위원장 및 부위원장 각 1명을 포함한 15명 이내의 위원으로 구성한다(동법시행령 제6조 제1항). 중앙보육정책위원회의 위원장은 보건복지부차관이 되고, 부위원장은 위원 중에서 호선하며, 위원은 법 제6조 제2항에 따른 보육전문가, 어린이집의 장 및 보육교사 대표, 보호자 대표 또는 공익을 대표하는 자 중에서 보건복지부장관이 위촉하는 사람과 보건복지부에서 보육정책을 담당하는 3급 공무원 또는 고위공무원단에 속하는 일반직 공무원이 된다(동법시행령 제6조 제2항). 지방보육정책위원회의 위원장 및 부위원장은 위원 중에서 호선하며, 위원은 법 제6조 제2항에 따른 보육전문가, 어린이집의 장 및 보육교사 대표, 보호자 대표 또는 공익을 대표하는 자, 관계공무원 중에서 해당 지방보육정책위원회가 속하는 지방자치단체의 장이 위촉 또는 임명하는 사람이 된다(동법시행령 제6조 제3항). 그리고 그 위원의 구성비율은 같은 항 각 호(제1호~제5호)에 규정되어 있다.

(2) 보육정책위원회의 기능

중앙보육정책위원회는 다음의 사항을 심의한다(동법시행령 제7조 제1항 제1호~제4호).

① 영유아보육법 제11조에 따른 보육계획 및 이 영 제19조 제2항에 따른 연도별 시행계획의 수립에 관한 사항
② 영유아보육법 제29조에 따른 보육과정의 개발에 관한 사항
③ 영유아보육법 제30조에 따른 어린이집의 평가인증제도에 관한 사항
④ 그 밖에 보육관련업무의 위탁 등 보육에 관하여 위원장이 회의에 부치는 사항

지방보육정책위원회는 다음의 사항을 심의한다(동법시행령 제7조 제2항).

① 영유아보육법 제11조에 따른 보육계획 및 이 영 제19조 제2항에 따른 연도별 시행계획의 수립에 관한 사항(제2호)
② 영유아보육법 제12조 및 제24조 제2항에 따른 공립어린이집의 설치 및 운영위탁에 관한 사항(다만 공립어린이집의 운영위탁에 관한 사항 중 보건복지부령으로 정하는 바에 따라 지방보육정책심의위원회의 심의를 생략할 수 있는 사항은 제외)(제3호)
③ 영유아보육법 제21조 제2항 제2호에 따른 교육훈련시설의 지정에 관한 사항(제4호)
④ 영유아보육법 제23조 제1항, 제23조의 2 제1항에 따른 보수교육의 실시 위탁에 관한 사항(제5호)
⑤ 영유아보육법 제38조에 따른 어린이집 이용자가 납부할 보육료 등에 관한 사항(제6호)
⑥ 법 제52조에 따른 도서 · 벽지 · 농어촌지역 등의 어린이집 설치기준 및 보육교직원의 배치에 관한 사항(제9호)
⑦ 그 밖에 보육에 관하여 위원장이 회의에 부치는 사항(제10호)

(3) 보육정책위원회의 임기

중앙보육정책위원회 및 지방보육정책위원회(이하 "각 보육정책위원회")의 위원 중 민간위원의 임기는 2년으로 하되, 한 차례만 연임할 수 있다. 다만, 위원의 사임 등의 사유로 새로이 위촉된 위원의 임기는 전임위원의 잔여임기로 한다(동법시행령 제8조).

(4) 보육정책위원회의 운영 및 회의 등

각 보육정책위원회의 위원장은 해당 위원회를 대표하며, 위원회의 업무를 통할한다(동법시

행령 제9조 제1항). 각 보육정책위원회의 부위원장은 위원장을 보좌하며, 위원장이 부득이한 사유로 직무를 수행할 수 없는 때에는 그 직무를 대행한다(동법시행령 제9조 제2항). 각 보육정책위원회의 사무를 처리하기 위하여 각 보육정책위원회에 간사 1명을 두되, 간사는 각 보육정책위원회가 속하는 기관 및 지방자치단체의 장이 소속공무원 중에서 지명하는 자로 한다. 이 경우 간사는 회의록을 작성하여야 한다(동법시행령 제9조 제3항).

각 보육정책위원회의 회의는 각 보육정책위원회가 속하는 기관 · 지방자치단체의 장 또는 재적위원 3분의 1 이상의 회의소집 요청이 있거나 위원장이 필요하다고 인정하는 때에 위원장이 소집한다(동법시행령 제10조 제1항). 각 보육정책위원회의 회의는 재적위원 과반수의 출석으로 개의하고 출석위원 과반수의 찬성으로 의결한다(동법시행령 제10조 제2항). 위원회의 회의에 출석한 위원에 대하여는 예산의 범위 안에서 수당과 여비를 지급할 수 있다. 다만, 공무원인 위원이 그 소관업무와 직접적으로 관련되어 출석하는 경우에는 그러하지 아니하다(동법시행령 제10조 제3항). 각 보육정책위원회의 회의결과와 회의내용은 공개함을 원칙으로 하고 이 경우 공개의 방법은 각 보육정책위원회의 운영세칙으로 정한다(동법시행령 제10조 제4항).

3) 육아종합지원센터

영유아에게 일시보육서비스(법 제26조의 2)를 제공하거나 보육에 관한 정보의 수집 · 제공 및 상담을 위하여 보건복지부장관은 중앙육아종합지원센터를, 특별시장 · 광역시장 · 특별자치시장 · 도지사 · 특별자치도(이하 "시 · 도지사") 및 시장 · 군수 · 구청장은 지방육아종합지원센터를 설치 · 운영하여야 한다. 이 경우 필요하다고 인정하는 경우에는 영아 · 장애아보육 등에 관한 육아종합지원센터를 별도로 설치 · 운영할 수 있다(동법 제7조 제1항). 중앙육아종합지원센터 및 지방육아종합지원센터(이하 "각 육아종합지원센터")에는 육아종합지원센터의 장과 보육에 관한 정보를 제공하는 보육전문요원 및 보육교직원의 정서적 · 심리적 상담 등의 업무를 하는 상담전문요원 등을 둔다(동법 제7조 제2항). 육아종합지원센터의 설치 · 운영 및 기능, 육아종합지원센터의 장과 보육전문요원 및 상담전문요원의 자격 및 직무 등에 관하여 필요한 사항은 대통령령령으로 정한다(동법 제7조 제4항).

4) 보육개발원

보건복지부장관은 보육에 관한 연구와 정보제공, 프로그램 및 교재개발, 평가척도 개발 및 종사자 연수 등의 업무를 위하여 보육개발원을 설치하거나 해당 업무를 관련 연구기관 등에 위탁할 수 있다(동법 제8조 제1항). 보육개발원의 설치 · 운영 및 위탁 등에 관하여 필요한 사항은 대통령령(동법시행령)으로 정한다(동법 제8조 제2항). 동법시행령 제18조는 보건복지부장관은 연구기관이나 법인 또는 단체에 보육개발원의 일부 업무를 위탁할 수 있도록 하고 있다.

국가와 지방자치단체는 영유아의 보호자에게 영유아의 성장 · 양육방법, 보호자의 역할, 영유아의 인권 등에 대한 교육을 실시할 수 있고(동법 제9조의 2), 보건복지부장관은 보육실태조사를 3년마다 하여야 한다(동법 제9조).

5) 보육정책조정위원회

보육정책에 관한 관계부처 간의 의견을 조정하기 위하여 국무총리 소속하에 보육정책조정위원회(이하 "보육정책조정위원회")를 둔다(동법 제5조 제1항). 보육정책조정위원회는 다음 각 호의 사항을 심의 · 조정한다(동법 제5조 제2항 제1호~제4호).

① 보육정책의 기본방향에 관한 사항
② 보육관련제도 개선과 예산지원에 관한 사항
③ 보육에 관한 관계부처 간 협조사항
④ 그 밖에 위원장이 부의하는 사항

보육정책조정위원회는 위원장을 포함한 12명 이내의 위원으로 구성하되, 위원장은 국무조정실장이 되고 위원은 다음 각 호의 자가 된다(동법 제5조 제3항 제1호, 제2호).

① 기획재정부차관 · 교육부차관 · 보건복지부차관 · 고용노동부차관 · 여성가족부차관
② 제1호의 위원이 추천하여 위원장이 위촉하는 보육계 · 유아교육계 · 여성계 · 사회복지계 · 시민단체 및 보호자를 대표하는 자 각 1명

보육정책조정위원회의 구성 및 운영 등에 관하여 필요한 사항은 대통령령으로 정한다. 이에 따라 동법시행령은 다음과 같이 정하고 있다.

영유아보육법(이하 "법") 제5조 제1항의 규정에 의하여 국무총리 소속하에 두는 보육정책조정위원회(이하 "보육정책조정위원회")의 위원 중 동조 제3항 제2호의 규정에 의한 공무원이 아닌 위원의 임기는 2년으로 하되 연임할 수 있다. 다만, 위원의 사임 등의 사유로 새로이 위촉된 위원의 임기는 전임위원의 잔여임기로 한다(동법시행령 제2조). 보육정책조정위원회의 위원장은 보육정책조정위원회를 대표하며 보육정책조정위원회의 업무를 통할한다(동법시

행령 제3조 제1항). 보육정책조정위원회의 부위원장은 보건복지부차관이 되고, 위원장을 보좌하며, 위원장이 부득이한 사유로 직무를 수행할 수 없는 때에는 그 직무를 대행한다(동법시행령 제3조 제2항). 보육정책조정위원회의 사무를 처리하기 위하여 보육정책조정위원회에 간사 1명을 두되, 간사는 보건복지부에서 보육정책을 담당하는 3급 공무원 또는 고위공무원단에 속하는 일반직 공무원이 된다(동법시행령 제3조 제3항). 간사는 보육정책조정위원회의 회의에 출석하여 발언할 수 있다(동법시행령 제3조 제4항). 보육정책조정위원회의 회의는 위원장이 필요하다고 인정하거나 재적위원 3분의 1 이상의 회의소집 요청이 있는 때에 위원장이 이를 소집한다(동법시행령 제4조 제1항). 보육정책조정위원회의 회의는 재적위원 과반수의 출석으로 개의하고 출석위원 과반수의 찬성으로 의결한다(동법시행령 제4조 제2항). 위원장은 업무수행을 위하여 필요하다고 인정하는 경우에는 관계기관 · 단체 등에 대하여 관련자료 또는 의견의 제출 등을 요청할 수 있다(동법시행령 제4조 제3항).

보육정책조정위원회 위원이 심신장애로 직무 수행을 할 수 없게 된 경우, 직무와 관련된 비위사실이 있는 경우, 직무태만 · 품위손상이나 그 밖의 사유로 위원으로 적합하지 아니하다고 인정되는 경우, 위원 스스로 직무를 수행하는 것이 곤란하다고 의사를 밝히는 경우의 어느 하나에 해당하는 경우에는 보육정책조정위원회의 위원장은 해당 위원을 해촉할 수 있다(동법시행령 제4조의 2).

보육정책조정위원회의 회의에 출석한 위원에 대하여는 예산의 범위 안에서 수당과 여비를 지급할 수 있다. 다만, 공무원인 위원이 그 소관업무와 직접적으로 관련되어 출석하는 경우에는 그러하지 아니하다(동법시행령 제4조 제4항). 이 밖에 보육정책조정위원회의 운영에 관하여 필요한 사항은 보육정책조정위원회의 의결을 거쳐 위원장이 정한다(동법시행령 제5조).

3. 보육계획의 수립 및 시행, 어린이집의 설치 · 운영 등

1) 보육계획의 수립 및 시행

보건복지부장관, 시 · 도지사 및 시장 · 군수 · 구청장은 보육사업의 원활한 추진을 위하여 보건복지부장관의 경우에는 중앙보육정책위원회, 그 밖의 경우에는 각 지방보육정책위원회의 심의를 거쳐 어린이집 수급계획 등을 포함한 보육계획을 수립 · 시행하여야 한다. 이 경우 보육계획에는 국공립어린이집의 공급에 관한 계획 및 목표가 포함되어야 한다(동법 제11조 제1항). 보건복지부장관, 시 · 도지사 및 시장 · 군수 · 구청장은 위의 규정에 의한 보육계획의 수립 ·

시행을 위하여 필요한 경우에는 어린이집, 보육관련법인 또는 단체 등에 대하여 자료제공 등의 협조를 요청할 수 있으며, 그 요청을 받은 어린이집 · 보육관련법인 또는 단체 등은 정당한 사유가 없는 한 이에 응하여야 한다(동법 제11조 제2항).

위의 규정에 의한 보육계획의 내용 · 수립시기 및 절차 등에 관하여 필요한 사항은 대통령령으로 정한다(동법 제11조 제3항). 이에 따라 동법시행령 제19조는 이에 관하여 구체적으로 규정하고 있다.

2) 어린이집의 설치

시 · 도지사, 시장 · 군수 · 구청장은 도시개발법, 도시 및 주거환경법, 택지개발촉진법, 산업 입지 및 개발에 관한 법률, 보금자리주택건설 등에 관한 특별법 등에 따라 시행하는 개발정비 · 조성사업에 어린이집 또는 어린이집용지가 확보될 수 있도록 노력해야 한다(동법 제11조의 2). 국가 또는 지방자치단체는 국 · 공립어린이집을 설치 · 운영하여야 한다. 이 경우 국 · 공립어린이집은 위에 의한 보육계획에 따라 도시저소득주민 밀집주거지역 및 농어촌지역 등 취약지역, 건축법에 따른 공동주택 중 대통령령으로 정하는 일정 세대 이상의 공동주택을 건설하는 주택단지지역, 「산업 입지 및 개발에 관한 법률」 제2조 제8호에 따른 산업단지지역에 우선적으로 설치하여야 한다(동법 제12조). 국 · 공립어린이집 외의 어린이집을 설치 · 운영하고자 하는 자는 시장 · 군수 · 구청장의 인가를 받아야 한다. 인가받은 사항 중 중요사항을 변경하고자 하는 경우에도 또한 같다(동법 제13조 제1항). 인가에 관하여 필요한 사항은 보건복지부령(동법시행규칙)으로 정한다(동법 제13조 제3항). 이에 따라 동법시행규칙 제5조는 영유아보육법 제13조 제1항 및 법 제14조 제1항에 따라 어린이집의 설치인가를 받고자 하는 자는 별지 제4호 서식의 어린이집 인가신청서(전자문서로 된 신청서를 포함)에 다음의 서류(전자문서를 포함)를 첨부하여 관할 특별자치도지사 · 시장 · 군수 · 구청장에게 제출하여야 한다(동법시행규칙 제5조 제1항 제1호~제11호). 신청을 받은 특별자치도지사 · 시장 · 군수 · 구청장은 전자정부법 제36조 제1항에 따른 행정정보의 공동이용을 통하여 건축물대장 및 건물 등기사항증명서와 법인 등기사항증명서를 확인하여야 한다(동법시행규칙 제5조 제2항).

① 법인의 정관, 출연금 등에 관한 서류(법인인 경우에 한함)
② 단체의 회칙 또는 규약(단체인 경우에 한함)
③ 임대차계약서(부동산 임차 경우에 한함)

④ 어린이집의 구조별 면적이 표시된 평면도와 어린이집 및 설비목록
⑤ 어린이집의 장의 자격을 증명하는 서류
⑥ 어린이집종사자의 채용계획서
⑦ 어린이집 운영계획서(운영경비와 유지방법을 포함)
⑧ 설립자가 개인인 경우 경비의 지급 및 변제능력에 관한 서류
⑨ 인근 놀이터 이용계획서(영유아 50명 이상의 시설로서 옥외놀이터나 옥내놀이터를 설치하지 아니하는 경우에 한함)
⑩ 전기사업법 시행규칙 제38조에 따른 도시가스사업법시행규칙 제25조 및 액화석유가스의 안전관리 및 사업법시행규칙 제29조에 따른 가스안전점검서
⑪ 소방용품의 품질관리 등에 관한 규칙 제5조에 따른 현장방염처리물품의 방염성능검사 성적서 및 방염성능검사확인표시

위에 의하여 인가신청서를 받은 특별자치도지사 · 시장 · 군수 · 구청장은 어린이집이 동법시행규칙 제9조에 따른 설치기준에 적합한지 여부를 현장에서 확인한 결과 및 해당지역의 보육수요를 고려하여 인가여부를 결정하여야 한다. 이 경우 특별자치도지사 · 시장 · 군수 · 구청장은 2층 이상에 어린이집을 설치하려는 자가 신청을 할 때에 법 제15조의 3에 따라 어린이집이 갖추어야 하는 비상재해 대비시설(소방시설 및 피난시설)에 대하여 소방시설 설치 유지 및 안전관리에 관한 법률 제7조 제6항 전단에 따라 그 어린이집의 소재지를 관할하는 소방본부장이나 소방서장에게 그 어린이집의 비상재해 대비시설이 같은 법 또는 같은 법에 따른 명령을 따르고 있는지에 대한 확인을 요청하여야 한다. 특별자치도지사 · 시장 · 군수 · 구청장은 어린이집을 인가한 경우에 신청인에게 별지 5호 서식의 어린이집 인가증을 발급하여야 한다(동법시행규칙 제5조 제3항, 제4항). 이 경우 어린이집이 설치기준에 적합한지의 여부는 현장에서 확인하여야 한다(동법시행규칙 제5조 제3항). 특별자치도지사 · 시장 · 군수 · 구청장은 어린이집의 설치 및 운영현황을 매 반기 종료 후 1월 이내에 시 · 도지사를 거쳐 보건복지부장관에게 보고하여야 한다(동법시행규칙 제5조 제7항).

3) 어린이집의 종류

어린이집의 종류는 다음과 같다(동법 제10조 제1호~제7호).

① **국공립어린이집** : 국가 또는 지방자치단체가 설치 · 운영하는 어린이집

② **사회복지법인어린이집** : 사회복지사업법에 따른 사회복지법인(이하 "법인")이 설치 · 운영하는 어린이집

③ **법인 · 단체 등 어린이집** : 각종 법인(사회복지법인을 제외한 비영리법인)이나 단체 등이 설치 운영하는 어린이집으로서 대통령령으로 정하는 어린이집

④ **직장어린이집** : 사업주가 사업장의 근로자를 위하여 설치 · 운영하는 어린이집(국가나 지방자치단체의 장이 소속공무원 및 국가나 지방자치단체의 장과 계약을 체결한 자로서 공무원이 아닌 자를 위하여 설치 · 운영하는 시설을 포함)

⑤ **가정어린이집** : 개인이 가정 또는 그에 준하는 곳에 설치 · 운영하는 어린이집

⑥ **부모협동어린이집** : 보호자 또는 보호자와 보육교직원이 조합을 결성하여 설치 · 운영하는 어린이집

⑦ **민간어린이집** : 제1호 내지 제6호까지 해당하지 아니하는 어린이집

4) 직장어린이집의 설치 등

대통령령으로 정하는 일정규모 이상의 사업장의 사업주는 직장어린이집을 설치하여야 한다. 다만, 사업장의 사업주가 직장어린이집을 단독으로 설치할 수 없을 때에는 사업주 공동으로 직장어린이집을 설치 · 운영하거나, 지역의 어린이집과 위탁계약을 맺어 근로자 자녀의 보육을 지원하여야 한다(동법 제14조 제1항). 이에 따라 동법시행령 제20조는 사업주가 직장어린이집을 설치하여야 하는 사업장은 상시 여성근로자 300명 이상 또는 상시 근로자 500명 이상을 고용하고 있는 사업장으로 한다(동법시행령 제20조 제1항).

위 의무설치 사업장 외의 사업주는 필요한 경우 사업장 근로자의 자녀를 보육하기 위한 직장어린이집을 설치할 수 있다고 규정하고 있다(동법시행령 제20조 제5항). 위 제1항 단서에 따라 사업주가 위탁보육을 하는 경우에는 사업장 내 보육대상이 되는 근로자 자녀 중에서 위탁보육을 받는 근로자 자녀가 보건복지부령으로 정하는 일정비율 이상이 되도록 하여야 한다(동법 제14조 제2항). 그리고 어린이집의 설치 · 위탁계약 및 보육수당의 지급에 관하여 필요한 사항은 보건복지부령으로 정한다(동법 제14조 제3항).

보건복지부장관 및 대통령령으로 정하는 기관의 장(조사기관)은 위에 따른 직장어린이집 설치 등의 이행에 관한 실태를 매년 실시하여야 한다. 이 경우 조사기관의 장은 실태조사를 완료한 후 그 결과를 보건복지부장관에게 통보하여야 한다(동법 제14조의 2 제1항). 미이행 사업장의 명단을 공표할 수 있다(동조 제2항). 이에 따른 미이행 사업장 명단공표 여부를 심의하기

위하여 보건복지부에 직장어린이집 공표심의위원회를 두고 그 위원은 위원장 포함 5인 이상으로 구성한다(동조 제3항).

5) 어린이집의 설치기준

어린이집을 설치 · 운영하고자 하는 자는 보건복지부령이 정하는 설치기준을 갖추어야 한다(동법 제15조). 다만, 놀이터 설비와 비상 재해대비시설 및 폐쇄회로 텔레비전의 설치와 관련된 사항은 각각 동법 제15조의 2부터 제15조의 4까지에 따른다. 이에 따라 동법 제15조의 3은 비상재해 대비시설, 동법 제15의 4는 폐쇄회로 텔레비전의 설치와 기준에 관하여 규정하고 있다. 동법시행규칙 제9조는 어린이집의 설치기준을 별표 1에서 규정하고 있다(동법시행규칙 제9조 별표 1 참조).

6) 어린이집 설치·운영 결격자

다음의 하나에 해당하는 자는 어린이집을 설치 · 운영할 수 없다(동법 제16조 제1호~제7호).

① 미성년자 · 피성년후견인 또는 피한정후견인
② 정신질환자
③ 마약 · 대마 또는 향정신성의약품 중독자
④ 파산자로서 복권되지 아니한 자
⑤ 금고 이상의 실형을 선고받고 그 집행이 종료(집행이 종료된 것으로 보는 경우를 포함)되거나 집행이 면제된 날부터 3년이 경과되지 아니한 자
⑥ 금고 이상의 형의 집행유예선고를 받고 그 유예기간 중에 있는 자
⑦ 동법 제45조에 따라 어린이집의 폐쇄명령을 받고 1년이 경과되지 아니한 자
⑧ 벌금형 또는 통고처분을 받은 사람으로서 그 벌금형을 선고받거나 통고처분을 이행한 후 2년(아동복지법 제17조를 위반한 경우에는 10년)이 지나지 아니한 자
⑨ 법 제23조의 3에 따른 교육명령을 이행하지 아니한 자

7) 어린이집운영자 등의 지도·감독

보건복지부장관, 시 · 도지사 및 시장, 군수 · 구청장은 어린이집의 원활한 수행을 위하여 어린이집 설치 · 운영자 및 어린이집종사자에 대하여 필요한 지도와 명령을 할 수 있다(동법

제41조). 보건복지부장관, 시 · 도지사 또는 시장 · 군수 · 구청장은 어린이집을 설치 · 운영하는 자로 하여금 해당 시설에 관하여 필요한 보고를 하게 하거나 관계공무원으로 하여금 해당 시설의 운영상황을 조사하게 하거나 장부 및 그 밖의 서류를 검사하게 할 수 있다(동법 제42조 제1항). 관계공무원이 그 직무를 행하는 때에는 그 권한을 표시하는 증표를 지니고 이를 관계인에게 내보여야 한다(동법 제42조 제2항). 누구든지 어린이집 관련 위법행위를 한 자는 행정기관이나 수사기관에 신고 또는 고발할 수 있다(동법 제42조의 2). 보건복지부장관의 어린이집의 장, 보육교사에 대한 지도 · 감독에 대하여는 후술한다. 여기서는 어린이집 설치 · 운영에 관한 보건복지부장관의 지도 · 감독에 대해서만 소개한다. 보건복지부장관, 시 · 도지사 및 시장 · 군수 · 구청장은 어린이집을 설치 · 운영하는 자가 ① 거짓이나 그 밖의 부정한 방법으로 보조금을 교부받거나 보조금을 유용한 경우, ② 법 제40조에 따른 비용 또는 보조금의 반환명령을 받고 이를 반환하지 아니한 경우, ③ 법 제44조에 따른 시정 또는 변경명령을 위반한 경우, ④ 아동복지법에 따른 아동학대행위를 한 경우, ⑤ 어린이 통학버스에 보육교직원을 함께 태우지 아니하고 운행중 발생한 사고로 영유아가 사망하거나 신체에 중상해를 입은 경우에는 1년 이내의 어린이집 운영정지를 명하거나 어린이집의 폐쇄를 명할 수 있다(동법 제45조 제1항 제1호~제5호). 이 행정처분의 세부기준은 보건복지부령으로 정한다(동법 제45조 제4항). 이에 따라 동법시행규칙 제38조 제1항 별표 9에서 어린이집에 대한 행정처분의 세부기준을 정하고 있다(동법시행규칙 제38조 제1항 별표 9 참조).

8) 어린이집의 운영

(1) 운영기준

어린이집을 설치 · 운영하는 자는 보건복지부령이 정하는 운영기준에 따라 어린이집을 운영하여야 한다(동법 제24조 제1항). 이에 따라 동법시행규칙 제23조(별표 8 참조)에서 어린이집의 운영기준을 규정하고 있다.

국가 또는 지방자치단체는 제12조에 따라 설치된 국 · 공립어린이집을 법인 · 단체 또는 개인에게 위탁하여 운영할 수 있다. 이 경우 최초 위탁은 보건복지부령으로 정하는 국 · 공립어린이집 위탁제 선정관리기준에 따라 심의하며 동법 제24조 제2항 각 호의 어느 하나에 해당하는 자에게 위탁하는 경우를 제외하고는 공개경쟁의 방법에 따른다(동법 제24조 제2항). 이 규정에 의한 어린이집의 위탁 및 위탁취소 등에 관하여 필요한 사항은 보건복지부령으로 정한다(동법 제24조 제4항, 동법시행규칙 제25조 참조).

(2) 어린이집운영위원회

어린이집의 원장은 어린이집운영의 자율성을 높이고 지역사회와의 연계를 강화하여 지역실정과 특성에 맞는 보육을 실시할 수 있도록 하기 위하여 어린이집에 어린이집운영위원회를 설치 · 운영할 수 있다. 다만, 동법 제26조에 따른 취약보육을 우선적으로 실시하여야 하는 어린이집과 대통령령이 정하는 어린이집은 어린이집운영위원회를 설치 · 운영하여야 한다(동법 제25조 제1항). 운영위원회를 두어야 하는 어린이집은 부모협동어린이집을 제외한 모든 어린이집을 말한다(동법시행령 제21조의 2). 어린이집운영위원회는 그 어린이집의 원장, 보육교사 대표, 학부모 대표 및 지역사회인사 등으로 구성하고, 이 경우 학부모 대표가 2분의 1 이상이 되도록 구성하여야 한다(동법 제25조 제2항). 어린이집의 장은 어린이집운영위원회의 위원 정수를 5명 이상 10명 이내의 범위에서 어린이집의 규모 등을 고려하여 정할 수 있다(동법 제25조 제3항). 어린이집운영위원회는 ① 어린이집 운영규정의 제정 또는 개정에 관한 사항, ② 어린이집의 예산 및 결산의 보고에 관한 사항, ③ 영유아의 건강 · 영양 및 안전에 관한 사항, 아동학대 예방에 관한 사항, ④ 보육시간 · 보육과정의 운영방법 등 어린이집의 운영에 관한 사항, ⑤ 보육교직원의 근무환경 개선에 관한 사항, ⑥ 영유아의 보육환경개선에 관한 사항, ⑦ 어린이집과 지역사회의 협력에 관한 사항, ⑧ 보육료 외의 필요경비를 받은 경우 법 제38조에 따른 범위에서 그 수납액 결정에 관한 사항, ⑨ 그 밖에 어린이집운영에 대한 제안 및 건의 사항을 심의한다(동법 제25조 제4항 제1호~제9호). 어린이집운영위원회는 연간 4회 이상 개최하여야 한다(동조 제5항). 그리고 어린이집운영위원회의 운영에 관하여 필요한 사항은 보건복지부령으로 정한다(동조 제6항).

이에 따라 동법시행규칙 제26조는 위원장은 해당 보육교직원이 아닌 위원 중에서 호선하고(제1항), 운영위원회 회의는 공개함을 원칙으로 하며(제2항), 운영위원회의 구성 · 운영에 관하여는 보건복지부장관이 정한다(제3항)라고 하고 있다.

(3) 부모모니터링단의 운영

시 · 도지사 또는 시장 · 군수 · 구청장은 어린이집 보육환경을 모니터링하고 개선을 위한 컨설팅을 하기 위하여 부모, 보육보건전문가로 점검단(이하 “부모모니터링단”)을 구성 · 운영할 수 있다. 이 부모모니터링 점검단은 어린이집 급식, 위생, 건강 및 안전관리 등 운영상황 모니터링, 어린이집 보육환경 개선을 위한 컨설팅, 그 밖에 보육관련 사항으로서 보건복지부령으로 정하는 사항 등의 직무를 수행한다. 이 모니터링단은 10명 이내로 구성하며 시 · 도지사 또는 시장 · 군수 · 구청장이 임명한다(동법 제25조의 2 참조).

(4) 취약보육의 우선실시, 어린이집 이용대상, 보육의 우선제공

국가 또는 지방자치단체와 사회복지법인 그 밖의 비영리법인이 설치한 어린이집과 대통령령이 정하는 어린이집의 장은 영아 · 장애아, 다문화가족의 아동 등에 대한 보육(이하 "취약보육")을 우선적으로 실시하여야 한다(동법 제26조 제1항). 보건복지부장관, 시 · 도지사 및 시장 · 군수 · 구청장은 취약보육을 활성화하는 데 필요한 각종 시책을 수립 · 시행하여야 한다(동법 제26조 제2항). 취약보육의 종류 및 실시 등에 관하여 필요한 사항은 보건복지부령으로 정한다(동법 제26조 제3항, 동법시행규칙 제28조 참조). 위의 취약보육은 영아보육(만 3세 미만의 영아), 장애아보육, 다문화 보육, 시간연장형 보육(기준보육시간 외에 시간연장하여 보육서비스를 제공하는 것)을 포함한다(동법시행규칙 제28조 제1항).

어린이집의 이용대상은 보육이 필요한 영유아를 원칙으로 한다. 다만, 필요한 경우 어린이집의 장은 만 12세까지 연장하여 보육할 수 있다(동법 제27조). 국가 또는 지방자치단체와 사회복지법인 그 밖의 비영리법인이 설치한 어린이집과 대통령령으로 정하는 어린이집의 원장은 ① 국민기초생활 보장법에 따른 수급자, ② 한부모가족지원법 제5조에 따른 보호대상자의 자녀, ③ 국민기초생활 보장법 제24조에 따른 차상위계층의 자녀, ④ 장애인복지법 제2조에 따른 장애인 중 보건복지부령으로 정하는 장애등급 이상에 해당하는 자의 자녀(동법시행규칙 제29조 참조), ⑤ 다문화가족지원법 제2조 제1항에 따른 다문화가족의 자녀, ⑥「국가유공자 등 예우 및 지원에 관한 법률」 제4조 제1항에 따른 국가유공자 중 제3호의 전몰군경, 제4호 · 제6호 · 제12호 · 제15호 · 제17호의 상이자로서 보건복지부령으로 정하는 자, 제5호 · 제14호 · 제16호의 순직자의 자녀, ⑦ 제1형 당뇨를 가진 경우로서 의학적 조치가 용이하고 일상생활이 가능하여 보육에 지장이 없는 영유아, ⑧ 그 밖에 소득수준 등을 고려하여 보건복지부령이 정하는 자의 자녀 중 어느 하나에 해당하는 자가 우선적으로 어린이집을 이용할 수 있도록 하여야 한다(동법 제28조 제1항 제1호~제8호). 다만, 고용정책기본법 제40조 제2항에 따른 고용촉진시설의 설치 · 운영을 위탁받은 공공단체 또는 비영리법인이 설치 · 운영하는 어린이집의 장은 근로자의 자녀가 우선적으로 어린이집을 이용하게 할 수 있다(동법 제28조 제1항 단서). 사업주는 사업장 근로자의 자녀가 우선적으로 직장어린이집을 이용할 수 있도록 하여야 한다(동법 제28조 제2항).

(5) 일시보육서비스

국가 또는 지방자치단체는 무상보육 및 무상교육 지원을 받지 아니하는 영유아에 대하여 필요한 경우 일시보육서비스를 지원할 수 있다. 이를 위하여 특별자치시장 · 특별자치도지사 · 시장 · 구청장 · 군수는 육아종합지원센터, 어린이집 등의 시설을 일시보육서비스 제공기관으로 지정할 수 있다. 일시보육서비스의 종류, 지원대상, 지원방법 등 일시보육서비스의 제공에 필요한 사항은 시행규칙에서 정한다(동법 제26조의 2 참조).

(6) 보육과정, 어린이집 생활기록

보육과정은 영유아의 신체 · 정서 · 언어 · 사회성 및 인지적 발달을 도모할 수 있는 내용을 포함하여야 한다(동법 제29조 제1항). 보건복지부장관은 표준보육과정을 개발 · 보급하여야 하며 필요시 그 내용을 검토하여 수정 · 보완하여야 한다(동법 제29조 제2항). 어린이집의 원장은 표준보육과정에 따라 영유아를 보육하도록 노력하여야 한다(동법 제29조 제3항). 어린이집의 원장은 보육과정 외에 어린이집 내외에서 이루어지는 특별 프로그램을 실시할 수 있다(동법 제29조 제4항). 보육과정의 구체적인 내용은 보건복지부령으로 정하는데(동법 제29조 제5항) 동법시행규칙 제30조는 보건복지부장관이 개발 · 보급하여야 하는 표준보육과정은 보육과정의 목적, 목표, 내용(기본생활, 신체운동, 사회관계, 의사소통, 자연탐구, 예술경험), 운영 등을 내용으로 하여 시행규칙 별표 8의 4에서 규정하고 있다(동법시행규칙 제30조 별표 8의 4 참조).

(7) 어린이집의 평가인증

보건복지부장관은 보육서비스의 질적 수준을 향상시키기 위하여 어린이집 설치 · 운영자의 신청에 따라 어린이집에 대한 평가인증을 실시할 수 있고(동법 제30조 제1항), 평가인증을 받으려는 어린이집 설치운영자에게 보건복지부령이 정하는 바에 따라 평가인증에 필요한 비용을 받을 수 있다(동조 제2항). 보건복지부장관은 위 평가인증의 결과에 따라 보육사업 실시에 필요한 지원을 할 수 있다(동조 제3항). 보건복지부장관은 이 평가인증 업무를 공공 또는 민간기관, 단체 등에 위탁하여 실시할 수 있다(동조 제4항). 보건복지부장관은 평가인증을 받은 어린이집 설치운영자가 거짓이나 그 밖의 부정한 방법으로 평가인증을 받은 경우, 어린이집의 설치운영자가 이 법을 위반하여 금고 이상의 형을 선고받고 확정된 경우, 보조금의 반환명령을 받았거나 행정처분을 받은 경우(시정명령을 받은 경우는 제외), 그 밖에 평가인증을 유지하기 어렵다고 인정되는 경우로서 보건복지부령으로 정하는 경우 중 어느 하나에 해당하는 경우에는 그 평가인증을 취소할 수 있다(다만 금고 이상의 형이 확정된 경우에는 그 인증을 취소하여야 함)(동조 제5항).

4. 보육교직원

1) 보육교직원의 배치

어린이집에는 보육교직원을 두어야 한다(동법 제17조 제1항). 어린이집에는 보육교사의 업무부담을 경감할 수 있도록 보조교사 등을 둔다(동법 제17조 제2항). 휴가 또는 보수교육 등으로 보육교사의 업무에 공백이 생기는 경우에는 대체교사를 배치한다(동법 제17조 제3항). 보육교직원의 배치기준 등에 관하여 필요한 사항은 보건복지부령으로 정한다(동법 제17조 제4항). 이에 따라 동법시행규칙 제10조 별표 2는 보육교직원의 배치기준을 규정하고 있다(동법시행규칙 제10조 별표 2 참조).

2) 보육교직원의 직무

어린이집의 장은 어린이집을 통할하고 보육교사 그 밖의 종사자를 지도 · 감독하며 영유아를 보육한다(동법 제18조 제1항). 보육교사는 영유아를 보육하고 어린이집의 장이 불가피한 사유로 직무를 수행할 수 없을 때에는 그 직무를 대행한다(동법 제18조 제2항).

보육교직원은 영유아를 보육함에 있어 영유아에게 신체적 고통이나 고성 · 폭언 등의 정신적 고통을 가해서는 아니된다(동법 제18조의 2).

3) 보육교직원의 임면 등과 결격사유

특별자치도지사 · 시장 · 군수 또는 구청장은 보육교직원의 권익보장과 근로여건 개선을 위하여 보육교직원의 임면 및 경력 등에 관한 사항을 관리하여야 한다(동법 제19조 제1항). 어린이집의 장은 보건복지부령이 정하는 바에 의하여 보육교직원의 임면에 관한 사항을 시장 · 군수 · 구청장에게 보고하여야 한다(동법 제19조 제2항, 동법시행규칙 제11조 제3항 별표 3 참조).

다음의 1에 해당하는 자는 어린이집에 근무할 수 없다(동법 제20조 제1호~제3호).

① 위에서 본 어린이집 설치 결격자

② 업무가 정지되거나 자격이 정지 중인 자

③ 자격이 취소된 후 2년이 경과되지 아니한 자(아동복지법상의 금지행위를 하여 자격이 취소

된 경우는 그 취소된 날부터 10년이 지나지 아니한 자)

4) 어린이집의 장 및 보육교사의 자격

어린이집의 장은 대통령령이 정하는 자격을 가진 자로서 보건복지부장관이 검정 · 수여하는 자격증을 받은 자이어야 한다(동법 제21조 제1항). 보육교사는 다음의 1에 해당하는 자로서 보건복지부장관이 검정 · 수여하는 자격증을 받은 자이어야 한다(동법 제21조 제2항 제1호, 제1의 2호, 제2호).

① 고등교육법 제2조에 따른 학교에서 보건복지부령이 정하는 보육관련 교과목과 학점을 이수하고 전문학사학위 이상을 취득한 사람
② 법령에 따라 위의 학교를 졸업한 사람과 같은 수준의 학력이 있다고 인정된 사람으로서 보건복지부장관이 정하는 보육관련교과목과 학점을 이수하고 전문학사학위 이상을 취득한 사람(제1의 2호)
③ 고등학교 또는 이와 동등 이상의 학교를 졸업한 자로서 보건복지부령이 정하는 교육훈련시설에서 소정의 교육과정을 이수한 자

보육교사의 등급은 1 · 2 · 3급으로 하고, 등급별 자격기준은 대통령령으로 정한다(동법 제21조 제3항). 위의 법 규정에 따라 동법시행령 제21조는 별표 1에서 어린이집의 장과 보육교사의 자격기준을 정하고 있다(동법시행령 제21조 별표 1 참조).

그리고 위의 영유아보육법 제21조 제2항 제1호 및 제1호의 2에 따라 보육사 자격을 취득하기 위하여 고등교육법 제2조에 따른 학교(대학 등)에서 이수하여야 하거나 이와 동등 이상의 학력이 있다고 인정된 사람이 이수하여야 하는 보육관련 교과목 및 학점은 동법시행규칙 별표 4와 같다(동법시행규칙 제12조 제1항 별표 4 참조).

위의 영유아보육법 제21조 제2항 제2호에 따른 교육훈련시설은 보육교사의 양성 등을 위하여 대학 등에 일정한 시설 및 교수요원을 갖추어 설치된 시설 중에서 시 · 도지사가 법 제6조에 따른 지방보육정책위원회의 심의를 거쳐 교육훈련시설로 지정한 시설을 말한다(동법시행규칙 제13조 제1항). 교육훈련시설로 지정받고자 하는 대학 등은 별지 제8호 서식의 교육훈련시설 지정신청서(전자문서로 된 신청서를 포함)에 다음의 서류(전자문서를 포함)를 첨부하여 시 · 도지사에게 제출하여야 한다(동법시행규칙 제13조 제2항 제1호~제5호).

① 법인의 정관, 출연금 등에 관한 서류
② 임대차계약서(부동산 임대차에 한함)

③ 시설의 구조별 면적이 표시된 평면도
④ 교육훈련시설의 장과 교수요원의 자격 및 경력을 증명하는 서류
⑤ 교육훈련계획서 및 예산서

신청을 받은 시 · 도지사는 전자정부법 제36조 제1항에 따른 행정정보의 공동이용을 통하여 법인등기사항증명서와 건축물대장을 확인하여야 한다(동조 제3항).

지정신청서를 받은 시 · 도지사가 지방보육정책위원회의 심의를 거쳐 교육훈련시설로 지정한 경우에는 별지 제9호 서식의 교육훈련시설지정서를 교부하여야 한다(동법시행규칙 제4항).

위의 교육훈련시설의 장은 학사 이상의 학위소지자로서 보육 또는 교육업무에 10년 이상 종사한 경력이 있어야 한다(동법시행규칙 제14조 제1항).

교육훈련시설의 시설기준과 교육훈련시설이 갖추어야 하는 교수요원의 수 및 자격기준은 동법시행규칙 제14조 제2항 별표 6에서 규정하고 있다(동법시행규칙 제14조 제2항 별표 6 참조).

다음으로 영유아보육법 제21조 제2항 제2호에 따라 보육교사자격을 취득하기 위하여 교육훈련시설에서 이수하여야 하는 교육과정은 동법시행규칙 제12조 제2항 별표 5에서 규정하고 있다(동법시행규칙 제12조 제2항 별표 5 참조).

5) 보육교사 자격증의 교부

보건복지부장관은 영유아보육법 제21조 제1항 및 제2항의 규정에 따라 어린이집의 장 또는 보육교사의 자격을 검정하고 자격증을 교부하여야 한다(동법 제22조 제1항). 보건복지부장관은 제1항의 규정에 의한 어린이집의 장 또는 보육교사의 자격증을 교부 또는 재교부받고자 하는 자에게 보건복지부령이 정하는 바에 의하여 수수료를 납부하게 할 수 있다(동법 제22조 제2항). 자격의 검정 및 자격증의 교부 등에 관하여 필요한 사항은 보건복지부령으로 정한다(동법 제22조 제3항).

이에 따라 동법시행규칙 제17조는 보육교사의 자격검증은 무시험검증으로 하며, 동법시행령 별표 1에 따른 어린이집의 장 또는 보육교사 자격기준에 따라 서류심사에 의하여 이를 행한다고 규정하고(제1항), 보육교사에 대한 자격검증은 대학 등을 졸업한 자는 위에서 본 별표 4의 규정에 의한 보육관련 교과목을 17과목 이상, 51학점 이상 취득한 자를 합격으로 한다(제2항)고 규정하고 있다. 교육훈련시설에서 교육과정을 수료한 자에 대한 자격검증은 위의 별표 5의 규정에 의한 교과목을 25과목 이상, 65학점 이상을 취득하고 각 과목당 평가점수가

70점 이상인 경우, 영유아보육법 제23조 제2항에 따른 승급교육을 받은 자에 대한 자격검증은 80시간 이상 교육을 받고 평가시험에서 80점 이상을 획득한 경우 합격으로 한다(제2항).

6) 보수교육

보건복지부장관은 어린이집 원장의 자질 향상을 위한 보수교육을 실시하여야 한다. 이 경우 보수교육은 집합교육을 원칙으로 한다(동법 제23조 제1항). 보수교육은 사전 직무교육과 직무교육으로 구분한다(동법 제23조 제2항). 보수교육의 기간 · 방법 등에 관하여 필요한 사항은 보건복지부령으로 정한다(동법 제23조 제4항).

보건복지부장관은 보육교사의 자질향상을 위한 보수교육을 실시하여야 하고, 이 경우 보수교육은 집합교육을 원칙으로 한다. 이 보수교육은 직무교육과 승급교육으로 구분한다(동법 제23조의 2 제1항, 제2항). 보수교육의 내용은 동조 제3항에 규정되어 있다(동조 제3항 제1호~제7호). 이 보수교육의 기간 · 방법 · 내용 등에 필요한 사항은 보건복지부령으로 정한다(동조 제4항).

7) 지도 · 감독

보건복지부장관은 어린이집의 원장이 다음의 1에 해당하는 경우에는 1년 이내(아동복지법 제3조 제7호에 따른 아동학대행위로 제1호 가목에 해당하게 된 경우에는 2년)의 범위에서 보건복지부령이 정하는 바에 의하여 그 자격을 정지시킬 수 있다(동법 제46조 제1호~제4호).

① 어린이집의 원장의 업무수행 중 고의 또는 중대한 과실로 영유아에게 손해를 입힌 경우로서 동조 제1호 가, 나, 다, 라목의 어느 하나에 해당하는 경우(제1호)
② 해당업무에 필요한 자격이 없는 자를 채용하여 보육교사 · 간호사 또는 영양사 등의 업무를 수행하게 한 경우(제2호)
③ 제23조에 따른 보수교육을 연속하여 3회 이상 받지 아니한 경우(제3호)
④ 거짓이나 그 밖의 부정한 방법으로 보조금을 교부하거나 보조금을 유용한 경우(제4호)
⑤ 공익신고를 한 보육교직원에게 같은 조 제6호에 따른 불이익조치를 한 경우(제5호)

보건복지부장관은 보육교사가 다음의 1에 해당하는 경우에는 1년 이내(아동복지법 제3조 제7호에 따른 아동학대행위로 제1호에 해당하게 된 경우에는 2년)의 범위에서 보건복지부령으로 정하는 바에 따라 그 자격을 정지시킬 수 있다(동법 제47조 제1호, 제2호).

① 보육교사가 업무수행 중 그 자격과 관련하여 고의 또는 중대한 과실로 손해를 가한 경우 (제1호)

② 법 제23조의 2에 따른 보수교육을 연속하여 3회 이상 받지 아니한 경우(제2호)

보건복지부장관은 어린이집의 원장 또는 보육교사가 다음의 1에 해당하는 경우에는 그 자격을 취소할 수 있다(동법 제48조 제1호~제8호).

① 거짓 그 밖의 부정한 방법으로 자격증을 취득한 경우

② 자격취득자가 업무수행 중 해당 자격과 관련하여 고의 또는 중대한 과실로 손해를 입히고 금고 이상의 형의 선고를 받은 경우

③ 아동복지법 제3조 제7호의 2에 따른 아동학대 관련범죄로 처벌을 받은 경우

④ 법 제22조의 2에 따른 명의 대여 등의 금지 등의 의무를 위반한 경우

⑤ 자격정지처분기간 종료 후 3년 이내에 자격정지처분에 해당하는 행위를 한 경우

⑥ 자격정지처분을 받고도 동 기간 이내에 자격증을 사용하여 자격관련업무를 수행한 경우

⑦ 자격정지처분을 3회 이상 받은 경우

⑧ 거짓이나 그 밖의 부정한 방법으로 보조금을 교부받거나 보조금을 유용한 경우에 해당하여 금고 이상의 형을 선고받은 경우

5. 건강 · 영양 및 안전의 도모

어린이집의 원장은 영유아와 보육교직원에 대하여 정기적으로 건강진단을 실시하고, 영유아의 건강진단 실시여부를 제29조의 2에 따른 어린이집 생활기록부에 기록하여 관리하는 등 건강관리를 하여야 한다. 다만, 보호자가 별도로 건강검진을 실시하고 그 결과 통보서를 제출한 영유아에 대해서는 건강진단을 생략할 수 있다.(동법 제31조 제1항), 영유아에게 질병 · 사고 또는 재해 등으로 인하여 위급상태가 발생한 경우 즉시 응급의료기관에 이송하여야 한다(동법 제31조 제2항). 어린이집의 원장은 이 밖에 건강진단 결과 질병에 감염되었거나 감염될 우려가 있는 영유아에 대하여 그 보호자와 협의하여 질병의 치료 및 예방에 필요한 조치를 하여야 한다(동법 제32조 제1항).

6. 비 용

국가 또는 지방자치단체는 영유아에 대한 보육을 무상으로 하되, 그 내용 및 범위는 대통

령령으로 정한다(제34조 1항, 동법시행령 제22조). 국가와 지방자치단체는 장애아 및 다문화 가족 자녀의 무상보육에 대하여는 그 대상의 여건과 특성을 고려하여 지원할 수 있다(동법 제34조 제2항). 무상보육의 실시에 드는 비용은 국가 또는 지방자치단체가 부담하거나 보조하여야 한다(동법 제3항). 국가와 지방자치단체는 자녀가 2명 이상인 경우는 추가적 지원을 할 수 있다(동조 제5항). 국가와 지방자치단체는 어린이집이나 유치원을 이용하지 아니하는 영유아에 대하여 양육에 필요한 비용을 지원할 수 있고 영유아가 일시보육서비스를 이용하는 경우에도 양육에 필요한 비용을 지원할 수 있다(동법 제34조의 2). 또 국가나 지방자치단체는 위의 비용지원을 위하여 보육서비스 이용권을 영유아의 보호자에게 지급할 수 있다(동법 제34조의 3).

국가 또는 지방자치단체는 대통령령으로 정하는 바에 의하여 제10조에 따른 어린이집의 설치, 보육교사(대체교사 포함)의 인건비, 초과보육 운영경비 등 운영에 소요되는 경비 또는 지방육아종합지원센터의 설치 · 운영, 보육교직원의 복지증진, 취약보육의 실시 등 보육사업에 소요되는 비용의 전부 또는 일부를 보조한다(동법 제36조). 직장어린이집을 설치한 사업주(동법 제14조)는 대통령령으로 정하는 바에 따라 그 어린이집의 운영 및 보육에 필요한 비용의 전부 또는 일부를 부담하여야 한다(동법 제37조, 동법시행령 제25조 참조). 어린이집을 설치 · 운영하는 자(국가 또는 지방자치단체의 국 · 공립어린이집, 국 · 공립어린이집 외의 어린이집, 직장어린이집)는 해당 어린이집의 소재지를 관할하는 시 · 도지사가 정하는 범위 안에서 그 시설을 이용하는 자로부터 보육료 그 밖의 필요경비 등을 수납할 수 있다. 다만, 시 · 도지사는 필요시 어린이집 유형과 지역적 여건을 고려하여 그 기준을 다르게 정할 수 있다(동법 제38조). 사업주가 직장어린이집을 설치 · 운영하거나 보육수당 지급에 소요되는 비용과 보호자가 영유아의 보육을 위하여 지출한 보육료 그 밖의 보육에 소요되는 비용에 관하여는 조세특례제한법에서 정하는 바에 따라 조세를 감면한다(동법 제39조 제1항). 직장어린이집을 제외한 어린이집의 운영비에 대하여도 조세특례제한법이 정하는 바에 의하여 조세를 감면한다(동법 제39조 제2항). 이 밖에 동법은 보호자의 비용지원신청(제34조의 4), 비용신청자에 대한 보건복지부장관, 지방자치단체장의 조사 · 질문(제34조의 5), 국가, 지방자치단체장의 금융기관에 대한 비용지원신청자의 금융정보제공 요청(제34조의 6) 등을 규정하고 있다.

국가 또는 지방자치단체는 어린이집의 설치 · 운영자, 육아종합지원센터의 장, 보수교육 위탁실시자 등이 다음 각 호의 1에 해당하는 경우에는 이미 교부한 비용 및 보조금의 전부 또는 일부의 반환을 명할 수 있다(동법 제40조 제1호~제5호).

① 정지 · 폐쇄 또는 취소된 경우(제1호)
② 사업의 목적 외에 보조금을 사용한 경우(제2호)
③ 거짓 그 밖의 부정한 방법으로 보조금의 교부를 받은 경우(제3호)
④ 착오 또는 경미한 과실로 보조금을 교부 받은 경우로서 보건복지부령이 정하는 사유에 해당하는 경우(제5호) (제4호는 삭제)

7. 기 타

(1) 경력의 인정

어린이집에 근무하는 자 중 유아교육법에 의한 유치원 교원의 자격을 가진 자에 대하여는 동 시설에서의 근무경력을 유아교육법에 의한 교육경력으로 인정하고(동법 제50조 제1항), 유치원(종일제 수업과정 운영 유치원)에 근무하는 자 중 영유아보육법에 의한 보육교사의 자격을 가진 자에 대하여는 동 시설에서의 근무경력을 이 법에 의한 보육경력으로 인정한다(동법 제50조 제2항).

(2) 권한의 위임 및 위탁

보건복지부장관 또는 시 · 도지사의 권한은 대통령령으로 정하는 바에 따라 그 일부를 시 · 도지사 또는 시장 · 군수 · 구청장에게 위임할 수 있다(동법 제51조). 보건복지부장관 · 시 · 도지사 또는 시장 · 군수 · 구청장은 대통령령으로 정하는 바에 따라 육아종합지원센터의 운영업무, 어린이집 원장의 보육교사의 자격검정 및 보육자격증 교부 등에 관한 업무, 보수교육의 실시업무, 어린이집 평가인증에 관한 업무, 이용권에 관한 업무를 공공기관 또는 민간기관단체 등에 위임할 수 있다(동법 제51조의 2).

(3) 도서 · 지 · 농어촌지역 등의 어린이집

특별자치도지사 · 시장 · 군수 · 구청장은 도서 · 벽지 · 농어촌지역 등에 있는 어린이집으로서 동법 제15조에 따른 어린이집의 설치기준 및 동법 제17조 제2항의 규정에 따른 보육교직원의 배치기준을 적용하기 어렵다고 인정하는 경우에는 동법 제6조의 규정에 따른 지방보육정책위원회의 심의를 거쳐 관할 시 · 도지사(특별시장, 광역시장, 도지사)의 승인을 얻어 이를 달리 적용할 수 있다(동법 제52조 제1항). 도서 · 벽지 · 농어촌지역 등의 구체적인 범위, 어린이집의 설치기준 및 보육교직원의 배치기준은 보건복지부령으로 정한다(동법 제52조 제2항, 동법시행규칙 제40조).

(4) 어린이집연합회

보육사업의 원활한 추진과 어린이집의 균형적인 발전, 어린이집 간의 정보교류 및 상호협조 증진을 위하여 어린이집연합회를 설립할 수 있다(동법 제53조 제1항). 연합회의 조직 · 운영 및 기능 등에 관하여 필요한 사항은 보건복지부령으로 정한다(동법 제53조 제2항, 동법시행규칙 제41조).

(5) 벌 칙

비용을 보조받는 자가 거짓보고로 보조를 받았거나, 보조금을 유용하였을 경우에는 징역형 또는 벌금형에 처하고(동법 제54조), 어린이집의 폐지 · 휴지 · 재개의 신고를 하지 아니하고 어린이집을 폐지 또는 휴지하거나 그 운영을 재개한 자는 과태료에 처한다(동법 제56조).

제8절 사회복지공동모금회법

Ⅰ. 사회복지공동모금회법의 의의와 목적

1. 의 의

사회복지공동모금회법은 사회복지모금회의 공동모금에 관한 법이다. 사회복지모금회의 공동모금이라 함은 사회복지사업 기타 사회복지활동의 지원에 필요한 재원을 조성하기 위하여 이 법에 의하여 기부금품을 모집하는 것을 말한다(동법 제2조 제2호). 이 공동모금은 지역사회의 민간인의 자발적 참여를 통하여 민간복지의 재원을 조달하려는 것이고 이는 민간의 사회복지참여의 한 방법이다. 다만, 이러한 사회복지공동모금은 어느 개인이나 어느 단체가 아무나 할 수 있는 것이 아니라 사회복지모금회법에 의하여 설립된 사회복지법인으로서의 사회복지공동모금회만이 사회복지공동모금을 할 수 있다.

사회복지공동모금회법은 1999년 3월 31일에 제정되고, 2001. 7. 1, 2002. 12. 5, 2004. 4. 1, 2008. 2. 29, 2008. 3. 21, 2010. 1. 18. 2011. 4. 28, 2011. 8. 4, 2012. 10. 22, 2016.2. 3. 등에 개정되었다.

2. 목 적

사회복지공동모금회법은 사회복지공동모금회의 공동모금을 통하여 사회복지를 이해하고 참여하도록 함과 아울러 조성된 재원을 효율적이고 공정하게 관리 · 운용함으로써 사회복지증진에 이바지함을 목적으로 한다(동법 제1조). 이 법은 사회복지공동모금회의 홍보활동을 통하여 주민참여에 의한 자발적 기금을 조성하여, 지역사회의 문제해결과 주민의 욕구충족을 위하여 효율적으로 기금을 관리 · 배분함으로써, 주민의 삶의 질 향상에 주민 스스로가 기여하고 지역사회의 공동체 의식을 함양하여 복지공동체를 구축하고자 하는 데 그 목적이 있다고 할 수 있다.

Ⅱ. 사회복지공동모금회법의 기본원칙

1. 강제모금 금지원칙

기부금품은 기부하는 자의 의사에 반하여 모집하여서는 아니 된다(동법 제3조 제1항). 그리고 이 규정을 위반하여 강제모집한 자는 3년 이하의 징역 또는 3천만 원 이하의 벌금에 처한다(동법 제35조 제1항)고 규정하고 있다.

2. 모금재원의 공정배분원칙

공동모금재원은 지역 · 단체 · 대상자 및 사업별로 복지수요가 공정하게 충족되도록 배분되어야 하고, 사회복지공동모금회법 제1조의 목적 및 제25조(재원의 사용 등)의 용도에 맞도록 공정하게 관리 · 운용되어야 한다(동법 제3조 제2항).

3. 모금재원의 공개원칙

공동모금재원의 배분은 객관적 기준에 따라 효율적으로 이루어져야 하고, 그 결과는 공개하어야 한다(동법 제3조 제3항).

Ⅲ. 법의 내용

1. 사회복지공동모금회

1) 설 립

사회복지공동모금사업을 관장하기 위하여 사회복지공동모금회(이하 "모금회")를 둔다(동법 제4조 제1항). 이 모금회는 사회복지법 제2조 제3호의 사회복지법인으로 한다(동법 제4조 제2항). 모금회는 정관을 작성하여 보건복지부장관의 인가를 받아 등기함으로써 설립된다(동법 제4조 제3항).

2) 사 업

모금회는 다음의 사업을 수행한다(동법 제5조 제1호~제8호).

① 사회복지공동모금사업
② 공동모금재원의 배분
③ 공동모금재원의 운용 및 관리
④ 사회복지공동모금에 관한 조사 · 연구 · 홍보 및 교육훈련

⑤ 사회복지공동모금지회의 운영
⑥ 사회복지공동모금과 관련된 국제교류 및 협력증진사업
⑦ 다른 기부금품모집자와의 협력사업
⑧ 그 밖에 모금회의 목적달성에 필요한 사업

3) 모금회의 정관

모금회의 정관에는 다음 사항을 기재하여야 한다(동법 제6조 제1호~제10호).

① 목적
② 명칭
③ 주된 사무소의 소재지
④ 사업에 관한 사항
⑤ 임원 및 직원에 관한 사항
⑥ 이사회에 관한 사항
⑦ 지회의 구성 및 운영 등에 관한 사항
⑧ 재산 및 회계에 관한 사항
⑨ 공고에 관한 사항
⑩ 정관의 변경에 관한 사항

4) 구 성

(1) 임 원

모금회는 회장 1명, 부회장 3명, 이사(회장 및 부회장을 포함) 15명 이상 20명 이하, 감사 2명 등의 임원을 둔다(동법 제7조 제1항 제1호~제4호). 임원의 임기는 3년으로 하되 한 차례만 연임할 수 있다(동법 제7조 제2항). 부득이한 사유로 후임임원이 선임되지 못하여 모금회의 업무수행에 지장이 있는 경우에는 후임임원이 선임될 때까지 임기가 만료된 임원이 그 업무를 수행한다(동법 제7조 제3항).

(2) 이사회와 임원의 선임, 직무 등

① 이사회 : 모금회는 정관에서 정하는 중요사항을 의결하기 위하여 이사로 구성된 이사회를 둔다(동법 제8조 제1항). 이사회는 회장이 소집하고 그 의장이 된다(동법 제8조 제2항).

② 임원의 선임 : 이사회는 다음에 해당하는 자 중에서 이사를 선임하여야 한다(동법 제9조 제1항 제1호~제4호). 이 경우 1호부터 4호까지 해당하는 자가 각각 4명 이상이 포함되어야 한다.

㉠ 경제계, 언론계, 법조계, 의료계에 종사하는 자(1호)

㉡ 종교계, 노동계, 시민사회단체에 종사하는 자(2호)

㉢ 사회복지관련학계에 종사하는 자 등 사회복지전문가(3호)

㉣ 그 밖에 학식과 덕망이 있는 자(4호)

③ 임원의 선임방법 및 그 자격요건에 관하여 필요한 사항은 모금회의 정관으로 정한다(동법 제9조 제2항).

④ 임원의 직무 : 회장은 모금회를 대표하고, 소관업무를 통할하며, 소속직원을 지휘 · 감독한다(동법 제10조 제1항). 감사는 모금회의 업무집행상황, 재산상황, 회계 등 업무 전반을 감사한다(동법 제10조 제2항).

⑤ 임원의 결격사유 : ① 사회복지사업법 제7조 제3항 각 호의 어느 하나에 해당하는 사람, ② 사회복지공동모금회법에 의하여 임원에서 해임된 날부터 5년이 지나지 아니한 사람의 어느 하나에 해당하는 사람은 모금회의 임원이 될 수 없다(사회복지공동모금회법 제11조 제1호, 제2호).

(3) 사무조직

모금회의 업무를 처리하기 위하여 사무총장 1명과 필요한 직원 및 기구를 둔다(동법 제12조).

(4) 분과실행위원회

① 모금회의 기획, 홍보, 모금, 배분업무에 관한 사항을 심의하기 위하여 해당분야의 전문가와 시민대표 등으로 구성되는 기획분과실행위원회, 홍보분과실행위원회, 모금분과실행위원회 및 배분분과실행위원회 등 분과실행위원회를 둔다(동법 제13조 제1항).

② 분과실행위위원회의 위원장은 1명 이상의 이사로부터 추천을 받은 이사 중에서 이사회의 의결로 회장이 위촉하며, 그 위원은 해당 위원장의 제청과 이사회의 의결로 회장이 위촉한다(동법 제13조 제2항).

③ 분과실행위위원회는 위원장 1명을 포함하여 20명 이내의 실행위원으로 구성한다. 다만, 모금분과실행위원회 및 배분분과실행위원회 각각 20명 이상의 위원으로 구성한다(동법 제13조 제3항).

④ 분과실행위원의 임기는 2년으로 하되, 연임할 수 있다. 다만, 배분분과실행위원은 한 차례만 연임할 수 있다(동법 제13조 제4항).

⑤ 분과실행위원회가 심의한 사항을 이사회가 변경하려면 그 분과실행위원회의 위원장의 의견을 청취하여야 하며, 이사회의 회의록에 이를 기록하여야 한다(동법 제13조 제5항).

⑥ 분과실행위원회의 운영에 관하여 필요한 사항은 정관으로 정한다(동법 제13조 제6항).

5) 사회복지공동모금회 지회

(1) 구 성

① 모금회에 지역단위의 사회복지공동모금사업을 관장하기 위하여 특별시 · 광역시 · 특별자치시 · 도(이하 "시 · 도")에 사회복지공동모금회 지회(이하 "지회")를 둔다(동법 제14조 제1항).

② 지회에는 지회장을 두고 모금회에 준하는 필요한 조직을 둘 수 있다(동법 제14조 제2항).

④ 지회장은 이사회의 의결을 거쳐 회장이 임명한다(동법 제14조 제3항).

⑤ 지회의 구성 및 운영 등에 관하여 필요한 사항은 모금회의 정관으로 정한다(동법 제14조 제4항).

(2) 관 리

① 모금회의 회장은 필요한 경우 지회의 운영개선을 위하여 지도 · 감독하며, 지회가 지역의 특성에 맞게 자율적으로 운영될 수 있도록 노력하여야 한다(동법 제15조 제1항). 모금회의 회장은 지회의 운영이 현저히 부당하다고 인정하는 경우 그 시정을 명할 수 있다(동법 제15조 제2항).

② 지회에서 조성한 공동모금재원은 해당 시 · 도의 배분당사자에게 배분하는 것을 원칙으로 한다(동법 제15조 제3항).

③ 모금회의 회장은 각 회계연도가 시작되기 2개월 전에 각 지회로부터 사업계획을 제출받아 이를 종합 · 조정하여 보건복지부장관에게 보고하여야 한다(동법 제15조 제4항).

6) 모금회의 조직 · 운영

모금회의 조직 · 운영에 관하여 이 법에서 규정하고 있는 사항 외에 필요한 사항은 정관으로 정한다(동법 제16조). 모금회는 사회복지사업법 제23조 제2항에 따른 기본재산을 취득하려면 같은 법 제24조에 불구하고 보건복지부장관의 허가를 받아야 한다(동법 제16조의 2).

사회복지공동모금회의 설립 및 운영 등에 관한 허가, 인가, 보고 등에 대하여는 사회복지사업법 제17조 제2항, 제18조 제6항, 제7항, 제23조 제3항을 적용한다. 이 경우 "시 · 도지사"는 "보건복지부장관"으로 본다.

7) 모금회의 재원

(1) 모금회의 사업에 필요한 경비

모금회의 사업에 필요한 경비는 ① 사회복지공동모금에 의한 기부금품, ② 법인 또는 단체가 출연하는 현금 · 물품 · 그 밖의 재산, ③ 복권 및 복권기금법 제23조 제1항에 따라 배분받은 복권 수익금, ④ 그 밖의 수입금 등의 재원으로 조성한다(동법 제17조 제1호~제4호).

(2) 보조금 등

국가 또는 지방자치단체는 모금회에 대하여 기부금품의 모집에 필요한 비용과 모금회의 관리 · 운영에 필요한 비용을 보조할 수 있다(동법 제33조 제1항). 이 보조금은 그 목적 외의 용도에 사용할 수 없다(동법 제33조 제2항). 국가 또는 지방자치단체는 모금회가 다음 사항에 해당하는 때에는 이미 교부한 보조금의 전부 또는 일부의 반환을 명할 수 있다(동법 제33조 제3항 제1호~제3호).

① 사업목적 외의 용도에 보조금을 사용한 때
② 거짓이나 그 밖의 기타 부정한 방법으로 보조금의 교부를 받은 때
③ 이 법 또는 이 법에 따른 명령을 위반한 때

2. 공동모금과 배분

1) 사업계획 및 예산안의 제출

모금회는 매 회계연도의 사업계획 및 예산안을 회계연도가 시작되기 1개월 전에 보건복지부장관에게 제출하여야 한다(동법 제26조 제1항). 모금회가 예산안을 작성할 때에는 배분계획과 모금경비 및 모금회의 운영비 등을 포함하여야 한다(동법 제26조 제2항). 매 회계연도 종료 후 3개월 이내에 세입 · 세출결산서를 작성하여 보건복지부장관에게 제출하여야 한다. 이 경우 공인회계사법에 따른 회계법인의 감사보고서를 붙여야 한다(동법 제26조 제3항).

2) 기부금품의 모집

(1) 연중모금

모금회는 사회복지사업 기타 사회복지활동의 지원을 위하여 연중 기부금품을 모집 · 접수할 수 있다(동법 제18조 제1항). 모금회가 기부금품을 모집, 접수한 경우 그 접수사실을 장부에 기재하고 그 기부자에게 영수증을 내주어야 하고 기부자가 성명을 밝히지 아니하는 경우 등 기부자를 알 수 없는 경우는 모금회에 영수증을 보관하여야 한다(동법 제18조 제2항). 모금회는 영수증에 세금혜택이 된다는 문장과 일련번호를 표시하여야 한다(동법 제18조 제3항).

(2) 집중모금

모금회는 효율적 모금을 위하여 일정한 기간을 정하여 집중모금을 실시할 수 있다(동법 제18조 제4항). 모금회가 집중모금을 하고자 할 때에는 그 모집일부터 15일 전에 그 내용을 보건복지부장관에게 보고하여야 하며, 그 모집을 종료한 때에는 모집종료일부터 1개월 이내에 그 결과를 보건복지부장관에게 보고하여야 한다(동법 제18조 제5항).

(3) 복권의 발행

모금회는 사회복지사업 그 밖의 사회복지활동 등을 지원하기 위한 재원의 조성을 위하여 복권을 발행할 수 있다(동법 제18조의 2 제1항). 복권을 발행하고자 할 때에는 그 종류 · 조건 · 금액 및 · 방법 등에 관하여 미리 보건복지부장관의 승인을 얻어야 한다(동법 제18조의 2 제2항). 복권의 당첨금을 받을 권리는 그 지급일부터 3개월간 행사하지 아니하면 소멸시효가 완성되며, 소멸시효가 완성된 당첨금은 공동모금재원에 귀속된다(동법 제18조의 2 제3항).

(4) 모금창구의 지정

모금회는 기부금품의 접수를 효율적이고 공정하게 하기 위하여 언론기관을 모금창구로 지정하고, 지정된 언론기관의 명의로 모금계좌를 개설할 수 있다(동법 제19조).

3) 배 분

(1) 배분기준

모금회는 매년 8월 31일까지 다음의 사항이 포함된 다음 회계연도의 공동모금재원의 배분기준을 정하여 이를 공고하여야 한다(동법 제20조 제1항 제1호~제7호).

① 공동모금재원의 배분대상
② 배분한도액
③ 배분신청기간 및 배분신청서 제출장소
④ 배분심사기준
⑤ 배분자원의 과부족 시 조정방법
⑥ 배분신청 시 제출할 서류
⑦ 기타 공동모금재원의 배분에 관하여 필요한 사항

모금회는 재난구호 및 긴급구호 등 긴급히 지원해야 할 필요가 있는 경우에는 별도의 배분기준에 따라 지원할 수 있다(동법 제20조 제2항). 모금회는 동법 제27조 제1항(기부금품의 지정사용)에 따라 지정되지 아니한 기부금품의 100분의 10의 범위 안에서 이사회 의결로 한국국제보건의료재단법 제7조 제1호에 따라 행하는 개발도상국가를 비롯한 외국 및 군사분계선 이북지역의 보건의료지원사업에 사용하도록 배분할 수 있다(동법 제20조의 2).

(2) 배분신청

가) 배분신청서 제출

모금회에 배분신청을 하고자 하는 자는 배분기준의 공고에 따라 배분신청서를 제출하여야 한다(동법 제21조 제1항). 동법 제20조의 2에 따라 국제보건의료지원사업을 하는 자는 배분신청서를 제출할 때 정관으로 정하는 `바에 따라 사업계획서를 작성하여 함께 제출하여야 한다(동법 제21조 제2항). 제출된 배분신청서는 해당 회계연도에 한하여 효력이 있다(동법 제21조 제3항).

나) 배분신청의 심사 등

모금회는 접수된 배분신청서를 배분분과실행위원회에 회부하여 배분금액 · 배분순위 및 배분시기 등을 심의하도록 하여야 한다(동법 제22조 제1항).

다) 배분계획

모금회는 심의결과에 기초하여 배분계획을 수립하여야 한다(동법 제22조 제2항). 배분계획은 공동모금재원이 분기별로 균형 있게 배분되도록 하여야 한다. 다만, 사업의 성격상 한꺼번에 지원할 필요가 있는 경우에는 그러하지 아니하다(동법 제22조 제3항).

라) 배분에 따른 자료요구

모금회는 공동모금재원을 배분받은 자 또는 배분신청을 한 자에 대하여 필요한 서류의 제출을 요구하거나 필요한 조사를 할 수 있다(동법 제23조).

마) 배분사업의 평가

모금회(지회 포함)는 매년 공동모금재원의 배분결과를 평가하고 그 평가결과를 이사회에 보고하여야 한다(동법 제23조의 2 제1항). 이에 따른 평가기준 및 세부사항은 정관으로 정한다(동법 제23조의 2 제2항).

바) 배분결과의 공고

모금회는 각 회계연도의 공동모금재원의 배분을 종료한 날로부터 1개월 이내에 전국적으로 배포되는 1개 이상의 일간신문에 그 배분결과를 공고하여야 한다(동법 제24조 제1항). 모금회는 제1항의 규정에 의한 공고 외에 다양한 방법과 매체를 통하여 그 배분결과를 알려야 한다(동법 제24조 제2항).

4) 공동모금재원의 사용

(1) 재원의 사용용도

① 공동모금재원은 사회복지사업 기타 사회복지활동에 사용한다(동법 제25조 제1항)고 하여 광의의 사회복지활동으로 그 사용용도를 보다 확대하였다.

② 각 회계연도에 조성된 공동모금재원은 해당 회계연도에 지출하는 것을 원칙으로 한다. 다만, 재난구호 및 긴급구조 등 긴급히 지원할 필요가 있는 때를 대비하여 각 회계연도의 공동모금재원의 일부를 적립하는 경우에는 그러하지 아니하다(동법 제25조 제2항). 또 ㉠ 사용용도 등이 지정되어(동법 제27조 제1항) 기부된 모금재원으로서 모금목적사업의 특성상 해당 회계연도에 지출을 완료하기 어려운 경우, ㉡ 공동모금재원의 배분에 대한 계획이 2 회계연도 이상에 걸치는 경우로서 사업의 성격상 다음 회계연도에 이월하여 지출하는 것이 필요한 경우, ㉢ 해당 회계연도 말에 집중 조성된 모금재원으로서 부득이한 사유로 인하여 해당 회계연도에 지출이 어려운 경우 등의 하나에 해당하는 경우에는 각 회계연도에 조성된 공동모금재원의 일부를 이사회의 의결을 거쳐 다음 회계연도에 이월하여 지출할 수 있다(동법 제25조 제3항 제1호~제3호).

③ 기부금품모집과 모금회의 관리 · 운영에 필요한 비용은 직전 회계연도 모금총액의 100분의 10 범위 내에서 이사회의 의결을 거쳐 사용할 수 있다(동법 제25조 제4항)고 규정하였다.

④ 공동모금재원의 관리 · 운용방법 및 예산 · 회계 등에 관하여 필요한 사항은 정관으로 정한다(동법 제25조 제5항).

(2) 기부금품의 지정사용

기부금품의 기부자는 배분지역 · 배분대상자 또는 사용용도를 지정할 수 있다(동법 제27조 제1항). 모금회는 그 지정취지가 이 법의 목적, 취지나 공직 선거법을 위반한 경우 그 사실을 기부자에게 설명하고 이에 위반하지 아니하도록 요구하거나 그 지정을 철회하도록 요구하여야 한다. 기부자가 이에 응하지 아니하는 경우에는 기부금품을 접수하지 아니하여야 한다(동법 제27조 제2항). 모금회는 제1항 및 제2항에 따른 지정이 있는 경우 그 지정취지에 따라 기부금품을 사용하여야 한다(동법 제27조 제3항). 또한 모금회는 이사회의 의견을 거쳐 제1항의 규정에 의한 지정 및 그 사용방법에 관하여 필요한 사항을 정할 수 있다(동법 제27조 제4항).

(3) 회계연도

모금회의 회계연도는 1월 1일부터 12월 31일까지로 한다(동법 제28조).

(4) 모금회 임 · 직원의 신분

모금회의 임 · 직원 및 사회복지공동모금회법에 의한 기부금품 모집업무에 종사하는 자는 형법 제129조 내지 132조의 적용에 있어서 이를 공무원으로 본다(동법 제30조).

3. 지도 · 감독 등

1) 지도 · 감독

보건복지부장관은 모금회의 업무에 관하여 지도 · 감독을 하며, 필요하다고 인정할 경우에는 관련서류의 제출을 명하거나 소속공무원으로 하여금 그 운영상황을 조사하게 하거나 장부 그 밖의 서류를 검사하게 할 수 있다(동법 제31조 제1항). 제1항에 따른 조사 또는 검사를 하는 관계 공무원은 그 권한을 표시하는 증표 및 조사기관, 조사범위, 조사담당자, 관계법령 등 보건복지부령으로 정하는 사항이 기재된 서류를 지니고 이를 관계인에게 보여주어야 한다(동법 제31조 제2항).

2) 시정명령 등

보건복지부장관은 모금회의 운영이 사회복지공동모금회법 또는 정관에 위반된다고 인정되는 경우에는 사회복지사업법 제22조 및 동법 제26조를 준용하여 필요한 조치를 할 수 있다(동법 제32조).

3) 보조금 등

국가 또는 지방자치단체는 모금회에 대하여 기부금품의 모집에 필요한 비용과 모금회의 관리, 운영에 필요한 비용을 보조할 수 있고(동법 제33조 제1항), 그 보조금을 목적 외의 용도에 사용할 수 없다(동법 제33조 제2항). 국가 또는 지방자치단체는 사업목적 외의 용도에 보조금을 사용하거나 거짓이나 그 밖의 부정한 방법으로 보조금을 교부받은 때, 이 법 또는 이 법에 의한 명령에 위반한 때에는 이미 교부한 보조금의 전부 또는 일부의 반환을 명할 수 있다(동법 제33조 제3항).

4) 다른 법률과의 관계

사회복지공동모금회법 또는 모금회의 정관에 규정되지 아니한 사항은 민법 중 재단법인에 관한 규정을 준용한다(동법 제34조).

제9 절 한부모가족지원법

Ⅰ. 의의와 목적

1. 의 의

편모슬하나 결손 남성배우자를 가진 자 등의 가정, 반대로 편부슬하나 결손 여성배우자를 가진 자 등의 가정이 겪고 있는 여러 가지 문제, 예컨대 소득의 부족으로 인한 경제문제, 심리적 · 정서적 불안, 대인관계에서 사회적 고립을 자초하거나, 자녀들의 건전한 성장을 가로막는 등의 가정적 · 사회적 문제가 발생한다. 이리하여 사회복지적 차원에서 한부모가족에 대하여 입법적으로 대응하고자 하는 것이 한부모가족지원법이다.

법률로서의 한부모가족지원법의 경과를 보면, 1989년 4월 10일에 제정된 편모슬하의 모자복지법을 토대로 수차례 개정을 거쳐 2002년 12월 18일에는 편부슬하의 부자가정을 포함하는 모자복지법의 내용을 확대 적용하는 개정을 하며 모 · 부자복지법으로 되고 2005년 3월 24일, 2006년 12월 28일에 일부개정이 있었다. 그 후 2007년 10월 17일에는 모 · 부자복지법을 한부모가족지원법으로 법명을 변경하고, 약간의 개정이 있었다. 이때부터 모 · 부자복지법이 한부모가족지원법으로 되었다. 그리고 2008년 2월 29일에 한부모가족지원법의 일부 개정이 있었다. 그리고 2009. 10. 9, 2010. 1. 18, 2010. 5. 17, 2010. 6. 4. 등으로 개정되었고 최근에는 2011. 4. 12, 2012. 2. 1, 2013. 3. 23, 2015. 3. 11, 2016. 3. 2, 2016. 12. 20, 2017. 12. 12, 2018. 1. 16. 등에 개정되었다. 또 동법시행령(1989. 12. 13. 제정, 여러 차례 개정되었고, 최근에는 2013. 3. 23, 2015. 11. 30, 2016. 12. 30. 개정), 동법시행규칙(1990. 6. 5. 제정, 여러 차례 개정되었고 최근에는 2012. 8. 2, 2015. 12. 14, 2016. 9. 7. 개정)이 있다.

이 법에서 사용하는 한부모라고 할 때의 모 또는 부라 함은 ① 배우자와 사별 또는 이혼하거나 배우자로부터 유기된 자, ② 정신 또는 신체의 장애로 인하여 장기간 노동력을 상실한 배우자를 가진 자, ③ 교정시설 · 치료감호시설에 입소한 배우자 또는 병역복무 중인 배우자를 가진 사람, ④ 미혼자(사실혼관계에 있는 자는 제외), ⑤ ①, ②, ③, ④에 규정된 자에 준하는 자로서 여성가족부령이 정하는 자의 하나에 해당하는 자로서 아동인 자녀를 양육하는 자를 말한다(동법 제4조 제1호 가목~마목).

그리고 한부모가족이라 함은 모자가족 또는 부자가족을 말하고(동법 제4조 제2호), 모자가족이란 모자세대주(세대주 아니라도 세대원을 사실상 부양하는 자 포함)인 가족을 말하고(제3호), 부자가족이란 부자세대주(세대주 아니라도 세대원을 사실상 부양하는 자 포함)인 가족을 말한다(제4호). 아동이라 함은 양육되는 18세 미만(취학 중인 경우에는 22세 미만을 말하되, 병역의무를 마치고 취학 중인 경우에는 병역의무 이행기간을 가산한 연령 미만을 말한다)의 자녀를 말한다(동법 제4조 제5호). 청년한부모란 24세 이하의 모 또는 부를 말한다(동법 제4조 제1의 2호). 이상과 같이 한부모가족지원법 제4조 제1호·제1호의 2 및 제2호로부터 제5호까지의 규정에 해당하는 자로서 여성가족부령이 정하는 자가 이 법의 지원대상자이다(동법 제5조). 그리고 출산 후 해당아동을 양육하지 아니하는 미혼모도 미혼모공동생활가정을 이용한 때는 이 법의 지원대상자가 되고(동법 제5조의 2 제1항), 부모가 사망하거나 생사가 분명하지 아니한 아동 등(동법 제5조의 2 제2항 제1호~제5호) 어느 하나에 해당하는 아동과 그 아동을 양육하는 조부 또는 조모로서 여성가족부령으로 정하는 자는 법 제5조(지원대상자의 범위)에도 불구하고 이 법에 따른 대상자가 된다(동법 제5조의 2 제2항). 국내에 체류하고 있는 외국인 중 대한민국 국민과 혼인하여 대한민국 국적의 아동을 양육하고 있는 사람으로서 대통령령으로 정하는 사람이 이 법 제5조에 해당되면 이 법에 따른 지원대상자가 된다(동법 제5조의 2 제3항).

2. 목 적

한부모가족지원법은 한부모가족이 건강하고 문화적인 생활을 영위할 수 있게 함으로써 한부모가족의 생활안정과 복지증진에 이바지함을 목적으로 한다(동법 제1조).

Ⅱ. 주요 내용

1. 기본원칙

1) 국가 · 지방자치단체 · 국민의 책임

국가, 지방자치단체는 한부모가족의 권익을 지원하기 위하여 노력하여야 하고 한부모가족에 대한 사회적 편견과 차별을 예방하고 사회구성원이 한부모가족을 이해하고 존중할 수 있도록 교육·홍보 등 필요한 조치를 할 수 있다. 또 국가와 지방자치단체는 한부모가족의 복지를 증진할 책임을 지고 청소년 한부모가족의 자립을 위하여 노력하여야 한다. 그리고 모든 국민은 한부모가족의 복지증진에 협력하여야 한다고 규정하여, 국가와 국민 모두에 책임을 부여하고 있다(동법 제2조).

2) 한부모가족의 권리와 책임

한부모가족의 모 또는 부는 임신과 출산 및 양육을 사유로 합리적인 이유 없이 고용 · 교육 등에서 차별을 받지 아니한다(동법 제3조 제1항). 한부모가족의 모 또는 부와 아동은 한부모가족 관련 정책결정과정에 참여할 권리가 있다(동조 제2항). 한부모가족의 모 또는 부와 아동은 그가 가지고 있는 자산과 노동능력 등을 최대한으로 활용하여 자립과 생활향상을 위하여 노력하여야 한다(동법 제3조 제3항).

2. 지원대상자의 범위와 조사

한부모가족지원법에 의하여 지원기관(한부모가족지원법에 의한 보호를 행하는 국가 또는 지방자치단체)의 지원을 받는 지원대상자는 위에서 본 동법 제4조 제1호 · 제1호의 2 및 제2호부터 제5호까지의 규정에 해당하는 자 모두가 되는 것이 아니라 이 가운데 여성가족부령(동법시행규칙)이 정하는 자로 한다(동법 제5조). 이에 따라 동법시행규칙 제3조는 지원대상자의 범위를 여성가족부장관이 매년 국민기초생활법 제2조 제11호에 따른 기준 중위소득, 지원대상자의 소득수준 및 재산의 정도 등을 고려하여 지원의 종류별로 정하여 고시한다(동법시행규칙 제3조 제1항)고 규정하고 있다.

그러므로 특별자치시장 · 특별자치도지사 · 시장 · 군수 · 구청장은 매년 1회 이상 관할구역 안의 지원대상자의 가족상황, 생활실태 등을 조사하여 조사결과를 대장으로 작성 비치하여야 한다(동법 제10조 제1항~제3항). 이때 지원대상자에 대한 조사사항은 가족상황, 소득 및 자산보유상황 등 생활상태, 부양의무자가 있는 경우 그 부양능력의 유무, 그리고 그 밖에 지원시설에 필요한 사항 등이고 특별자치시장 · 특별자치도지사 · 시장 · 군수 · 구청장은 관할구역 안의 지원대상자의 실태에 관하여 이들 사항을 조사하고 이를 복지대상자 통합관리카드에 기록 관리하여야 한다(동법시행규칙 제5조 제1항 제1호~제4호). 특별자치시장 · 특별자치도지사 · 시장 · 군수 · 구청장은 위의 복지대상자 통합관리카드를 기초로 하여 지원대상 한부모가족현황을 매년 12월 31일 현재로 작성하여 다음해 1월 20일까지 특별시장 · 광역시장 · 도지사 또는 특별자치도지사(이하 "시 · 도지사")에게 보고해야 하며, 시 · 도지사는 이를 1월 31일까지 여성가족부장관에게 보고하여야 한다. 다만, 특별자치시 · 특별자치도의 경우에는 특별자치시장 · 특별자치도지사가 1월 31일까지 직접 여성가족부장관에게 보고하여야 한다(동법시행규칙 제5조 제2항).

이들 보호기관의 장인 여성가족부장관 또는 시 · 도지사는 각종의 보호조치를 실시하는 한편 다른 사회복지관련법에서처럼 권한의 일부를 시장 · 군수 · 구청장에게 위임하기도 하고(동법 제31조), 때로는 민간법인 등에 특정한 조치나 시설을 위탁하기도 하여(동법 제22조) 민간기관과 협동적으로 활동한다.

한부모가족지원법 제5조의 2는 같은 법 제5조의 지원대상자의 범위에 속하지 아니하는 자에 대하여도 지원대상자로 할 수 있는 자를 특례로 규정하고 있다(동법 제5조의 2). 또 국가와 지방자치단체는 지원대상자를 발굴하기 위하여 필요한 자료 또는 정보의 제공과 홍보에 노력하여야 하고(동법 제5조의 3), 한부모에 대한 국민의 이해와 관심을 제고하기 위하여 매년 5월 10일을 한부모가족의 날로 정한다(동법 제5조의 4).

3. 복지의 내용과 실시

1) 복지급여

지원대상자 또는 그 친족이나 그 밖의 이해관계인은 아래의 법 제12조에 따른 복지급여를 관할 특별자치시장 · 특별자치도지사 · 시장 · 군수 · 구청장에게 신청할 수 있다(동법 제11조 제1항). 복지급여를 신청할 때는 「금융실명거래 및 비밀보장에 관한 법률」 제2조 제2호 및 제3호에 따른 금융자산 또는 금융거래의 내용에 대한 자료 또는 정보 중 예금의 평균잔액과 그 밖에 대통령령으로 정하는 자료 또는 정보, 「신용정보 이용 및 보호에 관한 법률」 제2조 제1호에 따른 신용정보 중 채무액과 그 밖에 대통령령으로 정하는 자료 또는 정보, 보험업법 제4조 제1항 각 호에 따른 납부한 보험료와 그 밖에 대통령령으로 정하는 정보 또는 자료 등의 제공에 대한 보호대상자의 동의서면을 제출하여야 한다(동법 제11조 제2항). 국가나 지방자치단체는 복지급여의 신청이 있으면 아래와 같은 복지급여를 실시할 수 있는데, 다만, 이 법에 의한 지원대상자가 국민기초생활 보장법 등 다른 법령에 의하여 보호를 받고 있는 때에는 그 범위 안에서 한부모가족지원법상의 급여를 하지 아니한다(동법 제12조 제1항 제1호~제5호).

① 생계비
② 아동교육 지원비
③ 아동양육비

④ 그 밖에 대통령령이 정하는 비용

위의 아동양육비를 지급할 때에 미혼모나 미혼부가 5세 이하의 아동을 양육하거나 청소년 한부모가 아동을 양육하면 예산의 범위 안에서 추가적인 복지급여를 실시할 수 있다. 이 경우 미혼모 또는 미혼부가 자녀를 양육하지 아니하고 미혼모 또는 미혼부의 직계존속이 5세 이하의 아동을 양육하는 경우에도 추가적인 복지급여를 실시할 수 있다(동법 제12조 제2항).

지원대상자에 대한 복지급여의 내용과 수준은 한부모가족의 실태와 국민생활수준에 따라 예산의 범위 안에서 매년 여성가족부장관이 정한다(동법시행령 제13조).

2012년 2월 1일의 개정법은 복지급여 사유의 발생, 변경 또는 상실을 확인하기 위하여 조사 및 관계기관에 대한 자료의 요청 근거를 신설하고 공무원 등이 복지급여 사유의 발생, 변경 또는 상실을 확인하는 과정에서 알게 된 개인정보를 누설하는 경우 처벌하는 규정을 두었다. 즉 여성가족부장관 또는 특별자치시장·특별자치도지사·시장·군수·구청장은 법 제11조에 따라 복지급여를 신청한 지원대상자 또는 법 제12조에 따라 복지급여를 받고 있는 지원대상자에 대하여 급여사유의 발생, 변경, 상실을 확인하기 위하여 필요한 소득, 재산 등에 관한 자료의 제출을 요구할 수 있으며 소속공무원으로 하여금 지원대상자의 주거 등에 출입하여 생활환경 및 소득자료 등을 조사하게 하거나 지원대상자의 고용주 등 관계인에게 필요한 질문을 하게 할 수 있다(동법 제12조의 2 제1항).

또 여성가족부장관, 특별자치시장·특별자치도지사·시장·군수·구청장은 위의 확인을 위하여 국세, 지방세, 토지, 건물, 건강보험, 고용보험, 국민연금, 출입국, 교정시설 및 감호시설의 입·출소, 병무, 주민등록, 가족관계등록 등에 관한 자료의 제출을 관계 기관의 장에게 요청할 수 있고(동조 제2항), 이들 조사업무에 종사하거나 종사하였던 사람은 업무수행하면서 받은 자료와 알게 된 사실을 이 법에서 정한 목적과 다르게 사용하거나 누설하여서는 아니 된다(동조 제4항). 그리고 여성가족부장관은 복지급여를 신청한 지원대상자의 급여 사유의 발생을 확인하기 위하여 필요하다고 인정하는 경우 지원대상자가 위의 동법 제11조 제2항에 따라 제출한 동의 서면을 전자적 형태로 바꾼 문서에 의하여 금융회사 등의 장에게 금융정보, 신용정보 또는 보험정보(이하 "금융정보 등")의 제공을 요청할 수 있고(동법 제12조의 3 제1항), 위의 동법 제12조에 따라 복지급여를 받고 있는 지원대상자의 급여 사유의 변경, 상실을 확인하기 위하여 필요하다고 인정하는 경우 대통령령으로 정하는 기준에 따라 인적 사항을 적은 문서 또는 정보통신망으로 금융회사 등의 장에게 금융정보 등을 요청할 수 있다(동조 제2항). 위에 따라 금융정보 등의 제공을 요청받은 금융회사의 장은 명의인의 금융정보 등을 제공하여야 하고(동조 제3항) 위의 규정에 따른 업무에 종사하거나 종사하였던 사람은 업무를 수행하면서 취득한 금융정보 등을 이 법으로 정한 목적 외의 다른 용도로 사용하거나 다른 사람 또는 기관에 제공하거나 누설하여서는 아니 된다(동조 제6항).

여성가족부장관, 특별자치시장 · 특별자치도지사 · 시장 · 군수 · 구청장은 복지급여를 신청한 지원대상자가 법 제12조의 2 제1항에 따른 자료의 제출을 거부하거나 조사, 질문을 거부 · 방해 또는 기피하는 경우에는 복지급여의 지급을 거절할 수 있다(동법 제12조의 4 제1항). 또 여성가족부장관, 특별자치시장 · 특별자치도지사 · 시장 · 군수 · 구청장은 법 제12조에 따른 복지급여를 받고 있는 지원대상자가 법 제12조의 2 제1항에 따른 자료의 제출을 거부하거나 조사, 질문을 거부 · 방해 또는 기피하는 경우는 복지급여의 정지를 할 수 있고, 지원대상자의 복지급여 사유가 변경되거나 상실된 경우는 복지급여의 변경 또는 지급 중지를 할 수 있다(동법 제12조의 4 제2항). 동법 제12조의 3 제6항(취득한 금융정보 등을 다른 용도 사용 및 누설금지 등)에 위반한 사람은 5년 이하의 징역 또는 3천만 원 이하의 벌금, 동법 제12조의 2 제4항(받은 자료의 누설금지)에 위반한 사람은 3년 이하의 징역 또는 2천만 원 이하의 벌금에 처한다(동법 제29조).

2) 가족지원서비스

국가 또는 지방자치단체는 한부모가족에 ① 아동의 양육 및 교육서비스, ② 장애인, 노인, 만성질환자 등의 부양서비스, ③ 취사, 청소, 세탁 등 가사서비스, ④ 교육, 상담 등 가족관계 증진서비스, ⑤ 인지청구 및 자녀양육비 청구 등을 위한 법률상담, 소송대리 등 법률구조서비스, ⑥ 그 밖에 대통령령이 정하는 한부모가족에 대한 가족지원서비스를 제공하도록 노력하여야 한다(동법 제17조). 이는 한부모가족의 복지증진에 전문사회사업서비스가 중요한 기능을 하고 있음을 이해한 것으로 풀이할 수 있다. 또한 청소년 한부모에 대한 교육지원(동법 제17조의 2), 자녀양육비 지원(동법 제17조의 3), 청소년 한부모의 자립지원(동법 제17조의 4), 청소년 한부모의 건강진단(동법 제17조의 5) 등을 규정하고 있다.

기타 복지자금의 대여(동법 제13조), 고용의 촉진(동법 제14조), 고용지원의 연계지원(동법 제14조의 2), 공공시설 매점 및 시설의 설치에서 한부모가족 또는 한부모가족단체에 우선허가(동법 제15조), 공공의 아동편의시설 및 공공시설의 한부모가족아동의 우선이용(동법 제16조) 등을 규정하고 있다.

4. 한부모가족복지시설

1) 개 념

한부모가족복지시설은 한부모가족의 모 또는 부 및 아동이 인간다운 생활을 영위하기 위해서 필요한 제반서비스를 제공하는 시설을 말한다. 이는 사회복지시설의 하나로서 한부모가족이 가진 요구와 문제를 해결하기 위한 급여와 서비스를 제공하는 가정을 보완하고 때로는 대체하는 기능을 가지고 있다.

2) 설치와 운영

국가 또는 지방자치단체는 한부모가족복지시설을 설치할 수 있으며, 이들 외의 자가 설치·운영하려면 특별자치도지사·시장·군수·구청장에게 신고하여야 한다(동법 제20조 제1항 제2항). 한부모가족복지시설의 기준과 설치신고에 관하여 필요한 사항은 여성가족부령으로 정한다(동법 제20조 제3항).

3) 종 류

한부모가족복지시설은 다음 각 호의 시설로 한다(동법 제19조 제1항).

① 모자가족복지시설 : 모자가족에게 다음 각 목의 어느 하나 이상의 편의를 제공하는 시설
  가. 기본생활지원 : 생계가 어려운 모자가족에게 일정 기간 동안 주거와 생계를 지원
  나. 공동생활지원 : 독립적인 생활이 어려운 모자가족에게 일정 기간 동안 공동생활을 통하여 자립을 준비할 수 있도록 주거 등을 지원
  다. 자립생활지원 : 자립욕구가 강한 모자가족에게 일정 기간 동안 주거를 지원

② 부자가족복지시설 : 부자가족에게 다음 각 목의 어느 하나 이상의 편의를 제공하는 시설
  가. 기본생활지원 : 생계가 어려운 부자가족에게 일정 기간 동안 주거와 생계를 지원
  나. 공동생활지원 : 독립적인 생활이 어려운 부자가족에게 일정 기간 동안 공동생활을 통하여 자립을 준비할 수 있도록 주거 등을 지원
  다. 자립생활지원 : 자립욕구가 강한 부자가족에게 일정 기간 동안 주거를 지원

③ 미혼모자가족복지시설 : 미혼모자가족과 출산 미혼모 등에게 다음 각 목의 어느 하나 이상의 편의를 제공하는 시설
  가. 기본생활지원 : 미혼 여성의 임신·출산 시 안전 분만 및 심신의 건강 회복과 출산

후의 아동의 양육 지원을 위하여 일정 기간 동안 주거와 생계를 지원

나. 공동생활지원 : 출산 후 해당 아동을 양육하지 아니하는 미혼모 또는 미혼모와 그 출산 아동으로 구성된 미혼모가족에게 일정 기간 동안 공동생활을 통하여 자립을 준비할 수 있도록 주거 등을 지원

④ 일시지원복지시설 : 배우자(사실혼 관계에 있는 사람을 포함)가 있으나 배우자의 물리적 · 정신적 학대로 아동의 건전한 양육이나 모의 건강에 지장을 초래할 우려가 있을 경우 일시적 또는 일정 기간 동안 모와 아동 또는 모에게 주거와 생계를 지원하는 시설

⑤ 한부모가족복지상담소 : 한부모가족에 대한 위기 · 자립 상담 또는 문제해결 지원 등을 목적으로 하는 시설

제1항 제1호부터 제4호까지의 규정에 따른 복지시설의 보호기관 및 그 기간의 연장 등에 필요한 사항은 여성가족부령으로 정한다(동조 제2항).

4) 감 독

여성가족부장관, 시 · 도지사 또는 시장 · 군수 · 구청장은 한부모가족복지시설을 설치 · 운영하는 자로 하여금 해당 설치에 관하여 필요한 보고 및 관계공무원으로 하여금 설치 · 운영상황을 조사하게 하거나 장부 등 그 밖의 서류를 검사하게 할 수 있다(동법 제23조 제1항). 이에 의하여 관계공무원이 그 직무를 행하는 때에는 그 권한을 표시하는 증표를 관계인에게 내보여야 한다(동법 제23조 제2항).

특별자치시장 · 특별자치도지사 · 시장 · 군수 · 구청장은 한부모가족복지시설이 다음의 1에 해당하는 때에는 그 사업의 정지 또는 폐지를 명하거나 시설을 폐쇄할 수 있다(동법 제24조 제1항 제1호~제3호).

① 법 제20조 제5항의 설치기준에 미달하게 된 경우

② 법 제22조를 위반한 경우

③ 정당한 이유 없이 법 제23조 제1항에 따른 보고를 하지 아니하거나 거짓으로 한 경우 또는 조사 · 검사를 거부하거나 기피한 경우

특별자치시장 · 특별자치도지사 · 시장 · 군수 · 구청장은 위에 의하여 사업의 폐지를 명하거나 설치를 폐쇄하고자 하는 경우에는 청문을 실시하여야 한다(동법 제24조의 2).

5) 비 용

국가 또는 지방자치단체는 대통령령이 정하는 바에 의하여 한부모가족복지사업에 소요되는 비용을 보조할 수 있다(동법 제25조). 국가 또는 지방자치단체는 한부모가족복지시설의 장 또는 한부모가족복지단체의 장이 다음의 하나에 해당한 때에는 이미 교부한 보조금의 전부 또는 일부의 반환을 명할 수 있다(동법 제26조 제1호~4호).

① 보조금의 교부조건에 위반한 때
② 거짓이나 그 밖의 부정한 방법으로 보조금의 교부를 받은 때
③ 한부모가족복지시설을 경영하면서 개인의 영리를 도모하는 행위를 한 때
④ 이 법 또는 이 법에 의한 명령에 위반한 때

5. 수급권의 보호와 심사청구

1) 수급권의 보호

한부모가족지원법에 의하여 지급된 금품과 이를 받을 권리는 다른 사람에게 양도하거나 담보를 제공할 수 없으며 다른 사람은 이를 압류할 수 없다(동법 제27조).

2) 심사청구

보호대상자 또는 그 친족 기타 이해관계인은 한부모가족지원법에 의한 복지급여 등에 대하여 이유가 있을 때에는 그 결정의 통지를 받은 날로부터 90일 이내에 서면으로 해당 복지실시기관에 심사를 청구할 수 있다(동법 제28조 제1항). 그리고 복지실시기관은 위의 심사청구를 받은 때에는 30일 이내에 이를 심사·결정하여 청구인에게 통보하여야 한다(동법 제28조 제2항).

제10절 정신건강증진 및 정신질환자 복지서비스 지원에 관한 법률

Ⅰ. 의의 및 목적

이 법은 정신질환의 예방 · 치료, 정신질환자의 재활 · 복지 · 권리보장과 정신건강 친화적인 환경 조성에 필요한 사항을 규정함으로써 국민의 건강증진 및 정신질환자의 인간다운 삶을 영위하는 데 이바지함을 목적으로 한다(동법 제1조). 종래의 정신보건법은 정신질환의 예방과 정신질환자의 의료 및 사회복귀에 관하여 정신건강증진에 이바지할 목적으로 제정된 것인데 이는 정신질환자의 재활과 복지 및 권리보장, 정신건강 친화적인 환경 조성을 하여 정신질환자의 인간다운 삶을 보장하기에는 미흡하여 이를 보장하기 위하여 종래의 정신보건법을 정신건강증진 및 정신질환자 복지서비스 지원에 관한 법률로 개편하였다. 이 법률은 2016년 5월 29일에 정신보건법을 전부 개정하여 마련한 것이다(2017년 5월 30일 시행). 아울러 같은 날짜에 같은 법 시행령을 2017년 5월 30일에 같은 법 시행규칙을 마련하였다.

Ⅱ. 기본 이념

1. 모든 국민은 정신질환으로부터 보호받을 권리를 가진다.
2. 모든 정신질환자는 인간으로서의 존엄과 가치를 보장받고, 최적의 치료를 받을 권리를 가진다.
3. 모든 정신질환자는 정신질환이 있다는 이유로 부당한 차별대우를 받지 아니한다.
4. 미성년자인 정신질환자는 특별히 치료, 보호 및 교육을 받을 권리를 가진다.
5. 정신질환자에 대해서는 입원 또는 입소(이하 "입원등"이라 한다)가 최소화되도록 지역 사회 중심의 치료가 우선적으로 고려되어야 하며, 정신건강증진시설에 자신의 의지에 따른 입원 또는 입소(이하 "자의입원등"이라 한다)가 권장되어야 한다.
6. 정신건강증진시설에 입원등을 하고 있는 모든 사람은 가능한 한 자유로운 환경을 누릴 권리와 다른 사람들과 자유로이 의견교환을 할 수 있는 권리를 가진다.
7. 정신질환자는 원칙적으로 자신의 신체와 재산에 관한 사항에 대하여 스스로 판단하고 결정할 권리를 가진다. 특히 주거지, 의료행위에 대한 동의나 거부, 타인과의 교류, 복

지서비스의 이용 여부와 복지서비스 종류의 선택 등을 스스로 결정할 수 있도록 자기결정권을 존중받는다.

8. 정신질환자는 자신에게 법률적 · 사실적 영향을 미치는 사안에 대하여 스스로 이해하여 자신의 자유로운 의사를 표현할 수 있도록 필요한 도움을 받을 권리를 가진다.
9. 정신질환자는 자신과 관련된 정책의 결정과정에 참여할 권리를 가진다.

Ⅲ. 주요 내용

정신건강증진 및 정신질환자 복지서비스에 관한 법률이 규정하고 있는 주요 내용은 다음과 같다.

국가와 지방자치단체와 국민의 의무(동법 제4조, 제5조), 정신건강증진시설의 장의 의무(동법 제6조), 보건복지부장관의 국가의 기본계획 수립, 지방자치단체 장의 지역계획 수립(동법 제7조), 보건복지부장관의 실태조사(동법 제10조), 정신건강복지센터의 설치 및 운영(동법 제15조), 정신건강연구기관의 설치 · 운영(동법 제16조), 정신건강시설의 개설 · 설치 및 운영(동법 제19조~제32조), 복지서비스의 제공(동법 제33조~제38조), 보호 및 치료(동법 제39조~제52조), 퇴원 등의 청구 및 심사(동법 제53조~제67조), 권익보호 및 지원(동법 제68조~제83조), 벌칙(동법 제84조~제89조)으로 되어 있다.

참고문헌

권영성, 『헌법학개론』, 법문사, 2006.
김철수, 『헌법학원론』, 박영사, 2007.
김치선, 『노동법』, 법문사, 1995.
박차상 외, 『한국사회복지법강의』, 학지사, 2005.
윤찬영, 『사회복지법제론』, 나남, 2004.
전광석, 『한국사회보장법론』, 법문사, 1999.
조원탁 외, 『사회복지법제론』, 양서원, 2007.
현외성, 『한국사회복지법제론』, 양서원, 2007.

A. B. LaFrance, *Welfare Law*, Minnesota : West Publishing Co., 1979.
A. I. Ogus & E. M. Barendt, *The Law of Social Security*, London : Butterworth & Co., 1978.
Adam Preworski & Henry Teune, *The Logic of Comparative Social Inquiry*, New York : John Wiley & Sons Inc., 1970.
Hary Calvert, *Social Security Law*, London : Sweet & Maxwell, 1987.
Judith Sevel et al., *Social Work Skills Demonstrated*, Boston : Allyn and Bacon, 1999.
N. Gilbert & H. Specht, *Dimensions of Social Welfare*, New Jersey : Prentice-Hall, 1974.
P. Flora, "Solution or Source of Crises?" *The Welfare State in Historical Perfective*, in W. J. Mommen(Ed.), The Emergence of the Welfare State in Britain and Germany, Crom Hrlm, 1981.
Ruth Cohen & Andree Rashton, *Welfare Right*, London : Heinemann Educational Boors, 1982.

찾아보기

저자약력

강희갑

서울대학교 법학박사

미국조지타운대학교 로스쿨 객원교수

국무총리 행정심판위원, 명지대학교 사회복지대학원장, 명지대학교 법과대학장

사법 행정고등고시 시험위원, 대한상사중재원 중재인

현, 명지대학교 명예교수, 관동대학교 초빙교수

〈저서〉 사회보장론(공저) 등

전대성

명지대학교 사회복지대학원 사회복지학 석사

단국대학교 대학원 행정학과 행정학 박사

현, 경북전문대학교 사회복지과 교수

〈저서〉 아동복지론(공저) 등

이상주

부산대학교 대학원 사회복지전공 박사과정 수료

현, 오산대학교 사회복지행정과 교수

〈저서〉 사회복지실천론(공저) 등

오현숙

대구대학교 대학원 사회복지과(철학박사)

현, 호산대학교 노인보건복지과 교수

〈저서〉 사회복지실천론(공저) 등

박선태

위덕대학교 대학원 사회복지학 석사

대구가톨릭대학교 사회복지학 박사

현, 성덕대학교 휴먼사회복지학부 교수

〈저서〉 사회복지실천기술론(공저) 등

박승탁

대구대학교 대학원 장애복지(문학박사)

서울기독대학교 대학원 사회복지학 박사

현, 영남신학대학교 사회복지학과 교수

〈저서〉 사회복지개론, 장애인 자립생활 등

사회복지법제론

6판 1쇄 인쇄 — 2018년 3월 5일
6판 1쇄 발행 — 2018년 3월 10일

저　　자 - 강희갑 전대성 이상주 오현숙 박선태 박승탁
발 행 인 - 강 철 원
발 행 처 - 양 성 원
주　　소 - 경기도 파주시 검산로 173번길 29-20
전　　화 - 031-946-3861(代)
팩　　스 - 031-946-3864
이 메 일 - tnwpub@naver.com
홈페이지 - tnwpub.co.kr
출판등록 - 2015년 8월 31일 제 2015-000211 호

ISBN 979-11-6126-111-9

정가 23,000원